"La raison, c'est l'intelligence en exercice ; l'imagination c'est l'intelligence en érection."

Victor Hugo

"L'homme qui veut s'instruire doit lire d'abord, et puis voyager pour rectifier ce qu'il a appris."

Giacomo Casanova

MARCO POLO
LES VOYAGES INTERDITS

Vers l'Orient

Gary Jennings

MARCO POLO LES VOYAGES INTERDITS

Tome 1

Vers l'Orient

Traduit de l'anglais (États-Unis) par Thierry Chevrier

Éditions SW Télémaque

Pour Glenda

Le traducteur tient à remercier Nathalie Nunes
pour sa précieuse collaboration.

Titre original : *The Journeyer*

7, rue Pérignon, 75015 Paris
www.editionstelemaque.com
ISBN : 978-2-7533-0068-2

Alors que Marco Polo se trouvait sur son lit de mort,
son prêtre, ses amis et ses proches
se rassemblèrent à son chevet pour l'adjurer
de renoncer enfin aux mensonges innombrables
qu'il avait présentés comme des aventures vécues,
afin que son âme puisse gagner le Paradis purifiée de toute souillure.
Le vieillard se redressa, les envoya tous royalement au diable
et s'écria : « Je n'ai pas dit la moitié de ce que j'ai vu et fait ! »

D'après Fra Jacopo d'Acqui,
contemporain de Marco Polo
et son premier biographe.

CI-APRÈS COMMENCE LE LIVRE DE MESSIRE MARCO POLO DES DIVERSES ET GRANDISSIMES MERVEILLES DU MONDE

Approchez-vous, grands princes ! Approchez, empereurs et rois, ducs et marquises, chevaliers et bourgeois ! Approchez-vous, gens de toutes conditions, qui souhaitez découvrir les multiples visages de l'humanité, et appréhender la diversité du monde dans sa totalité ! Emportez ce livre et lisez-le, ou faites-vous-le lire. Car, en lui, vous trouverez les prodiges les plus incroyables et les plus merveilleuses curiosités qui soient…

Ah, Luigi, Luigi ! Dans le fatras un peu pompeux de ces vieilles pages usées et froissées, il me semble entendre résonner de nouveau le son presque vivant de ta voix.

Il y avait des années que je n'avais plus jeté les yeux sur notre livre, mais lorsque ta lettre m'est parvenue, je l'ai ressorti. Je le considère toujours en souriant et, dans le même temps, avec une certaine admiration. Admiration pour la gloire qu'il m'a value, quels que soient mes faibles mérites à y prétendre, et sourire au sujet de la pitoyable réputation qu'il m'a faite. Ainsi, tu m'annonces que tu souhaiterais écrire un nouvel ouvrage qui – si, bien sûr, je t'en donne licence – incorporerait de nouveau les aventures de Marco Polo, tout en les attribuant à un protagoniste de ton invention.

Je me transporte en souvenir au moment de notre première rencontre, dans les geôles de ce palais de Gênes où nous autres, prisonniers de guerre, étions logés. Je me remémore la façon humble, presque timide, dont tu t'es approché de moi, et la réticence avec laquelle tu m'as dit :

– Messire Marco, je suis Luigi Rustichello, originaire de Pise, et j'étais captif en ces lieux bien avant que vous y arriviez. Je vous ai écouté raconter cette hilarante histoire égrillarde de l'hindou qui s'était fait coincer le *hum-hum* dans un trou du saint rocher. C'est la troisième fois, du reste, que je vous entends la conter. La première, c'était à nos compagnons prisonniers, la deuxième, au gardien, et la troisième, à notre visiteur, l'aumônier de la Fraternité de la Justice.

– Seriez-vous las de l'avoir trop entendue, messire ? m'enquis-je.

Et tu me répondis alors :

– Que nenni, messire, mais vous, vous risquez de vous lasser bientôt de la narrer. Bien d'autres personnes vont encore désirer entendre cette histoire, ainsi que toutes celles que vous avez déjà contées, et toutes les autres que, peut-être, vous n'avez point encore dites. Avant que vous ne vous lassiez de les raconter ainsi ou que ces histoires elles-mêmes ne finissent par vous fatiguer, pourquoi ne me raconteriez-vous pas, à *moi*, tous vos souvenirs de voyage et vos aventures ? Dites-les-moi telles qu'elles vous viendront et laissez-moi les porter sur le papier. Je suis un homme de plume doué de quelque facilité ainsi que d'une certaine expérience. Vos histoires formeraient un livre assez considérable, messire Marco, que des multitudes de gens pourraient ensuite lire par eux-mêmes.

Ainsi fis-je, ainsi fis-tu également, et ainsi firent à leur tour les multitudes. Bien que de nombreux voyageurs aient fourni avant moi un récit écrit de leurs pérégrinations, nul n'a eu les faveurs d'une popularité aussi immédiate et aussi durable que notre *Devisement du Monde*. Peut-être, mon cher Luigi, est-ce dû à ton choix de traduire mes paroles en français, la langue la plus largement connue en Occident. Peut-être as-tu réussi à rendre, à l'écrit, mes histoires encore plus intéressantes que je ne les avais relatées à l'oral. Quoi qu'il en soit, et j'en fus quelque peu surpris, notre livre devint rapidement l'un des plus lus, des plus discutés et des plus recherchés de son époque. Non seulement on l'a copié et recopié, mais il en existe à présent des traductions dans toutes les langues de la Chrétienté, versions desquelles, à leur tour, d'innombrables copies ont été faites et mises en circulation.

Aucune, cependant, ne relate la singulière histoire de cet hindou mis au supplice lors de son viol d'un rocher.

Lorsque, assis entre les murs suintants de cette prison de Gênes, je commençai à te faire le récit de mes souvenirs et que, assis à mes côtés, tu te mis à les retranscrire en mots soigneusement choisis, nous décidâmes qu'ils seraient narrés en termes irréprochables. Tu avais une réputation à maintenir, et moi un nom de famille à honorer. Si tu étais, toi, le digne Rustichello de Pise, j'étais pour ma part un membre de l'auguste famille des Polo de Venise. Tu avais déjà une belle renommée de romancier courtois, avec tes relations des classiques de la chevalerie que sont Tristan et Iseult, Lancelot et Guenièvre, Ami et Amile. J'étais, de mon côté, ainsi que tu m'as présenté dans le livre, un représentant de ces « sages et nobles citoyens de Venise ». Nous convînmes donc que nos pages ne contiendraient que celles de mes histoires qui pourraient se lire sans que nulle rougeur monte au front, sans que le moindre scrupule vienne tourmenter la conscience, et qui, de ce fait, pourraient être lues sans offenser les diverses sensibilités chrétiennes, fussent-elles celles de jeunes filles ou de nonnes.

De plus, nous décidâmes de laisser de côté tout ce qui aurait pu choquer les croyances d'un lecteur un tant soit peu casanier. Je nous revois encore en train de débattre, par exemple, de l'opportunité d'inclure mes découvertes de la pierre qui brûle ou de l'étoffe qui ne peut le faire. De ce fait, nombre des plus merveilleux incidents que j'avais pu vivre au cours de mes voyages furent pour ainsi dire laissés pour compte, rejetés sur le bas-côté de mes pérégrinations. Nous dédaignâmes donc sciemment l'incroyable, le trivial, le scandaleux, aussi. Or voici qu'à présent, sans toutefois y hasarder la noblesse de mon nom, tu envisages de combler ces vides ?

Ton nouveau protagoniste ne se nommerait donc plus messire Marco mais monsieur Beauduin, et nous lèverions l'ancre de Cherbourg, et non plus de Venise. Pour tout le reste cependant, il serait moi. Il endurerait mes expériences, éprouverait mes plaisirs, tout cela *à condition* que je parvienne à rafraîchir ta mémoire des nombreuses histoires que nous n'avions point relatées jusqu'à présent.

La tentation est immense, c'est certain ! Ce serait une façon de revivre ces jours (et ces nuits) une nouvelle fois, et c'est une chose après laquelle j'ai longtemps soupiré. J'ai toujours eu l'ardent désir, le sais-tu, de retourner voyager vers l'Extrême-Orient. Mais non, tu ne pourrais l'avoir su. Je n'en ai jamais parlé, fût-ce à mon plus intime cercle familial. C'était là un rêve auquel je tenais trop, comme à un trésor que l'on ne veut partager...

Oui, j'ai un temps caressé l'espoir d'y repartir. Mais lorsque je fus relâché de Gênes et que je rentrai à Venise, le commerce familial requit toute mon attention, ce qui me fit hésiter sur un nouveau départ. C'est alors que je fis la rencontre de Donata, qui devint ma femme. Et alors que j'hésitais encore, une fille nous arriva. Celle-ci constitua, bien entendu, un nouveau motif d'hésitation, et pendant que j'hésitais, il nous en vint une seconde, puis bientôt une troisième. Ainsi, alors que je me trouvais toujours une nouvelle raison pour hésiter, je me découvris un jour vieux.

Vieux ! C'était inconcevable ! Lorsque je me replonge dans notre livre, Luigi, je me revois tout d'abord enfant, puis jeune homme et, au bout d'un moment, adulte, mais même à l'extrême fin de l'histoire je suis encore dans la force de l'âge. Tandis qu'à présent, lorsque je me regarde dans le miroir, je ne vois plus qu'un étranger chenu, sapé, affaissé et blêmi, affaibli par la rouille corrosive de ses soixante-cinq ans. Je murmure : « Ce vieillard-*là* ne partira évidemment plus en voyage », avant de comprendre que ce vieil homme, c'est Marco Polo.

Tu le vois, ta lettre m'est arrivée dans un moment de grande vulnérabilité. Et ta suggestion que je contribue à l'écriture d'un nouveau livre est une opportunité que je ne laisserai pas passer. Si je ne puis revivre ce que j'ai fait jadis, je puis au moins me le remémorer au fur et à mesure de ma narration, et même le savourer en toute impunité, sous le paravent de ce Beauduin que tu proposes, afin de me déguiser. Tu pourrais d'ailleurs te demander la raison de ma bonne grâce à accepter un tel travestissement d'identité, et t'interroger sur la cause de ma remarque au sujet du précédent livre, concernant la gloire imméritée et l'injuste réputation qu'il a pu me valoir. J'y reviendrai.

Je n'ai jamais prétendu avoir été le premier homme à voyager depuis l'Occident jusqu'à l'Extrême-Orient, et tu n'as jamais allégué cette vanité dans notre livre. Il n'en reste pas moins que c'est l'impression qu'il semble avoir produite sur la plupart de ses lecteurs – du moins ceux qui sont étrangers à Venise, où une telle illusion ne peut avoir cours. Après tout, mes propres Vénitiens de père et d'oncle avaient déjà fait l'aller et retour en Orient, avant qu'ils décident de réitérer leur voyage en m'emmenant cette fois avec eux. J'ai moi-même rencontré en Orient bien d'autres Occidentaux originaires de diverses nations, de l'Angleterre à la Hongrie, arrivés là avant moi et qui, pour certains, y sont demeurés plus longtemps.

Mais, bien avant eux encore, d'autres Européens déjà avaient emprunté cette route de la soie que j'ai arpentée. Parmi eux, le rabbin espagnol Benjamin de Tudèle et le frère franciscain Jean du Plan Carpin, ou bien le moine flamand Guillaume de Rubroeck – qui tous, comme moi, publièrent des comptes rendus de leurs voyages. Il y a sept ou huit cents ans, des nestoriens de l'Église chrétienne pénétrèrent à Kithai[1], et beaucoup y travaillent encore aujourd'hui. Avant même le début de l'ère chrétienne, des voyageurs commerciaux occidentaux partirent sans doute vers l'est et en revinrent. On sait que les pharaons de l'Égypte ancienne portaient de la soie venue d'Orient, celle-ci étant par trois fois mentionnée dans l'Ancien Testament.

Longtemps avant mon époque, on trouve, dans notre langue de Venise, de nombreuses autres traces similaires. Quelques-uns des bâtiments de notre cité sont décorés, à l'intérieur comme à l'extérieur, de cette sorte de broderie en filigrane venue des Arabes, que nous nommons depuis longtemps le style arabesque. L'assassin meurtrier tient son nom des haschischins de la Perse, lesquels tuaient sous l'emprise d'une ferveur religieuse induite par une drogue appelée haschisch. La fabrication de cette étoffe satinée bon marché, que l'on nomme indienne, vient de l'Inde, où ce tissu s'appelle le chintz, et les habitants de cette région ont inspiré l'expression vénitienne « faire l'Indien », qui signifie avoir l'air suprêmement idiot.

Non, je n'ai pas été le premier à aller dans l'Est et à en revenir. Si ma gloire doit résider dans ce simple malentendu, alors elle n'est pas méritée. Mais la mauvaise réputation que l'on m'a faite est sans doute encore bien plus injustifiée, car elle repose sur le postulat largement répandu que j'aurais été quelqu'un de foncièrement malhonnête, un menteur. Nous avons eu beau ne retenir pour notre livre que les seules

1. Nom que l'on donnait dans l'Occident médiéval à la Chine. (Toutes les notes sont du traducteur.)

observations et expériences que nous jugions crédibles, rien n'y a fait : on ne me croit pas. Ici même, à Venise, on me surnomme par dérision Marco Millions, sobriquet qui n'implique aucune richesse en ducats mais ne fait que désigner ma réserve, supposée inépuisable, de mensonges et d'exagérations. À titre personnel, je dois dire que cela m'amuse plutôt qu'autre chose, mais mon épouse et mes filles sont vexées au plus haut point d'être connues sous les noms de Dame et de Demoiselles Millions.

D'où mon envie d'enfiler le masque de ton Beauduin de fiction, puisque je vais commencer à dévoiler des choses qui n'ont encore jamais été dites. Que le monde entier, si ça lui chante, prenne tout cela pour une fiction, après tout ! Mieux vaut, à tout prendre, ne pas être cru à propos de ces choses que les garder par-devers soi pour l'éternité.

Mais d'abord, Luigi…

Si j'en juge par l'extrait de manuscrit que tu as joint à ta lettre afin de me montrer comment tu te proposais d'introduire l'histoire de Beauduin, je constate que ta maîtrise du français s'est grandement améliorée depuis que tu as rédigé notre *Devisement du Monde*. J'aurai aussi l'audace, avec ta permission, d'un petit commentaire sur ce précédent ouvrage. Le lecteur de ces pages pourrait penser que Marco Polo a dû être, au cours de ses voyages, un homme grave, d'âge mûr, au jugement solennel, et qu'il avait en quelque sorte voyagé dans le ciel, à une altitude si élevée qu'il pouvait embrasser d'un seul coup d'œil toute la largeur de notre Terre, jusqu'à pouvoir désigner un point de sa surface, puis un autre, en affirmant sans nul risque d'erreur : « En ceci, celui-ci diffère de celui-là. » Certes, j'avais bien quarante ans lorsque je suis revenu de ce voyage. J'espère en être rentré avec plus de sagesse et de discernement qu'au départ, alors que je n'étais qu'un simple adolescent aux yeux ouverts sur le monde – ignorant, inexpérimenté, un peu fou, aussi, sans doute. Comme tout voyageur, j'avais à découvrir tous ces pays et ce qu'ils contenaient, non pas avec l'avantageuse sagesse rétrospective dont je disposerais quelque vingt-cinq ans plus tard, mais dans l'ordre où ils se présenteraient. S'il était certes très gentil et flatteur de ta part, mon cher Luigi, de toujours me présenter au cours de ce premier ouvrage comme une sorte d'Argus omniscient, ta nouvelle œuvre gagnerait à mettre en scène un narrateur un peu plus authentique, plus naturel.

Je suggérerais par conséquent, Luigi, si tu tiens à ce que ton monsieur Beauduin soit vraiment calqué de près sur le Marco Polo qu'il est censé représenter, que tu commences à peindre sa carrière en lui attribuant une folle jeunesse, vécue sous le signe de l'inconduite et dans le plus intrépide abandon. C'est là une chose que je raconte pour la première fois. Car si j'ai quitté Venise, ce n'est pas simplement parce que j'étais avide d'autres horizons. Je l'ai fait parce que j'y étais obligé – ou du moins parce que Venise avait décrété que je devais le faire.

Évidemment, Luigi, je ne sais jusqu'à quel point tu souhaites que l'histoire de ton Beauduin soit parallèle à la mienne. Mais tu m'as recommandé : « dis tout », aussi vais-je commencer avant même le commencement.

VENISE

1

Bien que la famille Polo soit, et elle en est fière, vénitienne depuis trois siècles maintenant, elle n'a pas ses racines sur cette péninsule italienne, mais de l'autre côté de l'Adriatique. Oui, nous sommes bel et bien originaires de Dalmatie, et notre nom de famille a dû être quelque chose comme Pavlo. Le premier de mes ancêtres qui ait vogué vers Venise et s'y soit installé le fit peu après l'an mille. Lui et ses descendants durent avoir dans la ville une ascension sociale rapide puisque, dès 1094, on retrouve un Domenico Polo membre du Grand Conseil de la République, et il en sera de même au siècle suivant, avec un Piero Polo.

Le plus ancien ancêtre dont j'aie conservé ne serait-ce qu'un vague souvenir était mon grand-père Andrea. À cette époque, tous les membres de la famille Polo étaient désignés par les lettres de noblesse NH (ce qui signifie à Venise *nobilis homo*, c'est-à-dire gentilhomme), on les appelait messire, et nous avions acquis des armoiries : trois oiseaux sable à becs de gueules sur champ d'argent. Ce qui était en fait un véritable jeu de mots visuel, puisque notre oiseau emblématique est le fier et industrieux choucas, que l'on désigne dans la langue vénitienne sous le nom de *pola*.

Papé Andrea eut trois fils : mon oncle Marco, dont j'ai hérité le prénom, mon père Nicolò et mon oncle Matteo. J'ignore ce qu'ils firent durant leur prime jeunesse, mais quand ils atteignirent l'âge adulte, l'aîné des trois, Marco, devint, avec l'Empire latin[2], l'agent commercial de la famille Polo à Constantinople, tandis que ses deux frères, restés à Venise, dirigeaient les bureaux de l'entreprise et s'occupaient d'entretenir le palais familial. Si la fibre du voyage attendit chez

2. Suite à la quatrième croisade (1204), l'Empire byzantin fut provisoirement investi par les chevaliers chrétiens, qui s'y taillèrent un empire dit latin. Constantinople ne devait être reprise par les Grecs qu'en 1261.

Nicolò et Matteo la mort de leur père pour se manifester, quand elle s'empara d'eux ils allèrent plus loin qu'aucun Polo ne l'avait jamais fait.

Lorsqu'ils quittèrent Venise, en l'an 1259, j'étais âgé de cinq ans. Mon père avait dit à ma mère qu'ils n'iraient pas plus loin que Constantinople, où ils comptaient aller rendre visite à leur frère aîné, absent depuis longtemps. Selon le rapport que ce dernier fit plus tard à ma mère, après être restés avec lui un moment, ils décidèrent de pousser plus avant en direction de l'est. Elle n'eut plus, à partir de ce moment, la moindre nouvelle d'eux et, lorsque douze mois se furent écoulés, elle se résigna à envisager qu'ils eussent trouvé la mort. Il ne s'agissait là nullement des égarements d'une femme abandonnée aux douleurs de l'affliction ; c'était simplement, en l'occurrence, l'hypothèse la plus probable. C'est en effet précisément cette année-là, 1259, que les Mongols, après avoir soumis l'ensemble du monde oriental, poussèrent leur implacable progression jusqu'aux portes mêmes de Constantinople. Tandis que chaque homme blanc fuyait ou reculait, découragé, devant l'avance de la « Horde d'Or », Matteo et Nicolò Polo avaient pour leur part marché hardiment droit vers leurs premières lignes – ou, pour mieux dire, vu la façon dont étaient alors considérés les Mongols, droit entre leurs mâchoires voraces et dégoulinantes.

Nous avions pléthore de bonnes raisons d'envisager les Mongols comme des monstres, le savez-vous ? Ceux-ci n'étaient-ils pas à la fois plus et moins que des humains ? De par leur habileté au combat et leur endurance physique, ils valaient assurément plus que des hommes. En revanche, leur sauvagerie et leur regrettable goût du sang les ravalaient bien au-dessous de cette qualité. Leur nourriture quotidienne elle-même était repoussante : ils mangeaient, paraît-il, de la viande crue et puante, et ne buvaient que le lait ranci des mules. On disait même que, si leurs rations venaient à être insuffisantes, ils tiraient au sort un homme sur dix et le sacrifiaient pour partager sa chair entre les neuf autres. Chacun savait que les Mongols ne portaient leur armure de cuir protectrice que sur la poitrine, le dos restant découvert et vulnérable ; ceci était conçu pour les dissuader, au cas où la couardise les aurait pris face à l'ennemi, de lui tourner le dos pour prendre la fuite. On savait aussi qu'ils polissaient le cuir de leurs armures avec de la graisse qu'ils se procuraient en faisant bouillir leurs victimes. Toutes ces choses étaient connues à Venise, et l'on se répétait, d'une voix assourdie par l'effroi, que certaines étaient même vraies.

Je n'avais certes que cinq ans au moment du départ de mon père, mais cela ne m'empêcha pas de partager le sentiment universel de terreur que nous inspiraient ses sauvages de l'Est, familier que j'étais de cette phrase de menace devenue courante : « Les Mongols t'attraperont ! L'*Orda* t'emmènera ! » J'avais entendu cela tout au long de mon enfance, comme l'entendaient tous les petits enfants qui méritaient une admonestation. « L'*Orda* t'attrapera si tu ne finis pas ton souper... si tu ne files pas au lit... si tu ne cesses pas de faire tout ce bruit... » On maniait ce nom d'*Orda*, chez les mères et les gouvernantes de cette époque, comme on aurait menacé un enfant turbulent en lui disant : « L'*Orco* va te dévorer ! »

L'*Orco* étant un démon géant auquel les mamans et les nourrices avaient toujours eu recours, il n'était pas difficile pour elles de lui substituer ce nom d'*Orda*, la Horde. Et la Horde mongole était assurément le monstre le plus réel et le plus crédible qui se pût concevoir ; la terreur dans leur voix n'avait pas besoin d'être feinte, lorsqu'elles l'évoquaient. Le simple fait qu'elles aient eu connaissance de ce mot prouvait qu'elles avaient des raisons de craindre l'*Orda* au même titre que n'importe quel enfant. Car c'était à l'origine le terme mongol de *yurtu*, qui désigne la vaste tente pavillonnaire du chef d'un campement mongol, qui avait été adopté, légèrement déformé, dans toutes les langues européennes pour désigner ce à quoi pensaient les Européens dès qu'ils songeaient aux Mongols : une foule en marche, une masse grouillante, un fourmillement irrésistible, une horde.

Mais je n'eus plus à entendre très longtemps cette menace dans la bouche de ma mère. Dès qu'elle eut décidé que mon père était parti et sans doute mort, elle commença de se languir et alla désormais s'affaiblissant, jour après jour. L'année où j'eus sept ans, elle mourut. Je n'ai qu'un seul souvenir d'elle, qui date de quelques mois plus tôt. La dernière fois qu'elle s'aventura hors de notre Casa Polo, avant qu'elle regagne le lit sur lequel elle devait mourir, ce fut pour m'accompagner le jour de mon inscription à l'école. Et ce jour-là a beau appartenir au siècle dernier, je m'en souviens encore très clairement.

À cette époque, notre Casa Polo était un petit palais situé dans le quartier de San Felice. Dès l'heure brillante de la matinée où sonnait la *mezza terza* au campanile de Saint-Marc, nous sortîmes, ma mère et moi, par le portail de la maison et gagnâmes l'allée pavée qui longe le canal. Notre vieux gondolier, le Noir Michel, un esclave originaire de Nubie, attendait près de notre bateau attaché à son poteau rayé. L'embarcation, graissée de frais, resplendissait de toutes ses couleurs. Ma mère et moi y montâmes et nous installâmes sous le dais. Pour l'occasion, je portais de beaux habits neufs : une tunique marron en soie de Lucques, si je me souviens bien, et des chausses à semelles de cuir. Du coup, tandis qu'il nous propulsait le long de l'étroit rio San Felice, notre pilote ne cessait de s'extasier à mon sujet, proférant des compliments tels que : « *Che zentilomo !* » ou « *Dasseno, xestu, messer Marco ?* » (ce qui signifie : « Quel gentilhomme ! » ou « Vraiment, c'est bien vous, messire Marco ? »). Si ces manifestations d'admiration inaccoutumées me rendaient assez fier, elles me mettaient aussi un peu mal à l'aise. Il ne finit par se taire qu'en faisant virer le bateau sur le Grand Canal, où l'important trafic batelier requérait toute son attention.

C'était l'un des plus beaux jours qui puissent régner sur Venise. Le soleil brillait mais, loin de darder sur la ville des rayons aigus, sa lumière s'y répandait de façon diffuse. Il n'y avait ni brouillard de mer ni brume de terre, ce qui ne limitait en rien la luminosité. Plutôt que de jeter des rayons directs, le soleil semblait briller d'une clarté plus subtile, de celles dont luisent les bougies sur un riche chandelier de cristal. Qui connaît Venise a forcément déjà admiré cette lumière : comme si des perles rose pâle et bleu ciel avaient été brisées et réduites en poudre… Une poudre si fine que ses particules flotteraient dans l'atmosphère sans en atténuer l'intensité, mais en lui donnant un aspect plus lustré et plus doux. Cette lumière provenait d'autres lieux que le ciel. Réfléchie par les eaux dansantes des canaux, elle faisait virevolter sur le vieux bois, la brique et la pierre des murs de petites taches et des paillettes de ces perles poudreuses, adoucissant ainsi leur texture inégale. Ce jour semblait, telle une peau de pêche, comme ganté d'un velours apaisant.

Notre bateau glissa sous le principal pont du Grand Canal, le ponte Rialto, le vieux et bas ponton avec sa partie centrale amovible, pas encore reconstruit à l'époque sous sa forme actuelle de pont basculant. Nous passâmes ensuite le marché d'Erbaria où, après leurs nuits de beuverie, les jeunes gens vont flâner au petit matin pour se nettoyer la tête dans le parfum des fleurs, des herbes et des fruits. Enfin, nous quittâmes à nouveau le canal pour nous engouffrer dans un autre passage étroit et, après l'avoir remonté sur une courte distance, nous débarquâmes au campo San Todaro, ma mère et moi. Autour de ce square sont situées toutes les écoles primaires, et, à cette heure, l'espace libre bruissait de garçons de tous âges occupés à jouer, courir, plaisanter et lutter au corps à corps en attendant d'entrer dans leur classe.

Ma mère me présenta au maître d'école et exhiba devant lui les documents d'état civil nécessaires à mon inscription sur le Livre d'or (le « Livre doré » est le nom familier que l'on donne au registre du protocole dans lequel les Républiques répertorient les noms des membres de leurs familles de haute lignée). Frère Évariste, homme à la fois corpulent et d'aspect sévère, parut tout sauf impressionné par ces documents. Il les regarda, et bientôt laissa fuser en grognant : « *Brate!* », mot peu élogieux qui désigne un Slave ou un Dalmate. Ma mère riposta d'un petit reniflement très grande dame et murmura :

– Né de parents vénitiens, sur le sol de Venise.

– Hum! Bon, c'est possible..., grommela le frère. Mais *élevé* à Venise, pas encore. Tant qu'il n'aura pas suivi un apprentissage convenable et connu la rigueur de la discipline scolaire...

Il se saisit d'une plume d'oie et, frottant la pointe dans le but, je suppose, de la lubrifier, sur la peau brillante de sa tonsure, il la trempa ensuite dans un encrier et ouvrit un livre de taille impressionnante.

– Quelle est la date de sa confirmation ? demanda-t-il. Ou de sa première communion ?

Ma mère les lui indiqua, non sans ajouter avec une certaine hauteur que, contrairement à la plupart des autres enfants, on avait veillé à ce que, depuis ma confirmation, je retienne par cœur le catéchisme : je pouvais réciter sur demande le *Credo* ainsi que les Dix Commandements aussi facilement que le *Notre Père*. Le maître émit un nouveau grognement, mais n'ajouta aucune annotation dans son gros livre. Ma mère commença alors à lui poser des questions de son cru : sur l'histoire de l'école, sur la façon dont se déroulaient les examens, dont on récompensait la réussite, dont on punissait les fautes, et...

Toutes les mères qui, pour la première fois, conduisent leurs fils à l'école le font, je suppose, avec une fierté considérable. Mais je suis sûr qu'au fond d'elles, elles ressentent à dose au moins égale une circonspection peut-être teintée d'une pointe de tristesse, sentant bien qu'elles les abandonnent là au seuil d'un royaume mystérieux auquel elles n'auront jamais accès. Aucune fille, ou presque, à moins qu'elle ne soit destinée à entrer dans les ordres, ne reçoit jamais le moindre rudiment d'enseignement primaire. Mais son fils, dès qu'il a appris à écrire ne serait-ce que son propre nom, franchit une étape qu'elle ne pourra jamais plus rattraper.

Frère Évariste expliqua patiemment à ma mère qu'on allait m'apprendre à maîtriser correctement ma propre langue ainsi que le français commercial, mais aussi bien sûr à lire, à écrire et à compter, que je serais initié aux bases du latin d'après le fameux traité de grammaire de Donadello, que je découvrirais les rudiments de l'histoire et de la cosmographie dans le *Roman d'Alexandre* de Callisthène, et que j'accéderais à la religion en découvrant les histoires de la Bible. Mais ma mère persista à l'assommer de tant d'autres questions plus anxieuses les unes que les autres que, d'une voix mêlée de compassion et d'exaspération, il finit par lui dire :

– Très respectable dame, votre garçon va juste se retrouver inscrit dans une école. Il n'entre pas dans les ordres ! Nous allons certes le garder emmuré pendant toute la durée du jour, mais, soyez tranquille, vous pourrez toujours disposer de lui à loisir le reste du temps.

Elle m'eut effectivement pour le reste de sa vie, mais celui-ci ne fut pas long. Après elle, la fameuse menace « les Mongols vont t'emporter si… » ne me fut plus serinée que par frère Évariste à l'école et par la vieille Julia à la maison. Celle-ci était pour le coup une véritable Slave. Née dans un coin perdu de la Bohême, il était clair qu'elle était d'extraction paysanne, à sa façon de se dandiner perpétuellement telle une laveuse de linge, un seau plein au bout de chaque bras. Elle avait été, dès avant ma naissance, la domestique personnelle de ma mère. Après sa mort, Julia prit sa place et assura à la fois mon éducation et le contrôle de mon instruction, prenant pour l'occasion le titre honorifique et affectueux de tante. Pour faire de moi un jeune homme bien élevé et responsable, on ne peut pas dire que Julia ait jamais fait preuve d'une bien grande sévérité (si l'on excepte, bien sûr, ses fréquentes invocations de la Horde), mais elle ne remporta pas non plus, je le confesse, un succès notable dans la tâche qu'elle s'était fixée.

La raison tient en partie à l'absence de l'oncle Marco, mon homonyme, qui avait finalement renoncé à rentrer à Venise après la disparition de ses deux frères. Installé depuis trop longtemps à Constantinople, il y avait pris ses habitudes, bien que l'Empire latin ait fini à cette époque par retomber aux mains des Byzantins. Comme mon autre oncle et mon père étaient partis en confiant les affaires familiales à des experts et des agents dignes de confiance, et comme l'entretien du palais était assuré par des domestiques tout aussi fiables, tonton Marco n'y changea rien. On ne lui soumettait par courrier maritime que les questions les plus graves et les plus urgentes, afin qu'il envisageât ce qu'il convenait de faire et prît les décisions nécessaires. Gouvernées de cette façon, la Compagnie Polo, comme la maison du même nom, continuèrent de fonctionner aussi bien qu'elles l'avaient toujours fait.

La seule propriété Polo qui, de fait, ne fonctionna pas, ce fut moi. Étant le dernier et unique rejeton mâle de la lignée (en tout cas le seul à Venise), on se devait de m'élever avec tendresse, je le savais. Bien que je ne sois point en âge de donner mon avis sur la tenue des affaires et de la maison (fort heureusement), je n'étais redevable de mes actions devant aucun adulte. À la maison, j'exigeais ce qui me convenait et je l'obtenais. Ni tante Julia, ni le majordome, le vieil Attilio, ni aucun des domestiques de rang inférieur n'auraient osé lever la main sur moi, ni même par trop élever la voix. Je m'empressai d'oublier de répéter mon catéchisme et en oubliai bientôt tous les répons. À l'école, je commençai à négliger singulièrement l'apprentissage de mes leçons. Lorsque frère Évariste, fatigué d'invoquer la menace des Mongols, se décidait à brandir la férule, je m'abstenais tout simplement d'aller à l'école.

On peut se demander, dans ces conditions, d'où je tiens le maigre vernis d'éducation qui me soit resté. Je suivis quand même suffisamment l'école pour apprendre à lire, à écrire et à compter, ainsi qu'à étudier ce qu'il me faudrait de français commercial pour pouvoir prendre la suite des affaires familiales, ayant compris que j'aurais besoin de toutes ces connaissances pour y parvenir. J'absorbai aussi tout ce que racontait le *Roman d'Alexandre* sur l'histoire du monde et sa description géographique. Ce qui m'avait attiré là, c'était que les grands voyages de conquête d'Alexandre l'avaient entraîné vers l'est, et je m'imaginais que mon père et mon oncle avaient dû suivre les mêmes pistes. Mais, ne voyant vraiment pas en quoi je pourrais un jour avoir besoin de la moindre notion de latin, c'est au moment où mes congénères étaient forcés de fourrer leur nez dans les ennuyeuses règles et préceptes du Donadello que je choisissais d'aller pointer le mien ailleurs.

Quoique mes aînés eussent passé leur temps à pousser des hauts cris, se lamentant à mon sujet et me prédisant les pires extrémités, je ne pense vraiment pas que mon obstination faisait pour autant de moi un mauvais sujet. Mon plus grand défaut était la curiosité, et je sais que, suivant nos canons occidentaux, elle constitue un *péché*. La tradition insiste pour que nous nous comportions en totale conformité avec nos voisins et nos pairs. La sainte Église exige pour sa part que nous soyons des croyants gouvernés par la foi et que nous étouffions toute question ou opinion surgie de notre raisonnement personnel. La mercantile philosophie vénitienne, quant à elle, postule que les seules vérités vraiment palpables sont celles que désigne la dernière ligne des rapports comptables, là où se calcule la différence entre recettes et dépenses.

Pourtant, quelque chose en moi se rebellait contre les contraintes qu'acceptaient tous les autres jeunes gens de mon âge et de ma classe sociale. Je voulais vivre une vie qui dépasserait les règles, les lignes des livres comptables comme celles du missel. J'étais par nature peu disposé à me laisser administrer cette sorte de sagesse imposée et plutôt méfiant à l'égard de ces parcelles d'information et d'exhortation si nettement sélectionnées, accommodées et servies, presque tels des plats, prêtes à être consommées et assimilées. Je préférais de loin organiser ma propre chasse au savoir, même si, et cela m'arriverait souvent, je devais le trouver un peu cru, désagréable au goût et d'odeur nauséabonde. Mes précepteurs et ceux qui avaient ma garde m'accusèrent donc de paresse, de manquement aux devoirs requis par le rude travail d'acquisition d'une éducation véritable. Jamais ils ne comprirent que j'avais en fait choisi une voie bien plus difficile, que j'étais fermement décidé à suivre où qu'elle puisse mener. C'est ce que je n'ai cessé de faire, de cette époque de ma petite enfance jusqu'aux années de ma maturité.

Ces journées où je fuyais l'école sans pouvoir rentrer à la maison, il fallait bien que j'aille les perdre quelque part. C'est pourquoi, quelquefois, je m'en allais flâner près des bureaux de la Compagnie Polo, située alors, comme elle l'est encore aujourd'hui, sur la Riva Ca' di Dio, une esplanade qui donnait directement sur la lagune. Sur sa façade aquatique, elle était bordée de débarcadères en bois entre lesquels, bout à bout et flanc contre flanc, étaient amarrés barques et bateaux de différentes tailles : embarcations à faible tirant d'eau, gondoles de maisons privées, modestes bateaux de pêche ou salons flottants des nobles vénitiens, les *burchielli*. Là se côtoyaient galères de haute mer, galions de Venise, *cogs* de transport anglais ou flamands, *trabacoli* slaves et caïques du Levant. Beaucoup de ces vaisseaux coureurs d'océans étaient si vastes que leurs proues et leurs espars dépassaient sur la rue et projetaient presque tout du long, sur ses pavés ronds, un treillis d'ombres qui allait lécher la façade bigarrée des maisons bordant l'esplanade, du côté ville. L'un de ces bâtiments était (et est encore) le nôtre : un entrepôt vaste comme une caverne, avec à l'intérieur un petit espace clos séparé servant de bureau comptable.

J'adorais l'entrepôt. Ces sacs, boîtes, balles et barils remplis de produits variés diffusaient les effluves d'arômes venus de tous les coins du monde – de la cire de Barbarie à la laine d'Angleterre, du sucre d'Alexandrie aux sardines de Marseille. Les porteurs de l'entrepôt, de vraies montagnes de muscles, étaient bardés de marteaux, de grappins, de rouleaux de corde et d'autres outils. Ils étaient toujours occupés. Pendant que l'un enveloppait de toile d'emballage un article de commerce en partance pour les Cornouailles, un autre clouait le couvercle d'un tonneau d'huile d'olive de Catalogne, un troisième arrachait des docks une caisse de savon de Valence et se la jetait sur l'épaule, tous semblant s'adresser les uns aux autres des ordres comme « *logo !* » ou « *a corando !* ».

Mais j'aimais aussi beaucoup la salle de comptabilité. Dans cette cage à poules encombrée était assis celui qui dirigeait l'ensemble de ces affaires et de ces « à-faire », le vieux commis Isidoro Priuli. Sans effort musculaire apparent, sans courses effrénées ni vociférations, sans autre instrument que son abaque, sa plume d'oie et ses livres de compte, maître Doro contrôlait à lui seul ce carrefour de produits venus des quatre coins du monde. D'un petit cliquetis de ses boules colorées, d'un gribouillis à l'encre sur son livre de comptes, il pouvait envoyer une amphore de vin rouge de Corse à Bruges, et en Corse, à titre d'échange, un écheveau de dentelle de Flandres. Au moment où ces deux produits se croisaient dans notre entrepôt, il prélevait une *metadella* de ce vin et une coudée de cette dentelle, afin de payer les profits des Polo sur la transaction.

En raison du caractère hautement inflammable de la plupart des denrées entreposées, Isidoro s'interdisait l'aide d'une lampe ou même d'une chandelle pour éclairer son réduit de travail. Au lieu de cela, il avait installé au-dessus et en arrière de sa tête un large miroir concave de verre véritable, qui récupérait ce qu'il pouvait de lumière du jour pour la concentrer sur sa haute table de travail. Assis là devant ses livres, maître Doro ressemblait à un tout petit saint ratatiné enveloppé d'un halo démesuré. Je restais à l'observer du bout de la table, m'émerveillant que, d'un seul mouvement de ses doigts, le maître pût mettre en branle tant d'autorité, et lui me racontait les mille et un secrets de ce travail dont il tirait une bien légitime fierté.

– Ce sont les païens arabes, mon garçon, qui ont offert au monde ces fioritures qui servent à représenter les nombres, ainsi que cet abaque qui permet de compter avec eux. Mais c'est Venise qui a imaginé ce système de tenue de compte, ces registres qui comportent deux pages en vis-à-vis, donc lus à double entrée. À gauche, les débits. À droite, les crédits.

Je pointai une ligne figurant page de gauche, laquelle indiquait : « Pour le compte de messire Domeneddio », et demandai, à titre d'exemple, qui ce messire pouvait bien être.

– Pardieu ! s'exclama le maître. Tu ne reconnais donc pas le nom sous lequel Notre-Seigneur Dieu fait du commerce ?

Il feuilleta le registre afin de m'en montrer la page de garde, arborant cette inscription à l'encre : « Au nom de Dieu et du Profit. »

– Nous autres, simples mortels, pouvons prendre soin de nos biens lorsqu'ils se trouvent entreposés ici en toute sécurité, à l'intérieur de nos magasins, expliqua-t-il. Mais dès qu'ils se trouvent embarqués sur de fragiles coquilles de noix, livrés aux caprices de la mer, alors ils se retrouvent à la merci de… mais de qui donc, si ce n'est de Dieu ? Voilà pourquoi nous le considérons comme un partenaire à part entière dans chacune de nos entreprises. Dans nos livres de comptes, Il se trouve crédité à hauteur de deux pleines parts pour toute transaction en cours. Si l'affaire réussit, si nos cargos atteignent sans encombre leur destination et nous valent les profits escomptés, ces deux parts sont dûment versées au compte de messire Domeneddio. En fin d'année, lorsque nous répartissons nos dividendes, nous les lui payons. Ou plutôt, nous les versons à son fondé de pouvoir et agent sur cette Terre, en la personne de notre mère l'Église. Tout marchand chrétien procède de la sorte.

Si toutes mes journées volées à l'école avaient été consacrées à d'aussi fructueuses conversations, nul n'aurait trouvé à s'en plaindre. J'aurais probablement bénéficié d'une meilleure éducation que celle que me donnerait jamais frère Évariste. Mais, inévitablement, mes flâneries sur le front de mer devaient me mettre en contact avec des personnes un peu moins admirables qu'Isidoro le commis.

Je ne veux pas dire par là que la Riva ait été en aucune façon une rue de roturiers. Bien qu'elle fourmille d'hommes de peine, de marins et de pêcheurs à toute heure du jour, on y trouve tout autant de marchands élégamment vêtus, d'agents de change et autres hommes d'affaires, souvent en compagnie de leurs épouses fort distinguées. La Riva est en effet aussi un lieu de promenade prisé. La nuit tombée, lorsque la température s'adoucit, les jeunes gens à la mode viennent là simplement pour baguenauder et profiter de la brise de la lagune. Il n'en reste pas moins que, de jour comme de nuit, rôdent parmi ces gens des rustres, des aigrefins coupeurs de bourse, des prostituées et autres spécimens de cette engeance que l'on nomme populace. Parmi eux, à titre d'exemple, les garnements dont je fis la rencontre, un après-midi, sur les quais de déchargement de cette Riva, lorsque l'un d'eux se présenta en me lançant un poisson.

2

Ce n'était pas un bien grand poisson, et l'enfant n'était pas très grand non plus. Il devait avoir à peu près ma taille et mon âge, et je ne fus nullement blessé lorsque le poisson m'atteignit pile entre les deux épaules. Mais il laissa une odeur nauséabonde sur ma tunique de soie de Lucques, but clairement visé par le garçon dont les haillons étaient déjà saturés de cette puanteur. Il se mit à danser de joie, se moquant ouvertement de moi, et pointa son doigt dans ma direction en chantant d'un air narquois :

Un ducato, un ducatòn !
Bùtelo… bùtelo… zo per el cavròn[3] *!*

Ce n'est qu'un fragment de comptine enfantine que l'on chante lors de jeux de lancer, mais il avait remplacé le dernier mot par un autre qui, bien que je n'eusse pas été en mesure, à l'époque, d'en donner l'exacte signification, me semblait tout à fait être l'insulte qu'un homme peut lancer à un autre. Je n'étais pas un homme, il n'en était pas un non plus, mais, à l'évidence, mon honneur était en jeu. J'interrompis sa danse de moquerie en marchant droit sur lui et lui collai directement mon poing dans la figure. De son nez jaillit un sang rouge et brillant.

L'instant d'après, je me retrouvai écrabouillé sous le poids de quatre autres vauriens. Mon assaillant n'était pas venu se promener seul sur les débarcadères et n'était pas non plus le seul à détester les beaux habits que me mettait tante Julia pour aller à l'école. Les planches craquèrent un instant sous les soubresauts de notre lutte. De nombreux badauds s'étaient arrêtés pour nous regarder, et les

3. « Un ducat, un poisson !
Jette-le… jette-le… sur le cocu ! »

plus frustes ne se gênaient pas pour lancer des encouragements : « Trouez-lui le cuir ! », « Cassez-lui la gueule, à ce minable ! » ou « Fourrez-le dans son cartable ! » Je luttais avec vaillance, mais je ne pouvais répliquer qu'à un seul garçon à la fois, alors qu'ils étaient cinq à me rouer de coups. Bientôt, je me trouvai à bout de souffle, bras immobilisés. J'étais juste allongé là, en train de me faire démolir et battre comme plâtre.

– Relevez-le ! commanda soudain une voix impérieuse, à l'extérieur de notre amas enchevêtré.

Ce n'était qu'une voix de fausset flûtée, mais son ton était comminatoire, sans appel. Les cinq garçons cessèrent de me pilonner et, l'un après l'autre, quoique d'assez mauvaise grâce, s'écartèrent de moi. Bien que libéré de leur pression, je dus rester encore un moment allongé, le temps de reprendre ma respiration avant de pouvoir me relever.

Les autres garçons, couvant la personne responsable de cette interruption d'un regard maussade, s'éloignaient en traînant par terre leurs pieds nus. Je fus surpris de voir que c'était à une simple fille qu'ils avaient obéi. Elle était tout aussi mal vêtue et parfumée qu'eux, mais plus petite et plus jeune. Elle portait cette robe courte, droite et ajustée que revêtent toutes les Vénitiennes avant l'âge de douze ans. Ou, du moins, les restes de ce qui avait pu en être une. La sienne était si hachée en lambeaux que c'en aurait presque été indécent si les parties dévoilées de son corps n'avaient pas été du même gris miteux que sa robe. Peut-être tenait-elle une vague autorité du fait que, contrairement aux autres vauriens, elle portait à ses pieds des chaussures : les sabots de bois du pauvre.

La jeune fille s'approcha de moi et, d'un geste assez maternel, épousseta un peu mes vêtements dont la teinte était à présent voisine de sa tenue à elle. Elle m'apprit aussi qu'elle était la sœur du jeune garçon dont j'avais ensanglanté le nez.

– Maman a dit à Boldo de ne jamais se battre, dit-elle avant d'ajouter : Papa lui a toujours recommandé de se battre sans l'aide de quiconque.

Je répliquai, haletant :

– Il aurait pu en écouter un des deux.

– Ma sœur est une menteuse ! On n'en a pas, de maman. Ni de papa !

– Bon, n'empêche que si on en avait c'est ce qu'ils te diraient. À présent, ramasse-moi ce poisson, Boldo. Il a été assez dur à voler. Et à moi, elle demanda : Quel est ton nom ? Lui, c'est Ubaldo Tagiabue. Moi, c'est Doris.

Tagiabue veut dire « taillé comme un bœuf », et j'avais entendu dire à l'école que Doris était la sœur du dieu païen Oceanus. Mais cette Doris-là semblait un peu maigrichonne pour mériter ce nom et bien trop sale pour avoir l'air d'une quelconque déesse des eaux. Il n'empêche : elle était là, debout, loyale comme le bœuf et impérieuse telle une déesse, tandis que nous regardions son frère se pencher avec obéissance sur le poisson qu'il avait balancé. À la vérité, il ne pouvait pas précisément le ramasser, vu qu'il avait été plusieurs fois piétiné durant la bagarre ; il dut donc plus ou moins en rassembler les morceaux.

– Tu dois lui avoir fait quelque chose de terrible, me dit Doris, pour qu'il te lance dessus notre dîner.

– Je n'ai rien fait du tout, répliquai-je sans mentir. Jusqu'à ce que je le frappe. Et ça, c'est parce qu'il m'avait traité de *cavròn*.

Elle me regarda d'un air amusé et lança :

– Tu sais ce que ça veut dire ?

– Oui, ça veut dire que l'on doit se battre.

Elle eut l'air encore plus amusé et ajouta :

– Un *cavròn*, c'est un type qui laisse d'autres hommes se servir de sa femme.

Je me demandai alors, si c'était tout ce que ce mot voulait dire, en quoi cette insulte pouvait être à ce point mortelle. Je connaissais plusieurs hommes dont les femmes étaient soit lavandières, soit couturières, et dont les services étaient utilisés par beaucoup d'autres hommes, sans que cela provoquât ni vendetta privée ni réprobation publique. Tandis que je lui répliquais quelque chose dans ce style, Doris explosa de rire :

– Marco… mique ! railla-t-elle. Ça veut dire que les hommes enfilent leur chandelle dans le fourreau de la dame, et qu'ensemble ils dansent la danse de Saint-Vito !

Sans doute devinez-vous la signification de ces mots dans le jargon de la rue, aussi je ne chercherai pas à vous décrire l'image bizarre qu'ils évoquèrent dans mon esprit ignorant. Mais quelques respectables gentilshommes à l'allure de marchands qui passaient aux environs à cet instant précis esquissèrent un violent mouvement de recul, tandis que leurs diverses barbes et moustaches se hérissaient tels des oursins en entendant ces obscénités sortir en hurlant d'une bouche aussi petite et féminine que celle de Doris.

Me mettant sous le nez les pauvres restes de son poisson qu'il tenait délicatement rassemblés dans la coupe de ses mains noircies, Ubaldo me demanda :

– Tu dîneras avec nous ?

Je ne le fis pas, mais, cet après-midi-là, lui et moi oubliâmes notre querelle et devînmes amis.

Nous avions peut-être onze ou douze ans à l'époque, Doris deux ans de moins. Durant les années qui suivirent, je passai la majeure partie de mes journées en leur compagnie et celle de leurs compagnons, une cour de moutards des docks plutôt changeante. Durant ces mêmes années, rien ne m'aurait été plus aisé que de fréquenter tous les bien-nourris et les bien-vêtus, cette progéniture suffisante et collet-monté des illustrissimes familles qu'étaient les Balbi ou les Cornari (tante Julia déployait du reste des trésors de persuasion pour que je le fisse), mais je leur préférais mes vils et remuants amis. Admirateur de leur langage caustique, je m'empressai de l'adopter. Leur indépendance également me séduisait, ainsi que leur attitude bravache face à l'existence, et je faisais de mon mieux pour les imiter. Comme on pouvait s'y attendre, le fait que je refuse de me dépouiller de ces attitudes, à la maison ou ailleurs, ne contribuait nullement à renforcer l'amour que les autres pouvaient me porter.

Au cours de mes peu fréquentes apparitions à l'école, je me mis à désigner frère Évariste de plusieurs surnoms appris de Boldo (comme *il bel di Roma* ou *il Culiseo*), et les autres écoliers ne tardèrent pas à m'emboîter le pas. Le frère maître d'école, averti de la chose, sembla au début plutôt flatté, jusqu'à ce qu'il se rende graduellement compte que nous n'étions pas vraiment en train de le comparer à la grande et antique merveille architecturale de Rome, le Colisée, mais que nous nous livrions plutôt à un sordide jeu de mots sur « cul », puisque nous l'appelions en effet « trou du cul ». À la maison, il ne se passait pas un jour sans que je scandalise les domestiques. Une fois, ayant commis je ne sais quel méfait, je surpris par hasard une conversation entre tante Julia et maître Attilio, le majordome de la maison.

– *Crispo !* entendis-je s'exclamer le vieil homme. (C'était sa façon délicate d'éviter les paroles trop profanes, « par le Christ ! », mais il s'arrangeait pour leur donner une sonorité outragée et dégoûtée.) Savez-vous la dernière de ce petit morveux ? Il a traité notre batelier de couillon noir de merde, et le pauvre Michel est en larmes, à présent. N'est-il pas d'une incroyable cruauté de s'adresser de la sorte à un esclave et de lui rappeler ainsi sa condition ?

– Mais enfin, Attilio, que puis-je faire ? gémit Julia. Je ne peux tout de même pas frapper ce garçon et risquer de blesser sa précieuse personne.

Le chef des domestiques répliqua sombrement :

– Mieux vaudrait pour lui se prendre une bonne correction ici, dans l'intimité de cette maison, plutôt que se voir un jour infliger un châtiment public entre les deux colonnes !

– Si seulement je parvenais à le tenir constamment à l'œil..., reniflait ma nounou. Mais je ne peux tout de même pas lui donner la chasse à travers les rues de la ville ! Depuis qu'il s'est mis en tête de rôder avec ces petites racailles du port...

– Bientôt, vous verrez, il va s'acoquiner avec les *bravi*, si ça continue, gronda Attilio. Je te préviens, femme : tu es en train de faire de cet enfant un vrai *bimbo viziato*.

Un *bimbo viziato* désigne un enfant gâté jusqu'à la pourriture, ce que j'étais, et j'aurais été enchanté de cette promotion qui me faisait passer de l'enfant gâté au statut éminent de *bravo*. Dans la fraîcheur de ma naïveté d'enfant, je pensais que les *bravi* étaient ce que leur nom impliquait, mais, bien entendu, ils étaient tout sauf braves.

Les rôdeurs furtifs désignés sous le nom de *bravi* sont en effet les Vandales modernes de Venise. Ces jeunes gens, parfois issus de bonne famille, ne s'embarrassent d'aucune morale et n'exercent aucun métier bien défini. Leur seule habileté réside dans leur basse duplicité, additionnée d'un brin de talent au maniement de l'épée. Ils n'ont d'autre ambition que de récolter un ducat, si l'occasion s'en présente, en commettant quelque crime crapuleux. Ceux qui ont recours à leurs services peuvent être des politiciens à la recherche d'un avancement plus rapide ou des commerçants désireux de couper court à une concurrence déplaisante, le tout par des moyens à la fois discrets et expéditifs. Mais, ironie de l'histoire, les services des *bravi* sont le plus souvent loués par des amants soucieux d'éliminer tout type d'obstacle à leur amour, un mari encombrant ou une épouse trop jalouse. Si, de jour, vous croisiez un jeune homme en train de plastronner en se donnant de grands airs de chevalier errant, c'était ou un *bravo* ou quelqu'un qui voulait y ressembler. Si vous en rencontriez un de nuit, il avait de fortes chances d'être masqué et enveloppé d'un manteau qui cachait une fine cotte de mailles, rôdant de préférence à l'écart des lampadaires. Lorsqu'il vous frappait d'un coup d'épée ou de stylet, c'était toujours dans le dos.

Ceci est loin d'être une digression dans mon histoire, puisque je devais finir par devenir un *bravo*. En quelque sorte.

Toujours est-il que j'étais en train de vous décrire l'époque où j'étais encore un enfant gâté, alors que tante Julia se plaignait de me voir si souvent en compagnie de ces gosses des bateaux. À l'évidence, et à n'en juger que par la grande gueule et les manières détestables acquises desdites fréquentations, elle avait d'excellentes raisons de les désapprouver. Mais il fallait être slave pour ne pas trouver naturel que j'aille baguenauder le long des docks, car aucun natif de Venise n'y aurait trouvé à redire. Vénitien, j'avais le sel de la mer dans les veines, et tout me poussait vers elle. J'étais un enfant, aussi ne tentai-je rien pour résister à cet appel, me retrouver avec mes amis étant pour moi la façon la plus évidente de vivre cette complicité maritime.

J'ai depuis lors visité nombre de cités portuaires, mais n'en ai vu aucune aussi intimement liée à la mer que Venise. La mer n'est pas seulement notre gagne-pain (car c'est également le cas de Gênes, de Constantinople et du Cherbourg de notre imaginaire Beauduin), elle est ici absolument indissoluble de notre existence. Elle baigne les côtes de la moindre île et du plus petit îlot qui composent Venise, se déverse dans les canaux de la cité et, parfois, lorsque le vent et le courant se conjuguent, venant du même quartier, elle vient lécher jusqu'aux marches de la basilique Saint-Marc, ce qui permet à un gondolier de pousser son embarcation jusque sous les arches de la vaste place du même nom.

De tous les ports du monde, seule Venise réclame la mer pour fiancée et célèbre chaque année ses épousailles, avec prêtres et protocole. Jeudi dernier encore, j'ai eu l'occasion d'assister à cette cérémonie. C'était le jour de l'Ascension, et j'étais l'un des invités d'honneur à bord du somptueux vaisseau incrusté d'or de notre doge, Jean Soranzo[4]. Son splendide *Bucentaure* doré, mû par la force de

4. Cinquante et unième doge de Venise, de 1312 à 1328.

quarante rameurs, n'était que l'un des bateaux d'une vaste flotte peuplée de marins et de pêcheurs, de prêtres, de ménestrels et d'illustrissimes citoyens, qui s'avançait en une majestueuse procession en direction de la lagune. Parvenu au Lido, le plus maritime de nos îlots, le doge Soranzo récita l'ancestrale proclamation, « *Ti sposiamo, o mare nostro, in cigno di vero et perpetuo dominio*[5] », avant de jeter à la mer une alliance en or, tandis que les prêtres dirigeaient, au nom de notre congrégation née de la mer, une prière implorant qu'au cours des douze mois à venir celle-ci se révélât aussi généreuse et soumise qu'une fiancée humaine. Si la tradition ne ment pas (elle affirme que la cérémonie s'est tenue chaque jour de l'Ascension depuis l'an mille), c'est une fortune considérable de plus de trois cents anneaux d'or qui repose au fond de la mer, au large des plages du Lido.

La mer ne se contente pas d'entourer Venise et de s'insinuer en elle par ses canaux : elle existe à l'intérieur de chaque Vénitien ; elle sale la sueur de ses bras laborieux, les larmes de chagrin ou de joie qui coulent de ses yeux, mais aussi le discours de sa langue. Nulle part ailleurs dans le monde je n'ai vu des hommes se rencontrer et se souhaiter le bonjour au cri joyeux de *Che bon vento* ?, phrase qui signifie « Quel bon vent ? » et veut dire, pour tout Vénitien : « Quel bon vent t'a poussé sur la mer, jusqu'à l'heureuse destination de Venise ? »

Ubaldo Tagiabue, sa sœur Doris et les autres hôtes des docks avaient une façon de saluer encore plus laconique, mais qui ne manquait pas de sel, elle non plus. Ils se contentaient de dire : « *Sana capàna* », abréviation d'un salut « à la santé de notre confrérie », celle des gens de mer. Lorsque, après nous être fréquentés depuis un certain temps, ils consentirent à me saluer de cette phrase, je me sentis des leurs et en fus très fier.

Ces enfants vivaient, tel un nid de rats des docks, dans l'épave décrépite d'un vieux chaland de remorquage qui traînait dans la boue au large, du côté de la cité donnant sur le Lagon mort. Au-delà se dresse la petite île cimetière de San Michele, l'île de la Mort. En réalité, ils ne passaient dans cette coque humide et sombre que leurs heures de sommeil, celles de la journée étant dévolues à la récupéra-

5. « Nous t'épousons, ô notre mer, en signe de véritable et perpétuelle possession. »

tion de parcelles de nourriture ou de vêtements. Leur alimentation reposait presque entièrement sur le poisson : lorsqu'ils ne parvenaient pas à voler d'autres aliments, ils pouvaient toujours descendre au marché aux poissons à la tombée du jour, moment où, en vertu de la loi vénitienne visant à empêcher la vente de tout poisson avarié, les marchands étaient tenus d'éparpiller sur le sol tous les invendus. Il y avait toujours une foule de pauvres gens qui venaient ramper et se battre pour ces restes, au goût à peine meilleur que le poisson mort échoué le long des digues.

J'apportais à mes nouveaux amis tous les restes des repas que je prenais à la maison ou que j'avais victorieusement chapardés en cuisine. Lorsque je parvenais à leur apporter des raviolis au chou frisé ou de la confiture de navet, cela ajoutait au moins quelques légumes à leur régime. Il y avait à l'occasion des œufs, du fromage, des macaronis, et même de la bonne viande dès que je pouvais dérober un morceau de mortadelle ou de porc en gelée. Une fois, je parvins à leur offrir un plat qu'ils trouvèrent vraiment merveilleux. J'avais toujours cru que, la veille de Noël, le Babbo apportait à tous les Vénitiens la traditionnelle tourte aux lasagnes de saison. Mais lorsque, le jour de Noël, j'en apportai une portion à Ubaldo et à Doris, leurs yeux s'agrandirent d'incrédulité : à chaque raisin, chaque pignon resté intact, à chaque oignon et chaque écorce d'orange confite trouvés préservés dans la pâte, ils poussèrent des exclamations de plaisir.

Je leur offris aussi les vêtements (mis de côté parce que trop petits ou usagés) que je pouvais tirer soit de ma garde-robe, pour les garçons, soit de celle de ma défunte mère, pour les filles. Tout n'allait pas toujours à tout le monde, mais diable, ils n'en avaient cure. Doris et les trois ou quatre autres filles paradaient avec fierté dans des robes et des châles bien trop grands pour elles, s'emmêlant les pieds dans leurs plis. J'allai même jusqu'à emporter (pour mon propre usage lorsque j'étais en leur compagnie) plusieurs de mes anciennes tuniques, ainsi que des chausses si abîmées que tante Julia les avait consignées dans l'armoire à chiffons de la maison. J'ôtais d'office tous les beaux vêtements qui venaient de chez moi, les coinçant entre les planches d'une barque, puis j'enfilais mes nippes usagées, histoire de me donner l'air d'un simple polisson comme les autres, jusqu'à ce qu'il fût l'heure de revenir me changer pour rentrer.

Vous vous demandez peut-être pourquoi je ne donnais pas d'argent à mes amis, au lieu de mes maigres cadeaux. Mais vous devez vous souvenir que j'étais orphelin, au même titre qu'eux tous, soumis à un placement strict et trop jeune pour pouvoir disposer en quelque façon de l'argent amassé dans les coffres de la famille Polo. L'argent dont nous disposions pour le train de vie de la maison était octroyé par la compagnie, des mains mêmes de notre trésorier, Isidoro Priuli. Dès que tante Julia, le majordome ou un autre membre de la domesticité avait besoin d'acheter pour la Casa Polo quelque article ou provision que ce fût, il se rendait au marché avec un page de la Compagnie. Ce dernier transportait la bourse et comptait un à un les ducats, sequins ou *soldi* dépensés, établissant une facture pour tout achat. S'il y avait quelque chose dont j'avais personnellement besoin ou que je désirais, et pourvu que je pusse fournir de bons arguments, on me l'achetait. Si je contractais une dette, on la réglait pour moi. Mais jamais, à aucun moment, je n'ai possédé plus de quelques pièces de cuivre, juste bonnes à tinter dans ma poche.

Je fis aussi en sorte d'améliorer le niveau de vie des enfants des bateaux en leur conseillant des vols de plus grande envergure. Ils s'étaient en effet toujours contentés de chaparder chez les marchands et les bonimenteurs de leur misérable voisinage ; ils dépouillaient de petits négociants presque aussi pauvres qu'eux, dont les biens méritaient à peine d'être volés. Je guidai les enfants vers mon quartier, plus riche, où les marchandises en vente étaient de bien meilleure qualité. Une fois arrivés là, nous imaginâmes une façon de voler plus efficace que la simple technique du vol à l'arraché.

La Mercerìa est la plus large, la plus droite et la plus longue rue de Venise ; c'est du reste la seule qui puisse mériter ces trois adjectifs. De chaque côté s'alignent des échoppes ouvertes ; entre elles, de longues rangées d'étals et de charrettes font des affaires peut-être encore plus florissantes, vendant de tout, de la mercerie aux sabliers, et toute la gamme des produits d'épicerie, des denrées de base aux mets les plus délicats.

Imaginez que nous ayons repéré, sur l'éventaire d'un boucher, un plateau de côtelettes de veau qui mettaient l'eau à la bouche aux enfants. L'un des garçons, nommé Daniele, était notre coureur le plus rapide. C'était donc lui qui se frayait un chemin à coups de coude jusqu'à l'étal, se saisissait d'une poignée de côtelettes et partait en courant, manquant d'assommer une petite fille qui avait eu le tort de se mettre dans son passage. Daniele continuait de courir, stupidement en apparence, le long de cette large rue droite et ouverte qu'était la Mercerìa, où il demeurait bien visible et facile à pourchasser. Ce qui poussait bien sûr le garçon boucher et deux ou trois clients outragés à lui courir après, en hurlant « *alto !* » et « *salva !* » ou encore « au voleur ! ».

Mais la fille bousculée n'était autre que notre Doris, et Daniele avait profité de ce moment de confusion pour lui refiler d'un geste vif les côtelettes dérobées. Vite oubliée dans la bousculade, Doris s'éclipsait en un éclair par l'une des allées étroites et sinueuses qui menaient hors de la zone commerçante. Pendant ce temps, la course de Daniele étant quelque peu entravée par la foule des acheteurs, il se retrouvait bientôt en grand danger d'être capturé. Ses poursuivants s'étant rapprochés tout près de lui, d'autres passants tentaient de le ceinturer, et tous braillaient, appelant à l'aide un *sbiro*. Les *sbiri* sont les policiers de Venise – de vrais gorilles. L'un d'entre eux, répondant aux appels, fendait la foule en diagonale pour intercepter le voleur. Mais j'étais alors dans le coin, car je m'arrangeais toujours pour me trouver où il le fallait dans ce genre de situation. Daniele stoppait sa course, et je lançais la mienne, focalisant sur moi l'attention générale et devenant le gibier, avant d'aller me jeter délibérément entre les bras simiesques de l'agent.

Après m'être fait copieusement souffleter les oreilles, j'étais reconnu, comme il fallait s'y attendre. L'agent et les citoyens en colère me traînaient jusque chez moi, non loin de la Mercerìa. Lorsqu'on avait frappé au portail d'entrée, le pauvre majordome Attilio venait ouvrir. Contraint d'écouter jusqu'au bout le concert d'accusations et de condamnations, il appliquait d'un air las l'empreinte de son pouce sur un *paghero*, qui est une reconnaissance de dette, après quoi, dans la foulée, la maison Polo était mise en demeure de rembourser le préjudice subi par le boucher. Le policier, après m'avoir infligé une sévère admonestation et m'avoir sérieusement secoué, finissait par lâcher mon col, et la foule se dispersait.

Bien que je n'aie pas eu à m'interposer de la sorte à chaque fois que les enfants du port volaient quelque chose (le plus souvent, la manœuvre était adroitement exécutée, le voleur et le receleur parvenant tous deux à prendre la poudre d'escampette), je n'en fus pas moins traîné à la Casa Polo plus de fois que je ne puis m'en souvenir. Ce qui ne contribua pas à modifier l'opinion de maître Attilio : tante Julia avait bien élevé le premier mouton noir de toute la lignée des Polo.

On aurait pu imaginer que ces gamins du port nourriraient une relative hostilité envers la participation d'un « gosse de riches » à leurs fredaines et qu'ils vivraient mal mon implicite « condescendance » à leur offrir des cadeaux. Il n'en fut rien. La populace a beau admirer, envier ou même injurier les privilégiés, elle réserve son ressentiment actif et sa répugnance à ceux de sa condition, qui sont, après tout, leurs premiers concurrents en ce bas monde. Ce n'est pas le riche qui vient disputer au pauvre les restes avariés jetés au sol sur le marché aux poissons. Du coup, lorsque je fis mon apparition, résolu à donner ce que je pouvais sans rien prendre, les gens du port tolérèrent ma présence, peut-être mieux encore que si j'avais été un mendiant affamé.

3

Juste pour me rappeler à moi-même que je n'étais *pas* un membre de la populace, je faisais de temps à autre une incursion à la Compagnie Polo, afin de m'abandonner avec délices à ses riches arômes, son ambiance prospère et son industrieuse activité. Lors d'une de ces visites, ayant trouvé sur la table de notre chef comptable Isidoro un objet ressemblant à une brique, mais d'un rouge plus brillant et d'un poids plus faible, au toucher doux et vaguement humide, je lui demandai de quoi il s'agissait.

– Par ma foi ! s'exclama-t-il à nouveau, frappant sa tête grise. Ne reconnais-tu pas là le fondement même de la fortune de ta famille ? Elle s'est bâtie sur ces briques de safran.

– Oh, fis-je avec respect en regardant la brique. Et qu'est-ce donc que ce safran ?

– Pardi ! Tu en as mangé, senti et porté durant toute ta vie ! Le safran est ce qui donne ce goût bien particulier et cette couleur jaune au riz, à la polenta et aux pâtes. Ce qui confère aux tissus cette teinte orangée et qui donne aux baumes et aux pommades des femmes leur fragrance préférée. Les médecins en incorporent également dans leurs médicaments ; dans quel but, j'avoue que je l'ignore.

– Oh, redis-je, avec un respect quelque peu diminué pour un produit d'usage aussi quotidien. Est-ce là tout ?

– Tout ! laissa-t-il échapper, pantois. Écoute-moi bien, *marcolfo*. (Il ne s'agissait pas là d'un affectueux jeu de mots sur mon prénom : cette expression s'adresse à tout garçon qui fait preuve d'une stupidité excessive.) Le safran possède une histoire plus ancienne et plus noble que l'histoire même de Venise. Longtemps avant que notre cité vît le jour, il était utilisé par les Grecs et les Romains pour parfumer leurs bains. Ils en éparpillaient sur le sol pour embaumer les pièces. Lorsque l'empereur Néron fit son entrée à Rome, les rues de *la ville entière*, parsemées de safran, étaient imprégnées de son parfum.

– Dans ce cas, dis-je, s'il a toujours été aussi facile de s'en procurer...

– C'était sans doute le cas à cette époque, coupa Isidoro, lorsque les esclaves, nombreux, ne coûtaient pas un sou. Aujourd'hui, les choses ont bien changé. C'est devenu un produit rare et de valeur élevée. Cette brique que tu vois ici vaut autant qu'un lingot d'or de poids presque égal.

– Vraiment ? dis-je, un brin incrédule cependant. Mais... pourquoi diable ?

– Parce que cette brique est le fruit du travail d'un grand nombre de mains, sur une vaste surface de terrain, et qu'elle provient d'une infinie multitude de fleurs.

– De fleurs !

Maître Doro soupira et m'expliqua patiemment :

– Il existe une fleur pourpre nommée crocus. Lorsqu'elle s'épanouit, il surgit de cette fleur trois délicates étamines de couleur jaune orangé, que les mains humaines prélèvent avec un luxe de précautions. Lorsque quelques millions de ces fines et presque impalpables tiges ont été collectées, elles sont mises à sécher pour donner de la poudre de safran ou sont ce que l'on appelle « transpirées » et compactées pour former des briques telles que celle-ci. La terre arable ne doit être dévolue qu'à cette seule culture, et le crocus ne fleurit qu'une fois l'an. Sa saison de floraison est brève, un grand nombre de ramasseurs doivent opérer en même temps et agir très vite. J'ignore quelle surface il faut, et combien de mains sont nécessaires pour produire une simple brique comme celle-ci, mais tu dois comprendre, maintenant, d'où provient son extravagante valeur.

J'étais convaincu, en effet.

– Et où l'achetons-nous, ce safran ?

– Nous ne l'achetons pas. Nous le faisons pousser.

Il posa sur la table à côté de la brique un autre objet, lequel ressemblait pour moi à une gousse d'ail ordinaire.

– Ceci est un bulbe de crocus. La Compagnie Polo les plante et récolte la poudre de ses fleurs.

J'étais stupéfait.

– Pas à Venise, pour sûr !

– Bien sûr que non. Sur la terre ferme, au sud-ouest. Je te l'ai dit, il faut énormément de terrain.

– Je ne savais rien de tout cela, reconnus-je.

Il rit.

– Je suis prêt à parier que la moitié de Venise ignore que le lait et les œufs de leurs repas quotidiens sont extraits d'animaux, et que ces animaux sont élevés en terrain sec. Nous autres, les Vénitiens, avons tendance à ne prêter que peu d'attention à tout ce qui n'est pas notre lagune, la mer ou l'océan.

– Et… depuis combien de temps faisons-nous cela, Doro ? Cultiver les crocus et le safran ?

Il haussa les épaules.

– Depuis combien de temps les Polo sont-ils installés à Venise ? Cela a tenu au génie de quelques-uns de nos lointains ancêtres. Après l'époque romaine, le safran était devenu beaucoup trop onéreux à exploiter. Aucun paysan ne pouvait en cultiver assez pour que ce commerce fût rentable. Même les propriétaires de très vastes domaines n'avaient pas les moyens de rétribuer suffisamment de travailleurs pour assurer une récolte. Du coup, le safran tomba aux oubliettes. Jusqu'à ce que l'un des premiers Polo s'en souvienne et se rende compte que la moderne Venise possédait presque autant d'esclaves que n'en avait eu la Rome d'alors. Bien sûr, il nous faut aujourd'hui acheter nos esclaves, nous ne pouvons plus les capturer. Mais cueillir les étamines de crocus n'est pas un travail trop éprouvant. Point n'est besoin, pour ce faire, de coûteux et robustes esclaves mâles. La plus chétive des femmes, le plus malingre des enfants peut s'en charger ; même un gringalet ou un invalide le pourrait. C'est donc ce genre d'esclaves peu coûteux que rapporta ton ancêtre ; et la Compagnie Polo a continué, depuis, d'en acquérir de semblables. Des gens on ne peut plus hétéroclites, de toutes nations (Maures, Lezguiens d'Azerbaïdjan, Circassiens, Ruthènes ou même Arméniens), mais dont les couleurs de peau se sont fondues, pour ainsi dire, dans ce safran d'un rouge doré.

– Le fondement de notre fortune, répétai-je.

– Il achète tout ce que nous vendons, dit Isidoro. Car nous le vendons, bien sûr, et pour un bon prix, tant qu'il n'est pas déraisonnable. Comme aromate, teinture, parfum, médicament… Mais, à la base, il représente le capital de notre Compagnie, et c'est lui que nous échangeons contre toutes nos autres marchandises : le sel d'Ibiza, le cuir de Cordoue ou le blé de Sardaigne. Tout comme à Gênes la

Maison Spinola possède le monopole du commerce du raisin, notre Compagnie Polo de Venise détient celui du safran.

Le dernier fils de la maison vénitienne des Polo remercia le vieux commis pour cette édifiante leçon de grand commerce et d'audace dans l'effort, avant, comme il en avait l'habitude, de repartir en flânerie pour partager l'indolente insouciance des enfants des bateaux.

Comme je l'ai dit, ces enfants avaient tendance à aller et venir. Ainsi, d'une semaine sur l'autre, la barge qui leur servait de dortoir hébergeait rarement la même équipe. Comme tous les adultes de la populace, ils rêvaient de trouver, quelque part, un pays de Cocagne qui leur permettrait de vivre dans le luxe sans travailler, au lieu d'endurer cette misère noire dans laquelle ils vivaient. Aussi arrivait-il qu'ayant entendu parler d'un endroit offrant de meilleures perspectives que le front de mer de Venise, ils embarquassent, en passagers clandestins, sur un navire en partance pour ce chimérique espoir. Certains rentraient quelque temps après, qu'ils n'aient point réussi à atteindre leur destination ou qu'ils s'en soient désillusionnés. D'autres ne revenaient pas du tout, parce que (bien qu'on ne le sût jamais vraiment) leur bateau avait sombré et ils s'étaient noyés, ou ils avaient été appréhendés avant d'être jetés à l'orphelinat. À moins qu'ils n'aient effectivement fini par trouver *il paese di Cuccagna* et n'y soient demeurés…

Mais Ubaldo et Doris restèrent d'inamovibles piliers, et ce fut d'eux que j'acquis la plus grande partie de mon éducation en matière de langage des basses classes. On ne cherchait pas à m'en bourrer le crâne, comme ce cher frère Évariste avec ses écoliers pour les conjugaisons latines. Là, c'est plutôt à ma demande que, par fragments, le frère et la sœur me prodiguaient cet apprentissage. Chaque fois qu'Ubaldo m'accusait de retard mental ou se moquait d'une perplexité de ma part, je savais qu'il me manquait une petite miette de savoir, et Doris y suppléait gentiment.

Un jour, je m'en souviens, Ubaldo déclara qu'il s'en allait vers le quartier ouest de la ville et qu'il allait emprunter, pour ce faire, le « bac des chiens ». N'ayant jamais entendu parler de ce mystère, je l'accompagnai dans l'espoir de le percer à jour. Nous traversâmes pourtant le Grand Canal par le pont du Rialto de la façon la plus ordinaire qui fût, et je dus avoir l'air tellement désappointé ou mystifié qu'il se gaussa en disant :

– Ma parole, mais tu es plus ignorant qu'une pierre angulaire !

Ce fut Doris qui m'expliqua :

– Il n'y a qu'une façon, en venant de l'est, de gagner l'ouest de la ville, n'est-ce pas ? C'est de traverser le Grand Canal. Vu qu'ils chassent les rats, les chats sont tolérés sur les bateaux ; mais les chiens, eux, ne le sont pas. Comme ils ne peuvent franchir le canal que par le pont du Rialto, c'est donc le bac des chiens, tu percutes ?

C'était plus facile pour certaines expressions de leur jargon des rues, que je parvenais à traduire sans aide. Ils désignaient un prêtre ou un moine du nom de *rigioso*, ce qui pourrait se traduire par « bêta », mais je compris vite, en fait, qu'ils contractaient tout simplement le mot *religioso*. Lorsque l'été, par très beau temps, ils annonçaient qu'ils quittaient le chaland de remorquage pour la *Locanda de la Stela*, je savais qu'ils ne s'offriraient pas un séjour dans un hôtel quatre étoiles ; ils voulaient juste dire qu'ils passeraient la nuit à la belle étoile. Lorsqu'ils parlaient d'une personne du sexe féminin comme d'une *largazza*, c'était par jeu de mots avec le terme ordinaire de *ragazza*, mais avec ce sous-entendu grivois que son ouverture intime était ample, voire caverneuse. En réalité, la majeure partie du langage des gens des bateaux (tout comme leurs conversations et leurs centres d'intérêt) tournait autour de ces sujets indélicats. J'absorbai une grande quantité d'informations, mais parfois, il me faut bien l'admettre, j'en ressortais plus embrouillé qu'éclairé.

Tante Julia et frère Évariste m'avaient enseigné qu'il convenait de désigner les parties intimes (si tant est que j'aie à m'y référer) par *le vergogne*, autrement dit « les parties honteuses ». Sur les docks, j'entendis bien d'autres termes. Le mot coquin pour l'appareil génital masculin était assez clair, et *candelòto*, qui veut dire « solide chandelle », me paraissait apte à désigner un sexe en érection ; de même, que *fava* désignât l'extrémité protubérante de cet organe qui ressemble en effet à un gros haricot ou à une fève me paraissait couler de source. Que l'on qualifiât de *capela* le prépuce me semblait également logique, cette enveloppe de peau entourant la *fava* à la façon d'un vestiaire ou d'une petite chapelle. Mais un mystère subsistait dans mon esprit concernant le mot *lumaghèta*, qui évoquait les parties intimes féminines. J'avais compris qu'une femme n'avait rien d'autre là en bas qu'une ouverture, et le mot *lumaghèta* peut désigner soit un petit escargot, soit la minuscule molette avec laquelle le ménestrel règle les cordes de son luth.

Un jour qu'Ubaldo, Doris et moi étions en train de jouer sur les docks, un marchand de primeurs arriva en poussant sa charrette le long de l'esplanade, attirant à grands pas un essaim de femmes des bateaux désireuses de tripoter sa marchandise. Lorsque l'une d'elles se mit à caresser un grand concombre jaunâtre, grimaçant de toutes ses dents et murmurant d'un air entendu aux autres femmes qui gloussaient lascivement : « *Il mescolòto !* » (« l'excitateur »), je n'eus aucun mal à saisir les implications de la situation. Mais là-dessus, deux souples jeunes gens s'approchèrent en flânant nonchalamment le long de l'esplanade, bras dessus bras dessous, avançant avec une certaine flexibilité dans la démarche, et l'une des femmes des bateaux ronchonna :

– Tiens ! *Don Meta* et *Sior Mona*.

Une autre regarda le plus fluet avec dédain et susurra :

– Celui-là doit avoir le conduit proprement déchiré, sous ses chausses.

Je n'avais aucune idée de ce dont elles pouvaient bien parler, et l'explication de Doris ne m'en apprit guère plus :

– Ces deux jeunes gens sont des hommes qui font ensemble ce qu'un véritable homme ne ferait qu'à une femme.

Et justement… c'est bien *là* qu'il y avait comme une faille dans ma compréhension. Je n'avais aucune idée bien précise de ce qu'un homme pouvait faire à une femme.

Vous savez, je n'étais pas, en matière de sexe, plongé dans l'ignorance la plus noire ; pas plus en tout cas qu'un autre enfant issu des classes aisées de Venise, ni même, je crois, que tout autre jeune Européen de notre condition. Peut-être n'en gardons-nous pas un souvenir très net, mais nous avons tous été très tôt initiés au sexe, que ce soit par notre mère, notre nourrice ou par les deux.

Il semble bien que, de tout temps, mères et nourrices aient su que le meilleur moyen de calmer un bébé agité ou de le plonger rapidement dans le sommeil était de pratiquer sur lui l'acte de masturbation. J'ai observé plus d'une maman exercer cette caresse sur un enfant, dont le sexe était si minuscule qu'elle pouvait à peine le manipuler du pouce et d'un doigt. Malgré tout, l'organe miniature s'érigeait et grossissait, dans des proportions plus réduites, bien sûr, que celui d'un homme adulte. Au fil de la caresse féminine, le nourrisson commençait à frissonner, puis à sourire, et finissait par se tortiller avec volupté. Il ne produisait évidemment aucun jet, mais nul doute qu'il se délectait d'un moment d'extase équivalent à un petit orgasme, où son plaisir se libérait comme lors d'une éjaculation. Après quoi son organe, soulagé, reprenait progressivement ses menues proportions, et l'enfant ne tardait pas à plonger dans un sommeil profond et apaisé.

Ma mère dut sans doute procéder de la sorte avec moi, et je pense qu'il s'agit là d'une bonne mesure. Cette manipulation précoce, en plus d'être un excellent moyen de calmer le bébé, favorise à l'évidence le développement de cette partie de son corps. Les mères refusent, en Orient, de s'adonner à cette pratique, et cette triste évidence apparaît clairement dès que leurs fils ont grandi. J'ai vu beaucoup d'Orientaux dévêtus, et presque tous ont un organe viril piteusement réduit, en comparaison du mien.

Bien que cet usage cesse progressivement dès que l'enfant approche le cap des deux ans (âge où, sevré du lait maternel, il passe au vin), il n'en subsiste pas moins, dans l'esprit de chaque enfant, un souvenir diffus. L'adolescent découvrant à la puberté l'intérêt que lui procure son sexe n'en éprouve alors ni perplexité, ni crainte particulière. S'il s'éveille en pleine nuit en érection, il se caresse alors le sexe de la main, sachant parfaitement ce qu'il fait et ce qu'il veut.

– Une toilette à l'éponge froide ! clamait frère Évariste aux jeunes garçons que nous étions, à l'école. Elle tuera dans l'œuf l'excitation de l'érection et vous évitera la honte d'une pollution nocturne.

Nous l'écoutions religieusement, mais, une fois rentrés chez nous, nous nous empressions de rire de lui. Peut-être arrivait-il aux frères ou aux prêtres d'être ainsi surpris par une éjaculation inopinée et de ressentir, de ce fait, une gêne ou une culpabilité à la seule évocation de ce sujet. Mais ce n'était le cas d'aucun garçon sain de mon âge, et nous préférions de loin à la douche froide la chaude caresse de notre main, qui procurait à notre *candelòto* le plaisir ressenti tout bébé de la main maternelle. Quoi qu'il en soit, Ubaldo se gaussa ouvertement de moi lorsqu'il apprit que mon expérience sexuelle se cantonnait à la seule pratique de ces jeux nocturnes.

– Quoi ? Tu en es encore à te rebeller contre la mise en garde des prêtres ? railla-t-il. Ne me dis pas que tu ne t'es jamais fait une fille, quand même ?

Toujours aussi décontenancé, je répétai, interrogatif :

– La mise en garde des prêtres ?

– Cinq contre un qu'il n'a jamais essayé, lança Doris, sans l'ombre d'une gêne. Elle ajouta à mon intention : Il faudrait que tu te trouves une initiatrice, tu vois ? Je veux dire, une copine complaisante.

Je réfléchis un instant à cette suggestion et répondis :

– Je ne connais aucune fille à qui demander cela. À part toi, et tu es trop jeune.

Elle leva le menton de mépris et jeta, agacée :

– Je n'ai peut-être pas encore de poils sur mon abricot, mais j'ai douze ans, et c'est l'âge minimum pour le mariage !

– Je n'ai pas l'intention de me marier, protestai-je. Seulement de…

– Oh, non ! m'interrompit Ubaldo. Sûrement pas, alors. Ma sœur est une fille *bien*.

Vous pourriez évidemment sourire à l'idée qu'une jeune fille capable de s'exprimer comme il lui arrivait de le faire puisse être une fille « bien ». Mais, voyez-vous, il y a là un point commun évident entre notre classe favorisée et celle du bas de l'échelle sociale, dans le respect quasi sacré que l'on voue à la virginité féminine. Que ce soit chez les illustrissimes ou dans les classes les plus populaires, elle est davantage prisée que toutes les autres qualités existantes : beauté, charme, douceur, modestie et *tutti quanti*. Quelle que soit leur réputation, qu'elles aient un physique ingrat ou soient malveillantes, disgracieuses, voire négligées de leur personne, tout cela importe peu, à condition qu'elles aient conservé intact ce rempart délicat de la féminité qu'est l'hymen. À cet égard, au moins, les plus primitives et les plus barbares tribus d'Orient nous sont supérieures, en ce sens qu'elles valorisent chez la femme d'autres qualités que la conservation de la bonde de leur conduit intime.

Dans notre classe sociale élevée, la virginité n'est pas seulement affaire de vertu : elle a également une fonction commerciale primordiale, dans la mesure où une fille à marier s'évalue du même œil calculateur qu'une esclave au marché. Comme un tonnelet de vin, une fille ou une esclave a plus de valeur si son sceau est intact et que l'on peut démontrer qu'elle n'a pas été « ouverte ». On y négocie en fait les filles à marier dans l'optique exclusive de l'avantage commercial ou de la promotion sociale dont on pourrait bénéficier. Mais, un peu stupidement, les classes populaires pensent que les privilégiés vouent à la virginité un respect d'ordre *moral* et s'ingénient à vouloir les imiter. Elles sont aussi très influencées par la menace des foudres de l'Église, qui exige la préservation de la virginité comme preuve de la vertu, tels les bons chrétiens qui, durant le carême, sont censés ne pas consommer de viande.

Mais même à cette époque lointaine où j'étais encore enfant, je me demandais à juste raison combien de filles, sans considération de leur classe sociale d'origine, étaient réellement restées, au regard de ces préceptes sociaux, des filles « bien ». Dès que je fus assez âgé pour avoir moi aussi un duvet annonciateur des premiers « poils sur mon abricot », je dus prêter une oreille attentive aux discours de frère Évariste et de tante Julia sur les dangers physiques et moraux qu'il y avait à se commettre avec de mauvaises filles. J'écoutai avec le plus grand soin leurs descriptions de ces viles créatures, ainsi que leurs avertissements et autres invectives à leur égard. Je voulais être sûr de reconnaître n'importe quelle mauvaise fille au premier coup d'œil, car j'espérais de tout mon cœur en rencontrer une bientôt. Cela semblait du reste assez probable, parce que le principal enseignement que je retins de ces discours, c'est que le nombre de mauvaises filles devait être largement supérieur à celui des filles bien.

Une autre preuve venait renforcer cette impression. Venise n'est pas une ville très pointilleuse sur la propreté, parce que rien ne la force à l'être. Tous ses détritus vont droit dans les canaux. Les déchets de la rue, les restes alimentaires, les eaux usées de nos pots de chambre et autres saletés issues des toilettes, tout est déversé dans le canal le plus proche et rapidement évacué par le flot. La marée qui survient deux fois par jour déferle dans les moindres venelles aquatiques, remontant ainsi tout ce qui peut avoir été jeté dans le fond du canal ou s'être plus ou moins incrusté le long des murs. Le reflux draine ensuite le tout vers le large à travers la lagune, au-delà du Lido et jusqu'à la pleine mer. Ceci suffit à nettoyer la cité et à lui garantir une odeur agréable, mais certains pêcheurs font parfois des prises saumâtres. On ne compte plus les fois où, accroché à leur hameçon ou échoué dans leur filet, ils découvrent, scintillant d'un bleu pâle mêlé de pourpre, le cadavre d'un nouveau-né abandonné aux flots. Venise est l'une des trois cités les plus peuplées d'Europe, la moitié de ses habitants sont des femmes, et une sur deux est en âge de procréer. Or le niveau annuel de « pêches » de nourrissons ainsi mis au rebut tendrait à indiquer que les Vénitiennes « bien » ne sont pas légion.

– Il y aurait bien la sœur de Daniele, Margarita, dit Ubaldo, qui n'était pas là en train de recenser les filles bien, mais plutôt de parler du contraire.

Il tentait de dénombrer les femelles de notre connaissance susceptibles de me faire connaître ce contre quoi les prêtres m'avaient mis en garde, afin de parfaire mon éducation virile.

– Elle ferait ça avec n'importe qui, pourvu qu'on lui refile un *bagatìn*[6].

– Margarita est une grosse truie, affirma Doris.

– C'est une grosse truie, en effet, confirmai-je.

– Qui êtes-vous donc, pour oser vous moquer ainsi des cochons ? répliqua Ubaldo. Ils ont un saint patron, figurez-vous. Saint Antoine adorait les cochons !

– Il n'aurait pas aimé Margarita, je peux te l'assurer, maintint fermement Doris.

Ubaldo revint à la charge :

– Remarquez, j'y pense, il y aurait bien la mère de Daniele. Elle le ferait et ne demanderait même rien en échange, je parie.

Doris et moi fîmes chorus, exprimant par des bruits divers toute la répulsion que nous inspirait cette idée. Puis elle dit :

– Il y a quelqu'un, en bas, qui nous fait signe.

Nous étions tous trois en train de paresser, cet après-midi-là, sur le toit d'une maison. C'est en effet l'une des occupations favorites des basses classes. La plupart des demeures vénitiennes n'ayant qu'un seul étage, toutes sont dotées d'un toit plat, et leurs occupants aiment venir y flâner et s'y prélasser tout en jouissant de la vue. De cette situation avantageuse, ils peuvent apercevoir les rues et les canaux au-dessous, la lagune et ses bateaux un peu plus loin, et les plus élégants édifices de Venise dominant le reste : dômes et flèches des églises, clochers ou façades sculptées des palais.

– C'est à moi qu'il fait signe, dis-je. C'est notre gondolier, qui

6. La plus petite subdivision de la monnaie vénitienne.

revient de je ne sais où avec notre bateau. Je pourrais rentrer avec lui, en effet.

Il n'y avait aucune nécessité particulière pour moi de rentrer à la maison avant que le carillon du soir ait sonné le couvre-feu nocturne, ou *coprifuoco*, heure à laquelle les honnêtes citoyens qui ne sont pas rentrés chez eux sont censés se promener avec des lanternes prouvant qu'ils arpentent les rues pour des motifs avouables. Mais, à dire vrai, j'étais en cet instant angoissé à l'idée qu'Ubaldo insistât pour m'accoupler immédiatement à je ne sais quelle femme ou fille des bateaux. Non que cette aventure m'inspirât tant de craintes, même s'il s'agissait d'une souillon comme la mère de Daniele ; ce qui me gênait, c'était en fait davantage l'idée de me trouver ridicule, ne sachant au juste *que faire* avec elle.

De temps à autre, je m'efforçais de compenser mon attitude en général plutôt rude avec ce pauvre vieux Michel, aussi ce jour-là pris-je moi-même les rames pour rentrer chez nous, tandis qu'il prenait ses aises sous le dais de l'embarcation. Nous échangeâmes quelques phrases pendant le trajet, et il me déclara entre autres qu'il allait se faire bouillir un oignon dès qu'il arriverait.

– Pardon ? fis-je, incertain d'avoir bien entendu.

L'esclave noir m'expliqua qu'il souffrait de la plaie des conducteurs de gondoles. Comme sa profession nécessitait de passer la majeure partie de son temps assis sur le banc à la fois dur et humide de l'embarcation, il était souvent victime de saignements hémorroïdaires.

– Notre médecin de famille, précisa-t-il, a prescrit un traitement en douceur fort simple pour cette maladie. Vous faites bouillir un oignon jusqu'à ce qu'il soit tendre, vous vous en bouchez l'orifice en l'enfonçant bien là-dedans et vous fixez le tout d'une pièce de tissu serrée autour des reins. Vraiment, c'est très efficace. Si jamais vous étiez un jour atteint de ce mal vous aussi, messire Marco, essayez !

Je lui dis que je le ferais, bien entendu, et l'oubliai aussitôt. Lorsque j'accostai, je fus accueilli par tante Julia.

– Le bon frère Évariste est venu aujourd'hui et il était si en colère que son cher visage était cramoisi jusqu'à la tonsure.

Je fis remarquer que c'était chez lui chose courante. D'un ton de menace, elle reprit :

– Un *marcolfo* qui sèche les cours devrait avoir la langue un peu moins bien pendue ! Frère Évariste m'a dit, figure-toi, que tu avais encore escamoté l'école. Depuis plus d'une semaine, cette fois-ci. Or il se trouve que, demain, votre classe doit réciter je ne sais quoi devant le censeur de l'école ou je ne sais qui, et là, il n'est pas question que tu te dérobes. Le frère me l'a demandé, et, je te le certifie à mon tour, jeune homme : tu *iras* à l'école demain.

Je lui répondis d'un mot qui la fit suffoquer et partis d'un air indigné bouder dans ma chambre. Je refusai par la suite obstinément de descendre, même lorsqu'elle m'appela pour souper. Cela dit, lorsque le carillon du couvre-feu eut retenti, mes bonnes dispositions naturelles avaient repris le dessus. Je me dis en moi-même : « Aujourd'hui, lorsque je me suis comporté avec gentillesse vis-à-vis de Michel, ça lui a fait plaisir. Peut-être devrais-je aller prodiguer, prévenant, un petit mot d'excuse à ma vieille tante Julia. »

(Je m'aperçois que j'ai taxé de « vieux » presque tous ceux que j'ai connus dans ma jeunesse. C'est tout simplement ce qu'ils semblaient être, à mes yeux de jeune adolescent. En fait, peu l'étaient vraiment. Le commis de la compagnie, Isidoro, et le majordome Attilio avaient sans doute l'âge que j'ai actuellement. Mais frère Évariste et l'esclave Michel étaient plutôt entre deux âges. Julia, bien sûr, me semblait âgée parce qu'elle était à peu près de la même génération que ma mère et que cette dernière était morte, mais je suppose qu'en réalité elle devait avoir un ou deux ans de moins que Michel.)

Ce soir-là, quand je décidai d'aller lui présenter mes excuses, je n'attendis pas que tante Julia allât faire ses rondes d'avant coucher à travers la maison. Je me dirigeai droit vers sa petite chambre et, après avoir frappé d'un coup sec à la porte, entrai sans y avoir été invité. J'avais sans doute toujours pensé que les domestiques ne faisaient rien de particulier le soir, si ce n'est dormir pour recouvrer la forme nécessaire à l'accomplissement de leurs tâches du lendemain. Mais ce qui se passait ce soir-là dans cette chambre n'était pas du repos. C'était une chose à la fois affligeante et ridicule, assez ahurissante pour moi, mais somme toute plutôt éducative.

Face à moi, sur le lit, une paire de fesses immenses bondissait de haut en bas. C'étaient des fesses clairement reconnaissables, de la couleur à la fois noire et pourpre que peuvent avoir les aubergines, et plus nettement identifiables encore du fait de la pièce de tissu qui les ceignait, enserrant un gros oignon jaune pâle niché dans la fente qui les séparait. À mon entrée soudaine, il y eut un gloussement rauque de stupéfaction, et les fesses se réfugièrent dans une zone plus sombre que celle éclairée par la chandelle. Ce qui eut pour effet de révéler sur le lit la présence d'un corps contrastant de blancheur : celui, entièrement nu, de Julia, mollement étendue sur le dos, les jambes complètement écartées. Je n'avais vu ma nounou qu'en robe de ces tapageuses couleurs slaves dont elle était coutumière, à plusieurs épaisseurs et longue à raser le sol. Son épais visage de Slave était si banal que je ne m'étais jamais imaginé une seconde à quoi pouvait bien ressembler son corps tout aussi épais, une fois privé de vêtements. Mais je pris avidement note de ce qui se trouvait si impudiquement étalé là, et un détail sautait aux yeux de façon si évidente que je ne pus m'empêcher d'émettre étourdiment ce commentaire :

– Tante Julia, tu as un grain de beauté rouge sur la...

Ses jambes charnues se refermèrent en claquant, et elle ouvrit les yeux aussi grand qu'il était possible. Elle voulut attraper précipitamment les couvertures, mais Michel les avait emportées avec lui dans son saut, aussi se rabattit-elle sur le couvre-lit. Un moment de consternation passablement crispé s'écoula, durant lequel tous deux tâtonnaient pour essayer de s'emmitoufler de leur mieux. Il fut suivi d'un moment d'embarras pétrifié à peu près aussi long, au cours duquel je fixai froidement quatre prunelles presque aussi exorbitées et lumineuses que l'avait été l'oignon. Je me félicitai d'être le premier à reprendre contenance. Je souris doucement à ma nounou et lui adressai non pas les mots d'excuse que j'étais venu lui exprimer, mais ceux d'un fieffé coquin qui profitait outrageusement de la situation. Avec une perfide assurance et un air suffisant, je me contentai de lui articuler nettement ces mots :

– Je *n'irai pas* à l'école demain, tante Julia.

Et je sortis de la chambre en refermant la porte.

4

Sachant ce que j'allais *vraiment* faire le lendemain, je ne tenais plus en place et ne pus dormir convenablement. Levé et habillé avant que le premier serviteur s'éveille, je rompis mon jeûne d'un petit pain au lait et d'une gorgée de vin pris à la va-vite dans la cuisine, sur le chemin de la sortie, et me fondis dans le petit matin nacré. Je courus le long d'allées presque désertes et sur les nombreux ponts menant au marécage situé côté nord, où quelques enfants encore tout ensommeillés émergeaient de leurs barges. Étant donné la raison de ma venue, j'aurais *a priori* dû chercher Daniele, mais c'est néanmoins vers Ubaldo que je me dirigeai pour présenter ma requête.

– À cette heure-ci ? dit-il, à moitié scandalisé. Je pense que cette grosse truie de Margarita dort encore, mais je vais aller voir.

Il se baissa pour rentrer dans l'embarcation, et Doris, qui nous avait écoutés par-derrière, me dit :

– Je ne crois pas que tu devrais, Marco.

J'étais habitué à la voir mettre son grain de sel sur tout ce que l'on pouvait faire et dire, et je n'appréciais pas toujours forcément la manœuvre, mais je lui demandai quand même :

– Pourquoi ne devrais-je pas ?

– Parce que je ne veux pas que tu le fasses.

– Ce n'est pas une raison, ça.

– Margarita est une grosse truie.

Ne pouvant nier cette vérité, je m'en abstins, aussi ajouta-t-elle :

– Et puis, je suis plus belle que Margarita.

Fort impoliment, je ris, mais ne poussai pas la muflerie jusqu'à ajouter qu'entre une grosse truie et un chaton efflanqué, le choix n'était pas difficile.

Doris, morose, donna un coup de pied dans la boue et débita tout d'une traite :

– Margarita va le faire parce qu'elle se fiche totalement de savoir avec quel garçon ou quel homme elle le fait, tandis que moi, si je le faisais avec toi, je ne m'en ficherais pas.

Je l'observai alors avec une surprise amusée et, pour la première fois sans doute, je l'évaluai du regard de celui qui estime, qui apprécie. Malgré la crasse qui recouvrait son visage, je perçus son prude rougissement de jeune fille ainsi que sa gravité, et j'entrevis ce qui pouvait préfigurer une future beauté véritable. Ses yeux, que rien ne souillait, étaient somme toute d'un fort joli bleu et semblaient extraordinairement grands, bien que la maigreur de ses traits, due à une longue abstinence forcée, eût sans doute contribué à les accroître encore.

– Tu seras un jour une très belle femme, Doris, affirmai-je, soucieux de ne pas la blesser davantage. Pourvu que tu puisses te laver – ou au moins te racler. Et si tu parviens à étoffer ta silhouette, qui tient plus pour l'instant du manche à balai. Margarita est déjà, elle, aussi ample que sa mère.

Doris répliqua, acide :

– Dis plutôt qu'elle ressemble à son père : elle en a déjà la moustache !

Une tête aux cheveux sales, négligés, et aux prunelles chassieuses apparut à l'un des trous aux bords hérissés d'échardes qui perçaient la coque de la barge, et Margarita appela :

– Bon, eh, arrive avant que j'enfile mon pantalon, comme ça j'aurai pas besoin de l'enlever !

Je me retournai pour y aller quand Doris s'exclama :

– Marco !

Mais, voyant qu'impatient je persistais à lui tourner le dos, elle ajouta, amère :

– Tant pis. Va jouer au cochon, allez...

Je me hissai péniblement à l'intérieur de la coque sombre et humide, rampant sur son pont de planches pourries jusqu'à ce que je parvienne à l'espace cloisonné qu'occupait, sur un grabat de roseaux et de chiffons, la plantureuse Margarita. Mes mains tâtonnantes la touchèrent avant que je la voie, et son corps massif me parut aussi moite et visqueux que l'était la membrure de la barge. Immédiatement, elle se récria :

– Même pas en rêve, tant que je n'aurai pas palpé mon *bagatìn*.

Je la gratifiai de sa pièce de cuivre, et elle s'allongea sur sa paillasse, étendue sur le dos. Je l'enjambai, dans la position dans laquelle j'avais vu Michel. Et là, je tressaillis lorsqu'un lourd *boum !* frappa l'extérieur de la coque, juste de l'autre côté de mon oreille, suivi d'un grinçant *scritch !* Les garçons des bateaux étaient en train de se livrer à l'un de leurs passe-temps favoris. L'un d'eux avait capturé un chat (ce qui n'a vraiment rien d'un exploit, tant Venise en est infestée) et l'avait attaché au flanc de la coque. Chacun son tour, les garçons prenaient leur élan et couraient tête baissée s'écraser sur la bête, le jeu consistant à être celui qui lui assènerait le premier le coup mortel.

À mesure que mes yeux s'accoutumaient à la pénombre, je notai qu'en effet Margarita n'était rien moins que velue. Ses seins pâles et luisants semblaient même être la seule partie imberbe de son anatomie. Outre la tignasse hirsute qu'elle portait sur la tête et le duvet qui surmontait sa lèvre supérieure, ses bras et ses jambes étaient recouverts de longs poils rudes, et un panache capillaire fourni lui garnissait les aisselles. Vu la pénombre qui régnait et la véritable forêt qui tapissait son artichaut, je ne distinguais de son appareil féminin qu'une partie beaucoup plus réduite que ne m'en avait dévoilé tante Julia. (En revanche, je le sentais fort bien, Margarita n'était pas plus portée sur la toilette que ses congénères des bateaux.) Je savais que j'étais censé m'insérer quelque part là-dedans, mais...

Boum ! dans la coque, et une plainte atroce du chat, rien de mieux pour vous mettre à l'aise. Perplexe, je me mis à explorer de la main les régions inférieures de Margarita.

– Pourquoi tu joues avec ma chatte ? demanda-t-elle, usant du mot le plus vulgaire pour désigner cet orifice.

Je ris, sans doute d'une voix mal assurée, et répondis :

– J'essaie de trouver le... euh, ta *lumaghèta.*

– Et pour quoi faire ? T'as pas à te servir de ça. Tiens, voilà ce que tu cherches.

Elle descendit une main pour s'entrouvrir et une autre pour me guider dedans. Ce fut prestement exécuté, les profondeurs de la demoiselle étant des plus accessibles.

Boum ! Nouveau cri rauque !

– Maladroit, tu l'as encore ressorti ! maugréa-t-elle, avant de procéder à un brusque réajustement.

Je restai là étendu un moment, m'efforçant d'ignorer sa grossièreté, l'arôme douteux qu'elle dégageait ainsi que l'environnement peu avenant, et tentai d'apprécier la sensation que me procurait cette chaude, moite et peu familière cavité qui m'étreignait de façon assez lâche.

– Bon, eh, t'éternise pas non plus, hein ! geignit-elle. J'ai pas encore pissé moi, ce matin.

Je commençai à produire des allers-retours comme j'avais vu Michel le faire, mais avant que je ne décolle vraiment, la cale du bateau me parut s'assombrir un peu plus encore. Malgré tous mes efforts pour les retenir et savourer la chose, mes jets jaillirent à gros bouillons sans y avoir été invités et sans me procurer la moindre sensation de plaisir.

Boum !

– Oh, quelle gerbe ! Mais t'en finis plus ! s'exclama Margarita, dégoûtée. Je vais avoir les jambes qui collent toute la journée, ma parole. Allez, sors de là, imbécile, que je puisse sauter !

– Comment ? fis-je, un peu sonné.

Elle se dégagea, se mit debout et fit un saut en arrière. Elle refit un bond en avant, puis un autre en arrière, donnant du roulis à la barge tout entière.

– Fais-moi rire ! commanda-t-elle entre deux bonds.

– Quoi ? fis-je, éberlué.

– Raconte-moi quelque chose de drôle ! Voilà, ça fait sept sauts. J'ai dit fais-moi rire, *marcolfo*. Tu préfères avoir un bébé ?

– Pardon ?

– Oh, laisse tomber. Je vais éternuer, plutôt.

Elle se saisit d'une mèche de ses cheveux, l'enfila dans l'une de ses narines et fut secouée d'un éternuement explosif.

Boum ! Rorr-rr-rrr...

La complainte du chat s'étrangla, signe évident qu'il venait de passer de vie à trépas. J'entendis les gamins se chamailler à propos de ce qu'il fallait faire de sa carcasse, Ubaldo étant partisan de nous la jeter, Daniele plus enclin à la balancer derrière la porte de l'échoppe de quelque Juif de la ville.

– J'espère que j'ai bien tout secoué, dit Margarita, s'épongeant les cuisses à l'aide de l'une de ses nippes.

Elle laissa retomber le linge souillé sur sa couche, se dirigea du côté opposé de la cale, s'accroupit et se mit à uriner copieusement. J'attendis, pensant qu'il était peut-être séant que l'un de nous deux ajoutât quelque chose. Mais je décidai assez vite que son soulagement matinal était intarissable et rampai hors de la barge par le chemin que j'avais emprunté pour venir.

– *Sana capàna!* cria Ubaldo, comme je venais de me joindre à leur petite bande. Alors, comment c'était ?

Je le gratifiai du sourire las d'un mondain blasé. Tous les garçons émirent des gloussements, des huées, des cris de joie malicieux et pleins de bonne humeur, et Daniele conclut, triomphant :

– Ma sœur est bonne, c'est vrai, mais ma mère est encore meilleure !

Doris n'était pas dans les environs, et j'en fus soulagé, car je n'aurais pas aimé croiser son regard. J'avais accompli mon premier voyage de découverte (une brève incursion dans l'âge d'homme) mais je me sentais peu enclin à m'enorgueillir de cette prouesse. Je me sentais sale, certain, de plus, d'empester la Margarita à plein nez. J'aurais mieux fait d'écouter Doris et de ne pas tenter l'aventure. Si c'était là tout ce qu'il fallait faire pour être un homme, et s'il fallait l'accomplir avec une femme, eh bien voilà, c'était une affaire réglée. À compter de cet instant, j'étais autorisé à rouler des mécaniques et à plastronner, l'air faraud, comme tous les autres garçons, et je ne m'en priverais pas. Mais j'avais décidé en mon for intérieur, avant toute autre chose, d'être gentil avec tante Julia. Je ne chercherais pas à me moquer d'elle pour ce que j'avais surpris dans sa chambre, ne la mépriserais pas, ne médirais pas à son propos, ni ne lui extorquerais la moindre concession sous la menace de tout révéler. J'étais désolé pour elle. Me sentant déjà souillé et déprimé après mon expérience avec une simple fille des bateaux, je n'osais imaginer ce que devait être la détresse de ma malheureuse nounou de n'avoir d'autre partenaire possible qu'un méprisable Noir.

Je n'eus hélas pas l'opportunité de faire montre de ma noblesse d'esprit. Lorsque je revins à la maison, ce fut pour trouver tous les autres domestiques en grand émoi, car Julia et Michel avaient disparu durant la nuit.

Les *sbiri* avaient déjà été alertés par maître Attilio, et ces gorilles de policiers émettaient le type de conjectures dont ils étaient capables : Michel avait emmené de force Julia dans la gondole, ou bien, pour une raison inconnue, ils avaient emprunté de nuit ladite gondole, qui avait chaviré, les noyant ainsi tous deux. Il s'agissait donc de demander aux pêcheurs en mer de garder l'œil sur ce que pourraient charrier leurs filets et d'expliquer aux paysans de la Venise située côté terre qu'il fallait être attentif à tout homme noir convoyant une captive blanche. Après quoi seulement ils s'étaient avisés d'aller inspecter le canal situé juste devant la Casa Polo où flottait le bateau, innocemment amarré à son poteau habituel. Ils s'étaient alors gratté la tête, à la recherche de nouvelles théories. S'ils avaient pu arrêter ne serait-ce que Michel seul, sans la femme, ils se seraient fait un plaisir de l'exécuter. Un esclave en fuite est en effet considéré *ipso facto* comme un voleur, dans la mesure où, en fuyant, il spolie son maître de sa propriété : en l'occurrence sa propre personne.

Je gardai le silence sur ce que je savais, persuadé que Julia et Michel, alarmés par ma découverte de leur sordide liaison, avaient résolu de s'échapper ensemble. Quoi qu'il en soit, ils ne furent jamais retrouvés, et l'on n'entendit plus reparler d'eux. Ils avaient dû trouver refuge en quelque point retiré du monde, où ils finiraient leurs jours dans des conditions misérables, que ce soit dans la Nubie natale de Michel ou dans la Bohême d'où était originaire Julia.

5

Je me sentais si coupable, et pour tant de raisons diverses, que je fis quelque chose que je n'avais jamais fait jusqu'alors. De ma propre initiative, sans en avoir été prié par quiconque, je me transportai à l'église pour aller me confesser. J'évitai de me rendre dans la paroisse de notre quartier San Felice, dont le curé, le vieux père Nunziata, me connaissait hélas aussi bien que les *sbiri* locaux, car je souhaitais plutôt être entendu par un auditeur un peu plus désintéressé. Je m'acheminai donc vers la basilique San Marco, dont les prêtres ignoraient jusqu'à mon existence et où reposaient les ossements de mon saint homonyme, ce qui me vaudrait peut-être une certaine mansuétude.

Sous la voûte immense de cette nef d'église, je me sentis aussi insignifiant qu'un microbe, au milieu de cette profusion d'ors et de marbres, sous le regard distant et impressionnant des saints et des notables immortalisés là-haut, sur les mosaïques du plafond. Tout, dans ce somptueux édifice, paraît plus grand que dans la vie réelle, à commencer par la musique, qui éclate ou se lamente depuis un *rigabèlo*, un orgue apparemment trop petit pour contenir tant de bruit. La basilique étant toujours bondée, je dus prendre la file devant les confessionnaux. Je finis par pénétrer dans l'un d'eux et me lançai dans ma purification religieuse.

– Mon père, j'ai suivi un peu trop librement le chemin où ma curiosité m'a conduit, et il m'a quelque peu éloigné de ceux consacrés de la vertu…

Je continuai sur ce mode un certain temps, jusqu'à ce que le prêtre, impatienté, m'enjoignît de ne pas lui imposer *toutes* les circonstances préliminaires à mes égarements. J'en vins ensuite, bien qu'avec une évidente aversion, à prononcer la formule consacrée : « J'ai péché en pensée, en paroles et en actes », et le père m'imposa pour pénitence un certain nombre de *Notre Père* et de *Je vous salue, Marie*. Je sortis du réduit déterminé à les entamer sur-le-champ, et fus frappé par la foudre.

J'emploie l'expression presque au sens littéral, tant l'éblouissement ressenti fut puissant, lorsque mes yeux se posèrent pour la première fois sur Dona Ilaria. Je ne savais pas encore son nom, bien sûr. Je savais juste que j'étais en train de contempler la plus belle femme que j'avais vue de ma vie et que mon cœur, désormais, lui appartenait. Elle sortait d'un confessionnal également, aussi son voile était-il relevé. Il m'était difficile d'imaginer qu'une dame à la beauté aussi radieuse eût pu commettre des péchés autres que véniels, mais avant que son voile fût rabaissé, je crus voir briller, dans ses yeux magnifiques, l'éclat d'une larme. J'entendis le craquement d'une porte de confessionnal qui se refermait et vis le prêtre sortir de celui qu'elle venait de quitter. Il murmura quelques mots aux personnes en attente dans la file, lesquelles se dispersèrent dans les autres en grommelant, l'air maussade. Il rejoignit Dona Ilaria, et tous deux s'agenouillèrent sur un prie-Dieu libre.

Comme dans une sorte de transe, je me rapprochai et me glissai sur un banc situé dans une allée perpendiculaire à la leur, de façon à pouvoir les regarder de biais. Bien qu'ils eussent tous deux la tête penchée, je pus constater que le prêtre était un homme jeune, à la beauté flagrante, quoique un peu austère. Vous ne me croirez sûrement pas, mais je ressentis un tiraillement de jalousie à l'idée que ma dame n'eût pas plutôt choisi un vieux machin tout sec à qui confier le récit de ses tourments. Malgré son voile baissé, je me rendis compte qu'aussi bien elle que lui bougeaient leurs lèvres comme s'ils priaient doucement, mais le faisaient à tour de rôle. Peut-être, supposai-je, la guidait-il dans la récitation d'une quelconque litanie. J'aurais pu mourir de curiosité à me demander ce qu'elle avait bien pu dire dans le confessionnal pour mériter de la part de son confesseur une telle attention, mais j'étais bien trop occupé à emplir mes yeux de sa beauté.

Comment pourrais-je vous la décrire ? Lorsque nous regardons un monument ou un édifice d'art, nos yeux remarquent forcément tel ou tel élément. Ou bien la combinaison de ces éléments particuliers crée la sensation de beauté, ou bien l'un d'entre eux sort suffisamment de l'ordinaire pour tirer l'ensemble de la banalité. Mais le visage humain n'est jamais perçu comme une addition de détails. Ou sa beauté nous frappe immédiatement dans son intégralité, ou ce n'est pas le cas. Si l'on peut dire par exemple d'une femme qu'elle a « les sourcils délicatement arqués », ce n'est pas que notre regard ait cherché à capter cette particularité, mais tout simplement que le reste de ses traits n'avait rien d'exceptionnel.

Ce que je peux dire, c'est qu'Ilaria avait les cheveux d'un auburn lumineux, mais il est vrai que c'est le cas de beaucoup de femmes à Venise. Ce que je peux ajouter, c'est qu'elle avait les yeux si brillants qu'ils semblaient allumés de l'intérieur, au lieu de ne réfléchir que la lumière extérieure, dont elle semblait pouvoir se passer. Qu'elle avait la joue faite pour attirer le creux de la paume d'une main. Qu'elle possédait ce que j'ai toujours appelé un « nez de Vérone », parce qu'on en voit plus dans cette ville que partout ailleurs : à la fois fin et affirmé, mais harmonieux de proportions, comme pourrait l'être la proue élancée d'un bateau, avec les yeux profondément enfoncés de part et d'autre.

Je serais intarissable sur sa bouche. Ciselée de façon exquise, elle promettait toute sa douceur aux lèvres qui viendraient s'y presser, plus que cela, même. Lorsque Ilaria et le prêtre se relevèrent ensemble, après leurs oraisons et une ultime génuflexion, elle esquissa vers lui une révérence et lui murmura quelques mots d'une voix douce. Je ne sais plus exactement lesquels, mais je suppose qu'ils devaient ressembler à : « Je vous rejoindrai derrière la chapelle, mon père, après complies. »

Son salut, en revanche, me frappa suffisamment pour que je m'en souvienne : elle lui lança « *Ciao* », notre façon à nous, Vénitiens, d'exprimer le mot *schiavo*, qui veut dire : « votre esclave », et je trouvai que c'était une façon curieusement familière, ma foi, de prendre congé d'un prêtre. Mais tout ce qui pour moi compta alors, ce fut sa prononciation de cette phrase : « J-je vous rej-joindrai derrière la ch-chapelle, mon père, après complies. *C-ciao.* » Chaque fois que, pour prononcer les sons *ch* ou *j*, elle avançait légèrement les lèvres, un bégaiement fugace venait imperceptiblement prolonger sa moue adorable : c'était tout simplement délicieux.

Oubliant totalement que j'étais là pour faire pénitence, je me mis en tête de la suivre lorsqu'elle quitta l'église. Il n'était pas possible qu'elle fût même consciente de ma présence, et cependant, la façon dont elle quitta San Marco avait de quoi décourager toute tentative de poursuite. Se déplaçant plus lestement et adroitement que je n'aurais su le faire même avec un *sbiro* à mes trousses, elle s'évanouit de ma vue, se fondant parmi la foule qui grouillait devant l'église. Dérouté, j'arpentai de long en large l'espace situé à l'entrée de la basilique et fis le tour des arcades qui entourent la vaste place, en vain. Mystifié, j'entrepris de traverser la place elle-même, fendant des nuages de pigeons, puis la *piazzetta* plus petite, de la tour du clocher au deux piliers du front de mer. Désespéré, je revins vers la grande église, explorant chacune des chapelles et jusqu'au baptistère. Chagriné, je gravis même les escaliers menant à la loggia, celle qui abrite les chevaux dorés. Finalement, c'est le cœur meurtri que je rentrai à la maison.

Après une nuit tourmentée, je revins dès le petit jour passer au peigne fin l'église et les environs. Je devais avoir l'air d'une âme en peine en quête de consolation. Cette femme, elle, devait être un ange vagabond qui ne se posait qu'une fois. Je ne la reverrais jamais. C'est sur cette pensée fort mélancolique que je retrouvai mes amis des quais. Les garçons m'accueillirent en me saluant chaleureusement, Doris ne me réservant pour sa part qu'un coup d'œil de dédain. Voyant que je ne répondais que d'un soupir déchirant, Ubaldo eut la sollicitude de me demander ce qui me faisait ainsi souffrir. Je lui avouai que j'avais égaré mon cœur auprès d'une dame avant de la perdre elle-même, et tous les enfants s'esclaffèrent, excepté Doris qui sembla soudain remuée.

– Ta tête me semble quelque peu divaguer, ces jours derniers, dit Ubaldo. Aurais-tu l'intention d'être le coq de chaque poule ici-bas, ou quoi ?

– C'est une vraie femme, ce n'est pas une simple fille, précisai-je. Et elle est bien trop sublime pour que je puisse penser à elle comme à une…

– À une chatte ! firent en écho plusieurs garçons.

– Ouais, c'est sûr que, de toute façon, fis-je d'une voix traînante et ennuyée, question chatte, les femmes sont en effet toutes les mêmes.

Homme d'expérience, j'avais le respectable recul d'avoir connu deux femmes nues.

– Moi, je ne connais rien à tout ça, dit un garçon, très dubitatif. Mais j'ai entendu un jour un marin qui avait pas mal bourlingué, et il avait un truc pour reconnaître de façon infaillible une femme exceptionnelle au lit.

– Vas-y, raconte ! Dis-nous ! clama unanimement le chœur des enfants.

– Quand elle se tient debout et que ses jambes sont jointes, on doit voir un triangle minuscule de jour entre ses cuisses et son artichaut.

– Elle a du jour, ta dame ? lança quelqu'un.

– Je ne l'ai vue qu'une fois, et c'était dans une église ! Tu n'imagines pas qu'elle y était nue, tout de même ?

– Bon, et Margarita, elle a du jour, elle ?

Je répondis, et quelques autres garçons avec moi, que je n'avais pas pensé à regarder. Margarita pouffa sottement, et elle pouffa derechef quand son frère ajouta :

– Vous auriez rien pu voir, de toute façon, ses fesses pendouillent par-derrière et son ventre par-devant.

– Voyons voir ça sur Doris ! cria quelqu'un. Holà, Doris, mets-toi debout les jambes serrées et soulève ta chemise.

– Demandez plutôt ça à une vraie femme ! ricana Margarita, un brin méprisante. Celle-là ne saurait même pas s'il faut pondre un œuf ou donner du lait.

Mais au lieu de lui prodiguer une repartie cinglante, comme je m'y attendais de sa part, Doris étouffa un sanglot et s'enfuit.

Tous ces conciliabules étaient distrayants, voire éducatifs, en un sens, mais ma préoccupation était toute différente. Je dis alors :

– Si je parvenais à localiser ma dame et si je vous la montrais, vous pourriez peut-être la suivre mieux que je n'ai su le faire et me dire où elle habite.

– *No, grazie !* répondit Ubaldo, catégorique. Sans façon. Importuner une dame bien née, c'est jouer avec le feu, et je n'ai pas envie de me retrouver entre les piliers.

Daniele claqua des doigts.

– Nom de Dieu ! Ça me rappelle qu'il doit y avoir cet après-midi une flagellation, justement, aux piliers. Un pauvre diable qui a dû vouloir jouer avec le feu, comme tu dis, et a perdu. On pourrait peut-être y aller faire un tour, non ?

C'est ce que nous fîmes. Une flagellation, ou *frusta*, est un châtiment public, et les piliers sont, comme je l'ai dit, situés sur le front de mer, près de la *piazzetta* San Marco. L'une des colonnes est dédiée à mon homonyme, l'autre à l'ancien saint patron de Venise, Teodoro, appelé ici Todaro. Les châtiments publics ou les exécutions de malandrins ont lieu à cet endroit, « entre Marco et Todaro », comme on dit.

Le plat de résistance du jour était un homme que nous, garçons, connaissions tous, bien que nous ignorions son nom. Tout le monde l'appelait *Il Zudìo*, ce qui peut signifier le juif ou l'usurier, la plupart du temps les deux à la fois. Il résidait dans le petit bourg réservé aux gens de sa confession, mais l'étroite échoppe où il changeait et prêtait de l'argent était située sur la Mercerìa, sur laquelle nous nous livrions à la majeure partie de nos chapardages, et nous l'avions vu, bien souvent, se faire huer derrière son comptoir. Ses cheveux et sa barbe ressemblaient à une moisissure rouge et bouclée tirant sur le gris ; il portait sur son manteau long la pièce jaune et arrondie proclamant sa condition de juif, et son chapeau rouge l'annonçait comme un juif de l'Ouest.

Il y avait beaucoup de ses pareils, cet après-midi-là, dans la foule des spectateurs, la plupart en chapeau rouge, mais certains avaient autour de la tête ces bandeaux jaunes indiquant leur origine levantine. Ils ne seraient sûrement pas venus de leur propre initiative voir fouetter et humilier l'un de leurs camarades, mais l'une des lois de Venise faisait obligation à tout juif adulte de sexe masculin d'assister aux fustigations. Bien sûr, l'essentiel du public était constitué de non-juifs venus là juste pour se détendre, et une proportion inhabituelle était composée ce jour-là de femmes.

Il Zudìo était convaincu d'avoir commis un délit assez courant, en l'occurrence la perception d'un intérêt abusif sur un prêt quelconque, mais la rumeur publique mêlait cela à des intrigues plus corsées. On racontait un peu partout que, contrairement aux prêteurs sur gages chrétiens qui ont pour monnaie d'échange usuelle des diamants ou de la vaisselle en métal précieux, lui acceptait de vous prêter du bel argent sonnant et trébuchant contre du simple papier, pourvu que ce soient des lettres d'une nature indiscrète ou compromettante. Comme beaucoup de femmes à Venise employaient des scribes pour écrire à leur place ce genre de littérature ou pour leur lire celle qu'elles recevaient, peut-être certaines avaient-elles décidé de spéculer sur telle ou telle pièce compromettante de leur correspondance qu'il pouvait détenir. À moins que, comme les femmes le font souvent, elles n'aient tout simplement désiré voir fouetter un homme.

L'usurier était escorté vers le lieu de la sentence par quelques gardes *gastaldi* en uniforme et par son consolateur attitré, un membre de la Fraternité des moines convers de la Justice. Le frère, afin que son anonymat fût préservé dans cette tâche dégradante qui consistait à assister un juif, était entièrement couvert d'un habit sacerdotal qui le dérobait à la vue et portait une capuche avec juste deux trous percés pour les yeux. Un *preco de la Quarantia*[7], debout à l'endroit où j'étais monté la veille, dominant largement la foule sur la loggia aux quatre chevaux de San Marco, lut d'une voix retentissante :

– Attendu que le prisonnier Mordecai Cartafilo s'est comporté de façon bien cruelle, agissant contre la paix de l'État, contre l'honneur de la République et la vertu de ses citoyens… il a été condamné à endurer ici treize vigoureux coups de fouet, après quoi il se verra confiné dans un puits de la prison du palais, pendant que les *Signori della Notte*[8] diligenteront sur ses crimes une enquête plus fouillée…

Le condamné, à qui la loi permettait d'émettre toute protestation qu'il jugerait utile au sujet de ce jugement, se contenta de gronder de façon assez insolente :

– *Nè tibi nè catabi*[9].

Le scélérat avait beau, avant de tâter de la rigueur du fouet, affecter de hausser les épaules avec détachement, il changea d'attitude dans les minutes qui suivirent. Il émit d'abord un grognement, puis ce fut un cri qui lui échappa, après quoi il se mit à hurler à la mort. Alors que mon regard parcourait la foule des spectateurs (les chrétiens hochant la tête d'un air approbateur, les juifs tentant de regarder ailleurs), mes yeux s'arrêtèrent net sur un certain visage et s'y fixèrent farouchement. Je résolus dès lors de me couler de côté à travers la masse, afin de m'approcher de ma dame perdue et providentiellement retrouvée.

Au même moment me parvint de l'arrière un nouveau hurlement, et j'entendis la voix d'Ubaldo qui remarquait :

7. L'un des quarante membres du tribunal suprême de la république de Venise.

8. « Gentilshommes de la Nuit », juges du tribunal nocturne qui statuaient sur le cas des condamnés à Venise.

9. « Je n'aurai pas peur et je ne tomberai pas », en dialecte vénitien.

– Eh bien, Marco, tu n'es pas très attentif à la musique de la synagogue, dis-moi !

Mais je n'eus garde de me retourner. Cette fois, je ne voulais pas laisser à la femme la moindre chance de disparaître de mon champ de vision. Elle était de nouveau sans voile, ce qui est bien sûr plus commode pour assister à une flagellation, et mes yeux se repaissaient une nouvelle fois de sa beauté sans égale. Alors que je me rapprochais d'elle, je vis qu'elle se tenait debout à côté d'un homme de haute taille enveloppé d'un manteau, la tête recouverte d'une capuche de façon presque aussi discrète que le frère consolateur de la Fraternité de la Justice présent sur le lieu du supplice. Dès que je fus parvenu à me glisser tout près d'eux, je l'entendis murmurer à ma dame :

– C'est donc toi qui as dénoncé cet homme à l'informateur.

– Le j-juif le méritait, fit-elle, sa délicieuse moue perdurant un bref instant sur ses lèvres.

– Un poulet, lâché devant un tribunal de renards..., laissa-t-il fuser, marmottant entre ses dents.

Elle ne parut pas s'en offusquer, émettant juste un petit rire discret.

– Auriez-vous préféré que je laisse le poulet aller s'épancher dans un confessionnal, mon père ?

Ma dame était-elle si jeune qu'elle dût s'adresser à tout homme comme à un père ? Un simple coup d'œil jeté par en dessous, comme me le permettait ma taille, me suffit à reconnaître en son interlocuteur le prêtre aperçu la veille à San Marco. Je ne manquai pas de me demander, bien sûr, pourquoi il cachait ainsi ses vêtements sacerdotaux, mais les quelques bribes décousues de leur conversation qui me parvinrent ne suffirent pas à me renseigner à ce sujet.

Il continua, toujours dans un murmure :

– Tu as choisi la mauvaise victime. Celui qui pouvait parler, plutôt que celui qui aurait pu entendre.

Elle rit de nouveau et dit, malicieuse :

– Pourquoi ne prononcez-vous jamais le nom de ce dernier ?

– C'est plutôt toi qui devrais le faire, murmura-t-il. Devant l'informateur. Donne au moins aux renards une chèvre, au lieu d'un poulet.

Elle secoua négativement la tête.

– Ce quelqu'un – la vieille chèvre – compte parmi les renards bien trop d'amis. J'ai besoin d'un moyen plus subtil que l'informateur.

Il conserva le silence un bref instant. Puis il murmura :

– Bravo.

Je supposai qu'il applaudissait ainsi à l'exécution au fouet qui venait de prendre fin, après un dernier hurlement déchirant. Le public commençait à bouger, se préparant à se disperser. Ma dame ajouta alors :

– Oui, je verrai ce que je peux faire en ce sens. Mais pour l'instant... (elle toucha le bras recouvert d'un manteau), ce quelqu'un-là s'approche.

Il rajusta la capuche sur son visage et s'écarta d'elle, profitant d'un mouvement de foule. Elle fut rejointe par un autre homme, un peu rouge de figure, aux cheveux gris (sans doute son véritable père, pensai-je), qui lui dit :

– Ah, tu es là, Ilaria. Comment a-t-on pu se perdre ainsi ?

C'était la première fois que j'entendais son nom. Elle et l'homme plus âgé s'en allèrent en flânant de conserve, et je pus l'entendre babiller de façon légère sur le thème : Dieu que cette flagellation était bien réalisée, quelle belle journée pour cela, et autres remarques typiquement féminines du même ordre. Je fis en sorte de me maintenir derrière eux et à une distance suffisante pour ne pas me faire remarquer, mais les suivis comme si une corde invisible nous liait. Je craignais qu'ils ne s'arrêtassent sur le front de mer et que, là, ils ne montassent sur l'embarcation personnelle de l'homme. Dans ce cas, en effet, j'aurais eu bien du mal à garder le contact, car tous ceux qui, dans cette foule, ne possédaient pas de bateau privé étaient en concurrence pour en héler un afin de le louer. Heureusement, Ilaria et son compagnon partirent du côté opposé, remontèrent la *piazzetta* vers la place principale, évitant le gros de la foule et marchant le long du mur du palais des Doges.

Le riche tissu de la robe d'Ilaria frôlait le museau des masques à tête de lion qui ornaient la façade du palais à hauteur de la taille. Nous les appelons, à Venise, les « museaux des secrets dénoncés ». Chacun d'eux est dédié à un type précis de délit : contrebande, fraude fiscale, usure, conspiration contre l'État, et ainsi de suite. Ces museaux possèdent, en guise de bouche, des fentes. Derrière chacune d'elles, dans le palais, des agents de la Quarantia sont accroupis et attendent, telles des araignées tapies sur leur toile, des révélations sur lesquelles fondre. Ils n'ont jamais à attendre bien longtemps. Ces fentes de marbre ont fini par s'élargir avec le temps, tant un grand nombre de mains y ont glissé des messages anonymes imputant tel ou tel crime à des ennemis, des créanciers, des amants, des voisins, des proches, ou même parfois de parfaits étrangers. Les accusateurs, qui restent anonymes, peuvent parfaitement dénoncer quelqu'un sans preuve, et comme la loi tient très peu compte de ces « détails » que sont la malveillance, la calomnie, la diffamation, la frustration ou le dépit, c'est à l'accusé de se justifier des charges portées contre lui. Ce qui est loin d'être facile et réussit du reste rarement.

L'homme et la femme longèrent deux côtés de la place bordée d'arcades. J'étais derrière eux, suffisamment proche pour capter leur conversation décousue. Puis ils entrèrent dans l'une des bâtisses qui donnaient sur la place elle-même, et, à l'attitude du domestique qui leur ouvrit la porte, il me fut aisé de comprendre qu'ils vivaient ici. Ces demeures du cœur même de la cité ne sont pas décorées sur l'extérieur de façon extravagante : pour cette raison, on ne les qualifie pas de palais. Elles sont désignées du nom de « maisons muettes », car leur simplicité apparente, sans artifice, ne révèle rien de la richesse de leurs occupants pourtant issus des plus vieilles et nobles familles de Venise. Je resterai donc tout aussi muet sur le lieu précis qu'habitait Ilaria, afin d'éviter d'attirer quelque honte sur le nom de son auguste famille.

Cette brève filature me fournit quand même deux informations supplémentaires. De ce que j'avais pu glaner de leurs échanges, il apparaissait désormais clairement, même au fou entiché que j'étais, que l'homme aux cheveux gris n'était pas le père d'Ilaria, mais son époux. Cela me fit évidemment de la peine, mais je me consolai en me persuadant qu'une jeune femme mariée à un vieil homme se montrerait sans doute plus sensible aux attentions d'un homme plus jeune tel que moi.

La seconde chose que j'entendis fut la conversation qu'ils eurent au sujet de la fête que l'on allait célébrer la semaine suivante, la *Samarco dei Bòcoli*. (J'aurais dû mentionner que nous étions en avril, et que le vingt-cinq de ce mois l'on fête la Saint-Marc, qui se traduit toujours à Venise par une fête des fleurs et de la gaieté ponctuée d'un bal masqué dédié à « saint Marc des bourgeons ». Cette cité est friande de célébrations en tous genres, et celle-ci est d'autant plus appréciée qu'elle arrive deux mois après le carnaval, au terme d'une accalmie assez longue.)

L'homme et la femme devisèrent au sujet des costumes qu'ils s'étaient fait confectionner pour l'occasion et des quelques bals auxquels ils étaient conviés : j'eus d'ailleurs à ce sujet une pointe au cœur, réalisant que je ne pourrais participer à ces festivités qui se dérouleraient en des lieux auxquels je n'avais pas accès. C'est alors qu'Ilaria fit part de son envie de se mêler à la multitude du dehors pour participer aux promenades au flambeau qui auraient lieu cette nuit-là. Il y eut bien quelques remontrances de son mari, lequel grommela à propos des nuisances de la foule et de la cohue qu'il faudrait endurer « parmi la populace », mais Ilaria sut le persuader en riant, emplissant mon cœur d'un nouvel espoir et d'une résolution retrouvée.

Aussitôt qu'ils eurent pénétré dans la maison muette, je courus jusqu'à une échoppe proche du Rialto que je connaissais. À sa devanture pendaient des masques de bois, de tissu et de *cartapesta*, ou papier mâché, aux teintes rouges, blanches, noires ou de couleur chair et aux faces comiques ou grotesques, démoniaques ou réalistes. J'entrai en trombe dans le magasin et débitai à tue-tête au fabricant de masques :

– Vous allez me faire un masque pour la fête de Samarco ! Je voudrais qu'il me fasse paraître à la fois beau et plus vieux ! Arrangez-vous pour que j'aie l'air d'avoir plus de vingt ans ! Mais attention, pas trop décati quand même, hein : à la fois viril et élégant !

6

Ainsi allèrent les choses, et, quand arriva ce matin de fête du vingt-cinq avril, je me mis sur mon trente et un sans que mes serviteurs aient eu à me le conseiller. Je revêtis un pourpoint en velours cerise et un haut de chausses de soie lavande, et j'enfilai des escarpins rouges de Cordoue que je n'avais encore jamais mis ou presque. Le tout était enveloppé d'un lourd manteau de laine destiné à étoffer la minceur de ma silhouette. Je dissimulai mon masque sous mon manteau, quittai la maison et me dirigeai vers les quais afin de tester mon déguisement auprès de mes amis. Peu avant d'arriver à leur barge, je sortis mon masque et l'ajustai sur mon visage. Orné de sourcils et d'une fringante moustache faits de cheveux véritables, il figurait le visage taillé à coups de serpe d'un marin tanné qui aurait arpenté toutes les mers du globe.

– Salut, Marco, dirent les garçons. *Sana capàna.*

– Comment ça, vous m'avez *reconnu* ? Je ressemble donc à Marco ?

– Hum… Maintenant que tu le dis…, lâcha Daniele, pince-sans-rire. Non, pas vraiment au Marco que nous connaissons. De quoi trouves-tu qu'il a l'air, Boldo ?

Impatient, je jetai :

– N'ai-je pas l'air d'un navigateur de haute mer qui a largement dépassé les vingt ans ?

– Eh bien alors…, commença Ubaldo, hésitant. Une sorte de *petit* navigateur, peut-être…

– Les rations à bord sont parfois maigres, avança Daniele, compréhensif. Ça pourrait avoir contrarié ta croissance.

J'étais on ne peut plus irrité. Quand Doris émergea à son tour de la cale et dit immédiatement : « Holà, Marco ! », je me retournai, rageur, prêt à montrer les dents. Mais ce que je vis me laissa pantois.

Elle semblait elle aussi avoir honoré la tradition du jour qui veut que l'on se transforme. Elle avait lavé ses cheveux auparavant quelconques, révélant leur agréable teinte paille dorée. Elle s'était nettoyé le visage et l'avait poudré jusqu'à lui donner ce teint blanc si attirant que toutes les Vénitiennes s'efforcent d'obtenir. Elle s'était aussi habillée en femme avec une robe de brocart taillée dans l'une de celles qui avaient jadis appartenu à ma mère. Doris tourna sur elle-même pour faire voleter ses atours et demanda timidement :

– Alors, comme ça, ne suis-je pas aussi belle et attirante que ton illustrissime dame d'amour, Marco ?

Ubaldo marmotta bien quelque chose au sujet de « toutes ces dames et tous ces gentilshommes de format ridicule », mais mon regard, à travers mon masque, s'était fixé sur un détail.

Doris insistait :

– N'as-tu pas envie de te promener avec moi, Marco, en ce jour de fête ?... Pourquoi ris-tu ?

– Tes chaussures.

– Quoi ? murmura-t-elle, et sa mine se décomposa.

– Je ris, parce que jamais une dame n'a porté d'aussi horribles *tofi*[10] de bois.

Elle parut blessée au-delà de toute expression et se retira à l'intérieur de la barge. Je m'attardai jusqu'à ce que les garçons m'eussent assuré (et fait croire à moitié) que personne ne me prendrait pour un enfant, hormis ceux qui me connaissaient déjà comme tel. Je les quittai alors pour me diriger vers la place Saint-Marc. Il était encore bien trop tôt pour que les participants fussent déjà dehors, mais Dona Ilaria, lorsque j'avais laissé traîner des oreilles indiscrètes, n'avait pas décrit le costume qu'elle comptait revêtir. Elle serait certainement aussi méconnaissable que je l'étais moi-même, aussi était-il crucial que je guette à sa porte sa sortie pour le premier bal.

Ainsi adossé, apparemment oisif, contre l'un des piliers de la place, tel un apprenti coupe-jarrets à l'air extrêmement stupide, j'aurais fort bien pu attirer sur moi une attention indésirable. Heureusement, je n'étais pas le seul sur la place à être accoutré de cette façon. Sous chaque arcade ou presque, un *matacìn* ou un *montimbanco* en costume installait son estrade, et, longtemps avant que la foule se fût amassée pour les entendre ou les voir, ils avaient commencé à faire montre de leurs talents. J'en étais ravi, car ils me donnaient un spec-

10. Sabots.

tacle agréable à savourer tandis que j'attendais patiemment aux portes de la maison muette.

Les *montimbanchi*, enveloppés dans des robes pareilles à celles des médecins ou des astrologues mais largement enrichies d'improbables étoiles, lunes et autres soleils, tout saupoudrés d'éclatantes paillettes, se livraient à des tours de passe-passe ou de magie et à d'audacieuses jongleries afin de capter l'intérêt. Dès qu'ils avaient réussi à attirer l'œil d'un passant, ils commençaient à vanter en vociférant les incroyables vertus de leurs simples, herbes séchées, liquides colorés, poudre de champignon au lait de lune et autres denrées fantastiques. Les *matacìni*, plus resplendissants encore, le visage fardé d'un maquillage tapageur, dans leurs costumes à damier brillants du feu de faux diamants, tout rapiécés de façon fantaisiste, n'avaient rien d'autre à offrir que leur agilité. Aussi bondissaient-ils d'un bout à l'autre de leurs plates-formes, se livrant à d'étonnantes acrobaties ou à de sensationnelles danses du sabre, se contorsionnant dans des positions invraisemblables et jonglant avec des balles et des oranges, avant de circuler chapeau tendu parmi les spectateurs, le temps de reprendre haleine.

À mesure que la journée avançait, de plus en plus d'artistes vinrent se livrer sur la place à des exhibitions, flanqués de vendeurs de confettis, de bonbons ou de boissons rafraîchissantes, sous l'œil d'un nombre croissant de flâneurs pas encore parés de leurs habits de fête, pour la plupart. Après avoir regardé les tours d'un *montimbanco* ou écouté un *castròn* chanter une barcarolle sur un air de luth, ils s'écartaient pour se diriger vers un autre artiste dès que la vedette, son spectacle terminé, commençait à tendre son chapeau ou à vanter sa marchandise. Beaucoup de ces spectateurs ambulants passaient de l'un à l'autre et ne manquaient pas, au bout d'un moment, de venir se planter imperturbablement devant moi, toujours tapi sous mon masque, et de me lorgner, attendant que je me livre à mon tour à quelque fantaisie distrayante. C'était, je dois le dire, quelque peu agaçant, car je n'avais rien d'autre à faire que suer devant eux – cette journée de printemps étant plus chaude que ne l'aurait voulu la saison – en m'efforçant d'avoir l'air d'un serviteur posté là dans l'attente de son maître.

Les minutes de cette longue journée s'étiraient, interminables, et j'eus largement le temps de regretter de n'avoir pas loué un manteau plus léger. Les millions de pigeons imbéciles qui voletaient sur la place me donnaient des envies de meurtre, et je bénissais toute nouvelle diversion qui venait à se présenter. Les premiers citoyens à faire irruption dans des tenues tout sauf ordinaires furent les corporations d'*arti* en habit de cérémonie. Les médecins, coiffeurs, chirurgiens et apothicaires portaient de grands chapeaux coniques et des robes ondulantes. Les peintres et autres enlumineurs, ordinairement habillés de simples vêtements de toile, les avaient pour l'occasion parés de feuilles d'or et teints de couleurs chatoyantes. La confrérie des tanneurs et des corroyeurs, quant à elle, arborait des tabliers ornés de motifs qui n'étaient ni peints ni cousus, mais imprimés au fer, et ainsi de suite.

Quand toutes ces corporations de métiers se furent assemblées sur la place, le doge Ranieri Zeno sortit de son palais, dans un costume qui, pour m'être familier ainsi qu'à chaque Vénitien, n'en était pas moins assez somptueux pour n'importe quel jour de fête. Sa tête était couverte d'une coiffe blanche, la *scufieta*, et une cape d'hermine recouvrait sa toge dorée, dont la traîne était tenue par trois domestiques en livrée ducale. Derrière lui suivait le cortège des membres du Conseil et de la Quarantia, ainsi que les autres nobles et officiels, tout aussi luxueusement habillés. Un groupe de musiciens leur succéda, mais leurs luths, pipeaux et rebecs restèrent silencieux jusqu'à ce qu'ils eussent, d'un pas ample et mesuré, gagné le front de mer. La galère d'apparat dorée du doge, mue par quarante rameurs, glissa contre le môle juste à cet instant, et la procession s'y embarqua. Ce ne fut que lorsque le brillant navire fut lancé sur l'eau que les musiciens commencèrent à jouer. C'est toujours ainsi qu'ils procèdent, car ils savent que la musique acquiert une douceur indéfinissable en sautillant par-dessus les vaguelettes pour arriver jusqu'à nous.

À l'heure de la *compieta*, lorsque le crépuscule tomba et que les allumeurs de réverbères se mirent à arpenter la place, éclairant un à un les paniers torches suspendus sous les arches, j'étais encore en train de rôder près de la porte de Dona Ilaria. J'avais l'impression d'avoir passé là toute ma vie et me sentais sur le point de défaillir sous l'effet de la faim (n'ayant osé m'éloigner pour me rendre à l'étal d'un marchand de fruits), mais j'aurais été prêt à attendre ici le reste de mon existence s'il l'avait fallu. Au moins, à l'heure qu'il était, j'étais devenu moins voyant, la place s'étant remplie de monde et la quasi-totalité des promeneurs étant désormais grimés.

Quelques-uns dansaient sur la lointaine musique de l'orchestre du doge, d'autres chantaient à l'unisson du gazouillis des *castròni*, mais beaucoup se contentaient de jouir du spectacle qu'ils offraient dans leurs atours, tout en admirant ceux des autres. Les jeunes gens jouaient à se bombarder de dragées, de sucre glace ou de coquilles d'œuf remplies d'eaux parfumées. Les filles plus âgées transportaient des oranges, attendant de croiser un galant à qui elles pourraient en envoyer une. Cette coutume est censée commémorer l'orange offerte en cadeau lors du mariage de Jupiter et de Junon, et un jeune homme peut se vanter d'être un Jupiter particulièrement courtisé par sa Junon si celle-ci lui jette une orange assez fort pour lui occasionner un œil au beurre noir ou lui casser une dent.

À mesure que le crépuscule s'étendait, se leva de la mer le *caligo*, cette brume salée qui enveloppe si souvent la Venise nocturne. Je commençai à apprécier mon épais manteau de laine. Dans ce brouillard, les flammes qui dansaient au-dessus des paniers de fer accrochés sous les arches se mirent à ressembler à des globes de lumière au contour nimbé, suspendus dans l'espace comme par magie. Sur la place, les passants semblèrent bientôt se mouvoir telles des taches de brume, à peine plus sombres et plus compactes que le fond voilé sur lequel elles évoluaient et ne se révélant plus nettement que lorsqu'elles glissaient entre moi et l'une de ces sphères de lumière diaphane. En cet instant, leurs silhouettes généraient des ombres extravagantes, taillant, telles de noires épées, le gris de l'air humide. Ce n'est que lorsqu'un flâneur, homme ou femme, passait tout près de moi qu'il semblait devenir brièvement solide, pour se dissoudre aussitôt, l'instant d'après. Comme surgi d'un rêve, un ange se matérialisait soudain, jeune fille aux yeux rieurs enveloppée de gaze et de guirlandes, qui subitement se muait en une créature de cauchemar, Satan au visage verni rougeoyant et hérissé de cornes.

Brusquement, la porte s'ouvrit derrière moi, déchirant le brouillard gris de l'éclatante lumière d'une lampe. Je me retournai et découvris, découpées sur la clarté aveuglante, deux silhouettes qui s'avérèrent être ma dame et son mari. Si je n'avais pas été posté à l'entrée de la maison, je n'aurais pu les reconnaître, ni l'un ni l'autre. Lui était grimé sous les traits d'un des classiques des grandes mascarades de

Venise, le médecin comique que l'on appelle docteur Balanzòn. Ilaria, quant à elle, s'était si bien déguisée que je ne pus, dans l'immédiat, identifier au juste en quoi. Une mitre blanche et dorée couvrait le bronze de sa chevelure, un loup de velours noir lui masquait les yeux, et plusieurs couches de vêtements sacerdotaux – une aube, une chasuble, une chape et une étole – donnaient à sa fine silhouette la forme d'un dôme courtaud. Je réalisai alors que le costume qu'elle avait revêtu était celui de l'antique papesse Jeanne[11]. Cet habit avait dû lui coûter une fortune, et je craignais fort qu'il ne lui valût une lourde pénitence, si d'aventure un clérical convaincu venait à la croiser dans cette tenue provocante de pape femelle.

Tous deux traversèrent la place dans une véritable marée humaine et n'hésitèrent pas à entrer dans l'esprit de la fête : elle, éparpillant les confettis à la façon d'un prêtre qui asperge les fidèles d'eau bénite, lui, les distribuant d'un geste pondéré tel un médecin en train d'administrer ses potions. Leur gondole les attendait du côté lagune, et ils y embarquèrent, se dirigeant bientôt vers le Grand Canal. Après un instant de réflexion, j'abandonnai l'idée de louer un bateau pour les suivre. Le *caligo* était à présent si dense que tous les navires se mouvaient sur les eaux avec la plus grande précaution, longeant les bords de tout près. Il était ainsi facile pour moi de garder ma belle promise en vue et de la guetter en trottant le long des allées adjacentes aux canaux, quitte à attendre un instant sur un pont, de temps à autre, pour repérer la direction qu'ils emprunteraient aux divers embranchements. Je parcourus un certain nombre de kilomètres à pied ce soir-là, car Ilaria et son conjoint ne cessèrent de sortir d'une maison muette pour entrer dans un palais, et vice versa. Je passai encore plus de temps comme planton, patientant devant ces divers endroits dans la seule compagnie des chats en maraude, tandis que ma dame, bien au chaud, jouissait des plaisirs de la fête.

Tapi dans ce brouillard à la senteur saline, à présent si épais qu'il se condensait, s'écoulait des avant-toits, des arches et jusqu'au bout du nez de mon masque, j'entendais du dehors les échos assourdis de la musique et m'imaginais Ilaria dansant la *furlàna*. Je me penchais

11. Selon une légende, une femme aurait été élue à la papauté à la mort de Léon IV (855) et aurait régné deux ans sous le nom de Jean VIII, avant d'accoucher d'une fille sur la place Saint-Pierre de Rome.

sur des murs de pierre glissants, ruisselants d'eau, scrutant avec envie les vitres derrière lesquelles rougeoyaient dans l'obscurité des chandelles. Je m'asseyais sur les froides et humides balustrades des ponts et, dans le gargouillement de mon ventre vide, je me figurais mon Ilaria grignotant délicatement des pâtisseries *scalete* et des petits pains au lait frits façon *bignè*. Debout, je tapais des pieds pour éviter qu'ils ne s'engourdissent et me remis à maudire mon manteau, chaque minute plus lourd à porter, plus glacé et mouillé à la fois, et qui maintenant traînait à mes talons. Quoique trempé, je redressais vaillamment la tête, m'efforçant d'avoir l'air d'un innocent noceur, chaque fois que d'autres fêtards masqués émergeaient du *caligo* et me lançaient des saluts éméchés – un bouffon jacasseur, un corsaire roulant des épaules et trois garçons occupés à faire les marioles, tels les trois M : le médecin, le musicien et le malade mental.

Les nuits de fête, on ne sonne pas le couvre-feu sur la cité. Cependant, alors que je dégoulinais cette nuit-là devant le troisième de mes quatre palais, j'entendis toutes les cloches sonner complies. Comme si cela avait représenté pour elle un signal, Ilaria se glissa hors de la salle de bal pour se diriger droit vers l'endroit où je gisais, ramassé sur moi-même, dans une alcôve du mur de la maison, totalement emmitouflé dans ma cape et ma capuche. Elle portait toujours son déguisement de papesse, mais elle avait ôté son loup.

– Mon chéri, tu es là, susurra-elle sur le ton doux que prennent entre eux les amants, tandis que, pétrifié sous le choc, je demeurais rigide telle une statue.

Tandis qu'elle se penchait sur les plis de ma capuche, je pus sentir sa respiration légèrement parfumée à la liqueur de noisette, et elle me murmura :

– Ça y est, la vieille chèvre est enfin saoule, elle ne me pourchchassera plus… *Dio me varda !* Qui êtes-vous ?

Elle recula brusquement, l'air effrayé.

– Mon nom est Marco Polo, dis-je. Je vous ai suivie.

– C'en est fait de moi ! cria-t-elle d'une voix si perçante que je craignis qu'un *sbiro* ne survînt. Vous êtes son *bravo*, n'est-ce pas ?

– Non, mais non, gente dame !

Je me levai précipitamment et ôtai ma capuche. Mon masque de bourlingueur l'ayant également alarmée, je l'ôtai aussi.

– Je ne suis rien d'autre qu'à vous !

Elle eut un nouveau mouvement de recul, les yeux agrandis par l'incrédulité.

– Mais vous êtes un enfant !

Je ne pouvais nier l'évidence, toutefois, une nuance me semblait nécessaire :

– Oui… mais j'ai l'expérience d'un homme mûr, dis-je très vite. Je vous ai aimée et désirée dès le premier instant où je vous ai vue.

Ses yeux s'étrécirent, tandis qu'elle m'examinait plus attentivement :

– Que faites-vous donc ici ?

– J'attendais, bredouillai-je, de mettre mon cœur à vos pieds, mon bras à votre service et ma destinée à votre discrétion.

Elle sembla nerveuse.

– J-j'ai déjà assez de pages. J-je n'ai pas besoin de louer…

– Pas à louer ! déclarai-je, solennel. Je suis prêt à vous servir, madame, par pur amour et pour toujours.

J'aurais certes espéré là un regard pâmé de reddition, aussi celui qu'elle m'accorda ne fit-il que m'exaspérer un peu plus.

– Mais enfin, l'heure des complies a bien sonné, n'est-ce pas ? insista-t-elle. Où est donc… ? J-je veux dire, vous n'avez vu personne d'autre, ici ? Étiez-vous seul ?

– Non, il ne l'était pas, répondit une autre voix d'un ton très calme.

Je me retournai pour constater avec horreur qu'une pointe d'épée on ne peut plus proche menaçait ma nuque. Elle disparut prestement dans le brouillard, mais j'avais eu le temps de distinguer l'éclat froid et mouillé d'une lame d'acier qui s'évanouit sous la cape de celui qui la maniait. Je crus un instant reconnaître la voix de ce prêtre que fréquentait Ilaria, mais les prêtres ne portent point l'épée. Avant qu'elle ou moi puissions articuler un mot, la silhouette encapuchonnée murmura de nouveau :

– Je vois à vos vêtements de ce soir, madame, que vous êtes d'humeur moqueuse. Eh bien, soit, vous serez moquée à votre tour. Ce jeune intrus désire être le *bravo* d'une gente dame et se dit prêt à vous servir juste par amour, plutôt que pour de l'argent. Qu'il le fasse donc ! Ce sera la pénitence de l'insolence de votre accoutrement.

Ilaria se récria, outrée :

– Suggérez-vous que… ?

– Vous êtes pardonnée. Je vous absous d'avance de ce qui se produira. Lorsque le principal obstacle sera abattu, si un moindre se dresse, il sera aisé de l'éliminer…

Sur ces mots insolites, la forme surgie de la brume s'y fondit de nouveau et disparut. Je n'avais aucune idée de ce qu'avait voulu dire cet étranger, mais, ayant vaguement cru comprendre qu'il s'était exprimé en ma faveur, je lui en sus gré. Je me retournai vers Ilaria, qui semblait me considérer d'un air d'évaluation affligée. Elle glissa une fine main dans sa robe et en sortit son masque, qu'elle porta devant ses yeux comme pour en dissimuler l'expression.

– Votre nom est… Marco, n'est-ce pas ? (J'inclinai la tête et marmonnai une confirmation.) Vous dites que vous m'avez suivie. Vous savez donc où j'habite ? (J'admis également que oui, à voix basse.) Revenez me voir demain, Marco. Porte des domestiques. À l'heure des secondes vêpres. Ne me décevez pas, surtout.

7

Je ne la déçus pas, en matière de ponctualité, du moins. L'après-midi suivant, je me présentai, comme elle l'avait demandé, à la porte des domestiques, qui me fut ouverte par une vieille harpie. Ses petits yeux plissés semblaient connaître parfaitement les turpitudes de Venise, et elle ne consentit à me laisser entrer dans la maison qu'avec dégoût, comme si j'en représentais l'un des pires exemples. Elle me conduisit à l'étage, le long d'un couloir, pointa une porte de son doigt blanchi et me planta là. Je frappai le panneau, Dona Ilaria vint m'ouvrir. Je pénétrai à l'intérieur de la pièce, elle ferma le loquet derrière moi.

Elle m'invita à m'asseoir, puis se mit à arpenter la chambre de long en large devant ma chaise, tout en m'enveloppant d'un regard spéculatif. Elle portait une robe moulante, couverte d'écailles dorées qui luisaient comme celles d'un serpent. Sa démarche était sinueuse. Elle aurait pu paraître reptilienne, et donc dangereuse, mais ses mains qu'elle tordait tout en se mouvant trahissaient une certaine gêne quant à l'objet de cette rencontre et à notre présence dans cette pièce, tous les deux.

– J'ai beaucoup pensé à vous depuis la nuit dernière, dit-elle.

Je fus pris d'un élan du cœur pour lui répondre, mais fus incapable d'émettre le moindre son audible. Elle poursuivit donc :

– Vous dites que vous avez ch-choisi de me servir, et il existe en effet un service que vous pourriez me rendre. Vous dites que vous le feriez par amour, et je dois vous confesser que cela excite ma… curiosité. Mais je pense que vous êtes informé que je suis mariée.

J'émis un soupir douloureux qui le lui confirma.

– Mon époux est beaucoup plus vieux que moi, et l'âge l'a rendu amer. Il est jaloux de ma jeunesse et envieux de tout ce qui peut la caractériser. Il est aussi doté d'un tempérament assez violent. Je ne peux évidemment pas prendre à mon service un… jeune homme, et encore moins, bien sûr, lui permettre de m'aimer. Vous comprenez? Je pourrais le vouloir, et même y aspirer, mais je ne le puis, étant une femme mariée.

Je réfléchis un instant à ses propos, puis m'éclaircis la gorge et fis remarquer ce qui me semblait une évidence :

– Un vieux mari finira par mourir, et vous serez toujours jeune.

– Voilà, vous avez parfaitement compris ! approuva-t-elle, cessant de se tordre les mains et applaudissant ma sortie. Vous avez l'esprit fort vif, pour un... si jeune homme.

Elle tourna sa tête vers moi pour mieux me contempler, avec un brin d'admiration.

– Donc, il doit mourir. Nous sommes bien d'accord ?

Découragé, je me levai pour partir, supposant que nous étions tombés d'accord sur cette réalité : le contact ultérieur auquel nous pourrions éventuellement prétendre devrait attendre le décès de son vieux mari mal luné. Non que ce report me transportât de joie, bien évidemment, mais, comme l'avait souligné Ilaria, nous étions jeunes, tous deux. Nous pourrions nous abstenir un certain temps.

Avant que je me fusse retourné vers la porte, elle vint malgré tout vers moi, s'approchant très près, à me toucher. Plongeant ses yeux dans les miens, elle me demanda, tout doucement :

– Comment comptes-tu t'y prendre ?

Je ravalai ma salive et prononçai d'une voix enrouée :

– M'y prendre pour quoi faire, ma dame ?

Elle rit, d'un air complice et conspirateur.

– Oh-oh ! Et discret, en plus... Mais je pense qu'il faudra que je sache, car cela va nécessiter un peu d'organisation, pour ne pas que je sois... Enfin, de toute façon, ça peut attendre un peu. Pour l'instant, imagine-toi simplement que je t'ai demandé comment tu songeais... m'aimer.

– De tout mon cœur ! croassai-je.

– Oui, avec cela aussi, espérons-le. Mais sûrement... Je te choque, Marco ? Sûrement avec une autre partie de ton anatomie aussi, non ?

Elle éclata d'un rire franc et jovial, tant l'expression de mon visage lui parut comique. J'émis un son étranglé, toussotai et finis par articuler péniblement :

– J'ai été initié par une femme d'expérience. Quand vous serez libre et que nous pourrons faire l'amour, je saurai comment procéder. Je vous assure, ma dame, que je ne serai pas ridicule.

Elle leva les sourcils et remarqua :

– Dites-moi ! On m'a déjà promis bien des délices, mais jamais encore un de ce genre-là.

Elle m'étudia de nouveau attentivement, entre ses cils qui m'enserraient le cœur telles des griffes.

– Montre-moi donc alors comment tu comptes t'y prendre pour ne pas être ridicule… Je te dois bien, après tout, un petit acompte pour le service que tu vas me rendre.

Ilaria éleva ses mains vers ses épaules et, je ne sais comment, dégrafa le haut de sa robe en écailles d'or, laquelle glissa sur sa poitrine et tomba sur le sol, me laissant contempler ses seins de lait à la fraîcheur d'un bouquet de roses. Je pense que je dus alors tenter de l'attraper, et en même temps d'ôter mes vêtements, car elle m'arrêta d'un petit cri de surprise.

– Qui t'a enseigné la chose, mon garçon ? Une chèvre ? Viens sur le lit.

Je tâchai de refréner mes ardeurs juvéniles sous une attitude de mâle assurance, mais ce fut encore plus difficile quand nous nous retrouvâmes tous deux allongés sur le lit, entièrement dévêtus. Le corps d'Ilaria m'était offert, ouvert à toutes mes inquisitions, m'invitant à savourer le moindre de ses détails, et même un homme à la plus forte volonté que la mienne aurait eu envie d'abandonner tout contrôle. Sa peau, qui avait la couleur, le parfum et la douceur du lait et des roses, était si fine et différente de la grossière viande de Julia et de Margarita qu'elle me laissa penser qu'il s'agissait là d'une femme d'une race nouvelle et supérieure. Je fis l'impossible pour m'empêcher d'aller vérifier tout de suite, de ma langue et de mes lèvres, si elle était aussi délectable que le promettaient sa silhouette, son odeur et sa douceur au toucher.

Je lui avouai finalement mon désir. Elle sourit, s'étira langoureusement en fermant les yeux et me suggéra :

– Goûte-moi, alors, mais très g-gentiment. Fais-moi *toutes* les choses intéressantes que tu as apprises…

Je fis courir un doigt frémissant sur toute la longueur de son corps, de la frange de ses yeux clos, je descendis sur son élégant nez de Vérone, traversai la ravissante moue de ses lèvres, dévalai sur sa joue, glissai doucement sur le satin de sa gorge, remontai sur la pente ferme d'un de ses seins et de son mamelon coquin, et poursuivis sur le doux arrondi de son ventre jusqu'au nid duveteux qui nichait au-dessous... Elle se tortilla alors en miaulant de plaisir. Arrivé là, un souvenir me revint qui stoppa net le parcours de mon doigt. Pour lui montrer à quel point je maîtrisais ce genre de situation, je lui annonçai, d'un ton de suave assurance :

– Je ne jouerai pas avec ta chatte, au cas où tu aurais envie de pisser.

Son corps entier vibra d'une brusque secousse, tandis qu'elle ouvrait les yeux et s'exclamait « *Amorededèi !* » tout en fuyant le contact de ma main et en reculant nettement.

Elle s'agenouilla sur le coin le plus éloigné du lit, en me fixant comme si j'étais un monstre jailli à l'instant d'une fente du parquet. Après m'avoir observé un moment, frémissante, elle lança, furieuse :

– Quelle fichue *créature* t'a donc initié à la chose, *asenazzo ?*

Moi, l'imbécile, je marmottai :

– Une fille des quais.

– *Dio v'agiuta*, soupira-t-elle. Mieux aurait valu une chèvre.

Elle se rallongea, mais couchée de côté, cette fois, les cheveux maintenus d'une main afin de pouvoir continuer à me regarder.

– Maintenant, je suis vraiment curieuse, confia-t-elle. Et puisque je n'ai pas envie de... tu m'en excuseras, que fais-tu, ensuite ?

– Eh bien..., bredouillai-je, un peu déconcerté. Je mets mon... Vous savez, ma chandelle. Dans votre, euh... et je bouge. En avant, en arrière. Et voilà, c'est tout.

Un instant effrayant de silence suivit mes paroles, puis j'ajoutai, d'un ton hésitant :

– Ce n'est pas cela ?

– Tu crois vraiment que c'est tout ce que ça doit être ? Une mélodie à une corde ?

Elle secoua lentement la tête, comme si elle n'en revenait pas. J'esquissai alors un geste de retraite misérable.

– Non, ne t'en va pas. Ne bouge pas. Reste où tu es et laisse-moi t'enseigner les choses comme il faut. D'abord, et pour commencer...

Je fus fort agréablement surpris d'apprendre que faire l'amour pouvait se comparer à une interprétation musicale et que, « pour commencer », les deux joueurs devaient entreprendre leur partition avec des instruments distincts des principaux (tels, par exemple, les lèvres, les cils et les lobes de l'oreille), enchanté également de constater combien la musique pouvait être délectable, lors même qu'elle n'en était encore qu'à l'esquisse, en *pianissimo*... Le tempo passa en mode *vivace* dès qu'Ilaria se servit comme instruments de ses seins tout entiers, avec leurs mamelons doucement rigides, et qu'elle m'encouragea, me guidant des mains et de la voix, à utiliser ma langue, plutôt que mes mains, pour en tirer de superbes notes. Arrivée au *pizzicato*, elle donna littéralement de la voix et chanta, sans doute pour accompagner la mélodie.

Lors d'un bref intermède entre ces chœurs, elle me dit, sur le doux murmure de la confidence :

– Tu as maintenant entendu ce qu'est l'hymne du couvent.

Je sus ainsi que la femme possède en effet ce petit instrument que j'avais entendu appeler *lumaghèta*, et que ce mot est exact, dans tous les sens du terme. Car si son aspect le rapproche d'un petit escargot, sa fonction est assez similaire à la molette qu'utilise le luthier. Et après qu'Ilaria m'eut indiqué, en s'y attelant elle-même, la façon dont il convenait de manipuler délicatement et habilement sa *lumaghèta*, je pus à mon tour, comme si elle était un véritable luth, la faire elle-même s'animer, chantonner, vibrer et résonner de façon délicieuse. Elle me révéla également d'autres actes divins auxquels elle ne pouvait s'adonner seule et dont je n'eusse même jamais soupçonné l'existence. Ainsi, à un moment, je jouais de mes doigts comme sur les cordes d'une vielle, à un autre j'utilisais mes lèvres comme si je jouais de la *dulzaina*, en faisant virevolter ma langue tel un flûtiste soufflant dans son instrument.

Ce ne fut que lorsque notre aubade eut duré une bonne partie de l'après-midi qu'Ilaria donna le signal qui nous permit de joindre nos instruments principaux, et nous jouâmes alors à l'unisson, faisant enfler la musique *crescendo* jusqu'à un incroyable orgasme *fortissimo*. Durant le reste de l'après-midi, nous nous ingéniâmes à revenir à ce point d'extase, encore et encore. Après quoi nous nous laissâmes délicatement aller à quelques codas, de plus en plus assourdies, jusqu'à ce que nous fussions tous deux pleinement rassasiés de musique. Nous demeurâmes alors allongés tranquillement l'un contre l'autre, jouissant, alanguis, de l'écho déclinant des trémolos qui résonnaient doucement... doux, si doux...

Lorsqu'un moment se fut écoulé, je me sentis inspiré et m'enquis élégamment :

– Tu ne voudrais pas faire des bonds et éternuer, maintenant ?

Elle eut un léger mouvement d'incrédulité exaspérée, me regarda du coin de l'œil en marmonnant quelques mots que je n'entendis pas, puis déclara :

– Sans façon, Marco, je te remercie, ce ne sera pas nécessaire. Ce que j'aimerais, c'est que nous parlions un instant de mon mari, si tu veux bien.

– Pourquoi assombrir un si beau jour ? objectai-je. Reposons-nous un peu et voyons si nous ne pourrions pas interpréter un autre morceau…

– Il n'en est pas question ! Tant que je serai une femme mariée, je resterai désormais ch-chaste. Nous ne revivrons plus de tels moments, jusqu'à ce que mon mari soit mort.

Lorsqu'elle avait posé un peu plus tôt cette condition, j'avais acquiescé. Seulement voilà, j'avais à présent goûté à l'extase : la simple pensée qu'il fallût attendre pour m'en délecter à nouveau était tout simplement insupportable. Aussi fis-je remarquer, un brin dépité :

– Même s'il est vieux, cela pourrait bien prendre des années.

Elle me dévisagea apparemment sans comprendre et lança, mordante :

– Pourquoi donc tant de temps ? Quels moyens entends-tu utiliser ?

Éberlué, je répondis :

– Moi ?

– Enfin, ne me dis pas que tu avais juste l'intention de continuer à le suivre, comme tu l'as fait la nuit dernière ! Tu n'espères tout de même pas le faire juste périr d'exaspération ?

La vérité finit par se faire jour dans la lourde épaisseur de mon esprit, et je murmurai avec effroi :

– Tu envisages donc sérieusement que ton mari soit tué ?

– J'entends qu'il soit tué, oui. Sérieusement, c'est tout à fait exact, jeta-t-elle en manière de plat sarcasme. De quoi croyais-tu que nous parlions, *asenazzo*, lorsque nous avons envisagé que tu pourrais me rendre un service ?

– Je pensais que tu voulais parler de… ça.

J'effleurai timidement son jardin intime.

– Laisse cela à présent, s'il te plaît. (Elle se dégagea d'un mouvement souple du corps.) Et pendant que nous y sommes, si tu dois absolument utiliser un langage vulgaire, essaie au moins d'appeler cela ma *minette*. Cela sonnera de façon un peu moins épouvantable que... ce mot que tu as employé tout à l'heure.

– Alors, tu veux dire que je ne toucherai plus jamais ta minette ? balbutiai-je misérablement. Pas avant que je ne t'aie rendu cet autre service ?

– Aux victorieux, le butin ! J'ai pris plaisir à polir ton petit poignard, Marco, mais un autre *bravo* pourrait venir me proposer une épée.

– Un *bravo*, répétai-je, songeur. Oui, un tel fait d'armes ferait de moi un véritable *bravo*, n'est-ce pas ?

Elle acquiesça et ajouta d'un ton persuasif :

– Et tu imagines bien que j'aimerais davantage un impétueux *bravo*, plein d'allant et de panache, qu'un vulgaire amant tout juste capable de profiter de la femme d'un autre.

– Il y a une épée, dans une armoire de la maison, murmurai-je pour moi-même. Elle doit avoir appartenu à mon père ou à l'un de ses frères. Bien qu'assez ancienne, elle est encore brillante et bien aiguisée.

– Personne ne te soupçonnera, c'est évident. Mon mari doit avoir de nombreux ennemis, quel homme important n'en aurait pas ? Mais nul n'ira imaginer qu'un simple... je veux dire qu'un homme plus jeune, ait eu un quelconque mobile pour attenter à sa vie. Tu n'as qu'à l'accoster dans l'obscurité, lorsqu'il sera seul, et frapper de façon assez décisive pour qu'il n'ait pas le loisir d'aller donner ensuite une quelconque description...

– Non, la coupai-je. Il vaudrait mieux que je le trouve à un moment où il évolue avec d'autres de ses pairs, parmi lesquels se trouveraient forcément certains de ses ennemis véritables. Là, il me serait sans doute plus facile d'agir sans être vu... Mais non.

Je me rendis soudain compte que j'envisageais froidement un meurtre et conclus donc, sans conviction :

– Ce serait sans doute impossible.

– Pas pour un authentique *bravo*, susurra mon Ilaria, douce comme une colombe. Pas pour quelqu'un qui en serait remercié avec tant de générosité...

Elle se lova contre moi et fit bouger son corps avec une infinie volupté, jouant de ladite récompense comme d'un vrai supplice de Tantale. Cet intermède capiteux eut pour effet d'éveiller en moi des émotions contradictoires, mais mon corps n'en retint pour sa part qu'une seule et brandit bientôt un fier bâton de chef d'orchestre tout prêt à diriger une fanfare.

– Non, dit Ilaria en me repoussant, soudain redevenue une vraie femme d'affaires. La maîtresse de musique peut délivrer gratuitement sa première leçon afin de donner une idée de ce qu'elle peut enseigner. Mais si tu en souhaites d'autres, d'un degré plus avancé, il te faudra les mériter.

Me renvoyer de la sorte, en me laissant sur ma faim, ne manquait pas d'astuce. Je sortis en effet de la demeure (par la porte de service, toujours) frémissant d'envie et empli de désir comme si je n'avais pas été satisfait du tout. C'était désormais ma sensualité seule qui me guidait et me gouvernait, et ma baguette de chef d'orchestre n'avait plus qu'une idée, retrouver au plus tôt le boudoir intime de mon étourdissante dame, quoi que cela dût exiger. D'autres événements semblèrent curieusement vouloir se mettre à l'unisson du sombre projet que j'envisageais. Parvenu sur la place Saint-Marc, je la trouvai encombrée de gens massés en petits groupes qui discutaient avec agitation et semblaient assez choqués. Un crieur public en uniforme égrenait à pleine voix les dernières nouvelles.

Le doge Ranieri Zeno avait été saisi dans l'après-midi, dans ses appartements du palais, d'une violente attaque. Il était décédé peu après. Le Conseil s'était d'ores et déjà rassemblé pour élire son successeur à la couronne ducale. L'ensemble de la population vénitienne était convié à observer trois jours de deuil, avant les funérailles.

« Eh bien, pensai-je sur le chemin du retour, si un grand et célèbre doge peut mourir, pourquoi un noble de moindre importance ne le pourrait-il pas également ? » C'est alors qu'une révélation me frappa : les funérailles allaient sans doute être l'occasion, pour ces nobles de moindre rang, de se réunir. Le mari de ma dame en serait forcément, et il serait entouré, ainsi qu'elle l'avait suggéré, de ceux qui l'enviaient et de ses principaux ennemis.

8

Les trois jours qui suivirent, feu le doge Zeno reposa dans son palais, honoré la journée du dernier hommage de respectables citoyens, gardé la nuit par des vigiles. J'occupai ce temps à m'entraîner dans ma chambre à manier la vieille mais encore digne épée, jusqu'à ce que je parvienne à pourfendre et à embrocher sans difficulté les maris fantômes. Ce qui me posait le plus gros problème, à la vérité, c'était simplement le transport de l'épée, qui était aussi longue que ma jambe. Impossible de la glisser ainsi lame nue dans ma ceinture, j'aurais risqué de m'empaler le pied en marchant. Quelle que fût la façon dont je la porterais, ce serait dans son fourreau, ce qui l'alourdissait encore un peu plus. Pour la dissimuler, je devrais la recouvrir de mon long manteau de laine, ce qui ne me faciliterait pas la manœuvre délicate consistant à dégainer.

Cela ne m'empêcha pas de concevoir de savants plans d'attaque. Au second jour de la veille mortuaire, j'écrivis un mot de mon écriture la plus scolaire, m'appliquant à tracer, et même à dessiner au mieux les caractères : « Viendra-t-il à la fois aux funérailles et à l'intronisation ? » Je considérai la missive d'un œil critique, puis soulignai bien le *il*, de façon qu'il n'y eût aucune méprise possible sur la personne dont il s'agissait. Je pris ensuite la peine de calligraphier laborieusement au-dessous mon propre nom, afin qu'on identifie nettement que cela venait de moi. Après quoi, ne faisant confiance à aucun serviteur, je livrai directement le mot à la maison muette et y attendis un autre interminable moment qu'*il* en sorte, vêtu des sombres habits du deuil. Je fis alors le tour par la porte de service, glissai la lettre à la vieille harpie qui servait de gardienne et lui dis que j'attendrais la réponse.

Après une nouvelle attente, elle s'en revint. Elle n'avait aucune réponse, mais de son doigt noueux me fit signe d'entrer. Je la suivis de nouveau jusqu'aux appartements d'Ilaria et trouvai ma dame penchée sur mon papier. Elle semblait quelque peu énervée et négligea de me gratifier d'un chaleureux bonjour, se contentant de me jeter :

– Je sais lire, bien sûr, mais pas moyen de déchiffrer ta misérable écriture. Lis-moi cela toi-même.

Je le fis, et elle me répondit par l'affirmative. Comme tous les membres du Grand Conseil de Venise, son mari serait à la fois présent aux cérémonies d'inhumation et à celles qui célébreraient la désignation du nouveau doge élu.

– Pourquoi cette question ? ajouta-t-elle.

– Cela me fournira deux occasions, expliquai-je. J'essaierai de faire en sorte de... d'accomplir mon service le jour des funérailles, et, si c'est impossible, cela me donnera au moins une idée plus précise quant à la façon de procéder lors de l'assemblée de nobles qui s'ensuivra.

Elle me prit le papier des mains et le regarda.

– Je ne vois pas mon nom, là-dessus.

– Évidemment non, fis-je, du ton expérimenté d'un conspirateur chevronné. Je n'irais pas compromettre une illustrissime !

– Et le tien, s'y trouve-t-il ?

– Oui, là. (Je désignai mon nom avec fierté.) Vous voyez, c'est mon nom, ma dame.

– L'expérience m'a appris qu'il est rarement sage de coucher ce genre de chose par écrit, affirma-t-elle, puis elle plia le papier et le glissa dans son corsage. Je le mettrai en lieu sûr.

Je tentai de lui suggérer qu'elle n'avait qu'à le déchirer, simplement, mais elle poursuivit, sur un ton de reproche :

– J'espère que tu comprends à quel point il était imprudent de ta part de venir ici sans mon autorisation.

– J'ai attendu, afin d'être certain qu'*il* soit sorti.

– Mais si quelqu'un d'autre... je veux dire, si l'un de ses proches ou de ses amis était là, hein ? Écoute-moi bien, à présent. Tu ne reviendras jamais ici à moins que je ne t'y convoque, est-ce clair ?

Je souris.

– Jusqu'à ce que vous soyez libre de...

– *Jusqu'à ce que je t'y convoque.* File, maintenant, et vite. J'attends... enfin, *il* pourrait rentrer d'un instant à l'autre.

Je revins donc chez moi poursuivre l'entraînement. Et, le lendemain soir, alors que les funérailles débutaient, je me retrouvai parmi les spectateurs. L'enterrement d'un citoyen ordinaire donnant déjà lieu, à Venise, à une pompe extrême, je vous laisse imaginer ce que fut la splendeur de celui du doge. Le défunt ne reposait pas dans un cercueil, mais sur une litière ouverte, habillé des vêtements les plus somptueux de sa fonction, les mains froides et rigides repliées sur sa canne de commandement, le visage fixé dans une sereine expression de sainteté. La dogaresse, sa veuve, se tint constamment à ses côtés, si bien enveloppée de voiles qu'on ne pouvait distinguer d'elle que sa blanche main posée sur l'épaule de son mari décédé.

La litière mortuaire fut d'abord déposée sur le pont du grand *Bucentaure* doré du doge, à la proue duquel, placé en berne au milieu du mât, flottait le drapeau ducal aux couleurs pourpre et or. Mû avec une lenteur solennelle par ses quarante rames qui semblaient à peine bouger, le bateau monta et redescendit ainsi les principaux canaux de la cité. Derrière et tout autour, de multiples barques et gondoles, tendues de crêpe noir, acheminaient les membres du Conseil, toute la seigneurie de la ville et les dignitaires de la Quarantia, ainsi que les principaux prêtres et représentants des confréries d'artisans. L'ensemble du cortège alternait hymnes et prières.

Lorsque l'illustre chef défunt eut suffisamment paradé le long des voies d'eau, on déchargea sa litière sur la terre ferme, et huit nobles la prirent sur leurs épaules. La procession devait arpenter la plupart des principales rues de la ville, et les porteurs, en général plutôt âgés, durent ainsi passer la main à de nombreuses reprises. Toujours accompagné de la dogaresse et pleuré par la longue escorte des officiels de la cour, à présent à pied, le corps du doge, enveloppé par la lugubre et morne mélopée des orchestres funèbres, fut suivi de contingents de pénitents qui se fouettaient symboliquement avec lenteur et de tous les Vénitiens qui n'étaient ni trop jeunes ni trop vieux ou malades pour marcher.

Tant que le corps fut transporté sur l'eau, je ne pus rien faire d'autre que le regarder depuis la rive, avec les autres. Dès qu'il fut débarqué, en revanche, j'eus l'impression que la chance avait décidé de me sourire. Avec le crépuscule surgit en effet à nouveau de la mer le *caligo*. Baignées de brumes humides, les obsèques prirent alors, dans la musique soudain étouffée, comme assourdie, de chants devenus lugubres et caverneux, un tour plus mélancolique et plus mystérieux encore.

Des torches furent accrochées tout au long du parcours, et la plupart des marcheurs allumèrent les chandelles dont ils s'étaient munis. J'avançai un moment dans la foule des anonymes (claudiquant plutôt qu'autre chose, à la vérité, car cette épée toute raide le long de ma jambe m'obligeait à la faire pivoter pour avancer) et progressai peu à peu jusqu'au premier rang de cette multitude. De là, je pus constater que presque tous les officiels du cortège, exception faite des prêtres, étaient vêtus de manteaux et avaient la tête recouverte d'une capuche. Dissimulé de la sorte moi aussi, je pourrais aisément être pris pour l'un des artisans qui cheminaient en queue de procession. Même ma petite stature restait discrète, un certain nombre de femmes voilées n'étant guère plus épaisses que moi, et quelques nains ou bossus plus petits encore. J'en profitai pour remonter imperceptiblement le flot d'officiels, sans que nul songeât à m'en demander compte, jusqu'à ce que je ne fusse plus séparé des porteurs de la litière que par une rangée de prêtres qui psalmodiaient leur habituelle complainte de prières en agitant des encensoirs, comme pour ajouter leur fumée au brouillard ambiant.

J'étais loin d'être le seul marcheur de la procession à passer inaperçu. De fait, les gens étaient emmitouflés dans la laine de leurs vêtements, et, perdu dans un brouillard presque aussi laineux, j'eus bien du mal à repérer ma proie. Cette déambulation fut heureusement assez longue pour que, me portant avec précaution aux côtés d'un marcheur après l'autre et scrutant avec acuité le profil de leur visage qui dépassait des capuches, je finisse par identifier le mari d'Ilaria, sur lequel je gardai désormais un œil vigilant.

Une occasion survint lorsque, en débouchant d'une rue étroite, le cortège arriva sur le quai pavé du nord de la ville. Quoique dans l'épaisseur de la nuit et du brouillard il fût assez difficile de le reconnaître, j'y parvins sans mal, car le bateau du doge abordait le Lagon mort, près de l'endroit où résidaient mes amis des barges. Après avoir fait le tour de la cité pour se retrouver devant nous, il attendait d'accoster. Il devait convoyer le doge vers son ultime demeure, sur l'île des Morts, pour l'instant invisible. Il y eut un remous dans le cortège lorsque les gens proches de la litière voulurent à toute force aider les porteurs à hisser le défunt à bord du navire. Cette bousculade me donna l'occasion de me mêler à eux. Je jouai des coudes jusqu'à me placer à la hauteur de mon gibier, et, dans ce remue-ménage, nul ne remarqua la lutte que je dus mener pour dégainer mon épée. Heureusement pour moi, le mari d'Ilaria ne s'empressa pas de passer son épaule sous la litière : son décès eût en effet entraîné la chute inéluctable du doge dans l'eau du Lagon mort.

Ce qui chut, en revanche, ce fut le lourd fourreau de mon épée ; ma maladresse l'avait décroché de la ceinture de ma tunique. Il émit, en heurtant les pavés, un lourd tintement métallique et continua ensuite à manifester bruyamment sa présence, bousculé par les pieds innombrables qui traînaient là. Mon cœur bondit dans ma poitrine, et je l'eus au bord des lèvres lorsque je vis le mari d'Ilaria se pencher pour ramasser la gaine. Il ne poussa cependant aucun cri pour rameuter qui que ce fût et se contenta de me la tendre gentiment avec ce simple commentaire :

– Tenez, jeune homme, vous avez laissé tomber cela.

J'étais juste à côté de lui, nous nous trouvions tous deux chahutés par le mouvement de la foule alentour. Je tenais mon épée bien en main, cachée sous mon manteau, c'était le moment idéal de le frapper, mais comment l'aurais-je pu ? Il venait d'empêcher que je fusse découvert, pouvais-je le trucider en remerciement de ce bienfait ?

Une autre voix siffla alors à mon oreille : « Espèce de crétin d'*asenazzo* ! » Il y eut comme un son grinçant, et quelque chose de métallique brilla à la lueur de la torche. Tout cela se produisit au bord de mon champ de vision, aussi mes impressions furent-elles aussi fragmentaires que confuses. Il me sembla cependant que l'un des prêtres qui avait jusque-là agité un encensoir avait soudain brandi à la place un objet argenté. Au même instant, le mari d'Ilaria plongea vers l'avant et cracha une substance qui, sous cette lumière, me parut noire. Bien que je ne lui eusse rien fait moi-même, il venait d'être attaqué. Il tituba, heurta les personnes groupées autour de nous et s'écroula, entraînant deux hommes au moins dans sa chute. Une lourde main s'abattit alors sur mon épaule, mais, en me démenant, je lui échappai et, dans un mouvement de recul, je parvins à m'extraire du cœur du tumulte. Alors que je luttais pour franchir le cercle situé en périphérie et que je bousculais bon nombre de badauds, mon fourreau tomba de nouveau, suivi de l'épée elle-même. Je ne songeai pas à les ramasser : saisi de panique, je ne pensais qu'à une chose, fuir loin et vite. J'entendis jaillir juste derrière moi des exclamations stupéfaites et indignées, mais j'eus tôt fait de m'échapper de tout cet amas de torches et de chandelles et de me réfugier dans la bénédiction du brouillard nocturne.

Je poursuivis ma course le long du quai jusqu'à ce que deux nouvelles silhouettes surviennent devant moi, dans la nuit embrumée. J'aurais pu me carapater, mais je reconnus des silhouettes d'enfants et eus tôt fait d'identifier mes deux amis, Ubaldo et Doris Tagiabue. Quel soulagement de rencontrer enfin quelqu'un de familier… et de petit ! Je tâchai d'afficher une expression joviale, ne parvenant probablement qu'à arborer une face blafarde et effrayante, mais je les saluai néanmoins avec gaieté :

– Salut, Doris ! Eh, dis-moi, mais tu es toujours propre comme un sou neuf !

– Toi pas, en tout cas, répliqua-t-elle en pointant son doigt dans ma direction.

Je baissai les yeux vers la partie inférieure de ma personne. Le devant de mon manteau était humide, et pas seulement par l'effet du brouillard : je le trouvai aspergé et tout éclaboussé d'un rouge brillant.

– Et tu es blanc comme un linge, mon pauvre vieux, remarqua Ubaldo. Que s'est-il passé, Marco ?

– J'ai été… j'ai failli être un *bravo*, bredouillai-je, la voix soudain mal assurée.

Ils me regardèrent, abasourdis, et je m'expliquai. C'était un véritable soulagement de pouvoir en parler à quelqu'un de neutre.

– Ma dame m'a envoyé tuer un homme. Mais je pense qu'il est mort avant que je puisse passer à l'acte. L'un de ses ennemis a dû intervenir ou bien a loué les services d'un *bravo* pour le faire.

– Tu *penses* qu'il est mort, dis-tu ? s'exclama Ubaldo.

– Tout est arrivé très vite. J'ai dû prendre la fuite. Je suppose que je ne saurai ce qui s'est produit exactement que lorsque les crieurs publics de la veille de nuit viendront annoncer les dernières nouvelles.

– Où cela s'est-il passé ?

– Là-bas, près de l'endroit où le doge défunt devait être embarqué. Peut-être ont-ils interrompu son transfert, d'ailleurs. C'est la pagaille la plus totale, à présent.

– Je peux peut-être aller voir. Tu seras fixé avant les crieurs de demain, ainsi.

– Vas-y, dis-je. Mais fais attention, Boldo. Ils auront vite fait de suspecter tout étranger surpris à rôder dans le coin.

Il disparut en trombe dans la direction d'où j'étais venu, et je m'assis en compagnie de Doris sur un bollard au bord de l'eau. Elle me considéra d'un air grave et, après un moment, interrompit le silence :

– L'homme, c'était le mari de la dame, n'est-ce pas ?

Elle n'en fit pas une question, mais j'opinai du chef, sans un mot.

– Et tu aimerais prendre sa place.

– Je l'ai déjà fait, rétorquai-je, avec toute la fierté que je fus capable de trouver.

Comme Doris sembla tressaillir de douleur, je tempérai mon propos avec une certaine humilité :

– Une fois, seulement.

Cet instant d'abandon semblait si lointain, à présent, et comme j'étais à mille lieues, en cet instant, de souhaiter le réitérer ! Curieux, me dis-je à part moi, combien l'anxiété peut diminuer les ardeurs viriles. Fichtre, dire que si je me retrouvais, là maintenant, dans la chambre d'Ilaria, si elle était nue, souriante et me faisait signe d'approcher, je ne serais même pas en mesure de...

– Ton trouble doit être extrême, intervint soudain Doris, comme pour ratatiner encore un peu plus mon désir flageolant.

– Nullement, répliquai-je, plus pour m'en convaincre moi-même que pour en persuader la jeune fille. Le seul crime que j'ai commis, c'est de me trouver à un endroit où je n'aurais pas dû me trouver. Et lorsque je me suis enfui, personne ne m'a ni attrapé ni reconnu, si bien que nul ne sait, en fait, que j'étais là-bas. À part toi, naturellement.

– Et que va-t-il se passer, maintenant ?

– Si l'homme est mort, ma dame ne tardera pas à me réclamer pour me gratifier de sa tendre reconnaissance. Je ne te cache pas que je m'y rendrai le rouge aux joues, car j'aurais préféré la revoir dans la peau d'un audacieux *bravo* qui a réussi à trucider son oppresseur... (Une pensée m'effleura.) Mais, au moins, je pourrai la voir, désormais, la conscience tranquille.

Cette constatation me gonfla d'une bouffée de joie et de courage.

– Et s'il n'est pas mort ?

La bouffée se vida d'un coup. Je n'avais à aucun moment envisagé cette éventualité. Je ne répondis rien et restai assis à me demander ce que je ferais… ou plutôt ce que j'aurais à faire.

– Peut-être, alors, hasarda Doris, mais d'une toute petite voix, me prendrais-tu pour maîtresse à sa place ?

Je montrai les dents.

– Pourquoi t'entêtes-tu à mettre sur le tapis cette suggestion ridicule ? Et maintenant, encore, alors que je suis empêtré dans des problèmes mille fois plus graves !

– Si tu avais accepté d'emblée ce que je t'avais proposé, tu n'aurais pas tous ces problèmes, à l'heure qu'il est.

C'était un raisonnement à la fois juvénile et féminin, complètement absurde, mais il recelait cependant assez de vérité pour m'inciter à répondre, non sans cruauté :

– Dona Ilaria est belle, toi, non. C'est une femme, tu es une enfant. Elle porte le titre de Dona, et j'appartiens à une famille de haute lignée. Jamais je ne pourrais prendre comme fiancée une jeune fille qui ne serait pas née noble, et…

– Elle ne s'est pourtant pas conduite très noblement, je trouve, ni toi non plus !

Mais je continuai, imperturbable :

– Elle est toujours propre et parfumée ; toi, tu viens à peine de découvrir qu'on pouvait se laver ! Elle sait faire l'amour de façon sublime ; tu n'en sauras jamais davantage que Margarita la truie…

– Si ta dame sait si bien baiser que cela, elle doit t'avoir appris comment faire. Tu pourrais donc me l'enseigner…

– Et voilà !… Jamais une dame, justement, n'utiliserait un terme aussi vulgaire que « baiser » ! Ilaria appelle cela jouer de la musique.

– Eh bien, apprends-moi à parler comme une dame. Explique-moi comment « jouer de la musique » comme une vraie dame.

– Tu es insupportable ! J'ai tant d'autres choses en tête que je me demande vraiment ce que je suis en train de faire, assis ici à ergoter avec une imbécile.

Je me levai et ajoutai avec rudesse :

– Écoute, Doris, tu es une fille bien. Pourquoi persistes-tu à vouloir offrir ce que tu ne peux donner ?

– Parce que… (Elle secoua la tête afin de dissimuler l'expression de son visage derrière le casque blond de ses cheveux.) Parce que c'est tout ce que j'ai à offrir.

– Ohé, Marco ! appela Ubaldo qui se matérialisa dans le brouillard arrivant vers nous, encore essoufflé de sa course.

– Alors, qu'as-tu découvert ?

– Laisse-moi te dire une bonne chose, bonhomme. Bénis le ciel de ne pas être le *bravo* qui a fait cela !

– Qui a fait quoi, au juste ? demandai-je, étreint d'une singulière appréhension.

– Tuer ce type, pardi ! Le gars dont tu nous as parlé. Il est mort, en effet. Ils ont retrouvé l'épée du crime.

– Ce n'est pas vrai ! protestai-je. L'épée qu'ils ont récupérée est certainement la mienne, et ils n'y trouveront pas une seule goutte de sang.

Ubaldo haussa les épaules.

– Ils ont mis la main sur une arme. On peut compter sur eux pour appréhender l'assassin. Il faudra bien qu'ils trouvent un quidam pour endosser la responsabilité du crime, vu la personnalité de la victime.

– Bah, ce n'était jamais que le mari d'Ilaria…

– C'était le futur doge.

– *Quoi ?*

– Comme je te le dis. Si ceci n'était pas arrivé, c'est lui qu'on aurait proclamé dès demain matin nouveau doge de Venise. Pardieu ! C'est bien ce que j'ai entendu affirmer, en tout cas, et je l'ai entendu répéter un certain nombre de fois. Le Conseil l'avait élu en remplacement de Sa Sérénité le doge Zeno, et ils n'attendaient plus que la fin de la cérémonie d'inhumation pour proclamer son avènement.

– Oh, *Dio mio !* allais-je m'exclamer, mais Doris me l'avait ôté de la bouche.

– Il va maintenant falloir qu'ils reprennent le vote à zéro. Mais pas avant qu'ils se soient emparés du *bravo* coupable du meurtre. Car il ne s'agit pas, en l'occurrence, d'un banal règlement de comptes dans une ruelle dérobée. À la façon dont ils en parlent, c'est là un événement d'une gravité sans égale dans l'histoire de la République.

– *Dio mio*, répéta Doris dans un souffle. Que vas-tu faire, à présent ?

Après un instant de réflexion, pour autant que mon cerveau perturbé en fût encore capable, je répondis :

– Il serait peut-être préférable de ne pas rentrer chez moi, ce soir. Puis-je dormir dans un coin de votre barge ?

9

C'est donc là que je passai la nuit, sur un grabat de chiffons à l'odeur nauséabonde… En fait, je ne pus trouver le sommeil. Furieux, le regard écarquillé dans le vague, je connus l'insomnie la plus totale. Lorsque, aux petites heures du matin, Doris, m'entendant me tourner et me retourner, rampa jusqu'à moi pour me demander si je voulais qu'elle me prenne dans ses bras pour m'apaiser, je me contentai de grogner férocement, et elle battit en retraite comme elle était venue. Quand les rayons de l'aube commencèrent à percer les nombreuses brèches de la coque, tous les enfants, y compris Ubaldo et Doris, dormaient à poings fermés. Je me levai, ôtai mon manteau souillé de sang et me glissai au-dehors, dans le petit matin.

La cité chatoyait de reflets roses et orangés, et toutes ses pierres luisaient de la rosée déposée par le *caligo*. En total contraste, je n'étais pour ma part nullement reluisant, d'une teinte uniformément marron terne, jusqu'à l'intérieur de ma bouche. Je déambulai sans but bien défini dans les rues qui s'éveillaient, mon trajet n'étant en fait déterminé que par mes manœuvres pour éviter de rencontrer tous ceux qui sortaient ainsi de bon matin. Bientôt, les allées s'emplirent, et il ne me fut plus possible de demeurer ainsi à l'écart. J'entendis sonner la *terza*, qui annonçait le début de la journée de travail. Je me laissai insensiblement dériver en direction de la lagune, vers la Riva Ca' de Dio, et me retrouvai sans l'avoir cherché dans l'entrepôt de la Compagnie Polo. Je pense que je devais alors avoir confusément en tête de demander au commis Isidoro Priuli s'il ne pourrait pas me trouver à la fois rapidement et discrètement une place de mousse sur le premier vaisseau en partance.

J'entrai en traînant des pieds dans son petit cabinet de comptabilité, si profondément noyé dans ma morosité qu'il me fallut un moment pour remarquer que la pièce était un tantinet plus remplie que d'habitude, et que maître Isidoro était occupé à répondre à un groupe de visiteurs :

– Tout ce que je peux vous dire, c'est qu'il n'a pas remis les pieds à Venise depuis plus de vingt ans. Je vous le répète, messire Marco Polo a longtemps habité à Constantinople et y vit encore actuellement. Si vous ne voulez pas me croire, voici son neveu qui porte le même nom, il pourra témoigner...

Je tournai les talons pour ressortir, car je venais de reconnaître l'uniforme de deux agents de la Quarantia. Ils n'étaient peut-être que deux, mais ces gaillards semblaient solidement charpentés. Avant que j'aie pu m'échapper, l'un d'eux grommela :

– Le même nom, hein ? Voyez-vous cela. Et regardez-moi cette tête de coupable..., tandis que son acolyte sortait en trombe et refermait une poigne massive sur mon avant-bras.

Dame, je n'eus d'autre choix que de les suivre, devant les yeux ronds du commis et des employés de magasin. Nous n'avions pas long à parcourir, mais ce fut pour moi le voyage le plus interminable que j'eusse jamais accompli. Je ne me débattis que faiblement sous la vigueur de fer des deux agents, me contentant de protester d'un ton geignard tout en demandant de quoi l'on m'accusait, et ayant l'air, en l'occurrence, bien plus d'un poupon que d'un bandit. Bien entendu, aucun des deux imperturbables huissiers ne daigna me renseigner. Tandis que nous longions les quais, sous le regard ébahi des flots de passants, ma pauvre tête bouillonnait de questions. Était-ce une vengeance ? Qui m'avait dénoncé ? Doris ou Ubaldo m'auraient-ils trahi ? Nous traversâmes le pont de Paille, sans atteindre l'entrée du palais des Doges, sur la *piazzetta*. Parvenus à la porte du Blé, nous nous dirigeâmes vers la Torresella, reste d'un ancien château fortifié adjacent au palais. Officiellement, il s'agit de la prison d'État de Venise, mais ses pensionnaires la désignaient du nom employé par nos ancêtres pour qualifier le cratère rougeoyant que les chrétiens leur ont plus tard appris à appeler l'enfer : cette prison était donc surnommée le Volcan.

Je passai brutalement des tons ambrés et rosés du petit matin aux ténèbres d'une *orbà*, ce qui ne vous dira pas grand-chose à moins que vous ne sachiez que ce terme signifie « aveuglée ». Une *orbà* est une cellule à peine assez grande pour accueillir un homme. Ce n'est rien moins qu'une boîte de pierre, sans le moindre meuble, qui n'est percée d'aucun trou qui pût laisser entrer l'air ou la lumière du jour. Je demeurai donc claquemuré dans une atmosphère qui sentait le renfermé, suffocante, d'une puanteur à peine supportable. Le sol était spongieux, couvert d'une substance gluante qui paraissait vouloir m'aspirer les pieds dès que je les bougeais, si bien que je ne tentai même pas de m'asseoir. Les murs, eux, dégoulinaient d'un sombre dépôt visqueux qui semblait grouiller dès qu'on y touchait, aussi pris-je bien garde de ne pas m'y adosser et évitai-je même de trop me pencher. Lorsque je fus fatigué de me tenir debout, je m'accroupis. Je me sentis submergé d'une violente montée de fièvre en prenant lentement conscience de l'horreur de la situation dans laquelle je me trouvai et de ce que j'étais devenu. Moi, Marco Polo, fils d'une des plus illustres familles de Venise, dont le nom figurait au Livre d'or de la ville, devenu depuis peu un homme libre, dans toute son insouciante jeunesse, déjà habitué à vagabonder où bon me semblait de par le vaste monde, je me retrouvais *en prison*, disgracié, méprisé, relégué sans nul égard dans un trou à rats que même ces odieuses créatures eussent sans doute dédaigné. Comme je pleurai à chaudes larmes, alors !

J'ignore combien de temps j'eus à croupir dans cette geôle putride. Le reste de la journée sans doute, et peut-être plus que cela, jusqu'à deux, voire trois jours, car bien que je fisse l'impossible pour contrôler mes intestins bouillonnants de terreur, je contribuai à deux ou trois reprises à accroître de mes excréments l'horreur accumulée au sol. Lorsqu'un garde surgit enfin pour me laisser sortir, je crus, l'espace d'un instant, qu'on me libérait comme innocent et j'exultai. Même si j'avais tué le futur doge, j'étais certain d'avoir déjà payé ce crime d'un châtiment plus que suffisant, d'avoir ressenti assez de remords et enduré assez de repentir. On imagine donc la douche froide que constitua pour ma joie la remarque du garde, lorsqu'il m'assura que cette punition n'était que la première, et sans doute la plus clémente de celles qui m'étaient promises, ce réduit repoussant n'étant que la cellule provisoire où l'on gardait les prisonniers avant qu'ils comparaissent à l'audience préliminaire.

Je comparus donc au tribunal des Gentilshommes de la Nuit, les fameux *Signori della Notte*. Dans une pièce située à l'étage du Volcan, je fus amené debout face à une longue table derrière laquelle siégeaient huit vénérables anciens à l'air grave, vêtus de robes noires.

Je devais sentir aussi mauvais que je le craignais, à en juger par la distance respectable qu'on laissa entre la table et moi, et celle à laquelle se tenait le garde chargé de ma surveillance. Si mon apparence était aussi terrible que l'était mon odeur, je devais être l'image personnifiée de la plus basse et la plus brutale engeance de fripouille criminelle.

Les Gentilshommes de la Nuit commencèrent par me poser l'un après l'autre des questions inoffensives quant à mon nom, mon âge, mon adresse, l'histoire de ma famille, et ainsi de suite. Après quoi l'un d'eux, se référant à un document posé devant lui, me déclara :

– Vous aurez encore à répondre à un grand nombre de questions avant que nous établissions votre acte de mise en accusation. Mais avant, vous allez vous voir assigner un frère de justice qui vous servira d'avocat, car vous avez été dénoncé comme auteur d'un crime passible de la peine capitale…

Dénoncé ! Je fus si sonné par cette révélation que j'en perdis le fil des paroles qu'il prononça juste après. Il ne pouvait s'agir que de Doris ou d'Ubaldo, puisqu'ils étaient les seuls à m'avoir su proche de l'homme assassiné. Mais comment l'un ou l'autre avait-il pu agir aussi vite ? Et à qui s'étaient-ils adressés pour rédiger le mot d'accusation glissé dans l'un des museaux qui servaient de mouchards ?

Le Gentilhomme conclut son discours par la question rituelle :

– Avez-vous quelque chose à déclarer concernant les graves charges retenues contre vous ?

Je m'éclaircis la gorge et dis avec hésitation :

– Qui… qui m'a dénoncé, messire ?

C'était bien entendu poser une question totalement inepte, vu les faibles chances qu'on avait de me répondre, mais c'est alors la seule que j'avais à l'esprit. Et, à ma grande surprise, le juge me répondit :

– Vous vous êtes dénoncé vous-même, mon jeune ami.

Je dus alors rester à battre des paupières devant lui d'un air particulièrement stupide, car il ajouta :

– N'êtes-vous pas l'auteur du mot suivant ? (Et il lut un morceau de papier.) « Viendra-t-*il* à la fois aux funérailles et à l'intronisation ? » Il est signé Marco Polo, précisa-t-il, devant mon air définitivement abruti cette fois.

Du pas titubant d'un somnambule, je redescendis les escaliers, encadré de mes gardiens, et atteignis, après une nouvelle volée de marches, l'endroit du Volcan appelé le Puits, enfoui au plus profond de la bâtisse. Ce n'était pourtant pas, m'apprit-on, le véritable donjon de la prison. Je pouvais en effet présager que, si j'étais dûment convaincu de meurtre, je serais expédié aux Sombres Jardins, réservés aux prisonniers dans l'attente de la peine capitale. Ponctuant leur propos d'un rire grossier, ils ouvrirent une porte épaisse et néanmoins pas plus haute que le genou, me poussèrent à terre, m'enfournèrent dans la cellule et rabattirent violemment la porte derrière moi, dans un claquement qui résonna comme le glas du Jugement dernier.

La cellule avait au moins un avantage : elle était plus grande que l'*orbà*, et la porte basse était percée d'un trou. Celui-ci était trop étroit pour me permettre de serrer la main de mes geôliers qui repartaient, mais il laissait au moins passer un souffle d'air et empêchait l'obscurité totale de régner dans la pièce. Quand mes yeux se furent habitués à la pénombre, je constatai que la cellule était équipée d'un seau muni d'un couvercle qui servait de pot de chambre et de deux planches fixées au mur comme des étagères en guise de lits. Je ne pus rien distinguer d'autre, hormis ce qui me semblait être un amas de couvertures jetées en vrac dans un coin. Pourtant, lorsque j'approchai, l'amas se souleva et se révéla être un homme.

– *Salââm aleikum*, lança-t-il d'une voix enrouée.

Le salut semblait étranger. Je le lorgnai du coin de l'œil et reconnus alors la moisissure rousse teintée de gris des cheveux et de la barbe. C'était le juif dont j'avais vu le châtiment public, en un jour devenu mémorable pour une tout autre raison.

10

– Mordecai, se présenta-t-il. Mordecai Cartafilo.

Et la question qu'il me posa fut la même que celle de tous les prisonniers lors de leur première rencontre :

– Pour quelle raison es-tu incarcéré ?

– Meurtre, répondis-je dans un reniflement. Et avec cela, trahison et lèse-majesté, je pense, plus d'autres méfaits encore, probablement.

– Le meurtre suffira, précisa-t-il laconiquement. Tu n'as pas à t'en faire, mon gars. Ils passeront aisément sur les autres broutilles. On ne pourra pas te punir pour cela, une fois qu'on t'aura condamné pour meurtre. Cela constituerait ce qu'ils appellent une double peine, et c'est interdit par les lois de la cité.

Je lui jetai un regard aigre :

– Vous plaisantez, vieil homme.

Il haussa les épaules.

– Chacun illumine les ténèbres comme il peut.

Nous restâmes tristement assis un moment. Puis je pris la parole :

– Vous êtes ici pour usure, n'est-ce pas ?

– Nullement. Je ne suis ici que parce qu'une certaine dame m'a *accusé* d'usure.

– Sacrée coïncidence, dites-moi. Figurez-vous que, si je suis ici, au moins indirectement, c'est aussi par la faute d'une dame.

– Ouais. Je n'ai employé ce mot que pour qualifier son rang social. Car, en réalité, ce n'est qu'une… (il cracha par terre) une *shèquesa kàrove.*

– Je ne comprends pas vos termes étrangers.

– Une putain de chienne galante, éructa-t-il en guise de traduction, comme s'il crachait à nouveau. Elle m'a imploré de lui consentir un prêt, me laissant en gage quelques lettres d'amour. Puis, s'étant retrouvée dans l'impossibilité de payer et voyant que je ne lui rendrais pas ses lettres, elle a voulu s'assurer que je ne les donnerais pas à un autre.

Je secouai la tête, empli de compassion.

– Votre cas est bien triste, mais le mien est encore plus ironique. Ma dame attendait de moi un service et s'est offerte elle-même en gage. La faveur demandée fut exécutée, mais pas par moi. Je ne m'en retrouve pas moins ici, récompensé d'une façon fort différente ! Il se peut d'ailleurs que ma dame ignore que je n'y suis pour rien. N'est-ce pas ironique ?

– Hilarant, marmonna-t-il dans sa barbe.

– Oui, Ilaria ! Vous la connaissez donc ?

– Pardon ? (Il me fixa d'un regard furieux.) Votre chienne s'appelle Ilaria, vous aussi ?

Je lui rendis un regard tout aussi furieux.

– Comment osez-vous traiter ma dame de putain de chienne ?

Nous cessâmes alors de nous lancer des œillades courroucées et, nous asseyant sur les lits de planches, nous entreprîmes de comparer nos expériences. Il devint hélas très vite évident que nous avions bel et bien eu affaire tous deux à la même Dona Ilaria. Je confiai au vieux Cartafilo la totalité de mon aventure, la concluant en ces termes :

– Mais vous avez mentionné des lettres d'amour. Or je n'en ai envoyé aucune.

Il répliqua alors :

– Je suis désolé d'avoir à vous l'apprendre, jeune homme… Elles n'étaient pas signées de vous.

– Vous voulez dire qu'elle aimait quelqu'un d'autre en même temps ?

– Il semblerait bien.

Je maugréai :

– Elle m'aurait donc séduit juste pour que je sois son bras armé ! Je n'ai été qu'un sacré pigeon, dans cette affaire. Je crois avoir été d'une stupidité exceptionnelle, même…

– Il semblerait bien.

– Quant au seul et unique message que j'ai rédigé, actuellement en la possession des *Signori della Notte*, c'est *elle* en personne qui a dû le glisser dans le mouchard. Mais enfin, pourquoi se conduirait-elle de la sorte à mon égard ?

– Elle n'a plus besoin de son *bravo*. Son mari étant décédé, son amant est désormais disponible, tu n'es qu'un élément encombrant qu'il faut écarter.

– Mais je n'ai pas tué son mari !

– Dans ce cas, qui l'aura fait ? Sans doute son amant. T'attends-tu qu'elle aille le dénoncer, alors que tu es le coupable désigné et la garantie de son impunité ?

Je ne trouvai rien à répondre à cela. Un moment après, il demanda :

– As-tu déjà entendu parler de la *lamia ?*

– *Lamia* ? C'est une sorcière, non ?

– Pas exactement. La *lamia* peut prendre la forme d'une très *jeune* femme, très belle aussi. Elle fait cela pour pousser les jeunes gens à tomber éperdument amoureux d'elle. Lorsqu'elle en a ferré un, elle lui fait l'amour de façon si voluptueuse et si épuisante qu'il se retrouve très vite à bout de force. Dès qu'il est assez faible et incapable de se défendre, elle le dévore vivant. Ce n'est qu'un simple mythe, évidemment, mais il demeure curieusement récurrent et vivace. Je l'ai rencontré dans tous les pays que j'ai visités autour de la Méditerranée. Et j'ai beaucoup voyagé. Il est étrange de constater le nombre de peuples différents qui s'accordent à lier beauté et soif de sang.

Je réfléchis à cette observation et lâchai :

– En assistant à ta flagellation, elle souriait, vieil homme.

– Tu ne m'en vois pas surpris. Elle atteindra sans doute un sommet d'extase en te voyant livré au Viandeur.

– Au quoi ?

– C'est ainsi que les vétérans de la prison appellent le bourreau. Le Viandeur.

Je me récriai, éperdu :

– Mais je ne peux pas être exécuté ! Je suis innocent ! Je suis d'une grande famille ! Je ne devrais même pas être enfermé avec un juif !

– Oh, pardonnez-moi, Votre Noblesse. L'obscurité qui règne ici a dû affecter mon acuité. Je vous avais pris pour un banal prisonnier jeté dans le Puits du Volcan.

– Je ne suis pas *banal* !

– Mes excuses, une fois encore, dit-il, et il tendit la main dans l'espace situé entre nos deux lits.

Il captura prestement quelque chose sur ma tunique et considéra sa prise de plus près.

– Ce n'est qu'une puce. Une puce tout ce qu'il y a de banal.

Il l'écrasa entre ses deux doigts. Aussi banale que moi, apparemment. Je grommelai :

– En tout cas, votre acuité m'a l'air tout à fait correcte.

– Si tu es vraiment un noble, jeune Marco, tu devrais faire ce que font ici tous les prisonniers nobles. T'agiter pour réclamer une cellule individuelle, avec une fenêtre donnant sur la rue ou sur l'eau. Tu pourrais alors laisser tomber une corde et passer des messages, ou récupérer des douceurs, histoire d'améliorer ton ordinaire. Ce n'est pas autorisé, en principe, mais dans le cas de gens issus de la noblesse le règlement s'adapte.

– Tu as l'air de sous-entendre que je pourrais être ici pour longtemps.

– Non..., soupira-t-il. Pas longtemps, sans doute.

Le sens lourd de cette remarque me fit dresser les cheveux sur la tête.

– Mais enfin, je te le répète, vieux fou : je suis *innocent* !

Il me rétorqua alors, d'un ton brusque et empreint de colère :

– Pourquoi me serines-tu cela à moi, mauvais drôle ? C'est aux *Signori della Notte* qu'il faut aller t'expliquer ! Moi aussi je suis innocent mais, tu le vois, je suis assis ici en train de pourrir pour le reste de mes jours !

– Attends ! J'ai une idée, m'exclamai-je soudain. Si nous sommes ici, c'est à cause des ruses et des mensonges de Dona Ilaria. Si nous expliquons ça tous les deux ensemble aux Gentilshommes de la Nuit, il se pourrait qu'ils envisagent la véracité de nos accusations, non ?

Mordecai secoua la tête, sceptique.

– Qui croiraient-ils, selon toi ? Elle est la veuve d'un quasi-doge. Tu es accusé de meurtre, et moi convaincu d'usure.

– Tu as peut-être raison, convins-je, désillusionné. Quel malheur que tu sois juif !

Il me jaugea d'un air qui était tout sauf bienveillant.

– Les gens passent tout leur temps à me marteler cela. Tu ne vas pas t'y mettre à ton tour ?

– Je... C'est juste que le témoignage d'un juif est naturellement suspect.

– Je l'ai souvent remarqué, oui. Je me demande bien pourquoi, d'ailleurs.

– Eh bien, mais… vous avez quand même tué notre seigneur Jésus…

Il grogna et jeta :

– Moi, oui. Sûrement !

Comme dégoûté de ma présence, il me tourna le dos et s'allongea sur sa planche, ramenant sur lui sa volumineuse robe. Face au mur, il murmura :

– Juste parlé à l'homme… deux mots seulement…

Puis, selon toute vraisemblance, il s'endormit.

Après un temps aussi long que lugubre, durant lequel le trou dans la porte s'était obscurci, le loquet de cette dernière fut bruyamment ouvert, et deux gardes rampèrent à l'intérieur, traînant un grand chaudron. Le vieux Cartafilo cessa aussitôt de ronfler et s'assit avec empressement. Les gardes nous donnèrent à chacun un bol de bois et nous servirent une louche de grumeaux tièdes et gluants. Après quoi ils sortirent en claquant la porte, nous laissant une faible lampe constituée d'un verre d'huile de poisson dans lequel, en émettant beaucoup de fumée et peu de lumière, brûlait une bande de chiffon. Je considérai la nourriture d'un œil peu enthousiaste.

– Du gruau de polenta, détailla Mordecai, écopant avidement le sien à deux doigts. Une horreur, mais tu ferais mieux de l'avaler. C'est le seul repas de la journée. Tu n'auras plus rien d'autre.

– Je n'ai pas faim, dis-je. Tu peux prendre ma part, si tu veux…

Il me l'arracha presque et ingurgita les deux rations avec force bruits de bouche et de déglutition. Quand il eut ainsi fait, il s'assit et se passa la langue sur les lèvres comme s'il ne voulait pas en laisser perdre une particule, m'observa de dessous ses sourcils broussailleux et finit par demander :

– Que manges-tu d'ordinaire, au souper ?

– Oh… eh bien, par exemple, un plat de tagliatelles au *persuto*… arrosé d'un petit *zabagiòn*…

– Délicieux, railla-t-il, sardonique. Je ne sais si je peux satisfaire un sybarite aussi raffiné que toi, mais peut-être qu'une de ces petites choses te ferait plaisir.

Il se mit à fourrager dans sa robe.

– La très tolérante loi vénitienne m'autorise, même ici, en prison, à observer certains rites religieux.

Je ne vis absolument pas quel rapport cela pouvait avoir avec les biscuits blancs de forme carrée qu'il sortit et me tendit, mais je les grignotai avec reconnaissance, bien qu'ils n'eussent guère de goût, et l'en remerciai.

Le lendemain, quand vint l'heure du repas, j'avais suffisamment faim pour ne plus faire la fine bouche. J'aurais sans doute avalé le gruau de la prison juste parce que cela constituait une coupure dans la monotonie ordinaire, car nous passions tout notre temps assis à ne rien faire, à dormir sur la rude planche de bois sans matelas qui nous servait de couche ou à marcher de long en large sur les deux ou trois pas d'envergure de la cellule, tout en ayant parfois une conversation morne. Ainsi s'écoulaient les jours, tout juste identifiables par l'alternance de lumière et d'obscurité qui passait par le trou de la porte, rythmés par les trois prières quotidiennes du juif. On comprend combien l'arrivée de cette épouvantable nourriture pouvait nous égayer !

L'expérience n'était peut-être pas si terrible que cela pour Mordecai qui, pour autant que je sache, avait passé la majeure partie de son existence antérieure recroquevillé dans sa minuscule boutique de change sur la Mercerìa, ce qui, en termes de confinement, ne devait pas le changer beaucoup. Mais, pour moi qui avais vécu au grand air, sans entrave et libre au milieu de mes amis, me retrouver ainsi emmuré dans le Volcan, c'était un peu comme être enterré vivant. Je réalisai combien la compagnie de ce juif, dans ma prison hors du temps, était une bénédiction, même si sa conversation n'était pas toujours des plus gaie et enjouée. Un jour, je lui expliquai que j'avais vu déjà plusieurs fois administrer des châtiments corporels entre les colonnes de Marc et Todaro, mais jamais encore une exécution.

– C'est que la plupart d'entre elles sont organisées ici, à l'intérieur de ces murs, afin que même les autres prisonniers ne puissent être au courant jusqu'à ce que leurs congénères disparaissent. L'homme condamné à mort est placé dans l'une des cellules des *Giardini Foschi*, les Sombres Jardins, comme on les appelle, dont les fenêtres sont toutes garnies de barreaux. Le Viandeur attend avec une grande patience à l'extérieur de la cellule, jusqu'à ce que le prisonnier, en se promenant, se retrouve devant la fenêtre le dos tourné. À cet instant, le Viandeur jette entre les barreaux une cordelette qui s'enroule autour de la gorge de l'homme, puis tire un coup sec : ou le cou casse tout net, ou la victime périt étranglée. Les Sombres Jardins se situent dans ce bâtiment, du côté du canal, et ici, dans ce corridor, il y a un bloc de pierre amovible : à la nuit tombée, le corps de la victime est glissé dans cette cavité secrète, tombe dans un bateau posté là exprès pour le récupérer et est emporté à la fosse commune. L'exécution n'est rendue publique qu'une fois accomplie. On évite ainsi bien des tourments. Venise ne tient pas que l'on sache que la vieille loi du talion romaine est encore si souvent utilisée ici. De ce fait, les exécutions *publiques* sont rares, et plutôt réservées à ceux qui ont commis des crimes vraiment abominables.

– Quel genre de crime ? demandai-je.

– Je me souviens avoir vu un homme exécuté de la sorte pour avoir violé une nonne, et un autre pour avoir divulgué à un étranger les secrets du travail du verre de Murano. J'inclinerais assez à croire que le meurtre du futur doge entre dans cette catégorie, si c'est ce que tu te demandes.

Je déglutis.

– Qu'est-ce que… comment cela se passe-t-il lorsque l'exécution est publique ?

– Le coupable s'agenouille entre les piliers, puis il est décapité par le Viandeur. Avant cela, toutefois, le bourreau lui aura coupé les parties de son corps en rapport avec le crime. Le violeur de nonne, par exemple, avait été émasculé. Le souffleur de verre avait eu, quant à lui, la langue arrachée. Le condamné se rend aux colonnes avec la partie coupable qu'on lui a ôtée suspendue autour du cou par une corde. Dans ton cas, je suppose que ce sera seulement la main.

– Et seulement ma tête, ajoutai-je d'un ton lourd.

– Essaie de ne pas rire, conseilla Mordecai.

– Rire ?! répliquai-je, au supplice, et à ces mots, j'éclatai en effet de rire, tant ils étaient ridicules et grotesques. Tu plaisantes à nouveau, vieil homme.

Il haussa les épaules.

– On fait ce qu'on peut.

Un jour, un événement vint rompre la monotonie de ma captivité. La porte fut déverrouillée, et un étranger rampa dans notre cellule. Cet homme, assez jeune, n'était pas vêtu d'un uniforme, mais de la cape de la Fraternité de Justice. Il se présenta sous le nom de frère Ugo.

– Déjà, attaqua-t-il sans préambule, sachez que vous êtes redevable à la prison d'État d'un considérable *casermagio* au titre de votre pension d'incarcération. Si vous êtes pauvre et n'avez pas les moyens de l'acquitter, la Fraternité le fera pour vous tout le temps que vous resterez enfermé. Je suis un avocat patenté et je vous représenterai de mon mieux. Je ferai passer pour vous des messages à l'extérieur, vous en apporterai s'il vous en arrive, et je puis également vous pourvoir en certaines commodités, telles que du sel pour vos repas, de l'huile pour votre lampe et autres agréments de ce genre. Je peux enfin vous obtenir (son regard glissa sur le vieux Cartafilo, et il émit un léger reniflement de dégoût) une cellule particulière.

– Je doute fort être moins malheureux ailleurs, frère Ugo. Je préfère rester dans celle-ci.

– Comme vous voudrez, répliqua-t-il. À présent, je me suis mis en relation avec la maison Polo, dont vous semblez être le propriétaire en titre, bien que vous ne soyez pas encore majeur. Si vous le souhaitez, vous pouvez fort bien payer votre *casermagio* avec la caisse de la Compagnie et désigner un avocat de votre choix. Il vous suffira de signer une autorisation de paiement, et tous vos frais seront ainsi automatiquement couverts.

Je répondis, hésitant :

– Ce serait une humiliation publique pour ma Compagnie, et je ne me sens pas le droit de dilapider ainsi ses fonds…

– … pour une cause perdue, acheva-t-il pour moi, en faisant un signe d'assentiment de la tête. Je comprends parfaitement votre position.

Saisi, je tentai de me récrier :

– Je n'ai pas dit que… C'est-à-dire, j'aimerais…

– L'alternative, c'est d'accepter l'aide de la Fraternité de Justice. Pour se rembourser de ses frais, celle-ci est alors autorisée à envoyer de par les rues deux mendiants qui réclament aux citoyens l'aumône, par pitié pour le pauvre Marco P…

– *Amoredèi !* m'exclamai-je. Mais c'est infiniment plus humiliant encore !

– Vous n'êtes pas obligé de vous déterminer sur-le-champ. Discutons d'abord un peu de votre cas, si vous le voulez bien. Qu'avez-vous l'intention de plaider ?

– De plaider ? répliquai-je, indigné. Je n'entends pas plaider, mais bien protester ! Je suis innocent !

Frère Ugo lança un regard réprobateur vers le juif, par-dessus mon épaule, comme s'il le soupçonnait de m'avoir déjà donné conseil. Mordecai, lui, se contenta d'afficher un scepticisme amusé.

Je poursuivis, enfonçant le clou :

– Le premier témoin que je convoquerai sera Dona Ilaria. Quand elle se verra priée de raconter notre...

– Elle ne sera pas citée à comparaître, interrompit le frère. Les Gentilshommes de la Nuit ne le permettraient pas. Cette dame, que vient de frapper un deuil douloureux, demeure à l'heure qu'il est prostrée dans sa peine.

Je pouffai de mépris :

– Vous êtes en train de me dire qu'elle pleure son mari ?

– Écoutez..., avança-t-il, hésitant, après avoir semblé peser différents éléments, si ce n'est pas le cas, vous pouvez en tout cas être sûr qu'elle montre une extrême désolation de ne pas être devenue dogaresse de Venise.

Le vieux Cartafilo réprima un gloussement. Peut-être émis-je à mon tour un petit bruit, mais plutôt de consternation devant cet aspect des choses que je n'avais pas envisagé. Ilaria devait bouillir de désappointement, de frustration, voire de colère, en effet. Lorsqu'elle avait émis le souhait d'être débarrassée de son mari, elle n'avait jamais rêvé une seconde de l'honneur qu'on allait lui accorder et dont elle aurait bénéficié en retour. Elle s'évertuerait sans doute, désormais, à oublier toute sa responsabilité dans cette affaire et ne songerait plus qu'à se venger de cette gloire perdue, pour ce titre qu'elle ne porterait jamais. Peu importait, au fond, *sur qui* elle reporterait sa rage, et existait-il, en l'occurrence, meilleure cible que moi ?

– Mais, si vous êtes innocent, jeune messire Marco, repartit Ugo, qui aurait assassiné cet homme ?

– Je pense qu'il s'agit d'un prêtre.

Il me couvrit d'un long regard, avant de frapper à la porte de la cellule pour qu'on vienne lui ouvrir. Comme la porte s'ouvrait à hauteur de ses genoux, il me suggéra :

– Je vous conseille de vous choisir un autre avocat. Si vous avez l'intention d'accuser de ce crime un révérend père et si votre principal témoin est une femme animée du seul désir de vengeance, il vous faudra le talent du plus extraordinaire défenseur de la République. *Ciao*.

Dès qu'il fut sorti, je fis remarquer à Mordecai :

– Tout le monde ici semble penser que mon sort est scellé, coupable *ou pas*. Il existe pourtant sûrement des lois qui protègent l'innocent d'injustes accusations !

– Oh, presque certainement. Mais comme le stipule un vieux dicton : « Les lois de Venise, d'une équité suprême, sont toujours assidûment respectées… l'espace d'une semaine. » N'espère pas trop, tu risques d'être déçu.

– J'aurais un peu plus d'espoir si je pouvais compter sur une aide quelconque, notai-je. Et tu pourrais nous aider tous les deux, toi ! Présente à frère Ugo ces lettres que tu détiens, laisse-le les utiliser comme preuves. Nul doute que cela jetterait un léger voile de suspicion sur la dame et son amant, tu ne crois pas ?

Il m'observa avec ses yeux de myrtille et se gratta la barbe d'un air songeur, avant de répliquer :

– Penses-tu qu'il serait catholique d'agir de la sorte ?

– Eh bien… oui. Si c'était nécessaire pour me sauver la vie, et à toi pour retrouver la liberté, je ne vois vraiment rien là-dedans de *pas* catholique.

– Dans ce cas, tu me vois désolé de ne pas adhérer à ce genre de moralité, car jamais je ne pourrai agir ainsi. Je ne l'ai déjà pas fait pour me sauver de la flagellation, je ne le ferai pas davantage pour nous deux.

Je restai immobile, interdit.

– Mais au nom du Ciel, pourquoi donc ?

– Tout mon commerce est fondé sur la confiance. Je suis le seul prêteur à accepter de tels documents en gage. Je ne peux agréer cela que si je crois mes clients sincères dans leur désir de me rembourser avec intérêts. De leur côté, s'ils consentent à me confier des documents aussi sensibles, c'est qu'ils comptent sur moi pour ne jamais en divulguer le contenu. Penses-tu que, si ce n'était pas le cas, des femmes se départiraient ainsi de leurs *lettres d'amour* ?

– Mais enfin, je te l'ai dit, vieil homme, personne n'a jamais foi en un juif ! Tu vois comment Dona Ilaria t'a trahi ? N'est-ce pas la meilleure preuve qu'elle ne te faisait pas confiance, justement ?

– C'est certainement la preuve de quelque chose, je te le concède, admit-il, empli d'une ironie désabusée. Mais si, ne serait-ce qu'une fois, je venais de mon côté faillir à cette confiance, même suite à la plus sinistre des provocations, je n'aurais plus qu'à faire une croix sur le commerce que j'ai choisi. Non pas parce que les autres ne me jugeraient plus assez fiable, mais parce que *moi*, je l'estimerais.

– Mais quel commerce, vieux fou ? Tu vas sans doute croupir ici le reste de tes jours ! Tu l'as dit toi-même. Tu ne crois tout de même pas te conduire…

– Je peux encore me conduire selon ma conscience. Ce sera peut-être un maigre réconfort, mais c'est le seul que je puisse m'accorder. Je resterai sans doute tout simplement assis à gratter mes piqûres de puce ou de punaise et à voir s'émacier peu à peu ma chair naguère ferme et rebondie, mais j'aurai malgré tout la satisfaction de me sentir supérieur à la morale chrétienne qui m'a enfermé là.

Je grondai, féroce :

– Tu pourrais t'enorgueillir de la même façon tout en étant *dehors*…

– *Zito*[12] *!* Suffit, maintenant. C'est folie de chercher à éduquer les fous. Nous ne reparlerons plus jamais de cela. Regarde là sur le sol, mon garçon. Tu vois comme moi ces deux grosses araignées ? Faisons-les courir l'une contre l'autre et parions d'incalculables fortunes sur le résultat. Allez, vas-y. Choisis la tienne…

12. « Silence ! » en dialecte vénitien.

11

De longues journées s'écoulèrent encore, mornes et lugubres, avant que frère Ugo franchisse de nouveau la porte basse. J'attendis d'un air las et sans illusion que, comme la fois précédente, il m'annonçât quelque chose de bien démoralisant, mais ce qu'il déclara était ahurissant :

– Votre père et son frère sont revenus à Venise !

– Quoi ? m'exclamai-je, le souffle coupé, ayant un peu de mal à comprendre le sens de ces paroles. Vous voulez dire qu'on a rapatrié leurs corps ? Pour qu'ils reposent sur leur terre natale ?

– Je veux dire qu'ils sont là ! En parfaite santé !

– Vivants ? Après presque dix années de silence ?

– Oui ! Tous ceux qui les connaissaient ont été aussi surpris que vous. À l'heure actuelle, tous les marchands, de par la ville, ne parlent plus que de cela. On raconte qu'ils ont apporté un message du fin fond de la lointaine Tartarie, à l'intention du pape de Rome. Mais, par chance pour *vous*, messire Marco, ils sont repassés par Venise avant de se rendre à Rome.

– En quoi serait-ce une chance ? demandai-je d'une voix mal assurée.

– Auraient-ils pu rentrer à un meilleur moment ? Ils ont déjà adressé une demande officielle pour solliciter de la Quarantia l'autorisation de vous rendre visite, ce qui n'est généralement accordé qu'au seul avocat du prévenu. Il ne serait pas impossible que votre père et votre oncle puissent obtenir à votre égard une indulgence relative. Au pire, s'ils ne pouvaient rien faire, leur seule présence au tribunal, lors de votre procès, vous procurerait au moins un soutien moral. Cela vous aiderait à marcher la tête plus haute jusqu'aux deux colonnes, le jour du supplice.

Sur cette remarque au goût saumâtre, il s'éclipsa de nouveau. Mordecai et moi spéculâmes avec animation sur ce que signifiait cette nouvelle, et ce jusque fort tard dans la nuit, longtemps après que le gardien nous eût demandé en grognant, à travers le trou de notre porte, d'éteindre la mèche de chiffon de notre maigre chandelle.

Il dut s'écouler ensuite quatre ou cinq jours encore, que je vécus dans une excitation bien légitime, lorsque la porte grinça de nouveau pour laisser le passage à un homme dont la carrure était si impressionnante qu'il eut du mal à s'introduire dans la cellule. Lorsqu'il se releva, j'eus l'impression qu'il n'allait jamais cesser de se déplier, tant il était de grande taille. À la vérité, jamais je n'avais vu d'homme aussi immense. Il était aussi chevelu que corpulent, avec ses boucles noires désordonnées et une barbe hérissée aux sombres reflets bleutés. Il baissa les yeux sur moi de son intimidante hauteur, et, lorsqu'il m'eut examiné, sa voix tonna avec une nuance de dédain :

– Eh bien ! Si ce n'est pas une pure petite merde aux allures de pâté en croûte…

Humblement, avec douceur, je glissai :

– *Benvegnùo, caro pare*[13].

– Je ne suis pas ton cher père, jeune crapaud ! Je suis ton oncle Matteo.

– *Benvegnùo, caro zio*[14]. Mon père va-t-il venir ?

– Non. Nous n'avons eu de permission que pour un seul visiteur. Et il devrait être, à l'heure actuelle, en train de pleurer ta mère.

– Oh, oui, évidemment…

– En réalité, il est déjà fort occupé à faire la cour à sa prochaine épouse.

J'en fus littéralement renversé.

– Quoi ? Comment pourrait-il faire une chose pareille ?

– Qui es-tu donc pour te permettre de désapprouver sa conduite, miteux larron à la réputation déplorable ? Le pauvre homme rentre d'un long voyage à l'étranger, pour découvrir sa femme morte et enterrée depuis longtemps, sa gouvernante volatilisée, un esclave de choix disparu lui aussi, son ami le doge décédé… et son fils unique, celui qui portait tous les espoirs de la famille, croupissant en prison, accusé du meurtre le plus déloyal de toute l'histoire de Venise !

13. « Bienvenue, cher père », en dialecte vénitien.
14. « Bienvenue, cher oncle ».

Il m'interpella alors d'une voix si puissante que tout le monde, à l'intérieur du Volcan, dut l'entendre :

– Dis-moi la vérité ! As-tu commis ce crime ?

– Non, seigneur mon oncle, affirmai-je, accusant le coup. Mais… quel rapport entre tout cela et une nouvelle épouse ?

Mon oncle me répondit plus calmement, une once de sarcasme dans la voix :

– Ton père vouait une dévotion sans bornes à ta mère. Pour des raisons qui ne regardent que lui, il apprécie la situation d'homme marié.

– Il a choisi une bien curieuse façon de montrer à ma mère à quel point il lui était attaché, observai-je. Tout ce qu'il a fait, c'est partir et rester loin d'elle !

– Il va repartir, n'aie aucun doute là-dessus, confirma oncle Matteo, comme pour en rajouter. C'est pourquoi il lui faut quelqu'un de bon sens à qui confier les intérêts de la famille. Il n'a pas le temps d'attendre d'avoir un second fils. Il se contentera donc d'une autre femme.

– Et pourquoi aurait-il besoin d'un autre quoi que ce soit ? explosai-je, bouillant d'indignation. Il en a bien *un* de fils, non ?

Pour toute réponse, mon oncle garda le silence, mais il me foudroya d'un œil noir et me toisa des pieds à la tête, tout en enveloppant d'un regard explicite la sombre cellule, aussi étroite que fétide.

À nouveau ployant sous le poids de la confusion, je marmonnai, lamentable :

– J'avais espéré qu'il pourrait me faire sortir d'ici.

– Non, mon garçon, tu vas devoir t'en sortir par tes propres moyens, soutint mon oncle, et mon cœur se serra.

Mais, tout en continuant d'inspecter notre cellule, il expliqua, comme s'il pensait à voix haute :

– De toutes les catastrophes qui peuvent s'abattre sur une cité, la pire qu'ait jamais crainte Venise est sans doute le risque d'un vaste incendie. Ce désastre serait particulièrement à redouter s'il venait à menacer le palais des Doges, avec les précieuses archives qu'il renferme, ou la basilique Saint-Marc et les irremplaçables merveilles qu'elle contient. Du fait que le palais est situé juste à côté de cette prison, d'un côté, et que l'église lui est adjacente, de l'autre, les gardes d'ici, au Volcan, ont toujours pris d'infinies précautions – et j'imagine que les choses n'ont point changé – afin de garder l'œil sur la moindre flamme de chandelle.

– Ah çà, pour sûr. D'ailleurs, ils…

– Ferme-la. S'ils le font, c'est parce que si, de nuit, une telle lampe mettait le feu, disons, à ces planches de bois qui vous servent de lits, par exemple, l'alerte serait donnée en urgence, et l'on se démènerait pour tenter de l'éteindre au plus vite en y jetant des seaux d'eau. On devrait bien vite tirer de la cellule en flammes le prisonnier menacé, afin d'éteindre l'incendie. Si alors, profitant de la panique et de la fumée dégagée, ce prisonnier réussissait à gagner le couloir des Sombres Jardins, du côté de la prison qui donne sur le canal, il pourrait songer à faire coulisser la trappe de pierre qui se trouve par là dans le mur et communique avec l'extérieur. S'il réussissait à procéder de la sorte – disons, demain soir –, il aurait de grandes chances de trouver une embarcation juste dessous, prête à le récupérer.

Matteo finit par reposer les yeux sur moi. J'étais trop occupé à imaginer les possibilités qui s'offraient soudain pour répliquer quoi que ce fût, mais le vieux Mordecai prit la parole sans qu'on l'y ait invité :

– La chose a déjà été tentée, par le passé. À cause de cela, une loi stipule désormais que tout prisonnier qui se livrera à un incendie volontaire et criminel (et ce quelle que soit la faute commise avant son incarcération) sera condamné à périr par le feu. Cette sentence est de plus sans appel.

Oncle Matteo sourit d'un air sardonique.

– Merci, Mathusalem.

Se tournant vers moi, il ajouta sobrement :

– Raison de plus pour réussir l'essai du premier coup.

Puis il frappa du pied la porte pour alerter le garde.

– À demain soir, neveu.

Je demeurai éveillé une bonne partie de la nuit. Non que ce genre d'évasion requît un plan bien élaboré. Ce qui me maintint éveillé, c'était tout simplement l'euphorie de m'imaginer de nouveau libre. C'est alors que le vieux Cartafilo, qui semblait endormi, se releva brusquement pour m'assener :

– J'espère que ta famille sait ce qu'elle fait. Une autre loi a prévu que l'on tiendrait responsable le plus proche parent du prisonnier fautif. Le père, lorsque c'est un fils, le mari si sa femme est détenue, le maître s'il s'agit d'un esclave. Si un prisonnier s'échappe suite à un incendie volontaire, on brûlera à sa place celui qui en est responsable.

– Mon oncle ne semble pas homme à se laisser tellement impressionner par les lois, fis-je observer non sans une certaine fierté, ni même à être angoissé à l'idée de mourir sur le bûcher. Mais, quoi qu'il en soit, Mordecai, je ne puis rien tenter sans ton accord et ta participation. Nous devons tenter cette évasion ensemble, non ? Qu'en penses-tu ?

Il se tut un long moment, puis murmura :

– Je te répondrai qu'il est peut-être préférable de mourir brutalement dévoré par les flammes que périr à petit feu de ce lent mal qu'est l'emprisonnement… De toute façon, il y a bien longtemps que j'ai enterré le dernier de mes proches.

Le soir suivant arriva donc. Lorsque le couvre-feu sonna et que les gardiens nous ordonnèrent d'éteindre notre lampe, nous nous contentâmes de dissimuler son faible éclat derrière le baquet que nous utilisions en guise de pot de chambre. Dès que le garde eut tourné les talons, je répandis toute l'huile de poisson de la chandelle sur les planches où nous dormions. Mordecai sacrifia sa robe du dessus (presque verte de moisissure, ce qui contribuerait à épaissir la fumée), et nous la posâmes en tas sous mon lit avant d'y mettre le feu à l'aide de la mèche de chiffon. Mordecai et moi attisâmes ensuite les flammes, battant frénétiquement des bras de façon à pousser la fumée à travers le trou de la porte, en criant à tue-tête : « Au feu ! Au feu ! », et bientôt des bruits de pas précipités se firent entendre dans le corridor.

À partir de cet instant, comme l'avait prévu mon oncle, la panique et l'extrême confusion régnèrent. On nous tira de notre cellule afin que des hommes puissent y pénétrer en rampant avec des baquets d'eau. La fumée s'éleva en volutes autour de notre sortie, et les gardes nous poussèrent prestement hors de leur passage. En dépit de leur nombre dans le couloir, ils ne firent pas attention à nous. À la faveur de la fumée et de l'obscurité, il nous fut aisé de dévaler le couloir et de franchir un coude au-delà duquel Mordecai m'indiqua : « Par ici ! », s'élançant devant lui avec une prestesse que l'on n'aurait pas attendue d'un homme de cet âge. Il avait fréquenté la prison assez longtemps pour en connaître les moindres recoins et me conduisit sans aucune hésitation jusqu'à ce que nous apercevions une lumière au fond d'un long corridor. Il s'arrêta alors derrière un angle, inspecta attentivement les environs, puis me fit signe de le suivre. Nous tournâmes dans un dernier couloir plus petit, éclairé de deux ou trois lampes murales mais vide.

Mordecai s'agenouilla, me demandant de l'aider, et je vis qu'une large dalle de pierre scellée dans le mur était munie d'anneaux de fer. Mordecai en saisit un, moi l'autre, et nous tirâmes de toutes nos forces la pierre qui se souleva, se révélant nettement plus mince que celles qui l'entouraient. Un air merveilleusement frais, moite et imprégné d'une odeur de sel pénétra par l'ouverture. Je me remis sur pied, pris une profonde inspiration et, l'instant d'après, frappé par derrière, je tombai au sol. Un garde, surgi de je ne sais où, hurlait à l'aide.

Il y eut un moment de confusion totale. Le garde se jeta sur moi, et nous roulâmes sur la dalle de pierre, tandis que Mordecai, couché près du trou, nous regardait bouche bée, les yeux écarquillés. Je me retrouvai tout à coup positionné au-dessus du garde et en tirai avantage. Je me tenais agenouillé de façon à faire peser tout mon corps sur sa poitrine, mes genoux écrasant ses bras écartés au sol. Pressant de mes deux mains sur sa bouche grande ouverte, je me tournai vers Mordecai et haletai :

– Je ne vais pas tenir… longtemps.

– Attends, mon gars, dit-il. Laisse-moi faire.

– Non. L'un de nous peut s'échapper. Pars, toi.

J'entendis des bruits de pas cavalcadant quelque part dans les couloirs et venant dans notre direction.

– Vite !

Péniblement, entre deux grognements douloureux, je réussis encore à lui glisser :

– Tu m'as… laissé le choix… entre les deux araignées. Vas-y !

Mordecai me gratifia d'un regard un peu incrédule et prononça lentement :

– Une telle faveur ne peut se payer que d'une faveur équivalente… et il se glissa par l'ouverture, puis disparut.

J'eus le temps d'entendre son corps tomber dans l'eau, puis je cédai et fus maîtrisé.

Je fus traîné sans ménagement le long des couloirs et littéralement jeté dans une nouvelle cellule. Elle n'avait rien de nouveau, entendons-nous bien : elle était tout aussi antique que les autres, mais différente. Équipée d'une seule planche en guise de lit, elle était close d'une porte sans aucun trou et ne disposait même pas d'un moignon de bougie en guise éclairage. Je m'assis là dans la pénombre, meurtri de douloureuses ecchymoses, et envisageai ma situation. En tentant de m'évader, j'avais compromis tout espoir de prétendre à l'innocence pour ce dont on m'avait accusé. En manquant cette évasion, je m'étais moi-même condamné au bûcher. Ma seule maigre consolation était d'avoir obtenu une cellule individuelle. Je n'avais plus de compagnon pour me voir pleurer.

Comme les gardes me privèrent longtemps de toute nourriture, y compris de l'infâme gruau de la prison, et comme je vécus dès lors dans la monotonie d'une pénombre perpétuelle, il me serait impossible de préciser depuis combien de temps je me trouvais dans la cellule lorsque quelqu'un y pénétra. C'était à nouveau le frère de Justice.

– Je suppose que le droit de visite de mon oncle a été supprimé, demandai-je, sans illusion.

– Je doute qu'il ait lui-même envie de revenir, me répondit frère Ugo. Je suppose qu'en repêchant en lieu et place de son neveu un vieux juif tout mouillé, il a dû proférer quelques jurons impies et bien carabinés.

– Et comme je n'aurai désormais plus aucun besoin d'un avocat, je suppose que vous n'êtes venu ici que pour me procurer un ultime réconfort.

– Je vous apporte des nouvelles qui devraient, dans une certaine mesure, vous réconforter, en effet. Le Conseil a élu ce matin un nouveau doge.

– Ah, je vois. Ils avaient différé l'élection jusqu'à ce qu'ils tiennent l'assassin de celui qui aurait dû le devenir. Et ils m'ont, à présent. En quoi avez-vous pu croire que cela pourrait me réconforter ?

– Vous l'avez peut-être oublié, mais votre père et votre oncle font partie du Conseil. Or il se trouve que, depuis leur miraculeux retour après leur longue absence, ils sont devenus les membres les plus populaires de la communauté des marchands. Ils ont donc pu exercer, au cours de cette élection, une influence non négligeable sur les votes de tous les nobles commerçants. Un candidat du nom de

Lorenzo Tiepolo, qui convoitait ardemment le titre de doge, s'est arrangé pour obtenir le vote marchand en promettant une faveur à l'égard de votre père et de votre oncle.

– Une faveur de quel ordre ? m'enquis-je, n'osant même plus espérer de nouveau.

– Il est de tradition que le nouveau doge, lorsqu'il entre en fonction, prononce une amnistie. Le Sérénissime Tiepolo serait prêt à pardonner votre félonne tentative d'incendie, laquelle a permis l'évasion du sieur Mordecai Cartafilo.

– Je ne serai donc pas brûlé comme un incendiaire, commentai-je. Je me contenterai d'avoir la main coupée et d'être décapité pour assassinat.

– Non, pas du tout. Vous avez raison de penser qu'ils tiennent l'assassin, mais tort de croire qu'ils pensent que c'est vous. Un autre homme a confessé avoir commis ce meurtre.

Heureusement que la cellule était petite, car je serais tombé à la renverse. Je me contentai donc de chanceler et m'affaissai contre le mur.

Le frère continua, avec une lenteur insupportable :

– Ne vous ai-je pas annoncé que je vous apportais des nouvelles réconfortantes ? Vous avez de meilleurs avocats que vous ne le croyez, et ils se sont bien affairés pour vous. Le juif que vous avez libéré ne s'est pas contenté de prendre le large en bateau pour une terre lointaine, comme on aurait pu s'y attendre. Il n'a même pas cherché à se dissimuler dans le dédale des petites rues du quartier juif. Plutôt que cela, il est allé rendre visite à un prêtre (pas un rabbin, mais un prêtre chrétien), l'un des ecclésiastiques de second rang à Saint-Marc.

– J'ai tenté d'attirer votre attention sur ce prêtre, m'écriai-je.

– Eh bien oui, il semble en effet que ce prêtre ait été l'amant secret de Dona Ilaria, mais elle n'a pas tardé à lui tenir rigueur, apparemment, de l'avoir empêchée d'être la future dogaresse. Quand il s'est vu repoussé, il a conçu un immense remords d'avoir perpétré ce lâche assassinat dont il ne pouvait finalement tirer aucun bénéfice. Bien sûr, il aurait pu se taire et garder à jamais cette affaire entre Dieu et lui-même. C'est alors que Mordecai Cartafilo est entré en jeu. Il semble que le juif lui ait parlé de certains papiers fort explicites qu'il détenait. Il n'a même pas eu besoin de les lui montrer, les mentionner a suffi à transformer les remords secrets du prêtre en vrai repentir, et, dans le secret du confessionnal, il est allé avouer toute l'affaire à ses supérieurs. Il se trouve à l'heure qu'il est assigné à résidence dans les appartements de la maison canoniale. Dona Ilaria, qui est quant à elle considérée comme complice de ce crime, a également été consignée chez elle sous bonne garde.

– Que va-t-il se passer, à présent ?

– Tous doivent attendre que le nouveau doge entre en fonction. Il est fort probable que Lorenzo Tiepolo tente d'éviter que son début de règne ne soit marqué du sceau du scandale. En effet, les personnes impliquées ici sont autrement plus importantes qu'un simple enfant jouant à l'apprenti *bravo*. La veuve de l'ex-prétendant au trône du doge, un prêtre de la basilique Saint-Marc... On peut penser que le nouveau doge va tout faire pour minimiser les remous. Il essaiera de faire juger le prêtre par un tribunal ecclésiastique plutôt que par la Quarantia, et je parierais que le coupable sera finalement exilé dans quelque paroisse retirée du territoire continental de Venise. Quant à Dona Ilaria, le doge la contraindra sans doute à prendre le voile dans un couvent discret. Cette procédure a déjà un précédent : il y a bientôt un siècle, en France, une situation similaire s'était présentée, dans laquelle un prêtre et une grande dame avaient également été impliqués.

– Et que va-t-il advenir de moi ?

– Dès que le doge aura coiffé le bonnet blanc, il procédera à la proclamation des amnisties, et vous serez du nombre. Vous serez absous de la tentative d'incendie et vous avez été mis hors de cause pour l'assassinat. Vous serez donc libéré de prison.

– Libre ! haletai-je.

– À la vérité, peut-être même un peu plus libre que vous n'auriez pu le souhaiter.

– Comment cela ?

– Je vous l'ai dit, le doge va tout faire pour qu'on oublie au plus vite cette sordide affaire. S'il vous laissait tout bonnement errer à nouveau libre dans les rues de Venise, votre simple présence serait un rappel constant de ce qui s'est produit. Votre amnistie est donc conditionnelle, elle est soumise à votre bannissement. Vous êtes exilé. Vous allez devoir quitter Venise à tout jamais.

Durant les quelques jours que j'eus encore à passer en prison, je réfléchis à tout ce qui venait d'arriver. Certes, il était douloureux d'avoir à quitter Venise la Sérénissime, Venise la Ville lumière. Mais à tout prendre, cela valait certainement mieux que de finir décapité sur la *piazzetta* ou de rester à me morfondre dans les geôles du Volcan, où ne m'auraient attendu ni sérénité ni lumière. J'en vins presque à plaindre le sort du prêtre qui avait porté le coup fatal à ma place. Nul doute qu'en tant que jeune prêtre à la basilique il aurait pu espérer un avancement rapide dans la hiérarchie ecclésiastique, ce qui ne serait plus possible à l'issue de sa lointaine mutation aux allures d'éviction. L'exil d'Ilaria ne serait guère plus enviable, et là où elle irait, sa beauté ne lui serait plus d'une grande utilité. Mais qui sait… Elle qui avait été si prodigue de ses talents en tant que femme mariée saurait peut-être les faire valoir en tant que fiancée du Christ ? Elle aurait en tout cas de nombreuses occasions, cette fois, de fredonner le fameux hymne du couvent, comme elle l'avait appelé en ma présence. Néanmoins, si nous comparions notre sort à l'irrévocable destin qui avait frappé notre victime, nous nous en tirions relativement bien, tous les trois.

Je fus libéré de prison avec moins de cérémonie encore que lorsque j'y avais été jeté. Les gardiens vinrent déverrouiller la porte de ma cellule, me conduisirent à travers des couloirs, me firent descendre des escaliers, ouvrirent devant moi une dernière porte, et, soudain, je fus dehors. Je n'eus qu'à franchir la porte du Blé pour me retrouver au soleil sur la rive de la lagune et me sentir aussi libre que les innombrables mouettes qui tournoyaient en bord de mer. C'était, ma foi, une fort agréable sensation, mais j'avoue que je me serais senti encore mieux si j'avais eu la possibilité d'enfiler des vêtements propres avant de sortir de prison. Ayant passé toute ma détention dans la même tenue, j'empestais un mélange d'huile de poisson et de fumée, sans compter les effluves d'urine. Mes habits étaient déchirés depuis la lutte de ma tentative d'évasion, et ce qu'il en restait était aussi crasseux que chiffonné. Pour couronner le tout, une ombre de barbe était apparue sur mes joues ; même si elle n'était sans doute pas encore très voyante, elle ne faisait que contribuer à accroître ma sensation de débraillé. J'aurais rêvé, on le comprendra, de circonstances plus favorables pour la première rencontre de ma vie avec mon père. Mais lui et mon oncle étaient là, sur le quai, tous deux tirés à quatre épingles dans leurs élégantes robes de membres du Conseil, sans doute revêtues à l'occasion de l'intronisation du doge.

– Étreins ton fils ! mugit mon oncle. Embrasse ton admirable nigaud de fils, porteur du nom de notre frère et de notre saint patron ! Ne trouves-tu pas qu'il a l'air bien misérable, pour avoir déclenché un tel vacarme ?

– Mon père ? fis-je, soudain terriblement timoré, en me tournant à demi vers l'autre homme.

– Mon fils ? me répondit-il, presque aussi hésitant, mais ouvrant déjà les bras.

Je m'étais attendu à trouver quelqu'un d'encore plus impressionnant que mon oncle, mon père étant l'aîné. Mais il ne payait pas de mine à côté de son frère ; il n'était pas aussi gros et costaud, et sa voix était bien plus douce. Comme mon oncle, il portait une barbe de voyageur, mais nettement taillée. Elle n'était pas d'un inquiétant noir corbeau, mais, comme ses cheveux, d'un discret châtain clair, de la même teinte que les miens.

– Mon fils. Mon orphelin de garçon..., prononça mon père avec un authentique accent de tendresse dans la voix.

Il m'embrassa, mais me repoussa bien vite à bout de bras et, l'air gêné, ajouta :

– Tu sens toujours comme ça ?

– Non, père. J'ai été enfermé durant...

– Tu as l'air d'oublier, Nico, que nous avons affaire là à un fieffé gibier de potence, qui a nargué les piliers et crânement joué au *bravo* ! tonna mon oncle. Le chéri des matrones mal mariées, le surineur des coins sombres, un ardent manieur d'épée et un libérateur de juifs !

– Je vois... Allons, sourit mon père avec indulgence, il faut bien que l'oisillon déploie un peu ses ailes s'il veut pouvoir s'éloigner du nid. Viens, mon garçon, rentrons chez nous.

12

Les domestiques me firent nettement meilleure figure que depuis la mort de ma mère, à croire, ma foi, qu'ils étaient heureux de me revoir. Dès que j'eus émis le vœu de prendre un bain, la femme de chambre s'empressa de me faire préparer de l'eau chaude, et maître Attilio, sur ma très respectueuse requête, accepta volontiers de me prêter son rasoir. Je me baignai (plutôt deux fois qu'une), grattai d'une main malhabile le duvet qui avait envahi mon visage, enfilai une tunique et des chausses propres, puis rejoignis mon père et mon oncle dans la pièce principale où se trouvait le poêle recouvert de tuiles.

– Maintenant, commençai-je, je veux tout savoir de vos voyages. Le moindre détail de tous les lieux que vous avez visités.

– Seigneur, on ne va pas recommencer ! grogna oncle Matteo. Depuis notre arrivée, on ne nous a pas laissé parler d'autre chose.

– Nous aurons bien l'occasion d'y revenir, Marco, tempéra mon père. Chaque chose en son temps. Parlons d'abord de tes propres aventures.

– Elles sont achevées, heureusement ! m'empressai-je de répondre. Je préférerais aborder d'autres sujets.

Mais ils n'y semblaient pas disposés. Je leur narrai donc, entièrement et franchement, tout ce qui m'était arrivé depuis l'œillade fatale, au sortir du confessionnal, qui m'avait fait tomber en arrêt devant Dona Ilaria, dans la basilique Saint-Marc. Tout, sauf bien sûr l'après-midi galante passée ensemble. Je donnai ainsi l'impression que c'était dans un pur élan de chevalerie juvénile que j'avais été mené à ma calamiteuse tentative de *bravo*.

Lorsque j'eus terminé, mon père émit un long soupir.

– N'importe quelle femme est capable de donner des conseils au démon… Allons, disons que tu as agi de la façon qui te semblait la meilleure. Et celui qui fait tout ce qu'il peut fait beaucoup. Mais les conséquences, il faut le reconnaître, ont été tragiques. Mon fils, j'ai été obligé de m'incliner devant l'exigence du doge de te voir t'exiler. Il aurait pu, du reste, être bien plus sévère à ton égard.

– Je sais..., reconnus-je, l'air contrit. Où vais-je aller, père ? Dois-je rechercher un pays de Cocagne ?

– Matteo et moi avons à faire à Rome. Tu nous y accompagneras.

– Passerai-je ensuite à Rome le reste de mes jours ? Je suis banni pour toujours, stipule ma sentence.

Mon oncle reprit une phrase prononcée par le vieux Mordecai :

– Les lois de Venise sont toujours assidûment respectées... l'espace d'une semaine. La perpétuité, pour un doge, se limite à sa propre vie. Une fois que Tiepolo aura achevé la sienne, son successeur pourra difficilement s'opposer à ton retour. Cela dit, ça pourrait prendre un certain temps.

Mon père intervint alors :

– Ton oncle et moi sommes porteurs d'une lettre adressée à Rome par le khakhan de Kithai...

Jamais je n'avais entendu aucun de ces mots à la rude sonorité auparavant, et je l'interrompis pour le faire remarquer.

– Le khan des khans de tous les Mongols, expliqua mon père. Peut-être as-tu entendu parler de lui comme du grand khan de ce qu'on appelle ici du nom déformé de Cathay.

Je le regardai bouche bée :

– Vous avez rencontré les Mongols ? Et vous avez survécu ?

– Rencontré, mais oui. Et pas seulement ! Nous nous sommes fait des amis parmi eux. Le plus puissant ami qui se pouvait concevoir : le khan Kubilaï, qui dirige le plus vaste empire du monde. Il nous a chargés d'une requête pour le pape Clément...

Il poursuivit son explication, mais je ne l'écoutais plus. Je continuais de le contempler avec respect et admiration, tout en songeant que cet homme, que j'avais si longtemps cru mort, était mon père et que, si ordinaire en apparence, il pouvait se prévaloir d'être à la fois le confident de khans barbares et de Saints Pères !

Il conclut :

– ... Si le pape accepte de mettre à notre disposition les cent prêtres demandés par Kubilaï, nous les mènerons vers l'Orient. Nous retournerons à Kithai.

– Quand partons-nous pour Rome ? demandai-je.

– Eh bien…, murmura pudiquement mon père.

– Dès que ton père aura épousé ta nouvelle mère, précisa mon oncle. Cela devra attendre la publication des bans.

– Oh, je ne pense pas, Matteo, glissa mon père. Dans la mesure où Fleur de Lys et moi ne sommes plus tout jeunes, veufs l'un comme l'autre, le père Nunziata nous en dispensera probablement.

– Qui est donc cette Fleur de Lys ? m'enquis-je. Et tout cela n'est-il pas un peu précipité, mon père ?

– Tu la connais, m'informa-t-il. Fiordelisa Trevan, la maîtresse de maison à trois portes d'ici, en descendant le canal.

– Oui ! C'est une femme tout à fait charmante. C'était, parmi tous nos voisins, la meilleure amie de maman.

– Si tu essaies d'insinuer ce que je crois, Marco, je te rappelle que ta mère est à présent dans sa tombe, où nulle jalousie ni envie n'existe, par définition.

– Certes, admis-je. Mais je ne pus m'empêcher d'ajouter avec une certaine impertinence : Il n'empêche que tu n'auras pas porté longtemps le deuil.

– Cela fait déjà *huit ans* qu'elle est morte ! Et tu voudrais que je me mette maintenant à porter le deuil pour les douze mois à venir ? Je ne suis plus assez jeune pour me claustrer une année durant, Marco. Dona Lisa n'est par ailleurs plus une gamine, tu sais.

– Lui as-tu déjà proposé le mariage, père ?

– Oui, et elle a accepté. Nous avons d'ailleurs rendez-vous dès demain chez le père Nunziata pour une entrevue préalable.

– Sait-elle que tu vas repartir sitôt après l'avoir épousée ?

Mon oncle n'y tint plus :

– Mais qu'est-ce que c'est que cette inquisition, espèce de sacripant ? explosa-t-il.

Mon père fut plus patient.

– C'est justement *parce que* je dois repartir peu après que je me marie, Marco. Quand le diable s'en mêle, nécessité fait loi. Je suis rentré chez moi, pensant trouver ta mère toujours en vie et dirigeant la maison Polo. Elle n'était plus. Et voilà qu'à présent, par ta faute, je ne puis repartir en te confiant cette tâche. Le vieil Isidoro est un brave homme, on peut lui faire totalement confiance. Cependant, je préférerais laisser la Compagnie à quelqu'un portant notre nom, ce que fera fort bien Dona Fiordelisa, qui en a le désir et les talents. De plus, elle n'a aucun enfant susceptible de te disputer l'héritage, si c'est ce qui te tracasse.

– Pas du tout, affirmai-je. Et je repris derechef, sur un mode quelque peu éhonté : La seule chose qui me travaille, c'est l'irrespect apparent que tu manifestes à l'égard de ma propre mère, ainsi qu'à celui de Dona Trevan, d'ailleurs, en te mariant hâtivement avec cette dernière, simplement pour des raisons mercantiles. Elle doit bien se douter que tout Venise va jaser à ce sujet.

À quoi mon père réagit avec douceur, mais d'un ton convaincu :

– Je suis marchand. Elle-même est veuve de marchand. Venise est une cité marchande où personne n'ignore qu'il n'y a pas meilleure raison à tous nos actes que les intérêts mercantiles, justement. L'argent coule dans nos veines de Vénitiens comme un autre sang, et tu es Vénitien, toi aussi. Maintenant, Marco, j'ai prêté l'oreille à tes objections et je les ai rejetées. Qu'il n'en soit donc plus question. Souviens-toi, mon fils, qu'une bouche close ne dit jamais de sottises.

Je me tins donc la chose pour dite et ne revins plus sur le sujet, pour ne prononcer ni bêtises ni choses sensées. Et le jour où mon père épousa Dona Lisa, je me trouvais dans l'église de San Felice, en compagnie de mon oncle et des serviteurs des deux maisons, qu'avaient rejoints de nombreux voisins, de nobles marchands et leurs familles, tandis que le vieux père Nunziata, tout tremblotant, conduisait la messe nuptiale. Mais dès que la cérémonie fut achevée et que les époux eurent été intronisés mari et femme, lorsque mon père entreprit, accompagné de tous les invités, de mener sa nouvelle compagne vers le domicile qui allait désormais être le sien, je choisis de m'éclipser de la joyeuse procession.

Bien que je fusse somptueusement vêtu, je laissai mes pas me conduire vers mes amis des quais. Depuis que j'étais sorti de prison, je ne les avais revus qu'en de brèves et épisodiques occasions. En tant qu'ex-repris de justice, j'avais acquis aux yeux des garçons une sorte d'aura d'homme mûr et un parfum de célébrité, mais une distance s'était établie entre nous, qui n'existait pas auparavant. Ce jour-là, quoi qu'il en soit, il n'y avait que Doris sur la barge. Je la trouvai agenouillée sur le plancher de la coque, simplement vêtue d'une chemise trop courte, en train de transférer une pile de vêtements humides d'un seau d'eau dans un autre.

– Boldo et les autres ont mendié une promenade sur un chaland d'ordures en partance pour Torcello, m'expliqua-t-elle. Ils seront partis toute la journée, aussi j'en profite pour laver tous les vêtements qu'ils ne portent pas sur eux.

– Puis-je te tenir compagnie ? lui demandai-je. Et dormir cette nuit encore dans la barge ?

– Si tu le fais, tes vêtements auront besoin d'être lavés, nota-t-elle en les regardant d'un œil soucieux.

– J'ai connu des conditions bien pires, répondis-je. Et les vêtements, ça n'est pas ce qui me manque.

– Qu'es-tu en train de fuir, cette fois, Marco ?

– Mon père s'est remarié, aujourd'hui. Il me ramène donc une belle-mère à la maison, ce dont je n'avais nullement envie. J'ai déjà eu une vraie mère.

– J'ai dû en avoir une aussi, mais cela ne me gênerait pas d'avoir une belle-mère.

Elle ajouta, soupirant avec un brin d'exaspération comme une femme d'expérience :

– Parfois, j'ai l'impression que j'en *suis* vraiment une, pour toute cette foule d'orphelins.

– Oh, ce n'est pas que cette Dona Fiordelisa soit en elle-même une femme désagréable, continuai-je, après m'être assis dos à la coque. Mais je n'ai pas envie de passer sous le même toit que mon père sa nuit de noces.

Doris me regarda d'un air songeur, laissa ce qu'elle était en train de faire et vint s'asseoir auprès de moi.

– Très bien, me glissa-t-elle à l'oreille. Reste ici… Et faisons comme si c'était notre nuit de noces rien qu'à nous.

– Oh, Doris, tu ne vas pas recommencer ?

– Je ne vois vraiment pas pourquoi tu refuserais. J'ai pris l'habitude de me laver régulièrement maintenant, depuis que tu m'as dit qu'une dame devait le faire. Je suis bien propre de partout. Tiens, regarde !

Et avant même que j'aie pu protester, elle ôta d'un geste souple son unique vêtement. Pour être propre, il est vrai qu'elle l'était : pas le moindre poil ne garnissait son corps nu. Dona Ilaria elle-même n'était pas aussi douce ni aussi luisante. Bien sûr, il manquait à Doris les formes voluptueuses et les rondeurs des femmes plus mûres. Ses seins commençaient tout juste à enfler, leurs mamelons n'étaient encore que de petites marques d'un rose plus vif que le reste de sa peau, ses reins et ses fesses n'avaient pas ce moelleux qui caractérise la sensualité féminine.

– Tu n'es encore qu'une gamine, lâchai-je, essayant de prendre l'air désintéressé de l'homme blasé. Il te reste du chemin à parcourir pour devenir une vraie femme.

C'était la vérité. Pourtant, son immaturité même, cette candeur et la fraîcheur nubile de son corps juvénile n'étaient pas sans attraits. Les garçons ont beau être tous plus ou moins libidineux, ils sont, durant l'adolescence, plus attirés par les femmes déjà formées. Ils ne voient dans les filles de leur âge que de simples copines, des sortes de garçons manqués finalement peu différents d'eux. Mais j'étais un peu plus avancé qu'eux, désormais ; je savais déjà ce qu'était une vraie femme. Elle m'avait donné le goût des duos musicaux (musique qui m'avait quelque peu manqué, depuis un certain temps), et voici qu'une petite novice semblait vouloir en jouer un morceau…

– Ce ne serait guère honorable de ma part, même si ce n'est qu'un simulacre de nuit de noces, dans la mesure où, comme je te l'ai dit, je pars pour Rome dans quelques jours à peine.

En réalité, j'étais juste en train de tenter de me convaincre moi-même.

– Ton père aussi s'en va. Cela ne l'empêche pas de se marier pour de bon.

– C'est vrai. Nous nous sommes d'ailleurs un peu accrochés à ce sujet. Je ne trouvais pas ça très convenable. Mais enfin, son épouse n'a pas l'air d'y trouver à redire.

– J'en ferais autant à sa place. Pour lors, faisons juste semblant, Marco. Et après, j'attendrai, et tu reviendras. Tu me l'as dit… quand il y aura un nouveau doge.

– Tu es ridicule, ma petite Doris, assise nue comme cela, à me parler de doges et de je ne sais quoi.

Mais elle n'avait pas du tout l'air ridicule. Elle ressemblait à l'une de ces nymphes mutines des légendes anciennes. Je fis mon possible pour trouver des arguments valables.

– Ton frère ne tarit pas d'éloges sur ta droiture, il dit sans cesse que tu es une fille bien, que jamais tu ne…

– Boldo ne sera pas de retour avant ce soir, et il ne saura jamais rien de ce qui se sera passé entre maintenant et tout à l'heure.

– Il serait absolument furieux, continuai-je, comme si je n'avais pas entendu son interruption. Nous serions obligés de nous battre à nouveau, comme la première fois, quand il m'a balancé ce poisson…

Doris fit la moue.

– Tu n'apprécies pas ma générosité à sa juste valeur. Je t'offre un plaisir, alors que ce sera pour moi une douleur.

– Une douleur ? Comment cela ?

– La première fois, c'est toujours douloureux pour une vierge. Et rarement satisfaisant. Toute fille sait cela. C'est ce que les femmes ont de tout temps affirmé.

Après un instant de réflexion, je répondis :

– Je ne vois pas pourquoi ça devrait être douloureux. Pas si c'est fait de la façon dont ma… (mais je décidai qu'il ne serait franchement pas très adroit de mentionner Dona Ilaria en un tel moment)… je veux dire, de la façon dont j'ai appris à le faire.

– Si c'est vrai, augura Doris, tu auras l'occasion de gagner l'adoration de bien des vierges, au cours de ta vie. Montre-moi donc cette façon que tu as apprise.

– On commence d'abord par… des préliminaires. Comme ceci, par exemple.

Je caressai de la main l'un de ses minuscules mamelons.

– Les tétons ? Ça chatouille, c'est tout.

– Je pense que tu ne vas pas tarder à ressentir une sensation toute différente.

Bientôt, elle concéda :

– C'est vrai, oui. Tu as raison.

– Ton téton a l'air d'aimer ça, lui aussi. Regarde, il s'érige comme s'il en demandait encore.

– Mais oui, c'est ma foi vrai !

Elle adopta tout doucement une position allongée, langoureusement étendue sur le dos, et se laissa faire. Je me couchai à ses côtés sur le pont.

– Ce qu'aime encore plus un téton, c'est lorsqu'on l'embrasse.

– Oui…

Elle étirait son corps avec volupté, tel un jeune chat.

– Et puis, on peut aussi faire ça…, glissai-je.

– Hum… ça aussi, ça chatouille.

– Tu vas voir, ça va faire mieux que chatouiller.

– Oui... c'est vrai que c'est bon. Je ressens...

– Aucune douleur, assurément !

Elle secoua la tête négativement, les yeux fermés.

– Ces gestes-là ne requièrent pas particulièrement la présence masculine. On appelle cela l'hymne du couvent, parce que les filles peuvent se le prodiguer elles-mêmes.

J'étais on ne peut plus scrupuleux, on le voit, lui donnant là l'opportunité de me renvoyer. Elle se contenta de susurrer, entre deux soupirs :

– Je n'ai aucune idée... je ne sais même pas à quoi ressemble mon corps, par là, en bas.

– Tu pourrais facilement regarder ta minette dans un miroir.

Elle répondit timidement :

– Je ne connais personne qui possède un miroir.

– Eh bien, tu n'as qu'à regarder... euh, non, la sienne est vraiment trop velue, hélas. La tienne est encore nette, douce et facilement visible. Et jolie. Elle a l'air d'une... (Je me hasardai à une comparaison poétique.) Tu vois ces pâtes qui ressemblent à de petits coquillages refermés ? Celles qu'on appelle des lèvres de femme ?

– Tu me fais penser à des lèvres qu'on embrasse..., dit-elle, se parlant à elle-même comme dans un songe.

Ses yeux s'étaient à nouveau fermés, et tout son petit corps ondoyait avec lenteur.

– Qu'on embrasse, oui..., repris-je en écho.

Après quelques lentes ondulations, son corps sembla se tendre brièvement, puis se relâcha, et elle émit un doux gémissement de plaisir. Tandis que je continuais à jouer de la musique sur son intimité, elle se tordit dans d'autres fiévreuses convulsions, chaque fois plus longues, comme si elle comprenait, par la pratique, comment faire durer son plaisir. Sans cesser de lui délivrer mes attentions, mais n'utilisant que ma bouche, j'eus tout loisir d'utiliser mes mains, restées libres, pour ôter mes vêtements. Quand je fus aussi nu auprès d'elle, elle sembla apprécier d'autant plus les frémissements qui arquaient son corps et laissa vagabonder ses mains sur le mien. Je m'abandonnai alors sans contrainte, jouant sur elle l'hymne du couvent, comme Ilaria me l'avait enseigné. Lorsque Doris fut luisante de sueur, je la laissai récupérer doucement.

Sa respiration se calma progressivement, elle ouvrit les yeux, comme hébétée de l'ivresse qu'elle avait ressentie. Puis elle fronça les sourcils, en me sentant tout dur contre elle, et, prenant sans honte ma virilité de sa main, elle s'exclama avec surprise :

– Tu as fait tout cela... tu m'as donné tout ce plaisir... sans jamais...

– Non, pas encore.

– Je ne savais pas. (Elle éclata d'un rire d'allégresse.) Je ne me serais rendu compte de rien... J'étais si loin, dans les nuages ! (Me tenant toujours au creux d'une de ses mains, elle se tâta de l'autre.) Tout cela... alors que je suis encore vierge. C'est miraculeux. Est-ce donc de cette façon, Marco, que notre Sainte Vierge bénie...

– Nous sommes déjà en train de pécher, Doris, coupai-je rapidement. N'y ajoutons pas le blasphème.

– Non. Mais continuons de pécher, alors.

Nous le fîmes, et je ne tardai pas à faire gémir Doris à nouveau et à la faire se cambrer de bonheur (quelque part dans les nuages, comme elle disait) en interprétant sur elle l'hymne du couvent. Finalement, je fis ce qu'aucune nonne n'aurait pu faire, et cela se passa sans heurt et sans violence, mais au contraire avec naturel et une facilité déconcertante. Doris, moite de transpiration, glissait en douceur entre mes bras, et son intimité était plus humide encore. Aussi ne sentit-elle aucune brisure, juste une sensation légèrement plus intense que toutes celles qu'elle était en train de découvrir. Elle ouvrit des yeux débordants de plaisir quand elle l'éprouva et poussa un gémissement d'un registre sensiblement différent des précédents.

Ce fut, pour moi aussi, la découverte de sensations entièrement nouvelles. Je me sentais maintenu, enserré dans le corps de Doris comme dans un poing tendre, bien plus ajusté que dans l'intimité des deux femmes avec qui j'avais déjà couché. Malgré l'intense excitation que je ressentais en cet instant, je trouvai le moyen de me rendre compte de la bêtise de mon précepte d'ignorant, selon lequel les femmes étaient toutes les mêmes à l'intérieur de leurs parties intimes.

Durant les instants qui suivirent, nous émîmes, Doris et moi, une gamme de bruits fort variés. Le dernier qu'elle produisit, avant de cesser de bouger, fut un soupir de contentement et d'incrédulité mêlés, alors qu'elle s'exclamait : « Oh, mon Dieu ! »

– Ça n'a pas été trop douloureux, j'ai l'impression ! constatai-je en lui souriant.

Elle secoua la tête avec véhémence et sourit à son tour, radieuse.

– J'en ai souvent rêvé, tu sais ? Mais jamais je n'aurais imaginé que c'était aussi… Et jamais je n'avais entendu une femme parler de sa première fois comme d'une chose aussi… Merci, Marco.

– Je te remercie, Doris, repartis-je avec obligeance. Maintenant que tu sais la façon dont…

– Arrête. Je n'ai pas envie de refaire quoi que ce soit de ce genre avec un autre que toi.

– Bientôt, je serai parti.

– Je sais. Mais je sais aussi que tu reviendras. Et je ne referai pas cela jusqu'à ce que tu sois revenu de Rome.

En fait, je ne me rendis pas à Rome. Je n'y ai même encore jamais mis les pieds. Nous prolongeâmes nos ébats jusqu'à la tombée de la nuit, et lorsque Ubaldo, Daniele, Margarita et les autres rentrèrent de leur journée d'excursion, nous étions habillés comme il faut et nous comportions de la façon la plus irréprochable. Durant la nuit que je passai dans la barge, je dormis seul, sur la même couche de chiffons fétides que j'avais naguère utilisée. Nous fûmes tous réveillés de grand matin par les braillements du crieur public dont les rondes, ce jour-là, étaient d'autant plus matinales que les nouvelles qu'il hurlait étaient inouïes. Le pape Clément IV venait de mourir à Viterbe. Le doge de Venise décrétait de ce fait un deuil et une période de prière, par respect pour l'âme de notre Très Saint-Père.

– Damnation ! beugla mon oncle, faisant sauter les livres sur la table de la vigueur de son poing martelé. Aurions-nous ramené le mauvais œil dans nos bagages, Nico ?

– D'abord le deuil du doge, maintenant celui du pape, constata tristement mon père. *Sic transit gloria mundi*[15]…

– Et le bruit court à Viterbe, dit notre comptable Isidoro dans le bureau duquel nous étions installés, qu'il risque fort d'y avoir, au conclave, un sacré temps mort. Il semble qu'il y ait plusieurs prétendants à la mitre pontificale, bien déterminés à ne pas céder leur place à un autre.

15. « Ainsi passe la gloire du monde. » On adressait naguère au pape ces paroles lors de son couronnement, pour lui rappeler la fragilité de toute puissance humaine.

– Quoi qu'il en soit, nous ne pourrons attendre que l'élection survienne, murmura gravement mon oncle, me couvant d'un regard noir. Il va bien falloir que nous emmenions ce forçat hors de Venise, sous peine de tous finir en prison.

– Nous n'avons nul besoin d'attendre, assura mon père, apparemment imperturbable. Doro a rassemblé avec une louable efficacité les provisions et l'équipement dont nous aurons besoin pour notre voyage, et il ne nous manque que les cent prêtres. Je doute fort que Kubilaï se formalise qu'ils n'aient pas été choisis par le pape en personne. N'importe quel prélat pourra aussi bien s'en charger.

– À quel genre de prélat penses-tu qu'il faille nous adresser ? questionna Matteo. Si nous demandions cela au patriarche de Venise, il nous rétorquerait sans doute, à juste raison, que mettre cent prêtres à notre disposition équivaudrait à vider presque toutes les églises de la ville.

– Et il nous faudrait les acheminer sur une distance supplémentaire, songea mon père. Mieux vaudrait les trouver plus près de l'endroit où nous nous rendons.

– Pardonnez mon ignorance, intervint ma nouvelle belle-mère, Fiordelisa. Mais pourquoi diable cherchez-vous à recruter des prêtres, et en grand nombre, pour un sauvage seigneur de guerre mongol ? Ce n'est tout de même pas un chrétien, je suppose ?

– Il n'a pas de religion bien définie, Lisa, répondit mon père.

– Je m'en serais doutée.

– Mais il a justement une vertu particulière aux gens étrangers à Dieu : il est tolérant à l'égard de ce que croient les autres. En fait, il souhaite juste que ses sujets aient un choix ouvert de croyances entre lesquelles choisir. Il y a actuellement dans ses États de nombreux prêcheurs de religions païennes, mais la foi catholique n'est représentée que par les contestables et trompeurs prêtres nestoriens. Kubilaï désire que nous lui procurions un nombre décent de représentants de la véritable Église chrétienne de Rome. Naturellement, Matteo et moi aimerions accéder à sa requête… et pas seulement dans le but de propager la sainte foi. Si nous parvenons à mener cette mission à bien, nul doute que le khan nous donnera ensuite l'autorisation d'en engager d'autres éminemment plus profitables.

– Ce que Nico veut dire par là, expliqua mon oncle, c'est que nous espérons bien établir un commerce entre Venise et ces territoires de l'Orient, et donc réactiver le flot commercial de la route de la soie.

Lisa roula des yeux effarés.

– Vous voulez dire qu'il existe une route tendue de soie ?

– Plût au ciel que cela puisse être ! s'exclama mon oncle, hochant la tête. C'est au contraire une épreuve, une punition, une torture, comme aucun chemin vers le paradis ne le sera jamais. Le simple fait de l'appeler route est en soi une extravagance.

Isidoro sollicita la permission d'expliquer la chose à l'épouse de mon père :

– La piste qui mène des rivages du Levant vers l'intérieur de l'Asie porte depuis des temps très reculés le nom de route de la soie parce que la marchandise la plus coûteuse qu'on y acheminait était la soie venue de Chine. À cette époque, cette étoffe valait de l'or, et peut-être la piste en question, précieuse pour cette raison même, était-elle mieux entretenue qu'elle ne l'est aujourd'hui, et plus praticable pour le voyageur. Cette route est désormais beaucoup moins empruntée, le secret de la fabrication de la soie ayant été volé aux Chinois : on produit cette étoffe en Sicile, aujourd'hui. L'autre raison qui empêche la traversée de ces terres de l'Orient, ce sont les déprédations commises par les tribus de Huns, de Tartares, de Mongols toujours plus ou moins en maraude dans ces régions de l'Asie. Voilà pourquoi nos négociants occidentaux ont délaissé la voie terrestre pour les routes maritimes si bien connues des marins arabes.

– Si tu peux t'y rendre par la mer, pourquoi vouloir endurer les rigueurs et les dangers de la voie terrestre ? fit remarquer Lisa à mon père.

Sa réponse fut simple :

– Ces routes maritimes ne sont désormais plus ouvertes à nos vaisseaux. Les Arabes, naguère pacifiques, qui se contentaient de vivre humblement dans la paix de leur prophète, se sont mués en guerriers sarrasins qui prétendent dorénavant imposer la religion de l'Islam au monde entier. Et ils défendent leur territoire maritime avec la même fougue que la Terre sainte qu'ils possèdent actuellement.

Matteo ajouta :

– Les Sarrasins sont en vérité tout à fait disposés à commercer avec nous autres Vénitiens, ainsi qu'avec tout autre négociant chrétien, pourvu qu'ils y trouvent leur profit. S'il nous prenait l'envie d'envoyer directement vers l'Asie nos flottes de commerce, nous les priverions d'un juteux bénéfice, c'est justement ce que les corsaires sarrasins qui patrouillent constamment sur les mers qui y mènent cherchent à éviter.

Lisa eut l'air franchement choquée :

– Ce sont donc nos ennemis, et nous commerçons avec eux ?

Se contentant de hausser les épaules, Isidoro lâcha :

– Les affaires sont les affaires.

– Nos papes les premiers, pointa l'oncle Matteo, ont de tout temps négligé de faciliter le négoce avec les païens, alors même que nous avions tout intérêt à le faire. Il y aurait pourtant, pour un pape ou n'importe quel dirigeant doué d'un tant soit peu de pragmatisme, des fortunes à amasser en instaurant un commerce suivi, y compris avec les territoires d'Extrême-Orient. Nous avons vu de nos yeux la richesse de ces régions : nous savons de quoi nous parlons. Notre précédent voyage consistait principalement en une exploration, mais, cette fois, nous allons emmener de quoi commercer. Si la route de la soie est devenue un cauchemar, elle n'en est pas impraticable pour autant. Nous avons déjà traversé à deux reprises ces territoires, une fois à l'aller, une fois au retour. Nous pouvons donc parfaitement le refaire.

– Qui que soit le prochain pape, prédit mon père, il devrait accorder sa bénédiction à ce projet. Rome a longtemps craint l'invasion des Mongols en Europe, mais les derniers khans mongols semblent bien, désormais, avoir limité l'extension de leur aire d'influence à l'ouest. Rome devrait donc saisir l'opportunité qui se présente de sceller une alliance avec les Mongols contre l'Islam. Notre mission auprès du khan de tous les khans pourrait donc être de la plus extrême importance… tant pour les visées de notre mère l'Église que pour la prospérité de Venise.

– Et pour la maison Polo, conclut Fiordelisa, qui en faisait à présent partie.

– D'abord et avant tout, fit en écho Matteo. Alors, cessons de tergiverser, Nico, et allons-y tout de go. Que dirais-tu de repasser par Constantinople et de récupérer nos prêtres là-bas ?

Mon père songea un instant à la proposition, avant de répondre :

– Non. Les prêtres de là-bas, amollis par le luxe, sont devenus doux comme des eunuques. Un chat ganté n'attrape aucune souris. En revanche, des aumôniers ont accompagné les croisés, et ceux-là sont hommes à pouvoir supporter les rigueurs du voyage. Nous irons donc en Terre sainte, à Saint-Jean d'Acre, que les croisés tiennent encore fermement. Doro, y a-t-il un bateau en partance pour cette ville que nous pourrions emprunter ?

Le commis se pencha sur ses registres, tandis que, de mon côté, je courus prévenir Doris de ma nouvelle destination et lui faire mes adieux, par la même occasion, à elle comme à Venise.

Il allait s'écouler un quart de siècle avant que je les revoie, l'une comme l'autre. Bien des choses auraient alors considérablement changé, et l'âge m'étant venu, je serais moi-même un tout autre homme. Mais Venise serait toujours Venise, et, assez étrangement, la Doris que j'avais laissée demeurerait également toujours un peu la même, au fond. Sa promesse de ne plus aimer quiconque jusqu'à mon retour la préserva-t-elle, à la façon d'un charme magique, de l'outrage des ans ? Toujours est-il que, lorsque je revins de longues années plus tard, je la trouvai inchangée, éclatante de jeunesse et vibrante de beauté, au point de la reconnaître au premier coup d'œil et de tomber instantanément amoureux d'elle. Tel serait en tout cas mon sentiment.

Mais ceci est une autre histoire, que je conterai en temps utile.

LE LEVANT

13

À l'heure des vêpres, par un jour bleu et doré, nous quittâmes le bassin du Malamoco, sur le Lido, seuls passagers payants d'une grande galéasse de fret, le *Doge Anafesto*. Elle emportait aux croisés des armes et du ravitaillement. Une fois ces marchandises livrées à Saint-Jean d'Acre, elle affréterait à Alexandrie un chargement de grains et le rapporterait à Venise. Dès que le bateau fut sorti du bassin portuaire et déboucha dans l'Adriatique, les rameurs cessèrent d'opérer, et les marins hissèrent sur les deux mâts de gracieuses voiles latines qui se déployèrent et se mirent à claquer au vent. Bientôt, gonflées de la brise de l'après-midi, elles apparurent aussi blanches et ventrues que les nuages, au-dessus d'elles.

– Quelle sublime journée ! m'exclamai-je. Et quel splendide bateau !

Mon père, jamais enclin à s'extasier, se fendit de l'un de ses inévitables adages :

– Ne loue jamais le jour avant qu'il finisse ; ne loue jamais l'auberge avant le réveil du lendemain.

Mais même le lendemain, et les jours suivants, il ne put nier que notre navire était aussi confortable que n'importe quelle auberge sur la terre ferme. Dans le temps, un vaisseau en partance pour la Terre sainte eût été bondé de pèlerins chrétiens venus de divers pays d'Europe, prêts à dormir sur les bancs des rameurs, voire allongés sur le pont ou dans la cale, serrés comme des sardines dans une boîte. Mais, au temps dont je vous parle, le port de Saint-Jean d'Acre était la seule possession chrétienne encore non envahie par les Sarrasins, et tous les chrétiens, excepté les croisés, restaient désormais chez eux.

Nous autres, les trois Polo, disposions d'une cabine privative, juste au-dessous des quartiers du capitaine, à la poupe du navire. La cuisine du bord se fournissait à partir d'un enclos contenant du bétail, de sorte que l'équipage et nous-mêmes mangions de la viande fraîche au lieu des habituelles salaisons. Il y avait toutes sortes de pâtes, de l'huile d'olive et des oignons, ainsi qu'un bon petit vin de Corse que nous gardions au frais dans le sable humide du lest, au fond de la coque. L'unique aliment qui faisait défaut était le pain fraîchement cuit ; à la place, nous avions des biscuits secs si durs qu'il était impossible et de les croquer et de les mâcher, l'unique façon de les consommer étant de les sucer : c'était la seule nourriture dont nous aurions pu nous plaindre. Il y avait à bord un médecin capable de soigner les petites affections ou les éventuelles blessures, et un chapelain pour entendre les confessions et dire la messe. Le premier dimanche arriva, il prêcha à partir d'un texte de l'Ecclésiaste qui proclamait en substance : « L'homme sage traversera d'étranges pays et, en toutes choses, expérimentera le bien et le mal. »

– Parle-moi de ces terres lointaines, dis-je à mon père après la messe, car nous n'avions jamais vraiment eu le temps, à Venise, de nous entretenir en tête à tête.

Ce qu'il me conta m'en apprit bien plus sur lui-même, en vérité, que sur les terres situées au-delà de l'horizon.

– Ah, crois-moi, il est très facile, pour un marchand entreprenant, d'y conclure de bonnes affaires ! commença-t-il, exultant et frottant ses paumes l'une contre l'autre. Soie, bijoux, épices – même le négociant le plus borné rêverait, c'est évident, de telles marchandises, mais il existe bien d'autres possibilités pour un homme intelligent désireux de faire fortune. Oui, Marco. Même si tu ne nous accompagnes que jusqu'au Levant, tu peux certainement, rien qu'en gardant les yeux ouverts et le bon sens en éveil, poser les bases d'une richesse que tu ne devras qu'à toi. Je te l'affirme, mon fils, ces terres regorgent de bonnes affaires.

– J'attends cela avec intérêt, fis-je avec déférence. Mais j'aurais pu apprendre le commerce sans quitter Venise. Je pensais surtout à... disons, l'aventure...

– L'aventure ? Mais enfin, mon garçon, connais-tu aventure plus gratifiante que de dénicher une affaire que nul n'avait envisagée auparavant, de sauter sur l'occasion et d'en tirer profit ?

– Bien sûr, père, c'est sans nul doute une chose fort agréable, concédai-je, dans le but ne pas altérer son enthousiasme. Mais, et l'exaltation ? Les expériences étonnantes que vous avez vécues, les curiosités exotiques que vous avez vues ? Avec tous vos voyages, elles ont sûrement été nombreuses.

– Ah oui, les curiosités exotiques… (Il se grattait la barbe, l'air songeur.) Lors de notre retour vers Venise, en Cappadoce, nous avons eu quelque chose de ce genre. Il pousse sur cette terre une sorte de coquelicot sauvage, assez semblable à celui que nous connaissons, d'un rouge éclatant, sauf que celui-là est d'une teinte bleu argenté. Du lait de sa cosse, on peut extraire par décoction une huile soporifique aux puissantes vertus médicinales. Je sentis que cela pourrait constituer une utile adjonction aux simples qu'emploient nos médecins de l'Occident et entrevis le profit que pourrait en tirer notre Compagnie. Je me mis donc en devoir de collecter quelques graines de cette plante dans l'intention de les semer entre les crocus de nos plantations vénitiennes. Voilà une chose exotique, n'est-il pas vrai ? Et une occasion commerciale inouïe. Hélas, une guerre sévissait alors en Cappadoce. De ce fait, ces champs de coquelicots bleus furent ravagés, et la population locale fut si perturbée par ces troubles que je ne pus trouver personne pour me fournir les graines. Quelle tristesse que de devoir laisser filer une si belle occasion…

Quelque peu stupéfait, je fis remarquer :

– Vous vous trouviez au milieu d'une guerre, et tout ce qui vous importait, c'était trouver des graines de coquelicot ?

– Ah, la guerre est une chose terrible. Rien de tel pour perturber le commerce.

– D'accord, père. Mais je ne vois là aucune possibilité de vivre une aventure.

– Tu y tiens, ma parole, à cette *aventure !* souligna-t-il d'un ton acerbe. L'aventure, pour autant que je me souvienne, n'a jamais été qu'une source de difficultés et d'ennuis. Crois-moi, le voyageur expérimenté fait tout, au contraire, pour éviter d'avoir à la rencontrer. Le voyage le plus lucratif est celui qui a été le plus ennuyeux.

– Oh…, m'étonnai-je. Je m'attendais plutôt à des périls surmontés… des découvertes inattendues… ou des ennemis défaits, des jeunes filles secourues, tu vois…

– Ah, voilà le *bravo* qui revient ! tonna mon oncle qui nous rejoignait. J'espère que tu vas lui faire passer le goût de ces niaiseries, Nico.

– J'essaie, lui répondit doucement mon père. L'aventure, Marco, n'a jamais apporté un *bagatìn* dans la bourse du voyageur.

– Mais la bourse est-elle la seule chose qu'un homme se doive de garnir ? m'écriai-je. Ne peut-il rechercher autre chose, dans la vie ? Que faites-vous de son appétit pour les prodiges, les merveilles en tout genre ?

– Ce n'est pas en cherchant les merveilles qu'on les trouve, grogna mon oncle. Il en va de même pour le grand amour ou pour le bonheur, qui sont de véritables trésors, à mon sens. Tu ne peux pas dire : « Je vais partir et vivre une aventure. » Le mieux que tu puisses faire, c'est te poster à l'endroit où elle est susceptible de survenir.

– Parfait, dans ce cas, poursuivis-je. Nous voici en route pour Acre, la cité des croisés, que la légende décrit comme riche en exploits intrépides, en sombres secrets et en demoiselles drapées de soie. Un endroit connu pour sa vie voluptueuse... Quoi de mieux ?

– Pfff... Les croisés ! siffla mon oncle avec dédain. Légendes, billevesées que tout cela. Il fallait bien que ceux qui ont survécu et ont pu revenir se fassent croire à eux-mêmes que leur mission futile avait été digne d'intérêt. Aussi se sont-ils mis à broder à propos des prodiges dont ils avaient pu être témoins, décrivant ces terres lointaines comme merveilleuses à souhait. En fait, parmi les rares trophées qu'ils aient vraiment rapportés, il faut surtout mentionner un certain écoulement intime, si douloureux qu'il les empêchait presque de tenir en selle !

Rêveur et un brin décontenancé, je glissai :

– Mais enfin, Acre n'est-elle pas la ville aux mille beautés et aux irrésistibles tentations, cette cité parfumée de mystère et resplendissante de luxe ?

Mon père secoua la tête.

– Croisés et Sarrasins s'affrontent autour de Saint-Jean d'Acre depuis plus d'un siècle et demi. Imagine à quoi cela peut ressembler, en réalité. Plutôt non, pas besoin. Tu le verras bien assez tôt de tes yeux.

Je les quittai là-dessus, certes un peu ébranlé dans mes convictions mais pas abattu pour autant. En mon for intérieur, j'avais acquis la certitude que mon père, avant tout obsédé par l'idée du bénéfice à tirer, avait l'âme d'un parfait comptable, et que mon oncle, dans sa brutalité native, était bien trop carré et bourru pour ressentir de plus fines émotions. Ils auraient été capables de ne pas voir l'aventure alors même qu'ils se trouvaient plongés dedans. Ce qui ne serait certes pas mon cas. Je m'en allai et me dressai sur le pont, afin de ne manquer aucune sirène ou monstre marin qui pourrait survenir par là, nageant entre deux eaux. Un voyage en mer, après la griserie qui vous saisit le premier jour, a tendance à devenir un peu monotone – à moins qu'une tempête ne survienne pour vous emplir de terreur, mais elles ne se déchaînent que durant l'hiver, en Méditerranée –, aussi en profitai-je pour apprendre tout ce que je pouvais sur le travail du bord. Le temps étant des plus clément, l'équipage n'avait à accomplir que la besogne de routine, aussi tous, du capitaine au cuisinier, me laissèrent-ils sans difficulté poser toutes les questions qui me venaient à l'esprit, promener mon regard où bon me semblait et, à l'occasion, les aider dans leur tâche. Ces hommes étaient de nationalités fort variées, mais tous parlaient le français du commerce (qu'ils appelaient le sabir), ce qui nous permettait de communiquer.

– Connais-tu quelque chose à la navigation, mon garçon ? me demanda l'un des marins. Sais-tu, par exemple, ce que l'on appelle, sur un bateau, les œuvres vives et les œuvres mortes ?

Je réfléchis un instant à la question, puis levai les yeux vers les voiles, étendues de part et d'autre du navire telles les ailes vivantes d'un oiseau. J'en déduisis qu'il devait s'agir de ses œuvres vives.

– Faux, rétorqua le marin. Les œuvres vives sont toutes les parties immergées du bateau, tandis que, par opposition, les œuvres mortes désignent ce qui demeure en-dehors de l'eau, au-dessus de la ligne de flottaison.

Après un moment de réflexion, je fis remarquer :

– En admettant que les œuvres mortes viennent à plonger sous l'eau, il est vrai qu'on pourrait difficilement les qualifier d'œuvres vives, car nous serions tous morts.

Le marin répliqua très vite :

– N'évoque jamais à bord ce genre de désastre, malheureux !

Et il se signa.

Un autre m'expliqua :

– Si tu veux être un vrai loup de mer, bonhomme, il te faut apprendre à reconnaître les dix-sept vents qui soufflent sur la Méditerranée. (Il se mit en devoir de les pointer un à un sur ses doigts.) En ce moment, nous sommes poussés par les vents étésiens qui soufflent du nord-ouest. En été, c'est le vent d'autan qui souffle fièrement du sud, apportant les tempêtes. Le vent qui souffle au large de la Grèce et rend la mer turbulente est appelé *gregelada*. Le mistral souffle de l'ouest, tandis que le vent d'Orient, venu d'Arménie, souffle de l'est...

– Et quand il souffle, l'interrompit un autre marin, on sent l'odeur des Cyclopèdes.

– Ce sont des îles ? demandai-je.

– Non, c'est un peuple étrange qui vit en Arménie. Ils n'ont qu'un bras et une jambe unique. Il en faut donc deux pour manier l'arc et la flèche. Comme ils ne peuvent marcher, ils sautillent à cloche-pied. Mais lorsqu'ils sont pressés, ils se mettent à faire la roue, tournant en appui sur leurs deux membres. D'où ce nom qu'on leur a donné de Cyclopèdes, ou « pieds roulants ».

À côté de ces descriptions merveilleuses dont ils n'étaient pas avares, les marins m'enseignèrent aussi à jouer à la *venturina*, un jeu de pari et de divination connu pour dissiper l'ennui des trop longues traversées. Ils devaient souvent y être confrontés, car la *venturina* est un jeu incroyablement long et lassant, au bout duquel on ne gagne jamais que quelques misérables piécettes.

Lorsque, un peu plus tard, j'interrogeai mon oncle au sujet des pieds roulants d'Arménie, lui demandant s'il avait déjà rencontré, au cours de ses voyages, de telles curiosités, il se mit à rire et à persifler d'un ton moqueur :

– Balivernes ! Nul marin, lorsqu'il débarque dans un port étranger, ne s'aventure jamais plus loin que le premier bar à vin qu'il trouve ou le bordel le plus proche. Alors, bien sûr, dès qu'on lui demande ce qu'il a vu d'extraordinaire là-bas, il doit inventer les pires sornettes. Il faudrait être un sacré nigaud, autant pour croire une femme que pour faire confiance au dire d'un marin !

Aussi ne prêtai-je plus par la suite qu'une oreille tolérante, et pas trop attentive, aux racontars des marins quant à ces fantasmagories des terres lointaines, préférant me concentrer pleinement sur tout ce qui avait trait à la mer et à la vie sur le bateau. J'appris ainsi les vocables spécifiques utilisés pour qualifier les créatures les plus banales, tel ce petit oiseau noir appelé à Venise l'oiseau tempête, qui, en mer, porte le surnom de *petrelo*, « petit Pierre », car, tel le saint du même nom, il donne l'impression de marcher sur les eaux. J'appris aussi certaines rimes dont les marins usent pour évoquer le temps qu'il va faire, comme ces deux vers :

Sera rosa e bianco matino
Allegro il pelegrino.

Ils signifient en substance qu'un ciel rouge rosé le soir ou blanc au petit matin présage d'une belle journée, ce qui remplit d'aise le pèlerin. J'appris à lancer la ligne de sonde, avec ses petits rubans blancs et rouges noués à intervalles réguliers sur sa longueur, qui sert à mesurer la profondeur d'eau sous la quille. On m'enseigna aussi à communiquer avec les bateaux que nous croisions (j'eus le droit de le faire deux ou trois fois, la Méditerranée étant très fréquentée) en criant en sabir dans le porte-voix :

– Bonne traversée à vous ! Quel bateau êtes-vous ?

Et la réplique nous parvenait, caverneuse :

– À vous aussi, bon voyage ! Nous sommes le *Saint Sang*, provenant de Bruges et ayant pour port d'attache Famagouste. Et vous, quel bateau êtes-vous ?

– L'*Anafesto*, parti de Venise, en route pour Acre et Alexandrie ! Bonne traversée !

Le maître timonier me montra de quelle façon, grâce à un ingénieux arrangement de cordages, il parvenait à manœuvrer d'une seule main les deux immenses rames qui servaient de gouvernail au bateau, situées de part et d'autre de sa poupe.

– Par gros temps, précisa-t-il cependant, deux pilotes sont requis, chacun à l'une des barres, et ils doivent faire preuve d'une grande dextérité pour les manœuvrer séparément mais en parfaite harmonie, selon les injonctions du capitaine.

Le batteur qui rythmait le mouvement des rameurs me laissa, en l'absence de ceux-ci, manipuler ses maillets de percussion. Les constants vents étésiens ayant poussé durant presque tout le voyage notre vaisseau, les rameurs n'eurent en fait qu'à nous sortir du bassin de Malamoco et à nous conduire au port de Saint-Jean d'Acre. Lorsque nous y parvînmes, ils prirent place (à la mode *sensile*, m'expliqua le batteur) à trois de rang sur les vingt bancs disposés de chaque côté du vaisseau.

Chaque rameur utilisait une rame qui pivotait sur son scalme. Le rameur extérieur avait la rame la plus courte, celui de l'intérieur la plus longue, celui du milieu maniait une rame de taille intermédiaire. Ces hommes, d'ailleurs, n'étaient pas assis, contrairement, par exemple, à ceux qui propulsaient le *Bucentaure* d'or du doge. Ils se tenaient debout, le pied gauche posé sur le banc de devant tandis qu'ils repoussaient les rames vers l'avant. Après quoi, ils retombaient assis sur leurs bancs, jusqu'à être presque étendus sur le dos lorsqu'ils produisaient leurs puissantes tractions, propulsant le bateau en une série de bonds accélérés. Ces mouvements suivaient le rythme imposé par le batteur, un tempo d'abord lent qui gagnait en rapidité en proportion de la vitesse acquise par le bateau. Les deux maillets émettaient des sons distincts, de façon que les rameurs de chaque côté sachent quand ils devaient intensifier leurs efforts par rapport à leurs homologues du côté opposé.

Je ne fus pas autorisé à ramer, car ce travail requiert une telle habileté que les apprentis le pratiquent d'abord sur des galères factices posées sur la terre ferme. Le mot galérien était si souvent utilisé, à Venise, pour désigner un forçat que j'en avais déduit que toutes les galères et galiotes étaient mues par des criminels qui, une fois capturés, avaient été condamnés à cette peine. Mais le batteur m'expliqua que les bateaux de fret étaient en concurrence pour leur rapidité et leur efficacité, et qu'il eût été folie de faire reposer cela sur le travail forcé.

– Aussi les flottes marchandes ne louent-elles que les services de rameurs professionnels et expérimentés, affirma-t-il. Les galères de combat sont quant à elles propulsées par des citoyens volontaires, qui ont choisi cette activité dans le cadre de leurs obligations militaires, plutôt que de porter l'épée.

Le cuisinier du bord m'indiqua de son côté la raison pour laquelle il ne cuisait pas de pain.

– Je ne garde jamais de farine dans ma galère, trancha-t-il, péremptoire. Il s'avère totalement impossible, en mer, de préserver une bonne farine de toute contamination. Ou il s'y développe des charançons, ou elle prend l'humidité. C'est même pour cette raison que les Romains ont naguère, les premiers, pensé à fabriquer les pâtes que nous apprécions tant aujourd'hui. Elles sont en effet presque imputrescibles. On raconte qu'un cuisinier romain inventa un jour cette nouvelle forme de nourriture, plus ou moins consciemment, quand son stock de farine eut été inondé par une vague. Il pétrit ce qui restait en une pâte, afin de sauver ce qui pouvait l'être encore, puis il la découpa en morceaux afin qu'elle séchât plus vite et devînt solide. De là proviennent les nombreuses formes et tailles de vermicelles et de macaronis. Ce fut un cadeau des dieux pour nous autres cuisiniers de bord, ainsi que pour tous ceux restés à terre.

Le capitaine du navire me montra comment l'aiguille de sa boussole pointait invariablement en direction de l'étoile Polaire, même lorsque celle-ci demeurait invisible. À cette époque, cet instrument commençait juste à être considéré comme un équipement aussi indispensable à bord que le médaillon de saint Christophe, mais, pour moi, c'était encore une nouveauté. Il en allait de même à l'égard du *periplus*, que le capitaine me dévoila également, une liasse de cartes marines sur lesquelles étaient dessinés les contours de toutes les côtes de la Méditerranée, du Levant aux colonnes d'Hercule, et toutes les mers qui les bordent : l'Adriatique, la mer Égée, et ainsi de suite. Le long de ces côtes tracées à l'encre, le capitaine – et d'autres capitaines de vaisseau qu'il connaissait – avait indiqué les points saillants visibles de la mer : lumières d'habitations, caps, promontoires rocheux en surplomb, et tout autre repère susceptible d'aider le marin à évaluer sa position avec exactitude. Sur la partie représentant les mers, le capitaine avait aussi griffonné des notes qui indiquaient les différentes profondeurs constatées, les courants et les récifs dissimulés. Il m'expliqua qu'il tenait constamment ces informations à jour, ayant déjà pu lui-même observer ou entendu dire par d'autres capitaines que ces profondeurs pouvaient varier, à cause par exemple de l'accumulation du limon, comme au large de l'Égypte, ou du fait de l'activité de volcans sous-marins, comme c'était fréquent autour de la Grèce.

Lorsque j'évoquai devant mon père le *periplus*, il sourit et lâcha, goguenard :

– Mieux vaut pas grand-chose que rien du tout. Nous possédons, pour notre part, bien mieux qu'un *periplus*.

Sur ces mots, il rapporta de notre cabine une liasse de papiers encore plus épaisse.

– Vois, c'est le *Kitab*.

Mon oncle approuva fièrement :

– Si le capitaine était muni du *Kitab* et que son vaisseau pouvait voguer sur la terre ferme, il pourrait se diriger sans problème à travers l'Asie, jusqu'aux océans orientaux de Kithai.

– J'ai dû dépenser des sommes considérables pour le faire confectionner, me confia mon père en me tendant le document. Il a été copié pour nous d'après l'original, lui-même dessiné par le cartographe arabe Al-Idrîsî pour le compte du roi Ruggero de Sicile.

Kitab, devais-je découvrir par la suite, signifie tout simplement en arabe « livre ». C'est du reste également le cas pour notre Bible. Mais le *Kitab* d'Al-Idrîsî, tout comme la sainte Bible, est bien plus qu'un simple livre. Sur la première page s'étale son titre complet, que je pus lire, car il était traduit en français : « Trajet d'un homme curieux qui a exploré les régions du globe, ses provinces, îles, cités, avec leur dimension et leur situation, destiné à instruire et à aider celui qui désire traverser notre Terre. » Hélas, les nombreux autres mots qui parsemaient les pages du document étaient rédigés de cette exécrable écriture en pattes de mouche en usage dans les pays arabes habités par les infidèles. Çà et là, mon oncle ou mon père avait traduit tel ou tel nom de lieu en langage intelligible, mais c'était tout. Tournant les pages pour pouvoir lire ces noms, je relevai un détail singulier qui me fit rire.

– Toutes ces cartes sont à l'envers ! Regarde, là : le pied de la botte italienne frappe la Sicile, et l'envoie *en haut* vers l'Afrique.

– En Orient, tout est inversé, confirma mon oncle. Toutes les cartes arabes placent le sud en haut. Les gens de Kithai qualifient la boussole d'aiguille pointant au *sud*. Tu t'habitueras à cette façon de faire.

– Cette spécificité mise à part, continua mon père, Al-Idrîsî a représenté avec une incroyable précision les terres du Levant et, derrière elles, celles d'Asie centrale. Il avait sans doute voyagé lui-même dans ces régions.

Le *Kitab* comprenait soixante-treize pages qui, disposées les unes à côté des autres (et à l'envers), représentaient l'étendue complète du monde, de l'ouest à l'est, et une bonne partie de ses franges septentrionales et méridionales, le tout divisé en parallèles recourbés en rapport avec les zones climatiques. Les eaux marines salées étaient peintes en bleu, avec de petites ondulations blanches pour figurer les vagues, les mers intérieures ou lacs étaient verts, toujours ourlés de vaguelettes blanches, et les rivières étaient également représentées par de tortueux rubans de couleur verte. Les étendues terrestres apparaissaient en brun jaunâtre, des points appliqués à la feuille d'or figuraient les villes. Partout où des reliefs, collines ou montagnes, s'élevaient, ils étaient symbolisés par des chenilles pourpres, roses ou orangées.

Je demandai naïvement :

– Les montagnes d'Orient sont-elles aussi vivement colorées ? Ont-elles un sommet pourpre, et…

Comme en guise de réponse, la voix de la vigie, perchée dans sa niche située en haut du mât le plus élevé, cria soudain :

– Terre ! Terre droit devant !

– Regarde et observe par toi-même, Marco, déclara mon père. Les côtes sont en vue. Voici la Terre sainte.

14

Rassurez-vous, je finis par comprendre de moi-même que les couleurs utilisées sur les cartes d'Al-Idrîsî ne faisaient que représenter la hauteur des reliefs, le pourpre figurant les plus hauts sommets, le rose les altitudes moyennes, l'orangé les reliefs les plus bas, le jaune étant dévolu aux terres sans élévation particulière. Mais rien dans ce que je découvrais des environs d'Acre n'aurait pu me permettre de le comprendre, cette partie de la Terre sainte étant constituée de dunes basses et d'étendues de sable plus basses encore. Les terres étaient d'un gris-jaune terne, sans trace visible de végétation, et la ville elle-même était d'un brun grisâtre.

Les rameurs firent contourner la base d'un phare à l'*Anafesto* et l'embouquèrent dans un port de dimension modeste. Il était inondé de détritus et d'ordures, ses eaux étaient grasses et visqueuses, empestées d'une odeur de poisson ; d'entrailles de poisson, de poisson pourri, pour être précis. Au-delà des docks s'élevaient des bâtiments qui semblaient constitués de boue séchée (il n'y avait là que des auberges et des hôtels, m'indiqua le capitaine, car il n'y avait rien à Acre qui pût être qualifié de résidence privée), tandis qu'au-dessus se dressaient les édifices plus imposants d'églises, de monastères, d'un hôpital et du château de la cité. Plus loin dans les terres, derrière le château, une haute muraille de pierre flanquée de douze tours crénelées ceignait la ville d'un demi-cercle, depuis le port jusqu'à l'extrémité opposée de sa façade maritime. Cela m'apparut comme une mâchoire de cadavre hérissée de dents. De l'autre côté de la muraille, m'informa le capitaine, se trouvaient le camp des chevaliers croisés et, au-delà, un second mur, si possible encore plus robuste, érigé telle une barrière qui séparait la pointe de terre sur laquelle se dressait la ville du reste du pays, entièrement tombé aux mains des Sarrasins.

– Voici notre ultime possession chrétienne en Terre sainte, constata tristement le prêtre du bord. Soyez-en sûrs, elle tombera elle aussi, dès que les infidèles auront décidé de s'en rendre maîtres[16]. La huitième croisade a été si vaine que les croisés ont définitivement perdu toute ferveur. Il en arrive d'ailleurs de moins en moins. Comme vous l'avez remarqué, il n'y en avait aucun sur ce bateau. Les forces présentes à Acre sont donc incapables de porter la moindre escarmouche à l'extérieur des murailles.

– Humpf, soupira le capitaine. Les chevaliers n'y songent même plus, désormais. Ils sont membres d'ordres si nombreux – Templiers, Hospitaliers, que sais-je encore... – qu'ils préfèrent se battre entre eux... quand ils ne s'ébattent pas scandaleusement avec les carmélites et les clarisses !

Le chapelain eut un haut-le-corps, sans raison bien apparente à mes yeux, et jeta d'un ton indigné :

– Je vous en prie, monsieur, un peu de respect pour la soutane que je porte.

Le capitaine se contenta d'un haussement d'épaules.

– Déplorez-le tant que vous voudrez, mon père, vous ne pourrez en tout cas le nier. (Il se tourna vers mon père.) Les troupes ne sont pas seules à être en plein désarroi. La population civile, ou ce qu'il en reste, est en totalité composée de fournisseurs ou de serviteurs des chevaliers. Les Arabes natifs d'Acre sont trop vénaux pour nourrir la moindre inimitié à l'égard des chrétiens que nous sommes. En revanche, ils sont depuis toujours à couteaux tirés avec les Juifs de la ville. Le reste des habitants se compose d'une masse hétéroclite et fluctuante de Pisans, de Génois ou de nos compatriotes vénitiens, tous rivaux et aussi prompts à se quereller. Si vous avez l'intention de commercer tranquillement dans cette ville, je ne saurais trop vous conseiller de vous rendre dès que vous aurez accosté vers le quartier vénitien et de vous y installer, en évitant de vous laisser entraîner dans les discordes locales.

Nous rassemblâmes donc nos bagages dans la cabine et procédâmes aux préparatifs du débarquement. Le quai grouillait d'individus aussi dépenaillés que crasseux, qui se bousculaient autour de la passerelle, agitant les bras et se houspillant les uns les autres, tout en proposant d'une voix criarde leurs services en français commercial, mais aussi en une multitude d'autres idiomes.

16. Elle ne tombera aux mains des Mamelouks que vingt ans plus tard, le vendredi 18 mai 1291.

– Pour vos bagages, monsieur ? Seigneur marchand ! Messire ! *Mirza ! Cheikh khaja !...*

– Vous allez à l'auberge ? *Locanda !* Caravansérail ! *Krane !...*

– Avez-vous besoin de chevaux ? Ânes ! Chameaux ! Porteurs !...

– Qui veut un guide ? Guide parlant le sabir ! Guide parlant le farsi !...

– Envie d'une femme ? Une belle femme bien grasse ! Une nonne ! Ma sœur ! Mon petit frère !...

Mon oncle se contenta de recruter quelques porteurs et choisit pour cela, parmi ceux qui se présentaient, cinq des moins repoussants. Le reste reflua d'assez mauvaise grâce, brandissant les poings et lâchant des imprécations imagées :

– Qu'Allah vous regarde de travers !

– Crevez étouffés en mangeant du cochon !

– Allez tous vous faire foutre !

– Allez brouter vos putains de mères !

Les marins déchargèrent notre cargaison de la cale, et nos nouveaux porteurs hissèrent nos paquets sur leur dos, sur leurs épaules, voire sur leur tête. Matteo les pria, d'abord en français puis en farsi, de nous conduire dans la meilleure auberge du quartier de la ville réservé aux Vénitiens, après quoi nous quittâmes le quai.

J'avoue que je ne fus guère impressionné par Acre (*Akko*, comme l'appelaient ses habitants). La ville, aussi sale que le port, n'offrait à voir que de sordides bâtiments, et ses avenues les plus larges étaient plus étroites que les plus modestes venelles de Venise. Les rares zones un tant soit peu ouvertes empestaient l'urine, et les parties closes des murs étaient plus méphitiques encore, car ce n'étaient qu'égouts à ciel ouvert dans lesquels des chiens décharnés disputaient les débris à des rats monstrueux qui sortaient même en plein jour.

Plus encore que l'odeur de Saint-Jean d'Acre, c'est son bruit qui vous accablait. Dans toutes les ruelles assez larges pour y étaler une carpette, une multitude de vendeurs, accroupis épaule contre épaule derrière leurs petits tas de marchandises de pacotille (foulards et rubans, oranges racornies, figues blettes, coquillages de pèlerin, feuilles de palmiers), hurlaient à pleins poumons afin d'être entendus de plus loin que les autres. Mendiants, culs-de-jatte, aveugles ou lépreux geignaient, larmoyaient et tentaient de vous agripper au passage. Des ânes, des chevaux et des chameaux[17] au pelage miteux (les premiers que j'eusse jamais vus) nous bousculaient en chemin, avançant d'un pas traînant parmi les ordures dans les rues étroites. Tous avaient l'air épuisé et misérable sous le poids de leurs lourds fardeaux, mais ils n'avaient d'autre choix que de se soumettre aux coups de bâton et aux imprécations que leur vociféraient leurs maîtres. Des groupes d'hommes de toutes nations, qui se tenaient debout, conversaient à tue-tête. Je suppose que la majeure partie de leurs propos concernait des sujets aussi ordinaires que le commerce, la guerre ou le temps, mais leurs échanges étaient si bruyants qu'on aurait juré qu'ils étaient en train de se quereller rageusement.

Dès que nous pûmes emprunter une rue assez large pour cheminer côte à côte, j'entrepris mon père au sujet d'une question qui me tourmentait :

– Tu as bien dit que tu emportais des marchandises à échanger au cours de ce voyage, n'est-ce pas ? Pourtant, je n'ai rien vu charger de tel dans l'*Anafesto*, à Venise, et je ne vois toujours rien de cette nature à l'heure actuelle. Est-il resté un chargement dans le bateau que je n'aurais point vu ?

Il secoua négativement la tête.

– Prendre le risque de convoyer jusqu'ici de telles denrées n'eût fait qu'éveiller la convoitise d'innombrables bandits et voleurs.

Il souleva alors un petit paquet qu'il portait lui-même, ayant refusé de le confier à aucun des porteurs.

– Au lieu de cela, nous transportons quelque chose de léger et de fort discret, mais dont la valeur marchande est énorme.

– Du safran ! m'exclamai-je.

– Tout juste. Un peu sous forme de brique pressée, un peu en poudre, tel que récolté. Et quelques semences du crocus qui le produit.

Je partis d'un éclat de rire.

– Tu ne vas tout de même pas t'arrêter pour en planter et attendre qu'un an s'écoule avant la récolte !

– Qui sait, si les circonstances l'exigeaient ? Il faut parer toute

17. L'anglais ne fait pas, comme le français, la différence entre le dromadaire (à une bosse), coursier des déserts chauds d'Afrique du Nord et d'Asie du Sud-Ouest, et le chameau (à deux bosses) des déserts froids de l'Asie centrale. Il les désigne tous deux par le terme *camel*. Le lecteur saura, par le contexte géographique, à quel moment l'on passe du dromadaire au chameau.

éventualité, mon garçon. Aide-toi, et le Ciel t'aidera. Nous ne serions pas les premiers voyageurs à pratiquer la marche des trois haricots.

– Pardon ?

Mon oncle vint éclaircir ma lanterne.

– Le célèbre et redouté Gengis khan, le grand-père de notre Kubilaï, conquit une bonne partie du monde en marchant de cette façon lente. Ses armées et leurs familles eurent à traverser la quasi-totalité de l'immense Asie, et ils étaient bien trop nombreux pour se nourrir de pillages et de rapines. Non, pour subsister, ils avaient tout simplement emporté avec eux des graines afin de les semer et des animaux susceptibles d'être élevés. Dès qu'ils avaient épuisé les vivres dont ils disposaient et progressé plus loin que ne pouvaient les rejoindre leurs convois de ravitaillement, ils cessaient leur avancée et s'établissaient sur place. Ils plantaient leurs grains et leurs haricots, prenaient soin d'élever leurs chevaux et leur bétail, et attendaient de pouvoir en récolter le produit. Dès qu'ils avaient réussi à se ravitailler et à se constituer des réserves suffisantes, ils repartaient vers leur prochain objectif.

– J'ai ouï dire que, parfois, ils choisissaient un de leurs hommes sur dix et le mangeaient.

– Fadaises ! tonna mon oncle. Tu imagines un chef de guerre décimant ses propres troupes ? Il serait tout aussi judicieux de sa part de leur faire manger leurs épées et leurs lances ! Armes qui seraient, par ailleurs, je crois, tout aussi peu comestibles. Je doute qu'un seul Mongol ait les dents assez solides pour mâcher un de ses semblables. Non, ils se contentaient de s'arrêter, de planter et de faire de l'élevage, puis, une fois bien nourris, ils repartaient, pour s'arrêter ultérieurement.

Mon père compléta :

– C'est ce type de progression qu'ils dénommaient la marche des trois haricots. Cela inspira même l'un de leurs cris de guerre. Dès que les Mongols arrivaient en vue d'une cité ennemie, Gengis leur criait : « Les foins sont coupés ! Donnez du fourrage à vos chevaux ! » À ce signal, la Horde se déchaînait, se livrant au pillage, commettant viols, ravages et massacres. Ils dévastèrent ainsi Tachkent, Boukhara, Kiev et bien d'autres grandes villes. On raconte d'ailleurs que, lorsque les Mongols prirent la ville d'Herat, ils exterminèrent ses habitants jusqu'au dernier, soit près de *deux millions* d'individus : dix fois la population de Venise ! Mais, bien sûr, au regard de l'immense population de l'Asie, une telle hécatombe se remarque beaucoup moins.

– Je veux bien l'admettre, la marche des trois haricots semble pertinente, concédai-je. Mais quelle lenteur !

– La victoire récompense souvent l'homme patient, philosopha mon père. Cette lente marche a conduit les Mongols jusqu'aux frontières polonaises et roumaines…

– Et même jusqu'ici, ajouta énigmatiquement mon oncle.

Nous passions précisément à côté de deux hommes au teint bistre qui semblaient porter des vêtements faits de fourrures, bien trop chauds et épais pour le climat local. Oncle Matteo s'adressa à eux : « *Sain bina.* » Tous deux parurent un moment interloqués, mais l'un répondit : « *Mendu, sain bina !* »

– Quel est ce langage ? m'enquis-je.

– Du mongol, répliqua mon oncle. Ces deux-là sont d'authentiques Mongols.

Je le considérai un instant bouche bée, puis tournai mon regard vers eux. Apparemment tout aussi étonnés que moi, ils gardaient la tête orientée dans notre direction, l'air stupéfait, tandis qu'ils s'éloignaient. Les rues d'Acre grouillaient d'hommes aux traits et aux habits si exotiques que j'étais encore bien incapable de distinguer d'où pouvait venir tel ou tel. Mais tout de même, ces deux-là étaient des *Mongols ?* La horde de loups-garous qui avait été le cauchemar, la terreur de ma jeunesse ? Le fléau de la Chrétienté, ceux qui avaient menacé l'ensemble des civilisations de l'Occident ? Ainsi, ces gens-là auraient pu être de paisibles marchands à Venise et échanger un calme bonjour avec nous tout en se promenant sur la Riva Ca' de Dio ? Certes, ils n'avaient pas vraiment l'apparence de marchands vénitiens : leurs yeux ressemblaient à deux fentes dans des visages tannés comme du vieux cuir…

– Alors, ce sont vraiment des Mongols ? répétai-je en écho, songeant aux kilomètres et aux millions de cadavres qu'ils avaient dû accumuler pour parvenir en Terre sainte… Que font-ils donc ici ?

– Je n'en ai aucune idée, avoua placidement mon père. Mais nous le saurons sans doute en temps voulu.

– Ici, à Saint-Jean d'Acre, semblent se côtoyer des gens d'à peu près toutes les nationalités de la Terre, fit mon oncle. Regarde, vois venir cet homme noir, c'est sans doute un Nubien ou un Éthiopien. Et cette femme doit être arménienne, avec ses seins aussi gros que la tête. L'homme qui l'accompagne est à mon avis un Persan. En revanche, je suis incapable de différencier un Juif d'un Arabe autrement que par leurs vêtements. Par exemple, cet homme qui s'avance a la tête couverte d'un turban blanc, ce que l'islam interdit à un juif ou à un chrétien : ce doit donc être un musulman...

Ses suppositions furent interrompues net, car nous fûmes presque renversés par la course folle d'un cheval de guerre mené à une allure démentielle dans les rues étranglées de la ville. La croix aux huit pointes dessinée sur le surcot du chevalier le désignait comme appartenant à l'ordre des Hospitaliers de Saint-Jean de Jérusalem. Il passa au milieu d'un bruyant cliquetis de chaînes et d'un craquement de cuir, sans même un geste de tête ni un mot d'excuse à l'égard des frères chrétiens que nous étions cependant pour lui.

Nous arrivâmes dans le quartier où s'élevaient les bâtiments dévolus aux Vénitiens, et les porteurs nous laissèrent devant l'une des auberges. Son tenancier nous accueillit à l'entrée, échangeant de profondes salutations et des souhaits de bienvenue au langage fleuri avec mon père. Bien qu'Arabe, le propriétaire de céans s'exprimait en dialecte vénitien.

– Que la paix soit sur vous, mes bons seigneurs.

– La paix soit sur toi également, répondit mon père.

– Qu'Allah vous procure vigueur et santé.

– Nous sommes forts et bien portants, grâce à lui.

– C'est un jour béni qui vous conduit à ma porte, mes seigneurs. Mais Allah vous a bien servis en vous menant jusqu'à moi. Mon établissement tient à votre disposition des lits propres, un hammam qui vous permettra de vous délasser et le meilleur couvert d'Akko. À l'heure où je vous parle, un agneau farci de pistaches est déjà en préparation pour votre prochain repas. C'est pour moi un honneur que de pouvoir vous servir, et mon misérable nom est Ishaq. Puissiez-vous le prononcer sans trop de mépris.

Nous nous présentâmes à notre tour, et le tenancier nous salua l'un après l'autre, ainsi que les domestiques, du nom de « cheikh Folo ». Les Arabes ne possédant pas la lettre *p* dans leur langage, sa prononciation leur est très difficile. Et tandis que nous autres « Folo » installions nos affaires dans nos chambres, je demandai à mon père et à mon oncle, intrigué :

– Comment est-il possible qu'un Sarrasin se montre aussi prévenant et hospitalier à notre égard, alors que nous sommes ses ennemis ?

Ce fut mon oncle qui répondit :

– Ne va pas croire que tous les Arabes soient engagés dans le *djihad*, puisque tel est le nom qu'ils donnent à leur guerre sainte contre la Chrétienté. Ceux d'ici font de bien trop juteux profits pour prendre parti, même par égard pour leurs camarades musulmans.

– Il y a de bons Arabes, et il y en a aussi de mauvais, assura doctement mon père. Ceux qui, à l'heure actuelle, venus de toute la Méditerranée orientale, combattent les chrétiens en Terre sainte, sont les Mamelouks d'Égypte : indéniablement, ceux-là sont de très mauvais Arabes.

Quand nous eûmes achevé de déballer ce dont nous aurions besoin durant notre séjour à Acre, nous nous rendîmes au hammam de l'auberge. Cette invention, je le confie, rejoint dans mon esprit le niveau des plus grandes découvertes faites par les Arabes, tels les chiffres et l'arithmétique, ou l'abaque qui permet de compter. Un hammam n'est rien d'autre qu'une pièce emplie de vapeur que l'on obtient en jetant de l'eau sur des pierres surchauffées. Mais dès que nous eûmes passé un certain temps assis sur des bancs à suer copieusement, une demi-douzaine de serviteurs entrèrent et nous firent leurs salutations :

– Que ce bain vous procure à la fois plaisir et santé, mes seigneurs.

Après quoi ils nous aidèrent à nous allonger sur les bancs et nous demandèrent de ne plus bouger. Puis deux hommes prirent en charge chacun d'entre nous et, de leurs quatre mains gantées d'un chanvre assez rude, ils entreprirent de nous masser sur toute la surface du corps, aussi longuement que vigoureusement. Au fil de leur massage, la crasse et le sel accumulés sous notre peau au cours du voyage s'en dégagèrent sous la forme de longs rouleaux gris. Nous nous serions pour notre part estimés assez propres dès cet instant, mais ils continuèrent à nous malaxer, faisant sourdre de notre épiderme encore un peu de salissure, comme de microscopiques vers grisâtres.

Quand notre corps eut fini d'exsuder ses impuretés et que nous fûmes tous trois rougis de l'action conjuguée de la vapeur et des massages, les hommes proposèrent de nous épiler entièrement le corps. Mon père déclina l'offre, je fis de même. Ayant rasé le jour même la maigre barbe que je possédais, je souhaitais conserver intacte la pilosité que je pouvais posséder par ailleurs. Au terme d'un instant de réflexion, oncle Matteo demanda aux serviteurs de le débarrasser de sa toison pubienne, sans toucher pour autant à sa barbe ni aux poils de sa poitrine. Aussitôt, deux des hommes, les plus jeunes et les plus élégants, se mirent activement à la tâche. Ils étalèrent sur sa zone pubienne un onguent brun foncé, et la noire forêt qui la couvrait commença de disparaître, telle de la fumée qui se dissipe. En moins de temps qu'il n'en faut pour le dire, il fut à cet endroit aussi imberbe que l'était Doris Tagiabue.

– Ce baume est un miracle, assura-t-il, admiratif, en se regardant d'en haut.

– En vérité, on peut le dire, cheikh Folo, confirma l'un des jeunes hommes, souriant largement tout en le lorgnant d'un regard concupiscent. Votre sexe ainsi épilé n'en est que plus visible et il s'érige à présent fièrement, aussi beau qu'une lance de guerre. Il est désormais telle une véritable torche capable de guider votre bien-aimée dans la nuit. Quel dommage que le cheikh ne soit pas circoncis, afin que la prune brillante de ce vigoureux étendard puisse être encore plus facile à observer, à admirer et à…

– Bon, bon, ça va ! Dis-moi, peut-on acheter de cet onguent ?

– Mais certainement. Il suffit de me le demander, cheikh, et je courrai jusque chez l'apothicaire pour vous en rapporter une jatte pleine, ou même plusieurs, si vous le souhaitez.

– Tu y penses comme à une marchandise éventuelle, Matteo ? interrogea mon père. Si tu veux mon avis, je ne vois pas le moindre débouché possible pour ce produit à Venise. Un Vénitien envisage le moindre duvet sur son fruit comme un trésor.

– Mais c'est vers l'est que nous nous dirigeons, Nico. Rappelle-toi, la plupart des peuples orientaux considèrent la pilosité comme une souillure, et ce quel que soit le sexe. Si ce baume n'est point ici trop onéreux, nous pourrions le revendre là-bas avec profit.

Sur ce, il ordonna à son masseur :

– Cesse de me caresser, jeune homme, et allons-y pour le bain.

Les serviteurs nous lavèrent alors des pieds à la tête, utilisant un savon crémeux, puis nettoyèrent nos barbes et nos cheveux à l'aide d'une odorante eau de rose, avant de nous sécher avec des serviettes fort douces au parfum de musc. Lorsque nous fûmes rhabillés, ils nous servirent des boissons rafraîchissantes à base de jus de citron, afin de nous réhydrater après cette exposition à la chaleur. Je quittai le hammam avec une sensation de propreté telle que je n'en avais jamais éprouvée auparavant, animé de la reconnaissance la plus sincère à l'égard de cette invention arabe. Je devais y avoir souvent recours par la suite, et la seule chose dont j'aie jamais eu à me plaindre à ce sujet, c'est que tant d'Arabes eux-mêmes préfèrent la crasse et la puanteur à la propreté que procure cette pratique.

Bien que les sommes que nous lui versions eussent mérité qu'il nous nourrît exclusivement de nectar et d'ambroisie, il faut bien reconnaître que notre cicérone, Ishaq, n'avait pas menti au sujet de la qualité des mets proposés dans son auberge. Le repas du premier soir fut son agneau truffé aux pistaches, servi avec du riz et des concombres émincés et assaisonnés au jus de citron, suivi d'une préparation composée de pulpe de grenade sucrée, délicatement parfumée aux amandes râpées. Tout était délicieux. Mais ce qui me transporta le plus fut le breuvage qui accompagnait ces plats. Selon ce que m'expliqua Ishaq, il s'agissait d'une décoction de baies mûres infusées dans de l'eau chaude, nommée *qahwah*. Ce mot arabe signifie « vin », mais ce n'en est pas, la religion des Arabes interdisant tout alcool. Si sa couleur brun-grenat pourrait rappeler celle d'un barolo du Piémont, il n'en a ni l'arôme puissant ni le léger arrière-goût de violette. Sa saveur n'est ni douce ni amère, comme c'est parfois le cas pour certains vins. Il ne procure pas non plus l'ivresse, ni ne provoque la gueule de bois du lendemain. Cependant, il réjouit bel et bien le cœur, avive les sens, et, comme l'assure Ishaq, il suffit à un voyageur ou à un guerrier d'en avaler quelques verres pour prendre la route ou marcher au combat de longues heures, l'âme ardente et sans fatigue.

Le repas nous fut servi sur une nappe posée à même le sol, les convives étant assis autour. Aucun couvert ne nous ayant été fourni, nous eûmes donc recours, pour découper, aux couteaux que nous portions à la ceinture, utilisant la pointe pour piquer les morceaux de viande, à la place des petites broches que nous aurions employées chez nous. En l'absence de celles-ci ou de cuillers, nous dégustâmes l'agneau, le riz ainsi que les douceurs qui l'accompagnaient avec les doigts.

– Seulement entre le pouce, l'index et le majeur de la main droite, me recommanda mon père à voix basse. Les doigts de la main gauche sont considérés par les Arabes comme impurs, car employés pour s'essuyer le derrière. De même, veille à t'asseoir appuyé sur ta hanche gauche, n'attrape avec les doigts que de petites portions de nourriture, mâche longuement chaque bouchée et ne regarde surtout pas les autres convives de ton dîner pendant qu'ils mangent : tu les mettrais dans l'embarras, et ils en perdraient l'appétit.

Je pus observer par la suite que les mains d'un Arabe peuvent être très expressives. Si, pendant qu'il vous parle, il se caresse la barbe, son bien le plus précieux, c'est qu'il vous jure par celle-ci qu'il dit la vérité. S'il se touche l'œil de son index, il approuve vos dires ou consent à votre demande. S'il porte la main à sa tête, il fait le vœu, par ce signe, que celle-ci vous restera toujours sincère. Si, en revanche, il accomplit le moindre de ces gestes de la main *gauche*, c'est qu'il se moque tout simplement de vous. Enfin, s'il en vient à vous toucher de cette même main gauche, il n'y a pas pire insulte.

15

Quelques jours plus tard, dès que nous eûmes obtenu confirmation que le chef des croisés se trouvait au château de la ville, nous décidâmes d'aller lui présenter nos civilités. L'avant-cour du château était remplie de chevaliers des ordres les plus variés, certains simplement en train de paresser, d'autres jouant aux dés, d'autres encore absorbés dans des discussions ou des querelles, quelques-uns déjà visiblement ivres malgré l'heure encore fort matinale. Aucun d'entre eux ne semblait sur le point de réaliser de quelconques exploits guerriers contre les Sarrasins, ni ne paraissait du reste le désirer vraiment. Ils n'avaient même pas l'air désolé d'être si apathiques. Lorsque mon père eut expliqué l'objet de notre démarche aux deux chevaliers plutôt nonchalants qui gardaient la porte du fort, ceux-ci ne nous répondirent rien, se contentant de hocher la tête en nous faisant signe d'entrer. À l'intérieur, mon père dut ensuite réitérer à plusieurs reprises, devant différents laquais et autres majordomes, la raison de notre venue en ces lieux, jusqu'à ce que nous fussions enfin introduits dans une salle pavoisée d'étendards de guerre où l'on nous pria d'attendre. Au bout d'un moment, une dame fit son entrée. Âgée d'une trentaine d'années, pas particulièrement belle mais dotée d'un port de tête à la fois gracieux et altier, elle portait un diadème en or. D'un ton à l'accent mâtiné de français et de castillan, elle se présenta en ces termes :

– Je suis la princesse Eléonore.

– Nicolò Polo, murmura mon père en s'inclinant. Voici mon frère, Matteo, et mon fils, Marco.

Et, pour la sixième ou septième fois, il répéta le motif pour lequel nous étions venus solliciter une audience. D'un ton mêlé d'admiration et d'appréhension, la dame s'écria :

– Vous avez donc l'intention de retourner jusqu'en Chine ? Pauvre de moi, pourvu que mon mari ne souhaite pas vous y accompagner ! Il a une passion pour le voyage et abhorre cette lugubre ville d'Acre. (La porte de la salle se rouvrit alors, laissant passer un homme sensiblement du même âge.) Le voici, du reste. Messieurs, le prince Édouard. Mon amour, ces gens sont…

– Oui, la famille Polo, coupa-t-il brusquement, de son net accent anglais. Vous êtes arrivés avec le bateau de ravitaillement. (Lui aussi portait une couronne et un surcot orné de la croix de saint Georges.) Bon ! Dites-moi, que vais-je bien pouvoir faire pour *vous*, maintenant ?

Insistant sur la fin de sa phrase, il nous donna l'impression d'être les derniers d'une harassante file de suppliants, un tantinet importuns.

Pour la septième ou huitième fois, alors, mon père renouvela sa requête, concluant sur ces mots :

– Nous demandons simplement à Votre Altesse royale de nous orienter vers le prélat en charge des chapelains de vos croisés. Nous voudrions le prier de nous adjoindre certains de ses prêtres.

– Vous pouvez bien tous les emmener, en ce qui me concerne. Et tous les croisés avec, d'ailleurs. Eléonore, ma chère, auriez-vous l'amabilité de faire mander pour moi l'archidiacre, afin qu'il nous rejoigne ?

Alors que la princesse quittait la salle, mon oncle souligna, intrépide :

– Votre Altesse royale ne semble guère goûter la présente croisade !

Édouard fit la grimace.

– Elle n'a été qu'un désastre de plus. Lorsque le pieux Louis IX, roi de France, a pris la tête de la dernière, nous nous sommes vraiment mis à espérer, après ses succès lors de la croisade précédente, mais il est tombé malade avant de décéder, alors qu'il se dirigeait vers nous. Son frère a pris sa place, mais Charles n'est qu'un politicien et passe son temps à négocier. Pour son propre compte, cela va sans dire. Tous les monarques chrétiens impliqués dans cette affaire ne pensent en réalité qu'à faire avancer leurs intérêts propres, au détriment de ceux de la Chrétienté tout entière. Comment s'étonner que les chevaliers en soient désillusionnés, voire résignés ?

Mon père fit remarquer :

– En effet, ceux qui sont dehors n'ont pas l'air très entreprenant.

– Pour tenter une sortie face à l'ennemi, j'ai toutes les peines du monde à tirer des bras des femmes qui partagent leur couche les rares qui ne sont pas encore rentrés chez eux dégoûtés. Même lorsque nous sommes sur le champ de bataille, ils préfèrent rester au lit plutôt que se battre. Une nuit, il n'y a pas si longtemps, un assassin sarrasin s'est glissé au milieu des sentinelles jusqu'à ma tente, et ils n'ont pas bronché. Pouvez-vous imaginer cela ? Comme je ne porte pas d'épée sous ma chemise de nuit, c'est avec la pointe d'un chandelier que j'ai dû embrocher l'impétrant ! (Le prince poussa un profond soupir.) Vu la façon dont les choses évoluent, j'ai dû me résoudre, moi aussi, à des compromissions politiciennes. Figurez-vous que je traite en ce moment même avec une ambassade des Mongols dans l'espoir de faire alliance avec eux contre notre ennemi commun qu'est l'Islam.

– C'est donc cela, fit mon oncle. Nous avons été fort surpris de croiser deux d'entre eux dans la ville.

Mon père enchaîna, plein d'espoir :

– Mais alors, notre mission recoupe pleinement les buts visés par Votre Altesse royale…

La porte se rouvrit au même instant, et la princesse Eléonore réapparut, accompagnée d'un homme de haute taille, assez âgé, vêtu d'une superbe dalmatique brodée. Le prince Édouard fit les présentations :

– Messieurs, voici le vénérable Teobaldo Visconti, archidiacre de Liège. Désespéré par l'impiété de ses pairs religieux des Flandres, il a demandé à me suivre comme légat de Sa Sainteté le pape et m'a accompagné jusqu'ici. Teo, voici des compatriotes originaires d'une ville proche de ta Plaisance natale, les Polo de Venise.

– Tiens donc, voyez-vous cela, des *Pantaleoni*…, lança le vieil homme, nous affublant du sobriquet péjoratif utilisé par les citoyens des cités rivales de Venise. Sans doute êtes-vous venus continuer le vil commerce de votre République avec nos ennemis, les infidèles ?

– Allons, Teo…, commença le prince, l'air amusé.

– Teo, je vous en prie, intervint la princesse, plutôt embarrassée. Je vous l'ai dit, ces gentilshommes ne sont absolument pas venus ici dans un but commercial.

– Alors, quelle manigance méditent-ils, dans ce cas ? insista lourdement l'archidiacre. Rien de bon ne peut provenir d'une cité comme Venise. Liège était déjà saturée par le vice, mais Venise est connue pour être la Babylone de l'Europe. Une cité entière remplie d'hommes avares et de femmes libidineuses !

Il sembla alors me couver d'un long regard désapprobateur, comme s'il était informé de mes récentes turpitudes dans la Babylone occidentale. J'allais protester du fait que je n'étais en aucun cas avare, mais mon père me coupa la parole pour répliquer, d'un ton apaisant :

– Il est possible que notre cité ait cette réputation, Votre Révérence. *Tuti semo fati de carne*[18]. Mais nous ne sommes pas venus ici en représentants de Venise. Nous sommes porteurs d'une requête émanant du khan de tous les khans des Mongols, dont il ne peut en émaner que du bon pour l'Europe comme pour notre mère l'Église.

Il expliqua alors pourquoi Kubilaï avait réclamé des prêtres missionnaires. Visconti l'écouta jusqu'au bout, mais se contenta finalement de demander, plein d'arrogance :

– Et pourquoi est-ce à moi que vous venez vous adresser, Polo ? Je ne suis qu'un diacre, un administrateur appointé, et ne suis même pas ordonné prêtre.

Il n'était surtout même pas poli, et je me pris à rêver que mon père lui rétorquât quelque chose de ce genre. Mais il garda son sang-froid et répondit simplement :

– Vous êtes la plus haute autorité chrétienne actuellement présente en Terre sainte. Un légat du pape.

– Il n'y en a plus, de pape[19] ! ironisa Visconti. Et tant qu'une nouvelle autorité apostolique n'aura pas été désignée, pourquoi accepterais-je d'envoyer une centaine de prêtres dans un inconnu lointain, tout cela pour satisfaire la lubie d'un barbare païen ?

– Voyons, je t'en prie, Teo, tempéra à nouveau le prince. Nous avons dans notre entourage bien plus de chapelains que de combattants. Il doit bien être possible de se priver de quelques-uns, pour la bonne cause.

– En admettant que ce soit *en effet* pour la bonne cause, Votre Grâce ! cracha aigrement l'archidiacre, l'air renfrogné. N'oubliez pas que ce sont des Vénitiens qui viennent nous le proposer. Ce n'est pas la première requête de ce genre. Il y a quelque vingt-cinq ans déjà, les Mongols avaient entrepris une ouverture similaire en s'adressant

18. « Toute lignée est issue de la chair. »

19. Le pape Clément IV mourut en 1268 à Viterbe. Mais, en raison de sourdes rivalités, les cardinaux mirent presque trois ans pour élire son successeur.

directement à Rome. L'un de leurs khans, nommé Kuyuk, un cousin de ce Kubilaï, avait envoyé une lettre au pape Innocent IV demandant – que dis-je, exigeant même – que Sa Sainteté et tous les monarques de l'Occident viennent à lui, en corps constitué, pour lui rendre hommage et lui prêter allégeance ! Naturellement, elle fut ignorée. Mais voilà à peu près le genre d'invitation que sont capables de lancer les Mongols. Et quand, *en plus*, cela vient de Vénitiens…

– Méprisez sa provenance, si tel est votre désir, proposa mon père d'un ton toujours aussi pacifique. Si nul ne fautait en ce monde, à quoi servirait le pardon ? Mais je vous en supplie, Votre Révérence, ne laissez point passer cette opportunité. Le khakhan Kubilaï souhaite juste que vos prêtres viennent prêcher leur religion. J'ai ici la missive écrite de la main de son scribe, sous la dictée du khan en personne. Votre Révérence lit-elle le farsi ?

– Bien sûr que non ! grogna Visconti, exaspéré. Il me faudrait un interprète. (Il haussa ses étroites épaules.) Bien. Retirons-nous dans une autre pièce, en attendant qu'on me la lise. Point n'est besoin pour cela de faire perdre leur temps à Leurs Grâces.

Mon père et lui se retirèrent donc pour un entretien. Le prince Édouard et la princesse Eléonore, comme pour compenser la rudesse de l'archidiacre, prolongèrent avec oncle Matteo et moi-même une fort aimable conversation. La princesse m'interrogea :

– Et vous-même, jeune Marco, lisez-vous le farsi ?

– Non, madame… euh, Votre Altesse royale. Cette langue est rédigée dans l'alphabet arabe, et ces caractères en forme de vers me sont inconnus.

– Que vous le lisiez ou pas, conseilla le prince, je vous recommande hautement d'apprendre à le parler si vous prenez avec votre père la direction de l'Orient. Le farsi est la langue de communication de l'Asie, comme l'est le français en ces contrées méditerranéennes.

Le prince, se tournant vers mon oncle, lui demanda alors :

– Par où comptez-vous partir, *monsieur*[20] ?

– Si nous obtenons les prêtres que nous désirons, Votre Altesse royale, nous les conduirons à la cour du khakhan Kubilaï. Ce qui

20. En français dans le texte.

suppose que nous traversions d'une façon ou d'une autre les terres contrôlées par les Sarrasins.

– Ne vous inquiétez pas, vous aurez vos prêtres, assura le prince. Vous pourriez même avoir des nonnes, si vous le souhaitiez. Teo serait bien aise de s'en débarrasser en bloc, car elles sont la cause de sa mauvaise humeur. Ne vous laissez pas impressionner par son attitude un peu revêche. Teo est originaire de Plaisance, aussi vous ne serez pas étonné de son attitude envers les Vénitiens. C'est surtout un vieillard à l'extrême piété, qui réprouve radicalement le péché. Ainsi, même lorsqu'il est de bonne humeur, est-il pour nous autres, simples mortels, un juge impitoyable.

Non sans impertinence, je laissai fuser :

– J'aurais bien voulu que mon père le renvoie dans ses cordes avec la même rudesse.

– Votre père est sans nul doute plus sage que vous, conclut la princesse. La rumeur court que Teobaldo pourrait être le prochain pape.

– Quoi ? lâchai-je étourdiment, si surpris que j'en oubliai la formule de politesse requise. Mais il vient de nous dire qu'il n'était même pas prêtre !

– C'est également un homme très âgé, précisa la princesse. Mais il semble bien qu'en l'occurrence ce soit son principal atout. Le conclave se trouve dans l'impasse, chaque faction cherchant comme d'habitude à pousser son candidat favori. Les laïcs commencent cependant à donner de la voix ; ils exigent un pape. Visconti pourrait à la rigueur leur convenir, il constituerait aux yeux des cardinaux un compromis acceptable, *justement* parce qu'il est vieux. Ce qu'ils souhaitent, c'est que le trône pontifical soit pourvu, mais pas pour trop longtemps. Juste assez pour que les diverses factions aient le temps de mener leurs intrigues à leur terme, afin que leur champion puisse coiffer la tiare pontificale dès que Visconti, décédé, la laissera choir.

Et le prince Édouard d'achever, espiègle :

– Ce qui ne saurait tarder. S'il trouve Rome dans le même état que Liège, Acre… ou Venise, l'apoplexie sera foudroyante !

Mon oncle sourit et glissa :

– Vous voulez parler de leur côté… babylonien, c'est bien cela ?

– Précisément. C'est la raison pour laquelle, je pense, vous aurez les prêtres que vous espérez. Visconti grommellera peut-être pour la forme, mais il se réjouit, au fond, d'envoyer à l'autre bout du monde tous ces prêtres d'Acre. Les ordres monastiques sont en principe présents sur place pour répondre aux besoins des combattants. Il se trouve que, dans les faits, les nonnes conçoivent leur tâche d'une façon que je qualifierais de… fort libérale, pour le moins. En plus de l'aide hospitalière et des soulagements spirituels qu'elles procurent, elles prodiguent en effet certains services qui, je crois, consterneraient quelque peu les fondateurs de leurs ordres respectifs. Vous devinez quelles sortes de besoins masculins assurent carmélites et clarisses, et ce, de la façon la plus lucrative. Dans le même temps, moines et religieux s'enrichissent, eux, en pratiquant avec les gens d'ici les commerces les plus illicites, revendant par exemple sans vergogne les provisions et les médicaments offerts à leurs monastères par des chrétiens au grand cœur repartis en Europe. Les prêtres, de leur côté, n'hésitent pas à vendre des indulgences et à se livrer à un trafic éhonté fondé sur d'absurdes superstitions. Avez-vous déjà vu ce genre de chose, par exemple ?

Il exhiba une bande de papier écarlate et la tendit à mon oncle, qui la déplia et lut à voix haute :

– « Bénis, ô mon Dieu, et sanctifie ce document, afin qu'il contrarie les œuvres perfides du Démon. Celui qui portera sur sa personne cette sainte proclamation sera à jamais libéré de l'influence malfaisante du diable. »

– Il y a vraiment un marché pour ce genre de barbouillage, ne serait-ce que parmi les hommes qui partent au combat, ajouta sobrement le prince. Et ce pour les guerriers des deux camps, Satan étant l'ennemi aussi bien des chrétiens que des musulmans. Les prêtres traitent aussi, moyennant une petite pièce d'un dinar, les blessures à l'eau bénite. Je parle de toutes les blessures de ces hommes, n'est-ce pas, qu'elles soient entailles à l'épée ou lésions résultant de la syphilis, ces dernières étant les plus fréquentes.

– Bénissez le Ciel de pouvoir quitter Acre, soupira la princesse. Si nous pouvions en faire autant…

Oncle Matteo les remercia de l'audience qu'ils nous avaient accordée, et nous prîmes tous deux congé. Il m'annonça qu'il rentrait à l'auberge, car il souhaitait savoir si son onguent dépilatoire était disponible. J'en profitai pour aller flâner de par la ville, dans l'espoir d'entendre des mots de farsi et de les mémoriser, comme le prince Édouard me l'avait recommandé. J'allais effectivement en apprendre quelques-uns, quoique pas nécessairement ceux qu'il aurait approuvés.

Je tombai sur trois garçons natifs de la ville, dont les noms étaient Ibrahim, Dahoud et Nasser. Ils ne parlaient que quelques rares mots de français, mais nous réussîmes tout de même à communiquer (les garçons y parviennent toujours), dans le cas présent à l'aide de force gestes et grimaces. Nous errâmes ensemble par les rues de la ville, et je leur désignai de temps à autre un objet, le nommant en français ou en vénitien, avant de demander : « Farsi ? » Ils me donnaient alors l'équivalent dans cette langue, non sans s'être parfois consultés avant de tomber d'accord sur le mot. J'appris ainsi qu'un marchand, un commerçant, bref toute sorte de vendeur, se dit *khaja ;* que les jeunes garçons sont des *ashbal*, des « jeunes loups », et que toutes les jeunes filles sont des *zaharat*, ou « petites fleurs ». Une pistache se dit *fistuk*, un chameau est un *shutur*, et ainsi de suite. Ces mots de farsi devaient m'être utiles durant mon voyage vers l'Orient. Ce fut un peu plus tard que j'appris… les autres.

Nous passâmes par une échoppe où un *khaja* vendait le matériel nécessaire à l'écriture, comme de jolis parchemins et des vélins plus raffinés encore, mais aussi des papiers de qualité variée, du mince papier de riz d'Inde à celui de lin du Khorasan en passant par le coûteux parchemin tissu mauresque, ainsi appelé en raison de son élégance et de sa douceur au toucher. J'en choisis un qui correspondait à mes moyens, de qualité intermédiaire mais résistant, et priai le *khaja* de bien vouloir me le découper en feuilles assez petites pour pouvoir être aisément transportées. J'achetai aussi quelques craies pour pouvoir écrire lorsque je n'aurais pas le temps de préparer la plume et l'encre. Aussitôt, je me mis en devoir de commencer la rédaction de mon premier lexique de mots inconnus. Plus tard, j'y ajouterais les noms des endroits que je traverserais, ceux des gens que je rencontrerais, ainsi que les incidents qui auraient lieu, jusqu'à ce qu'en fin de compte ces papiers constituent un véritable carnet de route de mes voyages et de toutes mes aventures.

Midi venait de sonner, et, tête nue sous le soleil brûlant, je commençais à transpirer. Les garçons, qui s'en étaient aperçus, suggérèrent par gestes en pouffant de rire que, si j'avais si chaud, c'était à cause de mon accoutrement comique. Ils avaient l'air de trouver particulièrement drôle le fait que mes jambes grêles fussent exposées à la vue, quoique enserrées dans mes bas vénitiens. Je leur répliquai que je trouvais tout aussi risibles leurs amples et volumineuses robes bouffantes, laissant entendre qu'elles devaient être encore plus pénibles à porter, par une telle chaleur. Mais ils contre-attaquèrent, affirmant qu'elles constituaient au contraire le seul vêtement adapté au climat. Finalement, désireux de tester nos arguments respectifs, nous nous rendîmes dans une impasse discrète où Dahoud et moi échangeâmes nos vêtements.

Naturellement, dès que nous nous retrouvâmes nus l'un et l'autre, une tout autre différence entre chrétiens et musulmans nous sauta aux yeux, provoquant un examen mutuel et force exclamations dans nos langages respectifs. Je ne savais pas exactement, jusqu'alors, quel genre précis de mutilation était pratiqué lors de la circoncision, et, de leur côté, ils n'avaient encore jamais vu un garçon de plus de treize ans ayant la *fava* enveloppée de sa *capèla*.

Nous détaillâmes tous attentivement les différences entre Dahoud et moi. Comment, par exemple, son gland, puisque toujours exposé, était sec, brillant, presque squameux et piqueté de petits morceaux de tissu et de duvet, tandis que le mien, que je pouvais couvrir ou exposer à ma guise, était plus flexible, malléable et velouté au toucher, même si, comme à présent, en raison de l'attention dont il était l'objet, il s'érigeait et devenait plus ferme.

Les trois garçons arabes se mirent alors à émettre des remarques excitées qui pouvaient signifier : « Essayons donc ce nouvel instrument ! », ce qui, bien entendu, n'avait pour moi aucun sens. C'est alors que Dahoud, encore dénudé, entreprit de me donner un aperçu expérimental de la chose. Passant la main derrière lui, il attrapa mon *candelòto*, le dirigea vers son derrière efflanqué qu'il tortillait vers moi tout en se déhanchant et me susurra d'une voix enjôleuse : « *Kus ! Baghlah ! Kus !* » De leur côté, hilares, Ibrahim et Nasser faisaient, le majeur érigé en doigt d'honneur, des gestes non équivoques d'intromission tout en criant : « *Ghunj ! Ghunj !* »

Quoique je n'entendisse rien à leurs mots ni à leurs mimiques, je réprouvai vigoureusement les libertés que prenait Dahoud avec ma personne et, lui saisissant la main, je la repoussai sans ménagement, puis me dépêchai de revêtir les effets qu'il avait ôtés. Les garçons, le sourire aux lèvres, haussèrent gentiment les épaules devant ma pudibonderie chrétienne, tandis que Dahoud enfilait à son tour mes vêtements.

Le vêtement inférieur d'un Arabe comprend, comme les chausses d'un Vénitien, deux jambes distinctes reliées en une fourche. Retenues à la taille par une corde, elles descendent jusqu'aux genoux où elles s'ajustent, mais, entre les deux, elles sont fort lâches au lieu d'être serrées. Les garçons m'apprirent que le terme farsi désignant ce vêtement était *pai-jamah*, mais le meilleur équivalent français qu'ils purent trouver fut « trousses ».

Le vêtement supérieur de l'Arabe n'est autre qu'une chemise à manches longues, pas très différente des nôtres, à l'exception, là aussi, de son amplitude plus généreuse. On porte par-dessus une sorte de surcot nommé *aba*, juste fendu de deux ouvertures par lesquelles on passe les bras et qui flotte librement tout autour du corps, presque jusqu'aux pieds. Les chaussures arabes sont comme les nôtres, si ce n'est qu'étant d'une considérable longueur et donnant à la partie inoccupée du soulier la forme d'un rouleau recourbé vers l'arrière, elles sont conçues pour s'adapter à toutes les pointures. Sur la tête, on porte un *keffieh*, une pièce de tissu assez large pour pendre bien en dessous des épaules, en arrière et sur les côtés, que l'on porte noué sur la tête par une corde.

À ma grande surprise, je me sentis plus au frais dans cet ensemble. Je le portai un moment devant Dahoud, puis je repris ma tenue d'origine, et la sensation de bien-être que j'avais ressentie persista un bon moment. Ces couches successives de vêtements, loin d'étouffer la peau comme je m'y attendais, semblaient à la fois retenir le peu de fraîcheur que pouvait contenir l'air ambiant et constituer une barrière contre la chaleur du soleil. Ces habits, amples par nature, étaient de fait vraiment confortables et pas du tout oppressants.

Cette amplitude vestimentaire rendait pour moi d'autant plus difficile à comprendre l'habitude qu'ont les garçons arabes (et même tous les adultes mâles) d'uriner accroupis, un peu à la façon des femmes. De plus, ils s'exécutent absolument n'importe où, sans prêter plus d'attention aux autres que ces derniers ne leur en accordent. Lorsque je fis part aux garçons de ma curiosité et de mon dégoût à ce sujet, ils voulurent savoir comment nous autres, les chrétiens, procédions. Je leur expliquai que nous le faisions de préférence debout, en un lieu clos et discret, nous dérobant aux regards. Ils me firent alors comprendre que cette position érigée était qualifiée de malpropre par leur livre sacré, le Coran, et qu'un Arabe, sauf s'il avait à débarrasser ses intestins de façon plus conséquente, répugnait à s'enfermer dans des cabinets, que l'on nommait *mustarah*. Pourquoi ? Parce que ces lieux clos étaient des endroits dangereux. Cette assertion me sembla bien étrange, et, ma curiosité étant à son comble, les garçons décidèrent d'éclairer ma lanterne au plus vite. Comme les chrétiens, les musulmans croient en l'existence de démons et de créatures maléfiques tapis dans les profondeurs du sol. On les appelle ici *djinn* ou *afarit*. Or ceux-ci peuvent aisément grimper en passant par ce trou creusé dans le sol sous les lieux d'aisances. L'explication semblait plausible. Pendant longtemps, je ne pus m'asseoir au-dessus de la fosse des commodités sans envisager avec effroi l'étreinte possible de serres jaillies de l'au-delà.

Quel que soit l'aspect disgracieux de l'accoutrement des Arabes dans la rue, il demeure mille fois plus agréable à l'œil que celui de leurs femmes. Ce qui choque particulièrement les concernant, c'est justement qu'on les différencie très mal des hommes. Les trousses, la chemise et l'aba sont les mêmes, et, en définitive, seule leur coiffe permet de les distinguer. Au lieu du keffieh, elles portent un tchador, ou voile, qui les recouvre du haut de la tête jusqu'aux pieds, par-devant, par-derrière et tout autour d'elles. Certaines ont un voile noir suffisamment fin pour qu'on puisse voir à travers, d'autres un tchador plus épais, doté d'une mince fente au niveau des yeux. Enveloppées dans leurs amples vêtements et couvertes de ce voile, les femmes ne ressemblent plus qu'à d'épaisses masses mouvantes. D'ailleurs, à la vérité, à moins qu'elles ne soient effectivement en mouvement, il est presque impossible pour un non-Arabe de discerner chez elles l'avant de l'arrière.

À l'aide de gestes et de grimaces, je réussis à poser la question à mes camarades. Supposons qu'à la manière des Vénitiens ils se promènent dans la rue pour lorgner les jolies filles… Comment feraient-ils, justement, pour distinguer lesquelles de ces femmes étaient belles ?

Ils me laissèrent entendre que la première marque de beauté chez une femme musulmane ne tenait nullement à l'harmonie des traits de son visage, ni à sa silhouette. Ce qui comptait avant tout, c'était l'importance et la massivité de ses hanches et de son derrière. Et un œil expérimenté, m'assurèrent les garçons, évaluait sans difficulté, même sous leurs larges vêtements d'extérieur, ces palpitantes rondeurs tant prisées chez les femmes. Mais ils me mirent en garde, car certaines apparences pouvaient s'avérer trompeuses, nombre de femmes matelassant de façon artificielle leurs hanches et leurs fesses pour en accroître le volume.

Je posai alors une seconde question. Imaginons que, comme les jeunes hommes de Venise, Ibrahim, Nasser et Dahoud désirent hardiment faire la connaissance d'une belle étrangère... Comment s'y prendraient-ils ?

Ma requête sembla les désorienter quelque peu. Ils me demandèrent de la préciser. Voulais-je parler d'une belle *femme*, vraiment ?

Oui, bien sûr. Qu'aurais-je voulu dire d'autre ?

Ne voulais-je pas plutôt parler d'un bel homme ou d'un joli garçon ?

Je m'en étais déjà douté, mais à présent cela devenait certain, j'étais tombé sur une équipe de chevaliers de la tour qui penche. Je n'en fus pas particulièrement surpris, la ville d'Acre n'étant pas si éloignée du site de l'antique cité de Sodome.

Les garçons recommencèrent à railler ma naïveté de chrétien. D'après ce que je pus saisir de leurs pantomimes et de leur rudimentaire galimatias de français, aux yeux de l'Islam et de leur Coran sacré, les femmes n'avaient été créées que pour que les hommes puissent en obtenir des rejetons mâles. Excepté le cas d'hommes de pouvoir fort riches, qui pouvaient acquérir et entretenir un essaim de vierges certifiées, lesquelles seraient utilisées une fois avant d'être écartées, bien peu de musulmans avaient recours aux femmes pour satisfaire leurs désirs sexuels. Pourquoi l'auraient-ils fait ? Il y avait à portée de main tant d'hommes et de jeunes garçons plus potelés et attrayants que n'importe quelle femme. Toute autre considération mise à part, un amant mâle était largement préférable à une maîtresse femelle, par le simple fait qu'il s'agissait justement d'un homme !

Alors, pour me prouver par l'exemple la supériorité intrinsèque de l'élément mâle, ils attirèrent mon attention sur une forme mouvante qui passait et qui, à l'évidence, était une femme, puisqu'elle transportait, enveloppé dans une pièce supplémentaire de tissu, un enfant. On pouvait être sûr, m'expliquèrent-ils, que le bébé qu'elle promenait était un garçon. À quoi pouvait-on voir cela ? Au nuage bourdonnant de mouches qui lui couvrait la figure. Ne m'étais-je pas demandé, me dirent-ils, pourquoi la mère ne cherchait pas à dissiper du geste cette masse d'insectes ailés ? J'aurais été assez enclin à leur suggérer « par pure fainéantise », mais les garçons donnèrent immédiatement l'explication. La mère était *ravie* que les mouches couvrent le visage de son enfant, *parce que* c'était un garçon. En effet, grâce à cette protection providentielle, il serait bien difficile à un éventuel *djinn* ou *afarit* malintentionné passant par là de se rendre compte qu'il s'agissait d'un précieux enfant mâle. Ce dernier se trouvait donc à l'abri de toute maladie, malédiction ou affliction qu'on aurait pu lui lancer. Si le bébé avait été une fille, sa mère n'aurait pas hésité à disperser les mouches, lui dévoilant ainsi le visage. Les démons avaient en effet bien mieux à faire que de perdre leur temps à s'attaquer à une créature femelle. Quand bien même ils l'eussent fait, la mère n'y aurait prêté aucune attention.

Ayant la chance d'être moi-même un homme, je supposai qu'il me fallait me ranger à cette opinion, apparemment majoritaire, selon laquelle les hommes étaient infiniment supérieurs aux femmes et devaient donc être choyés comme tels. Il n'en demeurait pas moins que j'avais acquis une expérience certes modeste mais effective dans le domaine sexuel et qu'elle m'avait permis de comprendre que, sous ce rapport, une femme ou une fille était aussi désirable que fonctionnelle. Si elle n'était ou ne pouvait rien être de plus en ce monde, en tant que *réceptacle* au moins, elle était incomparable, voire nécessaire, et même indispensable.

Pas le moins du monde, insistèrent les garçons, à nouveau pliés de rire devant ma faiblesse d'esprit. Même comme réceptacle, n'importe quel musulman mâle était, au plan sexuel, bien plus réactif et plus savoureux qu'une femelle musulmane, dont la sensibilité avait été émoussée par la circoncision.

– Attendez un instant, là..., implorai-je. Vous voulez dire que la circoncision masculine conduirait en quelque sorte à...

Non, non, non. Ils faisaient des signes catégoriques de dénégation. C'est bien de circoncision féminine qu'ils parlaient. Je secouai la tête à mon tour, incrédule. Je ne pouvais m'imaginer comment une telle opération pouvait être pratiquée sur une créature qui ne possédait pas le *candelòto* des chrétiens, le *zab* des musulmans, cet infantile *bimbìn*, le minuscule organe des nourrissons. J'étais totalement mystifié et ne le leur cachai pas.

D'un air d'indulgence amusée, ils pointèrent du doigt leurs propres organes tronqués et indiquèrent que l'ablation du prépuce chez le jeune garçon n'était effectuée que pour l'identifier en tant que musulman. Mais, dans toute famille au statut supérieur à celui de mendiant ou d'esclave, les jeunes filles subissaient le même traitement, destiné cette fois à garantir leur décence. Il était par exemple terriblement infamant de traiter un autre homme de « fils d'une mère non circoncise ». Cela ne m'éclairait guère plus.

– *Toutes les bonnes femmes*[21]... *tabzir* de leur *zambur*, répétaient-ils inlassablement.

Ils expliquaient que le *tabzir* (quelle que fût la signification du mot) devait dépouiller le nourrisson féminin de son *zambur* (Dieu sait ce que c'était) afin que, arrivée à l'âge adulte, la femme n'ait point ces désirs lascifs qui auraient pu la conduire à l'adultère. Elle serait ainsi à jamais chaste et au-dessus de tout soupçon, comme toute *bonne femme* devait l'être aux yeux de l'islam : une chair passive, destinée à mettre au monde le maximum de garçons durant le cours de sa morne existence. C'était certes là un louable résultat, mais qui ne m'informait cependant guère plus, en dépit des tentatives d'explication des garçons, sur les moyens employés par le mystérieux *tabzir* pour y parvenir.

Aussi passai-je à une autre question. En admettant que, comme pour les jeunes hommes de Venise, Ibrahim, Dahoud ou Nasser aient *désiré* une femme, plutôt qu'un homme ou un garçon, qui n'aurait pas été vouée dès la naissance à l'engourdissement et à la torpeur... comment s'y prendraient-ils, dans ce cas, pour en trouver une ?

Nasser et Dahoud piaffèrent avec un souverain mépris. Ibrahim leva très haut les sourcils d'un air de suprême dédain et en même temps refit avec son majeur le geste de bas en haut, interrogateur.

– Oui, appuyai-je, hochant affirmativement la tête. Cette sorte de femme-là, si c'est la seule en qui subsiste un reste de vie.

Bien que limités dans les moyens de communication, les garçons ne firent pas mystère que si l'on voulait absolument trouver à Acre ce genre honteux de femme-là il fallait chercher parmi les chré-

21. En français dans le texte.

tiennes qui y résidaient. Ce ne serait pas bien difficile, sous-entendaient-ils, car ces traînées abondaient. Je n'avais qu'à aller voir (ils me le montrèrent du doigt) dans ce bâtiment, situé au bout de la place du marché où nous étions alors.

Je fulminai, indigné :

– Vous plaisantez ? Il s'agit là d'un couvent ! Un établissement de nonnes chrétiennes !

Haussant les épaules, ils se caressèrent d'imaginaires barbes, affirmant par là qu'ils avaient dit la vérité. Et, au même instant, la porte du couvent s'ouvrit, laissant sortir sur la place deux personnes, un homme et une femme. Lui était un croisé, portant sur son surcot l'insigne de l'ordre de Saint-Lazare. Elle n'était pas voilée (ce n'était donc pas une musulmane, à l'évidence), mais vêtue d'un petit mantelet blanc, sur l'habit brun de l'ordre de Notre-Dame du mont Carmel. Tous deux arboraient le visage rubicond et les yeux luisants de ceux qui ont bu du vin.

Là, bien sûr, mais seulement alors, je me souvins avoir déjà entendu mentionner par deux fois le mot « scandaleux » au sujet des carmélites et des clarisses. Ignorant que j'étais, j'avais alors imaginé que ces noms désignaient deux femmes en particulier. Mais il n'y avait à présent plus de doute possible, il s'agissait bien en l'occurrence des carmélites et de ces autres nonnes, les mineures de l'ordre de saint François, affectueusement appelées les clarisses.

Me sentant soudain personnellement disgracié aux yeux des trois jeunes infidèles, je pris abruptement congé d'eux. Sur quoi, de façon insistante, ils gesticulèrent avec animation, clamant qu'ils espéraient me revoir bientôt et qu'ils me montreraient alors quelque chose de *vraiment* merveilleux. Je me contentai de leur faire une réponse évasive, traçant aussitôt ma route, à travers rues et venelles, pour rentrer à l'auberge.

16

J'y parvins au moment même où mon père revenait de sa conférence au château avec l'archidiacre. Comme nous approchions de notre chambre, un jeune homme en sortit, le masseur du hammam qui avait pris soin d'oncle Matteo le jour de notre arrivée à l'auberge. Il nous gratifia d'un sourire radieux et prononça : « *Salââm aleikum* », à quoi mon père répondit, comme il convenait : « *Wa aleikum es-salââm.* »

Oncle Matteo était dans la chambre, apparemment sur le point de se changer avant le dîner. Avec son entrain habituel, il nous entreprit dès notre entrée :

– J'ai envoyé le jeune type me chercher une nouvelle jarre de ce fameux baume dépilatoire, le *mumum*, afin d'en déterminer la composition. Il s'agit tout simplement d'un mélange de piments et de citrons pilés dans un peu d'huile l'olive, aromatisé d'une touche de musc pour en rendre l'odeur plus agréable. Nous pourrions aisément en fabriquer nous-mêmes, mais c'est si bon marché ici que cela ne vaudrait pas le coup. J'ai donc demandé au domestique de nous en faire livrer quatre douzaines de petites jarres. Et concernant nos prêtres, Nico, quelles nouvelles ?

Mon père soupira.

– Visconti paraît décidé, en ce qui le concerne, à nous déléguer tous les prêtres présents à Acre. Il lui semble cependant que l'honnêteté exigerait qu'on leur demandât préalablement leur avis, le voyage envisagé étant long et pénible. Il ne s'est donc engagé qu'à leur faire part de notre requête et à réclamer des volontaires. Il nous fera bientôt savoir combien, au bout du compte, le seront effectivement.

L'un des jours suivants, il se trouva que nous étions les seuls clients restants de l'auberge. Mon père en profita pour inviter généreusement le patron à nous faire l'honneur de venir le soir même souper à notre nappe.

– Vos souhaits sont exaucés, cheikh Folo, dit Ishaq, arrangeant les pans de ses amples trousses de façon à pouvoir plier les jambes pour s'asseoir.

– Peut-être madame la cheikha, votre excellente épouse, pourrait-elle se joindre à nous ? proposa mon oncle. C'est bien votre femme, n'est-ce pas, là-bas dans la cuisine ?

– C'est elle, en vérité, cheikh Folo. Mais qu'Allah l'en préserve, elle se garderait bien d'offenser les règles de la bienséance en prétendant partager ce repas d'hommes.

– Bien sûr, toussota mon oncle. Pardonnez-moi. J'oubliais la bienséance, en effet.

– Comme l'a dit le Prophète – qu'il soit béni et que la paix soit avec lui : « Je me suis tenu aux portes du paradis et n'y ai vu que des indigents. Je suis parvenu aux portes de l'enfer et n'y ai vu quasiment que des femmes. »

– Hum, j'entends bien. Eh bien, peut-être vos enfants pourraient-ils venir, eux, dans ce cas. Ils tiendraient compagnie à Marco. Si vous en avez, naturellement.

– Hélas, je n'en ai point, répondit Ishaq l'air navré. Je n'ai que trois filles. Ma femme n'est qu'une *baghlah*, elle est stérile. Messeigneurs, voudriez-vous me permettre d'implorer humblement la bénédiction divine sur ce repas ? Nous inclinâmes la tête en signe d'assentiment, et il marmotta : *Allah ekber rakmet*, ajoutant en vénitien, Allah est grand. Remercions-le de ses bontés.

Nous commençâmes à nous servir en tranches de mouton cuit avec des tomates et des oignons, ainsi qu'en concombres farcis au riz et aux noisettes. Tandis que nous procédions à cette opération, j'en profitai pour m'adresser au maître des lieux :

– Veuillez m'excuser, seigneur Ishaq. Pourrais-je vous poser une question ?

Il acquiesça d'un air affable.

– Ravissez-moi de votre demande, jeune cheikh.

– Ce mot que vous venez d'employer, en parlant de votre femme. *Baghlah*. J'ai déjà eu l'occasion de l'entendre. Que veut-il dire, au juste ?

La question parut le déconcerter quelque peu.

– Une *baghlah* est une mule, et ce terme désigne aussi une femme pour ainsi dire infertile. Ah, je m'aperçois que cette appellation vous semble un peu rude pour qualifier mon épouse. Vous avez raison. Après tout, c'est une excellente femme sous tous les autres rapports. Vos seigneuries n'auront pas manqué de remarquer la magnifique rotondité lunaire de son postérieur. Il est énorme, pesant, massif, en un mot merveilleux. Il l'entraîne en position assise quand elle est debout et l'oblige à s'asseoir lorsqu'elle se couche. Oui, vraiment, une excellente femme ! Elle a aussi de très beaux cheveux, quoique vous n'ayez pu les voir. Plus longs et plus luxuriants encore que ma barbe. Vous savez sans doute qu'Allah a chargé l'un de Ses anges de rester debout au pied de Son trône et de passer tout son temps à L'en remercier ? C'est la seule mission de cet ange. Il se borne à louer Allah du matin au soir d'avoir donné des barbes aux hommes et ces longues tresses aux femmes.

Dès qu'une pause intervint dans son bavardage, j'en profitai pour placer :

– J'ai entendu un autre mot. *Kus*. Qu'est-ce que c'est ?

Le domestique qui s'occupait de nous émit un son étouffé, et Ishaq eut l'air encore plus déconfit.

– C'est un mot inconvenant pour désigner... euh, ce n'est vraiment pas un sujet adapté à une discussion autour d'un repas. Je ne répéterai pas ce mot, mais c'est un terme vil qui désigne les parties les plus honteuses d'une femme.

– Et *ghunj* ? continuai-je. Qu'est-ce donc, un *ghunj* ?

Le serviteur faillit carrément s'étrangler et quitta précipitamment la pièce, tandis qu'Ishaq paraissait, cette fois, totalement désemparé.

– Où avez-vous passé votre temps, jeune cheikh ? C'est là un mot fort grossier, également... qui désigne le mouvement auquel se livre la femme. La femme ou bien le... c'est-à-dire, le partenaire passif. Le terme se réfère au mouvement que l'on fait pendant que l'on se livre – et ici, qu'Allah me pardonne – au commerce charnel.

Mon oncle pouffa de rire et expliqua à titre d'excuse :

– Mon sacripant de neveu, voyez-vous, tente d'apprendre de nouveaux mots afin de pouvoir se rendre utile durant le voyage qui nous attend vers ces lointaines contrées.

Ishaq murmura, en guise de réponse :

– Le Prophète a dit – que la paix soit sur son âme : « Il n'est pas meilleure provision qu'un compagnon pour la route. »

– Il y a encore deux autres mots..., insistai-je.

– Et comme le dit aussi la citation, continua Ishaq d'une voix enrouée : « Mieux vaut mauvaise compagnie que route solitaire. » Sincèrement, jeune cheikh Folo, je dois renoncer à traduire davantage vos récentes découvertes.

Mon père prit alors la parole et aborda un sujet moins embarrassant, alors que notre repas en arrivait aux douceurs du dessert, une confiture d'abricots, de dattes et de zestes de citron parfumée à l'ambre. Ainsi les deux mots mystérieux de *tabzir* et de *zambur* me restèrent-ils inconnus, je n'en découvris la signification que bien plus tard. Quand le dîner, arrosé de *qahwah* et de *sharbat*, s'acheva, Ishaq prononça une nouvelle action de grâce (contrairement à nous autres chrétiens, les infidèles en disent une au début et une à la fin du repas) : « *Allah ekber rakmet* » et, l'air quelque peu soulagé, prit congé de nous.

Lorsque, quelques jours plus tard, mon père, mon oncle et moi-même nous rendîmes à nouveau au château d'Acre à l'appel de l'archidiacre, celui-ci nous reçut en compagnie du prince et de la princesse, ainsi que de deux hommes vêtus des habits blancs et du manteau noir de l'ordre des Frères prêcheurs de saint Dominique. Une fois nos salutations échangées, l'archidiacre Visconti nous présenta les deux nouveaux venus :

– Voici les frères Nicolas de Vicence et Guillaume de Tripoli. Tous deux se sont portés volontaires pour vous accompagner, messires Polo.

Quel que fût le désappointement qu'il put ressentir, mon père n'en laissa rien paraître et se contenta de cette réponse :

– Je vous suis reconnaissant, mes frères, et vous souhaite la bienvenue dans notre groupe. Puis-je me permettre de vous demander ce qui vous a incités à vous associer à notre mission ?

L'un d'eux, plein d'animation, avoua, l'air décidé :

– Nous sommes révoltés du comportement de nos camarades chrétiens, ici à Acre.

L'autre compléta, sur le même ton :

– Nous aspirons donc à l'air purifié de la lointaine Tartarie.

– Soyez-en remerciés, mes frères, répéta mon père, toujours d'une exquise politesse. À présent, auriez-vous la bonté de m'accorder le temps d'un entretien privé avec Sa Révérence et Leurs Altesses royales ?

Les deux frères esquissèrent une grimace, comme offusqués par cette demande, mais quittèrent la pièce. S'adressant à l'archidiacre, mon père, faisant référence à la Bible, prononça ces mots :

– La récolte est vaste, et les laboureurs manquent.

À quoi Visconti opposa cette autre citation :

– Là où deux ou trois seront rassemblés en mon nom, je serai au milieu d'eux.

– Cependant, Votre Révérence, ce sont des prêtres que j'attendais.

– Aucun prêtre ne s'est porté volontaire. Ces deux frères sont néanmoins des prêcheurs. Comme tels, ils sont habilités à remplir presque n'importe quelle tâche ecclésiastique, depuis la fondation d'une église jusqu'au règlement d'une dispute familiale. Leurs pouvoirs de consécration et d'absolution sont plus limités, bien sûr, et ils ne peuvent conférer l'ordination, mais il vous faudrait emmener un évêque, pour cela. Je suis désolé de ce faible effectif, mais je ne puis en conscience contraindre qui que ce soit d'autre à vous suivre. Une autre requête ?

Mon père hésitait, mais ce fut alors mon oncle qui, bravement, intervint :

– Oui, Votre Révérence. Les frères admettent qu'ils ne partent pas de gaieté de cœur, mais pour quitter l'atmosphère dissolue de cette cité.

– Saint Paul n'avait pas fait autre chose, répliqua sèchement l'archidiacre. Je vous renvoie au livre des Actes des apôtres. La cité s'appelait à l'époque Ptolémaïs, et, lorsque Paul y entra, il ne put y tenir une journée.

– *Amen !* conclut la princesse d'une voix fervente, tandis que le prince Édouard gloussait, nous assurant par là de sa sympathie.

– Votre choix vous appartient, résuma Visconti à notre intention. Ou vous partez vous adresser ailleurs, ou vous attendez l'élection d'un nouveau pape afin de lui demander directement audience. À moins que vous n'acceptiez les services de ces deux frères dominicains. Ils m'ont déclaré être prêts à vous suivre dès demain.

– Nous les acceptons, Votre Révérence, bien sûr, souffla mon père. Et vous remercions de vos bons offices.

– À présent, déclara le prince Édouard, vous allez devoir contourner les terres sarrasines pour vous diriger vers l'est. Une route évidente s'impose à vous.

– Nous serions bien heureux de la connaître, dit oncle Matteo.

Il avait apporté avec lui le *Kitab* d'Al-Idrîsî et l'ouvrit à la page représentant Acre et ses environs.

– Excellente carte, approuva le prince. Voici la situation. Pour partir vers l'est d'ici il vous faut d'abord monter vers le nord afin de contourner les positions des Mamelouks. (En bon chrétien, le prince avait inversé les pages de façon à placer le nord en haut.) Seulement, les principaux ports les plus proches dans cette direction, qui sont Beyrouth, Tripoli et Lattaquié... (il tapotait les points dorés indiquant ces villes portuaires sur la carte), s'ils ne sont pas déjà tombés aux mains des Sarrasins, sont déjà lourdement assiégés. Il vous faut donc aller... laissez-moi réfléchir, à plus de trois cent vingt kilomètres au nord, le long de la côte. Ici, en petite Arménie.

Il désignait un endroit de la carte qui, apparemment, ne méritait pas de point doré.

– À l'embouchure de l'Oronte se trouve le vieux port de Suvediye. Peuplé de chrétiens d'Arménie et de pacifiques arabes *avedi*, il demeure pour l'instant hors de portée des Mamelouks, qui ne s'en sont pas approchés.

– Ce fut un port d'importance majeure sous l'Empire romain, qu'on nommait Seleucia, précisa l'archidiacre. Depuis, il s'est appelé Ayas, Ajazzo, et a porté d'autres noms encore. Bien sûr, vous vous y rendrez par la mer, et non en suivant la route de la côte.

– Oui, confirma le prince. Un bateau anglais part demain par la marée du soir à destination de Chypre. Je donnerai des instructions au capitaine afin qu'il vous emmène, vous et les deux frères, et vous dépose en passant à Suvediye. Je vais également vous remettre une lettre d'introduction à l'attention de l'ostikan, qui est le gouverneur de Suvediye, lui demandant de veiller à votre sécurité. (Il ramena notre attention vers le *Kitab*.) Dès que vous vous serez procuré des animaux de bât à Suvediye, vous vous dirigerez vers l'intérieur des terres par cette passe fluviale, ici même, puis irez vers l'est jusqu'à la rivière Euphrate. Le voyage, par la vallée de l'Euphrate, devrait être facile jusqu'à Bagdad. De là, il existe diverses routes qui mènent vers l'Orient.

Mon père et mon oncle restèrent au château pendant que le prince y rédigeait sa lettre de sauf-conduit. Mais ils m'autorisèrent à faire mes adieux à Sa Révérence et à Leurs Altesses royales, afin que je puisse prendre congé et passer ainsi ce dernier jour à Acre comme il me plairait. Je n'eus plus l'occasion de revoir l'archidiacre, le prince et la princesse, mais obtins en revanche de leurs nouvelles par la suite. Peu après que nous eussions quitté le Levant, mon père, mon oncle et moi apprîmes que l'archidiacre Visconti avait été élu pape de l'Église de Rome, sous le nom de Grégoire X. Sensiblement au même moment, le prince Édouard abandonna la croisade, la considérant comme une cause perdue, et prit un bateau pour rentrer en Angleterre. Parvenu en Sicile, lui aussi reçut des nouvelles : son père venait de mourir, lui laissant le trône de roi d'Angleterre. Ainsi, j'avais sans m'en douter fait la connaissance de deux des hommes les plus éminents d'Europe. Je ne me suis cependant jamais enorgueilli de cette éphémère double rencontre. Après tout, j'allais être amené à approcher plus tard, en Orient, des hommes dont l'importance et le pouvoir réduiraient les papes et autres rois au rang de misérables nains.

Lorsque je quittai le château ce jour-là, c'était à l'une des cinq heures auxquelles les Arabes prient leur dieu Allah, et ces bedeaux qu'ils appellent *muezzin* étaient perchés sur les tours et les toits élevés, exhortant chacun à la prière de leurs chants à la fois monotones et puissants. Partout, que ce soit à l'intérieur des échoppes, sur le pas de porte des maisons et même jusque dans la rue poussiéreuse, les musulmans déroulaient de petites carpettes râpées et s'y agenouillaient. Le visage tourné au sud-est, ils appuyaient leur tête sur le sol entre leurs mains, le derrière levé. À ces heures-ci, toute personne dont vous pouviez voir le visage plutôt que le croupion était forcément ou un chrétien ou un juif.

Dès que tous à Acre eurent repris la station verticale, je repérai mes trois connaissances de la semaine précédente. Ibrahim, Nasser et Dahoud m'avaient vu entrer au château et étaient venus attendre que j'en sorte. Ils avaient l'œil brillant, tout excités à l'idée de me montrer la chose merveilleuse qu'ils m'avaient promise. D'abord, ils m'enjoignirent d'avaler l'aliment bizarre qu'ils m'avaient apporté. Nasser portait un petit sac de cuir qui s'avéra contenir des figues baignant dans de l'huile de sésame. J'aimais plutôt ce fruit, mais celles-ci, toutes visqueuses et gluantes de cette huile dont elles étaient imbibées, étaient fort désagréables au goût. Les garçons insistèrent néanmoins pour que je les ingère, ce préalable étant apparemment indispensable à la révélation qui devait suivre. Je me forçai donc à ingurgiter quatre ou cinq de ces épouvantables aliments.

Ceci fait, les trois garçons m'entraînèrent dans un interminable périple par les rues et les venelles de la ville. Cette errance me sembla incroyablement longue, et je ne tardai pas à ressentir dans mes membres une grande lassitude, tandis que mon esprit s'embrumait de plus en plus. Je me demandai un instant si le soleil n'avait pas tapé trop fort sur ma tête nue ou si les figues n'étaient pas quelque peu gâtées. Je voyais trouble ; les bâtiments, tout comme les passants, m'apparaissaient distordus, se balançant d'étrange façon. Mes oreilles bourdonnaient comme si j'étais environné d'une armée de mouches. La moindre aspérité sur le sol me faisait trébucher, et j'implorai mes compagnons de me laisser reprendre haleine un moment. Mais ceux-ci, toujours aussi pressants et exaltés, me tinrent par les bras et me forcèrent à continuer d'avancer, d'un pas lent et lourd. Je compris vaguement que cette sensation de confusion un peu nébuleuse que je ressentais était bien due à ces fameuses figues macérées dans l'huile. C'était tout à fait normal, m'assurèrent-ils, et nécessaire pour ce qui allait suivre.

Ils me traînèrent jusqu'à une entrée ouverte et fort sombre où, toujours obéissant, je me préparai à pénétrer. Mais alors, les garçons se mirent à gronder rageusement, et ce qu'ils me lancèrent devait plus ou moins signifier : « Espèce de crétin d'infidèle, tu ne vois pas qu'il te faut enlever tes chaussures et entrer pieds nus ? », d'où j'en déduisis que ce bâtiment était sans doute l'un de ces lieux de culte que les musulmans appellent *masjid*. Comme je ne portais pas de chaussures à proprement parler, mais des chausses à semelles, je dus les ôter et me retrouvai nu à partir de la ceinture. Je tirai sur ma tunique afin qu'elle couvrît vaille que vaille mon intimité ainsi dévoilée, me demandant vaguement s'il était plus présentable d'entrer dans un *masjid* les parties intimes ainsi dénudées plutôt que chaussé. Cela ne parut pas perturber les garçons, qui m'introduisirent sans hésiter dans la place.

N'étant jamais entré dans un *masjid*, je ne savais trop à quoi m'attendre, mais je fus assez surpris de trouver l'endroit totalement obscur et vide de tout pratiquant. Tout ce que je pus distinguer dans la pénombre fut une rangée de jarres en grès, presque aussi hautes que moi, appuyées le long du mur. Les trois enfants me dirigèrent vers celle qui se trouvait en bout de ligne et m'invitèrent à m'y glisser.

Me trouvant en infériorité numérique, à moitié nu et plus totalement maître de moi, j'appréhendais que les jeunes sodomites n'en profitassent pour abuser de moi. Je m'étais donc tenu sur mes gardes, prêt à me battre s'il le fallait. Mais ce qu'ils me proposaient là me sembla plus comique qu'outrageant. Lorsque je les interrogeai sur le pourquoi de l'opération, ils se contentèrent de continuer à me pousser vers la jarre massive, et j'étais trop déconcerté pour leur résister. Au contraire, tout en riant du côté grotesque de la situation, je laissai les garçons me hisser en position assise sur le rebord de la jarre, l'enjambai de moi-même et m'y coulai tout entier.

Ce n'est qu'une fois à l'intérieur que je vis qu'elle contenait un fluide visqueux, car je n'avais ressenti en y entrant ni éclaboussure, ni soudaine impression de fraîcheur ou d'humidité. En fait, l'amphore était à demi remplie d'une huile dont la température était si proche de celle du corps que je ne me rendis compte de tout cela que lorsque j'y fus immergé jusqu'à la gorge. En vérité, c'était plutôt agréable : émollient, enveloppant, à la fois doux et apaisant, particulièrement pour mes membres fatigués et mes parties intimes nues et sensibles. Cette sensation m'excita quelque peu. Était-ce le prélude d'un quelconque rite sexuel, étrange et exotique ? Bon, jusqu'à présent en tout cas, je me sentais toujours bien et n'avais pas lieu de me plaindre.

Ma tête seule dépassait de l'ouverture de la jarre, et mes doigts en tenaient toujours le bord. Mais, en riant, les farceurs repoussèrent mes mains à l'intérieur et sortirent un objet qu'ils avaient dû trouver pas très loin, dans la pièce : un large disque de bois équipé de charnières, qui ressemblait fort à un pilori portable. Avant que j'aie pu émettre la moindre protestation ou tenter de m'esquiver, ils assujettirent l'engin autour de mon cou et le scellèrent. Il formait désormais couvercle sur la jarre dans laquelle je me tenais et, quoique point trop serré autour de mon cou, il s'était ajusté dans l'amphore de façon si solide que je ne pouvais plus ni l'en déloger, ni le relever.

– Qu'est-ce que c'est que ça ? m'affolai-je, remuant mes bras autour de moi dans la jarre, tentant vainement de repousser vers le haut le couvercle de bois.

Du fait de la viscosité de l'huile chaude, mes mouvements étaient extrêmement ralentis, me donnant un peu l'impression de me mouvoir comme dans un rêve. Mes sens perturbés finirent cependant par identifier l'odeur de sésame de cette huile. Comme les figues qu'on m'avait fait avaler un peu plus tôt, il semblait que j'avais été mis à ramollir à mon tour dans de l'huile de sésame.

– Qu'est-ce que c'est que ça, enfin ? criai-je derechef.

– *Va istadan !* Attends ! m'enjoignirent les garçons, m'intimant du geste de rester tranquille dans ma jarre.

– Attendre ? hurlai-je. Mais attendre quoi ?

– Attends le sorcier, répondit Nasser, en pouffant.

Sur quoi, lui et Dahoud se fondirent dans l'ombre grise menant à l'extérieur et disparurent.

– Attendre le sorcier ? répétai-je, mystifié. Pendant combien de temps ?

Ibrahim demeura juste assez pour brandir sur ses doigts levés une réponse à compter. Je scrutai l'obscurité et vis qu'il avait déployé les doigts de ses deux mains.

– Dix ? interrogeai-je. Dix quoi ?

Lui aussi reculait à présent vers la porte, non sans replier les doigts et les rouvrir à nouveau, par quatre fois.

– Quarante ? gémis-je, implorant et désespéré. Mais quarante quoi ?

– *Chihil ruz*, précisa-t-il. Quarante jours.

Et, à son tour, il s'éclipsa par la porte.

– Attendre quarante *jours* ? m'écriai-je, au bord de l'évanouissement.

Mais aucune réponse ne vint.

Les trois chenapans étaient partis, et il semblait évident que ce n'était pas pour se cacher un instant. J'avais été abandonné à macérer dans ma jarre, dans l'obscurité, les narines envahies d'une entêtante odeur de sésame, dans la bouche le goût répugnant des figues saturées du même sésame… et toujours ce tourbillon de confusion dans mon esprit. J'essayais par tous les moyens d'interpréter ce que tout cela pouvait signifier. Attendre le sorcier ?

Non, ce ne pouvait être qu'une farce de gamins, un rite oriental. Le tenancier de l'auberge m'expliquerait probablement la chose en se tenant les côtes de rire devant ma crédulité. Mais quelle sorte de plaisanterie pouvait me retenir ainsi durant quarante jours ? Je manquerais le bateau du lendemain, je serais abandonné à Acre et, pour le coup, Ishaq aurait tout loisir de m'enseigner les coutumes arabes... À moins que je ne disparaisse pour de bon entre les griffes du sorcier ? Était-il possible que, loin de la rectitude chrétienne, l'infidèle religion musulmane laissât ainsi les sorciers exercer librement leurs arts maléfiques ? J'essayai d'imaginer ce que pourrait faire un sorcier musulman d'un chrétien en bouteille. J'espérais surtout ne pas le deviner. Mon père et mon oncle me feraient-ils rechercher, avant de partir ? Me trouveraient-ils avant que le sorcier y parvienne ? Ou quelqu'un d'autre interviendrait-il ?

À l'instant précis où j'y pensais, quelqu'un s'en chargea. Une silhouette noire, plus imposante que celles des garçons, se dessina dans l'entrée grise. Elle s'y arrêta un moment, le temps d'habituer ses yeux à la pénombre, avant de se diriger lentement vers ma jarre. Elle était immense, imposante... et inquiétante. J'eus un réflexe de recul et me contractai dans ma jarre, tâchant de me recroqueviller sur moi-même et de rétracter ma tête sous le couvercle.

Quand elle fut tout près, je vis qu'il s'agissait d'un homme vêtu à la mode arabe, excepté le keffieh qui tenait sans être noué par une corde. Sa barbe bouclée d'un roux grisâtre faisait penser à une moisissure, et il me contemplait de ses yeux brillants de la couleur des mûres. Lorsqu'il énonça la traditionnelle formule : « La paix soit sur vous », je remarquai, malgré mon état d'égarement, qu'il la prononça d'une façon légèrement différente de celle des Arabes : « *Shalom aleichem* », dit-il.

– Vous êtes le sorcier ? murmurai-je, si terrifié que je m'exprimai en vénitien.

Je m'éclaircis la gorge, puis le répétai en français.

– Ai-je vraiment l'air d'un sorcier ? me lança-t-il d'un ton âpre et rugueux.

– Non, chuchotai-je, bien que je n'eusse aucune idée de ce à quoi pouvait bien ressembler un sorcier.

Je me raclai à nouveau la gorge et dis :

– Vous ressemblez fort à une personne que j'ai bien connue.

– Quant à toi, lança-t-il d'une voix moqueuse, tu sembles vraiment rechercher des cellules de plus en plus petites.

– Comment saviez-vous que... ?

– J'ai vu ces trois petits vauriens te traîner jusqu'ici. Cet endroit est bien connu pour son infâme réputation.

– Je voulais dire…

– Et je les ai vus repartir sans toi, juste tous les trois. Tu ne serais pas le premier garçon aux yeux bleus et aux cheveux clairs à arriver ici et à ne jamais en ressortir.

– Ils sont sûrement peu nombreux dans les parages à ne pas avoir les yeux et les cheveux noirs.

– Précisément. Tu es une rareté, en cette contrée. Or l'oracle doit justement s'exprimer à travers une rareté.

J'étais loin, encore, de tout comprendre. Je crois que je dus me contenter de battre des paupières, à cet instant. Il se pencha quelques secondes hors de mon champ de vision, puis réapparut, portant le sac de cuir que Nasser devait avoir laissé tomber avant de partir. L'homme en sortit une figue dégoulinante d'huile. J'eus presque un haut-le-cœur en l'apercevant.

– Lorsqu'ils trouvent un garçon de ton apparence, expliqua-t-il, ils l'amènent ici et le trempent dans l'huile de sésame, lui donnant à avaler au préalable ce genre de figues suintantes. Au terme de quarante jours et quarante nuits, il est devenu aussi tendre que ces fruits. Si tendre que sa tête peut être facilement séparée de son corps.

Il en fit la démonstration, tordant la figue entre ses doigts afin que, dans un son humide et à peine audible, elle se fendît en deux.

– Pour quoi faire, ensuite ? m'enquis-je, le souffle coupé.

Je sentais sous le couvercle de bois mon corps se ramollir, devenir cireux et malléable comme la figue et déjà s'affaisser, tout prêt à se séparer de mon moignon de cou avec un bruit gargouillant, pour retomber lentement au fond de la jarre…

– Pourquoi tuer un parfait étranger et de cette façon ?

– Cela ne le tue pas, selon eux. C'est une expérience de magie noire. (Il laissa choir le sac et les morceaux de figues, s'essuyant les doigts sur le bord de sa robe.) À sa façon, séparée de son corps, la tête continue de vivre.

– Quoi ?

– Le sorcier cale la tête découpée au fond de cette niche creusée dans le mur d'en face, sur un confortable lit de cendres de bois d'olivier. Il fait brûler de l'encens devant elle, psalmodie des paroles magiques, et, au bout d'un moment, la tête se met à parler. Sur demande, elle va prédire les famines et les bonnes récoltes, les guerres à venir, les périodes de paix et tout un tas de prophéties du même genre.

Je m'esclaffai, croyant qu'il poursuivait simplement la farce qui m'avait été faite, en rallongeant la sauce.

– Très bien, fis-je entre deux éclats de rire. Sais-tu que tu as failli me pétrifier de trouille, vieux compagnon de cellule ? Je n'ai pas pu me retenir de pisser dans cette bonne huile et de la frelater, du coup ! Mais je crois que ça va pouvoir suffire, maintenant. Lorsque je t'ai vu pour la dernière fois, Mordecai, j'ignorais que tu fuirais aussi loin de Venise. Mais ouf ! tu es là, et je suis heureux de te voir. Tu as eu tout loisir de savourer ta plaisanterie, je pense... Maintenant, libère-moi, qu'on puisse aller boire un petit *qahwah* tous les deux et évoquer nos aventures depuis notre séparation.

Mais il ne bougeait pas, se contentant de me regarder d'un air désolé.

– Allez, Mordecai, ça suffit !

– Mon nom est Lévi, corrigea-t-il. Pauvre petit gars, tu es déjà ensorcelé au point d'en avoir l'esprit dérangé.

– Bon, Mordecai, Lévi ou qui que tu puisses être ! fulminai-je. Relève cette saloperie de couvercle et libère-moi !

– Hein ? Pas question que je touche à cette impureté impie, s'offusqua-t-il, s'écartant d'un pas, l'air dégoûté. Je ne suis pas un crasseux d'Arabe, moi. Je suis un Juif.

Le mélange d'inquiétude, de colère et d'exaspération que je ressentais avait commencé de me nettoyer la tête, mais il ne m'inclinait pas encore au tact pour autant. Je déclarai donc abruptement :

– Tu es donc venu ici juste pour faire un petit brin de causette au pauvre prisonnier que je suis ? As-tu l'intention de me laisser ici aux mains de ces imbéciles d'Arabes ? Le Juif est-il aussi engoncé qu'eux dans la crétinerie des superstitions ?

Il émit un grognement. « *Al tidàg* », dit-il dans un premier temps, avant de traduire plus clairement sa pensée :

– Ne t'en fais pas. Je vais te tirer de là, puisqu'on me l'a demandé, mais je le ferai sans me souiller. Une chance pour toi, je suis maréchal-ferrant, j'exerce de l'autre côté de la rue. Cette barre de fer suffira. Tiens-toi bien, jeune Marco, afin de ne pas tomber quand ça cassera.

Il fit un moulinet avec la barre et, lorsqu'elle s'écrasa sur le côté de la jarre, sauta de côté afin de ne pas salir ses vêtements du jaillissement d'huile qui s'ensuivit. L'amphore se brisa dans un grand fracas, et je conservai mon équilibre à grand-peine, tandis que les fragments du récipient et son contenu s'effondraient à mes pieds. Le couvercle de bois pesa soudain de tout son poids sur mon cou. Comme mes mains pouvaient à présent atteindre sa partie supérieure, j'eus tôt fait de déverrouiller sa fermeture et lâchai le pilori dans la flaque d'huile qui couvrait le sol.

– Tout cela ne va-t-il pas vous valoir des ennuis ? demandai-je, montrant d'un signe du menton le désordre qui régnait désormais sur le sol.

Lévi haussa les épaules, fit des mains un geste d'incertitude et leva les sourcils d'un air fataliste. Je continuai :

– Vous m'avez appelé par mon nom et avez laissé entendre qu'on vous avait demandé de venir me tirer de ce péril…

– Pas de celui-ci en particulier, me précisa-t-il. Il s'agissait simplement de tirer Marco Polo d'affaire. Les seules informations qui m'ont été données, c'est que tu serais vraisemblablement proche du premier problème survenant à ta portée.

– Voilà qui est intéressant. De qui venait ce mot ?

– Je n'en ai aucune idée. Je suppose que vous avez dû, en une occasion, tirer un Juif d'un mauvais pas. Et le proverbe dit qu'une *mitzvah*[22] ne peut se payer que d'une autre *mitzvah*.

– Ah-ah, c'est bien ce que je pensais : il s'agit de ce vieux Mordecai Cartafilo…

Presque maussade soudain, Lévi rétorqua :

– Rien ne prouve qu'il s'agissait d'un Juif. Mordecai est un prénom originaire de l'antique Babylone. Et Cartafilo est un nom païen.

– Il affirmait être juif, et il y ressemblait fort, en tout cas. Ce nom est celui qu'il utilisait.

– Tu ne vas pas tarder à m'annoncer qu'il s'agissait du Juif errant, partis comme nous le sommes !

Interloqué, je concédai :

– Eh bien… Il m'a dit qu'il avait beaucoup voyagé, en effet.

– *Khakma*, grinça-t-il, mot que j'interprétai comme une parole de dérision. C'est une belle histoire, inventée par les *goyim*. Le Juif errant immortel n'est qu'un mythe. Les *Lamed-Vav* sont mortels,

22. Bonne action, au sens éthique du terme, dans la religion juive.

mais trente-six d'entre eux ne cessent de parcourir le monde en secret, prêts à apporter de l'aide.

Je n'avais plus vraiment envie de traîner dans cette pièce, avec ce Lévi qui dissertait de la réalité des mythes. Je lui fis pourtant remarquer :

– Vous êtes bien placé pour vous gausser des inventeurs d'histoires, après celles, grotesques, que vous m'avez contées sur les sorciers et les têtes parlantes.

Il me regarda longuement, grattant sa barbe d'un air pensif.

– Grotesques ? (Il me tendit sa barre de métal.) Là. Je n'ai pas envie de piétiner dans l'huile. Brisez la jarre suivante de la rangée.

J'hésitai durant un long moment. Même si cet endroit n'était qu'un banal lieu de culte *masjid*, nous avions déjà sérieusement attenté à son caractère sacré. Et puis, après tout, me dis-je, quelle différence ? Une jarre, deux jarres… J'abattis la barre métallique de toute ma force sur la jarre en question, qui se brisa très facilement et laissa couler son contenu huileux dans un bruit mouillé. Soudain, quelque chose de mou et de gluant heurta le sol, dans un son moite et étouffé. Je me penchai au-dessus pour mieux voir mais reculai aussitôt, intimant à Lévi :

– Venez, partons vite.

À l'entrée, je retrouvai mes chausses là où je les avais déposées et fus bien heureux de pouvoir m'y glisser de nouveau. Le fait de les souiller instantanément de cette huile dont je dégoulinais ne me dérangea pas outre mesure, le reste de mes vêtements étant déjà saturés et à essorer. Je remerciai Lévi de son secours, ainsi que de son explication sur la sorcellerie arabe. Il me souhaita « *lechaïm* et *bon voyage*[23] » et me mit en garde : il n'y aurait pas toujours un Juif pour me tirer de *chaque* mauvais pas. Là-dessus, il regagna sa forge, et je me hâtai vers l'auberge, jetant de fréquents regards par-dessus mon épaule pour guetter si je n'étais pas suivi par trois Arabes ou le sorcier pour le compte duquel ils m'avaient capturé. Je n'envisageais plus du tout cette aventure comme une farce, et la sorcellerie me semblait désormais une chose tout à fait sérieuse.

Lorsque Lévi m'avait enjoint de briser la seconde jarre, il ne m'avait pas demandé ce que j'avais vu en me penchant sur les tessons. Je

23. En français dans le texte.

n'avais pas essayé de le lui décrire, et j'ai aujourd'hui encore du mal à l'exprimer clairement. L'endroit était sombre, je l'ai dit. Mais l'objet qui avait heurté le sol avec ce répugnant clapotis humide était un corps humain. Ce que je distinguai assurément, c'est que ce corps était nu et qu'il avait été celui d'un individu de sexe masculin n'ayant pas encore atteint l'âge adulte. Autre détail curieux, il reposait sur le sol comme un sac de peau vidé de son contenu. Une poche dégonflée, flasque, dont tous les os auraient été extraits ou dissous. La seule chose que je pus encore observer, c'est que ce corps n'avait plus de tête. Depuis lors, je n'ai jamais plus mangé de figues ni aucun autre aliment qui eût le goût de sésame.

17

Le lendemain après-midi, mon père paya sa note au tenancier Ishaq, qui prit l'argent en déclarant :

– Qu'Allah vous couvre de bienfaits, cheikh Folo, et vous rende vos bontés avec la même générosité.

Mon oncle distribua au personnel de l'auberge des sommes en petite monnaie, ces pourboires connus dans la langue farsi sous le nom de *bakhshish*. Celui qui reçut de sa part le montant le plus élevé fut le masseur du hammam qui lui avait fait connaître le baume dépilatoire. Le jeune homme le remercia en ces termes :

– Qu'Allah vous préserve de tous les dangers et vous conserve toujours souriant.

Puis tout le personnel se groupa sur le seuil autour d'Ishaq pour nous saluer, aux cris de : « Qu'Allah aplatisse la route devant vos pas ! », « Qu'il vous fasse voyager sur un tapis de soie ! » et beaucoup d'autres du même acabit.

Notre route progressa donc en direction du nord, le long de la côte levantine, que nous gardâmes en vue tout au long de notre voyage et qui ne changea guère de physionomie : des dunes d'un brun grisâtre, et, derrière elles, d'autres collines de même teinte, juste troublées d'une occasionnelle hutte de boue séchée ou d'un petit village, à peine perceptibles dans le paysage. Les cités que nous dépassâmes étaient un peu plus visibles, chacune d'elles possédant un château croisé. La plus vaste, vue depuis la mer, fut celle de Beyrouth, car placée sur une avancée de terre et d'une certaine étendue. Cependant, je la jugeai encore moins impressionnante qu'Acre.

Mon père et mon oncle occupèrent leur temps à bord à dresser la liste des vivres et autres équipements qu'il nous faudrait acheter à Suvediye. Pour ma part, je tuais le temps en discutant avec l'équipage. La plupart des marins étaient anglais, ce qui ne les empêchait pas de parler le sabir des voyageurs et des marchands. Quant aux frères Nicolas et Guillaume, ils ne cessaient de bénir Dieu de leur avoir permis de quitter Acre et ses turpitudes, et ce thème revenait chez eux comme une ritournelle sans fin. Ce qui semblait les avoir, et de loin, le plus choqués était le comportement peu chaste des clarisses et des carmélites. Pourtant, à ce que je pus entendre, leur aigreur s'apparentait davantage à la frustration de soupirants éconduits ou de maris froissés qu'à une authentique affliction chrétienne. Dans le souci de ne point paraître irrespectueux à l'égard de leur noble vocation, je ne m'épancherai pas plus sur le sentiment que m'inspiraient ces deux frères. Ils désertèrent notre expédition avant même que nous quittions Suvediye.

La cité était modeste et ne payait pas de mine. À en juger par les ruines qui l'entouraient, Suvediye avait perdu de la superbe qu'elle avait pu avoir à l'époque romaine, ou plus tôt encore, lorsque Alexandre y avait débarqué. Il n'y avait pas à chercher bien loin la raison de son étiolement. Bien que notre bateau ne fût pas des plus imposant, il dut mouiller assez loin de la petite baie portuaire, et les passagers que nous étions furent emmenés en yole sur le rivage tant le port était ensablé des alluvions limoneuses de l'Oronte. J'ignore si Suvediye fonctionne encore en tant que port maritime, mais, à cette époque, il paraissait déjà clairement condamné à terme.

En dépit de son aspect peu avenant et de ses maigres perspectives d'avenir, la cité était peuplée d'Arméniens qui se considéraient visiblement comme égaux, voire supérieurs aux habitants de Venise ou de Bruges. Bien qu'il n'y eût qu'un seul autre bateau à l'ancre lorsque nous arrivâmes, les officiels du port se comportaient comme si celui-ci était encombré d'innombrables vaisseaux, requérant tous la plus scrupuleuse attention. Un gros et gras inspecteur arménien fit irruption, l'air affairé, les bras encombrés de papiers, alors que notre petit groupe de cinq voyageurs se préparait à débarquer. Il insista pour nous compter (oui, nous étions bien cinq) puis dénombra un à un tous nos paquets et bagages, couchant scrupuleusement ces chiffres sur un registre. Il nous laissa enfin partir avant de se mettre à importuner le capitaine anglais d'innombrables renseignements à consigner sur ses formulaires, au sujet de la cargaison, de son origine, de sa destination, et *tutti quanti*.

Il n'y avait aucun château croisé à Suvediye, aussi, nous frayant un difficile chemin au milieu des mendiants et de la foule, nous

nous dirigeâmes droit sur le palais de l'ostikan, ou gouverneur, pour lui présenter nos lettres du prince Édouard. C'est par pure charité que je qualifie sa résidence de palais. Ce n'était en réalité qu'un bâtiment d'aspect minable, dont le seul titre de gloire était son étendue et sa hauteur puisqu'il s'élevait sur deux étages. Après qu'une suite harassante de plantons, de gardes et de sous-officiers eurent sévèrement fait étalage de leur importance en nous faisant consciencieusement attendre, déployant avec zèle le plus fastidieux cérémonial, nous finîmes par être introduits dans la salle du trône du palais. Si je l'appelle salle du trône, c'est là aussi par pure charité, ce dernier consistant essentiellement en un *daiwan*, un amoncellement de coussins sur lesquels l'ostikan se prélassait. En dépit de la chaleur ambiante, il ne cessait de se frotter les mains au-dessus d'un brasier de charbons ardents placé devant lui. Dans un coin, un jeune homme assis sur le sol se taillait à l'aide d'un couteau les ongles des orteils. Ceux-ci devaient être d'une taille conséquente, à en juger par le bruit sonore qu'ils faisaient au moment où ils étaient sectionnés, puis lorsqu'ils tombaient au sol après une aléatoire course aérienne dans la pièce.

Le nom passablement ronflant de l'ostikan, Hampig Bagratunian, était sans doute, hélas, ce qu'il avait de plus remarquable. Petit, ratatiné, il était privé, comme la plupart des Arméniens, de cou, l'arrière de la tête prolongeant presque à la verticale le haut de son dos. Il avait tout juste l'air de ne rien gouverner du tout, aussi insignifiant, dans sa pompe factice et son apparence faussement grandiloquente, que les commis et assistants qui nous avaient conduits jusqu'à lui. Contrairement aux Arabes et aux Juifs qui se conforment aux obligations d'hospitalité de leur religion, ce chrétien arménien nous reçut avec un ennui non dissimulé.

Après avoir lu la lettre, il déclara en sabir :

– Sous prétexte que je suis, comme eux, un monarque souverain, déclama-t-il nonchalamment, gonflant ainsi son rang au degré royal, n'importe quel autre prince se croit autorisé à se débarrasser d'un ennui en le rejetant sur moi.

Poliment, nous gardâmes le silence. Un ongle de pied jaillit : *tchac*.

L'ostikan Hampig poursuivit :

– Vous débarquez ici à la veille du mariage de mon fils (il nous indiqua le coupeur d'ongles) alors que j'ai d'innombrables autres préoccupations : des invités venus de tout le Levant, qui tentent d'éviter de se faire massacrer en chemin par les Mamelouks, les festivités de la cérémonie à organiser, sans compter...

Il énuméra une impressionnante liste de soucis, auxquels il ne manqua pas d'ajouter, pour conclure, notre propre arrivée. Son fils se coupa bruyamment un dernier ongle, puis leva les yeux et dit :

– Attends, père.

Coupé dans son récital, l'ostikan se tourna vers lui :

– Oui, Kagig ?

Kagig se leva de l'endroit où il était assis, mais n'adopta pas pour autant la station debout. Au lieu de cela, il se mit à arpenter la pièce, penché en avant, comme pour mieux nous faire admirer la platitude de l'arrière de son crâne. Il ramassa quelque chose, et je compris que, pour une obscure raison, il tenait absolument à récupérer ses ongles éparpillés au sol. Bien que très absorbé dans cette importante opération, il trouva malgré tout le temps de glisser à son père, par-dessus son épaule :

– Ces étrangers ont amené avec eux deux hommes d'Église.

– Je le vois bien, oui ! répondit-il, agacé. Et alors ?

L'un des croissants cornés avait atterri près de mon pied. Je le récupérai et le tendis à Kagig. Il hocha la tête, apparemment très satisfait d'avoir recueilli ses rognures, et s'affala aux côtés de son père sur le *daiwan*, jetant ses déchets cornés dans le brasero fumant.

– Voilà, s'exclama-t-il soulagé. Ainsi, aucun sorcier ne pourra les utiliser pour me jeter un sort !

Ces satanées pelures d'ongles ne semblaient pas déterminées pour autant à disparaître discrètement : elles continuèrent de crépiter et de siffler parmi les charbons ardents.

– Que veux-tu dire avec ces hommes d'Église, mon fils ? demanda de nouveau Hampig, tapotant d'un geste paternel l'encolure aplatie de son rejeton.

– Eh bien, nous avons déjà le vieux Dimirjian pour conduire la messe..., commença nonchalamment Kagig. Mais n'importe quel paysan se contente généralement d'*un seul* prêtre pour célébrer sa messe de mariage. Supposons que moi, je puisse en avoir trois...

– Hum, approuva son père, tournant les yeux vers les frères Nicolas et Guillaume, lesquels se tenaient raides et droits, le toisant d'un regard hautain. Cela ne ferait certes qu'amplifier le faste de la cérémonie…

Il ajouta à l'attention de mon père et de mon oncle :

– Il se pourrait, finalement, que vous ne soyez pas si importuns que cela. Ces deux clercs que vous avez là sont-ils habilités à conférer le sacrement du mariage ?

– Certainement, Votre Excellence, répondit mon père avec obligeance. Ce sont des frères prêcheurs.

– Aussi pourraient-ils sans doute assister Dimirjian, l'évêque métropolitain, en tant qu'acolytes suffragants lors de la cérémonie. Ils devraient se sentir honorés, du reste, que cette participation leur soit offerte. Mon fils épouse une *pshi*, une princesse des Adighei. Ceux que vous appelez les Circassiens.

– Ce peuple est renommé pour sa beauté, intervint mon oncle. Mais est-il pour autant… chrétien ?

– La fiancée de mon fils a reçu de Dimirjian, l'évêque métropolitain en personne, l'éducation requise, suivie de la confirmation et de la première communion. C'est à présent une parfaite chrétienne.

– Une très belle chrétienne, du reste, fit goulûment Kagig, faisant claquer ses lèvres rouges et tremblotantes. Les gens se figent dans leurs pas quand ils l'aperçoivent, y compris les musulmans, ces infidèles. Et tous remuent la tête pour remercier le Créateur d'avoir engendré une créature telle que la *pshi* Seosseres.

– Eh bien ? nous interrogea Hampig. Le mariage a lieu demain.

– Je ne doute pas que les frères ici présents se sentent flattés de pouvoir vous apporter leur concours, avança doucement mon père. Que Votre Excellence daigne me l'ordonner, et je leur présenterai votre requête.

Les deux ecclésiastiques semblaient indignés au plus haut point qu'on ne leur eût pas personnellement adressé la parole au cours de la conversation, mais ils n'élevèrent pas d'objection au projet.

– Bon, articula l'ostikan d'un air satisfait. Nous aurons donc la présence de trois hommes d'Église lors des noces, dont deux venus de loin. Voilà qui ne manquera pas d'impressionner mes invités tout comme mes sujets. À cette condition, messieurs, vous pourrez…

– Nous resterons ici, à Suvediye, pour assister aux noces *royales*, coupa oncle Matteo, glissant au passage le ronflant adjectif. Cependant bien sûr, il nous faudra continuer notre voyage juste après.

Aussi, je pense que Votre Excellence aura, dans ce délai, veillé à nous aider à compléter notre équipement en montures et autres vivres.

– Eh bien… euh… oui, évidemment, dut concéder Hampig, un peu bousculé de se voir imposer quelques conditions en échange.

Il sonna vigoureusement de la main une cloche, et l'un de ses subalternes fit son entrée.

– Messieurs, voici mon majordome. Arpad, vous conduirez ces messieurs à leurs appartements, puis vous présenterez les deux frères à l'évêque métropolitain et accompagnerez ces nobles visiteurs au marché afin de leur apporter toute l'aide dont ils pourront avoir besoin.

Il se tourna ensuite vers nous.

– Très bien, donc. Messieurs, je vous souhaite la bienvenue à Suvediye et vous invite officiellement à vous joindre au royal mariage ainsi qu'à toutes les festivités qui l'entoureront.

Arpad nous conduisit à deux chambres de l'étage, une pour nous, l'autre pour les frères. Dès que nous eûmes déballé ce qui nous suffisait pour un bref séjour, nous redescendîmes, récupérâmes les deux frères et partîmes à la rencontre du métropolitain Dimirjian. C'était un vieil homme imposant, dont le profil étonnant faisait oublier l'effacement de son cou : un nez massif, une mâchoire inférieure aussi puissante que protubérante, des sourcils en visière et de longues oreilles charnues. Dès qu'il eut pris en charge les deux frères afin de les initier au minutieux cérémonial du lendemain, mon père, mon oncle et moi suivîmes le majordome Arpad en direction du marché de Suvediye.

– Vous devriez vous habituer à l'appeler du nom de *bazar*, expliqua-t-il, très obligeant. C'est le mot farsi que l'on utilise, ici comme dans tout l'Orient. Vous venez vous approvisionner à la bonne période, le mariage ayant attiré des marchands de toutes parts, pourvus d'un grand choix d'articles. Mais je ne saurais trop vous conseiller de me laisser vous aider, pour le marchandage des denrées. Dieu sait combien les commerçants arabes peuvent être roublards et escrocs, mais les Arméniens sont si incroyablement plus sournois encore que seul un Arménien ose traiter avec eux. Là où des Arabes ne vous auraient laissé que la peau sur les os, les Arméniens, eux, vous auront entièrement dépecés.

– L'essentiel, pour nous, ce sont les animaux de bât, annonça mon oncle. Ils pourront nous transporter, et nos bagages avec.

– Je vous suggère de choisir des chevaux, glissa Arpad. Vous pourriez être amenés à en changer plus tard pour des chameaux, lorsque vous traverserez de vastes étendues désertiques. Mais, pour l'instant, vu que votre prochaine destination, Bagdad, ne représente pas un trop rude voyage, des chevaux seront plus rapides et sans doute plus faciles à diriger que des chameaux. Des mules seraient certes encore supérieures, mais je doute que vous souhaitiez mettre aussi cher.

Dans la majeure partie de l'Orient comme dans notre Europe civilisée, la mule, animal d'un caractère aimable et docile, aussi intelligent que raisonnable, est la monture préférée des hommes et des dames de la haute société. De ce fait, le moindre éleveur de mules demande sans rougir de ses animaux des prix exorbitants. Mon père et mon oncle en convinrent, il faudrait se débrouiller avec des chevaux.

Nous visitâmes donc plusieurs corrals entourés de cordes aux alentours du bazar, où l'on trouvait à vendre toutes sortes de bêtes à monter ou de bât : mules, ânes et chevaux de toutes races, du plus raffiné pur-sang arabe au plus lourd cheval de trait, ainsi que des chameaux et leurs cousins, des coureurs au poil lisse et soyeux que sont les dromadaires. Après avoir examiné nombre de chevaux, mon père et mon oncle en sélectionnèrent cinq (deux hongres et trois juments) à la fois solidement charpentés et d'apparence saine. Bien que moins massifs que les animaux de trait, ils n'avaient rien de l'élégance racée des pur-sang arabes.

L'achat de cinq montures exige cinq marchandages distincts. C'est là, dans ce bazar de Suvediye, que j'assistai à cette procédure dont je finirais un jour par être écœuré, à force de l'avoir pratiquée dans chaque bazar de l'Orient. C'est la curieuse façon orientale d'opérer un achat. Bien que, cette fois, Arpad s'en chargeât pour nous, l'affaire fut longue et ennuyeuse.

Arpad et le vendeur de chevaux joignirent leurs mains droites en gardant le bras tendu, laissant pendre jusqu'au sol leurs longues manches comme des rideaux qui les isolaient des regards extérieurs ; dans tous les bazars traînent en effet des badauds qui n'ont d'autre occupation que d'espionner la façon dont les autres traitent leurs affaires. Après quoi, chacun son tour frappa la main cachée de l'autre de ses doigts, le vendeur pour indiquer son prix de vente de base, l'acheteur pour fixer le prix qu'il ne dépasserait pas. Bien que j'aie appris, depuis, le fonctionnement subtil de ces annonces, je ne vous assommerai pas de leur fastidieuse complexité. Qu'il vous suffise de savoir que le premier commence par indiquer d'abord s'il s'agit d'unités, de dizaines ou de centaines, avant d'en préciser dans un second temps le nombre, un triple signal signifiant selon le cas trois, trente ou trois cents, etc. Le système permet d'indiquer des fractions ainsi que les valeurs relatives des monnaies si vendeur et acheteur n'utilisent pas la même, l'un parlant en ducats, l'autre par exemple en dinars.

Au fil des tapes, le vendeur de chevaux baissa peu à peu le montant de sa demande, tandis que le majordome augmentait graduellement son offre. De cette façon, ils passèrent en revue toute la gamme des prix, des plus raisonnables aux plus prohibitifs que l'on pût concevoir. En Orient, les différents prix ont des noms variés : on parle ainsi du petit prix, du prix royal, du prix de ville, du beau prix, du prix fixé, du bon prix… Il y en a ainsi une infinité ! Lorsqu'ils eurent trouvé un montant acceptable par les deux parties pour le premier cheval, il leur fallut répéter la manœuvre pour les quatre suivants, et, dans chaque cas, le majordome dut se concerter avec nous par intervalles, de façon à ne pas excéder la limite de nos moyens.

Chacune de ces opérations aurait parfaitement pu se traiter à haute voix, mais cela ne se fait jamais ainsi. La confidentialité de la méthode des mains et des manches profite à la fois au vendeur et à l'acheteur, dans la mesure où personne ne peut savoir quel était le prix de départ et celui finalement conclu. Un acheteur peut ainsi faire baisser un vendeur jusqu'à un prix qui lui paraîtrait honteux s'il était rendu public, mais il acceptera de s'y résoudre sachant que nul futur client ne pourra le connaître et en tirer avantage. De même, l'acheteur assez motivé par un achat pour qu'il n'ait pas trop envie de barguigner sur le prix pourra le payer sans craindre d'être considéré comme un panier percé par d'éventuels spectateurs de la transaction.

Nos cinq montures ne furent finalement négociées qu'à la tombée du jour, ne nous laissant pas le temps d'acheter des selles, ni quoi que ce soit d'autre. Il nous fallut rentrer au « palais » et passer par le hammam afin de nous nettoyer avant de revêtir nos plus beaux habits en vue du repas du soir. Ce serait le traditionnel banquet réservé aux hommes, nous expliqua Arpad, qui sied à la veille de tout mariage. Tandis que l'on nous massait au hammam, mon père confia à mon oncle, un brin d'anxiété dans la voix :

– Matteo, nous allons devoir offrir un cadeau pour honorer la cérémonie, soit à l'ostikan, soit à son fils, soit à sa fiancée, si ce n'est à chacun d'eux. Je n'arrive pas à trouver ce qui pourrait convenir. Pire, je ne vois guère ce que pourrait nous permettre notre budget. Nous avons payé cher nos montures, et il nous reste de nombreuses marchandises à acheter.

– Ne crains rien. J'y ai déjà pensé, assura mon oncle, toujours aussi confiant. J'ai jeté un coup d'œil dans la cuisine où ont lieu les préparatifs du banquet. Comme colorant et condiment, les cuisiniers utilisent ce qu'ils m'ont indiqué être du safran, mais je l'ai goûté, et crois-moi si tu veux, jamais je n'en ai connu de pire. C'est un sous-produit qui n'a rien à voir avec le nôtre. Nous allons donc faire présent à l'ostikan d'une brique de notre beau safran doré, il l'appréciera bien plus que tous les bibelots clinquants qu'on va lui offrir de toutes parts.

Malgré sa relative décrépitude, le palais possédait une salle à manger de taille respectable, et, ce soir, elle était bienvenue au vu de la foule incroyable que représentait à elle seule la gent masculine parmi les invités de l'ostikan. Ils étaient pour la plupart arméniens et arabes, les premiers incluant les proches et les relations plus ou moins éloignées de la « royale » famille Bagratunian, auxquels venaient s'ajouter la domesticité du palais, les membres officiels du gouvernement, ce que je supposai représenter la noblesse de Suvediye et d'autres visiteurs encore, venus de petite Arménie ou du reste du Levant. Tous les Arabes semblaient appartenir à la tribu des Avedi qui devaient être fort nombreux, car tous prétendaient en être des cheikhs d'un rang plus ou moins élevé. Nous n'étions pas pour notre part les seuls étrangers, toute la famille circassienne de la fiancée étant venue pour l'occasion des montagnes du Caucase. Je puis ici l'affirmer, ces Circassiens étaient en effet – comme le veut leur réputation – des gens d'une beauté stupéfiante, de loin les plus admirables de ceux qui se trouvaient ici rassemblés.

Le banquet comprenait en fait deux repas séparés, servis simultanément, composés d'un nombre impressionnant de plats. Ceux qui nous furent servis, à nous et aux chrétiens d'Arménie, étaient les plus variés, puisque non limités par une quelconque des superstitions infidèles. Ceux présentés aux musulmans devaient en revanche exclure les nombreuses viandes proscrites par le Coran : le porc, bien sûr, les coquillages, mais aussi tous les animaux vivant dans un trou, qu'il soit dans le sol, dans un arbre ou sous la boue du fond des mers.

Je ne fis pas particulièrement attention à ce que les Arabes purent manger, mais je me souviens que notre plat principal, à nous les chrétiens, fut un jeune chameau farci d'un agneau lui-même farci d'une oie, laquelle était fourrée de porc émincé, de pistaches, de raisin, de pignons et de diverses épices. Le tout était accompagné d'aubergines farcies, de *marrows* farcis et de feuilles de vigne farcies. Comme boisson, on nous servit des *sharbats* faits de *neige* encore glacée, laquelle avait été ramenée de Dieu sait où par Dieu sait quels moyens et à Dieu sait quel coût. Ceux-ci diversement parfumés – au citron, à la rose, au coing ou à la pêche – et tous aromatisés de nard et d'encens. Comme desserts, il y eut des pâtisseries fourrées au beurre ou au miel aussi croustillantes que des nids d'abeilles, et une pâte appelée *halwah* faite d'amandes pilées, des tartes au citron et des petits gâteaux fabriqués, aussi incroyable que cela puisse sembler, à partir de pétales de rose et de fleurs d'oranger, ainsi que des dattes fourrées aux amandes et aux clous de girofle. Il y avait également l'inégalable *qahwah*, des vins aux teintes variées et d'autres liqueurs alcoolisées.

Ces breuvages grisèrent rapidement les chrétiens, et les Arabes comme les Circassiens ne furent pas longs à suivre. Il est bien connu que le Coran des Arabes leur interdit de boire du vin, mais ce que l'on sait moins, c'est que beaucoup de musulmans respectent strictement cette loi, c'est-à-dire *à la lettre*. Je m'explique. Le vin devant être, à l'époque où le prophète Mahomet écrivit le Coran, la seule boisson alcoolisée existante, il ne lui vint pas à l'idée de prohiber par avance toute boisson ou substance grisante qui pourrait être découverte par la suite. De sorte que de nombreux musulmans, même scrupuleusement respectueux de la religion en général, se sentent autorisés (lors des fêtes, en particulier) à boire tout ce qui, à la différence du vin, ne provient pas du raisin des vignes, ainsi qu'à mâcher cette herbe qu'ils appellent des divers noms de *haschisch*, *banj*, *bhang* ou *ghanja*, qui crée une ivresse au moins aussi forte que celle du vin.

Ce banquet nocturne était pourvu de boissons fort excitantes auxquelles le Prophète n'aurait jamais songé, comme ce liquide couleur d'urine appelé *abijau*, obtenu à partir de grain fermenté, ou l'*araq*, sorte de jus de dattes pilées, ou encore comme la boisson nommée *medhu*, une essence de miel, le tout agrémenté de boulettes de haschisch à mâcher. Les Arabes et les Circassiens, à l'exception d'une poignée de saints hommes âgés, eurent tôt fait de se retrouver dans un état aussi fumeux, enjoué, démonstratif, voire larmoyant que les chrétiens. Pas tous, cependant, puisque si mon oncle eut vite l'esprit troublé au point d'avoir envie de chanter, mon père et moi-même ainsi que les frères restâmes totalement sobres.

Il y avait là une bande de musiciens ou d'acrobates, difficile de discerner ce qu'ils étaient, car ils exécutaient d'ahurissantes cabrioles, des tours et des contorsions *tout en jouant*. Ils se servaient de binious, de tambours et de luths à long manche, et j'aurais volontiers qualifié leur musique d'infâme miaulement si je n'avais pas trouvé si spectaculaire de parvenir à jouer tout en faisant des sauts périlleux, en marchant sur les mains et en bondissant sur les épaules les uns des autres.

Les invités étaient agenouillés, accroupis ou à moitié allongés sur les coussins des *daiwans* autour des nappes du dîner qui couvraient chaque mètre carré du sol, à l'exception d'étroites allées où serveurs et domestiques se mouvaient comme recroquevillés, avançant en canard. Par groupes, les invités se levaient les uns après les autres afin d'aller offrir à l'ostikan et à son fils, assis sous un dais qui dominait légèrement la salle, les présents qu'ils avaient apportés pour l'occasion. Ils s'agenouillaient, puis inclinaient la tête et élevaient vers eux du bout de leurs mains des aiguières, des plateaux et des assiettes en or ou en argent, des broches de diamant, des tiares ou de riches médaillons, des étoffes de soie brodées d'or et quantité d'autres objets précieux.

Je découvris cette nuit-là que, dans les contrées orientales, le récipiendaire d'un cadeau ne doit pas se contenter, en le recevant, de simples remerciements, mais doit offrir en retour à son bienfaiteur un cadeau d'une aussi grande valeur. J'allais assister de plus en plus souvent à ce genre d'échange, et il m'arriva plus d'une fois de voir repartir un donataire avec un cadeau d'une valeur incalculablement supérieure à celui qu'il avait lui-même offert. Mais cette nuit-là, ce fut l'amusement qui l'emporta. Car l'ostikan Hampig, ayant une âme de commis, se soumettait à la coutume en offrant tout simplement à chaque nouveau donateur un cadeau prélevé dans la pile d'objets fraîchement offerts par d'autres. Cela revenait ni plus ni moins qu'à une redistribution des cadeaux, si bien qu'au final les invités repartaient chez eux avec ce qu'ils avaient apporté ou le cadeau de quelqu'un d'autre.

Hampig ne fit qu'une exception à cette pratique, lorsque notre tour fut arrivé de nous lever et d'avancer vers le dais. Comme l'avait prévu mon oncle, l'ostikan fut si transporté de joie en recevant notre brique de safran qu'il commanda à son fils Kagig de se lever et d'aller nous chercher quelque chose de vraiment extraordinaire. Kagig revint avec trois objets qui pouvaient sembler au premier coup d'œil assez quelconques, tout comme peut l'être au départ une brique de safran.

Cela ressemblait tout bonnement à trois petites bourses de cuir. Mais lorsque Hampig les tendit révérencieusement à mon père, nous constatâmes qu'il s'agissait de petites poches de musc du chevrotain des montagnes, étroitement empaquetées avec quelques grains de la précieuse substance que produit cet animal. Ces trois poches nous furent offertes avec de longues lanières de cuir, pour une raison que Hampig nous expliqua en ces termes :

– Si vous connaissez la valeur de ces bourses, messieurs, vous les fixerez avec soin derrière vos propres testicules et les mettrez ainsi, dans cet endroit protégé, à l'abri de toute convoitise au cours de votre voyage.

Mon père remercia sincèrement notre donateur de son présent, et mon oncle se lança dans un extravagant discours de gratitude qui aurait pu durer éternellement s'il n'avait été saisi d'une grosse quinte de toux. Je ne mesurai pas pleinement la valeur de ce cadeau, ni combien il était inattendu de la part d'un esprit aussi étroit que celui du sieur Hampig, jusqu'à ce que mon père me précise que les trois petites bourses pleines de musc que nous avions reçues équivalaient à la somme totale dépensée ce jour-là au bazar.

Quand nous eûmes fini de saluer l'ostikan et quitté le dais, son fils s'approcha en vacillant et se joignit à nous autour de notre nappe. Nous nous trouvions bien sûr assez loin du dais d'honneur, au milieu d'invités de rang moindre et d'aspect quelque peu barbare, peut-être étaient-ce des relations du marié originaires d'une région pauvre. Kagig, qui était depuis un moment aussi saoul que n'importe qui d'autre dans la salle, entreprit de nous expliquer assez laborieusement qu'il souhaitait venir s'asseoir avec nous parce que sa fiancée nous ressemblait plus qu'à lui-même ou à toute autre personne de son peuple. Circassienne de naissance, Seosseres était claire de peau, décrivit-il, avec des cheveux noisette et des traits d'une beauté incomparable. Ainsi lancé, il commença à s'étendre longuement sur la splendeur de sa promise : « Elle est plus belle que la lune ! » comme sur sa gentillesse : « Elle est plus aimable qu'un vent d'ouest. » Elle était aussi « plus douce que la fragrance de la rose » et possédait un nombre considérable d'autres vertus.

– Elle est âgée de quatorze ans, cela pourrait sembler un peu tard pour un mariage, mais elle est aussi vierge qu'une perle que l'on n'aurait jamais percée ni enfilée. Elle est instruite et peut discourir sur quantité de sujets sur lesquels moi, oui, même moi je ne connais absolument rien. La philosophie, la logique, les *Canons de la médecine* du grand Avicenne, les poèmes de Majnoun et de Leila, les mathématiques, la géométrie, l'algèbre...

Pour être franc, je pense que tout l'auditoire doutait comme moi qu'elle fût aussi sublime. Si tel avait été le cas, pourquoi aurait-elle accepté d'épouser un Arménien mal dégrossi aux lèvres rosâtres et gélatineuses, ayant la tête collée aux épaules et juste bon à préserver ses ongles de pieds des sorciers ? Il faut croire que le doute était peint sur nos visages et que Kagig finit par le remarquer, car il se redressa à grand-peine sur ses pieds, tituba à travers la salle et monta d'un pas lourd à l'étage, afin de sortir la princesse de la chambre où elle se trouvait isolée. Lorsqu'il l'entraîna jusqu'en bas, la tirant par l'un de ses poignets, elle tenta, avec toute sa modestie virginale, de résister, tout en essayant en même temps de ne pas trop faire preuve d'insoumission, comme il sied à une femme envers son mari. Il l'amena au milieu de la salle, en face des invités, et arracha le tchador qui lui couvrait le visage.

Si une partie des invités n'avaient pas été accaparés par les viandes posées devant eux et si la plupart n'avaient pas été largement abrutis par l'alcool, quelqu'un serait sans doute intervenu pour empêcher ce rustre d'agir aussi grossièrement. Cette façon de forcer la jeune fille à se dévoiler provoqua certes plus d'un murmure réprobateur parmi les invités, et même quelques grondements parmi les hommes qui la connaissaient. Quelques pieux musulmans âgés se couvrirent le visage, pendant que de vénérables anciens chrétiens détournaient les yeux. Mais le reste de l'assistance, bien que déplorant unanimement le manque de savoir-vivre de Kagig, n'eut qu'à se délecter de son résultat. Car la *pshi* Seosseres était, la chose était indéniable, une magnifique représentante de ce peuple si réputé pour sa beauté.

Ses cheveux étaient longs et délicatement ondulés, sa silhouette d'une grâce à vous couper le souffle, son visage si ravissant qu'il rendait inutile les traits de khôl autour de ses yeux et le jus de baies rouges qui relevait l'incarnat de ses lèvres. Sa peau claire rosit d'embarras, et elle ne nous laissa que très fugitivement admirer l'éclat brun pourpré de ses prunelles, avant de les baisser et de les maintenir de la façon la plus charmante fixées au sol. Cela ne nous empêcha pas de continuer de dévorer du regard la fraîcheur d'albâtre de son front sans défaut, la longueur recourbée de ses cils, la perfection frémissante de son nez, le dessin charnu et provocant de ses lèvres, et l'incroyable délicatesse de sa chair. Kagig la tint ainsi exposée durant une bonne minute au moins, tout en secouant la tête d'un air extasié et en effectuant de ridicules moulinets de bras pour la présenter au public, en un mouvement obscène. Soudain, dès qu'il lui lâcha le poignet, elle fuit à travers la pièce et disparut de notre vue.

Les Arméniens ont la réputation d'être des hommes vaillants et d'avoir toujours été un peuple courageux qui a accompli d'intrépides faits d'armes. Il faut croire qu'ils n'étaient désormais plus que l'ombre d'eux-mêmes, plus bons à grand-chose si ce n'est à boire et à escroquer les clients sur les bazars. C'est ce que j'avais entendu dire et ce que démontrait le fils de l'ostikan. Je ne parle pas ici de la façon dont il était venu exposer sa fiancée, mais de ce qui s'ensuivit.

Dès que Seosseres se fut éclipsée, Kagig s'effondra de nouveau près de notre nappe, entre mon père et moi, et regarda à la ronde avec un petit sourire satisfait de lui-même, interrogeant à la cantonade :

– Alors, hein ? Qu'en avez-vous pensé ?

L'entourage masculin de la jeune fille qui se trouvait à proximité se contenta de lui jeter des regards noirs, tandis que d'autres, près de nous, murmurèrent quelques paroles d'éloge respectueuses. Kagig fit le paon et se rengorgea comme si ces commentaires flatteurs lui étaient destinés en propre, après quoi il se mit en devoir d'aggraver son ébriété ainsi que la vilenie de son comportement. Ses constantes louanges relatives à sa princesse, délaissant peu à peu la beauté de son visage, en vinrent progressivement à l'évocation des attraits de parties bien différentes de sa personne. Ses petits sourires se muèrent en grimaces ouvertement lubriques, et ses lèvres en forme de limaces se mirent à baver d'envie. Bientôt, il fut si imprégné d'alcool et de désir qu'il se trouva en train de murmurer :

– Pourquoi attendre ? Pourquoi devrais-je patienter jusqu'à ce que ce vieux Dimirjian croasse ses serments devant nous ? Je suis déjà son mari, non ? Il ne m'en manque que le titre officiel. Alors, cette nuit, la nuit prochaine, quelle différence... ?

Brusquement, il s'arracha aux coussins sur lesquels il était affalé pour divaguer de nouveau à travers la salle et marcher pesamment jusqu'aux escaliers. Comme je l'ai déjà signalé, le palais n'était pas d'une construction particulièrement robuste. Aussi, toute personne soucieuse de dresser l'oreille – et je le fis – aurait pu entendre ce qui arriva ensuite. Cependant, aucun des autres invités, pas même l'ostikan ni les Circassiens qui auraient pourtant dû être les premiers intéressés à l'affaire, ne sembla prêter attention à l'abrupt départ de Kagig ainsi qu'aux bruits qui s'ensuivirent. Je les entendis pour ma part fort bien, tout comme mon père, resté sobre, et nos deux frères prêcheurs. En tendant l'oreille, je distinguai des chocs sourds et répétés, de petits cris et des ordres étouffés, suivis de protestations affolées, et bientôt de nouveaux cognements insistants et suivis qui finirent par se muer en un battement rythmique sans équivoque. Mon père et les frères se levèrent, je les imitai, et nous aidâmes oncle Matteo à en faire autant. Après quoi, nous allâmes tous les cinq prendre congé de l'hôte Hampig – lequel, totalement ivre, se fichait pas mal que nous fussions là ou pas – et regagnâmes nos appartements.

Nous passâmes la matinée du lendemain au bazar, toujours en compagnie d'Arpad. Le pauvre était héroïque de nous prêter ainsi assistance, car il était évident qu'il avait du mal à se remettre de la nuit particulièrement arrosée de la veille. Cependant, malgré une solide gueule de bois, il sut remplir avec efficacité son office de marchandeur durant une nouvelle série d'interminables transactions.

Nous achetâmes des selles, des paniers, des brides et des couvertures, et fîmes livrer le tout avec nos chevaux aux écuries du palais par des employés du bazar afin qu'ils fussent prêts pour notre départ. Nous fîmes également l'acquisition d'outres de cuir destinées à transporter l'eau, ainsi que de nombreux sacs de fruits et de raisins secs, et d'imposants fromages de chèvre protégés de toute détérioration par d'épaisses couches de cire. Sur la suggestion d'Arpad, nous fîmes aussi l'achat d'un instrument appelé *kamàl.* Ce n'était rien d'autre qu'un rectangle pas plus grand que la paume de la main, fait de lattes de bois tel un petit cadre sans image, auquel pendait une longue corde.

– Tout voyageur, commença savamment Arpad, peut déterminer d'après le soleil ou les étoiles où se trouvent le nord, l'est, l'ouest et le sud. Vous allez vous diriger vers l'est et, chaque jour, vous jugerez de votre progression en fonction de votre vitesse de marche. Mais il vous sera quelquefois difficile d'évaluer si vous avez dévié de cet est absolu, en dérivant vers le nord ou vers le sud. Et c'est là que le *kamàl* pourra vous aider.

Mon père et mon oncle manifestèrent bruyamment leur surprise et leur intérêt, et Arpad se prit la tête à deux mains, ne pouvant supporter les bruits qu'ils émettaient.

– Les Arabes sont certes des infidèles, poursuivit-il, indignes de respect et d'admiration, mais ce sont eux qui ont mis au point cet utile appareil. Ici, vous en aurez souvent besoin, jeune monsieur Marco, aussi vais-je vous montrer comment vous en servir. Ce soir, quand les étoiles vont apparaître, tournez-vous au nord et levez le *kamàl* à bout de bras. Ajustez la distance qui le sépare de vos yeux en l'avançant et en le reculant, jusqu'à ce que le bas du cadre se confonde avec l'horizon septentrional, tandis que vous aurez calé en haut du cadre l'étoile Polaire. Ensuite, faites un nœud à la corde de telle sorte qu'en tenant ce nœud entre vos dents, la corde une fois tendue, le *kamàl* reste calé juste à cette distance.

– Très bien, maître Arpad, acquiesçai-je, docile. Et puis ?

– D'ici en partant vers l'est, le terrain est presque plat, aussi aurez-vous toujours plus ou moins un horizon rectiligne. Chaque soir, tendez le *kamàl* à la distance de ce nœud et positionnez le bas du cadre sur l'horizon nord. Si l'étoile Polaire est toujours sur le haut du cadre, cela prouvera que vous êtes vraiment à l'est de

Suvediye. Si elle se trouve un peu au-dessus, c'est que vous aurez dévié vers le nord. Si, au contraire, elle se trouve plus bas dans le cadre, cela signifiera une dérive vers le sud.

– *Cazza beta !* s'exclama mon oncle, admiratif.

– Le *kamàl* peut même faire davantage, ajouta le majordome. Fixez une étiquette marquée Suvediye sur le premier nœud que vous avez fait, jeune Marco. Quand vous arriverez à Bagdad, recalez votre instrument à juste distance, avec l'horizon et l'étoile Polaire aux extrémités du cadre, et faites un second nœud que vous identifierez comme étant celui de Bagdad. En répétant l'opération à chaque ville étape, il vous sera aisé de contrôler à tout moment votre dérive, méridionale ou septentrionale, par rapport au point d'où vous venez.

Considérant le *kamàl* comme un complément utile à notre équipement, nous payâmes gaiement le prix demandé, non sans qu'Arpad se fût consciencieusement livré au jeu du marchandage, jusqu'à faire descendre le montant à la somme presque risible de quelques *shahis* de cuivre. Nous continuâmes à acheter les nombreuses choses dont nous pourrions avoir besoin en cours de route. Au reste, grâce à la substantielle rallonge budgétaire que représentaient les bourses de musc de l'ostikan, nous nous payâmes le luxe de quelques petits extras et autres douceurs dont nous nous serions passés en temps normal.

Ce n'est que dans l'après-midi que nous retrouvâmes les participants au banquet de la nuit précédente, quand nous fûmes de nouveau tous rassemblés à l'église Saint-Grégoire de Suvediye, pour la messe nuptiale. À en juger par les visages hagards des assistants et les grognements las qui perçaient de temps à autre, la plupart des hommes se ressentaient encore, tel Arpad, de leur intempérance au banquet de la veille. Le fiancé était le pire de tous. Je m'attendais à le voir satisfait, suffisant, ou, à l'inverse, à lui trouver un air coupable, mais il avait simplement l'air encore plus lourdaud que d'habitude. Quant à la fiancée, elle était si pesamment voilée que je ne pus voir son expression, mais son élégante mère et les différentes femmes de son entourage lançaient des regards excédés à travers les fentes de leur tchador.

Le mariage se déroula sans incident, et nos deux frères, presque méconnaissables sous l'habit tapageur et voyant de l'Église arménienne, aidèrent efficacement le métropolitain dans la conduite de son office. Après quoi tout le monde se transporta de l'église jusqu'au palais pour un nouveau banquet. Cette fois, bien sûr, les invitées (toutes, hormis les femmes musulmanes) furent admises à partager les festivités. Là encore, il y eut d'agréables distractions : les acrobates et leur musique, mais aussi des illusionnistes, des chanteurs et des danseurs. Avant que la soirée fût entamée, les jeunes mariés – lui, arborant un air contrit, elle, semblant encore plus abattue qu'aurait dû l'être la fiancée d'un pareil butor – virent leurs mains solennellement jointes par le métropolitain qui, après avoir prononcé à leur intention une nouvelle prière arménienne, les entraîna vers l'escalier en direction de la chambre nuptiale, escortés de quelques plaisanteries grivoises et d'encouragements jetés du bout des lèvres par les assistants.

Cette fois, la salle de banquet demeura suffisamment bruyante – musiciens et danseurs s'en étaient chargés – pour que même mon oreille attentive ne pût capter le moindre son dénotant une consommation du mariage. Pourtant, au bout d'un moment, on entendit par-dessus la musique elle-même un certain nombre de sons lourds et ce qui pouvait s'apparenter à un hurlement assourdi. Et voici que, soudain, Kagig surgit de nouveau, débraillé, les vêtements en désordre, comme s'ils avaient été ôtés avant d'être remis n'importe comment. Il arriva en trépignant rageusement dans les escaliers puis dans la salle, fonça sur la première carafe de vin qui se trouva à portée de sa main et, dédaignant l'usage d'un verre, la vida à même le goulot, à la verticale de son gosier.

Je n'étais pas le seul à l'avoir vu faire son entrée. Mais je pense que les autres invités, stupéfaits de voir un mari délaisser sa jeune épouse au cours de leur nuit de noces, firent dans un premier temps mine de ne pas le remarquer parmi eux. Cependant, il se mit à jurer et à proférer des insultes si bruyamment – du moins ces mots arméniens me parurent y ressembler – que nul ne put continuer plus longtemps à feindre d'ignorer sa présence. Les Circassiens, irrités, se remirent à grogner, et, anxieux, l'ostikan Hampig cria quelque chose comme :

– Par tous les diables, qu'est-ce qui ne va pas, Kagig ?

– Ce qui ne va pas ? s'exclama le jeune homme (on me le traduisit après coup, car il était trop enragé pour parler autre chose que l'arménien). Il y a que mon épouse s'est révélée être une traînée, une courtisane, voilà ce qu'il y a !

Plusieurs dénégations et protestations fusèrent, et les Circassiens laissèrent échapper des cris indignés de l'ordre de « Menteur ! » et « Comment osez-vous ? ».

– Ah ! parce que vous pensiez que j'allais me taire ? vitupérait Kagig, me dit-on par la suite. Elle a pleuré durant toute la cérémonie derrière son voile, parce qu'elle savait que j'allais bientôt tout découvrir ! Elle pleurait toujours quand nous sommes entrés dans la chambre, car le moment de la révélation était imminent ! Elle continuait de pleurer pendant que nous nous dévêtions, sûre désormais que sa perfidie allait éclater au grand jour ! Elle a pleuré encore plus fort quand je l'ai embrassée. Et, au moment crucial, *elle n'a pas poussé le cri qu'elle aurait dû pousser !* J'ai donc procédé à des investigations plus précises et n'ai senti aucune marque de virginité en elle, je n'ai vu aucune trace de sang sur le lit, et...

L'un des hommes de la famille proche de Seosseres l'interrompit en criant :

– Nom de Dieu, chien de bâtard d'Arménien, mais *tu ne te souviens même plus ?*

– Je me souviens qu'on m'avait promis une vierge ! Et vos pleurs ou vos cris ne changeront rien au fait qu'elle a été possédée par un autre homme avant moi !

– Espèce d'exécrable diffamateur ! Moins que rien ! hurlèrent les Circassiens, écumants de rage. Notre sœur Seosseres n'a jamais approché un homme !

Ils voulaient tous sauter à la gorge de Kagig, mais d'autres invités les retenaient à grand-peine.

– Alors, elle s'est déflorée seule avec un godemiché ! tonna sauvagement Kagig. Avec un piquet de tente ou un concombre, ou l'une de ces sculptures *haramlik !* C'est bien la seule chose dont elle pourra user, désormais !

– Vile pourriture ! Taré ! éructaient les Circassiens, luttant contre ceux qui s'efforçaient de les maintenir à distance. As-tu fait du mal à notre sœur ?

– J'aurais dû ! fulmina-t-il. C'est ça ! J'aurais dû lui couper la langue, sa langue de vipère, et la lui fourrer entre les jambes. J'aurais dû faire bouillir de l'huile et la lui renverser dans l'orifice profané. J'aurais dû la clouer vive sur les portes du palais.

À ces mots, certains de ses proches l'attrapèrent et, le secouant comme un prunier, lui demandèrent rudement :

– Arrête tes bêtises ! Que lui *as-tu fait* ?

Il se débattit, se libéra de leur étreinte et remit en place ses vêtements avec dédain.

– Rien d'autre que ce qu'un mari cocu est autorisé à faire en un tel cas, et je vais bien sûr exiger l'annulation de ce mariage factice !

Cette saillie fut le signal d'une empoignade générale, fleurie d'épithètes volant bas, qui mit aux prises non seulement les Circassiens, mais avec eux les Arabes et les Arméniens. Ce fut alors un tel tumulte hérissé de tirages de cheveux et de barbes, d'horions et de tiraillements de vêtements qu'il s'écoula de longues minutes avant que quelqu'un réussît à reprendre suffisamment le contrôle de lui-même pour parler de façon cohérente et expliquer à ce détestable mari ce que, dans son ivrognerie, il avait lui-même accompli, avant de l'oublier. Ce fut son père, l'ostikan Hampig, qui, en pleurant, lui annonça :

– Oh, infortuné Kagig, c'est *toi-même* qui as défloré la jeune fille, la nuit dernière. Tu as trouvé judicieux et distrayant d'anticiper sur tes droits d'époux. Tu es monté à l'étage et tu l'as forcée dans ta couche, avant de venir t'en vanter ici même, dans cette salle. J'ai dû payer chèrement de ma personne pour persuader ses proches de ne pas te poignarder, précipitant ainsi son veuvage ! La princesse n'a pas commis le moindre péché. C'est toi ! Et toi seul !

Les injures, dans la salle, redoublèrent :

– Cochon !

– Charogne !

– Pourriture !

Kagig était devenu tout pâle, et ses grosses lèvres se contractaient convulsivement. Alors, pour la première fois depuis que je le connaissais, je le vis se comporter en homme. Il fit montre d'un réel chagrin et exigea que l'on se vengeât effectivement de lui, qu'on le châtiât comme le méritaient ses actes, criant cette phrase terrible :

– Que les charbons de l'enfer brûlent sur ma tête ! J'aimais vraiment la belle Seosseres, et je lui ai coupé le nez et les lèvres !

18

Mon père me tira par la manche, et, avec mon oncle, nous nous glissâmes discrètement à travers la foule en ébullition, gagnant la sortie de la salle du banquet.

– Je ne mange pas de ce pain-là, déclara mon père, l'air sombre. L'ostikan se trouve dans de sales draps, et tout souverain qui a des ennuis est capable, par dépit, de les reporter sur son entourage, quitte à lui en faire payer trois fois le prix.

Je tempérai :

– Il ne peut rien nous reprocher !

– Quand la tête a mal, c'est tout le corps qui souffre. Je pense qu'il serait sage de préparer nos montures pour un départ aux premières lueurs du jour. Regagnons nos chambres et apprêtons nos bagages.

Nous fûmes alors rejoints par les deux dominicains, qui exprimèrent vivement tout le dégoût, voire la nausée que leur inspiraient les actes de Kagig, comme si eux seuls avaient été blessés dans leur sensibilité.

– Attendez, vous n'avez encore rien vu ! nota sans rire oncle Matteo. Il ne s'agissait encore là que de camarades chrétiens. Quand nous aurons affaire à de vrais barbares…

– C'est bien ce qui nous inquiète, justement, avoua frère Guillaume. Nous sommes en train de comprendre que ces horribles cruautés doivent être monnaie courante dans la lointaine Tartarie.

Mon père fit remarquer placidement que nous avions aussi entendu parler d'atrocités commises en Occident, de fait.

– Peu importe, appuya frère Nicolas. Nous avons les plus grandes craintes que notre ministère ne puisse agir efficacement sur des monstres comme ceux que nous venons de voir. Nous souhaiterions nous désengager de notre mission de prêcheurs.

– Vous oseriez vous démettre ? (Mon oncle toussa, puis se racla la gorge et cracha par terre.) Vous avez l'intention de déserter, alors que nous ne sommes même pas encore en route ? Eh bien, faites tous les souhaits que vous voudrez. Nous sommes engagés par une promesse, et vous l'êtes tout autant que nous.

Frère Guillaume intervint, glacial :

– Frère Nicolas n'a peut-être pas été assez clair. Nous ne sommes pas en train de vous demander votre permission, messires, nous vous signifions notre décision. La conversion de brutes aussi épaisses requerrait plus de… d'autorité que nous n'en avons. Comme le proclament les Écritures : « Détourne tes pas du mal. Celui qui touche à la pourriture en est souillé. » Nous refusons de vous accompagner plus avant.

– Vous ne vous attendiez tout de même pas à une calme et paisible mission ? objecta mon père. Comme dit le vieil adage, on ne monte pas jusqu'au ciel sur un coussin.

– Un coussin ? Qu'ils se le fourrent au cul ! tonna mon oncle, conférant ainsi à cet objet un usage pour le moins curieux. N'avons-nous pas payé en monnaie sonnante et trébuchante deux montures spécialement pour ces femmelettes !

– Employer à notre égard des épithètes malsonnantes ne nous persuadera pas de rester, répliqua frère Nicolas avec hauteur. Comme l'a fait avant nous l'apôtre Paul, nous fuyons tout langage impie et toute vaine jacasserie. Le bateau qui nous a menés ici est sur le point de voguer vers Chypre, et nous serons à son bord.

Mon oncle était sur le point d'exploser et l'aurait probablement fait, usant sans doute de mots plus crus qu'ils n'en entendraient jamais au cours de tout leur sacerdoce, si mon père ne l'avait réduit d'un geste au silence avant de prononcer ces paroles cinglantes :

– Nous souhaitions présenter au khan Kubilaï des émissaires de l'Église afin de lui prouver la valeur et la supériorité du christianisme sur les autres religions. Ces brebis habillées en prêtres ne seraient certainement pas les meilleurs exemples à lui offrir. Allez votre chemin, mes frères, et que Dieu vous accompagne.

– Et Dieu et vous, décampez *vite fait* ! gronda mon oncle en montrant les dents.

Dès qu'ils eurent rassemblé leurs effets et quitté les chambres, il grommela :

– Ces deux-là n'ont rejoint l'expédition que pour s'éloigner des maudites femmes d'Acre. Ils sont trop heureux, à présent, de se saisir du prétexte de cet horrible incident pour se séparer de nous. On nous avait demandé une centaine de prêtres, nous n'avions que deux poules mouillées sans la moindre tripe au ventre. Et voilà que nous ne les avons même plus !

– Dame, il est moins douloureux de perdre ces deux hommes que d'en avoir perdu cent, déclara mon père, philosophe. Comme dit le proverbe, mieux vaut tomber de la fenêtre que du toit.

– Je peux fort bien me passer de ces deux olibrius, poursuivit oncle Matteo. Mais que fait-on, à présent ? Faut-il que nous y allions seuls ? Sans *aucun* ecclésiastique pour le khan ?

– Nous lui avons promis que nous reviendrions, trancha mon père. Et cela fait déjà longtemps que nous sommes partis. Si nous ne revenons pas, le khan perdra définitivement foi dans la parole de tout Occidental. Il pourrait, en guise de représailles, bloquer tout commerce avec des marchands venus de l'ouest, nous compris, et nous sommes des marchands avant toute chose. Nous n'avons certes aucun prêtre avec nous, mais sommes en possession, grâce à notre safran et au musc de Hampig, d'un capital confortable qu'il nous sera aisé de faire fructifier en cours de route jusqu'à former une assez estimable fortune. C'est pourquoi j'affirme que, oui, il nous faut continuer notre route. Nous expliquerons tout simplement à Kubilaï que notre Église est plongée dans la confusion à cause de cet interrègne pontifical. C'est bien le cas, ce me semble.

– Je t'approuve, acquiesça oncle Matteo. Allons-y. Mais que faire de cette jeune pousse ?

Ils me regardèrent tous deux.

– Il est encore trop tôt pour qu'il rentre à Venise, commença mon père, songeur. Et ce bateau anglais va faire route vers l'Angleterre. Mais il pourrait embarquer, une fois à Chypre, sur un vaisseau à destination de Constantinople…

J'intervins pour dire très vite :

– Pas question pour moi de voguer, même si ce n'est que jusqu'à Chypre, en compagnie de ces deux poltrons de dominicains. Je pourrais être tenté de m'en prendre à eux. Ce serait un sacrilège et pourrait mettre en péril mon espoir d'aller au paradis.

Oncle Matteo éclata de rire et fit remarquer :

– Mais si nous le laissons ici et que les Circassiens déclenchent soudain une sanglante revanche contre les Arméniens, Marco pourrait se retrouver au paradis plus vite que prévu.

Mon père soupira et, s'adressant à moi :

– Tu nous suivras donc jusqu'à Bagdad. Là, nous tâcherons de te trouver une caravane marchande qui se dirige vers l'ouest *via* Constantinople. Tu iras y rendre visite à ton oncle Marco. Tu auras alors le choix de nous attendre auprès de lui ou de rentrer à Venise par le premier bateau s'il advient qu'un nouveau doge a pris la succession de Tiepolo.

Je pense que nous fûmes bien les seuls, cette nuit-là, au palais de Hampig, à essayer de dormir. Notre sommeil fut assez perturbé, car tout le bâtiment ne cessa de résonner de lourds bruits de pas et de cris irrités. Tous les Circassiens invités avaient revêtu des habits de la couleur bleu ciel qui correspond chez eux à l'affliction du deuil, mais assurément, loin de toute tristesse passive, ils avaient décidé de tempêter bruyamment un peu partout dans le bâtiment, menaçant de tirer une lourde vengeance de la mutilation de leur petite Seosseres. Les Arméniens avaient fort à faire pour tenter de les calmer, au besoin en criant encore plus fort. Le désordre était loin d'être apaisé lorsque nous nous glissâmes hors de l'écurie du palais, dans la clarté naissante du petit jour. J'ignore ce qu'il advint de ces gens que nous laissâmes derrière nous, si ces deux lâches de frères arrivèrent à bon port à Chypre et si les misérables Bragatunian furent victimes de la juste vengeance des compatriotes de la princesse. Je n'ai plus jamais eu de leurs nouvelles et, ce jour-là, à la vérité, je ne me souciais déjà plus tellement d'eux, mon principal souci étant de me maintenir en selle.

De toute ma vie, je n'avais jamais été convoyé qu'en bateau. Aussi mon père se chargea-t-il de brider ma jument et de la seller pour moi, avant de me montrer comment il fallait s'y prendre, car, disait-il, ce serait à moi seul de le faire dorénavant. Ensuite il m'enseigna la façon de monter en selle, et le bon côté de l'animal pour le faire. Je pris exemple et l'imitai. Je glissai mon pied gauche dans l'étrier, lançai vivement ma jambe droite en l'air, retombai brutalement sur la dure selle et émis une longue plainte de douleur. Chacun de nous portait, suivant les recommandations de l'ostikan, l'une des petites poches de musc fixée à notre entrejambe. C'est *là-dessus* que j'étais retombé, et, durant plusieurs minutes, je me demandai si je n'avais pas perdu, pour le coup, l'usage de mes propres bourses.

Mon père et mon oncle se retournèrent prestement, les épaules secouées de rire, pour préparer leurs propres montures. Je me rétablis lentement et replaçai le sachet de musc de façon à mieux préserver mes parties vitales. Prenant soudain conscience que c'était la première fois que j'étais perché sur le dos d'un animal, j'aurais apprécié qu'il fût moins haut, un âne, par exemple, car il me semblait que je vacillais dangereusement, si loin du sol. Mais je parvins à me maintenir en selle tandis que mon père et mon oncle montaient à leur tour, prenant chacun en remorque au bout d'une corde l'un des deux chevaux surnuméraires sur lesquels nous avions entassé tous nos bagages et notre attirail de voyage. Nous traversâmes la cour en direction de la rivière aux rayons du soleil levant.

Une fois parvenus sur la rive, nous nous dirigeâmes vers l'amont du cours d'eau, une crevasse entre les collines d'où il provenait, à l'intérieur des terres. Nous ne tardâmes pas à laisser derrière nous la cité troublée de Suvediye ainsi que les vestiges d'autres plus anciennes pour pénétrer dans la vallée de l'Oronte. Par cette belle et chaude matinée, une luxuriante végétation s'offrait à nos regards, composée de verdoyants vergers et de champs ouverts dont les épis dorés d'orge de printemps, arrivés à maturité, n'attendaient plus que d'être récoltés. Bien qu'il fût encore très tôt dans la journée, les femmes étaient déjà occupées à couper le grain. Nous n'en apercevions que quelques-unes penchées sur leurs couteaux, mais, au bruit produit en sectionnant les tiges, nous savions qu'elles étaient une multitude à travailler ainsi. En Arménie, ce sont les femmes et elles seules qui procèdent à la récolte. Les tiges de l'orge étant rudes, résistantes et coupantes pour les mains, elles se protègent en enfilant leurs doigts dans des tubes de bois, si bien qu'au vu du nombre impressionnant de mains qui travaillaient de concert, la vallée était emplie d'un cliquetis envahissant semblable aux craquements d'un incendie qui se propage à travers champs.

Au-delà des terres cultivées, la vallée conservait son aspect verdoyant et coloré, et semblait pleine de vie. On y distinguait de vastes margousiers vert foncé et largement épanouis, à l'ombrage profond, ainsi que de généreux jujubiers épineux aux feuilles argentées, ou *zizafun*, dont le fruit doré en forme de prune, la jujube, est apprécié du voyageur, qu'il soit frais ou séché. Des troupeaux de chèvres mastiquaient les plants vert vif du « chardon tigré », et sur les toits des cabanes en boue séchée des bergers étaient perchés de frustes nids de cigogne. On pouvait également observer d'autres oiseaux, tels les pigeons qui vaguaient en groupes plus importants que ceux de Venise, ou des aigles dorés. Ceux-ci planaient la majeure partie du temps en haut vol, afin de limiter ces instants de vulnérabilité durant lesquels, momentanément gauches et maladroits, ils fondent sur leurs proies pour une brève lutte effrénée, avant de pouvoir regagner, à force d'épuisants battements d'ailes, leurs lointaines hauteurs.

En Orient, un voyage par voie de terre est qualifié du mot farsi de *karwan*, qui a donné « caravane ». La piste sur laquelle nous cheminions était l'une des principales routes caravanières est-ouest, aussi était-elle jalonnée tous les six *farsakh*, soit tous les vingt-quatre kilomètres environ, d'une auberge d'étape appelée caravansérail. Bien que notre marche fût tranquille – nous ne cherchions pas à forcer nos chevaux –, nous pouvions toujours compter, le soir venant, sur l'une de ces auberges en suivant les berges de l'Oronte.

J'avoue ne pas avoir gardé un souvenir bien précis du premier caravansérail que nous visitâmes, pour la bonne raison que j'étais surtout préoccupé ce soir-là par mes petits bobos. Tout au long de ce premier jour sur la piste, nous n'avions jamais poussé nos montures plus vite qu'un simple pas de promenade, et j'avais donc eu l'agréable impression d'une traversée facile. À plusieurs reprises, j'avais eu l'occasion de descendre de cheval puis de remonter en selle sans en ressentir le moindre désagrément. Pourtant, arrivé au caravansérail, lorsque je quittai ma monture pour me préparer à passer la nuit, je me découvris perclus de courbatures. Mon dos était aussi douloureux que si j'avais reçu une volée de coups, l'intérieur de mes jambes était échauffé comme à vif, et les muscles de mes cuisses étaient si étirés, si sensibles que j'eus le sentiment d'être désormais condamné à marcher pour l'éternité les jambes arquées. Heureusement pour moi, cette sensation lancinante alla en décroissant, et, au bout de quelques jours, j'étais en mesure de monter à cheval en restant au pas et en passant par intervalles au petit ou au grand galop – voire au trot, de loin l'allure la plus rude pour le cavalier –, et ce toute la journée lorsque c'était nécessaire, sans en ressentir les pénibles effets. C'était au demeurant un progrès fort appréciable, si ce n'est qu'en me délivrant de mes préoccupations physiques personnelles il me permit de mieux ressentir tous les désagréments de ces étapes nocturnes passées au caravansérail.

Ces bâtiments combinent la fonctionnalité d'une auberge ouverte aux voyageurs et d'une immense écurie pour les bêtes qui les accompagnent, si ce n'est qu'en termes de confort et de salubrité les différences entre ces installations sont fort minimes. Cela provenait certainement du fait que ces établissements étaient conçus pour pouvoir accueillir au pied levé jusqu'à cent fois plus de gens et d'animaux que n'en comptait notre petite troupe. En effet, à plusieurs reprises, nous partageâmes un caravansérail avec une foule de marchands, arabes ou persans, qui voyageaient avec d'innombrables chevaux, mules, ânes, chameaux et autres dromadaires, tous assez lourdement chargés et du même coup affamés, assoiffés et exténués. Il n'en reste pas moins que j'aurais presque préféré manger le fourrage sec réservé à nos bêtes plutôt que de goûter aux plats que l'on posait devant nous, et dormir dans la paille de l'écurie plutôt que sur l'un des appareils en corde tressée que l'on nous proposait en guise de lit.

Les deux ou trois premiers établissements de ce type où nous fîmes halte étaient annoncés d'un panneau proclamant « Établissement chrétien ». Ils étaient tenus par des moines arméniens et se distinguaient surtout par leur crasse et leur puanteur. En revanche, les repas qu'on y servait avaient au moins l'avantage d'offrir une certaine variété. Plus loin vers l'est, les caravansérails ne furent bientôt plus régis que par des Arabes qui signalaient leur auberge du panneau : « Ici, l'on pratique la vraie et la pure religion. » Si la propreté et la tenue y étaient meilleures, les plats proposés étaient quant à eux d'une désespérante monotonie : du mouton, du riz, un pain ayant à peu près la taille, la forme, la texture et le goût d'un siège de chaise en osier, le tout arrosé de *sharbats* fadasses, tièdes et outrageusement coupés d'eau.

À quelques jours de Suvediye, nous atteignîmes au bord du fleuve la ville d'Antakya. Lorsque vous voyagez ainsi par voie terrestre, toute agglomération pointant sur l'horizon est regardée avec bienveillance. De loin, on a tendance à la considérer comme belle. Hélas, cette impression trompeuse s'estompe à mesure que l'on s'en approche.

Antakya n'était en réalité, comme toutes les autres villes de cette région, qu'un affreux ramassis de taudis aussi sales qu'ennuyeux, infesté de son essaim de mendiants. Mais elle avait au moins le titre de gloire d'avoir donné son nom à la terre d'Antioche qui l'entoure, telle qu'elle est nommée dans la Bible. Plus tard, lorsqu'elle fit partie de l'empire d'Alexandre, cette terre fut appelée Syrie. Au moment où nous la traversâmes, elle ne formait plus qu'une annexe du royaume de Jérusalem, tout au moins de ce qu'il en restait, puisqu'elle est retombée depuis sous la férule de ces Sarrasins que sont les Mamelouks. Je fis néanmoins mon possible pour envisager cette ville et la région qui l'environnait avec l'œil d'Alexandre, tout gonflé de fierté que j'étais de fouler à mon tour les terres qu'avait arpentées, naguère, le glorieux conquérant.

Là, à Antakya, la rivière Oronte s'oriente vers le sud. Aussi quittâmes-nous son tracé pour continuer à l'est en direction d'une autre cité qui, pour être plus vaste, n'en était pas moins désolée : celle de Haleb, ou Alep, comme l'orthographient les Occidentaux. Nous y passâmes la nuit dans un caravansérail où le tenancier nous conseilla d'échanger nos vêtements vénitiens contre le costume léger des Arabes bien mieux adapté aux conditions de notre voyage. En quittant Alep, nous arborions désormais la parfaite panoplie du caravanier levantin, du keffieh ceignant la tête aux amples draperies couvrant les jambes. Il faut reconnaître que ce vêtement est incomparablement plus pratique pour voyager à cheval que la tunique et les chausses vénitiennes, plus moulantes. Et, au moins de loin, nous ressemblions vraiment à trois de ces nomades arabes qui s'appellent eux-mêmes les arpenteurs du vide, ou *bedawin*.

La plupart des caravansérails de la région étant tenus par des Arabes, j'assimilai bien sûr un grand nombre de mots de leur langue. Mais ces commerçants pratiquaient aussi le langage universel de l'Asie, le farsi, et nous nous rapprochions chaque jour de la Perse dont c'est l'idiome originel. Aussi, dans le but de m'initier plus rapidement à cette langue, mon père et mon oncle s'efforcèrent dès lors de communiquer dans ce qu'ils connaissaient de farsi, au lieu de notre dialecte vénitien ou du sabir français. Et pour le coup, j'appris. Je trouvai même le farsi beaucoup moins compliqué que bien des langues auxquelles j'ai dû me confronter par la suite. Il faut croire en outre que les jeunes gens ont plus de facilité dans l'acquisition que leurs aînés, car je ne fus pas long à maîtriser le farsi bien mieux que mon oncle et mon père n'avaient réussi à le faire.

Un peu à l'est d'Alep, nous atteignîmes le fleuve suivant, le Furat, plus connu sous le nom d'Euphrate, que la Genèse mentionne comme l'un des quatre cours d'eau arrosant le jardin d'Éden. Loin de moi l'idée de vouloir contredire la Bible, mais sur toute la longueur de ce fleuve je ne vis pas grand-chose qui puisse mériter le nom de jardin. À l'endroit où nous le rejoignîmes pour en suivre le cours en direction du sud-est, ses eaux, contrairement à celles de l'Oronte, ne coulaient pas dans une vallée riante. Elles se contentaient d'errer de façon vagabonde au milieu d'une contrée sans relief, une immense prairie herbeuse qui servait de pâture aux troupeaux de chèvres et de moutons. Si l'élevage représente pour une terre une fonction très honorable, il constitue en revanche, pour le voyageur qui la traverse, un spectacle d'une banalité lassante. On en vient à se réjouir de voir poindre un bouquet d'oliviers ou de palmiers dattiers, et tout arbre isolé s'aperçoit de fort loin avant qu'on l'ait atteint.

Sur cette morne étendue souffle constamment un vent d'est qui draine la fine poussière des vastes déserts situés plus loin dans cette direction. Implacable et envahissante, cette poussière venait s'accumuler sur les seuls obstacles verticaux présents sur la plaine : les arbres et… nous ! Nos chevaux baissaient le museau, retournaient leurs oreilles, fermaient les yeux et gardaient leur direction tout en allant l'amble de façon à ne présenter au vent que l'épaule gauche. Quant à nous autres cavaliers, nous avions beau avoir ajusté nos abas au plus près du corps et rabattu nos keffiehs sur notre visage, nos paupières se couvraient de grumeaux grisâtres et la peau nous démangeait, car partout la poussière se glissait, allant même jusqu'à nous boucher les narines et à s'incruster entre nos dents. Je compris alors pourquoi mon père, mon oncle et de nombreux voyageurs se laissaient pousser la barbe : se raser chaque jour dans de telles conditions devenait vite une corvée. La mienne n'était pas encore suffisante, hélas, pour croître harmonieusement. Aussi essayai-je le baume dépilatoire d'oncle Matteo. Celui-ci ayant fait la preuve de son efficacité, je gardai l'habitude de le préférer au rasage.

Mon souvenir le plus marquant de la traversée de cet Éden poussiéreux fut la vision d'un pigeon qui plongea un jour sur un arbre. Lorsque l'oiseau toucha la branche, il provoqua instantanément un fin nuage de poussière, comme s'il s'était écrasé dans un tonneau de farine.

Deux autres constatations devaient s'imposer à moi, au cours de cette chevauchée le long de l'Euphrate.

La première est que le monde est vaste. Cette observation peut sembler manquer d'originalité, mais c'est seulement alors que l'évidence de cette révélation affleura à mon esprit et commença à prendre corps. J'avais jusqu'à présent vécu dans la petite cité de Venise qui, au cours de toute son histoire, ne s'était jamais étendue au-delà de ses murs maritimes et ne le pourrait jamais, ce qui nous donnait, à nous autres Vénitiens, le sentiment d'être protégés dans un doux cocon. Bien que Venise se dresse face à l'Adriatique, l'horizon maritime ne nous semble pas si lointain. Même à bord d'un bateau, j'avais pu voir cet horizon demeurer fixe de tous côtés et n'avais jamais eu l'impression de pouvoir l'approcher ni m'en éloigner. Le voyage terrestre procure des sensations bien différentes. Le contour de l'horizon ne cesse de changer, on est constamment en mouvement vers un point ou un autre du paysage. Rien qu'au cours des premières semaines de notre périple, nous avions approché, atteint, traversé puis dépassé nombre de villes et de villages, des paysages fort contrastés et différentes rivières, avec toujours le même constat : rien ne s'arrêtait là, d'autres pays, d'autres cités, d'autres cours d'eau nous attendaient plus loin… Le monde terrestre donne une impression *visuelle* d'immensité que ne peut procurer la vacuité de l'océan. Vaste, il a mille visages et recèle l'éternelle promesse d'autres étendues, d'autres différences encore à venir. Le voyageur terrestre connaît la même sensation que l'homme complètement nu : un ineffable sentiment de liberté sans entrave et, en même temps, la conscience de sa propre vulnérabilité, l'absence de toute protection face au monde qui l'entoure et l'impression d'une petitesse infinie.

La seconde chose que j'aimerais affirmer ici, c'est que la carte ment. Même les meilleures, telles celles contenues dans le *Kitab* d'Al-Idrîsî, sont trompeuses et ne peuvent que l'être. Cela vient du fait que tout ce que montre une carte semble être mesurable à une échelle unique, or ce n'est qu'illusion. Supposez, par exemple, que votre voyage vous oblige à franchir une montagne. La carte vous indiquera évidemment l'existence de celle-ci face à vous et vous donnera une idée plus ou moins détaillée de sa hauteur, de sa profondeur et de son étendue. Mais jamais elle ne vous précisera les conditions météorologiques et l'état du terrain le jour de votre arrivée, pas plus que la forme physique qui sera la vôtre à ce moment. Une montagne sera aisée à gravir lors d'une belle journée d'été pour un jeune homme en pleine santé, mais constituera une barrière presque insurmontable, durant le gel de l'hiver, pour un homme affaibli par l'âge, la maladie ou la fatigue des pérégrinations. À cause, précisément, du caractère éminemment trompeur de ces représentations, un voyageur pourra mettre plus longtemps à parcourir l'épaisseur d'un pouce de territoire sur la carte qu'une distance équivalant à plusieurs fois la longueur de la main.

Bien sûr, nous n'eûmes pas ce genre de difficulté au cours de notre voyage vers Bagdad, n'ayant qu'à suivre le cours de l'Euphrate sur une plate étendue herbeuse. Nous sortîmes par intervalles le *Kitab*, mais c'était seulement pour confronter ses cartes avec la réalité que nous découvrions – et celles-ci s'avérèrent d'une incontestable exactitude. Parfois, mon père ou mon oncle y ajoutaient des repères indiquant des points particuliers utiles qui ne s'y trouvaient pas mentionnés : méandres de rivière, îlots sur son cours et autres détails observés. Certains soirs, bien que ce ne fût alors plus nécessaire, j'utilisais le *kamàl* que nous avions acheté. Après l'avoir étendu à la distance du nœud confectionné à Suvediye en direction de l'étoile Polaire et avoir calé le bas du cadre sur l'horizon rectiligne, je constatais chaque fois l'abaissement de l'étoile sous le niveau supérieur du cadre. Cela indiquait ce que nous savions : nous dérivions au sud par rapport à notre marche vers l'est.

Partout, dans cette région, nous avons franchi les frontières invisibles de nombreuses nations que nous n'avons pu apprendre à connaître, si ce n'est par leur nom. C'est la règle dans les terres du Levant : les régions les plus importantes sont identifiées, comme l'Arménie, la principauté d'Antioche, la Terre sainte…, mais, dans ces terres, les locaux reconnaissent d'innombrables subdivisions plus réduites auxquelles ils donnent des noms et qu'ils appellent nations, conférant à leurs dérisoires monarques les titres les plus ronflants. Pendant les cours de théologie biblique que j'avais suivis dans ma jeunesse, j'avais entendu mentionner ces royaumes du Levant comme ceux de Samarie, de Tyr ou d'Israël. Je m'étais naïvement figuré des terres immenses commandées par des rois prestigieux tels Ahab, Hicham ou Saül dominant de vastes populations. Voici que j'apprenais, de la bouche des habitants rencontrés, que nous traversions des nations autoproclamées telles que le Nabaj, le Bishri ou le Khubbaz, dirigées par différents rois, sultans, atabegs ou cheikhs.

Ces « nations », qui pouvaient être parcourues en une ou deux journées de cheval, étaient piteuses, sans limites bien définies, misérables et hantées d'armées de mendiants. Lorsqu'il arrivait qu'on en rencontrât le « roi », c'était tout au plus le doyen d'une tribu bédouine de gardiens de chèvres. Pas un de ces fragments de royaumes imbriqués les uns dans les autres n'atteignait la taille de la république de Venise, laquelle ne s'étend pourtant, malgré sa prospérité et son importance, que sur une poignée d'îles et une portion de la côte Adriatique. Je me rendis progressivement compte que tous ces rois bibliques (même les plus grands, tels David et Salomon) avaient eux aussi régné sur des domaines qu'on aurait tout juste qualifiés, en Occident, de comtés, de cantons ou même de simples paroisses. Les grandes migrations citées dans la Bible n'avaient sûrement été que les négligeables errances des tribus chevrières rencontrées sur place. Les prétendues guerres colossales qu'elle relate n'avaient dû se résumer, en réalité, qu'à d'insignifiantes escarmouches entre de maigres armées, afin de régler les dérisoires querelles de roitelets mineurs. J'en fus conduit à me demander pourquoi Notre-Seigneur avait pris la peine, aux temps anciens, d'envoyer la foudre, les tempêtes, des prophètes et des plaies pour influencer la destinée de nations aussi insignifiantes.

19

Deux nuits, en traversant ce pays, nous décidâmes de nous priver des commodités du caravansérail le plus proche pour camper seuls à la belle étoile. C'était une situation que nous serions amenés à renouveler assez souvent par la suite, quand nous arriverions dans des régions moins peuplées, aussi mon père et mon oncle estimèrent-ils qu'il était bon que j'expérimente ce mode de campement tant que le terrain était propice et le temps clément. Il faut l'avouer aussi, nous commencions tous trois à être lassés de la crasse et du sempiternel mouton rôti. Ces deux soirs, nous pliâmes nos couvertures pour en faire des lits et utilisâmes nos selles comme oreillers, nous cuisinâmes au feu de bois, en laissant nos montures paître librement, ayant juste pris soin au préalable d'entraver leurs antérieurs afin qu'elles ne s'aventurent pas trop loin.

J'avais déjà acquis de mes chevronnés aventuriers de père et d'oncle différentes « ficelles » du voyageur. Ils m'avaient, par exemple, bien recommandé de transporter séparément, dans deux paniers de selle distincts, mes affaires de couchage et mes vêtements de jour. Tout itinérant étant contraint, dans chaque caravansérail, de faire usage de ses propres couvertures, celles-ci finissent immanquablement par être infestées de puces, de poux et de punaises. Aussi, chaque matin, en sortant du lit, je me mettais nu et me débarrassais des bestioles avant d'enfiler mes vêtements soigneusement préservés de cette infection. Neufs ou usés, ils restaient sains. Lorsque nous campâmes seuls, j'appris d'autres astuces. Je me souviens notamment que la première nuit où nous étions ainsi au bivouac, je m'étais mis à emboucher l'une de nos gourdes de cuir pour y boire longuement, lorsque mon père m'arrêta.

– Pourquoi ? lui demandai-je. Nous avons près de nous l'une des quatre rivières bénies de l'Éden, il nous sera facile de l'y remplir…

– Mieux vaut t'habituer à la soif tant que tu as de l'eau autour de toi. Quand tu la ressentiras, il te faudra l'endurer. Attends un peu, je vais te montrer quelque chose.

Coupant à l'aide de son couteau quelques branches épineuses d'un jujubier voisin réputées brûler d'une flamme vive et chaude, il composa un feu de branchages qu'il laissa se consumer jusqu'à en obtenir des morceaux de charbon de bois pas encore réduits en cendres. Il en mit de côté une bonne partie et déposa sur les braises restantes d'autres branches afin de relancer le feu. Il laissa refroidir les fragments prélevés, puis les réduisit en poudre, les enveloppa dans un linge qu'il disposa comme un tamis sur l'ouverture d'une des jattes en terre cuite que nous transportions. Il me tendit une autre jatte et m'envoya la remplir de l'eau de la rivière.

– Goûte cette eau, me demanda-t-il ensuite.

L'ayant fait, je rendis mon verdict :

– Boueuse. Elle contient quelques insectes mais n'est pas mauvaise.

– Regarde. Je vais la rendre meilleure.

Il la versa tout doucement à travers le filtre de charbon de bois posé sur la seconde jatte. Quand il eut achevé son lent transvasement, je goûtai l'eau recueillie au fond de la jatte.

– Ah… Elle est pure et agréable au goût, elle semble même plus fraîche.

– Retiens bien cette pratique, recommanda-t-il. Il t'arrivera souvent de trouver l'eau de ta source putride ou susceptible d'avoir été empoisonnée. Ce procédé la rendra pour le moins potable et inoffensive, si ce n'est délicieuse. En revanche, dans le désert, là où l'eau est le plus souvent souillée, il n'y a pas de bois pour confectionner le charbon dont tu auras besoin. Aie donc soin d'en transporter toujours une petite quantité avec toi. Il pourra être réutilisé plusieurs fois avant que, saturé, il ne devienne inopérant.

Nous ne campâmes pas plus de deux fois seuls sur les bords de l'Euphrate, parce que si mon père était capable de purifier l'eau de ses scories, il n'était pas en mesure d'empêcher les oiseaux de voler. Or, je l'ai signalé, les aigles dorés abondaient en cette région.

Le jour auquel je fais référence, mon oncle était tombé par hasard, dans l'herbe, sur un gros lièvre qui, surpris, était resté tapi devant lui, paralysé et tremblant. Sautant sur sa proie sans perdre une seconde, son couteau sorti, mon oncle avait tué l'animal. Étant pour une fois pourvus en viande susceptible de nous changer du mouton habituel, nous avions décidé de camper seuls. Mais lorsque mon oncle eut mis en broche le lièvre dépecé sur un bâton de jujubier et que le délicat fumet de la cuisson eut commencé à s'élever dans les airs, nous fûmes aussi saisis que le lièvre l'avait été dans l'herbe.

Du ciel nocturne qui nous environnait surgit soudain un lourd et chuintant frou-frou. Avant que nous ayons eu le temps de lever la tête, une sombre masse brune s'abattit en position arquée sur les flammes du foyer, les couvrant un instant, puis s'arracha aussitôt vers le ciel, avalée par l'obscurité. Au même instant, le feu fusa en tous sens, éparpillant braises, cendres et étincelles, et notre lièvre fut emporté avec sa broche, tandis qu'un strident hurlement de triomphe perçait le ciel : *kya* !

– *Malevolenza* ! rugit mon oncle, brandissant au-dessus des restes du foyer une longue plume. Salopard d'aigle chapardeur ! Cinq cent mille diables !

Ce soir-là, nous dûmes nous contenter de la dure viande de porc séchée que nous avions sortie de nos sacs.

Le même incident ne fut pas loin de se reproduire lors de notre second campement. Cette fois, nous avions acheté à une troupe de bédouins arabes un cuissot de chamelon fraîchement abattu. Quand nous commençâmes à le faire griller, les aigles, toujours à l'affût, le repérèrent, et l'un d'eux fondit sur la viande. Cette fois, au premier son de plumes qui froissa l'air au-dessus de nous, mon oncle effectua un plongeon spectaculaire au-dessus du foyer pour protéger le quartier de venaison en train de cuire. Cela sauva notre repas mais faillit nous coûter l'oncle Matteo.

L'envergure d'un aigle excède celle d'un homme, et son poids est équivalent à celui d'un gros chien adulte. Aussi, lorsqu'il attaque sa proie – quand il *plonge*, comme disent les fauconniers –, il constitue un redoutable projectile. C'est ainsi qu'il heurta mon oncle à l'arrière du crâne, heureusement des ailes et non des ergots, mais le coup fut assez violent pour l'envoyer s'étaler dans le feu. Mon père et moi l'agrippâmes et le tirâmes aussitôt en arrière, évacuant par des tapes précipitées les braises fumantes qui commençaient à consumer son aba. Il secoua une ou deux fois la tête, sonné, avant de recouvrer ses sens. Après quoi il se mit à jurer copieusement, jusqu'à ce qu'il s'arrêtât, saisi d'une irrépressible quinte de toux. Pendant ce temps, j'agitais ostensiblement au-dessus de la viande crépitante une lourde branche afin de maintenir les aigles à distance, ce qui nous permit de la cuire à point et de la déguster. Mais nous convînmes que, tant que nous serions dans cette zone, il faudrait passer outre notre répulsion et nous soumettre au confort sommaire des prochains caravansérails qui s'offriraient.

– Vous avez été fort sages d'agir ainsi, déclara notre tenancier, la nuit suivante, alors que nous avalions un énième repas de mouton et de riz.

Nous étions ce soir-là ses seuls clients, aussi conversait-il avec nous en balayant sur le pas de sa porte la poussière accumulée durant la journée. Il se nommait Hassan Badr ad-Din, ce qui ne lui seyait guère, ce nom signifiant « Beauté de la lune vertueuse ». Il était noueux et desséché comme un vieil olivier. Il avait la face aussi tannée et ridée que le cuir d'un tablier de cordonnier, et un fin halo de barbe flottait en vaguelettes sur son visage, comme s'il ne réussissait pas vraiment à s'y fixer.

– Il n'est pas bon de dormir à la belle étoile, sans protection, sur les terres des *Mulahidat*, j'ai nommé les Égarés.

– Qu'entendez-vous donc, par ce mot d'égarés ? m'enquis-je, léchant un *sharbat* si amer qu'il devait avoir été fait à partir de fruits verts.

Beauté de la lune vertueuse était à présent entré dans la pièce, jetant au sol des giclées d'eau afin d'y fixer la poussière résiduelle.

– Vous avez sans doute entendu parler de ceux que l'on nomme les *haschischin*. Ces assassins, vous savez, qui tuent sur l'ordre du Vieux de la Montagne…

– Quelle montagne, d'abord ? grogna mon oncle. Cette contrée est plus plate qu'une mer d'huile.

– On l'a toujours appelé ainsi, le cheikh ul-Jibal, bien que personne ne sache au juste où il demeure. Nul ne sait si son palais est situé sur une montagne ou pas.

– Il n'est plus en vie, précisa calmement mon père. Ce vieillard malfaisant a été tué par l'ilkhan Hulagu, lors du dernier passage des Mongols il y a une quinzaine d'années.

– Exact, admit la Beauté hors d'âge. Mais pas juste pour autant. Vous parlez là de Rokn ed-Din… Mais il y a toujours un nouveau Vieux de la Montagne, vous savez.

– Je l'ignorais.

– Oh si, pourtant. Et un vieil homme continue de diriger les *Mulahidat*, bien que certains des Égarés fussent sans doute devenus eux-mêmes des vieillards, à présent. Il loue leurs services aux croyants intéressés. J'ai ouï dire que les Mamelouks d'Égypte avaient payé très cher pour qu'un « haschischin » assassine ce prince anglais qui est à la tête des croisés, par exemple.

– Eh bien, c'était un mauvais placement. L'Anglais a tué celui qu'on avait envoyé pour l'abattre.

Beauté haussa les épaules et affirma :

– Un autre prendra sa place, puis un troisième, jusqu'à ce que ce soit fait. Le Vieux de la Montagne commandera, et ils obéiront.

– Pourquoi ? demandai-je, tout en déglutissant une boulette de riz au goût saumâtre. Qu'est-ce qui peut pousser un homme à risquer sa vie pour le bénéfice d'un autre ?

– Ah, pour comprendre cela, jeune cheikh, vous devez connaître un passage du saint Coran. (Il vint alors s'asseoir à notre nappe comme si cette question le passionnait.) Dans ce livre, le Prophète – la bénédiction et la paix soient sur lui – fait une promesse aux hommes de foi. Il garantit que tout homme, s'il est dévoué corps et âme, connaîtra au cours de sa vie au moins une nuit miraculeuse, la Nuit de tous les possibles, durant laquelle ses désirs les plus fous seront satisfaits. (Le vieil homme tâcha de donner à ses rides l'aspect d'un sourire, arborant un curieux mélange de félicité et de mélancolie.) Une nuit entière de bien-être et de luxe, une nourriture de rêve, des boissons à l'avenant et du *banj* à volonté, avec des jeunes filles et des garçons accommodants qui représentent toute la beauté, toute la fraîcheur et la virilité nécessaires à l'accomplissement d'un parfait bonheur physique partagé en toute volupté… En voilà assez pour faire de n'importe qui un allié dévoué jusqu'à la mort, dans le seul espoir de vivre ou de revivre cette Nuit de tous les possibles…

Il s'interrompit, apparemment perdu dans sa rêverie. Après un moment de silence, oncle Matteo observa :

– C'est un rêve assez tentant, en effet.

Beauté rétorqua, détaché :

– Les rêves ne sont que des images peintes sur le livre du sommeil.

Un nouveau silence s'installa, puis je repris la parole :

– Mais je ne vois vraiment pas le rapport avec…

– … le Vieux de la Montagne, balbutia-t-il, comme s'il revenait à lui brutalement. Cette nuit féerique, il vous l'*offre*, avec la promesse de son recommencement si vous lui obéissez.

Nous échangeâmes des regards amusés.

– Vous doutez ? Vous avez tort, ajouta-t-il, irrité. Le Vieux de la Montagne, ou à défaut l'un de ses recruteurs *Mulahidat*, se charge de trouver un homme aux qualités requises – j'entends par là suffisamment fort et intrépide – et incorpore une puissante dose de *banj* dans sa nourriture ou sa boisson. Dès que l'homme a sombré dans le sommeil, il est transporté au château ul-Jibal. Au réveil, il se retrouve dans le plus beau jardin qu'on puisse imaginer, environné de charmantes dames et de gracieux compagnons. Ces créatures de rêve le rassasient de mets délicieux et lui proposent autant de haschisch et de vins prohibés qu'il peut en désirer. Ils chantent et dansent de la façon la plus enchanteresse, lui dévoilant leurs poitrines affolantes, leurs ventres doux au toucher et leurs postérieurs provocants. Ils finissent par l'engloutir dans un océan de stupre et d'extase jusqu'à ce qu'il s'évanouisse à nouveau, et le ramènent durant son sommeil à sa vie antérieure, banale à souhait et désormais plus que jamais maussade. Comme l'est la vie d'un tenancier de caravansérail.

Mon père bâilla à s'en décrocher la mâchoire et, pensif, approuva :

– Je commence à comprendre… C'est un peu le coup de la carotte et du bâton, en fait.

– Exactement. Maintenant qu'il a goûté à cette Nuit de tous les possibles, il n'a de cesse que d'en retrouver les délices. Il le souhaite, il l'implore, il prie pour cela, jusqu'à ce que les enrôleurs reviennent et lui fassent jurer qu'il fera *n'importe quoi* pour cela. On lui assigne alors une tâche, par exemple celle de tuer un ennemi de la Foi, de voler ou de cambrioler pour garnir les coffres du Vieil Homme, ou de détrousser les infidèles qui ont osé s'introduire sur les terres des *Mulahidat*. S'il s'exécute correctement, il se voit offrir la merveilleuse récompense espérée. Et ainsi de suite, pour chaque nouvel exploit accompli grâce à cette extrême dévotion.

– Chacune de ces nouvelles nuits, fit observer mon oncle d'un ton sceptique, n'étant au fond rien d'autre qu'un nouveau rêve vécu sous l'influence du haschisch… Ce sont vraiment des égarés, en effet.

– Oh, le mécréant ! gronda Beauté. Expliquez-moi donc, par votre barbe, comment vous parviendriez, *vous*, à distinguer le souvenir d'un rêve délicieux et la mémoire d'une savoureuse expérience vécue ? Ils n'existent plus, tous deux, que dans votre mémoire. Si vous en référiez à un tiers, comment pourriez-vous prouver que l'un est arrivé pendant que vous dormiez, tandis que vous avez réellement vécu l'autre ?

Affable, Matteo répliqua :

– Je vous dirai cela demain matin, car pour l'heure je tombe de sommeil.

Il se leva et s'étira lourdement en bâillant de façon effrayante.

Il était un peu plus tôt que notre heure habituelle de coucher, mais comme mon père et moi-même bâillions aussi sans arrêt, nous suivîmes tous Beauté de la lune vertueuse. Nous étions ses seuls clients, il nous avait donc alloué à chacun une chambre privée, propre, nette et garnie de paille fraîche.

– Voilà, des chambres individuelles pour tous, afin que vos ronflements mutuels ne vous dérangent point, annonça-t-il obligeamment. Ainsi, vos rêves ne seront pas perturbés.

Il n'empêche, celui que je fis l'était particulièrement. Je rêvai que je me réveillais, comme les Égarés de l'histoire, dans un jardin idyllique rempli de fleurs plus belles que celles que je connaissais. Dans cet écrin coloré dansaient des créatures si sublimes qu'on n'aurait pu dire – et d'ailleurs, quelle importance ? – s'il s'agissait de filles ou de garçons. Dans la langueur de mon songe, je me joignis au groupe de danseurs et me rendis compte, comme c'est souvent le cas en pareille situation, que le moindre de mes mouvements, de mes pas et de mes déhanchements était d'une lenteur onirique, comme si l'air n'était plus que de l'huile de sésame.

Cette pensée me fut soudain si répugnante (même plongé dans le sommeil, cette horrible expérience me hantait encore) qu'instantanément le jardin ensoleillé se changea en un verdoyant couloir de palais, que je descendais à la poursuite d'une danseuse dont le visage était celui de Dona Ilaria. Virevoltante, elle entra dans une chambre, je la suivis par l'unique porte et l'attrapai là, puis… Son visage se métamorphosa soudain en celui d'un vieillard, couvert de verrues et d'une ombre de barbe pareille à une moisissure, qui d'une voix profonde et masculine prononça le mot « *salamelèch* ». Je compris soudain que je n'étais plus dans la chambre d'un palais ni dans celle d'un caravansérail, mais dans l'étroite et sombre cellule du Volcan de Venise. Le vieux Mordecai Cartafilo m'admonestait : « Pauvre Égaré que tu es, n'apprendras-tu jamais à te méfier de la beauté, lorsqu'elle est assoiffée de sang ? » Sur quoi, il me tendit un biscuit blanc et carré.

Ce dernier était d'une sécheresse suffocante, son goût me donna la nausée, si bien que je me relevai – mais vraiment, cette fois, dans ma chambre du caravansérail – pour découvrir que cet écœurement n'était pas seulement virtuel. À l'évidence, ce mouton que nous avions mangé était gâté ou la nourriture qui l'accompagnait avariée, car je me sentis d'un coup fort mal. Je rejetai mes couvertures et courus, à moitié nu, jusqu'à la petite pièce retirée où se trouvait le trou d'aisances. J'y penchai la tête, trop souffrant pour m'offusquer de l'odeur putride qui s'en dégageait ou pour craindre qu'un *djinn* malfaisant remontât des profondeurs dans le but de s'emparer de moi. Aussi silencieusement que je le pus, je vomis une repoussante masse verdâtre et, après avoir essuyé les larmes qui inondaient mon visage, je repris un peu mon souffle et revins vers ma chambre à pas feutrés. Le couloir passait devant celle de mon oncle, j'entendis marmonner quelqu'un à l'intérieur.

Encore assez étourdi de vertiges, je m'appuyai contre le mur et prêtai l'oreille. Le bruit que j'entendis était un mélange des ronflements de mon oncle et de mots susurrés à voix basse et sifflante. M'étonnant soudain du fait qu'il pût à la fois ronfler et murmurer, j'écoutai avec un peu plus d'attention. Les mots étaient du farsi. Je ne pus en capter exactement le sens, mais la voix se fit soudain plus sonore, alors que, surprise, elle s'exclamait :

– De l'ail ? Ces infidèles se prétendent marchands et ils ne transportent que des gousses d'ail sans valeur ?

Je poussai la porte qui n'était pas fermée. Elle s'ouvrit aisément sans émettre de bruit. À l'intérieur, une petite lumière se mouvait, et, en observant davantage, je reconnus Beauté de la lune vertueuse qui, éclairé d'une chandelle, fouillait sans vergogne les paniers de mon oncle entreposés dans un coin de la pièce. Le tenancier avait tout l'air d'un voleur décidé à nous détrousser. Ayant ouvert un paquet, il y avait trouvé des bulbes de crocus qu'il avait pris pour des gousses d'ail.

Plus amusé qu'ulcéré, je tins ma langue juste pour voir ce qu'il ferait ensuite. Toujours marmottant qu'il était persuadé que le mécréant avait pris avec lui sous ses draps sa bourse et ses biens les plus précieux, le vieil homme longea le lit, tâtant avec précaution les couvertures de sa seule main libre. Il sentit quelque chose et parla de nouveau à voix haute, littéralement stupéfait :

– Par les quatre-vingt-dix-neuf attributs d'Allah, mais cet infidèle est monté comme un âne !

Bien qu'encore chancelant et troublé, je faillis pouffer de rire, et mon oncle sourit, dans son sommeil, comme s'il appréciait la caresse.

– Non seulement il possède un *zab* impressionnant et non circoncis, continuait le voleur émerveillé, mais il est également doté – qu'Allah soit loué de Sa munificence, même à l'égard de ceux qui ne la méritent point – de *deux* sacs de couilles !

Cette fois, j'eus toutes les peines du monde à ne pas m'esclaffer bruyamment, mais, à cet instant précis, la situation cessa d'être amusante. Je vis luire dans la clarté de la chandelle l'éclat du métal : le vieux Beauté avait tiré de sous ses robes un couteau et l'élevait devant lui. Incapable de savoir s'il avait l'intention de circoncire le *zab* de mon oncle, de découper son scrotum surnuméraire ou même de lui trancher la gorge, je ne perdis pas mon temps à le vérifier. J'avançai vers lui d'un pas vif et, de mon poing fermé, lui assenai un grand coup sur la nuque. Je m'attendais à ce que le coup suffît à neutraliser le vieillard, mais il était moins délicat qu'il ne le paraissait. Il tomba de côté, mais roula au sol tel un acrobate pour s'en relever aussitôt et cingler vers moi la lame levée. Plus du fait du hasard que par dextérité, je parvins à lui saisir le poignet, le lui tordis violemment, réussis à lui arracher le couteau et en fis usage à mon tour. Il s'écroula au sol et y resta, plaintif et marmonnant je ne sais quoi.

L'échauffourée avait été brève mais pas silencieuse pour autant. Mon oncle n'avait toutefois pas été troublé dans son sommeil puisqu'il dormait toujours, un sourire angélique aux lèvres. Épouvanté par ce que je venais de faire tout autant que par ce qui avait failli arriver juste avant, je me sentis soudain terriblement seul dans cette pièce et j'eus besoin d'un soutien amical. Les mains toujours tremblantes, je remuai oncle Matteo, mais je dus le secouer comme un prunier pour qu'il revînt à lui. Je compris soudain que notre ennuyeux dîner, loin d'avoir été aussi banal qu'il en avait eu l'air, avait en réalité été copieusement assaisonné de *banj*. Sans ce cauchemar qui m'avait éveillé au danger tout en me permettant d'évacuer la drogue, il est vraisemblable que nous serions morts tous les trois.

Graduellement, lentement et comme à contrecœur, mon oncle reprit connaissance, sourit et murmura : « Les fleurs... les danseuses... ces doigts et ces lèvres jouant sur ma flûte... » Il battit alors des paupières et s'exclama :

– *Dio me varda !* Marco, ne me dis pas que c'était *toi* ?

– *No, zio Matteo*, répondis-je, si troublé que je m'exprimai en vénitien. Tu étais en péril. Tu l'es encore. Je t'en prie, réveille-toi !

– *Adrìo de vu !* lâcha-t-il avec humeur. Pourquoi m'as-tu arraché à ce merveilleux jardin ?

– Je crains qu'il ne se soit agi du jardin des haschischins. Et je viens de poignarder l'un de ces Égarés.

– Mais c'est notre hôte ! cria mon oncle qui venait de s'asseoir et de découvrir la forme effondrée sur le sol. Oh, *scagaròn*, qu'as-tu fait là ? Te reprendrais-tu pour un *bravo*, par hasard ?

– Non, tonton, regarde. C'est son propre couteau qui est enfoncé en lui. Il était sur le point de te tuer pour ta bourse de musc.

Comme je lui relatais les circonstances du drame, j'éclatai en sanglots. Penché sur le vieil homme, oncle Matteo l'examina :

– En plein dans le bide. Il n'est pas mort mais il en prend le chemin. Se tournant vers moi, il me dit gentiment : Allons, allons, mon garçon. Sèche tes larmes et va réveiller ton père.

Qu'il fût vivant, mort ou mourant, Beauté de la lune vertueuse ne valait pas la corde pour le pendre. Mais il était le premier homme que j'eusse jamais tué de ma main, et le fait de donner la mort à l'un de ses semblables est tout, dans la vie d'un homme, sauf anodin. Alors que je me dirigeais vers mon père pour le tirer à son tour du jardin des délices, je songeais à quel point j'étais plus que jamais heureux que ce fût, à Venise, une autre main que la mienne qui eût plongé l'épée dans ma première innocente proie. Car je venais d'apprendre une chose : lorsqu'on tue un homme, en tout cas quand on le transperce d'une lame, celle-ci pénètre assez facilement dans la chair de la victime, presque avidement, comme avec le consentement de celui qu'on poignarde. Mais alors, elle se trouve comme saisie par les muscles déchirés, retenue aussi étroitement que l'avait été mon propre outil dans les chairs virginales de la jeune Doris. Je n'avais eu aucun mal à enfoncer ma lame dans le ventre du vieux Beauté, mais je ne pus l'en retirer. J'avais à cet instant compris, et cela me révolta, qu'un acte aussi horrible et aussi simple ne pourrait plus jamais, une fois accompli, être annulé ou effacé. Cela rendait au meurtre sa sinistre vérité, moi qui me l'étais longtemps peint sous les couleurs de l'exploit intrépide, du panache, voire de l'action d'éclat.

Lorsque j'eus réussi, non sans mal, à remettre mon père sur pied, je l'amenai sur la scène du crime. Oncle Matteo avait étendu le tenancier sur sa propre paillasse de couvertures malgré l'écoulement de son sang et avait disposé les membres de Beauté dans une position assez digne pour attendre la mort. Tous deux étaient en train de converser, comme deux compagnons ou peu s'en fallait. Le vieil homme était le seul d'entre nous à être habillé. Il leva les yeux vers moi, son meurtrier, et dut voir sur mon visage la trace des larmes car il déclara :

– Ne regrette rien, jeune infidèle. Tu as occis le plus égaré de tous. J'ai commis une terrible faute. Le Prophète – que la paix et la bénédiction soient sur lui – nous enjoint de traiter un invité avec la plus grande révérence et le plus profond respect. Fût-il le plus misérable des pauvres, même un incroyant, n'y eût-il plus dans la maison qu'une seule miette à manger, la famille de l'hôte étant affamée, c'est encore à l'invité qu'il faut offrir cette miette. Même à son ennemi juré, celui qui reçoit doit hospitalité et protection tant qu'il est sous son toit. J'ai désobéi à cette loi sacrée, ce qui m'aurait privé, si j'avais vécu, de ma Nuit de tous les possibles. Aveuglé par ma cupidité, j'ai agi sans réfléchir et j'ai péché. Pour cette faute, je demande le pardon.

J'essayai de répondre que je pardonnais, mais ma voix s'étrangla dans un sanglot, ce dont je me félicitai aussitôt après quand je l'entendis poursuivre :

– J'aurais pu aisément droguer votre petit déjeuner demain matin et vous laisser prendre un peu de distance avant que vous ne tombiez inanimés. J'aurais alors pu vous dévaliser et vous tuer en plein air, et non sous mon toit. Cela aurait été considéré comme un haut fait vertueux et aurait plu à Allah. Mais je n'ai pas choisi d'agir ainsi. Bien que j'aie toujours connu une vie de dévotion et de foi, bien que j'aie tué beaucoup d'autres infidèles pour la plus grande gloire de l'Islam, cet acte d'impiété me coûtera pour l'éternité ma place au paradis de Djennet, avec ses beautés surnaturelles, son bonheur perpétuel et son indulgence infinie. Cette perte m'afflige sincèrement. J'aurais dû vous tuer de façon plus convenable.

Je dois avouer que ces paroles me coupèrent net toute envie de pleurer. Nous fixions le tenancier avec froideur quand il se remit à parler :

– Mais vous avez vous-mêmes la possibilité de vous comporter vertueusement à mon égard. Quand je serai mort, ayez l'obligeance de m'envelopper dans un linceul. Portez mon corps dans la pièce principale et allongez-le en son centre, dans la position consacrée. Enroulez mon turban autour de mon visage et placez-moi de façon que mes pieds soient orientés au sud, en direction de la sainte Kaaba de La Mecque.

Mon père et mon oncle se regardèrent et haussèrent les épaules, mais nous fîmes bien de ne rien promettre, car le vieux démon cracha ainsi ses derniers mots :

– Quand vous aurez agi de la sorte, vils chiens, vous mourrez dans la vertu. Car aussitôt que mes frères du *Mulahidat* seront venus ici et m'auront trouvé mort d'un coup de couteau dans le ventre, ils suivront les pas de vos chevaux et vous retrouveront pour vous faire subir le sort que j'ai échoué à vous infliger. *Salââm aleikum.*

Sa voix n'avait aucunement faibli, mais, après avoir ainsi, de la façon la plus perverse, appelé la paix sur nous, Beauté de la lune vertueuse ferma les yeux et mourut. Et me retrouvant pour la première fois au chevet d'un mort, je constatai que les décès étaient aussi écœurants que les crimes. Car, au moment où il expirait, Beauté, d'une façon en l'occurrence tout sauf belle, vida copieusement sa vessie et ses intestins, souillant à la fois ses vêtements et les couvertures tout en inondant la pièce d'une puanteur insoutenable.

Cette dégoûtante indignité n'est certes pas l'ultime chose dont on voudrait que les gens se souvinssent. Mais il m'a été donné depuis d'assister à maint décès, et, sauf dans les cas où le défunt avait eu le temps de se soulager peu avant, c'est ainsi que tous les êtres humains font leurs adieux à la vie. La chose est valable pour les plus forts et les plus braves des hommes comme pour les plus jolies et les plus pures des femmes, que la mort soit violente ou qu'ils glissent sereinement dans le sommeil de l'au-delà.

Quand nous fûmes sortis de la pièce à la recherche d'air frais, mon père poussa un soupir :

– Bon. Et maintenant ?

– Avant tout, décréta mon oncle, détachant les lanières qui retenaient ses poches de musc, délivrons-nous de ces inconfortables pendeloques. Il est évident qu'elles seront tout autant à l'abri dans nos sacs, en tout cas pas moins exposées, et, à tout prendre, je préférerais encore perdre ces bourses de musc que mettre en péril les miennes, auxquelles je tiens tout particulièrement.

Mon père marmonna :

– S'en faire pour ses boules, alors que nous risquons de perdre nos têtes ?

J'intervins alors, assez gêné :

– Mon père, mon oncle, je suis désolé. Si nous devons être poursuivis par les Égarés survivants, alors j'ai eu tort de tuer celui-ci.

– Sottise, jeta mon père. Si tu ne t'étais pas éveillé pour agir avec célérité, nous n'aurions même pas été en position d'être pourchassés.

– Il est vrai que tu es impétueux, Marco, convint oncle Matteo. Mais si tout homme devait s'arrêter avant chaque action pour en peser une à une les conséquences, il serait un très vieil homme avant d'avoir accompli quoi que ce fût. Nico, je pense que nous devrions garder pour compagnon ce jeune homme à la fougue si bénéfique. Plutôt que de le renvoyer sain et sauf à Constantinople ou à Venise, laissons-le nous accompagner jusqu'à Kithai. Mais enfin, tu es son père. C'est à toi de te prononcer.

– Je serais assez d'accord pour te suivre, Matteo, reconnut mon père. Et il me dit : Si tu souhaites nous accompagner, Marco…

Je lui adressai un sourire radieux.

– Alors, viens avec nous. Tu le mérites. Tu as bien agi, cette nuit.

– Peut-être même mieux que bien, ajouta mon oncle, songeur. Ce *bricòn vecchio* s'est lui-même appelé le plus égaré de tous. N'est-il pas possible qu'il ait voulu signifier par ces mots qu'il était le chef suprême de cette organisation ? N'était-il pas tout simplement le dernier cheikh ul-Jibal à continuer de régner ? Un Vieux, ça, il l'était déjà…

– Tu veux dire que… j'aurais éliminé le Vieux de la Montagne *en personne* ?

– On ne pourra pas le savoir, tempéra mon père. Sauf si, bien sûr, les autres haschischins nous mettent le grappin dessus. Et je n'ai pas tellement envie de le savoir, au fond.

– Ils ne nous rattraperont pas, martela oncle Matteo. Nous avons déjà été quelque peu négligents en nous aventurant si loin dans une contrée étrangère sans autres armes que nos couteaux de voyage.

Mon père prit alors les choses en main.

– Ils ne nous prendront en chasse que s'ils ont une raison de le faire. Il nous suffit donc de leur en supprimer le motif. Laissons-les croire que le tenancier est parti en escapade, tuer un mouton pour garnir son cellier, par exemple. Il pourrait s'écouler plusieurs jours avant que de prochains visiteurs se présentent, et quelques-uns de plus avant qu'ils s'inquiètent de ce qu'a pu devenir le maître des lieux. Le temps qu'un Égaré ou un autre se lance à sa recherche, puis cesse de lui courir après pour se mettre à suspecter une affaire louche, nous serons loin.

– Tu veux que nous emmenions avec nous le vieux Beauté ?

– Pour risquer une rencontre embarrassante à deux pas d'ici ? (Mon père secoua négativement la tête.) On ne peut pas non plus le jeter dans le puits, ni le cacher, ni l'enterrer. Le premier voyageur arrivé s'en ira, en effet, aussitôt chercher de l'eau. Et ces Arabes ont le flair d'un chien de chasse dès qu'il s'agit de renifler quelque chose de caché ou de repérer une terre fraîchement retournée.

– Pas dans la terre donc, ni dans l'eau, résuma mon oncle. Il ne reste qu'une alternative. Je ferais bien de m'en occuper avant d'aller me rhabiller.

– En effet, concéda mon père d'un air entendu. (Il se tourna alors vers moi.) Marco, fouille où tu voudras, mais trouve-nous de quoi remplacer le tas de couvertures souillées de ton oncle. Et vois, pendant que tu y seras, si tu peux dénicher des armes quelque part. Il se pourrait que nous en ayons besoin.

Cet ordre me fut à l'évidence donné dans le seul but de m'éloigner afin qu'ils puissent procéder à ce qu'ils avaient en tête. La mission que l'on m'avait confiée me prit du reste un certain temps, car le caravansérail était ancien et avait dû avoir une longue suite de propriétaires dont chacun avait construit et ajouté de nouveaux bâtiments à l'ensemble. L'édifice principal était un vaste dédale de couloirs et de chambres, d'armoires et de lieux d'aisances, de coins et de recoins, sans compter les étables, les remises, les enclos à moutons et autres dépendances. Mais le vieil homme, comptant apparemment sur l'efficacité de ses drogues et de ses duperies, n'avait pas pris la peine de dissimuler ses biens. À en juger par l'arsenal d'armes et l'amoncellement de provisions qu'il détenait, il avait été ou bien le Vieux de la Montagne en personne, ou du moins l'un des principaux pourvoyeurs des *Mulahidat*.

Je piochai dans la considérable réserve de matériel deux couvertures de laine. Puis, fouillant parmi les armes sans parvenir à y trouver de ces épées droites auxquelles nous étions habitués, nous autres Vénitiens, j'en sortis quelques-unes des plus brillantes et des plus affûtées. Munies d'une large lame incurvée – un peu comme des sabres dont seul le côté convexe aurait été coupant –, elles portaient le nom de *shimshir* (cimeterre), ce qui signifie « lion silencieux ». J'en pris trois, une pour chacun, ainsi que des ceintures munies de boucles de cuir pour les y accrocher. J'aurais pu en profiter pour enrichir considérablement nos bourses, car Beauté avait accumulé une impressionnante fortune en *banj* présenté sous toutes ses formes : sachets de branches séchées, briques de résine compactée, flacons d'huile concentrée. Mais je laissai tout cela en place.

L'aube commençait à poindre lorsque je rassemblai mes trouvailles dans la pièce principale où nous avions dîné la veille. Mon père s'activait à préparer notre petit déjeuner sur le brasero, choisissant les ingrédients avec le plus grand soin. Au moment où j'entrai, j'entendis une série de bruits provenant du jardin tout proche : un long sifflement froufroutant, puis un choc mat, lourd et massif, suivi d'un hurlement grinçant : *kyyaa !* Mon oncle fit alors son apparition, toujours nu, la peau constellée de taches de sang et la barbe enfumée, et déclara d'un air satisfait :

– C'était le dernier voyage de ce vieux démon, et il est parti comme il le souhaitait. J'ai brûlé ses effets ainsi que les couvertures et dispersé toutes les cendres. Dès que nous serons habillés et nourris, nous pourrons partir.

Je compris évidemment qu'en fait de sépulture, Beauté de la lune vertueuse avait eu droit à des obsèques pas très musulmanes et trouvai curieuse l'expression d'oncle Matteo : « il est parti comme il le souhaitait ». Je lui posai donc directement la question. Pouffant d'un petit rire, il me répondit :

– Sa dépouille s'est envolée vers le sud. En direction de La Mecque.

BAGDAD

20

Nous poursuivîmes notre descente de l'Euphrate, qui nous conduisit à traverser une contrée peu attrayante où la rivière avait creusé son lit dans le basalte : une terre noire et austère, stérile, sans herbe, sans pigeons, sans aigles. Personne ne nous avait pourchassés, pas plus les Égarés que quiconque. Bientôt, graduellement et comme pour célébrer notre délivrance du danger, le paysage se fit plus plaisant et plus hospitalier. Le terrain commença de façon perceptible à s'élever sur les berges, la rivière ne tarda pas à couler au milieu d'une large vallée verdoyante. Il y avait là des champs de cerisiers, des forêts, des pâtures et des fermes, des fleurs et des fruits. Mais les cerisiers étaient aussi hirsutes que les forêts naturelles, et les fermes tout aussi envahies de mauvaises herbes que les prés de fleurs sauvages. Tous les propriétaires de ces terres étaient partis. Les seules personnes que nous rencontrâmes dans cette vallée furent des familles nomades de bergers, des bédouins, ces hommes sans racines et sans terres qui vagabondaient là parmi les prairies herbeuses. Nulle part nous ne vîmes trace de ces habitants sédentaires qui eussent pu, par leur travail, préserver les cultures et empêcher la nature de reprendre ses droits.

– C'est là le travail des Mongols, diagnostiqua mon père. Lorsque l'ilkhan Hugalu – je veux parler du sous-khan Hugalu, le frère de notre ami Kubilaï – s'est engouffré dans cette zone et a vaincu l'Empire perse, la plupart des Persans sont tombés ou ont fui devant lui, et les survivants ne sont pas encore rentrés sur leurs terres. Mais les nomades arabes et kurdes sont comme cette herbe sur laquelle ils vivent et à la recherche de laquelle ils errent. Comme elle, ces bédouins savent ployer devant le moindre souffle de vent, de la plus douce brise au plus farouche simoun, pour se relever ensuite et continuer de progresser. Peu leur importe qui gouverne la terre, et jamais ils ne s'en préoccuperont aussi longtemps qu'elle-même existera.

Me tournant de tous côtés sur ma selle, j'embrassai du regard cette terre plus riche, plus fertile et prometteuse que toutes celles que nous avions pu voir au cours de notre voyage, et demandai :

– Qui dirige la Perse ?

– À la mort de Hulagu, son fils Abagha lui a succédé comme ilkhan. Délaissant Bagdad, il a pris pour capitale Maragheh, sise plus au nord. Bien que l'Empire perse fasse désormais partie du khanat mongol, il reste subdivisé, pour des raisons d'organisation administrative, en régions gouvernées par un shah qui a en principe prêté serment d'allégeance à l'ilkhan Abagha, lui-même vassal du khakhan Kubilaï.

J'étais impressionné. Je savais que nous étions encore à de longs mois d'une éprouvante traversée de la cité où le khan Kubilaï avait sa cour, et, *ici déjà*, en ces lointaines contrées occidentales de Perse, nous nous trouvions à la lisière de ses domaines. Ayant à l'école voué la plus grande admiration au *Roman d'Alexandre*, l'ayant étudié avec le plus vif enthousiasme, je savais que la Perse avait naguère fait partie de l'empire de ce conquérant, empire dont l'exceptionnelle envergure, justement, lui avait valu le surnom de Grand. Pourtant, les territoires qu'il avait dominés ne formaient, en regard de ceux qu'avait conquis Gengis khan, qu'une portion restreinte du monde. Or les fils de Gengis puis ses petits-fils avaient encore élargi leur emprise jusqu'à lui offrir cette invraisemblable étendue sur laquelle régnait à présent, comme khan de tous les khans, son petit-fils Kubilaï.

Je pense que ni les pharaons antiques, ni l'ambitieux Alexandre, ni même les cupides Césars romains ne se doutaient qu'il existait des terres aussi vastes, si bien qu'ils ne rêvèrent même pas de les posséder. Au regard de cette immensité, les visées et les acquisitions des actuels monarques occidentaux ne peuvent sembler que dérisoires. Le long des frontières de l'Empire mongol, l'Europe tout entière n'apparaît que comme une petite péninsule surpeuplée, les nations qui la forment, comme celles du Levant, ne semblent que de grincheuses provinces, infatuées de leur petitesse. Vue des hauteurs infinies sur lesquelles trône le khakhan, ma république de Venise native, fière de son prestige comme de sa grandeur, devait sembler aussi insignifiante que le ridicule recoin de Suvediye régi par ce cher ostikan Hampig. Si ceux qui écrivent l'Histoire jugent légitime de continuer à qualifier Alexandre de Grand, ils devraient alors reconnaître Kubilaï comme Incommensurablement Grand. Ce n'est pas à moi d'en décider. Ce que je puis dire en revanche, c'est qu'en posant le pied en Perse, je fus stupéfait de me rendre compte que moi, Marco Polo, je pénétrais dans l'empire le plus vaste qui eût jamais existé de par le monde depuis que l'homme y était apparu.

– En arrivant à Bagdad, quel que soit le nom du shah au pouvoir, nous lui montrerons la lettre de Kubilaï. Il sera contraint de nous faire bon accueil en tant qu'ambassadeurs de son lointain suzerain.

Telle était la rassurante conviction de mon père. Nous continuâmes donc notre descente le long de l'Euphrate, observant ses rives désormais porteuses de traces de civilisation. À présent, les environs étaient en effet creusés de nombreux canaux d'irrigation entrecroisés, connectés sur le cours du fleuve. Pourtant, nul homme ni animal n'actionnait les roues de bois destinées à arroser les terres environnantes : ces norias aux bacs en terre cuite articulées sur pivots demeuraient immobiles et ne puisaient ni ne déversaient le précieux liquide. En son point le plus large et le plus verdoyant, la vallée de l'Euphrate rejoint l'autre grande rivière qui coule vers le sud de cette contrée, le Djilah, également appelé le Tigre, supposé être lui aussi l'une des rivières du jardin d'Éden. Si tel est le cas, ce jardin nous parut, quand nous le vîmes, aussi désert qu'après l'éviction d'Adam et Ève.

À cet endroit de notre périple, nous obliquâmes en direction de l'est et parcourûmes les dix *farsakh*[24] qui nous séparaient du Tigre. Nous le franchîmes sur un pont fait de coques de bateaux vides couvertes de planches, lequel nous permit ensuite de gagner Bagdad, sur la rive orientale.

Comme dans la région environnante, la population de la cité avait fortement diminué durant le siège et la prise de la ville par les troupes de Hulagu. Mais, au cours des quinze années qui avaient suivi, la majeure partie des habitants étaient revenus et avaient réparé les dommages subis. Les marchands des villes, il faut le croire, se laissent un peu moins facilement abattre que les paysans des campagnes. Tels les bédouins, les négociants civilisés semblent vite reprendre le dessus quand ils ont eu à endurer un désastre. Pour Bagdad, l'origine des marchands devait y être pour beaucoup, car, loin des atones et passifs

24. Environ quarante kilomètres (un farsakh équivaut à quatre kilomètres).

musulmans, il s'agissait pour l'essentiel de juifs et de chrétiens à l'énergie irrépressible, dont certains venaient de Venise, d'autres, plus nombreux encore, de Gênes.

Peut-être aussi Bagdad avait-elle rebondi parce que c'était une ville *incontournable*, un important carrefour de commerce, à la fois arrivée de la route de la soie venue d'Orient et débouché septentrional de la voie maritime menant aux Indes. Bien que n'étant pas à proprement parler un port, Bagdad voit passer sur le Tigre un important trafic de gros bateaux de fret qui, poussés par des perches, descendent ou remontent son cours. Ces navires relient la ville à Bassora, sur le golfe Persique, où les bateaux de haute mer des Arabes viennent accoster. Quelle qu'en fût la raison, Bagdad était, quand nous la trouvâmes, la même qu'avant l'arrivée des Mongols : une base de commerce vitale, riche et active.

Il y avait dans cette activité fourmillante quelque chose de beau. De toutes les cités orientales que j'avais pu voir, Bagdad était celle qui me rappelait le plus Venise. Les rives du Tigre étaient aussi populeuses, bruyantes, odorantes et jonchées d'ordures que la Riva de Venise, bien que les navires d'ici, tous fabriqués par des Arabes, n'eussent rien de comparable avec les nôtres. Construits entièrement sans chevilles, sans clous ni attache métallique d'aucune sorte, ces bateaux étaient d'une qualité sujette à caution dans l'optique d'une navigation en haute mer, puisque les planches de leur coque étaient *cousues* entre elles à l'aide de cordes ou d'une fibre grossière. En guise de traitement d'étanchéité, jointures et interstices, au lieu d'être calfatés au goudron, n'étaient obturés que de lard de poisson. Même le plus gros de ces bateaux n'avait pour se diriger qu'une seule barre de gouvernail, et sa position, articulée à mi-poupe, n'en facilitait pas la maniabilité. Ils souffraient également du manque de soin avec lequel était entreposée leur cargaison. Après avoir rempli la cale des marchandises habituelles (dattes, autres fruits ou grains), les marins arabes chargeaient des troupeaux sur le pont supérieur. Il s'agissait le plus souvent de magnifiques pur-sang arabes qui, bien que splendides, n'en font pas moins leurs besoins comme tous les chevaux, et ces excréments, en s'infiltrant, suintaient au goutte à goutte sur les denrées comestibles entreposées sur les ponts inférieurs.

Même si Bagdad n'est pas, contrairement à Venise, sillonnée de canaux, ses rues sont constamment arrosées afin d'éviter la dispersion de la poussière, et l'odeur d'humidité qui s'en dégageait me rappelait ma ville natale. De plus, la ville dispose de nombreuses places semblables à celles de Venise. Certaines sont des marchés, des bazars, mais la plupart, dévolues aux espaces verts, forment autant de jardins publics dont raffolent les Persans. (J'appris d'ailleurs que le mot farsi qui signifie « jardin », *pairi-daeza*, avait donné le « paradis » de notre Bible.) Ces jardins publics sont agrémentés de bancs où les promeneurs se reposent. Ils sont parsemés de petits ruisseaux, et beaucoup d'oiseaux y résident parmi les arbres, les arbustes, les plantes odoriférantes et des fleurs éclatantes. Ces dernières sont surtout des roses : les Persans les aiment passionnément, au point de désigner toutes les fleurs du nom farsi de *gul*, alors que ce mot signifie « rose », à l'origine. De la même façon, les palais de la noblesse et les grandes demeures des marchands les plus riches sont bâtis autour de jardins privatifs aussi vastes que des parcs publics et aussi riches de fleurs et d'oiseaux que des paradis terrestres.

Je suppose que je m'étais figuré que les mots « musulman » et « Arabe » étaient interchangeables, par conséquent que toute communauté musulmane – je veux dire en matière de crasse, de populace, de mendicité et de puanteur – devait forcément ressembler aux villes et aux villages arabes que j'avais pu visiter jusque-là. Aussi fus-je agréablement surpris de constater que les Persans, bien que musulmans, ont un goût nettement plus prononcé pour la propreté, que ce soit celle des bâtiments, des rues, des vêtements ou même l'hygiène du corps. Tout ceci, joint à l'abondance de fleurs et à la relative rareté des mendiants (sauf sur les rives du fleuve et dans les bazars), faisait de Bagdad une cité fort plaisante, à l'odeur agréable.

Bien que l'architecture de la ville fût essentiellement de style oriental, elle n'était cependant pas totalement étrangère à mes yeux d'Occidental. J'y vis en effet un grand nombre de pierres sculptées de ces filigranes de dentelle nommés « arabesques », dont Venise a orné les façades de certaines de ses habitations. Comme Bagdad était demeurée musulmane – les conquérants mongols ne cherchant pas, comme cela se pratique le plus souvent, à imposer de religion ou à changer celle en usage –, elle était constellée de ces temples *masjid* qui servent de lieux de culte, dont les immenses dômes ne sont pas très différents de ceux de la basilique Saint-Marc ou d'autres églises de Venise. Les minarets rappelaient nos campaniles, hormis leur forme plus arrondie qu'anguleuse et leurs petits balcons situés au sommet, d'où les *muezzin* appelaient à la prière à des heures déterminées.

Les *muezzin* de Bagdad étaient tous aveugles. Intrigué, je voulus savoir s'il fallait l'être pour occuper le poste, s'il s'agissait là d'une obligation prévue par l'islam. On me répondit que ce n'était pas le cas, cette spécificité répondant tout simplement à deux raisons fort pragmatiques. La première était que ces non-voyants, ne pouvant occuper la plupart des autres emplois, étaient heureux d'exercer cette fonction et n'exigeaient point trop forte rétribution. La seconde, c'est qu'ils ne risquaient pas de pécher par curiosité malsaine en profitant de leur position surélevée pour jeter des regards impurs sur quelque décente femme montée sur son toit qui aurait ôté son voile – voire bien davantage – afin de prendre un bain de soleil.

À l'intérieur, toutefois, les temples *masjid* se distinguent de façon notable de nos églises chrétiennes. Nulle part vous n'y trouverez en effet de statues, de peintures, ni d'icônes figuratives. Bien que l'islam reconnaisse, pour autant que je sache, à peu près autant de saints, d'anges et de prophètes que le christianisme, cette religion interdit la représentation de toute créature vivante ou ayant vécu. Les musulmans pensent qu'Allah, comme notre Dieu, est le créateur de toute vie. Mais, contrairement à nous autres chrétiens, ils estiment que toute création, fût-elle sous forme d'une peinture, d'une sculpture sur bois ou de pierre, doit être à jamais réservée à Allah. Leur Coran est formel : si, au jour du Jugement dernier, on demande à celui qui a fabriqué une telle représentation de la ramener à la vie et qu'il n'y parvient pas – ce qui est fort probable –, il sera voué à l'enfer pour le punir de son impudence à avoir voulu créer la vie. C'est pourquoi, bien qu'un *masjid*, qu'il soit palais ou simple maison, fût en général fort richement orné, il ne l'est jamais de ce type d'image. On utilise plutôt un canevas de couleurs et d'arabesques entrecroisées, souvent composé de caractères filiformes de l'écriture arabe qui reprennent telle phrase ou verset du Coran.

Je fus particulièrement frappé par un certain type de décoration que je rencontrai à l'intérieur de presque tous les édifices de Bagdad, publics ou privés. C'est dans cette ville que je la vis pour la première fois, mais j'eus ensuite le loisir de l'admirer à travers toute la Perse et dans la majeure partie de l'Orient, dans les palais, les maisons ou les temples que je visitai. Il me semble qu'elle pourrait avantageusement être adoptée où que ce soit, par n'importe quel amateur de jardin. Et, franchement, existe-t-il beaucoup de personnes dont ce ne soit pas le cas ?

La parure en question permet, telle qu'elle se présente, de cultiver un jardin d'intérieur qui ne nécessite pas le moindre entretien, ni désherbage ni arrosage. Appelée en Perse *qali*, c'est une sorte de carpette ou de tapisserie faite pour être déposée au sol ou pendue contre un mur, qui ne ressemble à rien de ce que nous connaissons en Occident. Riche de toute la gamme de couleurs que présente une nature luxuriante, le *qali* montre une multitude de fleurs, de vignes, de treilles et de feuilles – tout ce qu'on trouverait dans un jardin, mais agencé de la façon la plus agréable à l'œil. Afin de se soumettre à l'interdiction formelle du Coran de représenter une créature vivante, aucune des fleurs visibles sur ces œuvres n'existe en réalité dans la nature. La première fois que je vis un *qali,* j'eus l'impression que le décor était peint ou brodé. Mais un examen plus attentif me révéla qu'il était entièrement *tissé* dans la trame. Je fus littéralement émerveillé qu'un tapissier pût composer des motifs imaginaires aussi extravagants à l'aide de simples fibres de coton teintes, et ce n'est que plus tard que j'appris la merveilleuse technique utilisée pour ce faire.

Mais je me suis déjà bien trop éloigné de mon récit.

Notre petit trio fit franchir à ses cinq chevaux l'ondulant et instable pont de bateaux qui enjambait le Tigre. Sur les quais de Bagdad grouillants d'hommes au teint, aux vêtements et au langage fort variés, nous nous adressâmes au premier qui fût habillé à l'occidentale. C'était un Génois, mais, il faut le souligner, en Orient, tous les Occidentaux échangent de façon assez conviviale. Même les Vénitiens et les Génois, traditionnels rivaux économiques dont les deux républiques s'opposèrent si souvent dans des guerres navales. Le marchand génois nous donna très aimablement le nom du shah en exercice (en l'occurrence, le shahinshah Zaman Mirza), puis il nous indiqua la direction de son palais, situé « dans le quartier royal de Khark, exclusivement réservé à la résidence de Sa Majesté ».

Nous chevauchâmes jusque-là, trouvâmes le palais entouré d'un jardin protégé d'une grille et nous présentâmes aux gardes qui en défendaient l'entrée. Ceux-ci portaient des casques qui semblaient d'or massif – mais c'était impossible, leur poids eût été excessif – et qui, même s'ils n'étaient que de bois ou de cuir plaqué d'or, n'en étaient pas moins des objets de grande valeur. Ils ne pouvaient manquer d'attirer l'attention, étant conçus en effet pour donner l'impression que ceux qui les portaient avaient de brillants cheveux blonds et bouclés, avec des favoris de même teinte. L'un des gardes franchit la grille du jardin et se dirigea vers le palais. Lorsqu'il en revint et nous fit signe, un autre gardien prit en charge nos chevaux, et nous entrâmes.

Nous fûmes conduits jusqu'à une pièce dont sols et murs étaient tendus de somptueux *qali*, dans laquelle le shahinshah était mi-assis mi-couché sur un divan aux couleurs vives qui présentait une montagne de coussins d'exquise facture. Son habit n'était pas particulièrement voyant, puisqu'il était uniformément marron clair, du turban jusqu'aux babouches en passant par sa tunique. C'est en Perse la couleur du deuil : en mémoire de son empire perdu, le shah ne portait désormais plus que cette couleur. Nous ne fûmes pas peu surpris de trouver, dans cet intérieur pourtant musulman, une femme installée sur les coussins à ses côtés ; deux autres se trouvaient également dans la pièce. Nous lui rendîmes d'abord longuement les profonds hommages et révérences dus à son rang, après quoi, toujours incliné, mon père présenta en farsi au shah nos respectueuses salutations, puis éleva vers lui des deux mains la lettre de Kubilaï khan. Le shah la saisit et en lut à voix haute les premières lignes :

– « Ô vous, Sérénissimes, très Puissants, très Hauts, Nobles, Illustres, Honorables, ainsi que Sages et Prudents Empereurs, Ilkhans, Shahs, Seigneurs, Princes, Ducs, Comtes, Barons et Chevaliers, ainsi que vous, Magistrats, Officiers, Juges de Paix et Régents de toutes nos bonnes villes et places, ecclésiastiques comme séculières, vous qui verrez ces lettres ou vous les ferez lire… »

Lorsqu'il eut scandé le document dans son entier, le shahinshah nous souhaita la bienvenue, nous gratifiant l'un après l'autre de l'appellation de Mirza Polo. Cela ne manqua pas de me surprendre quelque peu, ayant cru comprendre que Mirza était l'un de ses noms *à lui*. Mais je ne tardai pas à saisir qu'il usait de ce mot comme d'un titre honorifique, à la façon du cheikh des Arabes. Je sus bientôt que *Mirza* mis devant un nom équivalait à notre « messire » de Venise, mais que, placé derrière, il désignait la dignité royale. Le nom de notre shah était tout simplement Zaman, son titre de shahinshah avait pour signification le « shah de tous les shahs », et il nous présenta la dame assise à ses côtés, qui n'était autre que la shahryar, sa première épouse royale, sous son nom de Zahd.

Ce fut à peu près tout ce qu'il réussit à placer ce jour-là car, dès qu'elle eut été officiellement invitée à se joindre à notre conversation, la shahryar Zahd allait se révéler intarissable et presque impossible à faire taire. Après avoir interrompu son mari, elle lui confisqua pour ainsi dire la parole et commença par nous souhaiter à son tour la bienvenue en Perse, à Bagdad et dans leur modeste demeure. Après quoi elle renvoya à la grille d'entrée le garde qui nous avait accompagnés et fit résonner un petit gong pour mander la venue du majordome du palais, lequel portait le titre, nous indiqua-t-elle, de *wazir*. Elle lui demanda de veiller à nous attribuer des domestiques, ainsi qu'à faire préparer pour nous des appartements au palais. Puis elle nous présenta aux deux femmes qui se trouvaient avec elle dans la pièce, dont l'une était sa propre mère, l'autre leur fille aînée, au shah Zaman et à elle-même. Elle nous informa qu'elle se trouvait être une descendante directe de la légendaire Balkis, reine de Sabaea – ce qui était donc bien sûr le cas, également, de sa mère et de sa fille –, tout en profitant de cette occasion pour nous rappeler que la rencontre entre la reine Balkis et le pacha Suleiman était mentionnée à la fois dans la tradition islamique et dans celles du judaïsme et du christianisme – ce qui me permit de reconnaître, au vol, la reine de Saba et le roi Salomon. Elle nous signala également que la reine Balkis de Sabaea était elle-même une *jinniyeh* issue d'un démon nommé Eblis, lequel n'était autre que l'un des principaux *djinn* de Satan en personne, ce qui par voie de conséquence...

– Hum, hum, euh... Mirza Polo, hasarda le shah un peu désorienté en se tournant vers mon père, si vous nous racontiez comment votre voyage vous a conduits jusqu'ici ?

Mon père lui fit obligeamment un récit circonstancié de nos pérégrinations, mais il n'en était pas encore arrivé à la lagune de Venise que la shahryar Zahd se lança dans une description dithyrambique de quelques pièces de cristal de Murano qu'elle avait tout récemment acquises par le truchement d'un marchand vénitien dans la ville basse de Bagdad. Cela lui rappelait cette très vieille histoire persane, pourtant fort peu connue, du souffleur de verre qui, ayant eu un jour l'idée d'accoutrer un cheval d'ornements de verre, réussit à persuader un *djinn* de lui donner, par sa magie, l'étonnant pouvoir de voler comme un oiseau, et alors...

L'histoire était certes assez intéressante, mais cela ne la rendait pas crédible pour autant, aussi laissai-je un peu vagabonder mon attention sur les deux autres femmes qui se trouvaient alors dans la pièce. Leur seule présence dans cet entretien entre hommes – sans parler de l'irrépressible verbosité de la shahryar – prouvait assez que les Persans n'ont pas coutume de protéger, confiner ni museler leurs compagnes, comme le font les autres musulmans. Leurs yeux étaient visibles derrière un tchador diaphane qui ne leur couvrait que le haut du visage, ne dissimulant rien de leur nez, de leur bouche et de leurs joues. Le haut de leur corps était revêtu d'un corsage et d'un gilet, leurs membres inférieurs étant noyés dans de traditionnels et volumineux *pai-jamah*. Pour autant, ces derniers, plus fins et non superposés en multiples couches comme ceux des femmes arabes, étaient suffisamment arachnéens et translucides pour laisser discerner et apprécier aisément les moindres courbes de leurs corps.

Je ne jetai qu'un bref regard à la grand-mère âgée : ridée, osseuse, voûtée, presque chauve, mâchonnant sur sa bouche édentée des lèvres grenues, elle avait les yeux rouges et chassieux, des mamelons blanchis avachis sur des côtes apparentes. Un coup d'œil sur la vieille bique m'avait amplement suffi. Sa fille la shahryar Zahd Mirza était une très belle femme, même quand elle ne parlait pas, mais sa petite-fille, qui devait avoir à peu près mon âge, était quant à elle une créature au visage d'une stupéfiante beauté et aux formes assez remarquables. Elle portait le titre de princesse de la couronne, ou shahzrad, et se nommait Magas, ce qui signifie « phalène », à quoi il convenait d'ajouter le titre royal de Mirza. J'ai jusqu'alors omis de le préciser, les Persans n'ont pas le teint sombre et boueux des Arabes. Bien qu'ils aient tous des cheveux d'un noir de jais et que les hommes portent, comme l'oncle Matteo, une barbe du même noir intense, leur peau est aussi claire que celle des Vénitiens, et beaucoup ont des yeux de couleur moins foncée que le marron. La shahzrad Magas Mirza était en ce moment même en train de prendre ma mesure de ses yeux vert émeraude.

– À propos de chevaux, reprit le shah, rebondissant sur l'histoire du cheval ailé avant que son épouse s'en fût remémoré une nouvelle, vous devriez peut-être songer à échanger les vôtres contre des chameaux avant de quitter Bagdad. En allant vers l'est, vous allez devoir traverser le Dasht-e-Kavir, un désert aussi vaste que terrible. Jamais vos chevaux ne pourront supporter une telle...

– Les Mongols l'ont toujours fait! coupa sa femme, péremptoire. Un Mongol se rend partout sur son cheval, et jamais il n'aurait l'idée d'enfourcher un chameau. Je vais vous raconter à quel point ils méprisent et maltraitent ces animaux. Pendant qu'ils assiégeaient cette ville, les Mongols ont capturé, je ne sais trop où, un troupeau de chameaux. Après les avoir chargés de ballots d'herbe sèche, ils y ont mis le feu et ont ensuite chassé ces pauvres bêtes à coups de pied à travers les rues de la cité. Leur pelage se consumant, ainsi que le gras de leurs bosses, ces chameaux éperdus d'agonie ont erré comme fous, et nul n'a pu les rattraper. Ils ont donc caracolé du haut en bas de nos rues, incendiant un peu tout à Bagdad, avant que le feu eût atteint leurs organes vitaux, qu'ils se furent effondrés et moururent.

– À moins que..., lança le shah à notre intention, profitant d'un répit durant lequel sa femme reprenait sa respiration, ... vous n'écourtiez grandement votre voyage en passant par la mer. Vous pourriez, en partant d'ici, vous diriger au sud-est, jusqu'à Bassora, ou même plus au sud dans le golfe, jusqu'à Ormuz, et embarquer là sur un navire en partance pour l'Inde.

– À Ormuz, reprit la shahryar Zahd, les hommes n'ont plus, à leur main droite, que le pouce et les deux doigts extérieurs. Laissez-moi vous expliquer pourquoi. La ville est depuis toujours un port puissant et soucieux de son indépendance. Aussi tous ses habitants mâles ont-ils été élevés et entraînés, dès leur plus jeune âge, à devenir de redoutables archers destinés à défendre leur cité. Quand les Mongols de Hulagu mirent le siège sous leurs murailles, l'ilkhan fit une offre aux anciens en charge de la cité. Il leur promit de respecter l'indépendance de leur commune, de ne pas la détruire et d'épargner ses archers, à condition que ceux-ci lui fussent *prêtés* jusqu'à ce qu'il réussît à s'emparer de Bagdad. La chose faite, affirma-t-il, il laisserait les hommes rentrer à Ormuz afin de continuer à en assurer la loyale défense. Les anciens ayant accepté la proposition, tous ces hommes, quelle que fût leur répugnance à obéir, se joignirent à Hulagu dans son siège de notre Bagdad bien-aimée qui, à la longue, finit par céder.

Elle et le shah poussèrent un profond soupir.

– Eh bien, croyez-le ou pas, poursuivit-elle, Hulagu avait été si impressionné par la valeur et les prouesses des hommes d'Ormuz qu'il les envoya tous dans le lit des femmes mongoles qui accompagnaient toujours ses armées, souhaitant ainsi fortifier sa race par l'apport génétique de cette puissance guerrière. Après quelques nuits de cette cohabitation forcée, aussitôt que l'ilkhan Hulagu estima que ces femmes avaient eu le temps d'être dûment fécondées, il tint sa promesse et permit aux archers de regagner Ormuz. Mais, avant de leur rendre la liberté, il leur fit à tous trancher l'index et le majeur afin qu'ils ne puissent plus jamais manier l'arc. Le chef mongol eut ainsi le beurre et l'argent du beurre, et cette cité, n'étant plus défendue, devint sans difficulté possession du khan.

– Ma chère, intervint le shah passablement confus, ces gentilshommes, comme vous ne l'ignorez pas, sont des émissaires du khan en personne. La lettre qu'ils m'ont présentée est un sauf-conduit rédigé par le khan Kubilaï en personne. Je doute fort qu'ils apprécient des histoires révélant une telle, euh... inconduite de la part des Mongols !

– Vous pouvez parler ici, je crois, d'*atrocités* pures et simples, shah Zaman, observa mon oncle avec vivacité. Nous sommes toujours vénitiens, non pas des mongols d'adoption, voués à faire leur apologie.

– Alors, je dois vous raconter, reprit la shahryar, de nouveau penchée vers l'avant, la façon épouvantable dont Hulagu a traité notre calife Al-Mustasim Billah, le plus saint homme de l'islam.

Le shah laissa échapper un autre soupir et maintint les yeux fixés sur un point éloigné de la pièce.

– Comme vous le savez peut-être, Mirza Polo, Bagdad était à l'Islam ce que Rome est à la Chrétienté, et le calife de Bagdad aux musulmans ce qu'est votre pape aux chrétiens. Aussi, lorsque Hulagu dressa le siège autour de cette ville, c'est au calife Mustasim lui-même, et non au shah Zaman, qu'il adressa la sommation de se rendre. (Elle jeta un regard méprisant à son mari.) Hulagu offrit de lever le siège si le calife acceptait d'accéder à certaines de ses demandes, parmi lesquelles la cession d'une importante quantité d'or. Le calife lui notifia fermement son refus en ces termes : « Notre or nourrit l'Islam. » Ce à quoi le shah ne trouva absolument rien à objecter.

– Qu'aurais-je bien pu dire ? riposta faiblement ce dernier, comme s'il avait déjà maintes fois répété cette réplique. L'autorité du chef spirituel s'impose toujours au chef temporel.

Sa femme poursuivit, implacable :

– Bagdad aurait pu contenir les Mongols et leurs alliés d'Ormuz, mais la disette imposée par le siège devint bientôt insoutenable. Les gens mangèrent tout ce qui était comestible, jusqu'aux rats de la ville, mais s'affaiblissaient jour après jour. Beaucoup succombèrent, et les survivants demeuraient incapables de combattre. Quand vint l'inéluctable chute de la cité, Hulagu emprisonna le calife Mustasim seul dans une pièce et le laissa souffrir encore davantage de la faim, jusqu'à ce que le saint homme se retrouvât contraint d'implorer qu'on lui donne à manger. Hulagu vint alors lui offrir de ses mains un plateau rempli de pièces d'or. Le calife gémit : « Mais personne ne peut manger de l'or… » Ce à quoi Hulagu rétorqua : « Lorsque je t'en ai demandé, tu m'as dit qu'il nourrissait l'Islam. Il a nourri ta sainte cité, n'est-ce pas ? Maintenant, prie pour qu'il te nourrisse à ton tour. » Sur ce, il fit fondre l'or et ordonna que l'on versât le métal en fusion dans la gorge du vieil homme qui mourut dans d'atroces souffrances. Mustasim fut le dernier chef spirituel d'un califat vieux de cinq cents ans, et Bagdad, aujourd'hui, n'est plus la capitale de la Perse ni celle de l'Islam.

Nous secouâmes la tête avec l'air de commisération qui convenait à la situation, ce qui encouragea la shahryar à ajouter :

– Voulez-vous savoir à quel niveau est tombé notre pouvoir ? Mon mari ici présent, le shah Zaman, naguère shahinshah de tout l'Empire perse, en est réduit à être un gardien de pigeons et un cueilleur de cerises !

– Enfin, ma chère…, souffla le shah.

– Parfaitement ! L'un des khans les moins puissants, quelque part vers l'est, nous ne l'avons jamais rencontré, a un goût très prononcé pour les cerises bien mûres. Il est aussi féru de pigeons, et ceux qu'il a élevés, d'où qu'on les lâche, reviennent toujours chez lui. Figurez-vous que nous avons à l'heure actuelle plusieurs centaines de ces rats emplumés dans un pigeonnier, à côté des étables du palais, et que chacun est équipé d'un petit sachet de soie. Mon empereur de mari doit suivre des instructions. L'été prochain, dès que nos cerisiers seront arrivés à maturité, nous sommes tenus d'en cueillir les fruits, d'en glisser un ou deux dans les sachets en question, de les attacher aux pattes des pigeons, puis de leur rendre la liberté. Comme l'oiseau

Rukh[25] emportant hommes, lions et princesses, les pigeons apporteront nos cerises à notre ilkhan qui les attend. Si nous ne payons pas cet humiliant tribut, nul doute qu'il viendra depuis l'est mettre la ville à sac et la laisser à nouveau dévastée.

– Ma chère, je suis sûr que ces nobles visiteurs sont à présent fatigués de… d'avoir tant voyagé, acheva le shah, passablement épuisé lui-même.

Il fit résonner une seconde fois le gong pour mander le majordome, le *wazir*, et s'adressa à nous en ces termes :

– Vous avez sans doute envie de vous reposer et de vous rafraîchir. Après quoi, si vous m'en faites l'honneur, nous nous retrouverons autour du dîner.

Le *wazir*, un homme mélancolique entre deux âges nommé Jamshid, nous montra nos chambres, une suite de trois pièces communicantes. Celles-ci étaient richement meublées, avec des murs et des sols tapissés de *qali*, des fenêtres de pierre sculptée en dentelle ajourée aux fines vitres de verre et des lits moelleux garnis d'édredons et de coussins. Nos sacs avaient déjà été prélevés sur nos chevaux et déposés à l'intérieur.

– Et voici un domestique pour chacun d'entre vous, annonça le *wazir* Jamshid en nous présentant trois jeunes hommes aussi souples qu'imberbes. Tous trois excellent dans l'art indien de la *champna*, qu'ils vous offriront dès que vous serez passés au hammam.

– Ah, parfait ! fit en écho oncle Matteo, visiblement enchanté. Je crois, Nico, que nous n'avons pas savouré les bienfaits d'un bain depuis notre traversée du Tadjikistan.

Nous bénéficiâmes donc à nouveau de la purification en profondeur et du délassement de ce hammam qu'on nous avait si élégamment prescrit, où nos trois domestiques se chargèrent de nous masser. Après quoi nous nous retrouvâmes étendus nus chacun sur son lit, dans sa chambre, pour cette fameuse *champna*, comme l'avait appelée le *wazir*. Je ne savais pas du tout de quoi il s'agissait. Si je m'étais fié au nom, je me serais attendu à une exhibition de danse. Cela s'avéra un vigoureux massage, un pétrissage parfois martelé de l'intégralité du corps, plus énergique que celui pratiqué au hammam, dont la finalité

25. L'oiseau *Rukh* (ou *Roc* ou *Rokh*) est une créature du folklore arabe oriental. Les Persans lui attribuaient une tête de chien, des griffes de lion et une queue de paon.

n'était pas d'extraire du corps ses impuretés mais juste de lui procurer vigueur, tonus et santé.

Mon jeune valet Karim ne se priva pas de me pincer, de me pilonner et de me tordre avec entrain, ce qui me parut, au début, quelque peu douloureux. Cependant, progressivement, mes muscles, articulations et tendons, ankylosés par notre longue chevauchée, se détendirent sous cet assaut, et je ne tardai pas à me sentir empli d'aise, puis bientôt parcouru d'un frisson de vitalité. Entre autres effets, cet entrain donna soudain singulièrement vie à une partie quelque peu impertinente de ma personne, et je m'en sentis passablement gêné. C'est alors que je vis, stupéfait, Karim s'emparer soudain de mon membre et commencer à le manier d'une main qui me paraissait particulièrement experte à ce genre d'exercice.

– Je peux fort bien m'occuper de cela moi-même, lançai-je, mordant, pour peu que je le juge nécessaire.

Il haussa les épaules avec une délicate légèreté et glissa simplement :

– Qu'il en soit fait suivant les désirs de Mirza... Ses désirs sont des ordres !

Là-dessus, il se concentra sur des parties moins intimes. Il finit par cesser de me malmener et, alors que je demeurais allongé, partagé entre l'envie de m'assoupir et celle de sauter à terre pour me livrer à corps perdu à de vigoureuses performances athlétiques, il me demanda s'il lui était possible de prendre congé.

– Pour aller m'occuper de votre oncle, plaida-t-il. Un homme aussi massif que lui va requérir l'union de nos trois forces pour lui administrer la *champna* qu'il mérite.

Je lui en accordai bien sûr l'aimable autorisation et m'abandonnai à ma somnolence. Je pense que mon père dut également dormir longuement cet après-midi-là, mais mon oncle bénéficia sans doute, pour sa part, d'un traitement un peu plus énergique que le nôtre, car les trois jeunes gens quittaient à peine sa chambre quand Jamshid vint nous enjoindre de nous vêtir pour le repas du soir. Il nous apportait à cet effet des habits dans le plus pur style persan, parfumés à la myrrhe : le si doux et léger *pai-jamah*, une longue chemise serrée aux poignets, au-dessus de laquelle on enfilait une petite veste brodée, une large ceinture de tissu enserrant étroitement la taille, des babouches de soie à l'extrémité recourbée et pointue, et, au lieu de keffiehs tombants, des turbans. Mon père et mon oncle n'eurent aucune difficulté à ajuster avec soin ces derniers autour de leur tête, mais il fallut que Karim me montrât comment enrouler et fixer le mien. Lorsque nous fûmes prêts, nous affichions tous une exceptionnelle prestance. Semblables à de parfaits Persans, nous avions vraiment l'air de Mirza de la plus pure noblesse.

21

Notre *wazir* Jamshid nous conduisit dans une salle à manger aux dimensions respectables mais non exagérées, illuminée de torches et bruissant d'une foule de serviteurs et de valets. Tous étaient des hommes, et le shah Zaman fut seul à nous rejoindre autour de la nappe somptueusement garnie de notre repas du soir. J'éprouvai un certain soulagement en constatant que l'usage domestique du palais n'autorisait pas les femmes à violer les coutumes musulmanes en venant partager leur repas avec les hommes. Nous eûmes donc le plaisir de passer ce dîner en la compagnie exclusive du shah, sans jamais être interrompus par les envahissantes péroraisons de la shahryar. La seule fois qu'il parla d'elle, ce fut pour préciser :

– La Première Dame, qui est, vous le savez, du sang royal de Saba, n'a jamais pu se résoudre au fait que nous, qui étions naguère soumis directement aux ordres du calife, soyons à présent inféodés à un khan. Telle une jument de pur-sang arabe, la shahryar Zahd rue dans les brancards dès qu'elle est harnachée. Mais, par ailleurs, elle reste une compagne exquise, plus douce que la queue d'un mouton.

Si ses comparaisons de basse-cour pouvaient à la rigueur expliquer qu'elle semblât en être le coq, lui tenant le rôle de la poule que l'on poursuit à coups de bec, elles ne l'excusaient en rien dans mon esprit. Pour le reste, le shah demeurait un hôte fort agréable. Il trinqua avec nous comme l'eût fait un parfait chrétien, se révélant même, une fois délesté de son envahissante femme, un mémorable interlocuteur. Lorsque je lui fis remarquer que j'étais très ému de fouler la piste même qu'avait arpentée avant moi Alexandre le Grand, il précisa :

– Sa route s'acheva du reste tout près d'ici, lorsqu'il revint de sa conquête du Cachemire indien et du Pendjab. Le saviez-vous ? À seulement quatorze *farsakh* d'ici, en direction du sud, se trouvent les ruines de Babylone, ville où il mourut. D'une fièvre consécutive, dit-on, à un excès de notre vin de Chiraz.

Je remerciai le shah de l'information, me demandant en mon for intérieur comment l'on pouvait ingurgiter une dose mortelle de ce liquide sirupeux. J'avais déjà entendu à Venise des voyageurs chanter les louanges du vin de Chiraz : la tradition orale lui vouait, même en chansons, un véritable culte, mais ce vin, qui nous était justement servi ce soir-là, me parut très inférieur à sa réputation. D'une rebutante teinte orangée, il est épais comme de la mélasse et sucré jusqu'à l'écœurement. Pour qu'un homme en bût beaucoup, il fallait vraiment, décidai-je, qu'il fût déterminé à s'enivrer.

Le reste du repas était, il faut l'admettre, de qualité irréprochable. Il y eut du poulet rissolé au jus de grenade et de l'agneau découpé en fines tranches, grillé, appelé *kebab*, le tout arrosé d'un *sharbat* à la rose glacé à la neige. Le dessert, quant à lui, se présentait sous la forme d'une confection houleuse et tremblotante qui rappelait un nougat qu'on aurait ébouriffé sur le dessus, composé de farine, de crème, de miel, et délicatement parfumé à l'huile de pistache, dénommé *balesh*. Après le repas, nous nous alanguîmes parmi les coussins en sirotant une savoureuse liqueur extraite de pétales de rose tout en regardant deux lutteurs de cour presque nus, le corps entièrement oint d'huile d'amande, tenter de plier leur adversaire en deux. Quand ils finirent par s'en aller, indemnes, nous écoutâmes un ménestrel jouer sur un instrument à cordes nommé *'ud*, assez proche, par sa forme, de notre luth, tout en récitant des poèmes persans dont les vers, pour autant que je me souvienne, s'achevaient tous par le couinement d'une souris qu'on écrase ou par un sanglot désolé.

Lorsque ce tourment auditif prit fin, mes aînés me donnèrent licence d'aller, si je le souhaitais, me distraire un peu. Ce que je fis, laissant mon père et mon oncle disserter avec le shah des différentes routes maritimes ou terrestres qu'ils pourraient emprunter après Bagdad. Je quittai la pièce et suivis un interminable couloir, dont les nombreuses portes closes étaient gardées par des géants armés de lances ou de redoutables cimeterres. Comme les gardes que j'avais vus à l'entrée, tous étaient coiffés de ce casque dont je vous ai parlé, mais ici le visage de certains, Africains d'un beau noir ou Arabes au teint brun, détonait quelque peu avec les tresses blondes qui les ornaient, sculptées en relief.

Le couloir débouchait sur une arcade non surveillée, laquelle donnait sur le jardin extérieur vers lequel je me rendis. Les allées couvertes d'un doux gravier et les luxuriants massifs de fleurs étaient illuminés par la pleine lune, posée telle une énorme perle sur le noir velours de la nuit. Je me promenai tranquillement dans ce décor majestueux, m'émerveillant de cette flore si nouvelle pour moi, que l'éclairage de la perle lunaire rendait encore plus insolite à mes yeux. Puis je finis par tomber en admiration devant un élément proprement stupéfiant : un massif de fleurs qui semblait, sur toute son étendue, *se mouvoir* de lui-même. Je m'arrêtai un moment pour prendre le temps d'observer ce curieux phénomène qui semblait n'avoir rien de végétal. Ce tapis floral d'une gigantesque forme circulaire était divisé à la façon d'un gâteau en douze parts, chacune densément plantée de variétés de fleurs différentes. Toutes en étaient à l'étape de la floraison, mais dans dix des douze quartiers, comme certaines le font souvent la nuit, les fleurs avaient refermé leur corolle. Dans un segment, cependant, quelques-unes, d'un beau rose pâle, étaient encore en train de replier leurs pétales, tandis que, dans la portion adjacente, d'autres, bien plus larges et d'une blancheur immaculée, s'épanouissaient largement, exhalant au cœur de la nuit un parfum capiteux et enivrant.

– Voici le *gulsa'at*, résonna une voix semblable à ce parfum.

Tournant la tête, je découvris la jeune et avenante shahzrad, suivie de près par sa vieille grand-mère. La princesse Phalène continua son explication :

– Le *gulsa'at* est le cadran floral. Dans votre pays, vous disposez pour compter les heures de sabliers et de clepsydres, n'est-ce pas ?

– C'est exact, shahzrad Magas Mirza, acquiesçai-je, prenant bien soin de citer son titre royal au complet.

– Vous pouvez m'appeler Phalène, glissa-t-elle doucement avec un petit sourire sous son tchador diaphane. (Elle me montra le *gulsa'at*.) Ce cadran floral indique lui aussi les heures, sans qu'on ait jamais besoin ni de le retourner ni de le remplir. Chaque sorte de fleur de ce massif circulaire s'ouvre à une certaine heure de la journée ou de la nuit, et se referme à une autre. Elles ont été choisies pour la régularité de leur épanouissement, on les a plantées dans l'ordre qui convenait, et voilà ! Elles annoncent alternativement les douze heures qui séparent le lever et le coucher du soleil.

– Cette invention est aussi belle que vous, princesse Phalène, déclarai-je hardiment.

– Le shah, mon père, a grand plaisir à compter ainsi les heures, ajouta-t-elle. Là-bas, il y a le palais *masjid* où nous nous recueillons, et, voyez-vous, lui aussi fait office de calendrier. Des ouvertures sont pratiquées dans l'un de ses murs, et, à chaque aube nouvelle, le soleil luit par l'un des trous, indiquant le jour et le mois.

Un peu comme le soleil dans le ciel, je faisais le tour de la jeune fille afin de la placer entre la lune et moi, pour que sa lumière nacrée puisse révéler, à travers la finesse de ses vêtements, les courbes sensuelles de son corps. La vieille grand-mère perça à l'évidence mes intentions, car elle me montra les gencives avec malveillance.

– Plus loin, poursuivit la princesse, se trouve le harem où résident les autres femmes et concubines de mon père. Il en possède plus de trois cents, si bien qu'il pourrait, s'il le voulait, en avoir une différente avec lui chaque jour de l'année. Cependant, il préfère ma mère, sa première épouse, même si elle bavarde toute la nuit. Finalement, il n'en choisit une des autres que lorsqu'il veut passer une bonne nuit de sommeil.

À me délecter ainsi à la clarté indiscrète de la lune des courbes exquises du corps de la shahzrad, je sentais le mien faire preuve d'une soudaine vivacité et se réveiller comme au cours de la *champna*. Je fus bien soulagé de ne point porter mes chausses vénitiennes très ajustées, car le renflement que j'y aurais imprimé aurait été tout sauf gracieux. Noyé dans cet ample *pai-jamah*, je ne pensais pas que mon émoi fût décelable. La princesse dut cependant bien s'en apercevoir car, à mon immense stupéfaction, elle me dit brusquement :

– Tu aimerais bien me conduire dans ton lit et faire la *zina* avec moi, n'est-ce pas ?

Je chancelai et faillis trébucher, trouvant le moyen de bégayer :

– Vous… vous ne devriez pas parler de la sorte, princesse, en présence de votre royale grand-mère ! Car je suppose qu'elle vous tient lieu de… (ne sachant pas le mot farsi, j'utilisai le terme français) *chaperon* ?

La shahzrad eut un geste de gracieuse désinvolture.

– Cette chère vieille chose est aussi sourde qu'un *gulsa'at*. N'y prête pas attention et réponds-moi. Tu aimerais bien pousser ton *zab* dans mon *mihrab*, je me trompe ?

J'avalai ma salive et répondis, la gorge nouée :

– Je me garderais bien d'être aussi présomptueux… Enfin, je veux dire, Votre Altesse royale…

Elle acquiesça de la tête et affirma aussitôt :

– Je crois qu'on peut arranger quelque chose de ce genre. Non, ne me touche pas. Ma grand-mère ne nous entend peut-être pas mais nous voit parfaitement. Il nous faut être discrets. Je vais demander à mon père si je peux être ton guide durant ton séjour, afin de te donner un aperçu des délices de Bagdad. Je peux m'avérer tout à fait savoureuse dans cette tâche. Tu verras.

Là-dessus, elle s'évanouit dans la lumière nacrée de la lune, me laissant seul dans le jardin, à la fois remué et tremblant. Je dirais même, pour être plus exact, vibrant. Quand je regagnai ma chambre d'un pas chancelant, Karim était là, prêt à m'aider à ôter ces peu familiers vêtements persans. Il se mit à rire, émit des sifflements d'admiration et dit :

– Le jeune Mirza me laissera sans doute achever sa relaxation d'une bonne *champna*, j'imagine !

Il se versa de l'huile d'amande douce au creux de la main et opéra avec le soin expert qu'il savait y mettre. Je le laissai faire avec délectation en sombrant peu à peu dans un sommeil languide.

Je m'éveillai tard le lendemain, tout comme mon père et mon oncle dont l'entretien avec le shah Zaman s'était prolongé très avant dans la nuit. Au cours du petit déjeuner qu'on nous avait servi dans notre suite, ils m'expliquèrent qu'ils souhaitaient peser l'idée du shah d'atteindre les Indes par la mer. Il fallait cependant d'abord s'assurer que la chose fût réalisable. Pour cela, chacun d'eux allait se rendre dans l'un des ports du golfe Persique – mon père à Ormuz, mon oncle à Bassora – pour vérifier, comme le pensait le shah, si l'on pouvait persuader un capitaine de commerce arabe de convoyer vers les Indes des commerçants vénitiens pourtant rivaux.

– Lorsque nous aurons obtenu ces confirmations, poursuivit mon père, nous nous retrouverons tous ici à Bagdad, car le shah voudra sans doute nous confier un grand nombre de cadeaux à l'intention du khakhan. Tu as donc le choix, Marco, d'accompagner l'un d'entre nous ou de nous attendre ici.

L'esprit empreint de la shahzrad Magas, mais gardant assez de bon sens pour ne pas la mentionner, je déclarai que je préférais rester. J'en profiterais, arguai-je, pour me familiariser un peu mieux avec la ville de Bagdad.

Oncle Matteo émit un sifflement railleur :

– À la façon dont tu t'étais familiarisé avec Venise pendant que nous n'y étions pas, c'est cela ? Bien peu de Vénitiens ont réussi à tâter du Volcan, tu sais ! Se tournant vers mon père, il ajouta : Est-il vraiment prudent de laisser ce malandrin tout seul dans une cité étrangère, Nico ?

– Comment ça, seul ? protestai-je. Mais j'ai avec moi mon serviteur, Karim, et… (je manquai à nouveau évoquer la princesse Phalène), enfin, tout le personnel du palais.

– Ils sont au service du shah, pas au tien, remarqua mon père. Si tu devais de nouveau avoir des ennuis…

Je répliquai, indigné, que le plus récent trouble que j'avais provoqué avait consisté à les sauver d'un égorgement en plein sommeil, qu'ils m'avaient félicité de ce que j'avais fait alors, que c'était d'ailleurs grâce à cela que j'étais resté en leur compagnie et que, par conséquent…

Mon père m'interrompit durement d'un proverbe :

– Il est toujours plus aisé de regarder derrière soi que devant. Nous n'avons pas l'intention de te faire surveiller par un directeur de conscience, mon garçon. Je pense cependant qu'il serait sage d'acheter pour toi un esclave qui pourrait être ton domestique et veiller à tes intérêts. Nous irons voir cela au bazar.

Le mélancolique *wazir* Jamshid nous y accompagna afin de nous servir d'interprète dans le cas où notre farsi viendrait à s'avérer insuffisant. En cours de route, il nous expliqua diverses particularités que je découvrais pour la première fois. J'avais, par exemple, remarqué, en regardant les hommes dans la rue, qu'aucun des plus âgés ne laissait sa barbe noire devenir poivre et sel ni même blanche, mais que, au contraire, tous arboraient une barbe du plus bel orange vif, tel du vin de Chiraz. Jamshid m'indiqua qu'ils se la teignaient à l'aide des feuilles d'une plante, le henné, que les femmes utilisaient également comme produit cosmétique, ainsi que les charretiers pour parer leurs chevaux. On n'avait d'ailleurs pas recours, à Bagdad, pour les tâches de trait ou de bât, aux splendides pur-sang arabes utilisés pour la monte. On confiait ce rôle à de minuscules poneys à peine plus grands que des mastiffs, qui, je dois le dire, avec leurs crinières et leurs queues teintes au henné flottant au vent, étaient fort jolis.

Les rues de Bagdad grouillaient non seulement de Persans, mais de gens de toutes origines. Certains, habillés à l'occidentale, auraient certainement eu le visage aussi pâle que le nôtre s'il n'avait été largement tanné par le soleil. D'aucuns étaient noirs, certains marrons ou d'une nuance jaune foncé, tandis que beaucoup avaient la peau de la couleur du cuir un peu passée. Il s'agissait, pour ces derniers, des quelques Mongols de la garnison d'occupation, tous vêtus d'une armure, de peaux vernies ou de cottes de mailles, qui arpentaient les rues la démarche dédaigneuse, repoussant vigoureusement de côté tout effronté qui se trouvait sur leur chemin. De nombreuses femmes, au teint très varié aussi, peuplaient les rues, certaines juste coiffées d'un tchador léger, à la mode persane, d'autres sans le moindre voile, aussi inattendu que cela puisse paraître dans une ville musulmane. Pourtant, même dans cette libérale cité de Bagdad, aucune ne se déplaçait seule, toutes étaient accompagnées d'une ou de plusieurs autres femmes, ou bien d'un gros serviteur imberbe.

Je fus si ébloui par le bazar de Bagdad que j'eus toutes les peines du monde à croire que la ville avait été conquise, mise à sac et soumise à tribut par les Mongols. Elle devait en tout cas avoir dépassé son appauvrissement passager, car c'était là le centre de commerce le plus riche et le plus florissant que j'eusse jamais vu, supérieur à tout ce que l'on pouvait trouver à Venise en variété, en abondance et en valeur des biens proposés.

Les marchands de vêtements se dressaient fièrement parmi les paquets et les rouleaux d'étoffes brodées de soie, de laine, de poil de chèvre d'Ankara, de coton, de lin et de poil de chameau, au milieu d'autres plus simples et robustes. D'autres tissus plus exotiques, telle la fameuse mousseline originaire de Mossoul, tels le *dungri* de l'Inde, le *bokhram* de Boukhara ou encore l'étoffe damassée, venue, comme son nom l'indique, de Damas, étaient présents sur les étals. Les marchands de livres offraient à la vente des volumes en vélin, en parchemin ou du plus simple papier, fastueusement noyés de couleurs, quand ce n'était pas de feuilles d'or. La plupart de ces ouvrages m'étaient hélas totalement incompréhensibles car il s'agissait de copies d'œuvres d'auteurs persans tels que Sadî ou Nîmazî, donc rédigées en farsi de l'écriture convulsionnée des Arabes. Pourtant, grâce aux enluminures qui l'ornaient, je reconnus en l'un des volumes, *Iskandarnama*, la version persane de mon titre favori, le *Roman d'Alexandre*.

Les apothicaires du bazar avaient en réserve des jattes et des fioles de cosmétiques pour hommes comme pour femmes : khôl noir, malachite verte, sumac brun, henné rouge, collyres pour nettoyer ou faire briller les yeux, et parfums de nard, de myrrhe, d'encens, de rose attar. On trouvait aussi de minuscules sachets d'une poudre grise si fine qu'elle en était presque impalpable, que Jamshid affirma être issue des graines de fougère et utilisée par ceux qui savent les incantations magiques pour se rendre invisible. Il y avait une huile appelée *teryak*, exprimée des pétales et des cosses du pavot, que les médecins prescrivaient fréquemment, nous expliqua Jamshid, pour soulager des crampes et autres douleurs, mais n'importe quelle personne déprimée par l'âge ou par la misère pouvait en acheter et en boire afin d'oublier un peu la difficulté du quotidien.

Le bazar resplendissait, miroitait et scintillait également de métaux précieux, de pierres fines et de joaillerie. Mais, de tous les trésors exposés, l'un me captiva tout particulièrement. Un marchand ne vendait que des variantes d'un certain jeu de société appelé sans la moindre imagination à Venise le jeu des cases, composé de pièces bon marché taillées dans un bois ordinaire. En Perse, il s'intitule la guerre des *Stahi*, ses pions sont de véritables œuvres d'art, et son prix n'est à la portée que d'un shah ou de quelque autre personnage d'une opulence équivalente. Ce vendeur de Bagdad proposait ainsi un modèle dont les cases noires étaient recouvertes d'ébonite, les blanches d'ivoire, ce qui déjà conférait au seul support une valeur inestimable. Les pièces ne dépareillaient pas. Rangés d'un côté, le shah, son général, deux éléphants, deux cavaliers, deux guerriers *rukhi* et huit soldats d'infanterie *peyadeh* étaient en or massif incrusté de pierres précieuses. Les seize pièces d'en face, identiques, étaient en argent. Je ne me souviens plus du prix qu'il en réclamait, mais il était ahurissant. Il en possédait d'autres, en porcelaine, en jade, en bois précieux, en pur cristal de roche. Leurs pièces, ciselées avec une admirable précision du détail, représentaient monarques, généraux et soldats en armes telles des miniatures presque vivantes.

Il y avait aussi des marchands de bétail : chevaux, poneys, ânes et chameaux bien sûr, mais aussi quantité d'autres animaux. Certains ne m'étaient connus que de réputation, et je les découvrais au naturel pour la première fois. Ce fut le cas, par exemple, d'un gros ours hirsute que je trouvai d'une ressemblance frappante avec mon oncle Matteo, d'une délicate espèce de daim appelée *qazèl*, que les gens achetaient juste pour orner de leur grâce leurs jardins, et d'un chien sauvage jaune dénommé *shaqàl* qui, une fois apprivoisé et dressé par un chasseur, était capable de stopper et de tuer un sanglier en pleine charge. (Un chasseur persan ne craint pas de défier seul et armé d'un simple couteau un lion, mais il redoute par-dessus tout la rencontre avec un cochon sauvage. Le musulman, qui répugne déjà par principe ne serait-ce qu'à parler de viande de porc, estimerait d'une horreur inimaginable le fait de mourir déchiqueté sous les défenses d'un sanglier.) Il y avait aussi sur ce marché des *shuturmurq*, mot qui signifie « oiseau-chameau », tant il est vrai que cet animal ressemble à un rejeton issu du croisement de ces deux espèces. L'oiseau-chameau possède le corps, les plumes et le bec d'une oie géante, mais son long cou dégarni et ses pattes interminables, aux pieds ouverts en canard, rappellent irrésistiblement le chameau. Pas plus que ce dernier cette créature ne peut voler. Selon Jamshid, l'animal n'était retenu captif que pour le seul avantage qu'il pouvait procurer : les plumes ébouriffées qui poussaient sur sa croupe. Des singes étaient également à vendre, qui ressemblaient à ceux que certains marins ramènent parfois à Venise, où on les appelle *simiazze*, aussi gros et vilains que des enfants d'Éthiopie. Jamshid les qualifiait pour sa part de *nedji*, qui signifie « affreusement malpropre », mais il se refusa à m'expliquer ce surnom et à me dire quel intérêt pouvait avoir un marin ou un quidam à s'en procurer un.

Le bazar était infesté de *fardarbab*, les diseurs de bonne aventure. Il s'agissait généralement de vieillards aussi ridés que des pommes gâtées, à barbe orangée, assis derrière des corbeilles contenant un sable soigneusement tamisé. Le client prêt à laisser une pièce n'avait qu'à secouer la corbeille, ondulant ainsi son contenu en motifs aléatoires. Le voyant était alors capable d'y lire comme dans un livre et d'en délivrer l'interprétation occulte. On voyait aussi beaucoup de ces vénérables derviches mendiants, aussi galeux, crasseux, dépenaillés et peu engageants qu'ils peuvent l'être dans n'importe quelle cité d'Orient. Ceux de Bagdad avaient une particularité : ils dansaient, sautillaient, hurlaient et tournoyaient comme des épileptiques en crise. C'était, je suppose, une sorte de spectacle distrayant qu'ils offraient en échange de cette aumône qu'ils quémandaient avec insistance.

Avant même que nous eussions pu inspecter les articles vendus sur le bazar, il nous fallut subir l'interrogatoire d'un officiel du marché appelé percepteur de patentes, afin de lui prouver que nous étions non seulement en mesure d'acheter, mais aussi de payer la *jizya*, qui est une taxe levée sur tout non-musulman, client ou marchand. Le *wazir* Jamshid, qui était pourtant lui-même officiel de la cour, nous confia en aparté que ces chefs au petit pied et autres employés municipaux étaient considérés par l'ensemble du peuple avec le plus souverain mépris et qu'ils étaient surnommés les *batlanim*, les « fainéants ». Lorsque mon père agita devant son nez un petit sachet de musc avec lequel nous aurions pu acheter au moins l'un de ces jeux au prix exorbitant, le percepteur de patentes grommela d'un ton suspicieux :

– Vous prétendez que c'est un Arménien qui vous a offert cela ? Dans ce cas, il y a neuf chances sur dix qu'en fait de musc de chevrotain il ne contienne rien d'autre qu'un peu de son foie haché. Il faut le tester.

Le « fainéant » sortit aussitôt une aiguille, du fil et une gousse d'ail. Ayant glissé le fil dans le chas de l'aiguille, il en piqua la gousse et le fit passer à l'intérieur de façon répétée, jusqu'à ce qu'il empestât copieusement l'ail. Après quoi il prit la pochette de musc et passa dedans l'aiguille et le fil, une seule fois. Il renifla le fil et parut surpris :

– Plus la moindre odeur : totalement absorbée ! En effet, le musc que vous possédez est authentique. Où diable sur cette terre avez-vous bien pu dénicher le seul Arménien honnête ?

Sur cette profonde interrogation, il nous délivra le papier qui nous permettait de commercer dans le bazar de Bagdad.

Jamshid nous emmena jusqu'à l'enclos d'esclaves d'un marchand persan. Nous nous glissâmes dans la foule des acheteurs potentiels et des simples badauds, pendant que le vendeur détaillait à loisir les antécédents, l'histoire, les attributs et les mérites de chacun des esclaves exhibés sur l'estrade par ses gorilles d'assistants.

– Voici un eunuque de base, clama-t-il, présentant un Noir obèse et luisant, plutôt joyeux pour un homme de sa condition. Garanti placide et obéissant, il n'a jamais volé plus que de raison. Il ferait donc, à n'en pas douter, un excellent domestique. Cela dit, si vous cherchez un véritable gardien des clés, voici un eunuque parfait.

Il fit avancer un jeune homme blanc, blond et musclé, au physique plutôt avantageux, mais qui arborait pour sa part l'air mélancolique caractéristique de l'esclave.

– Veuillez maintenant examiner la marchandise !

Mon oncle s'adressa au *wazir* :

– Je n'ignore pas, évidemment, ce qu'est un eunuque. Nous avons dans notre propre pays des castrats, garçons à la voix douce émasculés pour conserver leur timbre aigu d'origine. Mais comment un tel individu privé de sa virilité peut-il être répertorié comme étant *de base* ou *parfait* ? Est-ce dû au fait que l'un est éthiopien et l'autre russe ?

– Non, Mirza Polo, répondit Jamshid, et il expliqua la suite en français, afin que nous ne soyons pas trompés par une mauvaise compréhension du farsi. L'eunuque ordinaire est privé de ses testicules alors qu'il n'est encore qu'un nourrisson, afin qu'il grandisse docile et soumis, sans esprit d'antagonisme ni de rébellion. C'est une opération facile. On ajuste un cordon bien serré à la base du scrotum du bébé, et, en l'affaire de quelques semaines, celui-ci blanchit, puis noircit et tombe de lui-même. Cela suffit à en faire un serviteur tout à fait convenable pour les tâches d'utilité générale.

– Que rêver de mieux pour un maître ? rétorqua oncle Matteo, mi-sincère mi-sarcastique.

– Maintenant, pour un gardien des clés, on fera bien davantage confiance à un eunuque parfait. Celui-ci est en effet censé vivre à l'intérieur du harem qu'il surveille, où sont gardées les femmes et les concubines de son maître. Celles-ci, surtout si ce dernier ne les honore pas souvent en les invitant dans son lit, peuvent devenir extrêmement entreprenantes et inventives, même en présence d'une chair mâle inerte. C'est pourquoi un gardien digne de ce nom se doit d'avoir été délesté de *tout* son équipement, tige comprise. Et cette opération nécessite des soins plus délicats, car elle est loin d'être aisée. D'ailleurs, regardez. On va vous dévoiler la marchandise.

Nous regardâmes. Le marchand avait ordonné aux deux esclaves d'ôter leur *pai-jamah :* ils étaient à présent debout, le bas-ventre à l'air, scrutés de près par un Juif persan d'un certain âge. Le gros homme noir, dépourvu de poils et privé de scrotum, exhibait néanmoins un membre de taille respectable quoique d'une répugnante couleur noire et pourpre. J'imaginai qu'une femme de harem, si elle était terriblement en manque d'homme et assez dépravée pour avoir envie d'une telle chose en elle, pouvait peut-être s'arranger pour fabriquer une sorte d'attelle susceptible de lui donner la rigidité voulue. Mais le jeune Russe était à l'évidence, à cet égard, infiniment plus présentable puisqu'il n'arborait même pas ce flasque attribut. On ne distinguait sur son artichaut qu'une touffe de poils blonds, avec juste la pointe d'un petit bâton blanc qui dépassait grotesquement de l'amas pileux. Par ailleurs, l'aspect de son entrejambe ne présentait pas de différence majeure avec celui d'une femme.

– Brutes barbares, gronda oncle Matteo. Dites-moi, Jamshid, comment en parvient-on à *cela* ?

Sans plus d'émotion que s'il lisait un texte médical, le *wazir* décrivit :

– On amène l'esclave dans une pièce densément remplie de la fumée de feuilles de *banj* posées sur des braises, on le plonge dans un bain chaud et on lui donne à siroter du *teryak*, un extrait de pavot. Toutes ces précautions visent à atténuer sa perception de la douleur. Le *hakim* chargé de cette opération prend un long ruban et l'enroule autour des parties génitales, en commençant par l'extrémité du pénis et ensuite jusqu'aux testicules, afin de ne faire de l'ensemble qu'un paquet concentré. Après quoi, d'une lame soigneusement affûtée, il tranche le tout d'un seul coup rapide. Il applique immédiatement sur la blessure un emplâtre hémostatique fait d'un mélange de poudre de raisins secs, de vesse-de-loup et d'alun. Dès que le sang cesse de couler, il insère un tuyau de plume propre, que l'esclave gardera le reste de sa vie. Car le principal danger est que le conduit urinaire ne se bouche au cours de la cicatrisation. Si, dans les trois ou quatre jours qui suivent, l'esclave n'a pas réussi à évacuer l'urine par ledit tuyau de plume, il est certain de mourir. Et, c'est assez triste à dire, mais cela arrive dans presque trois cas sur cinq.

– Bon sang de bonsoir ! s'indigna mon père. C'est révoltant. Avez-vous été le témoin direct de ce genre de mutilation ?

– Oui, répondit Jamshid. J'y ai assisté avec intérêt quand j'en ai moi-même été la victime.

J'aurais dû comprendre que cela cadrait parfaitement avec cet air mélancolique qu'il arborait continuellement et j'aurais dû surtout me taire. Au lieu de quoi, je laissai étourdiment échapper :

– Mais vous n'êtes pas gros, *wazir*, et vous avez toute votre barbe !

Loin de se formaliser de mon impertinence, il m'expliqua calmement :

– Ceux qui subissent la castration durant l'enfance grandissent sans barbe, et leur corps gagne effectivement des rondeurs affirmées et un aspect assez féminin, y compris dans l'apparition d'une poitrine conséquente. En revanche, si l'opération est pratiquée sur l'esclave après sa puberté, il conservera une apparence extérieure plutôt masculine. J'étais déjà un homme, marié et père d'un fils, quand les Kurdes chasseurs d'esclaves ont pris d'assaut ma ferme. Comme ces derniers ne cherchaient que de robustes travailleurs, ma femme et mon fils ne furent pas emmenés. Ce n'est que quelque temps après qu'on est revenu les violer tous les deux à plusieurs reprises avant de les égorger.

Un silence consterné s'ensuivit et serait vite devenu gênant si Jamshid n'avait ajouté, d'un ton presque philosophe :

– Au fond, ai-je le droit de me plaindre ? Je pourrais n'être aujourd'hui qu'un modeste agriculteur cultivant le millet. Ayant été privé des élans naturels de l'homme – qui consistent à semer, tant pour faire fructifier le sol que pour s'assurer une descendance –, cela m'a dégagé du temps pour cultiver mon intellect, et me voici *wazir* du shahinshah de Perse. Ce n'est pas une mince réussite.

Ayant ainsi gracieusement évacué ce délicat sujet, il demanda au vendeur d'esclaves de bien vouloir prêter l'oreille à notre requête. Le marchand délégua donc à ses assistants la poursuite de l'exhibition des deux esclaves déjà offerts à la vente et se dirigea vers nous, le sourire aux lèvres et se frottant les mains.

J'avoue que j'avais plus ou moins secrètement espéré que mon père m'achèterait une esclave accorte qui aurait pu devenir un peu plus qu'une simple servante, ou tout au moins un garçon de mon âge susceptible, donc, de me distraire en me tenant compagnie. Cependant, au lieu de demander au vendeur ce que j'aurais souhaité, il lui réclama ce qu'il voulait pour moi :

– Un homme plutôt d'âge mûr, ayant déjà pas mal voyagé, mais encore assez alerte pour continuer. Rompu aux coutumes orientales afin de pouvoir à la fois protéger mon fils et l'instruire. De surcroît... (il lança au *wazir* un regard compatissant) j'aimerais autant que ce ne soit pas un eunuque. Je n'ai pas, voyez-vous, particulièrement envie d'encourager cette pratique.

– J'ai exactement ce qu'il vous faut, messieurs, affirma le marchand dans un français impeccable. Mûr mais point trop âgé, malin sans être fourbe, expérimenté mais capable d'obéir aux ordres. Allons, bon, où se trouve-t-il donc, maintenant ? Il était là il y encore un instant...

Nous le suivîmes au milieu de son troupeau – de ses troupeaux plutôt, tant étaient nombreux les esclaves qu'il gardait dans son enclos ainsi que les minuscules poneys persans teints au henné qui tiraient de ville en ville ses chariots couverts d'un canevas de joncs tressés. Ceux-ci, où voyageaient et dormaient également ses assistants, étaient disposés de façon à servir de barrières à l'enclos.

– Cet homme, messieurs, constituera pour vous l'esclave idéal, assurait-il tout en jetant des regards à la ronde. Il a appartenu à un grand nombre de maîtres et connaît donc autant de pays que de langues différentes. Ses talents sont aussi nombreux que variés. Mais où donc est-il passé, à la fin ?

Nous continuâmes à circuler entre les hommes et les femmes esclaves, tous entravés de chaînes reliées à leurs chevilles, alors que les chevaux nains, eux, ne l'étaient pas. Le marchand commençait à être assez embarrassé d'avoir égaré précisément l'esclave qu'il s'apprêtait à vendre.

– Je me souviens très bien l'avoir délié des autres, murmurait-il, et l'avoir attaché à l'une de mes juments qu'il devait étriller...

Il fut interrompu par un puissant, long et perçant hennissement. Dans l'ondulation orangée de sa crinière et de sa queue, un petit cheval jaillit littéralement des portes battantes d'un des chariots couverts. L'espace d'un court instant, il parut vraiment voler dans les airs, comme le cheval orné de verre dont nous avait parlé la shahryar Zahd, car, avant d'atteindre le sol, il lui fallut franchir le siège du cocher. La trajectoire arrondie de cet immense bond était prolongée, derrière les pattes postérieures de l'animal, par celle de la chaîne qui les entravait, au bout de laquelle était attaché un homme qui surgit à son tour, les pieds devant, des battants du chariot, tel un bouchon arraché d'une bouteille. Il vola à la suite du cheval au-dessus du banc du cocher avant d'aller s'écraser au sol dans un bruit mat. Le cheval ayant fermement l'intention de continuer à fuir, l'homme fut traîné sur plusieurs mètres dans un épais nuage de poussière, avant que le vendeur d'esclaves réussît à stopper l'animal effrayé en lui attrapant fermement la bride. Si la crinière orangée du petit cheval était très soigneusement peignée, sa queue de couleur identique était pour sa part plutôt ébouriffée. Ce désordre ne semblait pas sans rapport avec les parties intimes de l'homme, lesquelles étaient en effet dénudées, son *pai-jamah* étant baissé sur ses chevilles. Il demeura un instant assis, trop secoué pour pouvoir faire quoi que ce fût d'autre que proférer dans sa barbe de vagues exclamations en différentes langues. L'instant d'après, cependant, il remonta promptement son pantalon tandis que le marchand d'esclaves, qui s'était d'un bond porté à ses côtés, l'accablait d'un torrent d'imprécations tout en le relevant prestement à coups de pied. L'esclave approchait l'âge de mon père, mais sa barbe sale et hirsute, qui n'avait sans doute guère plus de deux semaines, peinait à masquer la teinte rubiconde de sa peau. Deux petits yeux fuyants et porcins surmontaient son nez large et charnu, lequel s'affaissait sur de grosses lèvres. À peine plus grand que moi, il était en revanche beaucoup plus trapu, sa panse ballotant sur le devant comme le faisait son nez. Tout bien considéré, il avait presque quelque chose de l'oiseau-chameau.

– Ma toute dernière jument ! enrageait le négociant en farsi, rouant toujours l'esclave de ses coups. Indescriptible scélérat !

– L'espiègle bête vagabondait, maître, couinait le scélérat, les mains remontées au-dessus de sa tête pour tenter de se protéger, alors, bien sûr, j'ai dû la suivre...

– Ah oui, elle vagabondait jusque *dans* les chariots ? Tu es aussi menteur que dépravé vis-à-vis des animaux innocents ! Répugnant pervers !

– Mon maître, faites-moi la confiance que je mérite ! pleurnicha le pervers. Votre jument aurait pu s'enfuir, et vous l'auriez irrémédiablement perdue. Ou, pire encore, j'aurais pu m'échapper avec elle.

– *Bismillah*, tu aurais peut-être mieux fait ! Tu es une insulte vivante à la noble institution de l'esclavagisme !

– Vous n'avez donc qu'à me vendre, maître, geignit l'insulte vivante. Fourguez-moi vite à quelque client peu méfiant et écartez-moi ainsi de votre vue.

– *Estag farullah !* lança le marchand comme une imprécation au ciel, la voix cassée. Qu'Allah me pardonne mes péchés, mais c'est ce que j'étais sur le point de faire. Ces dignes gentilshommes t'auraient déjà acheté, abomination, s'ils ne t'avaient surpris en train de violer ma meilleure jument !

– Vous me permettrez de discuter cette appréciation, maître ! poursuivit l'abomination avec une incroyable impudence. J'en ai connu de bien meilleures.

À court de mots, le négociant serra les poings et les mâchoires, et éructa un grognement : « Arrrgh ! »

Jamshid mit fin à ce singulier échange par cette sèche remarque :

– Mirza commerçant, je m'étais avancé en assurant ces messieurs que vous étiez un vendeur digne de confiance et que votre marchandise était fiable.

– Mais qu'Allah m'en soit témoin, c'est le cas, *wazir* ! Croyez-moi, jamais je ne vendrais, je ne *donnerais* même pas cette pustule ambulante ! Je n'en ferais même pas don à Awwa, l'épouse harpie de Satan le diable, je le jure, à présent que je connais sa véritable nature. Acceptez mes plus sincères excuses, messieurs. Et cette créature va dès maintenant vous présenter les siennes. Tu m'as compris ? Allez, demande pardon pour cette déplorable exhibition. Humilie-toi ! Parle, Narine !

– *Narine* ? reprîmes-nous tous en écho.

– C'est mon nom, mes bons maîtres, fit l'esclave sans s'excuser le moins du monde. J'en ai d'autres, mais on m'appelle le plus souvent Narine, pour la bonne raison que voici !

Il posa un doigt noir de crasse sous l'amas de chair qui lui tenait lieu de nez et en releva le bout, révélant au lieu des deux narines attendues un seul trou béant. Le phénomène aurait déjà été en soi suffisamment écœurant s'il n'y avait eu pire : la profusion de poils gluants de morve qui en émergeaient.

– Une punition bénigne, qui me fut naguère infligée pour un méfait plus insignifiant encore. Mais ne me jugez pas sur ces apparences, mes bons maîtres. Ainsi que vous vous en doutez déjà, je suis d'une race d'homme particulièrement distinguée, et l'on ne compte plus mes vertus cachées. J'étais marin de profession avant d'être réduit en esclavage, et j'ai voyagé *partout*, depuis mon Sind natal jusqu'aux lointains rivages de…

– Jésus, Marie, Joseph ! s'extasia mon oncle. Mais il a la langue aussi leste que la jambe du milieu !

Littéralement fascinés, nous laissâmes Narine donner libre cours à son bagout :

– Je serais encore en train de naviguer si je n'avais eu la mauvaise fortune d'être fait prisonnier par des chasseurs d'esclaves. Au moment où ils nous ont attaqués, j'étais en train de faire l'amour à une femelle chacal, et vous savez sans doute, respectables gentilshommes, combien le *mihrab* de ces créatures peut aspirer fortement le *zab*, jusqu'à le retenir totalement prisonnier. Aussi ne pouvais-je courir bien vite, avec cette femelle chacal qui se balançait devant moi et rebondissait tout en poussant des cris rauques. Ainsi fus-je capturé, et ma carrière d'esclave débuta, mettant fin à ma carrière de marin. Vous aurez remarqué que je m'exprime en sabir, votre langue commerciale de l'Occident… Et maintenant, prêtez l'oreille, maîtres de bon augure : je vous parle en farsi, langue commerciale de l'Orient. Je parle également couramment le sindhi, qui est mon dialecte de naissance, le pachtoun, l'hindi et le pendjabi. Je me débrouille aussi passablement en arabe, suis capable de manier la plupart des dialectes turcs et…

– … Vous ne la fermez dans aucun d'entre eux ? demanda abruptement mon père.

Narine poursuivit, sans faire attention à la question :

– … Comme je vous le disais en commençant, j'ai en outre un grand nombre d'autres qualités et talents. Je suis un spécialiste des chevaux, comme vous devez l'avoir noté. J'ai été élevé parmi les chevaux et…

– Vous venez de nous dire que vous étiez marin, fit observer mon oncle.

– C'était après ma jeunesse, perspicace maître. Je suis aussi expert en chameaux. Je puis tirer les horoscopes à la façon des Arabes, des Perses et des Indiens. J'ai refusé les offres des hammams les plus réputés qui me proposaient de louer mes services, car, en tant que masseur, je suis inégalable. Je sais teindre au henné les barbes grises et atténuer les rides à l'aide d'un baume au vif-argent. De mon unique narine, je peux jouer de la flûte de façon plus douce que le meilleur musicien ne pourrait le faire de sa bouche. De plus, lorsque j'utilise cet orifice d'une certaine autre façon…

Tous ensemble, mon père, mon oncle et le *wazir* explosèrent d'indignation :

– *Dio me varda !*

– Ce type vous dégoûterait un ver de terre !

– Débarrassez-vous-en, seigneur négociant ! C'est une tache sur Bagdad ! Attachez-le à un piquet et laissez-le en pâture aux vautours !

– J'ai bien entendu, *wazir*, et je n'y manquerai pas. Dès que je vous aurai donné un aperçu de mes autres marchandises, peut-être ?

– Il est tard, invoqua Jamshid, évacuant l'appréciation peu flatteuse qu'il aurait pu lancer au commerçant sur la qualité de ses fameuses marchandises. Nous sommes attendus au palais. Venez, messieurs. Demain est un autre jour.

– Et un jour plus limpide, gronda sourdement le négociant, couvant l'esclave d'un regard vengeur.

Ainsi quittâmes-nous l'enclos aux esclaves et le bazar pour nous frayer un chemin parmi les rues et les jardins des squares. Nous étions presque au palais quand oncle Matteo eut cette remarque :

– Vous avez vu ? Cet ignoble chenapan de Narine ne s'est *jamais* excusé.

22

Nos serviteurs nous habillèrent une nouvelle fois de nos plus beaux vêtements, et nous rejoignîmes derechef le shah pour le dîner. Ce fut encore un repas délicieux, si l'on veut bien en excepter le vin de Chiraz. Je me souviens que le plat final était un *sheriye*, une préparation à base de pâtes en ruban semblables à nos *fetucine* mais cuites dans une crème d'amandes et de pistaches avec de minuscules lamelles de feuilles d'or et d'argent si finement découpées qu'elles se fondent naturellement dans la saveur du plat.

Pendant que nous dînions, le shah nous annonça que sa royale fille aînée, la shahzrad Magas, était venue lui demander l'autorisation – qu'il avait d'ailleurs accordée – de me servir de cicérone et de guide afin de me faire découvrir la ville et les environs – en compagnie bien sûr d'un chaperon – durant le temps que nous devions rester à Bagdad. Mon père me glissa un long regard de côté, mais remercia le shah de sa gentillesse et de celle de sa fille. Il déclara peu après que puisque, désormais, j'étais à l'évidence entre de bonnes mains, il ne serait sans doute pas nécessaire d'acheter un esclave pour veiller sur moi. Il partirait donc pour Ormuz dès le lendemain matin, tandis qu'oncle Matteo prendrait la direction de Bassora.

Je les vis s'en aller dès l'aube, chacun escorté d'un des gardes du palais désigné par le shah pour être à la fois leur serviteur et leur protecteur durant le voyage. Je me dirigeai alors vers les jardins du palais, où la shahzrad Magas m'attendait, toujours discrètement suivie comme une ombre par sa grand-mère, prête à me faire bénéficier de cette première journée en sa compagnie. Je la saluai d'un *salââm* on ne peut plus formel, me gardant bien – tout comme elle, pour l'instant – de la moindre allusion au cadeau qu'elle m'avait promis.

– L'aube est un moment propice pour visiter notre *masjid*, dit-elle, m'escortant vers ce temple du culte dont elle me fit d'abord admirer l'extérieur qui était, il faut le reconnaître, somptueux. Son immense dôme, surmonté d'une boule dorée qui étincelait dans la clarté du matin, était couvert d'une mosaïque de petites tuiles bleues et argent. La flèche du minaret ressemblait à une bougie géante, richement décorée de gravures et sertie de pierres précieuses rutilantes.

J'émis alors une hypothèse toute personnelle, dont j'aimerais vous faire part ici.

Je savais déjà que les hommes musulmans étaient tenus de cacher leurs femmes. Ils les confinent dans le silence, les réduisent à l'inaction, veillent à ce qu'elles demeurent toujours voilées aux regards extérieurs. C'est ce que les Persans appellent le *pardah*, un état d'élimination virtuelle de leurs femmes. Je savais aussi que, par décret du prophète Mahomet dans le Coran qu'il a écrit, la femme compte parmi les possessions de l'homme au même titre que son épée, ses chèvres ou les éléments de sa garde-robe, avec pour seule différence qu'occasionnellement il peut s'accoupler avec elle dans le seul but d'engendrer une descendance, laquelle n'a de réelle importance que si elle comporte un garçon, comme il l'est lui-même. Les musulmans dévots n'abordent jamais, entre hommes et femmes, le sujet de leurs relations sexuelles, ni même celui de leur couple. Il arrive cependant qu'à l'occasion un homme, en compagnie de ses pairs, évoque crûment ces thèmes.

Pourtant, il me vint à l'idée, en observant le *masjid* ce matin-là, que la méfiance de l'islam envers toute spontanéité sur la question de la sexualité n'avait cependant pas réussi à éradiquer *en totalité* les formes de son expression. Regardez n'importe quel *masjid*, vous verrez dans le dôme une représentation fidèle du sein féminin avec son mamelon fièrement érigé vers le ciel, et dans le minaret une image vivante de l'organe viril du mâle tout aussi joyeusement raidi. Il se pourrait que je me trompe en osant ce type de rapprochement...

La princesse me fit entrer dans la pièce centrale du bâtiment dont les dimensions étaient impressionnantes et la décoration majestueuse, exclusivement composée de dessins, sans image ni sculpture. Les murs, ornés de mosaïques où alternaient lapis-lazuli et marbre blanc, transformaient la pièce en un espace bleu pâle accueillant et d'une grande douceur.

Outre l'absence totale d'image dans les temples musulmans, il n'y a pas non plus d'autel, de prêtres, de musiciens, de choristes, ni d'apparat dans le cérémonial : les encensoirs, les fonts baptismaux et les candélabres n'existent pas. La messe, la communion et tous ces rites n'y ont pas cours, la seule pratique observée par des musulmans assemblés consistant à se prosterner en direction de la sainte cité de La Mecque, ville de naissance du prophète Mahomet. Celle-ci étant située au sud-ouest de Bagdad, la niche appelée *mihrab* creusée dans le mur du fond, de la taille d'un homme et parée des mêmes couleurs blanche et bleue, était naturellement orientée dans cet axe.

– Voici ce qu'on appelle le *mihrab*, dit la princesse Phalène. Quoique l'islam n'ait besoin d'aucun prêtre, il arrive, à l'occasion, que la prière soit conduite par un religieux de passage. Il peut s'agir d'un imam, l'un de ces hommes qui, par leur grande connaissance du Coran, ont acquis une certaine autorité spirituelle en matière de principes religieux. Ou d'un mufti, lui aussi expert à sa façon, mais spécialisé dans les lois matérielles prescrites par le Prophète – la paix et la bénédiction soient sur lui. Ou encore d'un hadji, l'un de ceux qui ont accompli le long pèlerinage vers la sainte ville de La Mecque. Pour conduire nos dévotions, le saint homme, prend place là-bas, dans ce *mihrab*.

– Je croyais, moi, que ce mot signifiait…, laissai-je d'abord échapper, avant de me raviser et de me taire face au sourire coquin de la princesse.

J'avais failli avouer que ce terme désignait dans mon esprit l'une des parties les plus intimes de la femme, celle qu'une fille de Venise avait naguère appelée vulgairement la « chatte », avant qu'une dame de cette même ville l'eût rebaptisée plus élégamment « minette ». Mais je me rendis soudain compte que la forme même de cette niche rappelait assez fidèlement celle de l'orifice génital féminin, légèrement ovale dans son contour puis se rétrécissant au sommet jusqu'à se refermer en ogive. J'ai visité un grand nombre d'autres *masjid*, et partout cette niche conserve la même apparence. Je considère que c'est là un argument supplémentaire pour étayer ma théorie sur l'architecture islamique. Cela ne me dit pas pour autant, bien sûr – et je doute fort que les musulmans le sachent eux-mêmes –, dans quel sens le mot *mihrab* fut d'abord employé : dans sa dimension religieuse ou dans son acception plus grivoise.

– Et là, poursuivit la princesse Phalène, voici les ouvertures par lesquelles le soleil indique la succession des jours.

De petites fenêtres s'ouvraient en effet en haut du dôme sur toute la périphérie, et les rayons du soleil levant venaient frapper à l'intérieur, sur le mur opposé, un cartouche de pierre dans lequel des inscriptions arabes gravées s'insinuaient au milieu des mosaïques. La princesse lut à voix haute les mots qui étaient éclairés en cet instant. Apparemment, il s'agissait dans le calendrier musulman du troisième jour du mois de Jumada de l'an 670 de l'Hégire, ce qui équivalait, dans le calendrier persan, à l'an 199 de l'ère de Jalal. Après quoi, la princesse Phalène et moi-même, murmurant et comptant ensemble sur nos doigts, calculâmes à quel jour de l'ère chrétienne correspondait cette date.

– Nous serions donc aujourd'hui le 20 septembre ! m'exclamai-je. C'est mon anniversaire !

Elle me félicita, avant d'ajouter :

– N'est-ce pas la coutume chez les chrétiens d'offrir des cadeaux, en cette occasion, comme nous le faisons nous-mêmes ?

– Parfois, oui.

– Dans ce cas, je te gratifierai d'un cadeau cette nuit même, si tu as le courage de braver les quelques risques qu'il faut prendre pour le recevoir. Je t'offrirai une nuit de *zina*.

– De *zina ?* Qu'entendez-vous par là ? demandai-je, tout en ayant une idée de la réponse.

– Cela qualifie toute relation illicite entre un homme et une femme. C'est *haram*, interdit, si tu préfères. Si tu veux bénéficier de mon cadeau, je dois t'introduire dans ma chambre, au sein du quartier des épouses, dans le palais des femmes, qui est lui aussi *haram*.

– Je prendrai tous les risques ! m'écriai-je de tout mon cœur. Puis je pensai à une chose : Cependant… veuillez pardonner ma question, princesse Phalène, mais j'ai appris que les femmes musulmanes sont d'une certaine façon privées de… ce qui pourrait motiver leur enthousiasme pour la *zina*. On m'a expliqué qu'elles étaient, enfin, quelque chose comme circoncises, quoique j'imagine mal comment.

– Oh, oui, *tabzir*, reprit-elle d'un ton désinvolte. C'est en effet ce qu'endurent généralement les filles du lot commun, oui, quand elles sont tout enfant. Mais les filles de sang royal en sont exemptées, comme toutes celles qui pourraient un jour devenir des femmes ou des concubines de la cour royale. Je n'ai subi, tu peux m'en croire, aucune intervention de la sorte.

– J'en suis heureux pour vous, affirmai-je, et je le pensais vraiment. Mais que fait-on, alors, à ces pauvres femmes ? Qu'entend-on exactement par *tabzir* ?

– Je vais te le montrer, répondit-elle.

Je fus un instant abasourdi, craignant qu'elle ne se déshabillât, ici et maintenant, aussi esquissai-je un geste d'alarme en direction de la grand-mère tapie derrière elle. La princesse Phalène se contenta de m'adresser un large sourire, s'avança vers la niche du prêcheur creusée dans le mur du fond et me dit :

– L'anatomie féminine t'est-elle familière ? Tu sais dans ce cas qu'à cet endroit (elle pointa du doigt le haut de l'arcade), vers le haut de l'ouverture du *mihrab*, la femme possède une tendre excroissance en forme de bouton. C'est le *zambur*.

– Ah, fis-je enfin éclairé sur ce point. À Venise, nous l'appelons la *lumaghèta*.

J'essayais de conserver l'attitude neutre et détachée du médecin, mais je sentais bien que j'étais en train de rougir en prononçant ces mots.

– La position du *zambur* peut varier légèrement d'une femme à l'autre, continua Phalène, pour sa part d'une inaltérable quiétude. Quant à sa taille, elle est aussi sujette à d'immenses différences. Mon propre *zambur* est d'une dimension exceptionnelle, puisqu'il peut atteindre, une fois déployé, la dimension de la première phalange de mon petit doigt.

Cette seule pensée contribua soudain, à mon tour, à *me* déployer quelque peu moi-même. Et, vu la proximité de la grand-mère, je bénis une fois de plus l'ampleur de mon vêtement du bas. Mais la princesse poursuivait allègrement :

– C'est la raison pour laquelle je suis très demandée au quartier des épouses, mon *zambur* pouvant presque faire office auprès d'elles du *zab* d'un homme. Or ce type de jeu entre femmes est *halal* : il est permis, autorisé, et non *haram*.

Si mon visage avait été jusque-là rosé, il devait avoir à présent tourné à l'écarlate. Mais si la princesse s'en aperçut, cela ne la calma pas pour autant.

– Chez toute femme, ce bouton, qui est sa zone la plus sensible, constitue le point central de son excitation sexuelle. Sans déploiement de son *zambur*, elle restera insensible à toute étreinte intime. Et, ne prenant aucun plaisir à l'acte proprement dit, elle n'y aspirera pas plus que cela. C'est bien sûr la raison essentielle du *tabzir*, que tu as appelé tout à l'heure circoncision. Chez une femme formée, tant qu'il n'est pas en complète érection, le *zambur* demeure discrètement niché au creux des lèvres fermées de son *mihrab*. Mais lorsque la jeune fille est encore un tout petit bébé, sa protubérance est bien visible entre lesdites lèvres : il est facile à un *hakim* de la trancher à l'aide d'une simple paire de ciseaux.

– Dieu du ciel ! m'écriai-je, horrifié, coupé net dans mon excitation. C'est bien pire qu'une circoncision... Il s'agit rien moins, ici, que de faire de la femme une sorte d'eunuque !

– Tout à fait, acquiesça-t-elle, comme si tout cela n'avait absolument rien de choquant. L'enfant deviendra alors une femme frigide, indifférente à toute sollicitation et dénuée d'attrait pour le sexe. La femme musulmane parfaite, en somme.

– Parfaite ? Quel mari voudrait d'une telle femme ?

– Mais... un mari musulman, bien sûr ! répliqua-t-elle simplement. Comme cette femme ne commettra jamais d'adultère, il ne risquera pas de se retrouver déshonoré. Elle sera incapable d'envisager une *zina* ou quoi que ce soit de *haram*. Jamais elle ne mettra son mari en colère en flirtant avec un autre homme. Si elle demeure vraiment *pardah*, jamais même elle ne *verra* le moindre autre homme, jusqu'à ce qu'elle mette au monde un fils. Tu sais, le *tabzir* ne perturbe en rien leur fonction reproductrice. La femme peut devenir mère, et en cela elle est supérieure à l'eunuque, qui ne pourra jamais, lui, devenir père.

– Ce n'en est pas moins un sort épouvantable, pour toutes ces femmes.

– C'est le destin qu'a voulu instituer le Prophète – que la paix et la bénédiction soient sur lui. Je me réjouis néanmoins de ce que les élites, dont je suis, n'aient pas à subir les avanies que doivent supporter les classes inférieures. Maintenant, au sujet de ton cadeau d'anniversaire, jeune Mirza Marco...

– Je voudrais que la nuit fût déjà là, avouai-je, jetant un coup d'œil à la lente arrivée du jour. Ce sera la plus longue journée d'anniversaire de ma vie, d'avoir à attendre la nuit pour une *zina* avec toi...

– Oh, non, pas avec *moi* !

– Comment ?

Elle pouffa.

– Enfin, pas exactement avec moi.

Décontenancé, je ne pus que répéter :

– Comment ?

– Tu m'as distrait, Marco, à me parler du *tabzir*, aussi ne t'ai-je pas expliqué le cadeau que je comptais t'offrir. Avant tout, tu dois garder à l'esprit que je suis vierge.

Je commençai à répondre d'un air maussade :

– Tu n'as pas eu jusqu'à présent les paroles d'une…, mais elle me posa un doigt sur les lèvres.

– C'est vrai, je ne suis pas *tabzir*, donc pas frigide, et peut-être pourrais-tu émettre quelques doutes concernant ma vertu dans la mesure où je t'invite à pratiquer un acte *haram*. Il est vrai aussi que je suis dotée d'un *zambur* tout à fait charmant et que j'adore m'en servir, mais seulement de façon *halal* et sans mettre en danger ma virginité. C'est qu'en dehors de mon *zambur*, vois-tu, j'ai encore tous mes attributs féminins, y compris mon *sangar*. Cette membrane virginale n'a jamais été percée, et jamais elle ne le sera jusqu'à ce que j'épouse quelque prétendant de sang royal. Si j'étais déflorée, aucun prince ne voudrait plus de moi. J'aurais même de la chance de ne pas être décapitée pour avoir perdu ma virginité. Non, Marco, ne t'imagine même pas en rêve pouvoir consommer la *zina* avec moi.

– Je suis un peu perdu, princesse Phalène. Vous m'avez vous-même distinctement dit que vous alliez m'introduire dans votre chambre…

– C'est ce que je ferai. Et je resterai avec toi afin de t'aider à pratiquer la *zina* avec ma sœur.

– Avec ta *sœur* ?

– Chut ! Ma grand-mère est peut-être sourde comme un pot, mais elle peut parfois lire sur les lèvres. À présent, tais-toi et écoute-moi. Mon père ayant de nombreuses épouses, j'ai de nombreuses sœurs. L'une d'entre elles est susceptible de se prêter à la *zina*. En réalité, elle ne s'en lasse jamais. Ce sera elle, ton cadeau d'anniversaire.

– Mais si elle est aussi princesse royale, en quoi sa virginité serait-elle moins…

– Je t'ai dit de te taire. Oui, elle est aussi royale que moi, mais elle a une raison de moins tenir à sa virginité. Tu sauras tout ce soir. Jusque-là, ne m'interroge plus ou je suspends le cadeau. Maintenant, Marco, profitons ensemble de cette journée. Laisse-moi appeler un cocher qui nous emmènera faire le tour de la ville.

Le carrosse, quand il arriva, s'avéra n'être qu'un simple chariot à deux grandes roues, tiré par un unique cheval nain de Perse. Le cocher m'aida à hisser la grand-mère infirme sur son siège à ses côtés, la princesse et moi prîmes place à l'intérieur de la cabine. Tandis que notre attelage descendait l'allée du jardin et franchissait les grilles pour sortir vers la ville, Phalène, se souvenant qu'elle n'avait pas pris de petit déjeuner, ouvrit un sac en tissu, en tira plusieurs fruits d'un jaune un peu vert et croqua dans l'un d'eux tout en m'en offrant un autre.

– C'est du *banyan*, précisa-t-elle. Une variété de figue.

Je tressaillis de dégoût à la simple évocation d'une figue et déclinai poliment l'offre, peu soucieux d'avoir à évoquer devant elle la rocambolesque aventure d'Acre qui m'avait valu cette répulsion spontanée pour les figues. Phalène apprécia peu mon refus, je lui demandai pourquoi.

– Sais-tu, murmura-t-elle, penchée vers moi afin que le cocher n'entende pas ses paroles, que c'est le fruit défendu avec lequel Ève a séduit Adam ?

Je lui susurrai en retour :

– Je préfère la séduction sans le fruit. Et d'ailleurs, à ce propos…

– Je t'ai dit de ne pas en reparler. Pas avant ce soir.

J'eus beau ensuite tenter à plusieurs reprises, au cours de notre promenade en carriole, de revenir au sujet, elle m'ignora à chaque fois, ne communiquant que pour attirer mon attention sur tel ou tel détail digne d'intérêt et me donner des informations à son propos.

– Nous sommes ici dans le bazar que tu as visité, m'indiqua-t-elle, mais peut-être ne le reconnais-tu pas, à présent qu'il est vide, déserté et silencieux. C'est parce que nous sommes aujourd'hui *Jumè* – vendredi, si tu préfères –, journée qu'Allah a désignée comme étant celle du repos, et il n'est pas question, ce jour-là, de se livrer au commerce ou de traiter une affaire. C'est un jour chômé. Quant à cette étendue herbeuse que tu vois là-bas, ajouta-t-elle, c'est le cimetière, que nous appelons la ville des hommes silencieux.

Un peu plus tard, elle continua :

– Ce vaste bâtiment est la maison des hallucinés, une institution caritative créée par mon père le shah. On y envoie les gens qui ont perdu la raison, ce qui, lors des intenses chaleurs d'été, arrive à pas mal de monde. On les y accueille et l'on prend soin d'eux. Ils sont régulièrement examinés par un *hakim*, et si d'aventure ils retrouvent leurs esprits on leur permet de quitter l'établissement.

Dans les faubourgs de la cité, nous franchîmes un pont jeté sur un ruisseau dont la couleur, d'un bleu bien plus intense que n'importe quelle eau, me frappa. Un peu plus loin, nous en traversâmes un autre qui était d'un vert vif des plus insolite. Mais ce n'est que lorsque nous en passâmes un troisième, rouge sang, que j'émis un commentaire à ce sujet.

– Les eaux de tous ces ruisseaux sont colorées par les teintures des fabricants de *qali*, m'expliqua Phalène. As-tu jamais eu l'occasion d'observer comment on les fabrique ? Il faut que tu voies cela.

Elle donna les indications nécessaires au cocher.

Je m'attendais à un retour vers le centre ville et à une visite d'atelier, mais la carriole poursuivit sa route à travers la campagne et s'arrêta à mi-pente d'une colline, devant l'entrée au plafond bas de ce qui semblait être une grotte. Phalène et moi descendîmes de voiture, nous approchâmes du trou et penchâmes la tête pour y jeter un regard.

Il nous fallut nous coucher, puis progresser dans un petit tunnel obscur avant de déboucher soudain dans une vaste caverne rocheuse pleine de monde, au sol encombré de tables de travail, de bancs et de bacs à teinture. Jusqu'à ce que mes yeux se fussent accoutumés à la pénombre qui y régnait, je trouvai la pièce assez obscure, en dépit des innombrables chandelles, lampes et autres torches qui l'illuminaient. Les lampes étaient posées sur les différents meubles, les torches fixées à intervalles réguliers sur les murs de pierre, et des chandelles, parfois collées à l'aide de leur seule cire, parsemaient les rochers, quand elles n'étaient pas tout simplement transportées à la main par la multitude d'ouvriers.

– Je croyais que c'était jour de repos, aujourd'hui, déclarai-je à la princesse.

– Pour les musulmans, me rappela-t-elle. Ceux-là sont tous des esclaves, entre autres des Russes chrétiens. On les autorise à chômer le dimanche, qui est leur jour de sabbat.

Seuls quelques-uns des esclaves étaient des hommes et des femmes adultes. Ils étaient alors absorbés à des tâches variées, comme mélanger la teinture dans les bacs posés au sol. Les autres, tous des enfants, travaillaient suspendus dans les airs, flottant assez haut dans la caverne. Je sais que cela ressemble à l'un de ces contes chers à la shahryar Zahd, mais c'était pourtant l'exacte réalité. Du dôme élevé de la caverne pendait un alignement de centaines de cordes parallèles rapprochées qui formait comme un gigantesque peigne, aussi haut et large que la superficie de la caverne. C'était à l'évidence la trame d'un *qali* qui, une fois terminé, irait orner la salle de bal ou l'immense chambre d'un palais. Tout en haut, accrochés à des cordes sans doute tenues par d'invisibles mains perdues dans l'obscurité du plafond, pendaient une foule d'enfants.

Ces jeunes garçons et filles, tous entièrement nus – à cause de la chaleur ambiante, confia la princesse Phalène –, pendaient à différentes hauteurs sur toute la largeur de l'ouvrage. Vers l'extrémité supérieure de la trame, le *qali* semblait plus ou moins déjà terminé, jusqu'à la hauteur où travaillaient les enfants. Dès ce stade encore précoce d'avancement du travail, je devinais un enchevêtrement de plantes de jardin multicolores d'une extrême complexité. Chacun des petits ouvriers acrobates avait sur la tête une chandelle, fixée par sa seule cire, et tous étaient fort affairés, mais je ne pus discerner à quoi. Ils semblaient pincer de leurs petits doigts l'extrémité inférieure encore inachevée du *qali*.

La princesse me détailla la manœuvre :

– Ils sont en train de tisser les fibres sur la trame. Chaque esclave tient une navette et un écheveau de fil d'une seule couleur, et le tisse bien serré à l'endroit exact où il faut, selon l'agencement nécessité par le motif général.

– Mais comment diable, m'enquis-je, chacun de ces enfants peut-il savoir où et quand il devra intervenir et accomplir sa part de travail, parmi un si grand nombre de tisserands, sur une toile aussi compliquée ?

– Le maître du *qali* leur chante ses ordres, indiqua-t-elle. Il s'est interrompu à notre arrivée, mais tiens, tu entends ? Il vient de reprendre.

C'était une chose merveilleuse. Cet homme, le maître du *qali*, était assis derrière une table sur laquelle se trouvait étalée une gigantesque feuille de papier. Elle était quadrillée d'un grand nombre de petites zones de couleur qui représentaient le dessin du *qali* dans sa totalité. Le maître tisserand interprétait à voix haute cette partition graphique, scandant des ordres tels que « un, rouge !... treize, bleu !... quarante-cinq, marron ! ».

Sauf que ce qu'il chantait était en réalité beaucoup plus complexe encore. Il fallait en effet qu'il soit entendu fort et clair jusqu'en haut de la caverne, que chacun des enfants comprenne sans erreur que c'était lui qu'on appelait tout en maintenant une cadence qui permettait à tous de travailler en harmonie. Si les *mots* prononcés prévenaient chaque ouvrier qu'il devait intervenir, c'est la *tonalité* de la voix (plus ou moins aiguë ou grave) qui lui indiquait sur quelle longueur de trame il devait tisser sa fibre, et à quel endroit il devait finalement la nouer. Grâce à cette ingénieuse méthode de travail, les jeunes esclaves donnaient vie au *qali*, brin par brin, ligne par ligne, sur toute la hauteur de la trame et jusqu'au sol de la caverne. Lorsque celui-ci serait achevé, il semblerait n'avoir été peint que par un seul et même artiste.

– Ce *qali* peut à lui seul coûter de nombreux esclaves, ajouta la princesse tandis que nous faisions demi-tour pour quitter la grotte. Les ouvriers tisserands se doivent d'être aussi jeunes que possible afin de conserver un poids réduit et des doigts fins et agiles. Mais l'enseignement d'une activité de cette exigence à d'aussi jeunes enfants est loin d'être aisé. De plus, il leur arrive souvent de s'évanouir à cause de la forte chaleur qui règne là-haut : alors, ils tombent, s'écrasent au sol et meurent. Ceux qui survivent un peu plus longtemps sont presque assurés de devenir aveugles, à force d'avoir à se concentrer de très près sur leur tâche dans un éclairage aussi faible. Et, pour chaque esclave perdu, il faut en avoir un déjà formé en réserve, prêt à prendre la relève.

– Je comprends, à présent, murmurai-je, pourquoi le moindre *qali* est aussi onéreux.

– Alors, imagine seulement combien il coûterait, conclut la princesse lorsque nous sortîmes dans la lumière du jour, si nous étions tenus de le faire fabriquer par de véritables ouvriers.

23

L'attelage nous ramena jusqu'à la ville, que nous traversâmes jusqu'aux jardins du palais. Une ou deux fois encore, j'implorai la princesse de me donner ne fût-ce qu'un aperçu de ce qu'il adviendrait le soir venu, mais elle demeura inflexible face à ma curiosité. Ce ne fut que lorsque nous descendîmes de voiture, au moment où sa grand-mère et elle allaient prendre congé pour rejoindre le quartier des femmes, qu'elle fit référence à notre rendez-vous :

– Quand la lune se lèvera, dit-elle. Près du *gulsa'at*.

J'eus quand même à subir une épreuve mineure avant cela. Quand je revins à ma chambre, Karim m'informa qu'on me faisait l'honneur de dîner ce soir en compagnie du shah Zaman et de la shahryar Zahd. C'était, à n'en pas douter, un signe de haute considération de leur part, compte tenu de mon âge et de ma faible importance, en l'absence de mes ambassadeurs de père et d'oncle. Mais, dois-je le confesser, je n'appréciai pas cet honneur à sa juste valeur et, lorsque je m'assis à la table royale, je n'avais qu'une idée en tête : en finir le plus tôt possible. Il faut dire que, pour une raison assez évidente, je me sentais quelque peu mal à l'aise en compagnie des parents d'une jeune fille qui m'avait invité à partager une *zina* la nuit même. (Quant à la seconde fille censée participer peu ou prou à ces agapes, je savais que le shah en était le père, mais il m'était impossible de deviner qui était sa mère.) Aussi bavais-je littéralement à la simple pensée de ce qui se préparait, bien que je n'en eusse pas encore d'idée précise. Incapable de refréner l'activité de mes glandes salivaires, j'eus du mal à savourer l'exquis repas qui nous fut servi et dus assurer les nécessités de la conversation. Fort heureusement, la loquacité de la shahryar me dispensa d'avoir à répondre de façon plus détaillée que d'un furtif « oui, Votre Majesté », d'un « vraiment ? » ou encore d'un « comment cela ? ». Car elle racontait, racontait, sans que rien pût l'arrêter. Quant à la fiabilité des histoires qu'elle débitait, j'avais à ce sujet plus que de sérieux doutes.

– Alors, comme cela, interrogea-t-elle, vous avez visité la grotte des tisserands de *qali*, aujourd'hui ?

– Oui, Votre Majesté.

– Savez-vous que, jadis, des *qali* magiques, ou tapis volants, pouvaient transporter quelqu'un dans les airs ?

– Vraiment ?

– Oui, en vérité. L'homme n'avait qu'à monter sur le tapis et lui demander de l'emmener n'importe où, fût-ce au bout du monde, le tapis y allait aussitôt, survolant des montagnes, des mers et déserts, le déposant en un simple battement de cils à l'endroit désiré.

– Comment cela ?

– Mais tout simplement. Laissez-moi vous narrer l'histoire de ce prince dont la bien-aimée avait été enlevée par l'immense oiseau *Rukh*, ce dont il était inconsolable. Un *djinn* lui procura un *qali* volant et, grâce à lui…

L'histoire s'acheva enfin, ainsi que le repas, soulageant du même coup mon interminable attente. Alors, tel le prince de l'histoire, je m'empressai d'aller rejoindre ma princesse bien-aimée. Elle se trouvait près du cadran floral, pour la première fois débarrassée de sa vieille bique de chaperon. Elle me prit la main et me conduisit le long des allées du jardin, autour du palais, jusqu'à une aile dont je n'avais jusqu'alors pas même soupçonné l'existence. Comme toutes les autres issues de la résidence royale, ses portes étaient gardées, mais la princesse et moi n'eûmes qu'à attendre un instant, dissimulés derrière un massif de fleurs, que les deux gardes eussent détourné la tête. Ils le firent exactement en même temps, agissant comme sur commande, si bien que je me demandai, l'espace d'une seconde, si la princesse ne les avait pas corrompus à cette fin. Nous nous glissâmes tous deux à l'intérieur incognito, du moins personne ne nous interpella-t-il, et la princesse me guida à travers plusieurs couloirs curieusement dépourvus de gardes, eux aussi. Après avoir tourné et retourné, nous franchîmes une dernière porte non surveillée.

Nous nous trouvions dans sa chambre, un lieu orné de splendides *qali*, où pendaient un peu partout des draperies presque transparentes aux couleurs pastel et des rideaux diaphanes, tous disposés dans une délicieuse confusion apparente mais soigneusement préservés des lampes qui brillaient çà et là, tout autour. La pièce était tapissée d'un invraisemblable amoncellement de poufs et de coussins si nombreux que je ne pouvais distinguer ceux qui formaient le divan de ceux qui composaient le lit de la princesse.

– Bienvenue dans mes appartements, Mirza Marco, prononça-t-elle. Et bienvenue à ceci, également.

Sans que je comprenne bien comment, elle dut défaire un simple nœud ou ouvrir un fermoir retenant ses vêtements car ils tombèrent tous ensemble, d'un seul mouvement. Elle se tint ainsi debout devant moi, dans la chaude lumière des lampes, juste vêtue de sa beauté, de son sourire provocant et de l'unique bijou qu'elle avait conservé, élégamment fixé dans l'arrangement élaboré de ses boucles noires, formé de trois cerises d'un rouge éclatant.

Sur les teintes opalescentes de la pièce, la princesse ressortait de façon vivante et colorée, en rouge, noir, vert et blanc : rouge des cerises sur le coussin d'ébène de ses nattes, émeraude de ses prunelles dans l'écrin noir de ses longs cils, vermeil de ses lèvres sur son visage d'albâtre, pourpre des mamelons érigés, sombres courbes de ses boucles intimes nichées au creux d'un corps d'ivoire... Son sourire s'agrandit encore lorsqu'elle vit mon regard errer sur l'affolante nudité de ses formes, l'envelopper de haut en bas puis remonter de nouveau, jusqu'à se fixer sur les trois ornements insolites de sa chevelure, ce qui lui fit dire :

– Aussi brillantes que des rubis, n'est-ce pas ? Mais bien plus précieuses, car les cerises finissent un jour par se flétrir. À moins, bien sûr..., insinua-t-elle d'un ton enjôleur en se passant doucement la langue sur la lèvre supérieure, que quelqu'un ne désire venir les manger ?

Là-dessus, elle éclata de rire.

J'étais aussi pantelant que si j'avais arpenté tout Bagdad en courant jusqu'à cette chambre enchantée. D'un geste timide, je m'approchai lentement d'elle jusqu'à une longueur de son bras, qu'elle étendit pour tâter d'une main douce la partie la plus proéminente de mon être.

– Ça va, souffla-t-elle, l'air approbateur. Il est ardent, et tout prêt pour la *zina*. Enlève tes vêtements, Marco, pendant que je vais m'occuper des lampes.

Je me dévêtis docilement, quoique caressant toujours d'un regard fasciné son corps gracieux. Elle évoluait de façon aérienne à travers la pièce, mouchant les chandelles l'une après l'autre. L'espace d'un instant, Phalène se tint devant la lueur d'une lampe et, bien qu'elle eût les jambes serrées, je vis transparaître à la jointure supérieure de ses cuisses, juste au-dessous de son artichaut, un minuscule triangle de lumière, comme un fanal qui me faisait signe. Les paroles lointaines d'un garçon de Venise me revinrent alors en mémoire, selon lesquelles ceci était la marque indubitable d'une femme « exceptionnelle au lit ». Quand toutes les lampes furent éteintes, elle revint vers moi dans l'obscurité.

– J'aurais aimé que tu laisses de la lumière, lui dis-je. Tu es si belle, Phalène, c'est un délice de te regarder...

– Ah, mais les lampes sont fatales aux papillons de nuit, répondit-elle, partant d'un nouveau rire. Le clair de lune est assez puissant pour que tu me voies, sans rien distinguer d'autre. Maintenant...

– D'accord, maintenant ! lançai-je en un joyeux écho, et je fis un brusque mouvement vers l'avant qu'elle sut adroitement esquiver.

– Une minute, Marco ! Tu as oublié ? Ce n'est pas *moi*, ton cadeau d'anniversaire.

– Ah oui, c'est vrai, grommelai-je. J'avais oublié ça. Ta sœur, je me souviens, à présent. Mais pourquoi t'es-tu entièrement dénudée, Phalène, si c'est elle qui doit... ?

– Je t'ai dit que je t'expliquerais cette nuit. Et je vais le faire, si tu veux bien arrêter de tâtonner comme ça dans le noir. Écoute-moi bien, à présent. Ma sœur, qui est aussi une princesse de sang royal, n'a pas subi la mutilation du *tabzir* quand elle était bébé, car on espérait qu'elle ferait un jour un mariage princier. C'est donc une femme dans toute l'acception du terme, dotée de tous ses organes et en possession de tous les désirs et capacités qu'elle peut offrir. Pour son malheur, la pauvre fille s'est avérée, en grandissant, tristement contrefaite. Il se trouve qu'elle est affreusement laide, je ne puis t'expliquer à quel point.

Incrédule, je rétorquai :

– Nulle part au palais je n'ai vu une telle créature.

– Bien sûr que non. Elle ne souhaiterait en aucun cas que quelqu'un la dévisage. Terriblement disgracieuse, elle n'en est pas moins sensible. Aussi ne quitte-t-elle jamais ses appartements personnels, ici dans le quartier des femmes, afin d'éviter de croiser ne serait-ce qu'un enfant ou même un eunuque, qui en ressortirait horrifié.

– *Madre mia*, murmurai-je. Mais jusqu'où s'étend sa laideur, Phalène ? Est-ce limité à son visage ? Son corps est-il lui-même mal formé ? Est-elle bossue ? Que sais-je…

– Chut ! Elle attend derrière la porte et pourrait bien t'entendre.

Je baissai d'un ton.

– Comment s'appelle-t-elle ?

– C'est la princesse Shams. Elle n'a pas de chance, car ce nom signifie en persan « Lumière du Soleil ». Bon, si tu veux bien, ne nous étendons pas sur son indicible hideur. Qu'il te suffise de savoir que cette pauvre sœur a depuis longtemps abandonné l'idée de réaliser quelque mariage que ce soit ou même d'attirer les faveurs d'un éphémère amoureux. Aucun homme ne supporterait de la voir au grand jour, ni ne pourrait même la palper dans le noir tout en gardant sa lance assez tendue pour la *zina*.

– *Che braga !* marmonnai-je, parcouru d'un frisson d'effroi.

Si Phalène n'avait pas été en cet instant visible, même si ce n'était que sa silhouette, je crois que ma propre lance serait retombée bien mollement.

– En revanche, je peux te l'assurer, ses parties intimes sont intactes. Et elles ne demandent qu'à être tout à fait normalement comblées et parcourues. J'aime ma sœur Shams, tu sais, et je veux lui venir en aide, c'est pourquoi elle et moi avons élaboré un plan : dès qu'elle repère, depuis sa retraite cachée, un homme qui capte son attention, je l'invite ici et…

– Vous l'avez donc déjà fait ? chevrotai-je, consterné.

– Imbécile d'infidèle, bien sûr que nous l'avons déjà fait ! Et plus d'une fois, crois-moi. C'est pourquoi je peux te promettre que tu vas aimer. Beaucoup s'en sont déjà régalés, tu sais.

– Tu as dit que c'était un cadeau d'anniversaire…

– Dédaignerais-tu un présent simplement parce qu'il t'est offert par une personne généreuse ? Détends-toi et écoute. Voilà comment nous procédons. Toi, tu te mets sur le dos. Moi, je reste étendue sur le côté et allongée sur ton torse, de façon que tu m'aies toujours devant toi, bien visible. Pendant que toi et moi nous adonnerons à toutes les caresses et coquineries possibles – nous ferons tout ce que tu veux, excepté l'acte ultime –, ma sœur se glissera jusqu'ici en silence et prendra son plaisir avec la partie inférieure de ton corps. Pas une seconde tu ne verras Shams ni même ne la toucheras, hormis avec ton *zab*, et celui-ci n'aura rien de répugnant à subir, fais-moi confiance. Pendant ce temps, tu ne verras et ne sentiras que moi. Tous les deux, nous nous aguicherons jusqu'aux limites de l'extrême, de sorte que, quand la *zina* s'accomplira en bas, tu n'auras pas même conscience que ce n'est pas avec moi que tu l'effectues.

– Tout ceci est grotesque !

– Tu peux bien sûr parfaitement décliner l'offre, jeta-t-elle, soudain très froide.

Mais elle se rapprocha de façon à m'effleurer subrepticement du doux contact de son sein, et je sentis bien qu'il n'avait rien de froid.

– Ou bien alors tu peux t'abîmer avec moi dans un délice total tout en accomplissant une bonne action au profit d'une pauvre créature condamnée à la réclusion et à l'anonymat. Alors... souhaites-tu décliner cette offre ? (Sa main palpa la réponse.) Ah, je savais bien que non... Je savais bien que tu saurais te montrer gentil. Très bien, Marco, allongeons-nous, tu veux ?

C'est ce que nous fîmes. Je demeurai couché sur le dos, comme exigé, Phalène étendit son corps de rêve en travers de mon torse, de façon que je ne pusse rien voir au-dessous de celui-ci, et nous nous laissâmes aller aux délicieux préludes de la musique des sens. Elle promena délicatement ses ongles sur mon visage, dans ma chevelure et sur mon torse, je fis de même avec elle, et, à chaque contact, quel que fût l'endroit que nous touchions, nous ressentions l'espèce de frisson piquant que l'on éprouve lorsqu'on caresse la fourrure d'un chat à rebrousse-poil. Mais, en réalité, il n'y avait aucun geste désagréable dans les caresses qu'elle me prodiguait ni dans celles que je me permettais sur elle, comme je le découvris peu à peu. Les pointes de ses seins enflaient joyeusement aux sollicitations de mes doigts, et, même dans la lumière diffuse, je pouvais lire l'abandon dans ses yeux et sentir sur ses lèvres la vigueur de sa passion.

– Pourquoi appelles-tu ça « jouer de la musique », souffla-t-elle doucement au beau milieu de nos étreintes. C'est mille fois plus agréable que la musique, non ?

– C'est vrai, tu as raison, admis-je au bout d'un instant de réflexion. J'avais oublié le genre de musique que vous jouiez ici, en Perse...

De temps à autre, elle étendait une main vers le bas de mon corps, pour en caresser une partie qu'elle dérobait à ma propre vue, et, chaque fois, elle déclenchait en moi un désir irrésistible. Mais elle prenait soin d'arrêter son geste juste au bon moment, ou j'aurais, je crois, explosé sous la simple pression insistante de ses doigts. Elle me laissa à son tour descendre ma main vers son entrejambe, se contentant de me chuchoter :

– Doucement, avec les doigts. Juste le *zambur*... Pas à l'intérieur, rappelle-toi.

Cette simple manipulation suffit cependant à l'emmener plusieurs fois au paroxysme de la jouissance.

Un peu plus tard, elle escalada ma poitrine, le torse droit, ses boucles intimes affleurèrent doucement devant mon visage, et son *mihrab* se trouva bientôt juste à portée de ma bouche. Elle me murmura alors :

– La langue ne peut déchirer la membrane du *sangar*. Tu peux me faire, avec elle, tout ce que tu veux.

Bien que la princesse ne portât nul parfum, cette partie d'elle-même embaumait très légèrement la fougère fraîche ou la laitue. Et ce qu'elle avait dit de son *zambur* n'était nullement exagéré. J'avais l'impression d'avoir le bout d'une autre langue contre la mienne, et on aurait dit qu'il léchait, se mouvait et fouillait à l'unisson de mes propres mouvements. Ceci amena Phalène à jouir d'un long orgasme, juste déclinant et croissant par moments en intensité, à l'image du gémissement continu qu'elle ne cessait d'émettre en guise d'accompagnement.

Jusqu'aux limites de l'extrême, avait dit Phalène, et ces limites nous les atteignîmes. Lorsque j'éjaculai pour la première fois, j'eus vraiment la sensation que c'était en quelque sorte dans son *mihrab* que je le faisais, même si le sien était toujours chaud et humide tout contre ma bouche. Ce ne fut qu'en reprenant un peu mes esprits que je constatai qu'une autre personne du sexe féminin devait être montée à califourchon sur la partie inférieure de mon corps. Ce ne pouvait être que Shams, la fameuse sœur recluse. Je ne pouvais la voir, je ne désirais ni n'essayais de le faire, mais, à son faible poids sur moi, j'en déduisis que l'autre princesse devait être frêle et de petite taille. Je détournai ma bouche de la motte avidement poussée vers elle pour demander :

– Ta sœur est-elle beaucoup plus jeune que toi ?

Comme rappelée à contrecœur d'un endroit fort éloigné, elle se ménagea dans son extase une pause juste suffisante pour me répondre, le souffle court :

– Non… Pas tellement…

Et elle repartit immédiatement vers un lointain éden, où je la suivis, donnant le meilleur de moi-même pour l'emmener plus loin et plus haut encore. Je finis par la rejoindre à plusieurs reprises au sein de cette exultation échevelée et ne tardai pas à faire jaillir de nouveau ma semence dans le *mihrab* étranger, sans me préoccuper désormais de savoir à qui il pouvait appartenir mais en conservant une conscience suffisante de mes actes pour entretenir le vague espoir que la princesse cadette disgracieuse, Lumière du Soleil, jouissait autant de mon corps que moi du sien.

Cette *zina* tripartite se prolongea longtemps. Il faut dire que la princesse Phalène et moi-même, tous deux au printemps de notre jeunesse, étions capables de continuer à nous attiser mutuellement et d'engendrer d'incessantes nouvelles floraisons. La princesse Shams, pour autant que je puisse en juger, récoltait pour sa part avec une intense jubilation chacun de mes nouveaux bouquets. Pourtant, vint le moment où même l'infatigable Phalène sembla rassasiée, et ses frissons allèrent *decrescendo*, tandis qu'épuisé mon *zab* retrouvait peu à peu, lui aussi, sa position de repos. Mon membre était alors complètement à vif et échauffé, les muscles de ma langue douloureux, et mon corps comme vidé de toute énergie. Phalène et moi nous accordâmes un instant de récupération, tandis que, toujours allongée en travers de mon torse, elle laissait sa chevelure caresser doucement mon visage. Les trois cerises décoratives, abondamment secouées par notre furie, étaient tombées depuis longtemps. Pendant que nous gisions ainsi, je sentis sur mon ventre la trace humide d'un baiser et, peu après, un bruissement furtif trahissait la sortie discrète de Shams de la pièce où nous nous trouvions.

Je me levai et me rhabillai, tandis que la princesse Phalène se glissait dans une tunique si légère qu'elle ne couvrait que symboliquement sa nudité. Elle me guida à travers les couloirs du quartier des femmes jusqu'aux jardins du palais. Du haut d'un minaret voisin, le premier muezzin du jour se mit à entonner l'appel à la prière de l'aube. Sans être le moins du monde inquiété par les gardes, je retrouvai mon chemin vers l'endroit du palais où se trouvait ma chambre. Mon serviteur Karim m'y attendait, consciencieusement réveillé. Il m'aida à me déshabiller pour passer au lit, non sans émettre quelques exclamations mêlées de crainte et de respect devant l'extrême fatigue lisible sur mes traits.

– Il semble que la lance du jeune Mirza Marco ait trouvé sa cible…, se permit-il, mais il ne se hasarda pas à poser de questions plus audacieuses.

Il renifla juste d'un petit air pincé, apparemment froissé que je n'eusse plus besoin de ses manipulations, et alla se coucher à son tour.

Mon père et mon oncle restèrent absents de Bagdad au moins trois semaines. Durant tout ce temps, je passai presque chaque jour escorté par la shahzrad Magas, son inévitable grand-mère sur les talons, à découvrir toutes les curiosités qu'elle voulait bien me montrer, et, toutes les nuits ou presque, à m'adonner à de voluptueuses *zina* en compagnie des sœurs royales, Phalène et Lumière du Soleil.

Parmi nos visites diurnes, il y eut, par exemple, celle de la maison des hallucinés, établissement qui combinait les fonctions d'hôpital et de prison. Nous nous y rendîmes un vendredi, jour de repos durant lequel le lieu est plus particulièrement visité par les citoyens venus y passer un moment de loisir, ainsi que par des étrangers de passage, car il s'agit de l'une des principales distractions de Bagdad. Les gens s'y rendent en famille ou en groupe, sous la conduite de guides. À l'entrée, chacun se voit remettre une blouse afin d'en recouvrir ses vêtements. Ensuite, on flâne parmi les couloirs du bâtiment, où les guides vous décrivent les différentes sortes de folie des pensionnaires. Tous ces malades, hommes ou femmes, déclenchaient par leurs burlesques bouffonneries force rires et commentaires. Certaines de leurs clowneries étaient franchement comiques, d'autres plus pathétiques, voire carrément obscènes. Parfois, leurs exactions se signalaient simplement par la plus abjecte saleté. Certains des internés, n'appréciant pas notre présence, cherchaient par exemple à nous lancer tout ce qui leur tombait sous la main. Mais comme on les laissait en général aller presque nus et les mains vides, les seuls projectiles dont ils parvenaient à nous bombarder étaient leurs propres excréments… Nous saisîmes alors le bien-fondé de la blouse qui nous avait été distribuée et fûmes bien aise de pouvoir, grâce à elle, nous sentir protégés.

Parfois, au cours des nuits que nous passions avec la princesse, j'eus l'impression d'être moi-même, comme l'un de ces internés, soumis à de bien étranges exhortations et suggestions. La troisième ou la quatrième fois que nous nous retrouvâmes pour nos câlins nocturnes, avant que la jeune sœur se glissât subrepticement dans la chambre et alors que Phalène et moi, à peine dévêtus, en étions aux préliminaires, elle cessa de faire folâtrer ses mains sur moi pour lâcher :

– Ma sœur Shams aurait une faveur à te demander.

– Voilà bien ce que je craignais, me récriai-je. Elle souhaiterait se passer de ton intermédiaire et prendre ta place en haut, c'est cela ?

– Certainement pas. Jamais elle ne ferait une chose pareille. Cet arrangement nous convient parfaitement, tel quel. À un seul détail près.

Je me contentai de grogner, circonspect.

– Je te l'ai dit, Marco, Lumière du Soleil a pratiqué la *zina* maintes et maintes fois déjà. Elle y a même tant et tant sacrifié, et avec une telle générosité, que le *mihrab* de la pauvre fille s'en est quelque peu distendu, à la longue. Pour être franche, disons qu'elle est aussi large en bas qu'une femme qui aurait eu beaucoup d'enfants. Aussi, son plaisir, dans notre *zina*, en serait d'autant plus grand si le volume de ton *zab* pouvait être renforcé par...

– Non ! clamai-je d'un ton décidé, essayant de me dégager de son emprise en glissant en crabe vers le côté. Pas question qu'on se livre sur moi à une quelconque opération visant à...

– Attends ! protesta-t-elle. Calme-toi. Je ne suggère rien de tel.

– Je ne sais pas ce que tu as en tête, dans ce cas, et pourquoi tu tiendrais tant à modifier mes mensurations, m'indignai-je, gigotant toujours. J'ai déjà vu le *zab* d'un certain nombre d'Orientaux, et il se trouve que le mien les surpasse assez largement. Je refuse donc toute...

– J'ai dit calme-toi ! Tu as un *zab* admirable, Marco. Il suffit presque à emplir ma main. Et je n'ai aucun doute sur le fait qu'en longueur comme en circonférence il suffit parfaitement à satisfaire Shams. Elle suggère juste une petite amélioration qualitative de tes performances.

Voilà qui était à présent carrément vexant.

– Aucune autre femme ne s'est jamais plainte de mes performances ! tempêtai-je. Et si cette demoiselle est aussi repoussante que tu l'affirmes, je la trouve mal placée pour émettre la moindre critique quant aux faveurs qu'on lui accorde !

– Écoutez-moi ce beau parleur, répliqua Phalène d'un ton moqueur. As-tu idée du nombre d'hommes qui rêvent, sans aucune chance de succès, de s'allonger au lit avec une princesse royale ? De seulement voir d'une telle princesse *le visage* non voilé ? Là, tu en as *deux* avec toi complètement nues, toutes dévouées à tes fantasmes, chaque nuit ! Et tu oserais refuser à l'une d'entre elles un tout petit caprice ?

– Bon..., concédai-je, dompté. C'est quoi, ce caprice ?

– Il existe une façon de décupler les sensations d'une femme nantie d'un large orifice. Cela n'accroît pas le *zab* en lui-même, mais juste le... comment appelles-tu cette partie arrondie qui se trouve au bout ?

– En vénitien, c'est la *fava*, le gros haricot. En farsi, je crois qu'on dit la *lubya*.

– Très bien. J'ai remarqué, évidemment, que tu n'étais pas circoncis, et c'est tant mieux, car ce raffinement ne peut être pratiqué avec un *zab* circoncis.

Elle me montra, ceignant mon membre de sa main et tirant en arrière la peau du prépuce aussi loin qu'elle pouvait aller tout en enserrant un peu plus fort sa base entre ses doigts.

– Tu vois ? Ton gros haricot enfle, visiblement.

– Oui, mais ce n'est pas spécialement agréable, je te signale, et ça fait même mal.

– C'est très bref, Marco, cela reste donc supportable. Tu n'as qu'à le faire juste au moment où tu t'introduis. Shams assure que cela procurera aux lèvres de son *mihrab* la délicieuse sensation d'être écartées. Comme une sorte de viol ardemment désiré, selon ses propres termes. Les femmes adorent cela, paraît-il. Encore ne le saurai-je, pour ma part, que lorsque je serai mariée.

– *Dio me varda*, marmonnai-je.

– Et, bien sûr, il va de soi que tu n'auras pas à le faire toi-même, risquant ce faisant de toucher l'horrible corps de Lumière. Elle pratiquera ce petit étirement grossissant par elle-même, avec sa propre main. Elle demandait juste ta permission.

– Mademoiselle aurait-elle encore envie de quelque chose ? crachai-je d'un ton acide. Dis donc, pour une créature monstrueuse, elle a l'air sacrément tatillonne !

– Non, mais je rêve, vous entendez ça ? se gaussa encore Phalène. Te voilà dans une compagnie que tout homme t'envierait, avec des créatures de sang royal qui t'enseignent des pratiques sexuelles que la plupart ignorent... Tu nous seras reconnaissant, Marco, le jour où tu voudras faire jouir une femme au *mihrab* desserré : tu nous béniras, ce jour-là, de t'avoir appris cette astuce. Et, à son tour, elle t'en sera reconnaissante. Maintenant, avant que Lumière arrive, j'aimerais que tu me procures *à moi aussi*, une fois ou deux, l'occasion de t'être reconnaissante. En d'autres termes...

24

Durant plusieurs jours, autant pour nous instruire que pour nous distraire, nous assistâmes, Phalène et moi, aux séances de la cour royale de justice. On l'appelait tout simplement le Divan, du fait de la profusion de coussins sur lesquels s'asseyaient le shah Zaman, le *wazir* Jamshid, divers vénérables muftis de la loi musulmane et parfois quelque émissaire mongol de l'ilkhan Abagha en visite. On faisait comparaître devant eux les criminels en attente de jugement et des citoyens ayant des plaintes à déposer ou des faveurs à demander. Les officiels prêtaient une oreille attentive à leurs doléances, puis conféraient entre eux et rendaient leurs jugements, leurs décisions et leurs sentences.

En tant que simple spectateur, je trouvai le Divan instructif. Mais si j'avais été un criminel, j'aurais mille fois redouté d'être traîné devant ce tribunal. Et si j'avais été un citoyen porteur d'une requête ou d'une réclamation quelconque, il aurait fallu que celle-ci fût vraiment d'une importance capitale pour que j'ose ne serait-ce que la porter à la connaissance du Divan. Car, sur la terrasse qui s'ouvrait à la sortie de la salle, était posé un énorme brasero sur lequel mitonnait un chaudron rempli d'huile bouillante, entouré de plusieurs de ces robustes gardes du palais et du bourreau officiel du shah prêt à se servir de ce matériel punitif. Phalène me confia que son usage était réservé non seulement aux bandits convaincus d'actes malfaisants, mais aussi aux citoyens qui formulaient des accusations injustifiées, des plaintes malveillantes ou de faux témoignages. Les gardes du chaudron n'avaient rien de rassurant, mais le bourreau proprement dit, masqué, capé et costumé d'un rouge plus rouge que le feu de l'enfer, ne pouvait inspirer, lui, que de la terreur.

Je ne vis qu'un seul malfaiteur se faire condamner au chaudron d'huile bouillante. Sans doute l'aurais-je jugé avec davantage d'indulgence, pour ma part, mais après tout je ne suis pas musulman. Il s'agissait d'un opulent marchand persan dont le harem personnel se composait des quatre femmes légalement autorisées, en plus des nombreuses concubines habituelles. L'offense pour laquelle il comparaissait devant ses juges fut lue à voix haute : l'homme s'était rendu coupable de *khalwat*, autrement dit de « promiscuité compromettante ». Les détails de son acte d'accusation étaient plus explicites : on reprochait au négociant d'avoir pratiqué la *zina* avec deux de ses concubines en même temps, tandis que ses quatre femmes et une autre concubine assistaient à la scène, circonstances considérées comme *haram* au regard de la loi musulmane.

À l'écoute de la lecture de ces charges, je ressentis instinctivement de l'empathie pour l'accusé, en même temps qu'un certain malaise personnel, sachant que je m'adonnais moi-même presque chaque nuit à la *zina* avec deux femmes qui n'étaient point mes épouses. Mais ayant lancé à la dérobée un regard vers ma compagne, la princesse Phalène, je ne détectai sur son visage nulle trace de culpabilité ni d'appréhension. Je découvris au fil des débats qu'aucune offense faite aux lois musulmanes n'est susceptible d'être punie tant qu'elle n'avait pas été confirmée par au moins quatre témoignages visuels venus certifier sa véracité. Or, que ce fût volontairement ou par simple fierté, à moins qu'il ne s'agît que de bêtise pure et simple, le marchand avait bel et bien laissé cinq femmes observer ses prouesses, qui, peu après, piquées, jalouses ou poussées par je ne sais quelle raison purement féminine, avaient déposé plainte pour *khalwat* contre lui. Ces cinq femmes purent donc, comme tous les autres assistants, le voir saisi, frappé et traîné sans ménagement, malgré ses cris affolés, sur la terrasse adjacente, avant d'être projeté tout vif dans l'huile bouillante. Je ne m'étendrai pas sur les quelques minutes qui s'ensuivirent.

Les jugements décrétés par le Divan n'étaient cependant pas toujours aussi spectaculaires. Certains étaient savamment adaptés aux crimes commis. Un jour, un boulanger traduit devant la cour pour avoir servi à ses clients des pains trop petits fut condamné à être poussé dans son propre four pour y être cuit jusqu'à ce que mort s'ensuive. Une autre fois, un homme comparut pour une faute bien singulière : il avait piétiné un papier, tandis qu'il déambulait dans la rue. Son accusateur était un jeune garçon qui, marchant derrière l'accusé, avait ramassé ce papier et découvert que le nom d'Allah s'y trouvait inscrit. L'accusé tenta bien sûr de se défendre, arguant que c'était à son insu qu'il avait commis cette insulte envers Allah le Tout-puissant, mais il se trouva quatre personnes pour témoigner qu'il était un incorrigible blasphémateur. Elles affirmèrent, par exemple, qu'on l'avait vu à plusieurs reprises poser d'autres livres sur son exemplaire du Coran, qu'il avait parfois porté le saint livre au-dessous du niveau de la ceinture et qu'en une occasion au moins il l'avait carrément tenu *de la main gauche*. Il fut donc condamné à être piétiné, comme le morceau de papier, par le bourreau et les gardes, jusqu'à ce qu'il rendît le dernier soupir.

Cette sainte terreur ne régnait au palais du shah que durant les séances du Divan. Car il s'y tenait au contraire, au moment des fêtes religieuses, bien plus fréquentes, des galas fort joyeux. Les Persans reconnaissent environ sept mille anciens prophètes de l'islam et accordent à chacun d'entre eux un jour de célébration. Lorsque la date de l'un des principaux venait à échoir, le shah organisait des cérémonies auxquelles il invitait régulièrement toutes les notabilités de Bagdad, mais il lui arrivait aussi de laisser ouvertes à tous les portes de son palais.

C'est pourquoi, bien que je ne fusse ni de sang royal, ni noble, ni même musulman, vivant au palais, j'eus l'opportunité de participer à plusieurs de ces festivités. Je me souviens en particulier de l'une d'elles, dédiée à quelque prophète depuis longtemps défunt, qui avait été organisée dans les jardins du palais. On y offrit à chaque invité, au lieu des habituels coussins sur lesquels il pouvait s'asseoir ou s'allonger, un monceau conséquent de pétales de roses frais et parfumés. Chaque branche d'arbre était constellée de chandelles fixées à l'écorce dont la lueur se diffusait doucement entre les feuilles, créant un splendide camaïeu de vert. Les massifs de fleurs avaient eux aussi été brillamment illuminés de bougies, si bien que le jardin tout entier resplendissait comme en plein jour. Comme si cela ne suffisait pas, les domestiques du shah avaient pris soin de se procurer avant cette réception toutes les tortues qu'ils avaient pu trouver (achetées au bazar ou capturées par des enfants dans la campagne) et avaient coulé sur leur carapace une chandelle. On avait ensuite laissé ces milliers de créatures vagabonder au hasard partout dans la fête comme autant d'éléments d'éclairage ambulants.

L'abondance de nourriture et de vins dépassait tout ce que j'avais pu voir au cours d'agapes orientales. Les attractions offertes étaient quant à elles composées de musiciens, de danseurs et de chanteurs. Les danseurs reconstituèrent certaines batailles au cours desquelles de glorieux combattants persans, tels Rustan et Sohrab, s'étaient illustrés jadis. Les danseuses bougeaient à peine leurs pieds, mais convulsaient leurs poitrines et leurs ventres à en affoler les yeux des assistants. Les chants entonnés n'avaient rien de religieux – l'islam y est plutôt réticent – mais étaient au contraire délibérément paillards. Des montreurs d'ours, à l'ouvrage avec leurs agiles et acrobatiques compagnons, assuraient le spectacle, tandis que des charmeurs de serpents faisaient danser de la tête, dans leurs paniers, des najas encapuchonnés, et que des diseurs de bonne aventure lisaient l'avenir dans le sable, au milieu de mimes vêtus de la façon la plus burlesque qui, tout en effectuant force cabrioles, racontaient à la cantonade des plaisanteries passablement grivoises.

Lorsque je me fus consciencieusement grisé d'*araq*, cette enivrante liqueur de datte, je laissai de côté mes préventions de chrétien contre la voyance et m'adressai à l'un des devins (ou *fardarbab*) qui se trouvaient là, un vieil Arabe, à moins qu'il ne fût juif, à la barbe clairsemée, et le priai de me dévoiler ce qu'il pouvait de mon futur. Dans sa clairvoyance de sorcier, il dut détecter qu'il avait affaire à un bon chrétien, donc à un incroyant, car il se contenta de jeter un simple regard dans le sable qu'il venait de secouer avant de grommeler : « Méfie-toi de la beauté, elle est assoiffée de sang… » Ceci ne me donnait aucune indication précise quant à ce qui pourrait m'arriver, bien que cette phrase résonnât quelque peu dans mon souvenir, car je l'avais déjà entendue ailleurs, en termes similaires, peu de temps auparavant. J'éclatai donc d'un rire goguenard au nez du vieil imposteur, me relevai sur mes deux jambes et m'éloignai en réalisant une série de cabrioles qui s'achevèrent par une lourde chute dont vint me relever Karim, avant de me soutenir jusqu'à mon lit.

C'était une des nuits exemptes de retrouvailles avec Lumière du Soleil et Phalène. Un peu plus tard d'ailleurs, cette dernière vint m'annoncer qu'il faudrait que je trouve à occuper sans elle mes prochaines nuits, car elle avait ses règles.

– Tes règles ? fis-je en écho.

– Les saignements féminins, précisa-t-elle, agacée.

– Et qu'est-ce que c'est que ça ? demandai-je, n'en ayant vraiment jamais entendu parler jusque-là.

Elle me lança de ses yeux verts un long regard de côté, mi-amusée mi-exaspérée, et dit tendrement :

– Grand fou que tu es… Comme tous les jeunes gens, tu te représentes une jolie femme comme une entité pure et parfaite, telles ces petites créatures ailées appelées *peri*. Le délicat *peri* ne se nourrit que du parfum des fleurs et, de ce fait, il ne défèque ni n'urine jamais. Tu penses sans doute que, comme lui, une belle femme ne peut point être soumise aux sujétions et aux imperfections du reste de l'humanité, n'est-ce pas ?

Je haussai les épaules.

– Est-ce une honte que de le penser ?

– Oh, je n'irai pas jusqu'à dire cela, car nous autres, jolies femmes, tirons plutôt avantage de cette illusion masculine. Mais c'est un leurre, Marco, et quitte à trahir mon sexe, je préfère te dessiller à ce sujet. Écoute-moi.

Et elle me conta ce qui arrivait aux jeunes filles aux alentours de leur dixième année, cap qui, une fois franchi, en faisait des femmes véritables, et ce phénomène qui se reproduisait ensuite invariablement à chaque lunaison.

– Vraiment ? m'étonnai-je. Jamais je n'en avais entendu parler. Toutes les femmes sont concernées ?

– Oui. Elles doivent les endurer jusqu'à ce qu'elles aient atteint l'âge avancé auquel on devient sec, dans tous les sens du terme. Cette période s'accompagne en général de crampes, de douleurs dorsales et d'accès de mauvaise humeur. La femme devient alors maussade, prompte au ressentiment et, lorsqu'elle est sage, elle veille à se tenir à l'écart ou se drogue au *teryak* ou au *banj*, jusqu'à ce que ses règles s'achèvent.

– Bigre, c'est effrayant !

Phalène éclata de rire, mais sans aucune moquerie.

– Bien plus effrayant encore lorsqu'un mois survient où ces règles n'arrivent pas. Car cela signifie alors qu'elle est enceinte. Et ne compte pas sur moi pour te décrire les épanchements et fuites dégoûtantes et embarrassantes qui suivent ces menstruations, car je ne me sens vraiment pas d'humeur, en ce moment, à te les détailler. De peur d'être par trop désagréable, je vais me retirer. Laisse-moi tranquille, Marco, comme tous les maudits hommes sans problèmes que vous êtes, et abandonne-moi à mes petites misères féminines.

Malgré le sombre tableau que m'avait peint Phalène des faiblesses des femmes, jamais je n'ai pu, depuis lors, me les représenter comme imparfaites ou défectueuses, à moins que l'une d'entre elles ne se révélât clairement fautive, comme l'avait fait Dona Ilaria en son temps. Alors, oui, elle perdait effectivement toute mon estime. Depuis que nous avions pénétré en Orient, j'avais eu plusieurs occasions d'apprécier les jolies femmes et, toujours heureux de faire de nouvelles découvertes à leur sujet, je ne me sentais certes pas prêt à les dévaloriser.

Pour illustrer mon propos, j'ai longtemps cru, étant jeune, que la beauté physique de la femme ne résidait que dans certains traits facilement identifiables, tels le visage, les seins, les jambes et les fesses ; ou dans certains autres moins visibles, tel qu'un bel artichaut accueillant (c'est-à-dire éventuellement accessible), avec son mont de Vénus, ses petites lèvres et son *mihrab*. Mais l'expérience venant, j'ai appris à découvrir d'autres traits où la beauté peut venir se nicher de façon beaucoup plus subtile. Pour n'en citer qu'un, je raffole de ces tendons délicats qui relient, dans l'entrejambe féminin, le mont de Vénus à l'intérieur des cuisses et n'apparaissent que lorsqu'elle les écarte. J'ai aussi pu constater que, parmi les attributs des belles femmes, il existe des différences qui ne font que les rendre plus excitantes encore. Toutes les beautés ont ainsi des seins et des tétons admirables, mais ceux-ci, s'ils sont tous délectables, peuvent être de forme, de proportions et de coloris variés. Les créatures les plus parfaites ont bien sûr toutes un *mihrab* irréprochable, mais Dieu ! que de subtiles différences entre ceux-ci : ils peuvent être placés plus vers l'avant ou plus vers le dessous, avoir des lèvres plus ou moins colorées ou profondes, offrir une ouverture plus ou moins resserrée. La position du *zambur* varie également, lui-même étant plus ou moins développé et érectile…

Je sais que tout ceci peut apparaître plus lascif que galant. Mais je veux juste affirmer ici avec vigueur que jamais je n'ai pu déprécier les belles femmes qui peuplent cette planète et que jamais je ne pourrai le faire. Pas même ici, à Bagdad, où la princesse Phalène, pourtant l'une des plus splendides, me les avait dépeintes sous leur aspect le moins attrayant.

Un jour, elle m'introduisit dans le harem du palais, non pour l'une de nos bacchanales nocturnes, mais dans l'après-midi. C'est là que je lui avais demandé :

– Phalène, te souviens-tu de ce marchand que nous avons vu se faire exécuter à cause de la *zina* qu'il avait effectuée de façon *haram* ? Cette pratique est-elle chose courante, dans un harem ?

Me lançant alors l'un de ses longs regards verts, elle m'avait simplement répondu :

– Tu viendras t'en rendre compte par toi-même.

Cette fois, à n'en pas douter, elle avait dû circonvenir au préalable les gardes et les eunuques, les enjoignant de regarder ailleurs car, non contente de me faire pénétrer incognito jusqu'à son aile du palais, elle me fit entrer de l'autre côté du mur d'un corridor dans un réduit caché dont la cloison était percée de deux trous destinés à épier. Ceux-ci donnaient sur deux chambres distinctes, vastes et voluptueusement garnies de nombreux coussins. Ayant jeté un coup d'œil par chacun des deux trous, je constatai que, pour l'instant, les chambres étaient vides.

Phalène m'expliqua :

– Ces deux chambres sont des pièces communes où les femmes peuvent se réunir quand elles s'ennuient et en ont assez de la solitude de leur propre habitation. Le réduit où nous nous trouvons est l'une des nombreuses pièces d'observation d'où l'eunuque de service peut surveiller discrètement le harem. Il reste vigilant quant aux querelles qui peuvent éclater entre les femmes et tous les écarts de conduite qui peuvent survenir, et en réfère à ma mère, la première épouse royale, qui est responsable du maintien de l'ordre. L'eunuque, pour aujourd'hui, n'y viendra pas, et je vais aller en informer les femmes. Nous observerons ensemble si elles cherchent à tirer parti de ce défaut de surveillance, et de quelle façon.

Elle s'absenta un instant puis revint, et nous prîmes place dans notre réduit, chacun posté derrière l'un des trous espions. Durant un bon moment, il ne se passa rien de particulier. Puis quatre femmes vinrent s'installer dans la chambre que j'épiais et se mirent à leur aise parmi les coussins. Toutes avaient sensiblement l'âge de la shahryar Zahd et étaient presque aussi belles. L'une d'entre elles semblait être d'origine persane, car sa peau était ivoire et ses cheveux d'un noir de jais, mais ses yeux brillaient d'un bleu lapis-lazuli. Une autre devait être, selon moi, arménienne, car chacun de ses seins avait la taille de sa tête. Une autre était noire, sans doute une Éthiopienne ou une Nubienne, et, si l'on exceptait ses pieds interminables, ses mollets en allumette et son postérieur large comme un balcon, elle était plutôt avenante et bien faite : un visage agréable aux lèvres point trop épatées, une poitrine ferme et bien galbée, de longues mains fines. Quant à la dernière, elle était si sombre de peau et avait les yeux si foncés qu'elle ne pouvait être qu'arabe.

Cependant, bien que ces femmes aient été prévenues qu'aucune surveillance ne s'exercerait sur elles, elles n'en abandonnèrent pas pour autant toute décence et toute retenue. Bien qu'aucune ne portât le tchador, elle étaient toutes entièrement vêtues et le demeurèrent. Aucun amant subrepticement introduit ne vint les rejoindre. La Noire et l'Arabe avaient apporté des travaux d'aiguille et s'absorbaient dans cette léthargique occupation. La Persane avait installé autour d'elle un nécessaire de manucure et passa son temps à prendre un soin méticuleux des ongles de mains et d'orteils de l'Arménienne, après quoi toutes deux entreprirent de se colorer les paumes des mains et les plantes des pieds.

Ce spectacle sans relief ne tarda pas à m'ennuyer à mourir – apathie d'ailleurs partagée par les quatre femmes que je pouvais voir bâiller, entendre roter et sentir faire des vents –, et je commençai à me demander ce qui avait pu me pousser à suspecter des orgies épicées et babyloniennes dans cette maison remplie de femmes pour une simple raison : leur appartenance commune à un seul homme. Il apparaissait clairement que, lorsque tant de femmes n'avaient rien d'autre à faire qu'attendre l'appel de leur mari, elles n'avaient littéralement *aucune* autre occupation possible. À part fainéanter dans un état proche de celui des légumes, elles n'avaient qu'à patienter d'ici au prochain rendez-vous – et celui-ci pouvait être lointain – au cours duquel elles auraient à faire usage de leurs parties animales. J'aurais aussi bien pu observer une rangée de choux en train de mûrir et me tournai dans le réduit pour dire à la princesse quelque chose de ce genre.

Mais, les lèvres animées d'un rictus lascif, elle mit un doigt sur sa bouche, avant de m'indiquer en silence son poste d'observation. Je me penchai et plongeai le regard dans le trou, retenant l'instant d'après une exclamation de surprise. La pièce comptait deux occupants. L'une était une femme bien plus jeune que celles réunies dans la pièce adjacente et aussi bien plus jolie, peut-être parce qu'une plus grande partie de son corps était visible. Elle avait ôté son *pai-jamah* avec tout ce qu'elle portait dessous et était ainsi nue en dessous de la poitrine. Sa peau sombre était celle d'une Arabe, mais son joli visage arborait à présent un teint rougi par l'effort. L'occupant mâle était l'un de ces singes *simiazze* de la taille d'un enfant, entièrement couvert de poils et dont j'aurais eu du mal à identifier le sexe si, justement, la jeune fille n'avait été en train de flatter d'une main insistante la virilité de l'animal. Elle parvint finalement à l'exciter suffisamment, mais le singe ne faisant alors encore que regarder stupidement sa petite éminence ainsi érigée, elle ne ménagea pas sa peine pour lui montrer la façon dont il devait s'en servir et l'endroit où l'introduire. Elle réussit à parvenir à ses fins, ce que Phalène et moi observions depuis notre poste de guet.

Lorsque cette ridicule exhibition fut achevée, la jeune Arabe s'essuya avec une serviette et pansa les quelques égratignures que lui avait infligées son partenaire. Après quoi, elle renfila son *pai-jamah* et laissa le singe traîner des pieds puis sauter hors de la pièce. Phalène et moi sortîmes à notre tour du réduit devenu chaud et moite pour passer dans le couloir où nous pûmes échanger sans crainte d'être entendus par les quatre femmes encore présentes dans l'autre chambre.

– Pas étonnant que le *wazir* ait qualifié cet animal de *nedji*, qui veut dire « affreusement malpropre » !

– Oh, Jamshid est simplement envieux, dit d'un ton léger la princesse. Ce singe peut encore accomplir ce que lui n'est plus en mesure de faire…

– Certes, mais il y a tout de même à redire. Son *zab* est encore plus petit que celui d'un Arabe. Je crois qu'une femme sensée ferait bien mieux d'utiliser le doigt d'un eunuque plutôt que le *zab* d'un singe.

– En effet, certaines le font. Et tu es bien placé à présent pour comprendre à quel point mon *zambur* peut être apprécié. Beaucoup de femmes doivent patienter un long et frustrant délai avant d'aller satisfaire le shah. C'est pourquoi le Prophète – que la paix et la bénédiction soient sur lui – a institué le *tabzir*, afin qu'aucune femme décente ne soit poussée à assouvir ses désirs de façon inconvenante pour une épouse digne de ce nom.

– Pour ma part, si j'étais le shah, je préférerais de loin que mes femmes se satisfassent d'une partie de *zambur* que de s'abandonner ainsi à un *zab* au hasard. Suppose un instant que la jeune Arabe tombe enceinte de ce singe !

Cette horrible pensée m'en amena une autre, encore plus affreuse, à l'esprit.

– Par le Christ, et imagine que ton effroyable sœur, Shams, se retrouve enceinte de mes œuvres ! Serais-je contraint de l'épouser ?

– Ne crains rien, Marco. Toutes les femmes présentes ici, quelle que soit leur nationalité, ont leurs propres moyens d'empêcher que cela ne se produise.

Je restai immobile, interdit.

– Veux-tu dire qu'elles sont en mesure de bloquer la conception ?

– Avec des degrés de succès variables, certes, mais toujours mieux que si elles s'en remettaient uniquement à la chance. Une femme arabe, par exemple, avant de faire la *zina*, s'introduit un tampon de laine imbibé de sève du saule pleureur. Une femme persane tapisse l'intérieur de ses parois intimes de la membrane située sous la peau de la grenade.

– Dieu, mais c'est absolument immonde ! m'écriai-je, comme tout chrétien l'aurait fait à ma place. Et qu'est-ce qui fonctionne le mieux ?

– La méthode persane est certainement la meilleure, ne serait-ce que parce qu'elle rend l'acte plus agréable pour les deux partenaires. C'est celle qu'utilise Shams, et je suis sûre que tu ne t'en es jamais rendu compte.

– En effet…

– Imagine-toi en revanche pilonner de ta tendre *lubya* cet épais bouchon de laine glissé dans les profondeurs d'une femme arabe. De toute façon, j'ai de gros doutes sur l'efficacité de cette pratique. Que veux-tu qu'une Arabe y connaisse en matière de contraception ? Excepté lorsque l'homme arabe *désire* expressément faire un enfant, il ne s'adonne jamais à la *zina* sur sa femme, ou alors par l'orifice postérieur, comme il en a l'habitude avec les hommes et comme ils procèdent de la sorte avec lui.

Je fus soulagé d'apprendre que la princesse Shams ne serait jamais fertile et ne risquerait pas ainsi de léguer sa laideur à une descendance grâce à ce contraceptif issu de la grenade. Cependant, dans la mesure où je me rendais coupable d'un des péchés les plus répréhensibles qu'un chrétien puisse perpétrer, j'aurais dû me sentir un peu moins serein. Il était prévisible qu'au moins en une occasion au cours de mes voyages ou qu'à mon retour à Venise je me retrouverais devant un prêtre et serais obligé de me confesser. Bien sûr, celui-ci m'infligerait de lourdes pénitences pour avoir forniqué avec deux femmes non mariées en même temps, mais ce n'était qu'un péché véniel par rapport à ce que je devrais avouer d'autre. Je m'imaginais d'avance l'horreur qu'il éprouverait en apprenant qu'à la très blâmable mode orientale, j'avais été conduit à ne copuler que pour le seul plaisir de l'acte, sans la chrétienne intention d'engendrer une progéniture.

Inutile de vous dire que je me roulais dans le péché avec un plaisir sans cesse croissant. La seule ombre éventuelle sur le bonheur que je goûtais à pratiquer cette activité ne résidait certes pas dans le plus petit sentiment de culpabilité. Non, plus prosaïquement, mon envie légitime se résumait surtout à vouloir prendre mon plaisir dans la princesse Phalène, qui était en effet celle à qui je faisais l'amour, plutôt que dans l'intimité de la mal aimée et, il est vrai, difficilement aimable princesse Shams. Toutefois, dès que Phalène m'eut signifié son strict refus de m'autoriser la moindre tentative de ce genre, j'eus la sagesse de ne pas insister. Il eût été particulièrement stupide de risquer de compromettre une situation déjà très agréable par le seul désir d'en atteindre une autre encore plus délectable. Je décidai donc de m'inventer une histoire toute personnelle, un peu comme celles que racontait l'intarissable shahryar Zahd.

Dans mon rêve, loin d'être la plus hideuse personne de Perse, Lumière du Soleil était au contraire devenue *la plus merveilleusement belle*. J'en fis une telle splendeur qu'Allah, dans sa grande intelligence, avait dû décréter : « Il est inconcevable que cette divine beauté et cet amour béni qu'est la princesse Shams limite ses faveurs à un seul homme. » C'était en fait *cela* la raison pour laquelle Shams n'était pas mariée et ne le serait jamais. Par obéissance à Allah tout-puissant, elle se trouvait contrainte de dispenser ses faveurs à tous les prétendants dignes d'elle, dont j'étais l'un des plus sérieux représentants. Au début, je n'utilisai ce subterfuge que lorsque c'était nécessaire. Durant la majeure partie de mes nuits de *zina*, le charme suffocant et la lascive proximité de la princesse Phalène suffisaient amplement à exciter et à soutenir mes ardeurs. Mais quand venait le moment où mon plaisir, si longtemps contenu, ne demandait qu'à exploser et que je ne pouvais plus le retenir, j'avais alors recours à mon fantasme d'une Lumière du

Soleil à la fois alternative et sublime, faisant d'elle le réceptacle de l'éclosion torrentielle de ma jouissance, de mon amour.

Je l'ai dit, cela me suffit parfaitement durant un certain temps. Mais, à la longue, je devins peu à peu la proie d'une douce démence. Je commençai à m'imaginer que mon histoire avait peut-être quelque chose de *vrai*. L'esprit de plus en plus confus, je commençai à suspecter derrière tout cela un lourd secret que, par le jeu subtil de mon intelligence, j'aurais été le premier à percer. Cela prit de telles proportions que je me surpris bientôt à demander à Phalène, à plusieurs reprises, si je ne pourrais pas apercevoir sa sœur. Phalène sembla assez contrariée et troublée par ces requêtes, surtout lorsque je me mis à mentionner le nom de Shams en présence de ses parents et de sa grand-mère.

– J'ai eu l'honneur de faire connaissance avec la quasi-totalité de votre royale famille, Votre Majesté, déclarai-je un jour au shah Zaman, à moins que ce ne fût à la shahryar Zahd, avant d'ajouter de façon négligente : Sauf peut-être avec la princesse Shams.

– Shams ? m'avait-il (ou elle) alors répondu évasivement et avec une soudaine circonspection, tandis que Phalène se mettait à discourir de la façon la plus volubile pour détourner leur attention, tout en me décochant un rude et douloureux coup de coude...

Dieu seul sait où cette folie m'eût finalement mené – peut-être jusqu'à la maison des hallucinés – si mon père et mon oncle n'avaient fini par revenir à Bagdad, me contraignant à des adieux définitifs à mes trois partenaires de *zina* : Phalène, Shams et ma Shams fantasmée.

25

Mon père et mon oncle rentrèrent ensemble, s'étant retrouvés quelque part sur les routes situées au nord du golfe Persique. Dès qu'ils posèrent les yeux sur moi, avant même que nous eussions échangé le bonjour, mon oncle rugit jovialement :

– Eh bien, Marco ! Pour une surprise… Toujours vivant, debout sur tes deux pieds et libre ! Mais comment est-ce possible, fieffé chenapan, tu n'as donc pas eu d'ennuis, cette fois ?

– Pas encore, me semble-t-il, répliquai-je, et je fis en sorte de pérenniser la situation en allant voir la princesse Phalène pour lui signifier la fin de nos turpitudes.

– Tu comprends, je ne saurais revenir te voir la nuit sans éveiller les soupçons.

– Dommage…, déplora-t-elle. Ma sœur était loin d'être lassée de ces *zina* endiablées avec toi !

– Moi non plus, chère shahzrad Magas Mirza. Mais je dois avouer que je me suis un peu épuisé à ce jeu. Il serait bon que je recouvre un peu mes forces avant la poursuite de notre voyage.

– C'est vrai que tu as l'air quelque peu surmené et hagard. Très bien, je consens que tu mettes un terme à nos rendez-vous. Nous nous ferons des adieux en bonne et due forme avant ton départ.

Nous nous assîmes ensuite tous les trois autour du shah. Mon père et mon oncle lui annoncèrent leur choix d'éviter la route maritime même si elle pouvait écourter notre chemin vers l'Orient.

– Nous vous remercions sincèrement, shah Zaman, de nous l'avoir suggérée, dit mon père. Mais un vieux proverbe vénitien l'affirme : *Loda el mar e tiente a la tera.*

– Ce qui signifie… ? poursuivit le shah, très affable.

– Chante les louanges de la mer, mais occupe-toi de la terre. Encense le grandiose et le périlleux, mais ne néglige jamais pour autant le banal comme le quotidien. Autrement dit, prête attention à ce que tu as. Dans le cas qui nous occupe, Matteo et moi avons déjà effectué de longues traversées sur la vaste mer, mais jamais sur des bateaux du type de ceux qu'utilisent les marchands arabes. Nous préférons encore emprunter une route terrestre, même risquée et peu sûre, que nous en remettre à ces étranges embarcations.

– Les Arabes, renchérit mon oncle, construisent leurs bateaux de haute mer avec la même négligence que ces branlantes barques fluviales que Votre Majesté peut voir arriver ici, à Bagdad. Le tout imbriqué et collé avec de la graisse de poisson, sans une seule pièce de métal, et, pour couronner le tout, la merde des chevaux ou des chèvres tombant sur les passagers des ponts inférieurs. Si l'Arabe est assez inconscient pour oser s'aventurer sur des coquilles de noix aussi sordides et délabrées, grand bien lui fasse, mais ce n'est pas notre cas.

– Peut-être est-ce la sagesse qui parle par votre bouche, intervint la shahryar Zahd, entrant alors sans vergogne dans la pièce alors que nous y étions réunis entre hommes. J'ai une histoire à vous conter à ce sujet…

Elle en avait en fait plusieurs. Toutes se rapportaient à un certain Sindbad le marin, qui avait enduré un grand nombre de mésaventures. L'une avec l'oiseau *Rukh*, une autre avec le vieux cheikh de la mer, une autre encore avec un poisson gros comme une île, et d'autres dont je ne me souviens même plus. Mais ce qui frappait dans tous ces récits, c'est qu'invariablement Sindbad le marin s'embarquait sur des bateaux arabes et que, chaque fois, il faisait naufrage en haute mer pour dériver ensuite vers quelque rivage inconnu des cartes.

– Merci, ma chère, ponctua le shah dès qu'elle eut achevé la sixième ou septième aventure du fameux navigateur.

Et, avant qu'elle puisse enchaîner sur une autre, il lança à mon père et à mon oncle :

– Finalement, votre voyage vers le golfe n'aura pas été vain, si je comprends bien ?

– Certes non, confirma mon père. Il était au contraire fort instructif. À titre d'exemple, j'ai acheté à Neyriz ce cimeterre tout neuf, à l'acier redoutablement tranchant. L'artisan qui l'a fabriqué m'a expliqué qu'il avait été fondu avec le fer extrait des mines toutes proches de Votre Majesté. Je l'ai repris, en corrigeant : « Vous voulez sans doute parler de mines d'acier. » Mais il a insisté, tout en m'assurant : « Non, nous tirons le fer des mines et le mettons à cuire dans un ingénieux fourneau où il se mue en cet acier que vous pouvez voir. » Interloqué, j'ai protesté : « Quoi ? Vous voudriez me faire croire qu'il me suffit de fourrer un âne dans un fourneau pour qu'il en sorte un cheval ? » Et il lui a fallu pas mal d'explications supplémentaires pour parvenir à me convaincre. Pour être franc, Majesté, nous autres Européens avons toujours cru que l'acier était un métal distinct du fer et de qualité infiniment supérieure.

– Et pourtant non, confirma simplement le shah, un grand sourire aux lèvres. L'acier n'est que le fruit d'un traitement que vous ignorez peut-être encore en Europe.

– Ainsi, j'aurai enrichi ma culture personnelle en passant à Neyriz, conclut mon père. Mais mon voyage m'a aussi conduit jusqu'à Chiraz, bien sûr, et ses vignes à perte de vue. Là, j'ai pu goûter à tous les vins qu'on en tire, sur les lieux mêmes des différents cépages. En passant par là, j'ai aussi pu essayer… (il glissa un regard en direction de la shahryar Zahd). La ville est réputée, vous le savez, pour l'inégalable beauté de ses femmes, et je dois avouer que j'en ai vu de plus jolies à cet endroit que partout ailleurs.

– C'est vrai, admit la shahryar. J'y suis née moi-même. Nous avons ici en Perse un proverbe qui dit : « Si tu cherches une jolie femme, va voir à Chiraz. Si tu cherches un beau garçon, rends-toi à Kachan. » Vous passerez du reste par cette dernière ville en partant vers l'est comme vous allez le faire.

– Ah bon, tiens donc ! nota au passage oncle Matteo. Pour ma part, enchaîna-t-il, j'ai découvert à Bassora une chose entièrement nouvelle pour moi. Il s'agit d'une huile appelée naphte, mais qui, loin de provenir des olives, des noix, du poisson ou d'être extraite de la graisse animale, suinte directement du sol lui-même. Elle éclaire mieux que n'importe quelle huile, brûle plus longtemps et n'émet pas d'odeur suffocante. J'en ai rempli plusieurs flasques, histoire de nous illuminer le soir au cours de notre voyage ainsi que pour en étonner d'autres qui, comme moi, n'auront peut-être encore jamais vu pareille substance.

– Pour ce qui est de votre expédition, maintenant, reprit le shah. Puisque vous avez résolu d'opter pour la voie terrestre, souvenez-vous de ma mise en garde à l'égard du Dasht-e-Kavir, le Grand Désert salé situé plus à l'est. Cette fin d'automne est sans doute la meilleure saison pour en entreprendre la traversée, bien que, à dire vrai, aucune période ne soit vraiment propice. Pour votre caravane, j'ai suggéré des chameaux, et il vous en faudrait cinq. Un réservé à chacun d'entre vous et portant vos effets personnels, un pour votre guide, le dernier pour le reste de vos marchandises. Le *wazir* pourra vous accompagner demain au bazar afin de vous aider à les choisir, il les paiera pour vous et acceptera vos chevaux en guise de dédommagement.

– C'est vraiment très aimable à Votre Majesté, fit mon père, reconnaissant. Mais il y a un petit détail… Nous n'avons pas de conducteur de chameaux.

– Je vois. À moins que vous ne soyez versé dans l'art de mener cette bête, il vous en faudrait un. Je peux sans doute vous aider à vous le procurer. Mais avant tout, occupez-vous des chameaux.

Ainsi, le lendemain, nous étions de retour au bazar avec Jamshid. Le marché aux chameaux couvrait à lui seul un large espace ceinturé d'une rangée continue de pierres. Les animaux étaient alignés côte à côte, les antérieurs attachés sur ces rochers afin qu'ils aient l'air, aux yeux des acheteurs potentiels, à la fois plus grands et plus fiers. Cette partie du marché était de loin la plus bruyante, puisqu'en plus des vociférations agitées que se lançaient vendeurs et acheteurs occupés à se chamailler sur les prix, les chameaux eux-mêmes, agacés de se voir sans cesse attraper et secouer le museau pour les forcer à montrer leur agilité à s'asseoir et se relever, gémissaient à fendre l'âme, emplissant l'air de leurs beuglements irrités. Jamshid ne se priva pas de les soumettre à son tour à cette épreuve ainsi qu'à bien d'autres. Il agita leurs bosses en tous sens, palpa leurs membres de haut en bas et leur inspecta scrupuleusement les naseaux. Après avoir ainsi examiné presque toutes les bêtes exposées ce jour-là, il en fit mettre cinq de côté, un mâle et quatre femelles. Puis il se tourna vers mon père et lui dit :

– Voyez si vous approuvez ma sélection, Mirza Polo. Vous noterez que leurs sabots antérieurs sont plus larges que ceux de derrière, indice sûr de leur puissance et de leur stabilité. Leurs naseaux sont sains, c'est un détail auquel il faut veiller régulièrement. À la moindre alerte d'infestation, n'hésitez pas à les vermifuger par aspersion de poivre.

Mon père et mon oncle, n'ayant aucune habitude de ce genre de commerce, s'en remirent avec confiance au choix scrupuleux du *wazir*. Le marchand manda l'un de ses aides pour conduire les bêtes, attachées les unes aux autres à la queue leu leu, jusqu'aux étables du palais, et nous les suivîmes à notre rythme.

Le shah Zaman et sa compagne, la shahryar Zahd, nous attendaient dans une pièce chargée des multiples présents qu'ils comptaient nous faire remettre de leur part au khan Kubilaï. *Qali* de la meilleure facture roulés sur eux-mêmes, coffrets de bijoux, plateaux et aiguières d'or sculptés de la façon la plus exquise, cimeterres d'acier de Neyriz en leurs fourreaux incrustés de pierres précieuses, ainsi que, pour les femmes du khakhan, des miroirs polis du même acier que les cimeterres, toutes sortes de cosmétiques – du khôl au henné –, des flasques de cuir emplies de vin de Chiraz, des boutures enveloppées avec grand soin des roses les plus précieuses trouvées dans les jardins du palais, des oignons de *banj* et de pavot dont on extrait le *teryak*. Le plus frappant de tous les cadeaux était une planche sur laquelle un peintre de la cour avait peint le portrait d'un homme à l'air rébarbatif et ascétique, mais aveugle, dans la mesure où ses yeux étaient tout blancs. C'était la première représentation d'un être vivant que je voyais dans un pays musulman.

Le shah expliqua :

– Ce dessin est censé donner une idée de l'apparence du prophète Mahomet – la paix et la bénédiction soient sur lui. Il y a, dans les royaumes du khakhan, de nombreux musulmans, et beaucoup ignorent tout de l'aspect que pouvait avoir le Prophète – que la paix et la bénédiction soient sur lui – dans la vie de tous les jours. Vous emporterez cela pour le leur montrer.

– Excusez-moi, glissa oncle Matteo, plus hésitant qu'à l'ordinaire, je pensais que les images représentant les créatures vivantes étaient formellement interdites dans l'islam. Et celle-ci nous montre le Prophète en personne…

Ce fut la shahryar Zahd qui nous éclaira.

– Elle ne devient vivante qu'à partir du moment où les yeux sont peints. Vous engagerez un artiste pour le faire juste avant de l'offrir au Grand Khan : il suffira d'ajouter deux points marrons dans les globes oculaires.

Le shah ajouta d'utiles précisions.

– De plus, le tableau lui-même a été peint à l'aide de teintures magiques qui commenceront à s'estomper d'ici quelques mois et finiront par disparaître totalement à la longue. Ainsi, en aucun cas cette image ne pourra devenir un objet d'idolâtrie, comme toutes celles que vous autres chrétiens révérez et que nous avons interdites du fait de leur inutilité dans notre religion plus civilisée.

– Ce portrait, avança respectueusement mon père, sera j'en suis sûr accueilli par le Grand Khan comme un présent unique, car il ne ressemble à aucun de ceux qu'il a déjà reçus. Vos royales majestés se seront montrées plus que généreuses à son égard.

– J'aurais aimé lui envoyer aussi quelques vierges de Chiraz, ainsi que quelques garçons de Kachan, ajouta le shah d'un ton songeur. Mais les tentatives que j'ai faites en ce sens se sont toutes soldées par des échecs. D'une façon ou d'une autre, ils disparaissent avant d'atteindre la cour du khan. Les vierges sont, il faut le croire, des denrées bien délicates à transporter.

– Je serais déjà fort heureux si nous parvenions à convoyer tout *cela*, fit mon oncle, englobant du geste le monceau de présents.

– Cela ne posera pas l'ombre d'un problème, assura d'un ton calme le *wazir* Jamshid. Chacun des chameaux désormais en votre possession pourrait porter à lui seul ce tas de marchandises, et ce sur huit *farsakh* de distance par jour, sans nécessité de plus d'un puits pour trois jours de marche, si cela s'avérait nécessaire. Tout cela à condition, bien sûr, que vous disposiez d'un bon conducteur de chameaux.

– Ce qui est dorénavant chose faite, annonça le shah. Acceptez-le comme un nouveau cadeau de ma part, messieurs, particulièrement destiné à vous, celui-ci. (Il fit un geste à l'un de ses gardes stationnés à la porte, qui s'éclipsa.) Il s'agit d'un esclave dont je n'ai fait que tout récemment l'acquisition et qu'a acheté pour moi l'un des eunuques de ma cour.

– La générosité de Votre Majesté continue de nous éblouir et de nous stupéfier…, murmura mon père.

– Allons, allons, tempéra le shah modestement. Qu'est-ce donc qu'un esclave, entre amis ? Quand bien même il m'aurait coûté la somme de cinq cents dinars, comme celui-ci !

Le garde revint accompagné de l'esclave, lequel s'écroula immédiatement sur le sol, se confondant en bruyants salamalecs et criant d'un ton perçant :

– Qu'Allah soit loué ! Enfin, nous nous retrouvons, mes bons maîtres !

– *Sia budelà !* Par mes tripes et mes boyaux, s'exclama oncle Matteo. Mais c'est ce serpent visqueux qui nous a dégoûtés de l'acheter !

– Narine, odieuse créature ! gémit à son tour le *wazir*. En vérité, Votre Seigneurie, comment avez-vous pu entrer en possession de cet excrément ?

– Je pense que l'eunuque est tombé sous son charme, convint amèrement le shah. Hélas, ce n'est pas mon cas. Je vous l'offre, et c'est de grand cœur, messieurs.

– Euh… Oui, évidemment… Dans ce cas…, firent dans leurs barbes respectives mon père et mon oncle, très mal à l'aise mais n'osant offenser le généreux donateur.

– Jamais je n'ai connu un esclave aussi odieux et rebelle, ajouta le shah sans ambages, sans même feindre d'encenser une seconde son présent. Il m'invective et me maudit dans une demi-douzaine de langues que j'ignore complètement, bien que le mot « porc » soit apparemment toujours utilisé.

– Il s'est également rendu coupable d'insolence à mon égard, s'offusqua la shahryar. Imaginez-vous un esclave osant remettre en cause la douceur de la voix de sa maîtresse ?

– Le Prophète en personne – et que, bien sûr, la paix et la bénédiction soient toujours sur lui –, marmotta Narine à voix haute, comme pour lui-même, le Prophète a lui-même maudit toute maison dont une voix féminine peut être entendue de l'extérieur.

La shahryar lui lança un regard venimeux, et le shah conclut, anéanti :

– Vous entendez ? Bien, sachez que l'eunuque qui me l'avait amené sans me consulter a été écartelé par quatre chevaux sauvages. Je pouvais me permettre cette perte sèche, puisqu'il était né sous mon toit, étant le fruit d'un autre de mes esclaves. Mais ce chacal de fils de pute m'a coûté cinq cents bons dinars, et l'on pourrait donc en faire meilleur usage. Vous m'avez réclamé un conducteur de chameaux, messieurs, et il affirme en être un.

– Absolument ! clama le chacal de fils de pute. Mes bons maîtres, j'ai grandi au milieu des chameaux, et je les aime comme mes sœurs…

– Ça, glissa mon oncle, je veux bien le croire.

– Réponds à cette question, esclave ! aboya Jamshid. Un chameau s'agenouille quand on le charge. Il mugit et se plaint hautement à chaque nouveau fardeau dont on l'accable. Quand sait-on qu'il a atteint sa charge limite ?

– C'est très simple, *wazir* Mirza. Dès qu'il *cesse* de ronchonner, vous pouvez être sûr qu'il ne portera pas un brin de paille de plus.

Jamshid haussa les épaules.

– Pas de doute, il connaît les chameaux.

– Bon, eh bien..., marmonnèrent mon père et mon oncle.

– Vous savez, messieurs, vous avez le choix, proposa le shah sans la moindre émotion. Ou bien vous le prenez avec vous, ou bien vous attendez ici pour le voir conduire au chaudron.

– Au chaudron ? s'enquit mon père qui ignorait tout de ce châtiment bien spécifique.

– Emmenons-le, père, intervins-je pour la première fois.

Je n'y mis pas un grand enthousiasme, mais je ne me sentais vraiment pas la force de revoir quelqu'un plonger dans l'huile en ébullition, fût-ce même cette vermine nauséabonde.

– Allah vous le rendra, jeune maître Mirza ! cria la vermine. Oh, bijou plus que parfait, vous avez autant de compassion que le derviche d'antan Bayazîd qui, au cours d'un de ses voyages, trouva et attrapa une fourmi restée prise dans un pansement sur son nombril et refit à l'envers plusieurs centaines de *farsakh* pour la ramener à son point de départ, afin que la pauvre exilée, injustement enlevée à son nid de naissance, retrouvât...

– La ferme ! tonna mon oncle. Nous allons te prendre avec nous, ne serait-ce que pour débarrasser notre ami le shah de ta méphitique présence. Mais je te préviens, pourriture, ne compte surtout pas sur une compassion quelconque de notre part !

– Je m'en contenterai ! cria la pourriture. Les paroles vindicatives et même les coups donnés par un sage valent mieux que les flatteries ou les faveurs prodiguées par un ignorant. Et de plus...

– Oh, doux Jésus ! murmura mon oncle, l'air soudain très las. Ce n'est pas sur ton postérieur que je vais taper, mais sur ta langue de serpent à sonnettes. Votre Majesté, nous partirons à l'aube, dès demain matin, afin que vous soyez libéré au plus tôt de cette chose fétide.

Au point du jour le lendemain, Karim et nos deux autres domestiques nous aidèrent à endosser de robustes habits de voyage du plus pur style persan et à remballer nos effets personnels. Après quoi, ils offrirent à chacun d'entre nous un vaste panier garni de la nourriture la plus fine, de vin et d'autres friandises. Ils avaient été préparés tout exprès par les cuisiniers du palais, de façon que les viandes se conservent le mieux possible et nous permettent ainsi de nous sustenter une bonne partie du voyage. Cela fait, les trois domestiques se lancèrent dans une hallucinante démonstration de chagrin et d'affliction, comme si nous avions été toute leur vie durant leurs maîtres bien-aimés et que nous les abandonnions tout d'un coup à jamais. Ils se prosternèrent dans d'interminables salamalecs, puis ils arrachèrent leurs turbans et frappèrent leurs têtes nues sur le plancher, violence qu'ils ne consentirent à faire cesser que lorsque mon père leur eut distribué de juteux pourboires. Dès lors, ils nous regardèrent partir avec de grands sourires, nous recommandant chaleureusement à la protection d'Allah.

Aux écuries du palais, nous découvrîmes que, sans y avoir été enjoint ni contraint, Narine avait fait seller et charger nos chameaux de tout notre attirail, sans rien en oublier. Il avait même fait envelopper et calé avec le plus grand soin les nombreux cadeaux offerts par le shah, afin qu'ils ne puissent ni choir ni s'entrechoquer les uns contre les autres. Enfin, pour autant que nous puissions en juger, il n'avait absolument rien volé.

Loin de le complimenter, mon oncle lui déclara de son ton le plus rude :

– Je vois ton petit manège, coquin ! Tu crois peut-être pouvoir nous endormir par ces bonnes actions, afin de mieux nous rouler dans la farine dès que ton instinct de gredin aura repris le dessus. Mais fais bien attention, Narine, c'est tous les jours que nous exigerons de ta part cette efficacité et…

L'esclave l'interrompit pour déclamer de la façon la plus obséquieuse :

– Les maîtres n'ont jamais que les domestiques qu'ils méritent : ceux-ci les servent d'autant mieux qu'on leur a fait confiance et qu'on les a respectés.

– Eh bien, pour autant que nous sachions, intervint mon père, il ne semble pas que tu aies particulièrement bien servi tes précédents propriétaires, qu'il s'agisse du marchand d'esclaves, du shah…

– Ah, mon bon maître, Mirza Polo, je suis resté trop longtemps confiné à la ville et cloîtré dans ces étroites demeures, mon esprit en est devenu acariâtre et revêche. Allah a fait de moi un vagabond. Aussi, dès que j'ai su que vous étiez d'authentiques voyageurs, ai-je fait tous les efforts possibles et imaginables pour me faire renvoyer de ce palais, afin de pouvoir, par un moyen ou un autre, rejoindre votre caravane.

– Hum…, firent ensemble mon père et mon oncle, aussi sceptiques l'un que l'autre.

– Ce faisant, je savais que je risquais une sortie bien plus radicale, comme d'aller faire un plongeon dans le chaudron. Mais le jeune Mirza Marco m'a sauvé de ce tragique destin et il n'aura point à le regretter. Je serai toujours pour vous, mes vieux et vénérables maîtres, un très obéissant serviteur, mais je saurai constituer pour lui un précieux et dévoué mentor. Je me dresserai entre lui et la souffrance, pour le protéger comme il l'a fait pour moi et, jour après jour, avec assiduité, je l'instruirai de toute la sagesse de la piste.

Tel était le second des précepteurs et des guides un peu particuliers que j'avais récoltés à Bagdad. J'aurais bien sûr mille fois préféré qu'il soit aussi avenant, agréable à fréquenter et désirable que l'avait été la princesse Phalène. À la vérité, l'idée de vivre sous la tutelle de cet esclave malpropre ne m'enchantait guère, inquiet que j'étais de voir déteindre sur moi, à la longue, l'une ou l'autre de ses détestables manies. Cependant, je n'eus pas le cœur de le blesser en avouant tout haut ce que je pensais tout bas et me contentai d'arborer un air de magnanime tolérance.

– Vous savez, je ne prétends pas être un homme parfait, loin de là, poursuivit Narine, comme s'il avait lu dans mes pensées. J'admets que certaines de mes façons pourraient choquer une compagnie policée, et sans doute aurez-vous plus d'une occasion de me morigéner, voire de me battre. Mais en tant que guide spécialiste des pistes, je me pose là, veuillez m'en croire. Vous m'avez fourni l'occasion de retrouver le goût des grands espaces, vous n'aurez ma foi pas à le regretter. Mon efficacité vous étonnera. Vous verrez !

Nous allâmes donc tous trois satisfaire aux adieux rituels dus à nos hôtes, le shah Zaman, la shahryar Zahd, sa vieille mère et la shahzrad Magas. Sachant que nous partions, ils s'étaient levés tôt. Leurs souhaits de départ furent de ceux que l'on réserve à de véritables invités plus qu'à de simples porteurs du sauf-conduit impérial du khakhan qu'il eût fallu héberger.

– Voici les papiers stipulant que vous êtes désormais propriétaires de cet esclave, expliqua le shah en les tendant à mon père. Vous aurez encore de nombreuses frontières à franchir sur votre chemin vers l'Orient, et partout il vous sera demandé de justifier de l'identité de chaque membre de votre caravane. Maintenant, mes bons amis, faites bonne route et puissiez-vous cheminer à l'ombre d'Allah.

À nous tous, mais avec un petit sourire qui m'était tout particulièrement destiné, la princesse Phalène nous souhaita d'éviter tous les mauvais génies qui pourraient hanter la piste, pour ne rencontrer que de doux et délicats *peri*.

La vieille grand-mère hocha la tête sans dire un mot, mais la shahryar saisit l'occasion de ces adieux pour nous débiter une histoire aussi longue que toutes celles dont elle avait le secret, concluant avec effusion :

– Votre départ va nous laisser bien démunis.

Là-dessus, j'eus le culot de lui répondre :

– Il y a ici quelqu'un, dans ce palais, à qui j'aimerais présenter mes plus ardents hommages.

J'étais encore, je le confesse, quelque peu tourneboulé par mon idée un peu folle d'avoir percé à jour quelque pesant secret de famille concernant la princesse Lumière du Soleil. Car, qu'on le veuille ou non et qu'elle ait été ou pas aussi sublime que je me l'étais peinte en imagination, elle avait bel et bien été mon infatigable amante. Il était par conséquent tout naturel qu'à l'instant de prendre congé j'eusse pour elle une attention particulière.

– Daigneriez-vous lui transmettre mon chaleureux au revoir, Votre Majesté ? Je ne pense pas que la princesse Shams soit précisément votre fille, mais…

– Pardon ? s'esclaffa la shahryar. Ma fille, vraiment ? Vous ne manquez vraiment pas d'humour, jeune Mirza Polo, de vouloir prendre congé de nous sur un trait d'esprit aussi enjoué. Vous n'êtes pas sans savoir, je suppose, que la seule princesse qui eût jamais porté ici le nom de Shams n'est autre que la shahrpiryar.

– Ma foi, j'avoue que ce titre ne me dit rien et que je ne l'avais encore jamais entendu employer, bredouillai-je, un peu emprunté et hésitant.

J'étais d'autant plus troublé que je n'avais pas manqué d'observer la façon curieuse dont s'était retirée la princesse Phalène vers un coin de la pièce, la tête tournée vers un pli du *qali* qui ornait le mur et les yeux brillants d'un éclat fort espiègle, comme si elle craignait d'éclater bruyamment de rire.

– Le titre de shahrpiryar, poursuivit sa mère, qualifie la princesse douairière Shams, la vénérable et royale génitrice, j'ai nommé (et elle tendit théâtralement le bras vers elle) ma mère, ici présente.

Sonné sur place, le souffle momentanément coupé d'horreur tant j'étais révulsé par cette effarante nouvelle, je dévisageai d'un air dégoûté ce vieux débris ridé, ratatiné et à moitié chauve, au teint marbré et à la vague odeur de moisi qu'était devenue la shahrpiryar Shams, cette grand-mère décrépite à l'âge canonique, et… tenez-vous bien, elle répondit à mon regard exorbité par un sourire humide et lascif qui découvrit ses gencives d'un gris blanchâtre. Puis, afin que je ne puisse plus nourrir le moindre doute quant à la réalité de cette révélation, elle passa lentement la pointe de sa langue verte et moussue sur le reste décharné de sa lèvre supérieure.

Je pense que je dus vaciller un instant sur place, mais je suivis je ne sais trop comment mon père et mon oncle en-dehors de la pièce, parvenant de justesse à éviter une syncope ou un vomissement qui eût été, sur ce sol d'albâtre, plutôt malvenu. Je n'entendis donc que dans un vague brouillard les adieux entrecoupés de rire, enjoués et sarcastiques que m'adressait Phalène, noyé que j'étais dans le souvenir soudain bien présent de ma niaise demande, un soir : « Ta sœur est-elle beaucoup plus jeune que toi ? », accablé aussi par l'écrasante fatuité de mon délire concernant la divine beauté de la princesse Lumière du Soleil, et l'esprit traversé en un éclair par la mise en garde du diseur de bonne aventure : « Méfie-toi de la beauté, elle est assoiffée de sang… »

Bon. L'un dans l'autre, cette dernière rencontre avec la beauté n'avait fort heureusement débouché sur aucune effusion de sang, et, comme on le dit, le ridicule n'a jamais tué personne. Mais si elle n'eut pas de conséquence plus malheureuse, cette expérience eut pour effet de rendre mon sang plus vif, plus rouge et plus vigoureux qu'il l'avait jamais été, puisqu'il suffisait que me revînt en mémoire le souvenir des nuits passées dans le quartier des femmes pour que mon teint s'empourprât et devînt rubicond comme les joues d'une première communiante.

26

Juché sur son cheval, le *wazir* escorta notre caravane de chameaux durant la première demi-journée de notre trajet, nous offrant ainsi l'*isteqbal*, service que les Persans réservent traditionnellement à leurs hôtes sur le départ. Au cours de cette marche matinale, Jamshid s'inquiéta avec sollicitude de savoir ce qui me valait ces yeux vitreux et cette mâchoire distendue. De leur côté, mon père, mon oncle et l'esclave Narine s'enquirent eux aussi à plusieurs reprises de ma santé, craignant que le roulis de mon chameau ne m'eût indisposé. Je leur fis à tous des réponses évasives. La vérité, c'est que je ne parvenais pas à admettre l'ahurissante évidence que j'avais passé trois semaines à m'accoupler dans la félicité la plus totale avec une sorcière tombée en extase devant mes charmes, mais âgée de quelque soixante ans de plus que moi.

Finalement, c'est peut-être ma jeunesse qui justement me permit de passer outre. Au bout d'un moment, je finis par me persuader qu'aucun tort grave ne m'avait été causé – hormis celui infligé à mon amour-propre, cela va de soi –, et qu'aucune des deux princesses n'irait ébruiter l'incident, faisant de moi l'objet de la risée universelle. Lorsque Jamshid nous eut salués d'un ultime *salââm aleikum* et eut tourné bride vers Bagdad, je m'étais ressaisi et fus à nouveau capable d'accorder un minimum d'attention à la contrée que nous traversions. Nous nous trouvions alors, et pour un certain temps encore, dans une terre où de plaisantes vallées verdoyantes serpentaient entre de fraîches collines bleutées. C'était une aubaine, car cela nous permit de nous habituer à nos montures avant d'atteindre la rude étape du désert.

Je dirai tout simplement qu'une fois accoutumé à l'inhabituelle hauteur à laquelle se trouve le cavalier, il n'est guère plus compliqué de conduire un chameau que de monter à cheval. Cet animal à la démarche maniérée possède le même ricanement hautain et dédaigneux que certains humains parvenus. Un cavalier, même novice, s'habitue facilement à maîtriser cette monture, surtout s'il décide, comme le font souvent les femmes, de chevaucher en amazone, les deux jambes du même côté, retenues par les fourches de la selle. Le chameau n'est pas harnaché à l'aide d'une bride, mais au moyen d'une corde reliée à une traverse de bois fixée à demeure à son museau. Lorsque le chameau blatère, il vous arbore un air d'intelligence hautaine qui n'est que fallacieuse illusion. Il ne faut en effet jamais oublier que cet animal est l'un des plus stupides de la Création. Un cheval futé saura jouer des tours, vexer son cavalier ou le déséquilibrer sur sa selle. Le chameau, lui, en est bien incapable. Mais ce qui est pire, c'est que, contrairement au cheval qui sait veiller à la route qu'il emprunte et éviter un obstacle en faisant un pas de côté, le chameau, s'il n'est pas scrupuleusement guidé en conséquence, peut heurter un rocher ou trébucher dans un trou, même s'il est aussi visible que le nez au milieu de la figure.

Comme c'était le cas depuis Acre, nous traversions des contrées aussi inconnues à mon père et à mon oncle qu'à moi-même, puisque tous deux, lors des trajets aller et retour de leur précédente traversée de l'Asie, avaient emprunté une route plus septentrionale. C'est pourquoi, en dépit de légitimes appréhensions, ils avaient délégué à Narine le soin de tracer notre route. Celui-ci proclamait haut et fort connaître la région comme sa poche, et ce devait être vrai à en juger par l'assurance avec laquelle il choisissait la bonne piste aux différents embranchements, sans jamais tergiverser une seconde. De fait, le premier soir, nous arrivâmes à point nommé à un caravansérail des plus confortable, auquel il nous avait conduits sans hésitation. Pour le remercier de sa bonne conduite, aux deux sens du terme, nous lui épargnâmes la peine de dormir dans l'étable avec les chameaux, lui offrant de quoi manger et passer la nuit à l'intérieur du bâtiment principal.

Tandis que nous dînions ce soir-là, mon père, qui venait d'étudier attentivement les papiers d'identité délivrés par le shah, déclara :

– Je me souviens t'avoir entendu dire, Narine, que tu n'avais pas toujours été affublé de ce sobriquet. Il apparaît sur ces documents que tu as servi tous tes précédents maîtres sous un nom différent : Sindbad, Ali Baba, Aladin… Il faut admettre que tout cela sonne autrement mieux que Narine. Mais lequel préfères-tu que nous utilisions, pour te désigner ?

– Aucun d'entre eux, maître Nicolò, si vous le voulez bien. Tous appartiennent à une période passée et révolue de ma vie. Sindbad, par exemple, ne fait que se référer à la province du Sind où je suis né. Cette époque, pour moi, est désormais loin derrière.

Je pris à mon tour la parole :

– La shahryar Zahd nous a conté certaines aventures d'un voyageur célèbre qui se faisait appeler Sindbad le marin. Se pourrait-il que ce personnage et toi ne fassent qu'un ?

– Il devait en tout cas me ressembler d'assez près, car il est clair que cet homme était un menteur. (Il cracha par terre après s'être ainsi déprécié.) Puisque vous êtes, messeigneurs, originaires de la république maritime de Venise, vous savez bien qu'aucun homme de mer ne s'est jamais qualifié de marin. Il se désignera lui-même comme matelot, homme de mer ou navigateur, mais ce terme de « marin » est une appellation naïve typique des gens du rivage, ceux qui ignorent tout de la mer. Ce Sindbad qui ne savait même pas se nommer correctement lui-même a donc dû raconter pas mal de salades, vous ne croyez pas ?

– Certes, mais il va pourtant bien me falloir, en tant que propriétaire, t'inscrire sur ce papier sous un nom ou sous un autre…

– Alors, mettez Narine, mon bon maître, décida-t-il d'un ton désinvolte. Après tout, c'est ainsi qu'on m'a surnommé depuis le fâcheux incident dont je vous ai parlé. Je sais que vous aurez peine à le croire, messeigneurs, mais avant que survienne cette mutilation qui m'a défiguré, j'étais un homme d'une beauté sans égale.

Il se lança dans un discours fleuve sur le charme magnétique qu'il possédait lorsqu'il avait encore ses deux narines, qui lui valait d'être poursuivi des assiduités de nombreuses femmes littéralement fascinées par sa virilité. Dans sa jeunesse, au temps où il s'appelait Sindbad, il avait entre autres subjugué une jolie fille au point qu'elle avait risqué sa vie pour le sauver d'une île peuplée de malfaisantes créatures ailées. Plus tard, sous le nom d'Ali Baba, il avait été capturé par une bande de malfrats et jeté dans une jarre d'huile de sésame, et sa tête si éloquente aurait probablement été arrachée de son cou amolli sans l'intervention d'une autre délicieuse jeune personne, elle aussi sous l'emprise de son irrésistible séduction. En tant qu'Aladin, son prodigieux pouvoir d'attraction avait donné le courage à une autre remarquable fille d'Ève de le sauver de l'attrait maléfique d'un génie au service d'un sorcier…

En résumé, ses histoires étaient aussi peu plausibles que celles que racontait la shahryar Zahd mais, à tout prendre, pas plus inouïes que son culot de prétendre avoir été un Apollon. Qui aurait pu croire pareille fable ? Eût-il été doté de deux narines, voire de trois, ou même d'aucune, cela n'aurait en rien amélioré sa ressemblance avec un oiseau-chameau *shuturmurq* privé de menton, doté d'un gros nez épaté et crochu et d'une bedaine proéminente. L'ombre d'une barbe sale étalée sous son bec lui donnait une irrésistible touche comique. Il en rajouta encore dans l'invraisemblance en complétant ce dithyrambe sur son aspect physique par un récit relatif à ses propres exploits, essentiellement marqués par la bravoure, l'ingéniosité et un courage en acier trempé.

Nous prêtâmes à ses rodomontades une oreille polie, sans nourrir la moindre illusion quant à leur véracité. Mon père les compara d'ailleurs ensuite à « une belle vigne, mais sans la moindre grappe de raisin ».

Quelques jours plus tard, lorsque mon oncle eut confronté notre progression vers l'est avec les cartes du *Kitab* d'Al-Idrîsî, il nous annonça que nous étions arrivés en un lieu d'importance historique. Selon ses calculs, nous étions tout proches de l'endroit où le *Roman d'Alexandre* situe la rencontre qui mit en présence, au cours de sa marche à travers la Perse, le conquérant et Thalestris, la reine des Amazones, venue lui rendre hommage accompagnée de son escorte féminine. Toutefois, aucun monument ne commémorant sur place cet événement, nous en étions réduits à nous fier à la parole de mon oncle.

Au cours des années qui se sont écoulées depuis, on m'a souvent demandé si j'avais pu trouver, au cours de mes voyages, le fameux pays des Amazones, que certains nomment la terre de Féminye. Je ne le découvris en tout cas pas en Perse. Plus tard, dans l'empire des Mongols, j'ai eu l'occasion de croiser à de nombreuses reprises des femmes combattantes, toujours dans une position subalterne, néanmoins, par rapport à leurs compagnons masculins. On m'a également souvent demandé si, dans ces terres lointaines, j'avais pu rencontrer le Prêtre Jean, aussi appelé dans d'autres langues le Presbyter Johannes ou le Prester John, ce révérend à la fois personnage mythique de nombreuses fables et véritable énigme historique.

Depuis plus d'un siècle déjà, l'Occident bruit de toutes les rumeurs à son propos. Descendant direct des Rois mages qui assistèrent à la naissance du Christ, il serait donc à la fois d'essence royale et bon chrétien lui-même. Il disposerait, en plus d'une immense sagesse, d'une fortune importante et d'un pouvoir sans limites. Ce roi chrétien à la tête d'un vaste royaume a bien de quoi enflammer, il est vrai, les imaginations occidentales. En regard de notre vieil Occident fragmenté en tant d'insignifiantes nations aux mains d'infimes roitelets, de petits ducs et consorts éternellement en guerre les uns contre les autres, et de cette Chrétienté sans cesse déchirée par de nouvelles sectes antagonistes et schismatiques, comment ne pas envisager avec bonheur un pays peuplé de gens unis, en paix, sous la férule d'un homme à la fois maître temporel et pontife suprême, dans une majesté sans égale ?

De ce fait, lorsque nos contrées occidentales se sont trouvées assiégées par des barbares païens venus d'Orient – Huns, Tartares, Mongols ou Sarrasins musulmans –, leurs habitants se sont pris à espérer et à prier avec ferveur que le Prêtre Jean surgisse de sa lointaine retraite orientale afin de prendre *à revers* ces sauvages, lesquels auraient alors été pris au piège, écrasés entre ses armées et les nôtres. Hélas, jamais le monarque ne s'est aventuré hors de ses mystérieuses places fortes, ni pour aider l'Occident chrétien lors des périodes pourtant si fréquentes où il était menacé, ni pour faire la simple démonstration de sa réalité. Alors, bien sûr, on peut légitimement s'interroger : existe-t-il vraiment, et si oui, qui est-il ? Domine-t-il bel et bien un lointain empire chrétien, et si oui, où est-il situé ?

J'ai déjà émis l'hypothèse, dans la première version publiée de mes voyages, que *dans un certain sens* le Prêtre Jean pourrait en effet exister, mais qu'il n'est pas et n'a jamais été un potentat chrétien.

À l'époque où les Mongols vivaient encore en tribus séparées et désorganisées, ils appelaient *khan* leurs chefs de tribu. Lorsque ces innombrables entités s'unirent sous la férule de Gengis, il devint l'unique monarque de l'Orient et régna sur un empire assez semblable à celui que la rumeur attribuait au Prêtre Jean. Depuis la mort de Gengis, tout ou partie de ce khanat mongol a toujours été dirigé par l'un ou l'autre de ses descendants, avant que son petit-fils Kubilaï devienne *khakhan*, l'étende encore et en consolide la fermeté. Si tous ces dirigeants mongols ont évidemment porté des noms différents, tous ont gardé le même titre, celui de khan ou de khakhan.

Je vous invite maintenant à observer combien il serait compréhensible de mal lire ou de mal entendre le titre de khan pour l'altérer en « Jean », en « John » ou en « Johannes ». Imaginez qu'un très ancien voyageur chrétien en Orient l'ait ainsi mal interprété. Cela lui aurait inévitablement rappelé le nom du saint apôtre Jean. Le pas d'en faire, dans son esprit, un évêque ou un prêtre aurait été vite franchi, et il suffisait ensuite de faire coïncider la croyance avec la réalité – celle de l'étendue, du pouvoir et de la richesse du khanat mongol – pour aller répandre dans tout l'Occident le mythe fabuleux du Prêtre Jean dominant un empire chrétien imaginaire.

Si je ne me trompe pas, ce sont donc bien les khans qui, à leur corps défendant, ont pu inspirer la légende, ce qui n'en fait pas pour autant des chrétiens. Et jamais ils n'ont eu en leur possession aucun des atouts aux vertus surnaturelles attribués au Prêtre Jean : le miroir enchanté grâce auquel il pouvait espionner à distance les faits et gestes de ses ennemis, les médicaments magiques qui lui permettaient de guérir n'importe quelle maladie mortelle, ou encore ces guerriers anthropophages, invincibles parce que capables de survivre rien qu'en mangeant leurs ennemis vaincus... ainsi que mille merveilles semblables, si fréquentes dans les histoires de la shahryar Zahd.

Tout ceci ne signifie nullement qu'il n'y aurait aucun chrétien en Orient. Il y en a, en effet ; des individus isolés, mais également des communautés entières situées aussi bien dans le Levant que sur les lointains rivages de Kithai. Ces chrétiens sont des humains de toutes couleurs, du blanc au brun foncé et du marron jusqu'au noir profond. Hélas, ils sont tous inféodés à l'Église orientale, soit adeptes, depuis le cinquième siècle, des croyances du schismatique abbé Nestorius. Ils passent ainsi aux yeux des chrétiens de Rome pour des hérétiques. Ces nestoriens dénient en effet à la Vierge Marie le titre de Mère de Dieu, n'autorisent aucun crucifix dans leurs églises et, de plus, révèrent ce Nestor pour lequel nous n'avons que mépris à l'instar d'un véritable saint. En outre, leurs prêtres ne sont pas soumis au célibat. Beaucoup sont donc mariés. Tous pratiquent la simonie, c'est-à-dire qu'ils administrent les sacrements contre paiement. Finalement, les seuls liens qui nous rapprochent d'eux sont notre croyance commune en un même Dieu et la reconnaissance partagée de Jésus comme son fils.

Ce seul trait me suffisait cependant, ainsi qu'à mon père et à mon oncle, à les rendre plus proches de nous que les nombreux sectateurs d'Allah, de Bouddha, voire de divinités encore plus étrangères au milieu desquelles ils se trouvaient noyés. Aussi fîmes-nous notre possible pour ne jamais trop haïr ces nestoriens – même si nous n'étions pas en accord avec toutes leurs doctrines. Eux, pour leur part, se montrèrent toujours hospitaliers à notre égard et prêts à nous porter assistance.

Si le Prêtre Jean avait existé ailleurs que dans l'imagination occidentale et avait été, comme on le prétendait, un descendant des Rois mages, nous aurions immanquablement dû le croiser lors de notre traversée de la Perse, car c'est là qu'avaient précisément vécu les fameux rois, et c'est depuis la Perse qu'ils avaient suivi l'étoile de la Nativité. En tout état de cause, cela eût fait du Prêtre Jean un nestorien, car c'est le seul type de chrétiens qui peuplent ces régions. De fait, nous trouvâmes bien un vieillard de ce nom chez les Persans, mais qui aurait eu bien du mal à se comparer au Prêtre Jean de la légende.

Il s'appelait Vizan, qui est la traduction persane du nom prononcé ailleurs Jean, Giovanni, Johannes ou John. Il était né dans la famille royale de Perse et portait donc à l'origine le titre de shahzadè, ou prince. Ayant embrassé dès sa jeunesse la foi nestorienne, il avait non seulement renoncé à l'islam, mais aussi à tous ses droits d'héritier de la couronne persane. Il avait fait une croix sur tout cela pour rejoindre une tribu errante de bédouins nestoriens. Bien qu'il ne fût pas d'un âge très avancé, il était devenu leur ancien, leur chef spirituel, et méritait à leurs yeux le titre de prêtre. Nous trouvâmes en lui un homme aussi bon que sage, sous tous rapports admirable, en somme. En tout cela, il satisfaisait donc parfaitement au portrait type qu'on a pu tracer du Prêtre Jean, à l'exception du fait qu'il ne régnait sur aucun vaste domaine populeux, mais tout au plus sur une vingtaine de familles dépenaillées de misérables chevriers sans terres.

Nous fîmes la connaissance de cette bande de gardiens de chèvres un soir où nul caravansérail ne s'était présenté sur notre chemin. Ils nous invitèrent à partager leur terrain de campement au beau milieu de leur troupeau. Nous passâmes donc la soirée en compagnie de leur Presbyter Vizan.

Bien que nous n'eussions partagé qu'un repas frugal autour d'un petit feu de camp, mon père et mon oncle engagèrent avec lui une discussion théologique approfondie, en profitant pour démonter habilement un grand nombre des hérésies que le vieux bédouin chérissait le plus. Mais il ne parut pas plus anéanti que cela, ni ne sembla prêt à renoncer pour autant aux vagues lambeaux de croyances qu'ils lui laissèrent. Il orienta plutôt avec bonne humeur la conversation sur la cour royale de Bagdad que nous venions de quitter, pour s'enquérir des éventuels parents qu'il pouvait y avoir conservés. Nous lui donnâmes les meilleures nouvelles des siens, sans lui cacher cependant combien la pesante tutelle du khan les ennuyait. Le vieux Vizan sembla heureux de ces informations, mais ne parut pas regretter le confort qu'il avait connu jadis à la cour royale. Ce n'est que lorsque l'oncle Matteo vint à mentionner la shahrpiryar Shams – ce qui provoqua en moi un sursaut involontaire – que le vieil évêque chevrier émit un soupir dénotant une certaine nostalgie.

– La princesse douairière est donc encore vivante ? demanda-t-il. Elle doit bien approcher à présent les quatre-vingts printemps, comme moi.

J'en tressaillis derechef. Il demeura un instant silencieux, prit un bâton et fourragea le feu, semblant profondément perdu dans ses pensées sentimentales, avant de reprendre :

– Sans doute n'est-ce plus très visible de nos jours, mais – et vous aurez sans doute du mal à me croire, mes bons amis – cette princesse Lumière du Soleil a été, dans sa jeunesse, la plus belle femme de Perse, si ce n'est la plus belle femme de tous les temps.

Mon oncle et mon père se contentèrent d'un poli mais évasif murmure. Le simple souvenir de cette vieille bique ratatinée et ravagée par les ans me donnait encore la chair de poule.

– Ah, au temps où nous étions jeunes, elle et moi..., dit-il pensivement, noyé dans ses rêves. J'étais encore à l'époque prince de Tabriz, et elle était la shahzrad, la fille aînée du shah de Kerman. Dès que la rumeur de sa beauté sans pareille m'atteignit, j'accourus de Tabriz, comme d'innombrables autres princes avec moi, venus d'aussi loin que de Saba ou du Cachemire. Et quand je la découvris, je ne fus point déçu.

Je ne pus m'empêcher d'émettre à cet instant un bref soupir qui trahit assez impoliment mon incrédulité, mais heureusement il ne l'entendit point.

– Je pourrais vous décrire les yeux rayonnants, les lèvres de rose et la grâce de saule pleureur dont était dotée cette jeune fille, mais cela ne pourrait suffire à vous la dépeindre. Croyez-moi, un seul regard sur elle suffisait amplement à donner la fièvre à tout homme, tout en constituant une vision des plus rafraîchissante. Elle ressemblait à... à un champ de trèfles réchauffé par le soleil avant d'être rincé d'une douce pluie. Oui... c'est sans doute la créature la plus délicatement parfumée que Dieu ait jamais créée sur cette Terre. Le simple fait de sentir cette fragrance suffit encore à me rappeler la belle et jeune princesse Shams.

Comparer une femme à un champ de trèfles, pensai-je, voilà bien la marque de l'esprit rustique d'un gardien de chèvres. Le jugement du vieil homme était certainement altéré par des décennies de fréquentation de chèvres crasseuses et de nestoriens guère plus propres.

– Il n'était pas homme dans toute la Perse, continua le vieux prêtre, qui ne fût prêt à risquer une raclée de l'un des gardes du palais de Kerman, juste pour se faufiler à la dérobée autour des jardins et jeter un bref coup d'œil sur la princesse Lumière quand elle s'y promenait. Pour la voir ne fût-ce qu'un instant sans son voile, un homme eût donné sa vie. Pour l'infime espoir d'un sourire de sa part, il eût damné son âme pour l'éternité. Quant à envisager avec elle une intimité encore plus grande, il n'était même pas question de l'imaginer, fût-ce à cause de la multitude de princes déjà désespérément épris d'elle.

J'étais assis devant Vizan et le couvrais d'un regard incrédule. Quoi ? Cette vieille bique avec laquelle j'avais passé des nuits entières dans le plus simple appareil, une vision inviolable et impossible à toucher ? Inconcevable ! Et même totalement ridicule !

– Tant de prétendants brûlaient tous du même désir à son égard que Shams au cœur tendre n'eût jamais voulu ou pu faire un choix entre eux tous, de peur de briser la vie des autres. Son père le shah était lui-même fort embarrassé pour trancher, tant il se trouvait harassé, pressé de tous côtés, littéralement assiégé par des foules de soupirants qui le comblaient, pour le faire céder en leur faveur, des plus splendides cadeaux. Ce fut, durant plusieurs années, une véritable lutte entre les prétendants à sa main. À l'âge où toute princesse se tourmentait de voir s'écouler le printemps de sa jeunesse, elle n'était pas encore mariée. Pourtant, plus le temps passait, plus croissaient sa beauté de rose, sa grâce de saule pleureur et sa délicate senteur de trèfle.

Bien que, toujours assis, je continuasse à le dévisager, incrédule, mon scepticisme cédait lentement la place à une profonde interrogation : et si, après tout, mon amante avait vraiment été *tout cela* ? Si elle avait été assez exquise et désirable pour marquer la mémoire de tant d'hommes, de celui-ci au moins qui s'en souvenait encore à l'approche de la fin de sa vie terrestre ?

L'oncle Matteo commença à parler, s'étrangla d'une quinte de toux, puis s'éclaircit la gorge et parvint enfin à articuler :

– Et comment s'est achevée cette cour surpeuplée ?

– Oh, elle a bien fini par se résoudre. Son père, le shah, avec son approbation, je pense, choisit en définitive pour elle le shahzadè de Chiraz. Lui et la princesse furent mariés, et l'ensemble de l'Empire perse – à l'exception des prétendants écartés – fêta cette union de plusieurs jours chômés. Pourtant, il s'écoula plusieurs années avant que ce mariage produisît ses fruits. J'ai dans l'idée que l'époux, comme dépassé par sa bonne fortune et saisi par l'affolante beauté de sa femme, mit un certain temps à pouvoir consommer le mariage. Ce n'est qu'après la mort de son père, lorsqu'il lui eut succédé comme shah à Chiraz, qu'il lui fit un enfant, alors qu'elle avait déjà atteint la trentaine. C'était une fille, et elle resta unique. Belle aussi, m'a-t-on dit, mais rien qui pût égaler sa mère. C'est Zahd, qui est maintenant la shahryar de Bagdad, et il me semble qu'elle a elle-même donné naissance à une fille aujourd'hui presque femme.

– Oui, fis-je faiblement.

Vizan poursuivit :

– Si les événements s'étaient déroulés autrement que je viens de vous le raconter, si la princesse Shams avait fait un autre choix, je serais encore…

Il tisonna de nouveau le feu, mais il n'en restait plus à présent que quelques braises mourantes.

– Eh oui, c'est ainsi… Je fus saisi de l'irrésistible envie de fuir dans les solitudes et d'y rester terré. Là, j'ai cherché et fini par trouver la vraie religion, ainsi que tous ces camarades errants qui vivent avec moi, auprès desquels s'est épanouie ma nouvelle vie. Je pense que j'ai marché dans le droit chemin et que j'ai été un bon chrétien. J'ai quelque espoir d'aller au paradis… Et là, qui sait… ?

La voix sembla alors lui manquer. Il ne dit plus rien, même pas un bonsoir, se releva de sa place près du foyer et nous quitta, emportant avec lui son odeur de laine de mouton, d'abreuvoir et de purin, pour disparaître à l'abri de sa petite tente abondamment rapiécée et toute délavée par les intempéries. Non, jamais je n'ai pu prendre cet homme pour le Prêtre Jean de la légende.

Lorsque mon père et mon oncle se furent à leur tour enroulés dans leurs couvertures, je restai assis auprès des braises agonisantes, absorbé dans mes pensées, tentant de réconcilier en esprit l'épave décrépite de la vieille grand-mère avec l'image de celle qu'avait été la princesse Lumière du Soleil, à la beauté sans égale. Je ne savais plus très bien où j'en étais. Si Vizan l'avait revue telle qu'elle était aujourd'hui, âgée, décatie et repoussante, aurait-il pu encore la considérer comme la splendide jeune fille qu'elle avait été ? Et moi, devais-je continuer à ressentir un tel dégoût parce que, parvenue à un âge avancé, elle avait toujours des désirs de femme ? Ou devais-je la plaindre d'avoir à utiliser de tels artifices pour pouvoir les assouvir, alors qu'à l'époque elle aurait pu avoir n'importe quel prince d'un simple signe de tête ?

Pour envisager les choses d'un autre point de vue, ne devais-je pas être fier et me féliciter d'avoir pu jouir des charmes de la princesse Lumière du Soleil, alors qu'une génération d'hommes l'avaient vainement poursuivie de leurs assiduités ? À cogiter de la sorte, je me trouvai bientôt à distordre le passé et le présent, à les faire se chevaucher, ce qui me confronta finalement à des questions profondément métaphysiques, telles que : la mémoire est-elle le siège de l'immortalité ?… Problématiques que j'étais bien en peine de dominer.

Ainsi pensais-je alors, et je crois que nous pensons tous un peu de la sorte. Cependant, je sais aujourd'hui une chose que j'ignorais à l'époque, une certitude acquise par la connaissance que j'ai de moi-même et issue de ma propre expérience. Tout homme garde éternellement le même âge, quelque part en son for intérieur. Seul ce qui est *extérieur* vieillit : son enveloppe corporelle, et avec elle son simple prolongement qu'est le monde environnant. À l'intérieur, il atteint un certain âge et le conserve pour le restant de ses jours. Cet âge inné et perpétuel varie, je suppose, selon les individus. Mais je crois qu'en règle générale il est proche du début de la maturité, lorsque l'esprit gagne son acuité et son ouverture d'adulte, avant qu'il soit endurci par l'habitude et la désillusion. Cet âge où le corps, sa croissance achevée, est tout prêt à s'enflammer des feux de la vie, avant qu'il n'en subsiste que les braises. Certes, le calendrier, le miroir et la sollicitude de ses cadets pourront rappeler à l'homme qu'il a vieilli. Il n'aura qu'à observer le monde autour de lui pour en distinguer les changements et s'apercevoir que le temps a passé, mais, toujours, il conservera enfouie au fond de son âme cette sensation qu'il est encore, qu'il *demeure* un jeune homme de dix-huit ou vingt ans.

Ce que j'ai affirmé de l'homme, je le sais parce que j'en suis un. Mais c'est peut-être encore bien plus vrai pour une femme, pour qui la beauté, la jeunesse et la vitalité sont des biens si précieux et en même temps si fugaces. Je suis sûr qu'il n'est pas de femme qui n'ait gardé, tapie au fond d'elle-même, la jeune fille qu'elle a été en ses tendres années. Je crois donc sincèrement que la princesse Shams, même à l'époque où je l'ai connue, était encore capable de distinguer, dans le reflet de son miroir, ces yeux rayonnants, ces lèvres de rose et cette grâce de saule pleureur dont son soupirant Vizan, un demi-siècle après l'avoir quittée, se souvenait encore, et qu'elle sentait toujours émaner d'elle cette odeur qui monte du champ de trèfles juste après la pluie, l'un des parfums les plus délicats dont Dieu ait jamais embaumé cette Terre.

LE GRAND SALÉ

27

Kachan fut la dernière cité de la Perse verdoyante et habitable dans laquelle nous fîmes escale. Plus loin à l'est s'ouvrait une terre vide et inhospitalière appelée le Dasht-e-Kavir, le Grand Désert salé. La veille de notre arrivée dans cette ville, Narine fit observer :

– Voyez, mes bons maîtres, le chameau de bât s'est mis à boiter. Je pense qu'il a dû se blesser dans un éboulis. S'il ne se rétablit pas, cela pourrait nous causer grand tort durant notre traversée du désert.

– Tu es notre guide chamelier, répondit mon oncle. Que suggères-tu, en tant que spécialiste ?

– Oh, le remède est assez simple, maître Matteo. Il suffit que l'animal se repose durant quelques jours. Trois devraient suffire.

– Très bien, décréta mon père. Nous ferons escale à Kachan et trouverons bien à rentabiliser cet arrêt. Pour renouveler nos rations de voyage, par exemple. Laver nos vêtements et autres nécessités de ce genre.

Depuis notre départ de Bagdad, Narine s'était montré si efficace et obéissant que nous en avions presque oublié ses penchants démoniaques. Mais mes soupçons furent vite avérés, et je pus vérifier, comme je m'en étais douté, que l'esclave avait délibérément infligé une blessure bénigne au chameau dans le seul but de s'octroyer un peu de temps libre.

La principale activité de Kachan – c'est d'ailleurs de là qu'elle tient son nom – a toujours été au fil des siècles la fabrication de *kashi*, autrement dit de mosaïque. Ces petits carreaux vernis avec art, utilisés un peu partout dans le monde musulman pour la décoration des temples *masjid*, des palais et autres demeures de grand style, étaient conçus dans des ateliers clos. Mais le second article de valeur qui avait cours à Kachan était bien plus visible à l'œil alors que nous entrions dans la ville : il s'agissait des garçons et des jeunes hommes.

Tandis que les jeunes filles et les femmes que nous rencontrions dans la rue – pour autant, bien sûr, que l'on pût en juger en devinant ce qu'elles cachaient sous leurs tchadors – étaient comme d'habitude de quelconques à jolies, avec de temps à autre une beauté vraiment remarquable, *tous* les jeunes mâles sans exception étaient, eux, d'une beauté frappante, que ce soit de visage, de corps ou d'allure. Pourquoi, cela restait pour moi un mystère total. Le climat de Kachan, la nourriture qu'on y prenait, rien ne différait de ce qu'on trouvait partout ailleurs en Perse. Les gens en âge d'être parents que je vis sur place ne me parurent pas avoir quoi que ce fût d'extraordinaire. Je ne comprenais pas du tout, par conséquent, pour quelle raison les jeunes gens de cette localité étaient si supérieurs aux autres, et pourtant ils l'étaient indéniablement.

Bien sûr, étant moi-même un homme, j'aurais préféré à Kachan sa cité jumelle Chiraz, connue, elle, pour détenir les plus belles femmes. Il n'en restait pas moins que même mon œil neutre et désintéressé avait de quoi admirer à Kachan. Les garçons d'ici n'étaient ni sales, ni négligés, ni boutonneux, mais arboraient au contraire une hygiène irréprochable, une chevelure luisante, un regard brillant et un teint clair, voire presque translucide. Loin d'avoir la figure renfrognée et l'attitude avachie, ils se tenaient debout avec fierté et vous regardaient droit dans les yeux. L'élocution de ces éphèbes était claire et assurée, ils savaient articuler et parlaient intelligemment. Tous étaient, quelle que fût leur classe sociale, aussi séduisants que des jeunes femmes, et pas n'importe lesquelles : des femmes de haute naissance, soignées et élevées dans le respect des bonnes manières. Les plus jeunes garçons ressemblaient à ces exquis petits Cupidons que savent si bien peindre les artistes grecs. Les autres, un peu plus âgés, rappelaient pour leur part les anges dessinés sur les caissons de la basilique Saint-Marc. Quoique sincèrement impressionné, voire quelque peu envieux, je ne fis aucune remarque à ce sujet. Après tout, je me flattais de n'être en rien inférieur à mes congénères de même sexe et d'âge équivalent. Mais mes trois compagnons s'exclamèrent :

– *Non persiani, ma prezioni*, s'extasia mon oncle, admiratif.

– Spectacle de qualité, pour sûr, renchérit mon père.

– De véritables joyaux, bavait Narine, concupiscent.

– Sont-ils tous de jeunes eunuques ? demanda mon oncle. Ou en passe de le devenir ?

– Oh, non, maître Matteo, répondit Narine. Il sont capables de faire profiter de tout ce dont la nature les a dotés, si vous voyez ce que je veux dire. Loin d'être privés de leurs attributs virils, ils sont *améliorés* du côté opposé, je veux dire par là plus… accessibles et hospitaliers, si vous me suivez toujours. Connaissez-vous les termes *fa'il* et *mafa'ul?* Ils désignent respectivement « celui qui fait » et « celui qui se laisse faire ». Eh bien, ces jeunes de Kachan sont élevés pour être beaux et entraînés à être dociles. De plus, ils sont physiquement, euh… modifiés, afin d'être aussi délicieusement efficaces en tant qu'acteurs – *fa'il* – que receveurs – *mafa'ul.*

– À la façon dont tu les décris, ils semblent nettement moins angéliques qu'on ne pourrait le croire en les voyant, grimaça mon père quelque peu dégoûté. Mais le shah Zaman lui-même nous l'avait certifié : c'est à Kachan qu'il se procure les garçons vierges qu'il offre en cadeau aux autres monarques.

– Ah, mais attention, les garçons vierges, c'est autre chose. Vous ne risquez pas de les voir dans les rues, ceux-là, maître Nicolò. On les tient confinés en *pardah*, aussi strictement que peuvent l'être les princesses. Ils sont en effet destinés à devenir les concubins de ces princes et autres notables qui entretiennent non pas un, mais deux harems distincts : l'un rempli de femmes, l'autre d'hommes. Jusqu'à ce que ces jeunes garçons soient assez mûrs pour être présentés, leurs parents les conservent dans une perpétuelle indolence. Ils n'ont rien à faire, juste à paresser alanguis sur des coussins, tandis qu'on les gave de châtaignes bouillies.

– Allons bon ! Mais pourquoi cette nourriture ?

– Ce régime leur rend la chair toute pâle, douce, dodue et potelée : leur peau devient si fragile qu'on peut la griffer d'une seule trace d'ongle. Les garçons qui ont cette apparence larvaire sont particulièrement recherchés par les fournisseurs de harems. Mais tous les goûts sont dans la nature. Je préfère, pour ma part, un garçon musclé qui pratique l'acte de façon athlétique, plutôt qu'une grosse masse de graisse ronchon qui…

– Il y a assez d'obscénités apparentes dans cette ville, trancha mon père, pour que tu n'y rajoutes les tiennes.

– Comme vous voudrez, bon maître. Je ferai juste remarquer pour conclure que les garçons vierges coûtent bien plus cher et qu'on ne peut les louer. Dans le même temps, regardez, observez !

Même les gamins des rues ici sont magnifiques. On peut les acquérir à moindre prix pour les garder, ou tout simplement, pour moins cher encore, louer leurs services pour un petit…

– Je t'ai dit silence ! coupa sèchement mon père. Maintenant, où allons-nous pouvoir nous loger ?

– Ne pourrait-on trouver quelque chose comme un caravansérail juif ? proposa mon oncle. J'avoue que je ne dédaignerais pas de manger un peu convenablement, pour changer.

Cette remarque mérite une explication. Au cours des semaines qui venaient de s'écouler, la majeure partie des auberges que nous avions trouvées au bord de la route étaient bien sûr tenues par des musulmans, mais certaines appartenaient à des chrétiens nestoriens. Or cette Église orientale dégénérée observe tant de journées de jeûne et tant de jours de fête que presque *chaque* jour est soit l'un, soit l'autre. Aussi étions-nous dans ces gîtes d'étape ou bien pieusement condamnés à mourir de faim, ou bien non moins religieusement gavés à nous en faire péter la sous-ventrière. Par ailleurs, nous avions atteint le mois que les musulmans de Perse nomment le Ramadan. Ce mot signifie le « mois chaud », mais comme le calendrier islamique suit les phases de la lune, son mois chaud peut tomber n'importe quand dans l'année, en janvier comme en août. Cette année, c'était à la fin de l'automne. Quelle qu'en soit la date, c'est en tout cas un mois de jeûne chez les musulmans. Durant les trente jours du Ramadan, dès qu'à l'aube la lumière permet de distinguer un fil blanc d'un fil noir, un musulman doit cesser de manger et de boire, ainsi que s'abstenir de tout commerce hétérosexuel jusqu'à la tombée de la nuit. Il ne peut pas non plus servir la moindre nourriture à des invités, quelle que soit leur religion. De ce fait, en cours de journée, il nous avait été impossible d'obtenir de la part de ces établissements ne serait-ce qu'une louche d'eau du puits, alors que, dans chacun d'entre eux, dès le coucher du soleil, nous pouvions être rassasiés jusqu'à réplétion. Voilà comment, depuis quelque temps, nous alternions privations et excès, et le vœu émis par oncle Matteo s'avérait de ce fait parfaitement justifié.

Je ne me gênerai pas pour le souligner, rares sont les juifs qui, en Orient, ouvrent des établissements proposant le gîte et le couvert aux étrangers de passage. Sans doute parce qu'il s'agit là d'une occupation moins rentable que celle qui consiste à prêter sur gages ou à pratiquer d'autres formes d'usure. Mais, décidément, notre esclave Narine était un homme de ressources. Il n'eut qu'à demander brièvement conseil aux passants pour apprendre qu'une vieille veuve juive possédait une étable mitoyenne qu'elle n'utilisait plus. Narine nous y conduisit et fit preuve sur place de toutes ses qualités de diplomate. Lorsqu'il sortit du logis de la veuve, ce fut pour nous annoncer qu'elle nous autorisait à installer nos chameaux dans son étable et à loger dans le grenier à foin situé juste au-dessus.

– De plus, ajouta-t-il pendant que nous menions nos bêtes à l'intérieur et commencions à les décharger, comme tous les domestiques de la maison, Persans musulmans, sont tenus par les règles strictes du Ramadan, notre digne hôtesse Esther a décidé d'accepter de nous servir le repas elle-même. Nous allons donc pouvoir à nouveau nous sustenter à nos horaires ordinaires, et elle m'a de plus assuré être bonne cuisinière. Le prix qu'elle réclame pour tout cela étant, cela va de soi, des plus raisonnables.

Mon oncle considéra l'esclave d'un air franchement ébahi et s'enquit, impressionné :

– Tu es musulman, religion que le juif abhorre par-dessus tout, et nous sommes chrétiens, ce qui vaut à peine mieux à ses yeux. Si cela ne suffisait pas à cette veuve pour nous éconduire proprement, tu dois être la créature la plus repoussante qu'elle ait jamais rencontrée de sa vie. Comment, au nom du ciel, as-tu réalisé ce prodige ?

– Je ne suis peut-être qu'un pauvre *sindi* et un simple esclave, mais je ne suis pas ignorant et j'ai de l'initiative. De plus, je sais lire et j'ai le sens de l'observation.

– Je t'en félicite, Narine. Mais tout cela ne répond nullement à ma question et n'enlève rien à ton effrayante laideur.

Narine gratta d'un air songeur sa maigre barbe.

– Maître Matteo, vous trouverez souvent mentionné le mot « beauté » dans les livres saints de nos trois religions – la vôtre, celle de notre hôtesse et la mienne –, mais jamais le mot « laideur ». Peut-être nos divers dieux ne sont-ils pas offensés par la disgrâce physique des simples mortels que nous sommes et la veuve Esther est-elle une sainte femme. Quoi qu'il en soit, avant que ces livres saints aient été rédigés, nos ancêtres à tous – les miens, ceux de notre hôtesse, les vôtres aussi, peut-être – professaient une seule et même religion :

l'ancienne foi babylonienne à présent universellement exécrée et que tous s'accordent à considérer comme démoniaque.

– Impertinente canaille ! Comment oses-tu suggérer une énormité pareille ?

– Le prénom de notre hôtesse est Esther, poursuivit Narine sans se démonter. Certaines chrétiennes portent également ce nom, qui provient de la déesse démoniaque Ishtar. Le défunt mari d'Esther, m'a-t-elle dit, s'appelait pour sa part Mordecai, patronyme issu d'une divinité infernale nommée Mardouk. Mais avant même que ces dieux de Babylone existent, il y eut Noé, et c'est de son fils Sem que nous descendons, Esther comme moi. Nous sommes donc elle et moi des Sémites, et ce n'est que plus tard que nos religions nous ont séparés. Encore qu'à y regarder de plus près ces différences ne soient pas si grandes. Juifs comme musulmans, nous évitons certains aliments, scellons nos fils dans la foi par la même opération qu'est la circoncision, croyons les uns comme les autres aux anges du ciel et vouons une détestation commune à un même adversaire, que nous l'appelions Satan ou Shaitan. Nous révérons la même cité sainte : Jérusalem. Du reste, peut-être ne le saviez-vous pas, c'est à l'origine vers Jérusalem, et non vers La Mecque, que le Prophète – et que toujours la paix et la bénédiction soient sur lui – avait enjoint les croyants de se tourner lors de leurs dévotions. La langue anciennement parlée par les juifs et celle qu'employait le Prophète – que la paix et la bénédiction soient encore sur lui – n'étaient pas si dissemblables que cela, et...

– ... Et juifs comme musulmans ont encore en commun, je crois, d'avoir la langue bien pendue, fit remarquer mon père, acide. Venez, Marco et Matteo. Allons présenter nos respects à l'hôtesse. Toi, Narine, finis de décharger les chameaux et donne-leur à manger.

La veuve Esther était une petite femme aux cheveux blancs et au visage doux qui nous souhaita la bienvenue de façon aussi courtoise que si nous n'avions pas été chrétiens. Elle insista pour nous faire asseoir et nous faire boire ce qu'elle appelait le « réconfort du voyageur », du lait chaud aromatisé de cardamome. Elle l'avait concocté elle-même car, le soleil n'étant pas encore couché, aucun de ses serviteurs musulmans n'était en mesure de faire chauffer le lait ou d'écraser les graines.

Mon père avait sans doute raison de suspecter qu'elle avait aussi la langue bien pendue, car elle nous fit en effet un bon brin de conversation. Mais je laissai mon père et mon oncle lui donner la réplique, préférant rester sur ma réserve et observer les lieux. La maison avait à l'évidence été une résidence d'un certain luxe – au moins jusqu'à la mort de Mordecai, me dis-je –, avant de tomber dans une relative décrépitude, comme l'indiquait l'ameublement quelque peu défraîchi. Il y avait toujours un équipage complet de domestiques, mais j'eus la nette impression qu'ils étaient restés à son service plus par loyauté envers leur maîtresse que pour les gages qu'elle leur versait. Ils travaillaient sans doute à son insu à droite et à gauche afin de survivre, quitte en définitive à l'entretenir autant qu'elle les entretenait.

Deux ou trois de ces serviteurs étaient aussi âgés et peu remarquables que leur maîtresse, mais trois ou quatre autres s'avéraient être de magnifiques garçons de Kachan. Je ne fus pas fâché, pour ma part, de constater que, parmi ces fidèles serviteurs, se trouvait une fille aussi jolie que ses compagnons mâles : une jeune femme à la chevelure auburn, aux courbes fort voluptueuses. Histoire de passer le temps pendant que la veuve Esther papotait à n'en plus finir, je fis le galant auprès de la jeune servante, lui jetant regards languissants et suggestives œillades. De son côté, dès que sa maîtresse avait le dos tourné, elle me retournait mes sourires de la façon la plus engageante.

Le jour suivant, pendant que le chameau blessé se reposait avec ses quatre congénères, les voyageurs que nous étions allâmes séparément vaquer en ville à nos occupations. Mon père se mit en quête d'une fabrique de *kashi*, désireux d'en apprendre davantage sur la fabrication de ces tuiles, technique qu'il jugeait des plus utile et qu'il entendait répandre auprès des artisans de Kithai. Notre conducteur de chameaux, Narine, s'en alla chercher un onguent destiné à soulager la patte de l'animal blessé, tandis qu'oncle Matteo s'était mis en tête de compléter notre réserve de baume dépilatoire. Comme on pouvait le prévoir, aucun ne trouva ce qu'il était parti chercher, personne à Kachan n'étant au travail par cette journée de Ramadan. N'ayant pour ma part rien de particulier à faire, je décidai de flâner sans but défini, me contentant d'ouvrir les yeux et d'observer.

Comme je devais le revoir dans toutes les villes d'Orient, le ciel vrombissait littéralement du bruissement tournoyant de grands charognards, des milans noirs à queue fourchue. Autre oiseau du même acabit, le *mynah* semblait passer son temps à sonder les poubelles, tout en se pavanant et en se rengorgeant d'un air important, le jabot enflé de façon fort agressive, telle la barbiche pugnace d'un petit homme prêt à vous chercher querelle. Et, bien sûr, les habitants les plus visibles de Kachan, après ces volatiles, étaient les jolis garçons qui jouaient dans les rues. Ils chantaient en accompagnant leurs jeux de ballon, leurs parties de cache-cache et leurs danses tournoyantes, comme l'eût fait n'importe quel enfant de Venise, à cette différence près cependant qu'ici leurs mélopées s'apparentaient davantage aux hurlements d'un chat. La musique jouée par les mendiants animateurs de la rue, qui tendaient la main sur votre passage, ne valait guère mieux. Ceux-ci semblaient en effet ne connaître d'autre instrument que le *changal*, appelé aussi guimbarde ou harpe du juif, et la *chimta*, de simples pinces de cuisine en fer, le tout produisant une cacophonie épouvantable, à la fois nasillarde et cliquetante. J'en vins à me persuader que les passants qui leur jetaient la pièce le faisaient moins pour les remercier de leur performance que pour les faire taire, ne serait-ce que provisoirement.

Je n'errai pas très loin ce matin-là, car ma balade me fit décrire dans les rues un trajet en boucle, et je finis par me retrouver dans les parages du domicile de la veuve. Le joli minois de la servante guettait à la fenêtre, comme si elle avait attendu que je passe. Elle me fit entrer dans la maison, à l'intérieur d'une pièce garnie de *qali* élimés et de coussins. Après m'avoir glissé que sa maîtresse était occupée ailleurs, elle me confia que son nom était Sitarè, qui signifie Étoile.

Nous nous assîmes tous les deux parmi les piles de coussins. N'étant désormais plus le novice et l'adolescent inexpérimenté que j'avais pu être, je m'abstins de me jeter sur elle avec une avidité juvénile dénuée de tact. Je me mis à lui susurrer des mots doux et des compliments sucrés tout en me rapprochant peu à peu d'elle, jusqu'à ce que mes paroles murmurées chatouillent son oreille délicate, la faisant frétiller et se trémousser en pouffant de rire. Ce ne fut qu'à ce moment que je relevai son tchador et avançai mes lèvres vers les siennes pour un tendre baiser.

– C'est très agréable, Mirza Marco, m'avoua-t-elle. Mais vous n'avez pas à perdre de temps.

– Ce n'est pas pour moi du temps perdu, répondis-je. J'apprécie au moins autant les préliminaires que l'acte lui-même. Nous pourrions y passer la journée, si tu…

– Je veux dire, tu n'as pas besoin de faire quoi que ce soit avec moi.

– Tu es une jeune fille pleine d'égards, Sitarè, et fort gentille, de surcroît. Mais tu dois bien savoir que n'étant pas musulman je ne suis pas soumis à l'abstinence du Ramadan.

– Oh, mais le fait que tu sois un infidèle n'a aucune importance.

– Je suis heureux de l'entendre. Alors, commençons, si tu veux bien.

– Très bien. Desserre un peu l'emprise de tes bras et je le ferai entrer.

– Quoi ?

– Je t'ai dit, pas besoin de continuer à faire semblant avec moi. Il est déjà prêt à te rejoindre ici.

– Mais *qui* est prêt ?

– Mon frère, Aziz.

– Et pourquoi diable aurions-nous besoin de lui avec nous dans cette pièce ?

– Pas nous : toi. Moi, je m'en irai.

Je défis mon emprise autour d'elle et me relevai pour la regarder.

– Excuse-moi, Sitarè, hasardai-je avec circonspection, ne trouvant pas de meilleure façon de faire que de lui demander tout de go : Serais-tu par hasard, euh… *divanè* ?

Ce mot signifie « cinglée ». Elle sembla décontenancée.

– Je pensais que tu avais remarqué, hier soir, à quel point nous nous ressemblons, mon frère et moi. Aziz est le garçon dont les traits rappellent tant les miens : il a les cheveux auburn, comme moi, mais est beaucoup plus joli. Son nom peut se traduire par « Bien-aimé ». C'est sans doute pour cette raison que tu m'as fait ces clins d'œil et jeté ces regards concupiscents, non ?

C'était à mon tour d'être désarmé.

– Même si tu étais belle comme un *peri*, pourquoi voudrais-tu que je te lance des œillades à *toi*, si ce n'est parce que tu es celle qui m…

– Je te l'ai dit, tu n'as pas besoin de feindre. Aziz t'a remarqué aussi, de son côté, et tu lui as fait un effet immédiat. Il t'attend et a hâte de…

– Mais il peut bien aller finir ses jours au purgatoire, ton Aziz ! éclatai-je, exaspéré. Laisse-moi t'exposer les choses aussi clairement que je le puis. Je suis en ce moment en train de te séduire, afin de passer un bon moment avec *toi*. Est-ce clair ?

– Moi ? Tu veux faire la *zina* avec moi ? Pas avec mon frère Aziz ?

Je bourrai de coups de poing un inoffensif coussin avant de répliquer :

– Dis-moi franchement, Sitarè. Est-ce une habitude chez toutes les filles de Perse que de gaspiller leur énergie à jouer les entremetteuses ?

Elle prit le temps d'y réfléchir un instant.

– Toutes les filles de Perse ? Je ne sais pas. Mais ce que je puis t'affirmer, c'est que c'est souvent le cas ici, à Kachan. C'est même une coutume établie. Un homme en repère un autre, à moins que ce ne soit un jeune garçon, et il en tombe amoureux. Mais il ne peut pas lui déclarer sa flamme comme cela, directement : cela contredirait la loi édictée par le Prophète.

– La paix et la bénédiction soient sur lui, murmurai-je.

– Oui. Aussi l'homme va-t-il faire la cour à la plus proche parente de celui sur lequel il a jeté son dévolu. S'il le faut, il ira même jusqu'à l'épouser. Alors, et seulement dans ce cas, il aura un bon prétexte pour se trouver tout proche du véritable élu de son cœur – qu'il soit son frère, son fils si elle est veuve, et pourquoi pas son père – et aura ainsi tout loisir pour s'adonner à la *zina* en sa compagnie. De cette façon, tu comprends, les convenances ne seront pas ouvertement bafouées.

– *Gèsu.*

– Voilà pourquoi j'ai cru que tu me faisais la cour à moi. Mais, bien sûr, si mon frère ne te plaît pas, il n'est pas question de m'avoir, moi.

– Et pourquoi donc ? Tu avais l'air d'apprécier que je m'intéresse à toi plutôt qu'à ton frère, non ?

– Bien sûr que ça me fait plaisir. C'est certes plutôt inhabituel comme inclination, sans doute une excentricité chrétienne, à mon sens. Mais je suis vierge, et je dois le rester par égard pour mon frère. Tu as déjà traversé bon nombre de contrées musulmanes et tu l'as donc sûrement compris. C'est pour cela que les familles préservent à tout prix l'intégrité physique de leurs filles et de leurs sœurs, en les maintenant dans le plus strict *pardah*, leur conservant ainsi jalousement leur vertu. Ce n'est que si une jeune fille demeure intacte ou si une veuve reste chaste qu'elle peut espérer faire un bon mariage. En tout cas, c'est ainsi que ça se passe, ici, à Kachan.

– Oui, je dois admettre qu'il en est de même dans la contrée d'où je viens...

– Tu comprends, je dois me trouver un bon mari qui aura de quoi nous faire vivre et nous aimera tous les deux, moi et mon frère Aziz, car il est la seule famille qu'il me reste.

– Attends une seconde, m'offusquai-je, scandalisé. La virginité d'une jeune Vénitienne est souvent objet de tractations, je le reconnais, et on l'exige en général pour conclure un bon mariage, j'en conviens également. Mais ce n'est que pour améliorer la position commerciale ou sociale de sa propre famille. Tu sous-entends qu'ici les femmes sont prêtes à jouer les complices et à engager leur désir sexuel au seul bénéfice d'un autre homme ? Tu épouserais un homme juste pour pouvoir partager ses faveurs avec ton frère ?

– Oh, sans doute pas le premier qui se présenterait, évidemment, fit-elle d'un ton léger. Tu devrais être flatté qu'aussi bien Aziz que moi te trouvions à notre goût...

– *Gèsu.*

– T'accoupler avec Aziz ne t'engage à rien, tu sais, puisqu'un mâle n'a pas de membrane *sangar*. Mais si tu veux rompre la mienne, il te faudra m'épouser et nous prendre tous les deux.

– *Gèsu,* répétai-je, me relevant au milieu des coussins.

– Tu t'en vas ? C'est donc que tu ne me veux pas ? Mais alors, pour Aziz ? Tu ne veux même pas goûter à lui une seule fois ?

– Je ne pense pas, non, Sitarè... merci bien. (Je me dirigeai vers la porte en traînant les pieds.) Je crois que cette coutume locale m'avait échappé.

– Il va en être mortifié. Surtout si je dois lui expliquer que c'était moi que tu désirais !

– N'en fais rien, dans ce cas, marmonnai-je. Dis-lui simplement que je n'étais pas informé des usages d'ici.

Et je sortis.

28

Entre la maison et l'étable se trouvait un tout petit potager planté d'herbes de cuisine. C'est là que j'aperçus la veuve Esther, chaussée d'une seule pantoufle, tenant l'autre à la main, fort occupée à la taper furieusement contre le sol. Curieux, je m'approchai et vis qu'elle était en train d'écraser un gros scorpion. Dès qu'elle l'eut réduit en bouillie, elle se déplaça et retourna un rocher. Un autre scorpion rampa paresseusement en vue, et elle l'abattit de la même façon sans pitié.

– C'est la seule façon de procéder avec ces sales bestioles, m'expliqua-t-elle. Ils sortent marauder durant la nuit, lorsqu'il est impossible de les voir. La ville en est infestée, j'ignore pourquoi. Mon défunt mari Mordecai – *alav ha-shalom* – avait coutume de marmonner que Dieu avait pitoyablement agi en envoyant des sauterelles sur l'Égypte, alors qu'il aurait parfaitement pu expédier ces scorpions venimeux de Kachan.

– Votre mari devait être un homme bien courageux, Mirza Esther, pour oser s'en prendre à Dieu Lui-même.

Elle éclata de rire.

– Relis tes Écritures, jeune homme. Tu y découvriras que, depuis Abraham, jamais les juifs ne se sont refrénés pour donner leur avis et récriminer au besoin contre Dieu. Dès le livre de la Genèse, on découvre Abraham en train de marchander avec lui ! Mon Mordecai, qui n'avait pas plus froid aux yeux que lui, ne se gênait pas pour ergoter sur les agissements divins quand il le jugeait utile.

– J'ai eu un ami, dans le temps..., confiai-je. Un juif. Il s'appelait Mordecai.

– Tu étais ami avec un juif ?

Elle semblait sceptique, mais difficile de savoir si elle doutait qu'un chrétien pût se prendre d'amitié pour un juif, ou le contraire.

– Eh bien, expliquai-je, il était juif la première fois que je l'ai rencontré, lorsqu'il se faisait appeler Mordecai. Mais il semble que je l'aie revu depuis sous d'autres noms et d'autres traits. Il m'a même rendu visite dans un rêve !

Et je lui donnai des détails sur ces différents contacts qui concouraient apparemment tous à me mettre en garde contre « la beauté assoiffée de sang ». Tandis que je lui exposais cela, la veuve me fixait en silence, les yeux agrandis. Quand j'achevai, elle déclara :

– *Bar mazel*, et tu es un gentil[26] ! Quel que soit le message qu'il essaie de te transmettre, je te conseille de le prendre au sérieux. Sais-tu qui tu as rencontré, à chaque fois ? Sans doute l'un des *Lamed-Vav*. Les Trente-Six.

– Les Trente-Six quoi ?

– Les *Tsaddikim*... des sortes de saints, comme vous les qualifieriez sans doute, vous chrétiens. Il y en a toujours le même nombre sur la surface de la Terre, des hommes à la droiture sans faille. Personne ne sait jamais qui ils sont, et eux-mêmes ne sont même pas au courant qu'ils sont des *tsaddikim*. Sinon, vois-tu, le simple fait d'intégrer cette donnée jetterait une ombre sur leur perfection. Mais ils arpentent le monde sans arrêt, accomplissant de bonnes actions, sans récompense ni reconnaissance particulière. Certains prétendent que les *tsaddikim* ont la vie éternelle. D'autres affirment que lorsque l'un d'eux meurt, aussitôt Dieu en nomme un autre pour le remplacer sans que celui-ci sache qu'on vient de lui faire cet honneur. D'autres encore proclament qu'il n'y a en réalité qu'un *tsaddik* qui, doué d'ubiquité, peut se trouver à trente-six endroits en même temps s'il en décide ainsi. Mais tous s'accordent à penser que Dieu mettrait fin à ce monde si les *Lamed-Vav* cessaient d'accomplir leurs bonnes actions. Je dois avouer, cependant, que jamais je n'avais entendu dire qu'il pouvait agir ainsi en faveur d'un gentil.

– Celui que j'ai rencontré à Bagdad aurait fort bien pu ne pas être un juif. C'était un *fardarbab*, un diseur de bonne aventure. Il avait tout l'air d'un Arabe.

Elle haussa les épaules.

– Les Arabes ont la même légende. Ils appellent ces hommes

26. « Étranger », pour les anciens Hébreux. Le mot vient du latin *gentiles*, païens, lui-même issu d'un mot hébreu.

justes les *abdal*. Seul Allah connaît leurs identités à tous, et l'existence du monde, comme chez nous, est suspendue par Allah à leur action bienfaisante. J'ignore si les Arabes ont copié leurs *abdal* sur nos *Lamed-Vav*, ou si cette croyance commune remonte aux temps anciens où nous étions tous des fils de Sem. Mais quelle que soit l'identité de ces bienfaiteurs, jeune homme, qu'il s'agisse d'*abdal* assistant un infidèle ou de *tsaddik* aidant un gentil, c'est un grand honneur qu'ils te font, et tu devrais en tenir compte.

– Cependant, ils ne font que me parler de la beauté et de la soif de sang. Je fais déjà tout mon possible pour rechercher la première en évitant la seconde, autant que faire se peut, et je n'ai en définitive besoin d'aucun conseil en ce qui concerne la conduite à tenir là-dessus.

– Il me semble que ce sont les deux côtés d'une même pièce, souligna la veuve, frappant de sa pantoufle pour écraser un autre scorpion. S'il y a du danger dans la beauté, n'y a-t-il pas également une certaine beauté dans le danger ? Sinon, pourquoi un jeune homme comme toi voyagerait-il le cœur si léger ?

– Moi ? Oh, je ne voyage que par simple curiosité, Mirza Esther.

– Par *simple* curiosité, hein ? Écoutez-moi ça ! Jeune homme, ne déprécie jamais la valeur de cette passion que l'on nomme curiosité, tu m'entends ? Sans elle, songes-y, où serait le danger ? Où serait la beauté, également ?

J'avoue que j'avais un peu de mal à saisir le rapport qui pouvait exister entre ces trois termes, et je me demandai un instant si je n'étais pas en train de parler à nouveau à quelqu'un de légèrement *divanè*, dérangé... Je savais que les personnes âgées pouvaient être parfois merveilleusement décousues dans leurs propos. Celle-ci semblait dans ce cas lorsqu'elle reprit :

– Veux-tu savoir les mots les plus tristes que j'aie jamais entendus ?

Comme le font souvent les personnes de son âge, sans me laisser le temps de répondre par oui ou par non, elle poursuivit :

– Ce sont les derniers qui sortirent de la bouche de mon mari Mordecai – *alav ha-shalom* – alors qu'il était sur son lit de mort. Le *darshan* était là, prêt à officier, entouré d'autres membres de notre petite congrégation, avec moi, bien sûr, qui m'efforçais de pleurer dans la plus calme dignité. Mordecai avait fait ses adieux, il avait prononcé le *Shema Yisrael* et semblait prêt à accueillir la mort. Ses yeux étaient clos, ses mains jointes, et nous le pensions tous en train de s'éloigner doucement vers son dernier sommeil. Mais alors, sans ouvrir les yeux ni s'adresser à quiconque en particulier, il parla de nouveau d'une voix claire et nette. Et ce qu'il déclara...

La veuve me mima la scène. Elle ferma les yeux et joignit ses mains sur sa poitrine, tenant toujours dans l'une d'elles sa pantoufle douteuse. Courbant légèrement la tête, elle articula d'une voix sépulcrale :

– J'ai toujours rêvé de m'y rendre... et de le faire... mais je ne l'ai jamais fait.

Et elle conserva cette pose, dans l'attente évidente d'une réaction de ma part. Je ne fis que répéter les mots du mourant : « J'ai toujours rêvé de m'y rendre... et de le faire... » avant d'ajouter, spontanément :

– Mais de se rendre où, et pour faire quoi ?

La veuve rouvrit les yeux et me tapa de sa pantoufle.

– C'est exactement ce que répliqua le *darshan* après avoir attendu dans l'espoir d'en savoir davantage. Il se pencha sur le lit et demanda : « D'aller où, Mordecai ? De faire quoi, au juste ? » Mais Mordecai ne répondit rien car il était mort.

J'émis le seul commentaire qui me vint à l'esprit :

– Je suis désolé, Mirza Esther.

– Je l'étais aussi, crois-moi. Mais pas plus que lui ! Alors qu'il en était parvenu à sa toute dernière extrémité, il se lamentait soudain de ne pas être allé voir une chose qui avait un temps piqué sa curiosité, regrettait de ne pas l'avoir faite, ou eue, enfin... Et là, il sentait qu'il ne le pourrait jamais plus.

– Mordecai était-il un voyageur ?

– Non, rien d'autre qu'un marchand d'étoffe qui avait bien réussi dans les affaires. Il n'était jamais allé plus loin que Bagdad ou Bassora. Mais qui sait ce qu'il aurait aimé être et faire ?

– Vous pensez qu'il est mort malheureux ?

– Insatisfait, pour le moins. J'ignore absolument de quoi il voulait parler, mais Dieu ! comme j'aurais aimé qu'il aille de son vivant où il le souhaitait, qu'importe l'endroit, et qu'il y accomplît ce qu'il aurait aimé faire...

Je tentai de suggérer, avec tact, que peu lui importait tout cela, désormais. Mais elle répliqua fermement :

– C'est pourtant ce qui lui a importé au moment le plus important ! Lorsqu'il a senti que sa dernière chance le quittait définitivement.

Dans l'espoir de la soulager peu ou prou, j'ajoutai :

– Bien. Mais imaginons qu'il l'ait saisie, cette chance. Peut-être l'auriez-vous amèrement regretté, après tout ! Cela aurait fort bien pu être quelque chose… d'assez peu recommandable, par exemple. J'ai déjà eu l'occasion de me rendre compte que les tentations coupables ne sont pas rares dans ces contrées. Tout comme partout ailleurs, je suppose. J'ai moi-même dû un jour me confesser à un prêtre pour avoir suivi un peu trop librement le fil de ma curiosité, et…

– Confesse-le tant que tu voudras si c'est nécessaire. Mais ne le regrette ni ne le renie jamais ! C'est cela que je suis en train d'essayer de t'expliquer. Si un homme doit un jour commettre une faute, autant qu'elle soit issue de la passion, par exemple de son insatiable curiosité. Il serait tout de même dommage de n'être damné que pour une peccadille, non ?

– J'espère bien ne jamais être damné, Mirza Esther ! me récriai-je pieusement. Tout comme je pense que feu Mirza Mordecai ne l'a jamais été lui-même. Peut-être n'est-ce que par un effet de sa profonde vertu qu'il avait laissé échapper cette chance, si mystérieuse fût-elle. De toute façon, vous ne le saurez jamais, aussi n'est-ce pas la peine de pleurer…

– Je ne pleure pas là-dessus, jeune homme. Je n'ai pas abordé ce sujet pour faire jaillir mes larmes, tu sais.

Je me demandai pourquoi diable, alors, elle l'avait fait. Comme en réponse à ma silencieuse interrogation, elle poursuivit :

– Ce que je voulais que tu saches, c'est que lorsque vient le moment de mourir, tu peux avoir perdu tous tes désirs, tous tes sens et toutes tes facultés, tu auras toujours en toi cette passion de la curiosité. C'est une chose que même les marchands d'étoffe possèdent, au même titre sans doute que les simples commis ou autres travailleurs de peine. Un voyageur ne peut que l'avoir, lui aussi. Et dans ces derniers moments, ce qui vraiment te fera de la peine – comme à mon Mordecai –, ce n'est pas ce que tu auras réalisé au cours de ta vie, mais justement ce que tu n'auras pas réussi à faire.

– Mais enfin, Mirza Esther, protestai-je. Un homme ne peut passer sa vie à redouter d'oublier quelque chose ! Pour ma part, voyez-vous, je suis sûr de ne jamais être pape, ni même shah de Perse. Eh bien, j'ose espérer que cette lacune ne gâchera pas ma vie entière et ne me poursuivra pas comme un regret sur mon lit de mort.

– Il n'est pas question d'objectifs hors du commun ! Ce que Mordecai se lamentait de ne pas avoir atteint, c'est une opportunité qui se trouvait à sa portée, qu'il aurait parfaitement pu saisir et qu'il a pourtant laissé filer. Imagine-toi une seconde éprouvant un désir ardent pour les délices et les expériences que tu aurais pu vivre mais que tu as manquées... Même si ce n'est qu'une petite fantaisie, imagine-toi la regrettant lorsqu'il est trop tard et sachant qu'elle demeurera *à jamais* hors de portée !

Docile, je tentai de me figurer la scène. Tout jeune que je fusse, et pour improbable que je tinsse une telle hypothèse, je sentis une sorte de frisson me parcourir.

– Imagine-toi avançant vers la mort, continua-t-elle, implacable, sans avoir tout goûté de ce que peut offrir le monde. Le bon, le mauvais, même ce qui est indifférent. Et savoir, à cet ultime instant, que tout cela, tu t'en es privé toi-même à cause de ton propre excès de prudence, de ta pusillanimité à choisir, de ton incapacité à suivre tes inclinations profondes, à satisfaire ta curiosité intime, où qu'elle te mène. Dis-moi, en toute honnêteté, jeune homme : peux-tu concevoir, sur *l'autre* versant de la mort, une angoisse plus douloureuse que ce brûlant regret ? Penses-tu que la damnation serait pire ?

Le temps de me secouer du tressaillement que j'avais ressenti, je déclarai, aussi gaiement que je le pus :

– Ma foi, avec l'aide des fameux Trente-Six dont vous m'avez parlé, peut-être pourrai-je à la fois me priver en cette vie et être damné à la fin de celle-ci !

– *Alav ha-shalom*, répondit-elle.

Mais tandis qu'elle écrasait d'un coup sec un autre scorpion en disant cela, je me demandai si ce n'était pas à moi plutôt qu'à la bestiole qu'elle souhaitait ainsi la paix éternelle.

Elle redescendit au jardin pour retourner les pierres, et, désœuvré, je me dirigeai vers l'étable afin de voir si l'un ou l'autre de mes compagnons était rentré de sa balade en ville. L'un d'eux était là, en effet, mais pas seul. Sa vue me prit de court et me coupa le souffle.

Notre esclave Narine s'y trouvait en compagnie d'un étranger, l'un de ces somptueux jeunes hommes de Kachan. Peut-être ma conversation avec la servante Sitarè m'avait-elle rendu imperméable au dégoût, car je ne me récriai pas devant cette scène, pas plus que je n'esquissai un mouvement pour battre en retraite. J'y assistai d'un regard aussi indifférent que celui des chameaux, lesquels se contentaient de traîner des pieds et d'émettre de vagues borborygmes en mastiquant consciencieusement. Les deux hommes étaient nus, l'étranger était à quatre pattes sur la paille tandis que notre esclave, voûté derrière son fondement, lançait de grands coups de reins en ahanant tel un chameau en rut. Les deux obscènes sodomites tournèrent la tête vers moi lorsque je fis mon entrée, mais se contentèrent de me sourire béatement tout en poursuivant leur dépravation dans la plus totale indécence.

Le jeune homme avait un corps aussi agréable à regarder que son visage. Mais Narine, même habillé, était d'une apparence repoussante, comme je l'ai déjà expliqué. J'ajouterai simplement qu'une fois dénudés, sa poitrine adipeuse, ses fesses boutonneuses et ses membres grêles avaient de quoi faire rendre à tout spectateur son dernier repas. J'étais abasourdi qu'une créature aussi répugnante eût pu en convaincre une autre qui l'était aussi peu à jouer à « celui qui fait » (*al-fa'il*) et « celui qui se laisse faire » (*al-mafa'ul*).

Si l'instrument *al-fa'il* de Narine, alors étroitement inséré à l'endroit où il se trouvait, m'était invisible, celui du jeune homme, en revanche bien dégagé sous son ventre, arborait son aspect de *candelòto* bien rigide. Je ne manquai pas de trouver cela curieux, personne, pas plus lui que Narine, n'étant alors en train de le lui manipuler. Et je fus encore plus surpris lorsque lui et Narine se mirent à grogner et se convulser de concert, de voir le *candelòto* en question (toujours sans qu'il ait été ni stimulé ni manié) éjaculer une giclée de sperme sur la paille qui couvrait le sol.

Après que, pantois d'extase, tous deux fussent restés un instant immobiles, Narine souleva sa corpulence luisante de sueur du dos du jeune homme. Sans chercher à se rincer avec l'eau de l'abreuvoir du chameau, sans même essuyer avec un peu de paille son tout petit organe, il commença à renfiler ses vêtements en fredonnant un petit air guilleret. Le jeune homme, plus indolent, finit lui aussi par se rhabiller lentement, comme s'il prenait franchement plaisir à exhiber son corps nu en dépit de si disgracieuses circonstances.

M'appuyant sur la cloison d'une stalle, je m'adressai à l'esclave comme si nous étions en train de converser de la façon la plus naturelle et enjouée :

– Tu sais quoi, Narine ? Les vauriens et les polissons sont légion, dans les chants comme dans les histoires. Je pense à des personnages tels qu'Encolpios ou Renart le goupil, par exemple. Ils mènent une joyeuse existence de vagabonds, grâce à leur esprit plein d'astuce, sans jamais se rendre coupables du moindre crime ni commettre le moindre péché. Leurs frasques se limitent à des fredaines ou de simples plaisanteries. Ils ne volent jamais que des brigands, leurs exploits galants ne sont jamais sordides, ils boivent et font la fête en sachant rester dignes et sans verser dans une ébriété débridée. Lorsqu'ils jouent de l'épée, cela ne va jamais plus loin qu'une petite blessure superficielle. Ils ont une grâce irrésistible, les yeux pétillants et le rire facile, même lorsqu'ils montent sur l'échafaud, puisqu'ils ne finissent jamais pendus. Quelle que soit l'aventure qu'ils vivent, ces chenapans de grands chemins sont toujours pleins de charme et de panache, aussi malins que drôles. À écouter ce genre d'histoire, on n'a qu'une envie, celle de rencontrer en personne l'un de ces fiers, braves et estimables vauriens.

– Et grâce à moi, vous l'avez fait, enchaîna Narine.

Faisant cligner ses yeux porcins, il sourit à pleines dents, dévoilant ainsi ses chicots jaunâtres, et prit une pose qu'il jugeait sans doute avantageuse.

– C'est cela, en effet, poursuivis-je. Le problème, c'est que tu n'as strictement rien ni d'estimable ni d'admirable. Et si tu incarnes le sacripant typique, alors c'est que ces histoires sont de fichues balivernes et que le chenapan n'est qu'un infâme cochon. Presque aussi immonde de corps que d'esprit, tu es un personnage repoussant, d'apparence répugnante, et tes inclinations barbotent au niveau écœurant du cloaque. Tu méritais intégralement, en fait, l'huile bouillante de laquelle je t'ai sauvé dans un coupable accès d'indulgence.

Le bel étranger éclata d'un rire grossier à cette tirade. Narine renifla, se contentant de murmurer :

– Tout de même, maître Marco, en tant que dévot musulman, permettez-moi de m'offusquer d'être comparé à un porc...

– J'aimerais que tu regimbes autant à t'accoupler avec une truie, ajoutai-je, impavide. Mais de cela, je doute.

– Je vous en prie, jeune maître. Je voue le respect le plus scrupuleux au Ramadan qui interdit les relations entre un homme et une femme musulmans. J'admets bien volontiers que, même les mois où c'est permis, j'ai un peu de mal à attirer les femmes depuis que mon joli visage a été défiguré par la mésaventure survenue à mon nez.

– N'exagérons rien, le rassurai-je, un brin sarcastique. Il y a toujours une femme désespérée, prête à tout. J'en ai connu une d'origine slave qui se donnait à un homme noir, et une autre, Arabe, qui s'accouplait avec un singe véritable.

– J'espère que vous ne me supposez pas capable de m'abaisser à prendre une femme aussi laide que moi ! se récria-t-il avec hauteur. En revanche, Jafar ici présent est aussi avenant que la plus jolie d'entre elles.

Je me contentai de grogner :

– Dis à ton attrayant petit salaud de se dépêcher de renfiler ses nippes et de déguerpir d'ici, ou je le donne à manger aux chameaux.

L'attrayant petit salaud me jeta un regard furieux, puis couvrit Narine d'un œil implorant, et celui-ci se paya le culot de l'impertinente proposition qui suivit :

– Vous ne voudriez pas l'essayer à votre tour, maître Marco ? Ce serait bien le genre d'expérience à vous élargir l'esprit.

– Je vais, moi, élargir ton nez à une seule narine ! lançai-je d'une voix hargneuse, sortant la dague enfilée dans ma ceinture. Je vais te l'éclater et l'étaler sur ton horrible face ! Comment oses-tu t'adresser de la sorte à un maître ? Mais pour qui me prends-tu ?

– Pour un jeune homme qui a encore beaucoup à apprendre, répondit-il sans se démonter. Vous êtes un voyageur, à présent, maître Marco, et avant que vous ne rentriez dans votre ville natale vous aurez traversé bon nombre de contrées, vu bien des choses et emmagasiné quantité d'expériences. Une fois revenu chez vous, vous pourrez à bon droit mépriser ceux qui parlent de hautes montagnes et de profonds marécages sans en avoir jamais gravi une ni sondé un seul, le genre d'homme à ne jamais s'être aventuré au-delà de ses rues étroites, de sa routine banale, de ses passe-temps mesquins et de sa petite vie étriquée.

– C'est bien possible. Mais quel rapport avec ta petite putain assoiffée de stupre ?

– Il existe d'autres voyages susceptibles de mener l'homme au-delà de son ordinaire, maître Marco, et qui ne se mesurent pas en distance parcourue mais plutôt en capacité de compréhension. Voyez le cas qui nous occupe ici. Vous venez d'insulter ce jeune homme en le traitant de putain, alors qu'il n'est rien d'autre que ce qu'on l'a éduqué à être et qu'il a été dressé et modelé pour le seul usage qu'on attendait de lui.

– Oui, un sodomite, en bref. Pour les chrétiens, c'est un péché grave, et l'on abhorre autant cette pratique que ceux qui s'y adonnent.

– Je vous demande, maître Marco, de bien vouloir m'accompagner ne serait-ce que durant quelques mètres sur la route du destin de ce jeune homme.

Et avant que j'aie eu le temps d'émettre la moindre objection, il se tourna vers ce dernier et lui dit :

– Jafar, raconte à l'étranger comment tu as été élevé.

Tenant toujours son vêtement du bas à la main et me lançant un regard mal assuré, Jafar commença :

– Oh, jeune Mirza, étincelant reflet de la lumière d'Allah…

– Laisse tomber tout ça, coupa Narine. Explique-lui juste comment on a préparé ton corps au commerce sexuel.

– Oh, Bénédiction du monde, reprit Jafar. Depuis aussi loin que je puisse me souvenir, je ne me suis jamais endormi sans qu'on ait introduit au préalable dans mon fondement un *golulè*, un objet en céramique *kashi* en forme de cône effilé. Dès que ma toilette du soir était achevée, on m'enfonçait le *golulè*, soigneusement graissé d'une substance conçue pour stimuler le développement de mon *badàm*. De temps à autre, ma mère ou ma nurse le poussait un peu plus encore, et quand je fus en mesure de l'accueillir tout entier, on lui en substitua un autre, plus volumineux. De cette façon, mon ouverture postérieure devint plus ample, sans pour cela affecter le muscle de contraction qui l'entoure.

– Merci de cette belle histoire, répondis-je de mon ton le plus froid et, me tournant vers Narine, j'ajoutai : Qu'il soit né ainsi ou qu'il le soit devenu, un sodomite n'en demeure pas moins une abomination.

– Attendez, car l'histoire n'est pas terminée, précisa Narine. Poursuivez encore un peu plus avant le voyage.

– Lorsque j'eus entre cinq et six ans, continua Jafar, je fus libéré du port du *golulè*, et, pour le remplacer, mon frère aîné fut autorisé à me pénétrer dès qu'il en avait envie ou que son organe était en érection.

– *Adrio de vu!* m'exclamai-je, tandis qu'en moi la compassion l'emportait sur la répulsion. Quelle terrible enfance!

– Elle aurait pu être bien pire, développa Narine. Dès qu'un bandit ou un chasseur d'esclaves capture un enfant et que ce dernier n'a pas été ainsi longuement préparé, son ravisseur l'empale violemment sur un piquet de tente afin de l'habituer à l'usage qu'on fera de lui. Mais cela ne manque pas d'endommager durablement le muscle de contraction qui entoure l'anus, de sorte que le jeune garçon ne peut plus se retenir et devient incontinent de ses excréments. De la même façon, il n'est désormais plus en mesure de jouer de ce muscle pour accroître le plaisir pendant l'acte. Continue, Jafar.

– Quand je fus rôdé aux pratiques auxquelles mon aîné s'adonnait sur moi, ce fut au tour de mon frère plus âgé, mieux membré, de présider à mon développement ultérieur. Et dès que mon *badàm* fut suffisamment habitué à l'acte pour que je commence à y trouver du *plaisir*, mon propre père, alors…

– *Adrio de vu!* me récriai-je de nouveau, tandis que, je le concède, ma curiosité avait dès lors pris le pas sur ma compassion et ma répulsion. Mais qu'entends-tu par le *badàm*? Je ne comprends pas bien ce détail, vu que le mot *badàm* signifie « amande ».

– Comment, vous ne le saviez pas? s'étonna Narine. Pourtant, vous en avez une vous-même, comme tous les hommes. Nous l'appelons « l'amande » parce qu'elle s'en rapproche par la forme et la taille, mais les médecins la surnomment également parfois le « troisième testicule ». Elle est située derrière les deux autres, non pas dans le scrotum, mais cachée un peu plus loin dans l'entrejambe. Un doigt ou, euh… tout autre objet inséré assez profond dans votre anus frotte contre cette amande et la stimule, procurant à son propriétaire un véritable plaisir sexuel.

– Vraiment! fis-je, éclairé sur ce point. C'est ce qui explique qu'à l'instant, sans avoir été stimulé en aucune façon, Jafar ait éjaculé.

– Oui, et d'ailleurs nous appelons ce jaillissement le « lait d'amande », compléta Narine d'un ton très didactique. Les femmes, lorsqu'elles sont douées de suffisamment de talent et d'expérience, connaissent l'existence de ce gland invisible du mâle. D'une façon ou d'une autre, elles font en sorte, durant l'accouplement, de le stimuler, afin d'accroître d'autant son plaisir au moment de l'expulsion du lait d'amande, jusqu'à provoquer un véritable instant de béatitude.

Je remuai la tête d'un air songeur et concédai :

– Tu as raison, Narine. Un homme a beaucoup à apprendre lorsqu'il voyage. (Je rangeai ma dague dans son étui.) Pour cette fois, en tout cas, je consentirai à te pardonner la façon effrontée dont tu m'as parlé.

Il répliqua avec suffisance :

– Un bon esclave fait passer l'utilité avant l'humilité. Et maintenant, maître Marco, peut-être aimeriez-vous introduire votre seconde dague dans un autre fourreau ? Veuillez observer la splendide gaine de notre ami Jafar…

– *Scagaròn !* lançai-je d'un ton cinglant. Je veux bien tolérer ce genre de pratique chez les autres tant que je suis dans ces régions, mais en aucun cas les partager. Même si la sodomie n'était pas un vil péché, je préférerais cependant l'amour des femmes.

– L'amour, maître ? reprit en écho Narine, tandis que Jafar repartait de son ricanement grossier et qu'un des chameaux éructait bruyamment. Mais personne n'a parlé d'amour ! L'amour entre deux hommes est un sentiment entièrement différent, et je pense que nous seuls, les guerriers musulmans au cœur chaud, savons ce qu'il en est de cette émotion sublime entre toutes. Je doute que les chrétiens, qui ont le sang froid et le prêche paisible, soient capables de ressentir un tel amour. Non, mon maître. Je n'évoquais là que la prise d'un plaisir qui s'apparente au soulagement, à la satiété, à la simple satisfaction des sens. Et pour ce genre de chose, entre nous, qu'importe le sexe du partenaire ?

Je piaffai tel un chameau sourcilleux.

– Facile à dire pour toi, l'esclave, puisque tu ne vois même pas la différence entre un être humain et un *animal.* Pour ma part, je suis bien aise de te confirmer qu'aussi longtemps qu'il y aura des femmes en ce bas monde, je n'aurai aucune attirance sexuelle envers les hommes. Je suis un homme moi-même et je connais assez bien mon propre corps pour ressentir le moindre intérêt pour celui de mes congénères. Pour ce qui est des femmes, en revanche… Ah, les femmes ! Magnifiquement différentes de moi, elles ont aussi entre elles d'exquises différences... Jamais je ne saurai les estimer à leur juste valeur !

– Les estimer, maître ?

Il sembla amusé.

– Mais oui ! (Je marquai une pause.) J'ai déjà tué un homme, Narine, mais jamais je ne me permettrai d'occire une femme, ajoutai-je d'un ton solennel.

– Vous êtes encore jeune...

– À présent, Jafar, veuillez finir de vous rhabiller, avant que mon père et mon oncle reviennent.

– Je viens de les voir à l'instant, maître Marco, indiqua Narine. Ils sont entrés dans la maison avec notre hôtesse Esther.

Je sortis donc de l'étable pour me trouver aussitôt pris de nouveau à partie par la jeune servante, Sitarè, qui m'attendait à la porte. Je me disposais à passer devant elle sans lui accorder un regard, mais elle m'attrapa par le bras en murmurant :

– Parle à voix basse, je t'en prie.

Je lui répliquai, à haute et intelligible voix :

– Je n'ai rien à vous dire du tout.

– Silence. La maîtresse de maison est à l'intérieur, en compagnie de ton père et de ton oncle. Alors, s'il te plaît, parle doucement, mais réponds-moi. Mon frère Aziz et moi avons discuté à ton sujet, et...

– D'abord, je ne suis pas un sujet ! rétorquai-je avec irritation. Et je n'ai pas particulièrement envie, figurez-vous, que l'on discute de moi.

– Oh, je t'en prie, tais-toi. Savais-tu qu'après-demain tombera l'Eid al-Fitr ?

– Non. Je ne sais même pas de quoi il s'agit.

– Demain soir, au coucher du soleil, le Ramadan prendra fin. C'est alors le début du mois de shawal, dont le premier jour est marqué par la fête de la Fin du Jeûne, ce qui signifie que nous autres, musulmans, sommes libérés de toute abstinence et de toute restriction. Demain soir, dès le soleil couché, nous pourrons, toi et moi, faire la *zina* en toute légalité.

– Excepté bien évidemment que tu es vierge, me permis-je de lui rappeler. Et que tu dois absolument le rester, par égard pour ton frère.

– C'est de cela qu'Aziz et moi avons débattu. Nous avons une petite faveur à te demander, Mirza Marco. Si tu y accèdes, je consentirai, avec l'accord de mon frère, à pratiquer la *zina* avec toi. Bien sûr, il peut participer, si tu le désires.

J'objectai avec méfiance :

– Ton offre me semble être une bien considérable récompense pour l'obtention d'une toute petite faveur… Et ton frère me semble bien fraternel, soudain. Il faut que je rencontre sans délai ton maquereau, ce rustre aux irrésistibles minauderies !

– Tu l'as déjà rencontré. Il travaille comme garçon de cuisine, a des cheveux auburn comme les miens, et…

– Je ne m'en souviens pas.

Mais je pouvais facilement me le représenter : un jumeau de Jafar, le beau compagnon d'étable de Narine, un malabar aux muscles saillants avec l'orifice d'une femme, les capacités intellectuelles d'un chameau et le sens moral d'une fouine.

– Quand je te parle d'une petite faveur, poursuivit Sitarè, je veux dire qu'elle sera telle pour moi et Aziz. Pour toi, elle sera bien plus grande, car tu en profiteras vraiment. J'entends par là que tu gagneras de l'argent grâce à elle.

Voilà que s'offrait à moi une splendide jeune femme aux cheveux noisette, qui mettait dans la balance sa virginité et y ajoutait un bénéfice financier, plus, si je le souhaitais, son frère réputé encore plus beau qu'elle. Cela ne manqua pas de me remettre en mémoire le fameux avertissement quant à « la beauté assoiffée de sang », et j'en conçus une méfiance immédiate qui m'incita à rester sur mes gardes. Pas au point, cependant, de refuser platement l'offre sans en avoir entendu davantage.

– Dis-m'en un peu plus, lâchai-je simplement.

– Pas maintenant : ton oncle arrive. Chut !

– Tiens donc, voyez comme ça se trouve ! tonna mon oncle en avançant à notre rencontre, venu de l'intérieur plus sombre de la maison. Déjà en train de chercher la *fiame*, pas vrai ?

Et sa barbe noire s'éclaira d'un large sourire éclatant, tandis qu'il nous bousculait de l'épaule et franchissait la porte en direction de l'étable.

Cette réflexion était un jeu de mots sur le terme *fiame*, car, à Venise, outre qu'il désigne les flammes, le mot peut également qualifier les filles rousses et les maîtresses secrètes. J'en déduisis que mon oncle nous taquinait sur ce qu'il prenait pour un début d'idylle.

Dès qu'il fut hors de portée d'oreille, Sitarè souffla :

– Demain. Devant la porte de la cuisine, là où je t'ai fait entrer la première fois. À la même heure.

Et à son tour, elle s'éclipsa sur ces mots, quelque part vers l'arrière de la maison.

Je m'avançai dans le couloir de devant, vers l'endroit d'où j'avais entendu parler mon père et la veuve Esther. Lorsque j'entrai, il était en train de dire, d'une voix à la fois sérieuse et contenue :

– Je sais bien que c'est de bon cœur que vous nous l'avez proposé. J'aurais juste préféré que vous en référiez d'abord à moi, et à moi seul.

– Jamais je ne m'en serais doutée, répondit-elle à son tour d'une voix assourdie. Mais si, comme vous me l'affirmez, il a noblement décidé de s'acheter une conduite, vous pensez bien que je ne voudrais en aucun cas être la cause d'une rechute...

– Non, non, assura mon père. Personne ne songera à vous en blâmer, même si cette noble intention devait engendrer de funestes résultats. Nous en discuterons ensemble ouvertement, je lui demanderai si cela risque de constituer pour lui une tentation vraiment irrésistible, et nous prendrons notre décision en fonction de cela.

C'est alors qu'ils s'aperçurent de ma présence et abandonnèrent brutalement le sujet apparemment privé dont ils débattaient précédemment. Mon père déclara :

– Finalement, ce n'est pas plus mal que nous ayons eu à nous arrêter quelques jours. Il y a plusieurs articles dont nous aurions besoin et qui, en cette période de jeûne sacré, ne sont pas encore disponibles au bazar local. Lorsqu'il sera achevé, dès demain, on pourra à nouveau se les procurer. D'ici là, notre chameau blessé sera rétabli, et nous pourrons envisager de partir dès le lendemain. Nous ne saurons jamais vous remercier à la mesure de votre hospitalité durant notre séjour chez vous.

– Ce qui me rappelle, dit-elle, que j'ai presque achevé votre repas du soir. Je vous le servirai dès qu'il sera prêt.

Mon père et moi gagnâmes le grenier à foin où nous trouvâmes oncle Matteo scrutant les pages de notre *Kitab*. Il en releva les yeux et annonça :

– Notre prochaine destination, Mechhed, ne sera pas une partie de plaisir à atteindre. Un désert tout du long, à franchir dans sa plus grande largeur. Nous allons être asséchés et ratatinés comme des morues !

Il laissa tomber le sujet pour se gratter vigoureusement l'intérieur du coude gauche.

– Une saloperie de bestiole m'a piqué par là, ça me démange.

– La veuve m'a dit que cette ville était infestée de scorpions, fis-je remarquer. Tu as peut-être été mordu ?

Mon oncle me lança un regard dédaigneux.

– Si jamais tu es un jour piqué par le dard de l'un d'eux, *asenazzo*, tu sauras qu'un scorpion ne *mord* pas. Non, il s'agissait d'une minuscule mouche, parfaitement triangulaire. Si petite, d'ailleurs, que j'ai du mal à croire qu'elle puisse me provoquer pareille démangeaison.

La veuve Esther arpenta plusieurs fois la cour pour nous apporter les plats du repas, que nous mangeâmes penchés ensemble sur le *Kitab*. Narine dînait à part, avec les chameaux, mais faisait presque autant de bruit qu'eux. Je tâchai de ne pas me laisser distraire par sa peu discrète mastication pour me concentrer sur les cartes.

– Tu as raison, Matteo, déclara mon père. Nous allons devoir traverser la plus grande partie du désert. Dieu nous garde et nous mène à bon port. La route ne sera pas difficile à suivre pour autant. Mechhed se trouve à peine au nord-est d'ici. En cette saison, il nous suffira de partir chaque matin au soleil levant.

– Et vous pouvez compter sur moi, ajoutai-je, pour vérifier régulièrement notre avance au *kamàl*.

– Je constate avec surprise, releva alors mon père, qu'Al-Idrîsî n'indique aucun puits, pas la moindre oasis ni un seul caravansérail dans ce désert. Pourtant, il doit bien y en avoir. C'est une route de commerce, après tout. Mechhed, comme Bagdad, est une étape clé sur la route de la soie.

– La ville est aussi grande que Kachan, me précisa la veuve. Et, grâce à Dieu, elle est située dans la fraîcheur des montagnes.

– Au-delà, en revanche, poursuivit mon père, nous atteindrons des zones vraiment froides. Nous serons sans doute tenus d'hiverner là-haut, quelque part. Mais bon, nous ne pouvons tout de même pas espérer parcourir le monde en ayant toujours le vent dans le dos.

– De plus, nous ne nous retrouverons en terrain connu, Nico, que lorsque nous aurons rallié Kachgar, à l'intérieur de Kithai elle-même.

– Loin des yeux, Matteo, loin du cœur. À chaque jour suffit sa peine, tu connais tout cela… Pour l'instant, point n'est besoin de nous torturer par avance sur ce qui pourra survenir au-delà de Mechhed.

29

Le lendemain matin de ce dernier jour du Ramadan, nous le passâmes à nous prélasser au domicile de la veuve. J'ai peut-être omis de le préciser, mais dans les contrées musulmanes le début de journée n'est pas situé à l'aube, comme on pourrait s'y attendre, ni à minuit, comme dans nos pays civilisés, mais au coucher du soleil. De toute façon, comme l'avait fait remarquer mon père, point n'était besoin de nous rendre au bazar de Kachan tant qu'il ne serait pas pleinement réapprovisionné en biens et marchandises à vendre. Nous n'avions donc rien d'autre à faire que nourrir les chameaux, leur donner à boire et nettoyer l'étable de leurs déjections. Ce fut bien sûr Narine qui s'en chargea et qui, à la demande de la maîtresse de maison, étendit leurs matières fécales sur l'herbe du jardin. Une fois encore, mon oncle, mon père et moi nous trouvions ainsi libres d'aller vagabonder de par les rues, et nul doute que Narine, entre deux travaux, saisirait lui aussi l'opportunité de se donner le plaisir d'une de ses obscènes rencontres.

Alors que je me promenais vers la fin de l'après-midi, je me trouvai, à l'intersection de deux rues, arrêté par un attroupement de badauds stationnés là. La plupart étaient jeunes, les hommes aussi beaux que d'habitude, les femmes un peu plus ordinaires. Je pensai dans un premier temps qu'ils étaient occupés au passe-temps le plus courant en Orient, qui consiste à rester debout et à regarder (en se grattant l'entrejambe, pour les hommes), mais une voix lancinante montait du centre du groupe, et je fis halte pour m'y joindre, avant de me frayer un chemin jusqu'au foyer de leur attention.

Un vieil homme, assis jambes croisées sur le sol, distrayait les gens d'un récit : c'était un *sha'ir*, un poète. De temps à autre, apparemment lorsqu'il prononçait une phrase particulièrement poétique ou bien venue, l'un des auditeurs jetait une pièce dans la sébile ouverte posée par terre à côté du vieillard. Le peu de farsi que je maîtrisais ne me permettait pas d'apprécier les subtilités de la langue, mais me suffisait pour saisir l'essentiel de l'histoire. Comme elle était intéressante, je la suivis. Le *sha'ir* expliquait d'où venaient les rêves.

Au Commencement, dit-il, parmi toutes les sortes d'esprits qui existaient alors – *djinn*, *afarit*, *peri* et *tutti quanti* –, il y en avait un appelé Sommeil. Il avait pour rôle – comme c'est encore le cas de nos jours – de veiller à ce que chacun puisse dormir tout son saoul. Sommeil avait une multitude d'enfants qu'on nommait Rêves, mais, en cette lointaine époque, ni Sommeil ni ses enfants n'imaginaient que les Rêves pourraient entrer dans l'esprit des gens. Pourtant, par un jour radieux, Sommeil, fort peu occupé durant les heures diurnes, décida, en bon esprit qu'il était, d'emmener toute sa marmaille, garçons et filles, au bord de la mer. Histoire de prendre un peu de bon temps. Quand ils furent arrivés là, il les laissa monter dans un petit bateau qu'ils trouvèrent sur place et les regarda ramer avec plaisir pour ce qui devait n'être qu'une courte promenade.

Malheureusement, conta le vieux poète, l'esprit de Sommeil avait préalablement commis une mauvaise action envers l'esprit de Tempête. Cette dernière avait patiemment attendu l'occasion de se venger. Aussi, dès que les petits Rêves du Sommeil se furent aventurés sur les flots, la malveillante Tempête fouetta la mer jusqu'à la transformer en une furie écumante et fit souffler un vent portant qui poussa au large la frêle embarcation, jusqu'à l'obliger à s'échouer sur les brisants d'une île déserte appelée Ennui.

À la suite de cette catastrophe, expliqua le *sha'ir*, les Rêves, garçons et filles, furent abandonnés à leur triste sort sur cette île austère. Vous imaginez tous, ajouta-t-il, comme ces enfants, soumis à la plus totale inaction sur cette île de l'Ennui, ont commencé à bouillir. Durant des jours interminables, les pauvres Rêves eurent à endurer cet exil monotone du monde des vivants. Mais chaque nuit – *al-hamdou-lillah !* –, l'esprit de Tempête devait décroître en intensité car, à ce moment, c'est l'esprit de la Lune, plus débonnaire, qui régnait. C'était donc l'occasion la plus propice, pour les Rêves, d'échapper ne fût-ce qu'un instant à leur Ennui. Et c'est ce qu'ils font, depuis lors. Ils en profitent pour se répandre à la surface de la Terre et se donner un peu d'activité en pénétrant dans les pensées des gens endormis. C'est ainsi, acheva le *sha'ir*, que, chaque nuit, tout dormeur peut être distrait, instruit, mis en garde ou terrifié par un Rêve, tout dépend de celui qui intervient cette nuit-là : un Rêve fille, salutaire et bienfaisant, ou un Rêve garçon, espiègle et malicieux, l'humeur du rêveur pouvant également influencer la qualité du Rêve.

Quand cette conclusion fut prononcée, de nombreux murmures d'approbation s'élevèrent dans la foule, et la bourse du vieillard résonna de l'avalanche de pièces qui y furent jetées. J'y ajoutai pour ma part une petite pièce de cuivre *shahi*, ayant trouvé l'histoire amusante. Et guère plus incroyable, à tout prendre, que la plupart des autres mythes orientaux. Le tableau que peignait le conteur de ces Rêves au tempérament changeant, qui allaient fourrer partout leurs nez indiscrets, ne me paraissait pas dénué de logique. Il fournissait une explication plausible à des phénomènes fréquents en Orient, telle la redoutable visite nocturne des incubes, démons masculins qui viennent abuser des chastes femmes durant leur sommeil, et celle des succubes, diablesses qui surgissent à la faveur des ténèbres pour dévoyer les prêtres.

Lorsque le coucher du soleil marqua la fin effective du Ramadan, je me rendis à la porte de derrière de la maison de la veuve, et Sitarè me fit entrer dans la cuisine. Nous nous y trouvions seuls, et elle me paraissait en proie à une excitation à peine dissimulée, à en juger par ses yeux brillants et ses mains folâtres. Elle semblait avoir revêtu ses plus beaux atours, s'était souligné les yeux d'un trait de khôl et avait coloré ses lèvres au jus de baies sauvages. Le rose vif de ses joues ne devait rien, quant à lui, à la cosmétique.

– Tu t'es habillée comme pour un jour de fête, fis-je remarquer.

– Oui, mais c'est aussi pour te plaire. Je ne vais pas faire semblant, Mirza Marco. Je t'ai confié combien j'étais flattée d'être l'objet de tes ardeurs, et je le suis. Regarde, j'ai étalé une paillasse pour nous deux, là-bas, dans le coin. Et je me suis assurée que la maîtresse de maison et tous les autres serviteurs étaient occupés ailleurs, de façon que nous ne soyons pas importunés. Je t'avoue que j'ai déjà très envie de cette…

– Attends un peu, objectai-je, d'une voix qui aurait cependant pu être plus ferme. Je n'ai encore accepté aucun marché. Tu as certes de quoi faire monter l'eau à la bouche de n'importe quel homme, et c'est mon cas, mais d'abord je dois savoir. Quelle est donc cette faveur pour laquelle tu es prête à te compromettre ?

– Accorde-moi quelques minutes, ensuite je te dirai tout. J'aimerais au préalable te poser une devinette.

– Est-ce encore une de tes coutumes locales ?

– Assieds-toi juste là, sur ce banc. Garde tes mains posées à tes côtés, pour ne pas être tenté de me toucher. Maintenant, ferme les yeux. Serre-les bien fort. Et garde-les fermés jusqu'à mon signal.

Je haussai les épaules et m'exécutai. Je la sentis s'approcher de moi. Alors, elle m'embrassa sur les lèvres, de façon à la fois timide et inexpérimentée, en toute jeune fille qu'elle était. Ce n'en fut pas moins délicieux, et dura fort longtemps. J'en fus transporté d'extase, au point d'en être saisi de vertiges. Si je n'avais pas été solidement agrippé au banc, je crois que j'aurais chancelé. Je m'attendais qu'elle m'adressât la parole, mais au lieu de cela elle m'embrassa de nouveau, et comme si la pratique le lui faisait apprécier encore davantage, elle prolongea cette fois le baiser de façon spectaculaire. Il y eut ensuite une seconde pause, et, alors que je m'apprêtais à recevoir un autre baiser, sa voix retentit :

– Tu peux rouvrir les yeux.

Ce que je fis, et je lui souris aussitôt. Elle se tenait debout juste devant moi, et le rouge de ses joues avait gagné tout son visage. Ses yeux brillaient, ses lèvres en boutons de rose exultaient de joie. Elle me demanda :

– Pourrais-tu faire la différence entre ces baisers ?

– La différence ? Bien sûr que non, voyons, déclarai-je galamment. Et j'ajoutai, dans un style qui, dans mon esprit, se voulait digne d'un poète persan : Comment un homme pourrait-il dire, de deux parfums aussi doux et de deux goûts aussi enivrants, lequel est le plus divin ? Il en réclame simplement davantage. Et moi je le veux, je l'exige !

– Mais tu en auras encore... Pourtant, est-ce bien de moi que tu le veux ? Je suis celle qui t'a embrassé la première. À moins que tu ne préfères celui d'Aziz, qui t'a embrassé ensuite ?

En entendant ces mots, je fis un bond sur mon siège. Sitarè glissa alors une main derrière elle et le dévoila à mes yeux, ce qui eut pour effet de me faire chanceler de façon encore plus instable encore.

– Mais ce n'est qu'un enfant !

– C'est mon petit frère, Aziz.

Pas étonnant que je ne l'aie pas remarqué parmi les serviteurs de la maison. Il ne devait pas avoir plus de huit ou neuf ans et était plutôt petit pour son âge. Mais, une fois qu'on l'avait vu, il était difficile de l'oublier. Comme tous les jeunes garçons de la cité, il était beau comme un Cupidon, supérieur encore, sans doute, à la moyenne des garçons de Kachan, tout comme sa sœur surpassait les filles de la ville que j'avais pu voir. L'incube et la succube, pensai-je l'espace d'un instant.

Comme je me trouvais toujours assis sur le banc peu élevé, nos yeux étaient au même niveau. Les siens, bleus, clairs et solennels, semblaient, dans ce petit visage, encore plus grands et lumineux que ceux de sa sœur. Son corps était la perfection incarnée, jusqu'à ses petits doigts aussi fins que fuselés. Ses cheveux avaient la même nuance rouge noisette que ceux de Sitarè, et sa peau était du même ton ivoire. Sa beauté était encore relevée par le trait de khôl autour des yeux, et l'incarnat des lèvres avivé au jus de baies. Je jugeai ces ajouts superflus, mais avant que j'aie pu en faire la remarque, Sitarè prit la parole :

– Dès que je peux me maquiller, pendant les heures libres que me laisse mon service de domestique (elle parlait très vite, comme pour m'empêcher de placer ne fût-ce qu'un mot), j'adore faire la même chose sur le visage d'Aziz.

Devançant à nouveau mon commentaire, elle enchaîna :

– Maintenant, Mirza Marco, laisse-moi te montrer quelque chose.

De ses doigts empressés et gauches, elle déboutonna et ôta la blouse que portait son frère.

– Comme c'est un garçon, il n'a évidemment pas de poitrine. Mais admire ses tétons à la fois proéminents et délicatement dessinés…

Je restai abasourdi à les regarder, car ils étaient teintés au henné rouge. Sitarè poursuivit :

– Ne les trouves-tu pas très semblables aux miens ?

Mes yeux s'écarquillèrent encore un peu plus, car elle venait à son tour de laisser tomber son vêtement du haut et me présentait ses seins aux mamelons eux aussi teints au henné, afin que je puisse faire la comparaison.

– Tu vois, il a les bouts qui pointent, comme les miens !

Elle continua de bavarder ainsi d'un ton léger, bien que je fusse totalement incapable, à cet instant, de l'interrompre.

– Toutefois, étant un garçon, Aziz possède bien sûr quelque chose que je n'ai pas.

Elle dénoua la corde de son *pai-jamah* et laissa le pantalon choir sur le sol, puis se mit à genoux à ses côtés.

– N'est-ce pas là un parfait *zab* en miniature ? Et vois, quand je le secoue : un parfait petit homme ! Maintenant, regarde ça.

Elle retourna l'enfant et écarta des mains les petites fesses roses et potelées.

– Notre mère a toujours été pointilleuse sur l'usage du *golulè*, et j'ai continué après sa mort, de sorte que tu peux constater ici le superbe résultat...

D'un autre mouvement dont la prestesse n'avait rien de la timidité effarouchée des jeunes filles, elle laissa tomber son propre *pai-jamah*. Elle fit demi-tour et se pencha très en avant, de sorte que je puisse découvrir le bas de ses parties intimes non couvertes par le moutonneux duvet roux.

– Le mien est certes enfoui deux ou trois doigts plus loin, mais franchement, peux-tu faire la différence entre mon *mihrab* et son... ?

– Bon, ça suffit comme cela ! parvins-je enfin à articuler. Tu es en train de me pousser au péché avec ce garçon qui n'est encore qu'un enfant !

Elle ne chercha pas à le nier, mais ce fut lui qui s'en chargea. Aziz, en effet, se retourna vers moi et m'adressa pour la première fois la parole. Sa voix avait la musicalité légère d'un chant d'oiseau, mais elle était ferme.

– Non, Mirza Marco. Ma sœur ne cherche pas à vous inciter au péché, pas plus que moi. Pensez-vous que j'en aie besoin, vraiment ?

Ébranlé par la franchise de la question, je fus bien forcé de répondre par la négative. Mais mes principes chrétiens resurgirent aussitôt, et j'accusai d'un ton péremptoire :

– S'exhiber comme tu le fais est aussi répréhensible que pousser au vice. Lorsque j'avais ton âge, mon petit, c'est tout juste si je savais quel était l'usage *normal* de mes parties intimes. Dieu a toujours défendu de les exposer ainsi outrageusement, sans nulle pudeur et de façon aussi libre. Le simple fait de se tenir ainsi nu et debout est déjà un péché !

Aziz parut aussi blessé que si je l'avais souffleté et fronça ses sourcils doux comme de la plume en signe d'intense perplexité.

– Je suis encore très jeune, Mirza Marco, et peut-être ignorant, car personne jusqu'alors ne m'avait enseigné la notion de péché. J'ai juste appris à être *al-fa'il* ou *al-mafa'ul*, selon le cas.

Je soupirai.

– C'est vrai, hélas, j'oubliais vos coutumes locales.

Aussi délaissai-je un instant mes principes pour une franche honnêteté et déclarai :

– Que ce soit en tant que *donneur* ou comme *receveur*, je crois que tu as de quoi faire oublier à n'importe quel homme qu'il est dans le péché. Si pour toi ce n'en est pas un, daigne me pardonner de t'avoir injustement fustigé.

Il me gratifia alors d'un sourire si radieux que son petit corps nu, dans l'obscurité qui gagnait la pièce, sembla devenir incandescent. Je fus plus explicite encore :

– Je suis désolé aussi d'avoir eu d'injustes pensées à ton égard sans te connaître, Aziz. Sans nul doute possible, tu es l'enfant le plus séduisant et le plus enchanteur qu'il m'ait jamais été donné de voir, quel que soit son sexe, et, à la vérité, tu es plus attirant que bien des femmes faites que j'ai déjà rencontrées. Tu es semblable à l'un des Rêves garçons dont j'ai récemment entendu l'histoire. Tu constituerais une tentation même aux yeux d'un chrétien, en l'absence de ta sœur ici présente. Mais, placé à côté de *ses* avantages, tu comprends, tu ne peux occuper que la seconde place.

– Je comprends, dit l'enfant, toujours souriant. Et je suis d'accord.

Sitarè, telle une autre statue d'albâtre rougeoyant dans le crépuscule, me considérait avec une certaine stupéfaction. Presque sans voix, tant elle semblait saisie d'étonnement, elle articula faiblement :

– Tu veux toujours… de *moi* ?

– Mais oui. Plus que jamais. Tellement, même, que je prie Dieu, maintenant, d'avoir les moyens de t'accorder la faveur que tu voulais me demander.

– Oh, certainement.

Elle ramassa prestement ses vêtements éparpillés et les tint roulés en boule devant elle, de façon que je ne sois pas perturbé par sa nudité.

– La seule chose que nous te demandons, c'est d'accepter de bien vouloir prendre Aziz dans votre caravane jusqu'à la ville de Mechhed, pas plus loin.

Je battis des paupières.

– Mais… pourquoi donc ?

– Tu as dit toi-même que tu n'avais jamais vu un si joli garçon et un enfant aussi irrésistible. Or Mechhed est le carrefour de plusieurs routes de commerce, un lieu où les nombreuses rencontres peuvent être fructueuses.

– Ce n'est pas que j'aie moi-même grande envie de partir, ajouta Aziz. (Et comme sa nudité avait aussi de quoi troubler le regard, je rassemblai moi-même ses effets et les lui tendis.) Je ne souhaite pas quitter ma sœur, en réalité, elle est toute la famille qu'il me reste. Mais elle m'a convaincu que, si je le faisais, ce serait de toute façon pour le meilleur.

– Ici, à Kachan, développa Sitarè, Aziz n'est qu'un beau garçon parmi d'autres, tous en compétition pour taper dans l'œil d'un pourvoyeur de harem de passage. Au mieux, Aziz peut espérer être choisi par l'un d'eux et devenir le concubin d'un riche noble, lequel risque de s'avérer, au bout du compte, un vicieux malveillant. À Mechhed, au contraire, il pourrait être présenté à un marchand itinérant fortuné qui aurait le temps de l'apprécier avant de l'acquérir. Il débuterait dans la vie comme son compagnon, mais aurait aussi l'occasion de voyager et, au fil du temps, d'apprendre le métier de son maître. Au final, il pourrait sans doute bénéficier d'une meilleure situation que rester un simple objet sexuel de harem.

Je me sentais l'esprit coquin, à cet instant, je l'avoue. Il ne m'aurait pas déplu de mettre un terme rapide à cette conversation et de passer à autre chose. Pourtant, cela ne m'empêchait pas de prendre conscience d'une réalité qui, je crois, échappe trop souvent aux voyageurs.

Nous qui parcourons le monde ne nous arrêtons que brièvement dans telle ou telle communauté, et chacune n'impressionne notre mémoire que comme un bref éclair, sans y laisser plus de traces. Les individus qui les composent ne sont que de pâles figures qui surgissent momentanément des nuages de poussière de la piste. Nous autres voyageurs avons une destination et une raison de nous y rendre, et chaque halte sur le parcours n'est qu'une borne qui jalonne notre route. En réalité, les gens que nous rencontrons avaient déjà une existence avant que nous arrivions et en auront encore une quand nous serons partis. De ce fait, ils ont leurs propres problèmes – leurs espoirs, leurs ambitions, leurs déceptions et leurs projets personnels. Ceux-ci, parfois déterminants pour leur destin, pouvaient bien, de temps à autre, être pris en considération par les simples passants que nous étions. Le seul fait d'y prêter un peu attention pouvait être, pour nous, l'occasion d'acquérir un savoir utile, de rire de bon cœur, d'engranger un souvenir doux à conserver, voire de nous élever sur le plan moral. C'est pourquoi j'accordai une oreille attentive aux paroles mélancoliques de ces deux visages étincelants qui m'exposaient ainsi leurs desseins, leurs calculs et leurs rêves. Et, dès lors, au cours de tous mes voyages, j'ai tenté d'appréhender chaque endroit où je me trouvais dans son intégralité et de scruter le plus humble de ses habitants d'un œil attentif, et non du regard distrait d'un passant pressé.

– C'est pourquoi nous vous demandons simplement, conclut la jeune fille, d'emmener Aziz avec vous jusqu'à Mechhed, et là, de rechercher pour lui un marchand caravanier à la bourse bien garnie et au cœur aimable, parmi d'autres qualités éventuelles...

– Quelqu'un un peu comme vous, Mirza Marco, suggéra l'enfant.

– ... Et là, de lui vendre Aziz.

– Vendre ton frère ? m'exclamai-je.

– C'est que tu ne peux pas abandonner un si jeune garçon comme cela, dans une ville étrangère inconnue... Nous souhaiterions que tu parviennes à le placer entre les mains du meilleur maître possible. Et, comme tu l'as dit, vous pourriez en retirer un fructueux bénéfice. Car, pour vous dédommager des peines de son transport et des soucis que vous occasionnerait la recherche d'un maître digne de nos espoirs, vous garderiez tout le produit de sa vente. Étant donné sa beauté, on peut en escompter un bon prix. Ce marché ne vous semble-t-il pas équitable ?

– Plus qu'équitable, certes, concédai-je. Il pourrait influencer favorablement mon père et mon oncle, mais je ne puis m'en porter garant. Après tout, je ne suis qu'un des trois voyageurs de notre groupe. Il faut que je leur présente votre proposition.

– Cela devrait suffire, assura Sitarè. Notre maîtresse leur en a déjà touché un mot, de son côté. Mirza Esther souhaite en effet tout autant que nous offrir à Aziz la possibilité d'une route meilleure dans la vie. D'après ce que j'ai compris, votre père et votre oncle réfléchissent en ce moment à la question. C'est pourquoi, si vous êtes disposé à emmener Aziz, vous pourriez être auprès d'eux la voix décisive, celle qui permet de dépasser les hésitations.

– Oh, l'avis de la veuve a certainement plus de poids sur eux que ne pourrait en avoir le mien, lui répliquai-je avec sincérité. Cela étant, Sitarè, pourquoi étais-tu prête à… (j'évoquai du geste son effeuillement avancé)… de telles extrémités pour me cajoler ?

– Eh bien…, avoua-t-elle, tout sourire. (Elle écarta de nouveau les vêtements pour m'offrir une vue imprenable sur les courbes de son corps.) Disons que je t'espérais *très* compréhensif…

– Je saurai l'être, c'est certain, répondis-je avec la même franchise. Mais il existe cependant d'autres aspects que j'aimerais que tu ne perdes pas de vue. D'abord, nous allons traverser un redoutable désert, aussi dangereux qu'éprouvant pour l'organisme. Ce n'est pas un endroit conseillé pour n'importe quel être vivant, encore moins pour un jeune garçon comme Aziz. Vous le savez, Satan le diable est des plus actif dans ces vastes solitudes, à tel point que les chrétiens désireux de tester la force de leur foi s'y rendent expressément… Je vous parle là des saints dévoués, tel saint Antoine. Les mortels ordinaires ne s'y aventurent que par nécessité.

– Peut-être, mais ils y vont quand même, argua le jeune Aziz, nullement ébranlé par une telle perspective. Et moi, comme je ne suis pas chrétien, je serai moins en danger. Peut-être même constituerai-je une sorte de protection pour vous autres.

– C'est que… nous avons un autre non chrétien dans le groupe, fis-je amèrement. Cela aussi, j'aimerais que vous le preniez en considération. Notre conducteur de chameaux est une vraie bête, prête à copuler à la moindre occasion avec la plus vile créature qui se présente. Un jeune garçon aussi désirable et aussi aisément accessible constituerait assurément pour sa grossière nature une tentation bien forte…

– Ah ! je vois, confirma Sitarè. Ce doit être l'objection qu'a également élevée votre père. J'ai cru comprendre que notre maîtresse était elle aussi préoccupée par certains aspects de la question, en effet. Il faudrait donc qu'Aziz vous promette de se tenir à l'écart de la bête et que, de votre côté, vous vous engagiez à veiller sur mon frère.

– Je serai toujours près de vous, Mirza Marco, clama le garçon. De jour comme de nuit.

– Il est vrai que, selon vos critères, Aziz n'est sans doute pas un exemple de chasteté, reprit sa sœur. Mais il n'est pas pour autant de mœurs légères. Aussi longtemps qu'il sera avec vous, il ne sera qu'à vous et n'élèvera ni son *zab*, ni ses fesses, ni même son regard sur un autre homme, quel qu'il soit.

– Je n'appartiendrai qu'à vous, Mirza Marco, affirma-t-il avec ce qui n'aurait pu être qu'une charmante innocence, s'il n'avait écarté les vêtements qu'il tenait en main, comme l'avait fait Sitarè, pour me laisser contempler sa nudité.

– Non, non, non, objectai-je avec agitation. Aziz, tu vas devoir nous promettre de ne *tenter aucun* de nous. Notre esclave n'est qu'une bête, mais les trois autres que nous sommes sont des chrétiens ! Il faut que tu restes *totalement* chaste, et ce jusqu'à Mechhed.

– Si tel est votre désir, il en sera ainsi, répliqua-t-il, quoique fort déconfit. Je vous le jure ! Sur la barbe du Prophète – la paix et la bénédiction soient sur lui.

Sceptique, j'interrogeai Sitarè :

– Peut-on considérer ce garçon encore imberbe comme indissolublement lié par son serment ?

– Assurément, confirma-t-elle en me regardant d'un air désapprobateur. Votre morne traversée du désert ne sera égayée d'aucune façon. Vous autres chrétiens semblez prendre un plaisir quelque peu morbide à renier toute forme de jouissance, mais qu'il en soit ainsi. Aziz, tu devrais te rhabiller, maintenant.

– Toi aussi, Sitarè, ajoutai-je, et, si Aziz avait paru dépité, elle sembla pour sa part complètement anéantie. Crois-moi bien, jeune fille, ce n'est pas de gaieté de cœur que je te le demande, mais animé de la meilleure intention.

– Je ne comprends pas… Dans la mesure où vous prenez en main la destinée de mon frère, ma virginité n'a plus aucune importance. Aussi suis-je prête à vous l'offrir, et avec reconnaissance !

– J'en suis bien conscient, mais je la décline. Pour une raison dont je suis sûr que tu prendras conscience, Sitarè. Car enfin, dès que ton frère sera parti, que va-t-il advenir de toi ?

– Quelle importance ? Je ne suis qu'une fille !

– Peut-être, mais d'une beauté remarquable. Comme Aziz, tu pourras certainement t'offrir à ton tour, un jour, un sort enviable : un heureux mariage, un agréable concubinage, qu'importe, ce qui te conviendra le mieux. Et je sais toute la valeur de la virginité d'une femme pour son avenir. C'est pourquoi je ne te toucherai pas.

Elle et Aziz m'observèrent avec stupéfaction, et l'enfant murmura :

– Décidément, ces chrétiens sont *divanè*...

– Peut-être, pour certains ! Mais d'autres peuvent avoir envie de se conduire en véritables chrétiens.

Le regard de Sitarè s'adoucit quelque peu, et elle acquiesça d'une voix tendre :

– Peut-être certains y parviennent-ils vraiment... (Mais soudain, de nouveau provocante, elle écarta les vêtements qui faisaient écran à son corps de rêve.) Tu es bien sûr de vouloir renoncer ? Seras-tu inébranlable dans cette généreuse résolution ?

Je fus secoué d'un éclat de rire.

– Pas ferme du tout, non. Et, pour cette raison, laisse-moi partir d'ici sans délai. Je consulterai mon père et mon oncle sur la possibilité de prendre Aziz avec nous.

La consultation ne fut pas bien longue, car tous deux se trouvaient dans l'étable, justement en train d'en parler.

– Bon, résuma mon oncle à l'intention de mon père, voici que Marco est également favorable à ce que nous emmenions le petit. Cela fait deux votes pour, contre un vote indécis.

Mon père fronça les sourcils et passa ses doigts dans sa barbe.

– Nous accomplirons une bonne action, plaidai-je.

– Comment pourrions-nous lui refuser ce service ? insista mon oncle.

Pour toute réponse, mon père grommela l'un de ses fameux vieux dictons :

– Sainte Charité est morte, et sa fille Clémence est au plus mal...

À quoi mon oncle répliqua par cet autre :

– Cesse de croire aux saints, ils cesseront de faire des miracles.

Ils se jaugèrent alors dans un silence qui semblait une impasse, jusqu'à ce que je m'aventure à le rompre.

– J'ai déjà averti le jeune homme du danger qu'il courait d'être importuné !

Ils tournèrent en même temps leur regard vers moi, stupéfaits.

– Vous voyez ce que je veux dire..., bredouillai-je, pas très à mon aise. Cette fâcheuse propension qu'a Narine à se conduire de façon plutôt, euh... polissonne.

– C'est vrai ! reconnut mon père. Il y a cela, aussi.

Je fus soulagé qu'il n'eût pas l'air de prendre trop au sérieux ce risque, car je me voyais mal être obligé de livrer des détails salaces sur les derniers exploits de Narine, ce qui lui aurait probablement valu une bonne raclée.

– J'ai fait promettre à Aziz, ajoutai-je, de se tenir sur ses gardes contre toute avance suspecte. Et je me suis engagé à veiller sur lui. Pour son transport, le chameau de bât est loin d'être chargé à fond, et l'enfant est léger. Sa sœur nous autorise à empocher l'intégralité de la somme qu'on nous en offrira, et ce pourrait être un juteux bénéfice. Pour ma part, je pense plutôt que nous devrions retirer de la vente le coût de son acheminement jusque là-bas et lui laisser le reste. Une sorte de legs qui lui permettrait de se lancer une fois que nous serons partis.

– Eh bien, c'est parfait, non ? reprit mon oncle, se grattant de nouveau l'intérieur du coude. Le garçon a une monture, un ange gardien pour le protéger, paie sa place jusqu'à Mechhed et s'assure lui-même sa propre dot. Que pourrions-nous objecter à ce plan ?

Mon père s'exprima solennellement :

– Si nous prenons l'enfant, Marco, il sera sous ta responsabilité. Peux-tu te porter garant de sa sécurité ?

– Oui, mon père, dis-je d'une voix ferme. (Et je posai la main sur mon couteau de ceinture, l'air farouche.) Celui qui voudra s'attaquer à lui devra d'abord me passer sur le corps.

– Tu as bien entendu, Matteo.

Je sentis distinctement, à la façon dont mon père prenait ainsi mon oncle à témoin, toute l'importance de mon engagement.

– J'ai entendu, Nico.

Mon père soupira, nous regarda l'un après l'autre, se frotta encore la barbe d'un air songeur et lâcha :

– Alors, il vient avec nous. Va, Marco, tu peux aller le lui annoncer. Demande à sa sœur et à la veuve Esther de préparer les bagages qu'il devra emporter.

Sitarè et moi profitâmes de cette occasion pour nous accorder un doux moment de baisers et de caresses, et sa dernière phrase fut :

– Je n'oublierai pas, Mirza Polo. Je n'oublierai rien de toi, ta gentillesse à notre égard, la considération que tu as accordée à mon avenir. J'aimerais beaucoup te récompenser par ce que tu as si galamment refusé de prendre. Aussi, si tu repasses par là un jour…

30

On nous avait indiqué que nous allions traverser le Dasht-e-Kavir à la meilleure période de l'année. J'aurais détesté avoir à le faire à la pire. Nous nous y trouvâmes à la fin de l'automne, alors que le soleil ne mordait plus de ses rayons ardents, mais, même sans incident, cela n'eut rien d'une partie de plaisir. J'avais jusqu'alors supposé que le voyage en mer était de loin le moyen le plus lassant, le plus interminable et le plus monotone de se déplacer dans le monde, pour peu qu'il ne se présentât point de tempête en cours de route. Or la traversée d'un désert regroupe tous ces inconvénients, mais bien d'autres encore : la torture de la soif, les démangeaisons, la rugosité du sol crissant qui vous râpe, vous racle et vous abrase, le soleil qui vous dessèche… Et cette pénible liste, dans l'esprit morose du voyageur du désert, se prolonge en une harassante litanie de malédictions, tandis qu'il se traîne sans fin dans un paysage vague et sans forme, sur une surface indistincte et indéfinissable, tendu vers une ligne d'horizon lointaine, évanescente, qui ne cesse de se dérober devant ses pas.

En quittant Kachan, nous nous étions vêtus de façon à pouvoir affronter des conditions extrêmes. Nous avions bien évidemment délaissé les turbans persans soignés qui coiffaient nos têtes et les vêtements aux somptueuses broderies pour nous envelopper de nouveau des keffiehs arabes à capuche et des amples manteaux appelés *aba*, qui pour être moins élégants n'en brillaient pas moins par leur efficacité. En effet, n'étant pas trop près du corps, ces vêtements flottants permettent une meilleure dissipation de la chaleur et de la transpiration corporelles, sans présenter ces plis dans lesquels le sable volant a tendance à s'accumuler. Nos chameaux transportaient force outres de cuir remplies de l'excellente eau de Kachan, ainsi que des sacs de mouton séché et de fruits secs, sans oublier le cassant et friable pain local, denrées que nous avions fini par nous procurer au bazar après avoir dûment attendu la clôture du Ramadan. Nous emportions aussi de Kachan des articles nouveaux : des bâtons polis et des pans de tissu aux ourlets cousus en forme de gaine. Il nous suffisait d'insérer les piquets dans ces fourreaux pour transformer le tout en agréables tentes, chacune conçue pour abriter confortablement un homme ou deux, mais plus à l'étroit.

Avant même de quitter Kachan, j'avais mis en garde Aziz de ne jamais laisser Narine l'attirer dans une tente, ni où que ce fût hors de vue du reste de notre groupe, et de me rapporter scrupuleusement toute avance que pourrait entreprendre le conducteur de chameaux. Ce dernier, lorsqu'il avait aperçu l'enfant pour la première fois, avait élargi ses yeux porcins presque jusqu'à la taille de ceux d'un homme et dilaté son unique narine comme s'il flairait l'odeur d'une proie. Dès ce premier jour, il est vrai, Aziz avait dû paraître brièvement nu à nos yeux (et Narine avait rôdé dans le coin, le regard exorbité) le temps que je l'aide à ôter le costume persan dont l'avait paré sa sœur et que je lui indique comment enfiler les vêtements arabes que nous possédions. J'avais donc pris Narine à partie pour lui infliger une série d'admonestations solennelles appuyées de mouvements significatifs de mon poignard de ceinture, qu'il accueillit de promesses hypocrites d'obéissance et de bonne conduite.

J'avoue que je ne fondais pas la moindre confiance dans les engagements de l'esclave. Pourtant, la tournure des événements fit qu'il s'avéra fidèle à sa parole et pas une seule fois ne chercha à importuner l'enfant. En effet, nous n'étions en route que depuis quelques jours lorsque Narine commença à souffrir le martyre à cause de ses parties intimes. Et si, comme je le soupçonnais, il avait délibérément infligé une blessure légère à l'un de nos chameaux pour nous contraindre à faire escale à Kachan, l'un de ses congénères avait apparemment décidé de le venger. Chaque fois que le chameau de Narine faisait un faux pas et le secouait d'un cahot, il émettait un gémissement aigu. Bientôt, il eut rembourré sa selle de tout ce qu'il avait pu trouver de doux et de moelleux dans nos sacs. Malgré cela, à chaque fois qu'il s'éloignait du campement pour uriner, nous l'entendions grogner, se débattre et jurer frénétiquement.

– L'un des garçons de Kachan a dû lui flanquer la chaude-pisse, commenta oncle Matteo, le sourire aux lèvres. Que ça lui serve de leçon ! Ça lui apprendra à faire preuve d'un peu plus de décence et de discernement.

Je n'avais pas encore été, à cette époque – et ne l'ai du reste jamais été depuis –, victime de ce genre d'infection, et je dois d'ailleurs en remercier le hasard plus que ma décence ou mon discernement. Il n'en reste pas moins que j'aurais sans doute moins ri de Narine et fait preuve à son endroit d'un peu plus de sollicitude et de camaraderie, eu égard à sa situation difficile, si je ne m'étais pas autant réjoui que son *zab* lui causât d'autres préoccupations que celles d'aller s'introduire dans mon jeune protégé. Le mal dont souffrait l'esclave finit par se résorber et disparaître, le laissant apparemment apte à réitérer l'expérience, mais, à ce moment, d'autres événements s'étaient produits qui devaient mettre Aziz hors de portée de sa lubricité.

Dans le Dasht-e-Kavir, une tente ou toute autre sorte d'abri est absolument nécessaire au voyageur, qui ne pourrait dormir seulement enroulé dans ses couvertures sans risquer de périr enseveli sous le sable au cours de son sommeil. La plus grande partie de ce désert peut se comparer au plateau géant d'un monstrueux diseur de bonne aventure. C'est une étendue plate, couverte d'un sable brun foncé si fin qu'il s'écoule entre les phalanges comme de l'eau. Entre deux bourrasques de vent, ce sable repose sur le sol, vierge de toute marque, comme celui du *fardarbab* sur son plateau. Il est si poudreux et évanescent que le moindre insecte qui y passe – mille-pattes, sauterelle ou scorpion – imprime une trace visible de loin. N'importe quel voyageur du désert, abruti par la monotonie de sa marche, aurait pu s'en distraire en poursuivant la trajectoire vagabonde d'une simple fourmi.

Cependant, il était bien rare que, de jour, le vent ne se levât pas tôt ou tard, remuant ce sable, l'élevant dans les airs, le transportant sur de longues distances et vous le jetant au visage. Comme le vent, sur le Dasht-e-Kavir, ne souffle jamais que du sud-ouest, il est facile de dire d'un étranger qui le traverse d'où il vient, même si vous le rencontrez au campement ou immobile. Il suffit pour cela de regarder quel flanc de sa monture est le plus lourdement couvert de ce sable emporté par le vent. Le soir, quand le vent s'apaise, les particules les plus lourdes de sable tombent du ciel. Les plus fines demeurent telle une poussière en suspension, si dense qu'elle constitue un épais brouillard sec. Celui-ci avale la clarté de toute étoile qui brille dans le ciel, et même la pleine lune ne peut le percer totalement. Lorsque ce brouillard se conjugue à l'obscurité nocturne, la visibilité se réduit à moins d'une longueur de bras. Narine nous conta que des créatures appelées *Karauna* tiraient parti de cet aveuglement – que, selon la légende, nous dit l'esclave, elles savaient créer par la puissance de leur seule magie noire – pour donner libre cours à de sombres desseins. De façon plus concrète, le principal danger de ce brouillard était que les fines particules suspendues dans les airs, comme tombées d'un tamis invisible, ne se déposent durant le calme de la nuit sur le voyageur non abrité par une tente, le couvrant ainsi, inexorablement, d'un fin linceul qui l'ensevelirait vivant pendant son sommeil.

Bien qu'il nous restât encore la plus grande partie de la Perse à traverser, c'était sa portion la plus vide – peut-être la plus désertique de toute la planète. Nous ne rencontrâmes pas un Persan sur tout notre parcours, pas plus qu'un être vivant plus significatif que de très rares insectes. Dans n'importe quelle autre région du pays, tout aussi inoccupée et dénuée de cultures, les voyageurs que nous étions se seraient tenus sur leurs gardes contre des bandes de lions prédateurs, des troupes de chacals charognards ou même des volées de ces gros volatiles cloués au sol que sont les oiseaux-chameaux *shuturmurq*, ou autruches, dont un seul coup de bec, nous avait-on dit, peut éventrer un homme. Mais là, dans ce désert, aucun de ces dangers ne nous menaçait, car aucune bête sauvage ne pouvait y survivre. Nous aperçûmes bien un vautour, un milan par-ci par-là, planant très haut dans le ciel venteux, mais ils ne s'attardèrent point. Le seul végétal que je vis pousser là fut un arbuste bas aux feuilles épaisses, à la chair grasse et pulpeuse.

– C'est de l'euphorbe, m'expliqua Narine. Elle ne pousse là que par la volonté d'Allah qui, pour aider le voyageur, l'a mise à sa portée. Durant la saison chaude, ses cosses de graines arrivent à maturité et éclatent en diffusant leur semence. Mais, en fait, elles ne commencent à voler en éclats que lorsque l'air a atteint la température du corps humain. Ensuite, plus l'air devient chaud, plus la fréquence d'explosion s'accroît, de sorte que tout rôdeur du désert peut évaluer à l'oreille, rien qu'à la vigueur des détonations de l'euphorbe, le moment où l'air risque de devenir trop chaud pour sa sécurité, le contraignant à faire halte et à se mettre à l'ombre, sous peine de mort.

Quels que fussent l'aspect sordide de sa personne, son éréthisme sexuel et son détestable caractère, cet esclave n'en était pas moins un voyageur expérimenté, capable de nous enseigner et de nous montrer quantité de choses utiles et intéressantes. Dès notre première nuit dans ces solitudes, par exemple, lorsque nous fîmes halte pour dresser le campement, il était à peine descendu de son chameau qu'il fichait un bâton dans le sol, indiquant le cap vers lequel nous nous dirigions.

– Cela pourrait s'avérer fort utile demain matin, nous expliqua-t-il. Nous avons décidé de toujours nous orienter vers l'endroit où le soleil se lève. Mais si le sable obscurcit l'horizon, à l'aube, nous serons incapables, sans la perche repère, de l'évaluer correctement.

Les sables traîtres du Dasht-e-Kavir ne sont pas la seule menace qu'il fait peser sur ceux qui le traversent. Son nom, comme je l'ai dit, signifie « Grand Désert salé ». Il le tient de vastes zones de son étendue qui ne sont pas du tout constituées de sable. Il s'agit d'immenses accumulations d'une pâte salée pas assez humide pour être appelée boue ou marais, dont la surface, sous l'action conjuguée du vent et du soleil, est devenue une croûte de sel solide. Lorsqu'un voyageur est amené à franchir sous le soleil l'une de ces étendues miroitantes, craquantes, tremblantes et d'un blanc aveuglant, il a tout intérêt à prendre ses précautions. Les cristaux de sel sont en effet plus abrasifs que le sable, même les coussinets cornés du chameau peuvent s'y entailler à vif, et, si son cavalier doit en descendre, il peut aussi voir ses bottes déchiquetées de la même façon, tout comme ses pieds. De plus, ces aires salines sont d'épaisseur changeante, ce qui leur a valu, selon Narine, leur nom de « terres tremblantes ». Il suffit parfois du simple poids d'un homme ou de celui d'un chameau pour faire céder la croûte. Si d'aventure cela arrive, l'homme ou l'animal sombre inéluctablement dans la pâte bourbeuse située en dessous. Et il est dès lors impossible, si l'on ne dispose pas d'une aide proche et immédiate, de remonter ou de surnager dans cette pâte : elle attire et englue implacablement tout ce qui y tombe, et se referme dessus. Sans l'intervention énergique d'un sauveteur qui dispose d'un appui stable sur la terre ferme, celui qui s'y trouve pris est perdu. À en croire Narine, des caravanes entières d'hommes et d'animaux avaient ainsi disparu sans laisser de traces.

Aussi, lorsque nous arrivâmes en vue du premier de ces lacs de sel, bien qu'il semblât aussi inoffensif qu'une couche de givre qui se serait formée là hors saison, nous fîmes halte et l'étudiâmes avec respect. La croûte blanche miroitait devant nous, faisant étinceler jusqu'à la ligne d'horizon, et s'étendait à perte de vue à droite comme à gauche.

– Nous pourrions tenter d'en faire le tour, avança mon père.

– Les cartes du *Kitab* n'indiquent rien de ce genre, nota mon oncle, tout en grattant son coude d'un air méditatif. Nous n'avons aucun moyen d'en deviner la superficie, ni de savoir si le détour par le nord serait plus court que celui qui passe par le sud.

– Et si nous nous mettons à contourner tous les obstacles de ce type, ajouta Narine, nous passerons dans ce désert le reste de nos jours.

Je gardai le silence, ne connaissant rien à la traversée d'un désert et n'ayant nulle honte à laisser décider des gens plus experts que moi en la matière. Nous fîmes donc tous les quatre asseoir nos chameaux et laissâmes errer nos regards sur l'étendue étincelante. C'est alors que, derrière nous, le jeune Aziz aiguillonna doucement son chameau de bât pour qu'il s'agenouillât et en descendit. Nous ne prêtâmes pas attention à ce qu'il faisait jusqu'à ce qu'il traversât notre groupe en marchant et s'élançât sur la croûte saline. Il se retourna, leva le regard vers nous et sourit joliment, avant d'articuler de sa petite voix d'oiseau :

– Je vais pouvoir vous payer ma reconnaissance pour votre gentillesse. Je marcherai devant et je pourrai vous indiquer, en éprouvant du pied la solidité de la croûte, par où passer. Je me tiendrai sur les parties suffisamment solides, vous n'aurez qu'à me suivre.

– Tu vas te couper les pieds ! protestai-je.

– Non, Mirza Marco, je suis trop léger pour cela. Et puis, regardez, je me suis permis de prélever ces plats de vos bagages. (Il brandit deux plateaux dorés offerts par le shah Zaman.) Je vais les fixer sous mes bottes afin d'accroître la protection de mes pieds.

– Cela n'en est pas moins dangereux, objecta mon oncle. Tu es courageux de te porter ainsi volontaire, mon petit, mais nous avons promis qu'il ne t'arriverait aucun mal. Il vaut mieux que l'un d'entre nous…

– Je vous en prie, maître Matteo, insista Aziz, prêt à se dévouer jusqu'au bout. Si par malheur je devais percer la croûte, je serai plus facile à repêcher que quelqu'un de plus lourd !

– Il a raison, mes maîtres, appuya Narine. Cet enfant est plein de bon sens. Et aussi, vous pouvez le remarquer, de courage et d'initiative.

Nous autorisâmes donc Aziz à nous précéder et lui emboîtâmes le pas à une distance prudente. Nous avancions d'une démarche traînante, mais notre lente progression n'en était que plus aisée pour nos chameaux. De cette façon, nous traversâmes les terres tremblantes en toute sécurité, gagnant avant la nuit une zone sableuse plus fiable, où nous pûmes établir notre campement.

Durant la journée, Aziz ne s'était trompé qu'une fois sur l'épaisseur de la croûte. Dans un craquement sinistre, elle s'était rompue telle une feuille de verre, et l'enfant s'était retrouvé brusquement plongé jusqu'à la poitrine dans la gadoue salée. Il n'avait laissé échapper nul cri de terreur ni émis le moindre gémissement durant le temps que mit oncle Matteo pour descendre de son chameau, faire une boucle au lasso de sa selle et la jeter autour de l'enfant, avant de le tirer doucement sur la partie solide jusqu'à un endroit plus stable. Lorsque nous nous étions tous trouvés rassemblés et pressants autour de lui, nous avions bien vu qu'Aziz, à en juger par son visage blanc de craie et ses yeux bleus écarquillés, avait pris conscience du fait qu'il était resté, tout le temps qu'avait duré le sauvetage, suspendu de façon précaire au-dessus d'un abîme sans fond. Oncle Matteo l'avait pris dans ses bras et tenu serré contre lui en lui murmurant des paroles de réconfort, tandis que mon père et moi nous étions employés à brosser la boue de sel, si prompte à sécher, qui maculait ses vêtements. Lorsque ce fut fait, le courage était revenu à l'enfant, et il avait insisté pour reprendre sa tâche d'ouvreur, à notre grande admiration commune.

Les jours suivants, devant chacune de ces étendues salées, nous ne pûmes faire mieux que nous livrer à des conjectures ou à un vote pour déterminer si nous nous y aventurerions sans délai ou si nous établirions notre campement au bord pour ne nous y élancer que le lendemain aux aurores. Notre pire crainte était de nous trouver piégés à la nuit tombante sur l'une de ces terres tremblantes, car nous aurions alors été soumis à un périlleux dilemme : tenter d'avancer en hâte, en bravant les ténèbres et le brouillard nocturne, ce qui constituerait pour nos nerfs une épreuve autrement plus difficile que la traversée de jour, ou camper sur la croûte salée avec l'obligation de nous passer d'un feu, qui aurait pu la faire fondre et nous précipiter, avec toutes nos bêtes et nos bagages, dans la pâte visqueuse. Ce fut peut-être dû à notre bonne fortune – ou à la divine grâce d'Allah, comme l'auraient soutenu les deux musulmans de notre groupe –, car aucune sagesse particulière ne pouvait inspirer nos décisions, mais, chaque fois, nous devinâmes juste, parvenant toujours à rallier la terre ferme avant la nuit.

Cette chance nous épargna d'avoir à camper dans le froid sur ces redoutables étendues tremblantes, mais devoir le faire sur le sable, qui ne risquait pas de se dissoudre sous nos pas, n'avait rien non plus d'une partie de plaisir. En effet, si vous prenez soin de l'observer de très près, le sable n'est rien d'autre que l'accumulation d'une infinité de rochers minuscules. Et, les rochers ne gardant pas la chaleur, le sable, de fait, ne la conserve pas davantage. Si la température diurne dans le désert était agréable, et même chaude, dès que le soleil s'était couché, les nuits arrivaient, fraîches, et le sable ne tardait pas à paraître plus glacé qu'elles, s'il était possible. Le feu de camp nous était indispensable, ne fût-ce que pour préserver un semblant de chaleur jusqu'au moment où nous rampions tous sous nos couvertures, à l'abri de nos tentes. Mais les nuits étaient souvent si froides que nous étions contraints de diviser le foyer en cinq petits feux individuels bien distincts, que nous laissions brûler jusqu'à recouvrir leurs braises de sable afin d'étendre nos couvertures et de déployer nos tentes sur ces monticules encore chauds. Même ainsi, cependant, le sable ne conservait pas très longtemps la chaleur, et le petit matin nous trouvait tous frissonnants et ankylosés, situation peu agréable qu'il nous fallait pourtant surmonter avant d'aller affronter une nouvelle journée dans ce désert sans joie.

Ces feux de camp nocturnes servaient à nous réchauffer, mais donnaient aussi l'illusion de se sentir un peu comme chez soi sur cette terre perdue, à la fois vide, solitaire, sombre et silencieuse. Nous n'y faisions en tout cas rien cuire du tout. En effet, le bois manquant absolument au Dasht-e-Kavir, nous n'avions à brûler que des bouses séchées. Des générations de bêtes des voyageurs antérieurs en avaient laissé tomber des quantités faciles à ramasser pour nous, tandis que nos propres chameaux contribuaient au bénéfice de ceux qui nous succéderaient. De toute façon, nos seuls aliments comestibles étaient diverses variétés de viandes séchées et de fruits secs. Un morceau de mouton séché pouvait être rendu plus agréable à déguster en le trempant puis en le faisant rôtir au feu, mais certainement pas sur des excréments de chameaux brûlants. Étant déjà nous-mêmes empestés de la fumée de ces feux, nous ne pouvions nous résoudre à manger un quelconque aliment également imprégné de cette odeur putride. Lorsque nous pensions pouvoir mettre un peu d'eau de côté, nous la faisions bouillir et trempions notre viande dedans, mais cela ne faisait pas de ce plat un mets particulièrement raffiné. L'eau, conservée longtemps dans une outre en peau, a tendance à prendre peu à peu l'aspect, le goût et l'odeur de celle que l'homme transporte dans sa vessie. Il nous fallait pourtant la boire pour survivre, mais notre envie d'y cuire quoi que ce fût diminua assez vite, et nous finîmes par manger notre nourriture telle quelle, sèche et froide.

Chaque soir, nous nourrissions aussi nos chameaux de deux pleines poignées de haricots secs chacun, arrosés d'une bonne dose d'eau afin que les féculents, baignant à l'intérieur de leurs ventres, leur donnent l'illusion d'un repas substantiel. Je n'irai pas jusqu'à affirmer que les bêtes raffolaient de cette pitance, mais, de toute façon, qui a jamais vu un chameau raffoler de quoi que ce fût ? Leur eussions-nous servi un banquet de mets délicats qu'ils n'en auraient pas moins grommelé et marmonné dans leurs barbes, sans pour autant en faire plus le lendemain.

Si vous avez l'impression que je charge un peu les chameaux, c'est parce que je ne les aime pas. Je pense avoir chevauché sur à peu près tous les animaux de par le monde et, franchement, je préfère n'importe quoi à un chameau. Je veux bien concéder que le chameau à deux bosses des terres plus froides de l'Orient est un peu plus intelligent et facile à diriger que son congénère, le dromadaire des terres chaudes. Ce qui laisse quelque latitude à cette croyance, soutenue par certains, que les chameaux détiennent leur intelligence, si tant est qu'ils en aient une, cachée quelque part dans leurs bosses. Le chameau dont les bosses ont diminué suite à la soif et aux privations est certes encore plus irritable, rétif et pénible à mener que lorsqu'il a mangé correctement, mais pas de beaucoup.

Il fallait les décharger chaque soir, comme tous les animaux des caravanes, mais il n'y avait pas plus infernal à recharger et harnacher le matin venu. Ils s'ingéniaient à brailler, à reculer, à gronder et à caracoler dès que nous nous y mettions. Lorsqu'ils comprenaient que leurs tours, loin de nous avoir dissuadés, nous avaient simplement exaspérés un peu plus, ils nous crachaient dessus. De même, sur la piste, nul animal n'est plus démuni qu'eux du sens de l'orientation et de l'instinct vital. Nos propres chameaux se seraient volontiers jetés l'un après l'autre sans sourciller dans les trous de sel marécageux si leurs cavaliers ne les avaient pas obligés à grand-peine à les contourner. Et ce n'est pas tout ! Leur sens de l'équilibre est consternant. Comme un homme, un chameau peut soulever et transporter environ le tiers de son propre poids durant toute une journée, et cela sur une bonne distance. Mais un homme, sur deux jambes, vacille moins facilement qu'un chameau sur ses quatre pattes. Il arrivait fréquemment que l'un des nôtres glissât dans le sable, et plus souvent encore sur le sel, dégringolant sur le côté de la façon la plus grotesque. Il fallait ensuite, pour espérer le relever, le décharger d'abord entièrement et s'y employer à plusieurs pour le pousser, en l'encourageant à pleine voix, afin qu'il se remît sur pied. Peine dont il nous remerciait en nous crachant dessus.

Si j'utilise ici le verbe « cracher », c'est que, même rentré à Venise, j'ai de tout temps entendu les voyageurs répéter ce terme. Mais ce n'est en fait pas vraiment cela. Au fond, j'aimerais bien qu'ils ne fassent que cracher. Ce qu'ils font, en réalité, c'est qu'ils expectorent le fruit de leur dernière rumination sous la forme d'une répugnante mixture assez voisine du vomi. Dans le cas précis de nos chameaux, cette substance était composée de haricots d'abord séchés, puis mastiqués, avalés, donc baignés et imprégnés d'eau et de gaz intimes, puis à moitié digérés et, par conséquent, plus ou moins fermentés. Enfin, au moment où la matière était proche de son état le plus délétère, bien imprégnée de ses sucs gastriques, l'animal la régurgitait, l'amassait dans sa bouche, la guidait d'une habile moue des lèvres et l'éjectait de toute sa force sur l'un ou l'autre d'entre nous, de préférence en visant ses yeux.

Il n'y avait bien sûr rien, dans tout le Dasht-e-Kavir, qui ressemblât peu ou prou à un caravansérail. Pourtant, au cours du long mois qu'il nous fallut pour le traverser, nous eûmes la bonne fortune de tomber par deux fois sur des oasis. Il s'agit en fait d'une source jaillie du sous-sol, seul Dieu ou Allah sait comment. Ses eaux sont fraîches, non salées, et autour d'elles se trouve sur une certaine étendue une zone couverte de végétation. Je ne pus jamais y découvrir quoi que ce fût de comestible, mais la seule teinte vert tendre de ces broussailles, de ces buissons rachitiques et de cette herbe éparse avait un effet aussi rafraîchissant que si nous avions vu des fruits et des légumes. Nous saisîmes ces deux occasions pour faire une halte dans notre progression, avant de poursuivre. Nous mîmes ainsi à profit ces arrêts pour baigner nos corps incrustés de poussière, couverts de sel et empuantis par la fumée des bouses, pour remplir au mieux les boyaux réservoirs de nos chameaux, pour faire bouillir de l'eau (infusée dans le charbon de bois que mon père avait eu soin d'emporter) pour remplacer celle de nos outres, déjà passablement croupie. Ces tâches une fois effectuées, nous nous allongeâmes pour jouir de cette sensation nouvelle qui consistait à se reposer à l'abri de la verdure.

Dès notre première pause, je pus observer que nous exploitâmes tous cette opportunité pour nous séparer franchement, nous écarter les uns des autres lors de notre repos sous les ombrages et que, plus tard, le soir venu, nous ménageâmes volontairement une distance notable entre chacune de nos tentes individuelles. Nous ne nous étions absolument pas disputé et n'avions aucune raison bien définie de nous fuir les uns les autres, mais c'était ainsi : nous étions depuis si longtemps *ensemble* qu'il était plaisant, à présent que nous le pouvions, de retrouver la part d'intimité qui nous avait manqué. J'aurais dû garder un œil vigilant sur Aziz, mais l'esclave Narine était à cette époque encore si occupé à supporter sa honteuse infection que je le jugeai incapable d'aller molester l'enfant. C'est pourquoi je lui laissai tout loisir de jouir de sa solitude.

C'était du moins ce que je me figurais. Mais après nous être abandonnés avec délices aux commodités de l'oasis durant un jour et une nuit, je me mis en tête, au cours de la seconde soirée, de faire une petite marche dans les fourrés alentour. Je me plus à m'imaginer dans un jardin moins étroit, situé, pourquoi pas, dans les environs de Bagdad, où je m'étais si souvent promené avec la princesse Phalène. Cette illusion n'était pas trop difficile à mettre en scène, car la nuit avait tout enveloppé d'un obscur brouillard sec qui limitait la vue aux arbres immédiatement voisins. Même les sons étaient assourdis par cette nébulosité, aussi est-ce presque au moment de marcher sur Aziz que j'entendis résonner son rire si musical et qu'il dit :

– Mal ? Mais ça ne me fait pas mal, à moi. Faisons-le.

Une voix plus profonde lui répondit, mais dans un murmure, de sorte que je ne pus en distinguer les mots. J'étais sur le point d'éclater de fureur, de saisir Narine et de le traîner à l'écart du garçon, mais Aziz reprit à cet instant la parole, sur un ton d'émerveillement :

– Je n'en avais encore jamais vu de pareil. Avec ce capuchon de peau qui le recouvre…

Je restai pétrifié sur place, interdit.

– … et que l'on peut remonter à loisir. (Aziz semblait éperdu d'admiration.) En fait, c'est comme si tu avais un petit *mihrab* personnel qui enveloppe tendrement ton *zab !*

Narine n'était nullement équipé de ce genre de chose. En tant que musulman, il était circoncis, comme l'enfant. J'entamai un mouvement de recul par rapport à l'endroit où je me trouvai, soucieux de n'émettre aucun bruit.

– Cela doit te procurer une merveilleuse sensation, même sans avoir de partenaire, poursuivait la petite voix d'oiseau, quand tu remues l'étui de l'avant vers l'arrière, comme ça… Puis-je te le faire, maintenant ?

Le brouillard enveloppa ses paroles tandis que je battais en retraite. Mais je décidai d'attendre son retour à la tente. Il arriva tel un rayon de lune perçant l'obscurité, radieux et entièrement nu, ses vêtements à la main.

– Eh bien, c'est du joli ! lâchai-je durement, en prenant soin de contenir ma voix. J'avais juré mes grands dieux qu'il ne te serait fait aucun mal, et…

– Mais personne ne m'en a fait, Mirza Marco, fit-il en battant des cils, l'image même de l'innocence.

– Et tu avais juré sur la barbe du Prophète de ne tenter aucun de nous…

– Jamais je ne l'ai fait, Mirza Marco, répliqua-t-il d'un air blessé. J'étais entièrement vêtu quand lui et moi nous sommes rencontrés par hasard, dans ce bosquet, là-bas.

– Et tu avais juré de rester chaste !

– Mais je le suis resté, Mirza Marco, depuis Kachan et tout le long du trajet. Nul ne m'a pénétré, pas plus que l'inverse, d'ailleurs. Tout ce que nous avons fait, c'est nous embrasser. (Il s'avança et m'embrassa doucement.) Et ça, aussi… (Comme pour mieux me montrer, il glissa son petit membre au creux de ma main.) Voilà, on se l'est fait l'un à l'autre...

– Il suffit ! criai-je d'une voix enrouée. (Je me dégageai de lui et repoussai sa main.) Va-t-en dormir, à présent, Aziz. Demain, nous partons à l'aube.

Je ne pus de mon côté trouver le sommeil, cette nuit-là, avant d'avoir pris conscience de l'excitation qu'avait fait naître Aziz en moi et m'en être manuellement libéré. Mais mon insomnie tenait aussi en grande partie à ce que je venais de découvrir de mon oncle, à la désillusion que j'en éprouvais, à cette once de dédain que je ressentais désormais à son encontre. Ce n'était tout de même pas un mince désappointement d'apprendre que l'attitude fière, carrée et franche qu'affectait oncle Matteo, avec sa virile barbe noire, n'était qu'un masque qu'il portait, derrière lequel il n'était qu'un minaudant, sournois et méprisable sodomite !

Je savais bien que je n'étais moi-même pas un saint et m'efforçai de ne pas jouer les hypocrites. J'étais prêt à admettre que j'aurais très bien pu, moi aussi, succomber au charme du jeune Aziz. Mais c'était parce qu'il se trouvait là, à portée de main, tandis qu'aucune femme ne l'était... Et puis, c'est vrai, il était aussi avenant qu'une jeune femme, et on l'aurait aisément substitué à l'élément féminin. Mais oncle Matteo, je m'en rendais à présent bien compte, devait l'envisager de façon différente ; pour lui, ce devait être un garçon disponible, que l'on pouvait tout tranquillement *s'offrir*.

Il me revint alors en mémoire une série de situations antérieures qui avaient mis en scène des hommes : les masseurs du hammam, par exemple, ainsi que les mots qu'avaient furtivement échangés mon père et la veuve Esther... La conclusion s'imposait, aveuglante : l'oncle Matteo était attiré par les personnes de son sexe. Un homme doté de ce penchant n'avait rien d'extraordinaire en ces contrées. Mais je savais combien chez nous, dans notre Occident plus civilisé, on se moquait d'eux, à quel point on les méprisait, dans quelle mesure on les insultait, même. Et quelque chose me disait que, plus loin vers l'Orient, au sein des nations non civilisées, il devait en être de même. Il me sembla que cette dépravation de mon oncle avait dû déjà, *quelque part*, poser problème. J'en déduisis que mon père avait eu de bonnes raisons de tenter de mettre fin à cette déviance de son frère et que Matteo lui-même avait fourni quelques efforts pour dominer ses pulsions. Si tel était le cas, me dis-je, il n'était alors pas entièrement détestable, et peut-être subsistait-il un espoir pour lui.

Très bien. Je ne marchanderais pas mes efforts pour l'aider à poursuivre sa marche vers la guérison et la rédemption. Quand nous reprîmes notre route, je ne cherchai ni à chevaucher à l'écart, ni à éviter son regard, ni même à bouder sa conversation. Je n'évoquerais pas ce qui s'était passé, c'était décidé. Jamais je ne laisserais filtrer que j'avais percé à jour son honteux secret. Ce que je ferais, en revanche, ce serait renforcer ma surveillance sur Aziz et ne plus lui laisser le loisir de circuler librement sous le couvert de la nuit. Je m'efforcerais d'être à son égard aussi strict et attentif qu'un père, si nous venions à tomber sur une nouvelle oasis verdoyante. Là, en effet, la discipline se relâchait, et tandis que nous laissions nos muscles se détendre, nos réflexes de décence, de la même façon, avaient tendance à se désagréger. Nul doute que si nous nous trouvions de nouveau dans cette ambiance d'aisance et d'abandon, mon oncle pourrait juger la tentation irrésistible et vouloir tirer d'Aziz un peu plus que ce que celui-ci lui avait déjà accordé.

Le lendemain, alors que nous avions repris notre progression vers le nord-est parmi ces régions désolées, je fus aussi affable avec tous qu'à l'accoutumée, y compris avec oncle Matteo, et je pense que personne ne put se douter de mes tiraillements intérieurs. Néanmoins, je me félicitai que le poids de la conversation du jour fût porté par Narine. Peut-être pour libérer son esprit de ses propres tourments, il se mit à disserter d'un sujet, avant de passer à un autre, puis à un troisième, ce qui me permit de chevaucher tranquillement, en silence, occupé à l'écouter et à le faire radoter.

Son éloquence fut déclenchée par un petit serpent qu'il trouva, en chargeant nos chameaux, endormi dans l'un des paniers d'osier qui transportaient nos bagages. Il avait d'abord poussé un cri strident, avant de s'apitoyer :

– Nous avons dû trimballer cette pauvre petite chose depuis Kachan…

Et, au lieu de tuer l'animal, il l'avait projeté sur le sable et l'avait laissé s'éloigner en ondulant. Une fois en route, il nous expliqua pourquoi :

– Nous autres, musulmans, ne détestons pas autant les serpents que vous, chrétiens. Oh, nous ne leur accordons pas une affection sans bornes, il ne faut rien exagérer, mais nous ne les tenons pas dans la haine que vous leur vouez. Selon votre sainte Bible, le serpent est l'incarnation du diable, Satan. Au fil de vos légendes, vous avez extrapolé le serpent en un monstre appelé dragon. Chez nous, musulmans, tous les monstres – *djinn* ou *afarit* – prennent la forme d'êtres humains, ou celle d'un oiseau, dans le cas du *Rukh* géant, à moins qu'ils ne soient la combinaison de plusieurs animaux, comme le *mardkhora.* Celui-ci est un monstre à tête d'homme, à corps de lion, aux piquants de porc-épic et à queue de scorpion. Vous l'aurez remarqué, aucun serpent n'intervient dans tout cela.

Mon père sourit et dit avec douceur :

– Le serpent a été maudit dès lors que s'est produite cette regrettable scène, dans le jardin d'Éden. On peut comprendre que les chrétiens en aient peur, et il est juste qu'ils le haïssent et qu'ils cherchent à le tuer à la moindre occasion.

– Nous autres musulmans, reprit Narine, ne croyons que ce qui peut être cru. C'est le serpent de l'Éden qui a légué aux Arabes leur langue si particulière, car il avait inventé ce langage exprès pour parler à Ève et la séduire. Nul n'ignore, en effet, que l'arabe est de loin la langue la plus subtile et la plus suave qui existe. Car, bien sûr, Adam et Ève parlaient le farsi lorsqu'ils étaient ensemble, la plus belle des langues. Quant à Gabriel, l'ange vengeur, il employait le turc, qui est la langue la plus menaçante. Bon, je vous dis tout cela en passant, hein ! Je vous parlais des serpents, et il semble évident que la sinuosité et les circonvolutions des caractères écrits de l'arabe en ont été directement inspirées. Ces caractères arabes sont ceux que l'on utilise aujourd'hui pour la transcription du farsi, du turc, du sindhi et de tous les autres langages civilisés.

Mon père émit une autre remarque :

– Nous autres Occidentaux comparons vos caractères à des vers de terre : nous ne pensions pas si bien dire !

– Et le serpent nous a légué bien mieux que cela, maître Nicolò. Sa façon bien à lui de se déplacer sur le sol, en se tordant avant de se raidir, a inspiré à l'un de nos ancêtres l'arc et la flèche. L'arc, tel le serpent, est fin et sinueux. La flèche est mince et droite, comme l'est aussi le serpent, et, comme lui, sa tête est mortelle. Nous avons, vous le voyez, d'excellentes raisons d'honorer le serpent, et c'est ce que nous faisons. L'arc-en-ciel, par exemple, est dénommé chez nous « serpent céleste », ce qui constitue un compliment pour les deux.

– Intéressant, murmura mon père, dans un sourire indulgent.

– Par contraste, poursuivit Narine, vous les chrétiens assimilez le serpent à votre propre *zab* et insinuez que c'est le serpent de l'Éden qui a introduit le plaisir sexuel dans le monde : c'est pourquoi ce dernier est considéré comme abject, affreux et abominable. Nous autres, les musulmans, rétablissons le blâme à sa juste place. Ce n'est pas l'inoffensif serpent qui est coupable de quoi que ce soit, mais bel et bien Ève et toutes ses descendantes. Comme l'affirme la quatrième sourate du Coran : « La femme est source de tous les maux sur cette Terre : Allah n'a créé ce monstre que pour que l'homme en soit dégoûté et se détourne des tentations par trop… »

– *Ciacche-ciacche !* intervint mon oncle.

– Vous dites, mon maître ?

– Je dis : sottises *! Sciocchezze ! Bifam ishtibah !*

Apparemment choqué, Narine s'exclama :

– Comment, maître Matteo, vous oseriez qualifier le Livre saint de *Bifam ishtibah ?*

– Votre Coran a été rédigé par un homme, vous ne pouvez le nier. Tout comme le Talmud ou la Bible.

– Allons, Matteo…, coupa pieusement mon père. Ils n'ont fait que retranscrire les paroles de Dieu. Et celles du Sauveur.

– C'est possible, mais ils n'en étaient pas moins des hommes, rien de plus, avec des esprits d'hommes. Tous les prophètes, les apôtres et les sages ont été des hommes. Et quel genre d'hommes ont pris en charge l'écriture des livres saints ? Des hommes *circoncis*.

– Je me permets de vous faire remarquer, maître, objecta Narine, qu'ils ne les ont pas écrits avec leur…

– Si ! Dans un sens, c'est même exactement ce qu'ils ont fait. Tous ces hommes avaient eu, pour des raisons religieuses, leurs organes d'enfants mutilés. Une fois arrivés à maturité, leur plaisir sexuel s'en était trouvé diminué, en raison même de la mutilation qu'ils avaient subie. C'est *pour cette raison* qu'ils ont décrété dans leurs livres saints que le sexe ne devait pas servir pour le plaisir, mais seulement à des fins de procréation, étant, dans tous ses autres usages, matière à honte et à péché.

– Bon maître, persista Narine, il ne nous manque que le prépuce, nous ne sommes tout de même pas amputés comme des eunuques !

– Toute mutilation est une privation, rétorqua oncle Matteo. (Il lâcha les rênes de son chameau pour se gratter le coude.) Les sages de l'ancien temps, ayant compris que la rognure de leur membre viril avait émoussé leurs sensations, et de là leur plaisir, enviaient ceux qui ne l'avaient pas subie et craignaient qu'ils trouvassent dans le sexe plus de satisfaction qu'eux. La misère n'aime pas se sentir seule, aussi rédigèrent-ils leurs écrits de façon à s'assurer une abondante compagnie. D'abord celle des juifs, puis celle des chrétiens – les Évangélistes et les premiers chrétiens n'étant que des juifs convertis –, enfin Mahomet et les sages musulmans qui lui ont succédé. Tous étant circoncis, leurs dissertations sur le sexe s'apparentent finalement au chant d'un sourd.

Mon père semblait aussi choqué que Narine.

– Matteo, le mit-il en garde, à la surface de ce désert ouvert, nous sommes terriblement exposés aux impacts de la foudre. Ton esprit critique ajoute certes à ma culture, mais tu serais gentil de te modérer.

Indifférent à cet avertissement, mon oncle continua :

– Dans leur acharnement à mettre des entraves à la sexualité humaine, ils me font penser à des infirmes occupés à rédiger les règles d'une compétition sportive.

– Des infirmes, maître ? s'étonna Narine. Mais enfin, comment auraient-ils pu savoir qu'ils l'étaient ? Vous postulez que mes sensations ont été émoussées. N'ayant aucune mesure extérieure pour étalonner mon plaisir, je me demande comment quelqu'un d'autre pourrait le faire à ma place. Je ne vois qu'une personne qualifiée pour en juger par elle-même : un homme qui aurait expérimenté la chose, pour ainsi dire, *avant* et *après*. Pardonnez-moi mon impertinence, maître Matteo, peut-être n'avez-vous été circoncis qu'après la première moitié de votre vie ?

– Insolent infidèle ! Je ne l'ai jamais été !

– Ah. Eh bien, à part ce genre d'homme, je ne vois guère qu'une *femme* pour se prononcer sur la question. Une femme qui aurait satisfait ces deux sortes d'hommes, le circoncis et le non circoncis, en prêtant une extrême attention à l'intensité de leur plaisir.

Je tressaillis à cette remarque. Que Narine eût parlé ainsi avec une insidieuse malice ou qu'il l'eût fait par pure ingénuité, ses mots recoupaient de très près la véritable nature d'oncle Matteo et sa probable expérience. Je jetai un coup d'œil inquiet sur ce dernier, craignant qu'il ne se mît à rougir, à fulminer ou carrément à casser la figure de Narine, avant de confesser tout à trac ce qu'il avait jusqu'alors dissimulé. Mais il laissa passer cette apparente insinuation comme s'il n'y avait pas prêté attention et se contenta de songer à voix haute :

– Si j'avais le choix, je chercherais une religion où les écritures ne sont pas dues à des hommes dont la virilité a été rituellement mutilée dès le plus jeune âge.

– Là où nous nous rendons, certaines de ces religions existent, fit remarquer mon père.

– C'est ce que je me suis laissé dire, confirma mon oncle d'un air entendu. C'est pourquoi je me demande comment chrétiens, juifs et musulmans peuvent oser qualifier les peuples de l'Orient de « barbares ».

– Le voyageur qui a vu, en de lointaines contrées, des rubis et des perles véritables peut à bon droit sourire quand il voit chérir par ses congénères, rentré dans son pays natal, de malheureux cailloux. Peut-on appliquer ce raisonnement aux religions locales ? C'est ce que je ne saurais affirmer, n'étant pas théologien. Mais il ajouta, d'un ton soudain beaucoup plus solennel et coupant : Ce que je sais, en revanche, c'est que, situés en ce moment même sous les cieux des religions que tu viens si ouvertement de mépriser, nous tombons potentiellement sous le coup d'une revanche divine. Et si tes blasphèmes venaient à provoquer une tornade, je pense que nous n'irions guère plus loin. C'est pourquoi je te recommande instamment de changer de sujet.

Narine le fit très obligeamment. Il revint donc à sa conversation précédente pour nous expliquer, avec un luxe de détails stupéfiant, comment chaque lettre de la fameuse écriture arabe en forme de vers de terre était imprégnée de telle ou telle émanation spécifique d'Allah. De ce fait, comme les lettres se tortillent de façon à former des mots et comme les mots serpentent jusqu'à constituer des phrases, tout écrit rédigé en arabe – du plus banal poteau indicateur à la plus quelconque note d'aubergiste – est porteur d'un pouvoir bienfaisant, renforcé par l'accumulation même des caractères qui le composent et, du même coup, peut devenir un talisman efficace contre tous les maux, *djinn*, *afarit* et Shaitan le démon lui-même.

Le seul à réagir à tout cela fut l'un de nos chameaux mâles. Après avoir déployé son appendice inférieur, tout en poursuivant tranquillement sa marche, il se mit à uriner copieusement.

31

Dieu merci, ni foudre ni tornade ne vinrent nous anéantir, et rien de marquant ne se déroula au cours de notre voyage au milieu de cette monotonie brun grisâtre, jusqu'à notre arrivée à cette seconde oasis où nous établîmes notre campement, bien décidés à y passer deux ou trois jours de bon temps. Fidèle à ma résolution, je ne laissai pas Aziz s'échapper à plus d'une distance de bras, tandis que nous étanchions la soif de nos montures et emplissions nos outres de bonne eau, et particulièrement lorsque nous baignâmes voluptueusement nos corps et lavâmes nos vêtements, activité qui postulait évidemment notre nudité provisoire. Lorsqu'il fut question de monter nos tentes séparément, comme la fois précédente, je pris soin de dresser la mienne juste à côté de la sienne.

Le repas du soir nous rassembla tous autour du feu, quoi qu'il en fût. Et je me souviens encore, comme si c'était hier, du moindre incident de cette soirée. Aziz alla s'asseoir de l'autre côté du foyer, en face de Narine et de moi-même, mon oncle ne tarda pas à s'installer sans façon à son côté, et mon père, peu après, vint prendre place de l'autre. Pendant que nous mâchions laborieusement notre mouton tendineux, que nous mastiquions à belles dents notre fromage moisi et que nous trempions nos jujubes flétris dans nos tasses d'eau afin de les ramollir, mon oncle jetait de malicieux regards de biais sur le garçon, tandis que mon père et moi gardions sur eux un œil circonspect.

Sans paraître se rendre compte d'une quelconque tension au sein de notre groupe, Narine fit remarquer d'un ton désinvolte, s'adressant à moi :

– Vous commencez, me semble-t-il, à ressembler à un véritable voyageur, maître Marco.

Il faisait allusion à ma barbe naissante. Au désert, nul homme ne serait assez fou pour gaspiller de l'eau à se raser et assez futile pour endurer le contact d'une mousse souillée de sable et de sel, tous deux notablement abrasifs. Ma propre pilosité était devenue passablement virile, et j'avais abandonné l'usage du baume dépilatoire pourtant pratique, privilégiant le pouvoir protecteur de la barbe sur la peau. Je veillais simplement à conserver à ce manteau pileux une épaisseur raisonnable, et jamais plus, depuis, je n'ai abandonné cette parure.

– Vous devez à présent bien vous rendre compte, souligna Narine d'un ton léger, combien Allah a été miséricordieux en accordant aux hommes cette barbe dont il a privé les femmes.

Je songeai un instant à sa remarque :

– Il est vrai que la barbe est un atout, lorsque les hommes se trouvent exposés à l'érosion du désert. Mais en quoi devrions-nous nous réjouir que les femmes n'en aient point ?

Le conducteur de chameaux leva conjointement en l'air les mains et les yeux, consterné de mon ignorance. Mais avant qu'il eût pu répliquer, Aziz jeta un petit rire et implora :

– Oh, laisse-moi lui répondre ! Réfléchissez un peu, Mirza Marco ! Le Créateur n'a-t-il pas été incroyablement prévoyant en privant de barbe cette créature qui aurait été incapable de se raser de près, ni même de tenir à peu près nette sa pilosité, en raison de *l'agitation constante de ses mâchoires* !

Nous rîmes, mon père, mon oncle et moi-même, de bon cœur à ce trait d'esprit, et je fis remarquer :

– Si telle en est la raison, alors je m'en réjouis. J'avoue que je serais quelque peu refroidi par une femme à barbe. Mais n'aurait-il pas été plus avisé de la part du Créateur de concevoir directement les femmes moins pipelettes ?

– Ah çà, glissa mon père, si prompt à moraliser, quelle que soit la situation, il faut qu'elles jacassent.

– Mirza Marco, attendez celle-ci, j'ai une nouvelle devinette pour vous ! pépia soudain Aziz, bondissant de joie à l'endroit où il était assis.

Cet ange sali était sans doute doté d'une sagesse que n'avaient pas bien des chrétiens adultes, mais n'en demeurait pas moins un enfant. Et il était tellement heureux de parler que ses mots se bousculaient.

– Les bêtes sont rares, dans ce désert. Pourtant, il en est une qui possède les caractéristiques de *sept animaux différents*. Voulez-vous savoir laquelle, Mirza Marco ?

Je fronçai le sourcil, fis mine de réfléchir intensément avant de lâcher, comme à regret :

– Je donne ma langue au chat.

Aziz exulta d'un rire triomphant et ouvrit la bouche pour répondre. Mais son expression se peignit d'une totale stupéfaction et ses yeux s'agrandirent, imité en cela par mon père et mon oncle. Narine et moi n'eûmes qu'un demi-tour à faire sur nous-mêmes pour découvrir ce qui les pétrifiait à ce point.

Trois hommes bruns, hirsutes, s'étaient matérialisés dans le brouillard sec de la nuit et nous regardaient par les fentes de leurs yeux d'un visage inexpressif. Ils étaient vêtus de cuir et de peaux de bêtes, et non de vêtements arabes. À les voir ainsi couverts d'une croûte de poussière solidifiée par la transpiration et à sentir la forte odeur qu'ils diffusaient de là où ils se trouvaient, il était facile de comprendre qu'ils avaient dû voyager à pleine vitesse et qu'ils venaient de loin.

– *Sain bina*, lança mon oncle, le premier à se ressaisir et à se relever lentement sur ses pieds.

– *Mendu, sain bina*, répondit l'un des étrangers qui semblait légèrement surpris lui-même.

Mon père se redressa à son tour, et lui et oncle Matteo s'inclinèrent en geste de bienvenue, avant de commencer à parler aux nouveaux venus dans un langage que je ne comprenais pas. Les trois têtes de loup tirèrent par leurs rênes leurs chevaux du brouillard où ils se tenaient tapis derrière eux et les conduisirent à la source. Ils attendirent que leurs bêtes aient complètement étanché leur soif pour boire à leur tour.

Narine, Aziz et moi nous levâmes du feu, cédant nos places aux étrangers. Mon père et mon oncle s'assirent avec eux, sortirent de la nourriture de nos ballots et leur en offrirent tout en continuant de leur parler, pendant que ceux-ci dévoraient voracement. Quoique me tenant discrètement à l'écart du conciliabule, j'étudiai les trois arrivants avec la plus grande attention. Ils étaient petits et râblés, mais massifs. Leurs visages avaient la couleur et la texture du cuir de chevreau tanné, et deux d'entre eux portaient des moustaches à la fois longues et fines, mais aucun n'était barbu. Leurs rudes cheveux, presque aussi longs que ceux d'une femme, étaient tressés de multiples nattes. Leurs yeux en amande, je le répète, n'étaient que de simples fentes, si étroites que je me demandais même comment ils pouvaient parvenir à voir quelque chose à travers. Chacun d'eux portait dans le dos un petit arc acéré aux courbes variées, la corde passée sur la poitrine à côté d'un carquois à flèches courtes, et arborait à la ceinture un long poignard ou une petite épée.

Je reconnus sans peine des Mongols, en ayant déjà aperçu en une occasion et sachant que cette province, bien qu'appelée Perse, faisait partie du khanat mongol. Mais pourquoi diable ces trois Mongols rôdaient-ils dans ces solitudes ? Ils ne ressemblaient pas vraiment à des bandits et n'avaient pas l'air enclins à nous faire du mal, ou peut-être mon père et mon oncle les en avaient-ils rapidement dissuadés. Et pourquoi, pouvait-on aussi se demander, semblaient-ils si pressés ? Dans l'infinité du désert, personne ne se presse.

Mais ces hommes ne comptaient apparemment faire halte à l'oasis que le temps de se rassasier. Peut-être même ne se seraient-ils pas arrêtés aussi longtemps si nos rations alimentaires, si peu appétissantes qu'elles fussent, ne leur avaient semblé être de véritables viandes et des douceurs appréciables, ces Mongols ne transportant rien d'autre que des bandes de viande de cheval séchée semblables aux lanières d'un fouet ou à des lacets de bottes. Alors qu'à en juger par leurs gestes mon père et mon oncle étaient en train de les inviter cordialement, et presque de façon insistante, à s'arrêter prendre un vrai repos, les Mongols se contentaient de secouer leurs têtes ébouriffées en grognant, tout en dévorant le mouton, le fromage et les fruits. Après quoi ils se relevèrent, se courbèrent en signe de reconnaissance, rassemblèrent leurs rênes et se remirent en selle.

Leurs chevaux leur ressemblaient assez, avec leur poil exceptionnellement tourmenté et leur air farouche, et ils étaient aussi petits que les poneys teints au henné de Bagdad, quoique bien plus musculeux et trapus. Une croûte d'écume et de poussière les recouvrait, tant ils avaient été menés grand train, mais ils n'en paraissaient pas moins pressés de reprendre leur course folle. L'un des Mongols, depuis sa monture, baragouina à mon père une longue harangue qui avait tout l'air d'une mise en garde. Puis ils tirèrent d'une saccade sur les têtes de leurs bêtes et partirent au petit galop vers le sud-ouest. Ils n'eurent pas sitôt replongé dans l'obscurité brumeuse que les craquements et tintements de leurs bras sur les harnais disparurent totalement, comme instantanément étouffés.

– Il s'agissait d'une patrouille militaire, s'empressa de nous expliquer mon père, alerté par l'apparente terreur peinte sur les visages de Narine et d'Aziz. Il semblerait qu'une bande de bandits se soient livrés à... disons, certaines exactions dans ce désert, et l'ilkhan Abagha tient à les voir traduits le plus vite possible en justice. Étant, Matteo et moi, responsables de la sécurité du groupe, nous avons tenté de les persuader de rester avec nous pour assurer notre protection, voire de nous escorter un bout de chemin. Mais ils préféraient ne pas lâcher la piste des brigands et les talonner de près, dans l'espoir de les épuiser par la faim et la soif.

Narine s'éclaircit la gorge et dit :

– Excusez-moi, maître Nicolò. Loin de moi l'envie de vous écouter d'une oreille indiscrète, mais il se trouve que j'ai capté une partie de la conversation. Le turc est l'une des langues que je maîtrise, et ces Mongols parlaient un dialecte très voisin. Si je puis me permettre... lorsqu'ils ont mentionné l'existence de bandits dans les parages, ont-ils bien employé le mot de *bandits* ?

– Non, ils ont cité un nom. Un nom de tribu, je suppose. Les *Karauna.* Mais je pense qu'il doit s'agir...

– Aïe, c'est bien ce que j'avais cru entendre ! hulula Narine d'une voix funèbre. C'est bien ce que je redoutais d'entendre, d'ailleurs ! Qu'Allah nous ait en sa garde ! Les *Karauna !*

Qu'il me soit permis de préciser ici que dans presque toutes les langues que j'ai entendues parler depuis le Levant jusqu'en Orient, quelles que fussent leurs immenses différences, figurait le même mot ou la même racine, *kara.* Elle pouvait être prononcée de bien des façons : *kara, khara, qara* ou *k'ra*, et dans certains dialectes *kala*, et avait des significations variées. *Kara* pouvait vouloir dire noir, froid, fer, méchanceté, ou même mort, quand ce n'était pas tout cela en même temps. Le mot pouvait être prononcé avec admiration, ou au contraire avec une nuance de dénigrement, voire d'insulte. Les Mongols eurent, par exemple, pendant un temps une capitale appelée Karakorum, qui signifie « noires palissades », mais ils appellent aussi *karakurt*, une grosse araignée venimeuse, avec cette fois le sens d'un insecte malfaisant, voire mortel.

– Les Karauna ! répétait Narine, qui avait presque le cœur au bord des lèvres rien qu'en prononçant ce mot. Les Noirs, les Cœurs glacés, les Hommes de fer, les Monstres du mal, les Porteurs de mort ! Ce n'est pas un nom de tribu, maître Nicolò. Ce nom leur a été accordé comme une malédiction. Les Karauna sont les proscrits d'autres tribus, Turki et Kipchak du Nord, ou Baluchi du Sud. Ces gens-là sont déjà tous des bandits de naissance, alors imaginez ce que cela peut signifier d'être *exclu* d'une telle tribu ! Certains Karauna sont parfois même d'anciens Mongols : vous figurez-vous à quel point ils doivent être répugnants, pour avoir été exilés par des Mongols ? Pas de doute, les Karauna sont pour moi des hommes sans âme, les prédateurs les plus redoutables en ces contrées, des êtres cruels et assoiffés de sang. Oh, mes seigneurs et maîtres, nous sommes épouvantablement en danger !

– Commençons donc par éteindre le feu, dans ce cas, suggéra oncle Matteo. L'allègre insouciance avec laquelle nous nous étions promenés jusqu'ici dans ce désert, Nico, ne pouvait pas durer éternellement. Je vais sortir les cimeterres de nos sacs et je préconise d'établir un tour de garde dès ce soir.

Je me portai volontaire pour assurer la première veille et demandai à Narine comment reconnaître les Karauna si d'aventure il s'en présentait. Il me répondit, un brin sarcastique :

– Vous avez remarqué que les Mongols enroulaient leurs manteaux sur la droite ? Eh bien, les Turki, Baluchi et consorts, eux, le font sur la gauche.

Puis, son sarcasme se dissolvant dans l'épouvante la plus totale, il cria :

– Oh, maître Marco, si vous avez la chance de les apercevoir avant qu'ils vous frappent, vous n'aurez aucun doute sur leur identité, croyez-moi ! *Ayee, bismillah, kheli zahmat dadam...*

Et, des prières plein la bouche, il se livra devant Allah à un nombre ahurissant de prosternations implorantes, avant de ramper jusqu'à sa tente.

Lorsque tous mes compagnons furent couchés, je fis le tour complet de l'oasis, cimeterre en main, scrutant aussi loin que je le pouvais à travers l'épaisseur noire et brumeuse qui nous environnait. Cette obscurité était si impénétrable que, ne pouvant surveiller en même temps toutes les approches possibles du campement, je décidai de me mettre en faction près de ma propre tente, à côté de celle d'Aziz. La nuit étant l'une des plus glaciales de notre voyage, je m'étendis sur le ventre à l'intérieur de ma tente, sous les couvertures, laissant juste ma tête dépasser au-dehors. Ou bien Aziz n'était pas parvenu à trouver le sommeil, ou je l'avais réveillé en m'installant de la sorte, toujours est-il qu'il sortit lui aussi la tête et me chuchota :

– Je suis terrifié, Mirza Marco, et j'ai très froid. Pourrais-je m'endormir près de toi ?

– Il fait froid, c'est vrai, concédai-je. Moi-même, je frissonne malgré l'épaisseur de mes vêtements sur moi. J'irais bien nous chercher d'autres couvertures, mais je déteste déranger les chameaux. Viens avec les tiennes, Aziz. Et puis je vais défaire ta tente, elle nous servira de couverture supplémentaire. Si tu restes collé à moi et si nous nous abritons sous cette pile de tissu, nous devrions nous sentir bien au chaud.

C'est ce que nous fîmes. Aziz glissa hors de sa tente, tel un petit triton dénudé, et entra dans la mienne. Très vite, dans le froid, j'ôtai les piquets de leurs ourlets et jetai sa tente au-dessus de la mienne. Puis je me terrai à côté de l'enfant, ne laissant que ma tête émerger, ainsi que mes deux mains agrippées au *shimshir*. Très vite, je cessai de trembler, mais ce fut pour me sentir bientôt frissonner de l'intérieur, à cause de la chaleur, de la proximité et de la douceur du corps du jeune garçon. Il s'était tapi contre moi de façon si étroite que je le suspectai de l'avoir fait délibérément. Et si je devais avoir encore le moindre doute à ce sujet, il me l'ôta bientôt en dénouant la corde de mon *pai-jamah* et en lovant son corps nu contre mon fondement tout aussi dénudé, puis en se livrant à un mouvement plus intime encore. J'en eus un sursaut, et je l'entendis me murmurer :

– Cela ne te réchauffe pas un peu plus encore ?

Me réchauffer, ce n'était pas vraiment le mot. Sitarè s'était vantée que son frère était expert en la matière, et le fait est qu'il n'ignorait rien de la façon de stimuler ce que Narine avait appelé « l'amande de l'intérieur », car mon membre entra dans une érection aussi rapide et aussi raide que lorsqu'un piquet de tente est enfoncé dans son ourlet. Ce qui serait arrivé après, je suis incapable de le dire. On aurait pu affirmer que j'avais lourdement failli à ma garde, mais je reste persuadé que, même si j'avais été plus attentif, les Karauna auraient réussi à s'approcher et à sévir sans se faire repérer. Quelque chose me frappa à l'arrière de la tête, si rudement que le noir de la nuit qui m'environnait me parut un instant plus noir encore. Après quoi, la première chose dont j'eus vaguement conscience fut d'être douloureusement traîné par les cheveux sur l'herbe et sur le sable.

Je fus tiré jusqu'à l'endroit où le feu était en train d'être réactivé, mais ce n'était pas par l'un d'entre nous. Ces intrus avaient un physique qui rendait les Mongols reçus quelques heures plus tôt aussi élégants et raffinés, par comparaison, que des mignons de cour. Au nombre de sept, ces individus étaient crasseux, vêtus de haillons et d'autant plus affreux qu'alors même qu'ils ne souriaient pas leurs dents aussi pourries que mal alignées demeuraient apparentes. Ils étaient tous équipés d'un cheval de petite race mongole, mais les leurs étaient efflanqués, on leur voyait les côtes, et ils étaient couverts de pustules et de plaies. Bien que je fusse passablement étourdi, je notai en outre qu'ils n'avaient pas d'oreilles.

L'un des maraudeurs était occupé à ranimer le feu, les autres y amenaient mes compagnons, et tous parlaient haut et fort dans un langage que je ne connaissais pas. Seul Narine semblait comprendre leurs paroles, et bien que, comme nous tous, il eût été assommé puis tiré d'un coup sec de son lit et qu'il fût consumé de terreur, il prit la peine de nous les traduire, criant à la cantonade :

– Ce sont les Karauna ! Ils sont mortellement affamés et promettent de ne pas nous tuer si nous leur donnons à manger. Je vous en prie, mes maîtres, au nom d'Allah, employez-vous à leur fournir quelque nourriture !

Les Karauna nous déposèrent près du feu, puis ils se ruèrent vers la source pour y puiser l'eau à pleines mains, la buvant avec frénésie. Obéissant à l'injonction faite par l'esclave, mes père et oncle déballèrent les provisions sans tergiverser. Toujours allongé sur le sol, je secouais la tête, m'efforçant d'en chasser la douleur, la noirceur et le bourdonnement qui y persistaient. Narine, plus obséquieux que jamais bien qu'à moitié mort de trouille, faisait mine de s'empresser de son mieux tout en continuant à vociférer :

– Ils affirment qu'ils ne voleront ni ne tueront pas les *quatre personnes* que nous sommes. Il est évident qu'ils mentent et le feront quand même, mais pas avant que *tous les quatre*, nous les ayons nourris. Implorons donc Allah que nous ayons de quoi le faire tant que nous pourrons ! *Tous les quatre !*

Encore affaibli par le tumulte qui résonnait dans ma tête, je supposai qu'il me suggérait instamment de me remuer un peu et de faire preuve de solidarité. Je fis donc mon possible pour me relever et me démenai de façon à verser des abricots secs dans un pot rempli d'eau, afin de les réhydrater. J'entendis alors oncle Matteo s'écrier à son tour :

– Soumettons-nous, *tous les quatre* ! Ensuite, quand ils seront en train de s'empiffrer, nous pourrons toujours, *à quatre*, essayer de récupérer nos épées pour engager le combat.

Je finis par saisir ce que lui et Narine essayaient de nous faire comprendre. Quand les Karauna avaient surgi du néant, ils avaient vu quatre tentes, en avaient extrait quatre hommes et avaient à présent quatre prisonniers à leur disposition, en train d'exécuter leurs ordres. Tout cela parce que j'avais pris Aziz dans ma tente. Lorsqu'ils m'avaient attrapé et tiré de la mienne, il aurait dû suivre, comme attaché à moi, mais cela n'avait pas été le cas. Il avait dû se rendre compte de ce qui se passait et se tenait sans doute caché, à moins que… Mais non, il était courageux. Il pourrait peut-être tenter une manœuvre désespérée…

L'un des Karauna nous rugissait littéralement aux oreilles. Sa soif étanchée, il semblait prendre le plus vif plaisir à nous voir nous comporter à son égard comme d'humbles esclaves. Tel un conquérant victorieux, il battit la poitrine de ses poings et mugit un long récit, que Narine traduisit d'une voix tremblante :

– Ils ont été si ardemment poursuivis qu'ils étaient presque morts de soif et de faim. Ils ont dû plusieurs fois ouvrir les veines de leurs chevaux pour en aspirer le sang. Mais les bêtes sont elles-mêmes devenues si faibles qu'ils ont dû suspendre cette manœuvre… Et se sont donc rabattus sur leurs oreilles, qu'ils ont coupées pour les manger. *Ayee, mashallah, che arz konam ?*

Et il se prosterna dans une nouvelle posture de prière.

La confusion qui régnait jusqu'alors se calma bientôt, lorsque les sept Karauna cessèrent de fourmiller autour de la source pour en permettre l'accès à leurs chevaux maltraités et vinrent se rassembler près du feu où nous avions étalé sur le sol la totalité de nos provisions de bouche. Notre groupe recula, et les Karauna fondirent goulûment sur cette provende, en bavant littéralement. L'instant d'après, un chaos incroyable se produisit de nouveau. Trois autres chevaux avaient subitement surgi de l'obscurité, portant trois cavaliers aux épées tourbillonnantes.

La patrouille mongole avait fait demi-tour ! Pour être plus précis, ils avaient dû errer tout ce temps quelque part dissimulés dans les environs, et même moi, l'homme de veille, je n'en avais rien su. Ils s'étaient doutés que nous constituerions pour les Karauna une irrésistible cible et s'étaient contentés d'attendre que les bandits tombent dans le piège.

Ces derniers, bien que surpris en plein repas et sans leurs chevaux, ne se rendirent pas dans l'instant, pas plus qu'ils ne se terrèrent, effrayés devant les étincelantes épées. Deux ou trois de ces hommes au teint bruni et sale prirent comme par enchantement une couleur rouge et brillante, celle du sang ruisselant des blessures que leur infligeaient les Mongols. Cependant, tout comme leurs camarades encore saufs, ils avaient sorti leurs épées.

Ayant bondi dans le cercle de lumière à cheval, les Mongols n'avaient pu assener que ce premier coup, leur élan les ayant ensuite emportés un peu au-delà du cœur de la bataille. Mais sans prendre le temps de tourner bride, ils se laissèrent glisser de leur selle pour continuer le combat à terre. Cependant, les Karauna, dans leur avidité à se rassasier, n'avaient pris le soin ni d'attacher, ni même de desseller leurs propres montures. Avec toute cette nourriture étalée là pour eux et compte tenu du fait qu'ils étaient tout de même sept contre trois, ils auraient dû faire face, acceptant debout le combat d'homme à homme. Mais probablement conscients que, justement, cette faim les avait affaiblis et sachant que les Mongols étaient, sur le plan du combat, leurs égaux, ils bondirent sur leurs pitoyables montures et, frappant de leurs épées les lames des Mongols à présent à pied, éperonnèrent leurs bêtes et s'éloignèrent du foyer dans la direction d'où ils m'avaient traîné jusqu'ici.

Après s'être assurés un bref instant que nous n'étions pas blessés, les trois Mongols remontèrent à cheval et se lancèrent dans une poursuite échevelée. Tout ceci était arrivé dans un si furieux tumulte, depuis qu'un solide coup de poing m'avait abattu dans l'étrange calme qui enveloppait l'oasis, que l'on aurait pu croire à l'irruption brutale d'une tempête de simoun désertique qui nous aurait jetés au sol, amalgamés en une mêlée informe, puis abandonnés là tout pantelants.

– *Gèsu*..., haleta mon père.

– *Al-hamdou-lillah*..., psalmodia Narine.

– Où est passé Aziz ? me demanda mon oncle.

– Il est sain et sauf, hurlai-je pour dominer l'écho qui bourdonnait encore dans ma tête. Il est dans ma tente !

Et je montrai du geste l'endroit vers lequel le brusque départ des chevaux avait soulevé de la poussière.

Dès qu'il se fut rhabillé à la hâte, mon oncle se rua dans la direction indiquée. Mon père me vit me frotter douloureusement la tête et vint s'enquérir de mon état. Il remarqua que j'étais atteint d'une plaie assez notable et ordonna à Narine de faire chauffer un peu d'eau.

Mon oncle revint en trombe, surgit de la nuit et cria :

– Aziz n'est pas là ! Ses affaires sont là, mais lui pas !

Laissant Narine humecter ma blessure et m'enrouler autour de la tête un cataplasme enduit de baume, mon père et mon oncle battirent les fourrés à sa recherche. Ils ne le trouvèrent pas. Narine et moi les ayant rejoints, nous organisâmes une fouille méthodique de toute l'oasis, sans plus de succès. Nous consultant du regard, nous tentâmes de reconstituer ce qui avait bien pu se passer.

– Il a probablement quitté la tente. Même sans ses vêtements, et dans cette froidure…

– Oui, il devait bien se douter qu'ils allaient la piller à un moment ou à un autre.

– Il a donc dû trouver refuge dans un coin plus sûr.

– Si ça se trouve, il a rampé dans les parages, pour voir s'il pourrait nous aider.

– De toute façon, il devait être à découvert quand les Karauna ont fui.

– Et l'apercevant, ceux-ci l'auront emporté avec eux.

– À la première occasion, ils le tueront.

C'était oncle Matteo qui avait émis cette dernière remarque, d'un ton particulièrement affligé.

– Et ils le tueront de la façon la plus bestiale, car ils doivent être fous furieux, persuadés que nous leur avons volontairement tendu une embuscade.

– Ils n'en auront pas le temps. Les Mongols sont sur leurs talons.

– Non, les Karauna ne vont pas tuer l'enfant : ils vont s'en servir comme d'un otage. Un bouclier pour tenir à distance les Mongols.

– Soit… En admettant même que les Mongols restent à distance – ce qu'ils ne feront pas –, reprit mon oncle, *imaginez* seulement ce que les Karauna vont pouvoir faire subir à ce pauvre enfant.

– Ne pleurons pas avant d'avoir mal, tempéra mon père. Quoi qu'il advienne, nous devons faire face. Narine, tu restes ici. Matteo et Marco, en selle !

Nous assenâmes à nos chameaux des coups de bâton. Comme nous ne les avions jamais, jusque-là, pressés de la sorte, ils ne songèrent pas un instant à se récrier ni à se plaindre, adoptant immédiatement un galop élastique et leste qu'ils gardèrent sans sourciller. Les cahots ainsi engendrés firent cogner ma tête sur l'arête supérieure de ma colonne vertébrale, mais je ne me plaignis pas.

Sur le sable, les chameaux sont bien plus rapides que les chevaux, aussi rejoignîmes-nous les Mongols avant l'aube. Nous les aurions de toute façon croisés, car ils étaient en train de rentrer d'un pas tranquille vers l'oasis. Le brouillard sec étant alors tombé, nous les aperçûmes à quelque distance, à la lueur des étoiles. Deux d'entre eux tiraient à pied leurs chevaux, supportant le troisième sur sa selle, qui semblait grièvement blessé. Les deux qui marchaient nous crièrent quelques mots, tandis que nous approchions d'eux, et agitèrent les mains comme pour nous montrer l'endroit d'où ils arrivaient.

– Miracle ! L'enfant est vivant ! s'exclama mon père, et il fouetta son chameau.

Nous ne prîmes pas le temps de nous arrêter pour parler aux Mongols, mais continuâmes d'avancer jusqu'à ce que nous distinguions au loin un éparpillement obscur, jonchant le sol sans mouvement. Les cadavres des sept Karauna gisaient là au milieu de leurs chevaux morts, férocement entaillés et transpercés de flèches, certains étendus séparément de leur main droite qui avait été tranchée. Mais nous n'y prêtâmes même pas attention. Aziz était assis dans le sable, au milieu de la large flaque de sang laissée par l'un des chevaux, le dos appuyé sur sa selle. Il avait enveloppé son corps nu d'une couverture tirée du panier de selle, elle-même maculée de sang. Nous sautâmes à bas de nos chameaux avant même qu'ils aient fini de s'agenouiller et courûmes vers lui. Oncle Matteo, le visage baigné de larmes, caressa avec effusion les cheveux de l'enfant, mon père lui tapota l'épaule, et tous, soulagés, l'entourâmes d'exclamations stupéfaites :

– Tu es sain et sauf !

– Loué soit san Zudo le généreux, d'avoir permis l'impossible.

– Que t'est-il arrivé, mon cher Aziz ?

De sa petite voix d'oiseau, d'un ton plus calme qu'à l'ordinaire, il répondit :

– Ils n'arrêtaient pas de me repasser de l'un à l'autre, tandis que nous galopions, chacun prenant son tour, afin qu'ils n'aient pas à ralentir leur avance.

– Tu n'es pas blessé ? s'enquit mon oncle, anxieux.

– Non. J'ai juste un peu froid..., déclara Aziz, vidé de toute énergie.

En effet, même sous sa couverture élimée, il grelottait et tremblait de tous ses membres. Oncle Matteo semblait toujours inquiet.

– Ils n'ont pas cherché à... abuser de toi ? Je veux dire... de là ?

Et il indiquait, par-dessus la couverture, l'entrejambe du garçon.

– Non, ils n'ont rien fait de tel. Ils n'en avaient pas le temps. Et ils étaient trop affamés, je pense. Et soudain, les Mongols les ont rattrapés. Plissant son front pâle comme s'il allait pleurer, il répéta : J'ai *si froid*...

– Oui, oui, mon petit, s'empressa mon père. On va y remédier. Marco, reste à côté de lui pour le réconforter. Matteo, aide-moi à rassembler quelques bouses pour faire un feu.

J'ôtai mon aba et l'étalai sur le garçon en guise de seconde couverture, sans me soucier du sang qui allait le souiller. Mais il ne chercha pas à tirer cette protection vers lui. Il resta juste immobile là où il se trouvait, contre la selle tournée de côté, ses petites jambes étendues raides devant lui et ses mains reposant inertes sur les côtés. Histoire de lui réchauffer un peu le cœur, je lui dis :

– Tu sais, Aziz, que depuis tout ce temps je me suis tarabusté de ciboulot à chercher de quel animal tu me parlais, dans ta devinette...

Un pâle sourire passa sur ses lèvres.

– Ah... mon énigme t'aura rendu bien perplexe, hein, Marco ?

– Pour ça, tu peux le dire. C'était comment, déjà ?

– Une créature du désert... qui rassemble en elle... les caractéristiques de sept animaux différents. (Sa voix se mourait, de plus en plus apathique.) Tu ne devines pas ?

– Non, répondis-je, le font plissé comme auparavant, faisant semblant de m'absorber au plus profond de ma réflexion. Non, je m'avoue vaincu : je ne vois pas.

– Il a la tête d'un cheval..., prononça-t-il lentement, comme s'il avait du mal à se souvenir ou à parler. Et l'encolure d'un taureau...

les ailes de l'oiseau *Rukh*... le ventre du scorpion... des pieds de chameau... des cornes de gazelle... et... l'arrière-train d'un... serpent.

J'étais fort préoccupé par son inhabituel manque de vivacité, mais je n'en décelais pas la cause. À mesure que sa voix déclinait, ses paupières s'affaissaient. Lui secouant l'épaule d'un geste encourageant, je le questionnai :

– Ce doit être une bête merveilleuse. Mais laquelle ? Je t'en prie, Aziz, dévoile ton énigme. De quoi s'agit-il ?

Il ouvrit ses yeux magnifiques et les posa sur moi, puis il sourit et lâcha :

– Ce n'est rien d'autre qu'une sauterelle commune.

Sur ces mots, il bascula brusquement vers l'avant, et son visage alla heurter le sol entre ses genoux, comme s'il avait été monté sur pivot à la hauteur de la poitrine. Il y eut alors un accroissement notable du mélange d'odeurs qui prévalait déjà : une forte puanteur de sang, d'odeurs corporelles, de purin animal et d'excréments humains. Frappé d'horreur, je sautai sur mes pieds et appelai mon père et mon oncle. Ils arrivèrent en courant et baissèrent les yeux sur l'enfant, l'air hagard :

– Aucun être humain n'a jamais eu l'air aussi aplati que cela ! s'exclama mon oncle, choqué.

Mon père s'agenouilla et se saisit d'un des poignets du jeune garçon. Il le tint en main quelques instants, puis releva les yeux vers nous, secouant la tête, l'air sombre :

– L'enfant est mort ! Mais de quoi ? N'a-t-il pas dit qu'il n'était pas blessé ? Qu'ils se l'étaient simplement fait passer de l'un à l'autre tandis qu'ils galopaient ?

J'élevai les mains d'un geste désespéré.

– On a juste parlé un peu. Et puis il est tombé en avant, comme ça. Comme une poupée de chiffon vidée de son sable.

Mon oncle se détourna, pris d'une crise de sanglots et d'une quinte de toux. Mon père attrapa doucement le jeune garçon par les épaules et le releva, reposa sa tête ballante contre la selle et le tint assis d'une main tandis que, de l'autre, il abaissait les couvertures ensanglantées. Il contint alors un haut-le-cœur et, répétant les paroles de l'enfant, il murmura :

– Les Karauna étaient affamés...

Il recula, secoué d'une irrépressible nausée, laissant le corps culbuter de nouveau vers l'avant. Pas assez vite cependant pour que je ne puisse, moi aussi, voir. Ce qui était arrivé à Aziz… je ne pouvais le relier qu'à cette histoire de la Grèce antique que l'on m'avait jadis contée à l'école, au sujet d'un vaillant gamin de Sparte et d'un vorace renardeau qu'il avait maintenu caché sous sa tunique.

32

Nous laissâmes les Karauna morts où ils reposaient, telles des charognes vouées aux becs des vautours qui les déchireraient. Mais nous emmenâmes avec nous le corps déjà mordu, évidé et partiellement dévoré du petit Aziz, tandis que nous retournions vers l'oasis. Il n'était pas question que nous l'abandonnions sur le sable, ni que nous l'enterrions, car ce que l'on cherche à ensevelir, si profond que l'on tente de le faire, finit toujours par être exhumé par le vent du désert, comme les vulgaires bouses de chameaux que laisse la caravane dans son sillage.

En venant de l'oasis, nous avions longé la lisière blanche d'une petite étendue saline et nous y fîmes halte au retour. Nous transportâmes Aziz sur cette terre tremblante, enveloppé dans mon aba en guise de linceul, repérâmes un endroit où rompre l'étincelante croûte et étendîmes Aziz sur le bourbier de sables mouvants qui se trouvait en dessous. Durant le temps que prit le petit paquet à disparaître sous nos yeux, nous lui fîmes nos adieux et prononçâmes quelques prières.

– La plaque de sel se reformera bientôt au-dessus de lui, murmura mon père d'un air songeur, et il demeurera ainsi à jamais préservé, même de la décomposition, puisque le sel, en imprégnant son corps, empêchera qu'il pourrisse.

Mon oncle, grattant son coude d'un air absent, dit à son tour avec résignation :

– Il se peut même qu'un jour cette terre, comme je l'ai déjà vu ailleurs, soit exhumée et cassée, et que sa topographie en soit bouleversée. Quelque voyageur du futur pourrait le découvrir, dans des siècles d'ici, et, en contemplant son visage, il se demandera comment un ange a bien pu tomber du ciel pour se trouver enterré là.

Ce discours en forme d'épitaphe étant le meilleur qui pût être prononcé pour le disparu, nous laissâmes Aziz à son ultime repos et remontâmes sur nos bêtes. Lorsque nous fûmes en vue de l'oasis, Narine courut vers nous, franchement attristé et se lamentant de nous voir rentrer à trois seulement. Nous lui expliquâmes, de la façon la plus lapidaire, comment nous nous retrouvions amputés du plus jeune membre de notre groupe. Visiblement affligé et abattu, il marmonna quelques prières musulmanes, avant de prononcer à notre intention une condoléance fataliste typique des sectateurs du Prophète :

– Que votre vie soit prolongée, mes bons maîtres, de tous les jours que cet enfant a perdus. *Inch'Allah !*

Le jour touchait à sa fin à présent, et nous étions tous épuisés. Ma tête n'était pas loin de se fendre de douleur, et nous n'avions nulle hâte de continuer notre voyage, aussi nous préparâmes-nous à passer une nouvelle nuit dans cette oasis, même si cet endroit nous était désormais funeste. Les trois Mongols nous y avaient précédés, et Narine poursuivit ce qu'il avait commencé de faire avant notre arrivée : aider ces hommes à nettoyer, à oindre et à panser leurs blessures.

Celles-ci étaient nombreuses, mais pas trop graves. Celui que nous avions cru le plus atteint avait seulement eu l'esprit un peu ébranlé en recevant de plein fouet le coup de tête d'un cheval au cours de l'échauffourée finale contre les Karauna. Il semblait s'en être plutôt bien remis. Cependant, les hommes étaient tailladés de coupures à l'épée et, ayant perdu beaucoup de sang, devaient être très affaiblis. Nous aurions fort bien compris qu'ils restent quelques jours dans l'oasis, le temps de recouvrer leurs forces. Mais pas du tout, affirmèrent-ils : ils étaient des Mongols. Indestructibles, rien ne pouvait les arrêter, et ils repartaient.

Mon père leur demanda où ils comptaient se rendre. Ils répliquèrent qu'ils n'avaient pas de destination définie, seulement le mandat d'aller et venir jusqu'à ce qu'ils repèrent et anéantissent tous les Karauna qui rôdaient encore dans le Dasht-e-Kavir. Ils tenaient, nous assurèrent-ils, à s'acquitter de leur tâche.

C'est alors que mon père leur exhiba notre sauf-conduit signé de la main du khakhan Kubilaï. Même si, à l'évidence, aucun de ces hommes ne savait lire, ils reconnurent sans peine le sceau caractéristique du khan de tous les khans. Ils s'en montrèrent fort émus, tout comme ils avaient déjà été auparavant très impressionnés d'entendre mon père et mon oncle s'exprimer dans leur langue, et ils nous demandèrent si nous avions des ordres à leur donner, au nom du khakhan. Mon père suggéra alors que, dans la mesure où nous acheminions de riches présents destinés à être offerts à leur seigneur suprême, ils pourraient assurer la sécurité de leur transport en nous servant d'escorte jusqu'à Mechhed, rôle qu'ils acceptèrent bien volontiers.

Le lendemain, nous étions sept à nous diriger au nord-est. Les Mongols dédaignant de converser avec un simple conducteur de chameaux, l'oncle Matteo n'étant pas enclin à échanger avec quiconque et ma tête étant encore douloureuse dès que je l'ébranlais en parlant, seuls mon père et nos trois nouveaux compagnons discutèrent au fil de la route, et je fus heureux, en chevauchant à portée d'oreille, de pouvoir me familiariser avec un nouveau langage.

La première chose que j'appris est que le terme « mongol » ne s'applique ni à une race, ni à une nation, ni à un peuple : il dérive de *mong*, qui signifie « brave ». Par ailleurs, aussi semblables que puissent paraître à mon œil inexpérimenté nos trois accompagnateurs mongols, ils étaient en fait aussi disparates que s'ils avaient été l'un vénitien, l'autre génois et le troisième pisan. L'un d'eux faisait partie de la tribu des Khalkhas, un autre était merkit, et leur acolyte était bouriate, tribus qui, je le compris au passage, habitaient des régions largement séparées sur ces terres que le puissant Gengis – lui-même un Khalkhas – avait jadis unies, avant de bâtir le khanat mongol. Sur le plan religieux, l'un était bouddhiste, l'autre taoïste – foi dont j'ignorais tout – et le dernier, étonnamment, nestorien. Mais j'appris en même temps que, quelle que fût l'origine tribale d'un Mongol, quelle que fût sa religion ou son affectation militaire, jamais il ne se faisait désigner comme un Khalkhas, un chrétien, un archer ou un fantassin en armure… Il ne voulait être appelé que du titre de Mongol – et seulement sur un ton fier et impérieux : « *Mongol !* » –, car cette dénomination, surpassant tout ce qu'il pourrait être d'autre, a préséance sur toutes les précédentes.

En fait, bien avant que je fusse capable de tenir avec nos trois cavaliers d'escorte la moindre conversation, j'avais pu discerner à travers leur comportement certaines des curieuses coutumes et habitudes des Mongols, ou, pour mieux dire, certaines de leurs superstitions barbares. Alors que nous nous trouvions encore à l'oasis, Narine leur avait suggéré de se nettoyer du sang, de la sueur et de la poussière accumulés sur leurs vêtements depuis si longtemps, afin de repartir propres et nets pour la prochaine étape de notre voyage. Les hommes avaient décliné la proposition, expliquant qu'il n'était pas sage de laver une pièce d'habillement en dehors de sa terre d'origine parce que cela pouvait provoquer un orage. *Comment* un tel événement était possible, c'est ce qu'ils ne disaient pas, ni ne pouvaient démontrer. Pourtant, aucun homme de bon sens, pris au milieu d'un désert blanchi et desséché, n'aurait trouvé à se plaindre d'un bon orage humide, quel que fût le mystère de sa formation. Mais les Mongols, qui ne craignent rien d'autre sous les cieux, sont aussi terrifiés par le tonnerre et par la foudre que l'enfant ou la femme les plus craintifs.

De même, tant que nous séjournâmes dans cette oasis abondamment pourvue en eau, jamais les trois Mongols ne s'accordèrent le moindre bain rafraîchissant, et Dieu sait pourtant qu'ils en auraient eu besoin. La croûte de crasse qui les recouvrait était si épaisse qu'ils en craquaient presque, et leur fumet eût fait fuir un chacal. Pourtant, ils ne se lavaient jamais que la tête et les mains, et encore, de façon plus que symbolique. L'un d'eux plongeait une gourde dans la source, mais n'en utilisait même pas l'équivalent d'une louche. Il buvait au goulot de l'eau qu'il gardait en bouche, puis la recrachait dans la coupe de ses mains, par petites quantités : un jet pour humidifier ses cheveux, un jet pour les oreilles, et ainsi de suite. Je vous l'accorde, peut-être n'était-ce pas vraiment de la superstition, mais plutôt un réflexe de conservation de l'eau acquis par une tribu qui passait la majeure partie de son temps sur des terres arides. Mais tout de même, je continue de penser qu'ils auraient été un peu plus fréquentables s'ils avaient consenti à mettre de côté leur austérité, lorsqu'elle n'était pas vraiment nécessaire.

Autre chose. Ces trois hommes, quand ils étaient tombés sur nous, étaient arrivés du nord-est. Maintenant que nous nous dirigions précisément dans cette direction, ils étaient contraints de le faire aussi, mais ils insistèrent pour que nous cheminions au moins à un *farsakh* d'écart par rapport à la piste qu'ils avaient empruntée à l'aller. C'est que, nous assurèrent-ils, cela portait malheur de reprendre la même route que celle par laquelle on était venu.

Tout comme il était maléfique, firent-ils remarquer la première nuit où nous campions ensemble sur la piste, que l'un d'entre nous s'asseye avec les autres la tête basse et les yeux remplis de chagrin, ou qu'il laisse reposer sa joue ou son menton sur sa main en signe de méditation intérieure. Cela pouvait, selon eux, attirer la tristesse sur l'ensemble du groupe. Ils nous expliquèrent cela tout en lançant des regards gênés en direction d'oncle Matteo, assis exactement de cette façon et qui paraissait en effet fort mélancolique. Nous avions beau, mon père et moi, tenter de l'égayer un peu, il avait tôt fait de replonger dans son chagrin.

Très longtemps après la mort d'Aziz, mon oncle demeura avare de mots, soupirant souvent, l'air pitoyable et affligé. Alors que je m'étais auparavant efforcé d'adopter, face à sa nature si peu virile, une attitude ouverte et tolérante, je me sentais à présent plutôt saisi d'un mépris amusé en même temps qu'un brin exaspéré. Nul doute qu'un homme capable de trouver un plaisir sensuel avec une personne de son sexe pouvait aussi concevoir à son égard un sentiment d'amour profond et durable, et une telle ardeur vraie – comme celle certes plus conventionnelle de l'amour traditionnel – peut assurément mériter l'estime, l'admiration et le respect. Cependant, oncle Matteo n'avait eu avec Aziz qu'un seul contact sexuel, et encore, presque insignifiant, en dehors duquel il n'avait pas été plus proche du jeune garçon qu'aucun d'entre nous. Nous étions tous peinés pour Aziz, et sa mort nous causait un véritable chagrin. Mais qu'oncle Matteo persistât de la sorte, comme un homme pleurerait sa femme après de longues années de bonheur partagé, me semblait plutôt relever de la farce grotesque. Il était certes toujours mon oncle, je continuais à le traiter avec toute la déférence qui lui était due, mais, en mon for intérieur, j'en étais arrivé à me dire que derrière ce physique d'athlète, rude et costaud, il manquait de véritables tripes.

Personne ne pouvait regretter plus que moi la mort d'Aziz, mais je m'étais interdit de donner libre cours à toute lamentation, m'étant rendu compte que c'était pour des raisons finalement assez égoïstes. En effet, j'avais promis à Sitarè et à mon père que je préserverais l'enfant de tout malheur et j'avais failli à cette tâche. De façon tout aussi égoïste, je trouvais dommage d'être privé d'un être qui eût été digne de vivre dans mon monde. Certes, ce type de regret est courant lors d'un décès, mais il n'en reste pas moins une manifestation bien réelle d'égocentrisme. Nous autres qui avons survécu sommes privés du cher disparu. Mais lui, quand on y pense, se trouve soudain privé de tout : il perd d'un seul coup le monde tout entier, chaque élément qui le compose, en une fraction de seconde ! Et cette perte effroyable mériterait à elle seule une douleur si puissante, si ample et si dévastatrice que ceux qui restent seraient bien incapables de lui donner libre cours.

Enfin, il y avait une dernière raison toute personnelle qui me faisait déplorer la mort de l'enfant. Je ne pouvais m'ôter de l'esprit l'admonestation de la veuve Esther me disant qu'il valait mieux qu'un homme saisisse de la vie toutes les opportunités qu'elle pouvait lui offrir, de peur qu'il n'eût des regrets de ne pas l'avoir fait. Peut-être était-ce de ma part un acte de vertu louable d'avoir décliné les avances d'Aziz et préservé ainsi sa chasteté. Accepter aurait peut-être constitué un péché, puisqu'elle en aurait été souillée. Mais tout de même, me demandais-je à présent, puisque finalement Aziz aurait disparu de façon tragique et prématurée, au fond, quelle différence ? Si nous nous étions étreints, il en aurait éprouvé un ultime plaisir qui aurait constitué pour moi une expérience unique, de celles susceptibles, selon l'expression qu'avait employée Narine, de « mener l'homme au-delà de son ordinaire ». En définitive, que cela eût été inoffensif ou au contraire inique, cela n'eût pas laissé sur le sable la moindre trace supplémentaire. Mais j'avais refusé, et pour le reste de ma vie, même si cette occasion se représentait, jamais plus ce ne serait avec le bel Aziz. Il s'en était allé, et l'occasion avec lui : sans avoir besoin pour cela de me retrouver sur mon lit de mort, j'en ressentis toute la détresse.

Mais j'avais survécu. J'étais encore vivant, et tous, mon oncle, mon père et nos compagnons, nous étions remis en marche, voyageurs de toujours... N'est-ce pas tout ce que peut faire l'être humain sur cette terre, au bout du compte, pour oublier la mort, ou du moins la défier ?

Nous ne fûmes plus confrontés aux Karauna ni à aucun autre rôdeur et, durant le reste de notre traversée du désert, nous ne croisâmes pas âme qui vive. Ou bien notre escorte mongole s'avérait superflue, ou sa simple présence avait suffi à dissuader toute attaque. Nous quittâmes les basses terres sableuses aux abords des montagnes Binalud, que nous franchîmes pour gagner Mechhed. C'était une ville agréable, plaisante, un peu plus étendue que Kachan, aux rues bordées de chinars et de mûriers.

Mechhed est aussi l'une des principales villes saintes de la Perse islamique, car l'un des martyrs hautement révérés de jadis, l'imam

Riza, est enterré sous un *masjid* magnifiquement orné de la ville. Lorsqu'un musulman s'y est rendu, il gagne le titre de *meshadi*, tout comme le pèlerin de La Mecque devient *hadji*. La majeure partie de la population de la ville se composait donc de pèlerins de passage, et, pour cette raison, Mechhed disposait d'un choix respectable de vastes caravansérails aussi propres que confortables. Nos trois Mongols nous conduisirent vers l'un des meilleurs et y passèrent une nuit avant de retourner poursuivre leur patrouille au Dasht-e-Kavir.

C'est là qu'ils firent montre d'une autre de leurs si particulières coutumes. Tandis que mon père, mon oncle et moi-même trouvions à bien nous loger à l'intérieur de l'auberge et que notre conducteur de chameaux Narine était trop heureux de partager l'étable avec ses animaux, les Mongols insistèrent pour dérouler leurs nattes dehors, au centre de la cour, et attachèrent leurs chevaux près d'eux. Le tenancier de l'établissement voulut bien tolérer de leur part cette excentricité, mais ce n'est pas le cas de tous. Comme je pus l'observer plus tard, lorsqu'un groupe de Mongols se trouve sommé par un patron d'hôtel de loger à l'intérieur comme tous les gens civilisés, ils s'y résolvent en rechignant, mais refusent obstinément de manger ce que propose la cuisine de l'établissement. Ils font un feu sur le sol de leur chambre, installent dessus un trépied et y font cuire leur propre nourriture. Quand la nuit survient, en aucun cas ils ne s'allongent sur les lits mis à leur disposition : préférant dérouler leurs carpettes et leurs couvertures, ils dorment à même le sol.

Je dois avouer que je comprends, pour une bonne part, cette répugnance des Mongols à résider sous un toit fixe. Ce long voyage à travers le Grand Salé avait éveillé en nous le goût des vastes espaces et une certaine répulsion pour les pièces étroites : nous étions désormais attachés au silence profond, à l'air pur de ces solitudes. Bien sûr, retrouver le doux rafraîchissement du hammam, le bonheur du bain et la langueur du massage fut pour nous fort plaisant, ainsi que la facilité de nous voir préparer et servir des mets délicieux. Mais dans le même temps, le bruit, l'agitation, l'atmosphère troublée de cette vie urbaine confinée ne tardèrent pas à nous indisposer. L'air semblait limité, les murs oppressants, et les autres usagers du caravansérail nous donnaient l'impression d'une foule bruyante, terriblement bavarde. La fumée, surtout, fort envahissante, devint vite une gêne pour oncle Matteo, fréquemment sujet à des quintes de toux.

C'est pourquoi, quelle que fût l'hospitalité de notre caravansérail et l'attrait de cette fort estimable cité de Mechhed, nous n'y restâmes que le temps nécessaire à échanger nos chameaux contre des chevaux et à refaire le plein de vivres, puis nous en repartîmes.

BALKH

33

Nous nous dirigeâmes dès lors vers l'est-sud-est, afin de contourner le Karakoum, encore appelé les Sables noirs, un autre désert qui s'étirait sur tout le nord et l'est de Mechhed. Nous choisîmes de suivre une route à travers le Garabil, ou Plateau froid, longue saillie tendue telle une ligne de côte entre le lugubre océan sec des Sables noirs et le morne escarpement de montagnes dépourvues d'arbres que l'on nomme le Paropamisus[27].

Il eût certes été plus direct de traverser tout droit dans le Karakoum, mais nous avions eu notre compte de désert. Par ailleurs, il eût été plus confortable de cheminer plus au sud, à travers les vallées du Paropamisus, car nous aurions trouvé là de quoi nous reposer dans des villages, des villes ou même de grandes cités telles que Harat ou Meymana. Mais nous préférâmes la voie médiane. Nous avions pris l'habitude de camper à la belle étoile, et ce haut plateau, le Garabil, ne devait sans doute son surnom qu'à une comparaison avec les terres plus basses, nettement plus chaudes, car, même en hiver, il n'y faisait jamais franchement froid. Nous ajoutâmes juste quelques épaisseurs de vêtements dès que cela s'avéra nécessaire et nous accommodâmes somme toute fort bien des températures.

Le Garabil consistait essentiellement en monotones terres herbeuses, piquetées çà et là de bosquets d'arbres : pistachiers, jujubiers, saules et quelques conifères. Nous avions déjà traversé des contrées bien plus verdoyantes, et donc plus plaisantes, et nous devions plus tard en voir bien d'autres ; pourtant, après avoir enduré le Grand Salé, la lassante herbe grise et le rare feuillage du Garabil étaient un régal pour nos yeux, constituant en outre pour nos chevaux une

27. Nos voyageurs arrivent dans la partie sud de l'actuel Turkménistan. Le Paropamisus est une chaîne située à l'angle nord-ouest de l'Afghanistan, près de la ville de Harat.

abondante réserve de fourrage. Au sortir de la surface inerte du désert, ce plateau nous semblait grouiller de vie sauvage. Il y avait des volées de cailles et de perdrix aux pattes rouges, et, partout, des marmottes jetant des coups d'œil furtifs de leurs terriers et sifflant d'un air grognon sur notre passage. Des oies et des canards migrateurs hivernaient par ici ou survolaient la contrée : les oies portaient sur la tête une sorte de plumet hérissé, et les canards arboraient un joli plumage brun-roux et doré. Sur le sol grouillaient une multitude de lézards bruns, parfois si longs – certains étaient plus grands que ma jambe – qu'ils en effrayaient nos chevaux.

Nous y aperçûmes aussi certaines espèces de gazelles délicates et des ânes sauvages appelés dans cette région *kulan*. Dès que nous en rencontrâmes un spécimen, mon père émit le souhait que nous en capturions un et que nous le domestiquions : nous l'emmènerions en Orient pour le vendre. Là-bas, en effet, nous en tirerions un bien meilleur prix que les mules que les nobles et les grandes dames aimaient à utiliser comme montures. Aussi grand qu'une mule, le *kulan* a une forme de tête similaire et la même queue courte, mais son pelage, magnifique, est d'un beau marron foncé, avec le ventre pâle. Il est impossible de se lasser du spectacle de leurs troupeaux trottant de façon aérienne, gambadant et folâtrant à l'unisson. Cependant, les natifs du Garabil nous dissuadèrent d'essayer de le dompter : cet animal rétif à tout dressage ne se laissait pas chevaucher, et son seul intérêt résidait dans sa chair, comestible.

Afin de compléter nos provisions de bouche, nous pratiquions abondamment la chasse, l'oncle Matteo tout particulièrement. À Mechhed, nous nous étions procuré chacun un petit arc mongol avec les flèches miniatures qui convenaient, et mon oncle, après s'être suffisamment entraîné, était devenu un expert dans son maniement. En règle générale, nous nous tenions à l'écart des grands troupeaux de gazelles ou de *kulan*, soucieux de ne pas entrer en conflit avec les prédateurs féroces qui pouvaient les accompagner : loups et même lions, qui abondent dans le Garabil. Cependant, nous prîmes le risque, à une ou deux reprises, d'en traquer de petites troupes, abattant plusieurs gazelles et, une fois, un *kulan*. Chaque jour ou presque, nous pouvions compter sur une oie, un canard, une caille ou une perdrix. Cette viande fraîche aurait été un don du ciel, n'eût été un léger inconvénient.

J'ai oublié quelle sorte de créature nous avions abattue la première fois, et qui l'avait fait. Mais quand nous commençâmes à la dépecer pour la faire griller sur notre feu, nous découvrîmes qu'elle était criblée de petits insectes grouillants incrustés entre la peau et la chair. Dégoûtés, nous la jetâmes et nous contentâmes ce soir-là de la nourriture séchée qui était notre ordinaire dans le désert. Mais, le lendemain, ayant tué un autre volatile, nous le trouvâmes infesté de la même façon. Je ne sais quel démon afflige toute créature vivante dans le Garabil. Les indigènes rencontrés ne surent nous le dire et n'en semblèrent de toute façon nullement affectés, se moquant même de la nausée que cela nous inspirait. Comme tous les animaux que nous réussîmes à chasser fourmillaient de la même vermine, nous nous fîmes violence pour ôter ces parasites avant de faire cuire la viande, et, comme la manger ne nous rendit pas malades, nous considérâmes bientôt le phénomène comme banal.

Un autre exercice qui aurait pu nous paraître gênant nous sembla après le désert au contraire passionnant. Par trois fois au cours de notre traversée du Garabil, nous eûmes à franchir une rivière. Si je me souviens bien, celles-ci s'appelaient le Tedzhen, la Kushka et la Takhta. Si elles n'étaient pas particulièrement larges, leurs eaux étaient en revanche froides, profondes et rapides, car elles tombaient directement du Paropamisus dans les étendues plates du Karakoum, où elles iraient ensuite se perdre et disparaître, absorbées par les Sables noirs. Sur chaque rive s'élevait un caravansérail, lequel proposait un service de navette que je trouvai réjouissant. Pour nos chevaux, nous leur ôtâmes juste leur selle et leur chargement avant de les laisser traverser à la nage, ce qu'ils firent avec aplomb. Quant à nous, les voyageurs, nous fûmes transportés sur l'autre berge, l'un après l'autre, avec nos bagages, par un passeur qui conduisait une embarcation tout à fait particulière appelée *masak*. Guère plus grand qu'un baquet, celui-ci était constitué d'une ossature légère en bois, soutenue sur l'eau par un certain nombre de flotteurs faits de peaux de chèvre gonflées d'air.

Il faut le dire, le *masak* ne ressemblait pas à grand-chose : les pattes de chèvre attachées parmi les perches d'armature lui conféraient un aspect plutôt grotesque, mais j'appris que tout cela avait son utilité. Ces eaux sont tumultueuses, et le passeur avait un contrôle des plus réduit sur une embarcation aussi curieuse que le *masak*, aussi celui-ci faisait-il des embardées, se balançait, tournait sur lui-même et tanguait follement, donnant de la bande tout au long du parcours qui le menait en diagonale d'une rive à l'autre. Chaque traversée étant relativement longue, les peaux de chèvre gonflées d'air avaient le temps de se mettre à fuir, en bouillonnant et en sifflant. Dès que le *masak* commençait à s'enfoncer dangereusement sous la surface de l'eau, le passeur cessait de pagayer, détachait les pattes de chèvre qui fermaient les sacs de peau et soufflait vigoureusement dans chacun d'eux, l'un après l'autre, jusqu'à ce qu'ils flottent à nouveau, avant de les rattacher avec dextérité. Pour être vraiment franc dans mon appréciation, je dois préciser que je trouvai surtout amusant ce type de navette *après* que j'eus été déposé sain et sauf sur la rive opposée. Car, durant la turbulente traversée, mes sensations s'étaient surtout résumées en vertiges, étourdissements, humidité, froid, mal de mer et crainte d'un naufrage imminent.

Au passage de la Kushka, je me souviens qu'alors qu'une autre caravane se préparait à la franchir, nous nous demandâmes comment ils allaient s'y prendre, car ils voyageaient avec un certain nombre de chariots attelés. Ils enlevèrent aux chevaux leurs harnachements et les laissèrent nager seuls vers la rive opposée, puis firent transporter en *masak* les personnes et les marchandises. Enfin, lorsque chacun des chariots fut entièrement vidé de son contenu, ils furent descendus depuis la berge jusqu'à ce que leurs quatre roues fussent déposées chacune sur l'un de ces curieux petits baquets servant d'embarcation, et ils furent ainsi convoyés, unis en quatuors flottants. C'était un sacré spectacle que ces vastes chariots dansant et tourbillonnant sur la rivière, avec leurs passeurs pagayant alternativement aux quatre coins du carré tel Charon, pour faire avancer le tout, puis soufflant comme Éole afin de conserver les outres gonflées.

Faisons-le remarquer, les caravansérails situés sur les berges procuraient une navette de bien meilleure qualité que leur nourriture. Nous n'eûmes droit à un repas décent que dans l'un d'entre eux, et ce fut du reste pour nous une expérience unique, à ce stade de notre voyage : des tranches énormes et savoureuses d'un poisson pêché dans la rivière toute proche. Ces darnes étaient un tel délice que nous demandâmes l'autorisation de nous rendre en cuisine pour découvrir dans quel poisson elles avaient été taillées. Il s'agissait de l'*ashyotr*, animal aussi gros qu'un homme, voire plus corpulent encore que l'oncle Matteo. En guise d'écailles, il était couvert de plaques osseuses en forme de coquillages, et l'on pouvait voir sous son long museau des barbillons semblables à des favoris. En plus de sa chair comestible, l'*ashyotr* produit des œufs noirs semblables à de toutes petites perles, et nous en mangeâmes, salés et agglutinés en une pâte savoureuse appelée le *khavyah*.

Dans les autres auberges, en revanche, la nourriture était épouvantable, ce qui, compte tenu de l'abondance du gibier aux environs, n'était pas compréhensible. Tous les tenanciers de caravansérail semblaient absolument tenir à proposer à leurs invités un plat qu'ils n'avaient pas mangé depuis longtemps. Comme nous avions souvent dîné d'oiseaux et de viande de gazelle, ils nous offraient du mouton. Et comme dans le Garabil ce dernier n'abonde pas, il avait dû voyager, pour arriver jusqu'ici, presque aussi longtemps que nous. Sa viande avait cessé définitivement de me plaire : salée, séchée et racornie, sans huile ni vinaigre pour l'assaisonner, hormis de la cardamome au goût âcre de poivron rouge, elle nous était invariablement servie avec des haricots blancs cuits dans de l'eau sucrée. Après ce type de repas bien gazeux, nous aurions fort commodément pu remplacer les outres flottantes en peau de chèvre des *masak*. Pour dire quand même un mot agréable des auberges du Garabil, elles ne faisaient payer que les hommes et non les bêtes, celles-ci réglant leur note par les excréments qu'elles laissaient et fournissant ainsi un précieux combustible de chauffage, dans cette région où le bois était rare.

La première cité plus ou moins significative sur notre parcours était Balkh, qui avait eu aux temps jadis une importance bien réelle. Site de l'un des plus considérables campements d'Alexandre, c'était aussi une étape majeure pour les marchands qui arpentaient la route de la soie, équipée de bazars populeux, de temples majestueux et de luxueux caravansérails. Mais la ville s'était trouvée, hélas, sur le passage de la première vague d'invasion mongole, lorsque celle-ci s'était déchaînée hors de ses repaires de l'Est : en 1220, la horde de Gengis khan avait fondu sur Balkh et l'avait écrasée telle une botte ferrée un nid d'oiseaux.

Nous y arrivâmes plus d'un demi-siècle après, mais la cité ne s'était pas encore remise du désastre. Balkh ressemblait donc à l'époque à une grande et noble ruine, mais à une ruine tout de même. Peut-être était-elle aussi active et florissante que naguère, mais ses auberges, ses greniers à grains et ses entrepôts n'étaient que des constructions rebâties de bric et de broc avec les résidus de pierres et autres planches trouvés sur place après l'invasion. Ainsi reconstruits parmi les moignons de tours jadis altières, les restes de puissantes murailles et les tuiles déchiquetées de dômes naguère parfaits, tous ces bâtiments n'en semblaient que plus pathétiques.

Bien peu des habitants étaient assez vieux pour avoir vécu l'irruption des troupes de Gengis et le saccage qui s'en était suivi. Et, à plus forte raison, rares étaient ceux qui se souvenaient du temps antérieur où la cité avait eu une réputation fameuse, reconnue fort loin alentour, sous le nom de Balkh *Umn-al-Bulud*, la « Mère des Cités ». Mais leurs fils et leurs petits-fils, maintenant propriétaires des auberges, maisons de commerce et autres établissements de la ville, paraissaient aussi abasourdis et misérables que si la dévastation avait eu lieu la veille, et sous leurs yeux. Lorsqu'ils parlaient des Mongols, c'était pour réciter une litanie qui semblait s'être imprimée dans la mémoire de chaque habitant de Balkh : « *Amdan u khandand u sokhtand u kushtand u burdand u raftand* », ce qui signifie : « Ils sont venus, ils ont tué, ont brûlé, ont pillé, se sont emparés de leurs proies et sont repartis. »

Ils étaient repartis, en effet, mais la contrée entière, comme tant d'autres, était toujours soumise à tribut et avait dû faire allégeance au khanat mongol. L'apparence mélancolique et sombre des habitants était de ce fait assez compréhensible, à proximité d'une inquiétante garnison mongole toujours stationnée aux environs immédiats. Des guerriers mongols en armes fendaient à grands pas la foule des bazars, comme pour rappeler que le petit-fils de Gengis, le khakhan Kubilaï, tenait toujours la cité sous sa lourde botte. Et les habitants de Balkh étaient toujours surveillés de près, que ce fût sous les stalles du marché ou dans leurs cabines de change, par l'œil attentif des magistrats et autres collecteurs d'impôts au service du Grand Khan.

Je pourrais redire, et ce ne serait que la pure vérité, que partout à l'est du bassin de l'Euphrate, depuis les confins occidentaux de la Perse, nous ne faisions, nous autres voyageurs, que traverser les terres du khan des Mongols. Mais, bien sûr, il eût été parfaitement vain de nous contenter d'indiquer sur nos cartes cette seule et simple information : autant valait, dans ce cas, ne pas avoir de carte du tout. Sans plus de détails, une telle carte aurait été inutile à tout utilisateur ultérieur. Comme nous espérions bien pouvoir, à notre retour, établir notre trajet exact et comptions fournir des cartes fiables aux marchands qui effectueraient la navette entre Venise et Kithai, autrement dit la Chine, nous sortions tous les jours notre *Kitab* et, après en avoir longuement délibéré entre nous, l'enrichissions des symboles nécessaires marquant montagnes, rivières, villes et déserts, ou tout autre point caractéristique.

Cette tâche était à présent devenue cruciale. Depuis les rives du Levant, en effet, jusqu'à la région où nous nous trouvions alors, la carte d'Al-Idrîsî avait constitué pour nous un guide fiable. Comme l'avait remarqué mon père depuis longtemps, il était probable que le géographe avait vu ces terres de ses propres yeux. En revanche, à partir de Balkh, toujours en allant vers l'est, il semblait n'avoir rédigé sa carte que d'après des informations rapportées par d'autres voyageurs qui ne brillaient pas tous par leur sens de l'observation. Le *Kitab* était en effet dès lors beaucoup plus avare en indications diverses, et les rares qui s'y trouvaient – fussent-elles des rivières ou des chaînes de montagnes – s'avéraient souvent situées de façon fort approximative.

– Dites donc, les espaces représentés sur la carte à compter d'ici semblent incroyablement *étroits*, vous ne trouvez pas ? fit mon père en fronçant les sourcils.

– Par Dieu, tu l'as dit ! répliqua mon oncle, toujours toussant et se grattant. Il existe, entre ici et l'océan de l'est, bien plus de terres que ce qu'il indique.

– Bien, décida mon père. Alors il s'agira désormais d'être particulièrement attentifs lors du moindre de nos relevés géographiques.

Si oncle Matteo et mon père s'entendaient sans grand débat sur la localisation des cours d'eau, des villes et des déserts, éléments aussi aisés à observer qu'à mesurer, il n'en allait pas de même pour représenter ceux qui étaient nettement moins évidents, comme les frontières entre nations. Celles-ci donnaient lieu à d'intenses délibérations, et nous n'en décidions parfois qu'en tombant d'accord sur nos intuitions partagées. Cette tâche était en vérité d'une difficulté à vous rendre fou, tant l'incroyable étendue du khanat mongol avait englouti, jusqu'à les rendre immatérielles, les limites de nations et d'États naguère indépendants. Seul un cartographe soigneux, au travail exigeant, pouvait désormais dénouer l'inextricable question de l'emplacement exact de ces lignes de partage. Même avec l'aide de représentants de chacune de ces nations, la détermination de leurs frontières serait restée un exercice délicat, si j'en juge par le mal qu'auraient eu, y compris dans notre péninsule italienne, les natifs de deux cités voisines pour tomber d'accord sur ce point. Mais il se trouve qu'en Asie centrale l'étendue des nations et le tracé de leurs frontières ont toujours plus ou moins fluctué, avant même que l'invasion mongole rende cette question encore plus hypothétique.

Prenons-en un exemple. Quelque part, durant notre longue traversée entre Mechhed et Balkh, nous avions franchi l'invisible ligne qui, du temps d'Alexandre, séparait la Bactriane et l'Aryane. Elle marque à présent – du moins le faisait-elle avant l'arrivée des Mongols – la limite entre la Grande Perse et la Grande Inde. Mais imaginons un instant que le khanat mongol n'existe pas et tâchons de donner une certaine idée de la confusion qui a régné, au cours de l'Histoire, autour de cette frontière incertaine.

L'Inde a probablement été habitée un jour, sur l'ensemble de sa vaste étendue, par cette race de petits hommes au teint sombre que nous appelons les Indiens. Mais, il y a bien longtemps, les incursions de peuples plus vigoureux et courageux ont repoussé ces Indiens des origines sur une fraction de territoire de plus en plus réduite, de sorte que l'Inde actuelle se situe désormais largement au sud-est de son aire initiale. Cette Inde aryenne du Nord est maintenant peuplée par les descendants de ces anciens envahisseurs qui, loin d'être des hindous, sont des musulmans. La moindre tribu a pour habitude de s'ériger en nation, de se donner un nom et de s'attribuer des frontières palpables. La plupart des contrées locales se terminent en « stan », suffixe qui signifie « terre de ». Le Khaljistan est donc la terre des Khalji, et ainsi pour le Pachtounistan, le Kohistan, l'Afghanistan, le Nouristan, et j'en oublie encore.

C'est dans cette région contiguë de l'Aryane et de la Bactriane que, jadis, nul ne savait où au juste, Alexandre le Grand avait rencontré la princesse Roxane, était tombé amoureux d'elle et l'avait épousée. On ignorait l'endroit exact et l'on ne savait rien de la « famille royale » dont était issue Roxane, mais, aujourd'hui encore, les diverses tribus locales (Pachtoun, Khalji, Afghans, Kirghizes et consorts) affirment descendre en droite ligne de la famille de Roxane, quand ce n'est pas des soldats macédoniens d'Alexandre. Leurs prétentions recèlent peut-être une part de vérité. Car bien que la plupart des habitants de la région de Balkh aient les cheveux noirs, les yeux et la peau sombres, comme Roxane avant eux, il en existe un certain nombre de complexion plus claire, aux yeux gris ou bleus et aux cheveux roux, voire blonds.

Cela n'empêche pas les membres de chaque tribu de se proclamer haut et fort *seuls et uniques* descendants et de revendiquer, sur la seule foi de ces vagues assertions, la souveraineté sur ces terres de l'actuelle Inde aryenne. Cette façon de raisonner me semblait passablement tortueuse, car, au fond, Alexandre n'avait lui-même été qu'un conquérant venu sur le tard, un maraudeur non désiré, de sorte que tous les habitants d'alors – excepté peut-être la princesse Roxane – avaient dû ressentir pour les Macédoniens la même inimitié qu'ils vouaient à présent aux Mongols.

Le seul trait commun que nous trouvâmes aux divers peuples qui vivaient dans ces régions était leur religion, l'islam. En accord avec les coutumes musulmanes, donc, nous ne conversâmes qu'avec la gent *masculine*, et l'oncle Matteo, que leurs vantardises sur leur prétendue lignée laissaient particulièrement sceptique, nous cita ce couplet vénitien :

La mare xe segura
E'l pare de ventura

Ce qui peut se traduire par : « Quand le père s'aventure, seule la mère en est sûre. » Autrement dit, contrairement au père, seule la mère sait de façon certaine qui a engendré ses enfants.

Si j'ai tenu à donner un aperçu de cette histoire complexe et enchevêtrée, c'est pour faire comprendre à quel point cela pouvait accroître nos frustrations en tant qu'apprentis cartographes. Quelle que fût son origine, le débat qui prenait corps, dès que mon père et mon oncle s'asseyaient quelque part pour mentionner sur la carte une nouvelle indication à l'encre, évoluait à peu près de la sorte :

– Pour commencer, Matteo, cette région, à l'évidence, fait partie du territoire gouverné par l'ilkhan Kaidu. Mais nous devons être plus précis.

– Comment pourrions-nous l'être, Nico ? Nous ne savons pas comment Kaidu ni même Kubilaï appellent eux-mêmes cette région. Les cartographes occidentaux se contentent tous de la désigner sous le vague nom d'Inde aryenne, ou Grande Inde.

– Ils n'y ont jamais mis les pieds. Le seul Occidental à l'avoir fait, c'est Alexandre. Et il l'a appelée Bactriane.

– Peut-être, mais les gens d'ici affirment tous qu'il s'agit du Pachtounistan.

– D'un autre côté, Al-Idrîsî, lui, mentionne le nom de Mazar-e-Charif.

– *Gèsu !* Cela ne représente qu'un empan sur la carte. Faut-il en faire tant d'histoires ?

– L'ilkhan Kaidu ne maintiendrait pas sur place une garnison au complet si cette terre était sans valeur. Et le khakhan Kubilaï voudra vérifier avec quel soin nous avons cartographié son empire.

– C'est vrai… (Soupir d'exaspération.) Bon, d'accord. Il faudra y réfléchir sérieusement.

34

Nous traînâmes un moment à Balkh. Non parce qu'il s'agissait d'une ville particulièrement attrayante, mais parce que vers l'est, où nous devions ensuite nous diriger, se dressaient de hautes montagnes. Et comme, à présent, une neige épaisse recouvrait le sol alors que nous étions encore en des régions de basse altitude, nous savions qu'il nous faudrait attendre la fin du printemps pour espérer franchir ces reliefs. Il nous fallait donc passer l'hiver sur place, et nous choisîmes d'entamer cet hivernage dans le caravansérail où nous nous trouvions, le jugeant suffisamment confortable à notre goût.

Comme on pouvait s'y attendre dans un tel carrefour de commerce, la chère était bonne, variée et en quantité appréciable. Il y avait d'excellents pains, plusieurs sortes de poissons, et la viande, bien que ce fût du mouton, était grillée en brochettes, ce qui la rendait fort goûteuse : on appelait cela *shashlik*. On disposait aussi de savoureux melons d'hiver et de grenades bien conservées, en plus des habituels fruits secs. Dans ces contrées, il n'y avait en revanche pas de *qahwah* : il était remplacé ici par un autre breuvage servi chaud, appelé *cha*, une infusion de feuilles presque aussi vivifiantes et parfumées, quoique d'une saveur différente et d'une teinte plus claire. Le légume de base était toujours le haricot blanc, et le seul autre accompagnement possible était l'inamovible riz, mais nous fournîmes aux cuisiniers une brique de safran, ce qui le rendit acceptable et valut aux maîtres queux les vives félicitations du patron.

Le safran constituant pour les gens d'ici (comme tel avait déjà été le cas ailleurs) une nouveauté sans pareille, il nous permit d'arrondir notre budget de sorte que nous ne manquions de rien. Mon père échangea quelques morceaux de safran en brique ou en poudre contre des pièces du royaume et daigna même, à titre exceptionnel, lorsque le marchand à qui il avait affaire s'était montré suffisamment éloquent, lui vendre deux ou trois oignons de crocus, lesquels pourraient ensuite être plantés pour débuter une culture personnelle. En paiement pour chacun de ces précieux bulbes, mon père avait exigé – et obtenu – un bon poids de gemmes de béryl ou de lapis-lazuli, pierres dont cette terre est la principale pourvoyeuse au monde et dont la valeur en monnaie locale était considérable. Nous nous trouvions donc tels de vrais coqs en pâte, sans même avoir eu besoin de monnayer nos fameux sacs de musc.

Nous fîmes l'emplette de chauds vêtements d'hiver, lainages et fourrures confectionnés dans le style local. Ici, le vêtement principal était le *chapon*, sorte de long surcot ou de robe épaisse portée en guise de manteau, mais qui pouvait aussi bien servir de couverture, voire de tente. Lorsque l'on s'en servait de manteau, il tombait jusqu'au sol, et ses amples manches pendaient sur une trentaine de centimètres en dessous des mains. Cela vous conférait un petit air comique et n'était pas particulièrement gracieux, mais plus qu'à la coupe du chapon, c'était à sa couleur que les gens accordaient de l'importance, car elle était l'indice sûr de la prospérité de son possesseur. Plus celle-ci était claire, plus le chapon était salissant : et comme il fallait le nettoyer plus souvent, cela coûtait davantage. De ce fait, on pouvait en déduire que celui qui portait un chapon blanc comme neige était si riche qu'il pouvait se permettre d'être criminellement dépensier. Mon père, mon oncle et moi-même optâmes modestement pour une teinte intermédiaire qui nous situait entre l'opulence et la basse condition du chapon marron foncé retenu pour notre esclave Narine. Nous adoptâmes également le genre de bottes qui se portaient localement, des *chamus*, faites d'un cuir souple, qui montaient jusqu'en dessous du genou, lacées à l'aide de lanières autour du mollet et dont la semelle de cuir était à la fois épaisse et flexible. Nous échangeâmes aussi à prix d'or nos selles de terrain plat pour d'autres à pommeau et troussequin montants qui maintiendraient mieux notre assise sur les pistes à forte pente.

Tout le temps que nous ne passions pas à acheter tel ou tel équipement au bazar était utilement employé. Narine s'occupait de nourrir et d'étriller nos chevaux, tandis que nous, les Polo, engagions la conversation avec les autres caravaniers. Nous leur communiquâmes les informations dont nous disposions sur la route qui menait à l'ouest de Balkh, tandis que les voyageurs venus de l'est nous renseignaient sur celle qui nous attendait. Mon père prit la peine d'écrire une longue lettre destinée à Dona Fiordelisa, lui racontant nos pérégrinations et la rassurant sur notre bon état de santé, qu'il confia au chef d'une caravane en route vers l'ouest dans l'espoir qu'elle parviendrait jusqu'à Venise. Je lui fis remarquer qu'elle aurait eu beaucoup plus de chances d'arriver à bon port si elle avait été livrée avant notre traversée du Grand Salé.

– Je l'ai fait. J'en avais déjà confié une lorsque nous étions à Kachan.

Je me permis aussi de lui dire, gentiment et sans rancœur, qu'il aurait pu penser à réserver cette même délicate attention à ma défunte mère, lors de son premier voyage.

– Je l'ai fait, répéta-t-il. J'ai écrit une lettre presque chaque jour, adressée à elle ou à Isidoro. Mais à cette époque, hélas, les Mongols étaient en pleine conquête de nouveaux territoires, et pas de façon pacifique, comme tu l'imagines. De ce fait, la route de la soie n'était guère plus fiable qu'aujourd'hui : c'était sans doute pire encore.

Nos soirées étaient fiévreusement occupées, comme je l'ai expliqué, à mettre à jour nos cartes, et je fis de même pour mes notes de voyage personnelles.

Ce faisant, je retombai par hasard sur les noms des princesses Phalène et Lumière du Soleil et me rendis compte que, depuis ces temps déjà reculés de notre séjour à Bagdad, je n'avais pas couché avec une femme. Non que j'eusse vraiment besoin de cela pour me le rappeler, vu le nombre de fois où j'avais eu recours à mon seul substitut possible, au milieu de la nuit, presque jusqu'à m'en lasser. Mais, comme je l'ai signalé, les Mongols avaient coutume de ne pas intervenir dans la religion des régions qu'ils conquéraient. Ils en respectaient par conséquent toutes les pratiques, et Balkh, terre musulmane, appliquait la *charia* à la lettre : les femmes étaient claquemurées chez elles dans le plus strict *pardah*, et celles qui circulaient dans les rues étaient dûment voilées du réglementaire tchador. Si, donc, j'avais eu l'impertinence d'en aborder une dans la rue, j'aurais risqué soit la mauvaise surprise de tomber sur une vieille bique comme Lumière du Soleil, soit celle, pire encore sans doute, de m'attirer la vindicte du mari, du frère ou de l'un des imams et autres muftis, ces dignes gardiens de la loi islamique.

Narine avait bien sûr trouvé le moyen de contourner son penchant pervers (mais parfaitement licite, celui-là) pour la gent animale. Dans toutes les caravanes qui faisaient halte à Balkh, tout musulman non accompagné d'une de ses femmes ou concubines avait ses *kuch-i-safari*. Ce terme signifie « épouses de voyage », mais il s'agissait en réalité de garçons utilisés aux mêmes fins. Aucune interdiction de la *charia* n'empêchait que des étrangers paient pour se partager leurs faveurs. Je savais bien que Narine s'était empressé de le faire, car il m'avait enjôlé pour que je lui procure l'argent nécessaire. Mais je n'avais pas été tenté de l'imiter. J'avais vu les *kuch-i-safari*, et aucun d'eux n'aurait pu rivaliser de près ou de loin avec le regretté Aziz.

J'en fus donc réduit à errer, en proie à mes désirs insatisfaits, sans rien trouver, hélas, pour les combler. Je ne pouvais que dévorer des yeux la moindre silhouette arpentant les rues, tentant en vain de déceler quelle sorte de femme se dissimulait sous cet amas de tissu. Mais le simple fait de me livrer à cette innocente occupation risquait de constituer un grave outrage aux yeux des Balkhites. Ceux-ci qualifiaient en effet ce type de pratique de « pêche à la fille d'Ève » et la considéraient comme vicieuse. Ils la condamnaient donc fermement.

Pendant ce temps, oncle Matteo assumait pour sa part son célibat sans se plaindre, et je crus d'abord que c'était par nostalgie pour Aziz. Mais il devint vite évident qu'il était tout simplement trop affaibli physiquement pour rechercher un quelconque badinage amoureux. Sa toux persistante s'était depuis quelque temps aggravée. Lorsque des quintes le prenaient, elles le secouaient désormais si violemment que, épuisé, il n'avait plus d'autre choix que de s'aliter. Il semblait pourtant toujours aussi robuste et bien bâti, et son teint n'avait rien d'alarmant. Mais lorsqu'il en vint à ne plus pouvoir se traîner hors du caravansérail, mon père et moi, balayant toutes ses protestations, convoquâmes à son chevet un *hakim*.

Cela étant, ce terme, qui signifie « sage », n'est pas toujours synonyme de personne formée à la médecine, qualifiée et expérimentée. Si l'on peut à l'occasion accorder ce titre à quelqu'un qui le mérite – par exemple, au médecin attitré d'un palais –, on peut tout aussi bien le décerner à un autre n'ayant aucun droit à s'en prévaloir, tel un diseur de bonne aventure de bazar ou un vieux mendiant récupérant et vendant des herbes médicinales. Nous étions donc passablement sceptiques quant à la possibilité de trouver rapidement un docteur digne de ce nom. Nous avions vu assez de Balkhites affligés des pires infections – la plus courante étant un goitre énorme, pareil à un melon ou à un scrotum géant – pour avoir une confiance fort limitée dans les talents de guérisseur des hommes de l'art locaux. Mais notre patron d'auberge nous présenta un certain *hakim* Khosro, à qui nous confiâmes oncle Matteo.

Il *semblait* savoir ce qu'il faisait. Il n'eut qu'à procéder à un examen très bref pour diagnostiquer à mon père :

– Votre frère souffre du *hasht nafri* : ce mot signifie « un sur huit », car c'est la proportion de gens atteints qui en meurent. Mais ceux qui n'y survivent pas mettent du temps à trépasser. Le *djinn* de ce mal n'est pas pressé. Votre frère m'a dit qu'il en souffrait depuis déjà assez longtemps et que son état, depuis, n'avait fait qu'empirer.

– C'est sans doute une phtisie, dans ce cas, déclara mon père, hochant gravement la tête. Dans le pays d'où nous venons, on l'appelle aussi le « mal sournois ». Pouvez-vous le guérir ?

– Sept fois sur huit, oui, répondit le *hakim* Khosro d'un ton guilleret. Mais pour cela, je vais avoir besoin de certains ingrédients dans votre cuisine.

Il réclama au patron du caravansérail des œufs, des grains de millet et de la farine d'orge. Puis il écrivit des mots sur de petits morceaux de papier (« de puissants versets du Coran », affirma-t-il) et les éparpilla sur le torse nu d'oncle Matteo parmi des taches de jaune d'œuf mélangé à des grains de millet.

– Le *djinn* de cette affection a une prédilection pour les grains de millet, expliqua-t-il savamment.

Puis il demanda au tenancier de l'aider à asperger le torse de mon oncle de farine et de l'en frictionner avec énergie, après quoi il l'enveloppa d'un certain nombre de peaux de chèvre afin, assurait-il, « d'activer la sudation des poisons du *djinn* ».

– *Malevolenza*, grogna mon oncle. Je ne peux même plus me gratter le coude.

Puis il commença à tousser. Était-ce la poussière de farine ou la chaleur excessive qu'il devait endurer à l'intérieur de ces peaux de chèvre, toujours est-il qu'il se mit à tousser comme jamais encore il ne l'avait fait. Ses bras étant liés par le bandage de peaux, il ne pouvait plus se marteler la poitrine pour se soulager, ni mettre sa main devant sa bouche, aussi sa toux enfla-t-elle jusqu'au moment où l'on crut qu'il allait vraiment s'étrangler. Sa face naturellement rubiconde devint plus rouge encore, si c'était possible, et il projeta quelques petites taches de sang sur le blanc de l'aba du *hakim*. Après quelques minutes de cette agonie, il pâlit et s'évanouit, soudain livide comme un mort, et je crus vraiment qu'il *s'était* étranglé.

– Non, ne t'alarme pas, jeune homme, lâcha le *hakim* Khosro. C'est ainsi que procède la nature pour guérir. Le *djinn* de ce mal n'ira jamais tourmenter un homme qui a perdu connaissance. Vous avez remarqué ? Dès que votre oncle perd connaissance, il ne tousse plus.

– Effectivement, il n'a plus qu'à mourir, dans ce cas, fis-je remarquer d'un ton effrontément critique. Ainsi, il ne toussera plus du tout !

Le *hakim* rit sans paraître se formaliser de mon attitude et répliqua :

– Ne soyez pas aussi dubitatif, allons. Le *hasht nafri* ne peut se guérir que quand la nature l'aura décidé, et je ne puis, moi, qu'implorer son concours. Regardez : voilà qu'il se réveille, à présent, et l'accès de toux a disparu.

– *Gèsu*..., murmura faiblement oncle Matteo.

– Maintenant, intima le *hakim*, il lui faut du repos et de la transpiration. Il devra garder le lit, excepté s'il doit se rendre au *mustarah*, ce qu'il aura souvent envie de faire étant donné le purgatif carabiné que je vais lui prescrire. Le *djinn* se cache encore dans ses boyaux, et cela ne fait pas souffrir lorsqu'on s'en débarrasse. Aussi, dès que le patient reviendra de ses selles, l'un de vous (car je ne serai pas toujours là) devra l'oindre à nouveau de farine d'orge et l'envelopper de toutes ces peaux de chèvre. Je veillerai à passer de temps à autre afin de renouveler les versets qui figurent sur les papiers.

Nous organisâmes donc, mon père, Narine et moi, un tour de garde au chevet d'oncle Matteo. Ce n'était pas une tâche particulièrement pénible (sauf qu'il fallait supporter les récriminations incessantes qu'il marmonnait pour pester contre sa prostration forcée) et, au bout d'un certain temps, mon père décida qu'il avait peut-être mieux à faire de notre séjour à Balkh. Il laisserait Matteo sous ma garde, Narine et lui partiraient vers la principale ville de la région pour présenter nos respects au gouverneur local, qui portait le titre de sultan, et nous faire connaître comme émissaires du khakhan Kubilaï. Bien sûr, la cité n'était que nominalement une capitale, et son souverain le sultan n'était, comme le shah Zaman de Perse, qu'un dirigeant symbolique subordonné au pouvoir du khan mongol. Mais cette équipée devait aussi permettre à mon père d'améliorer nos cartes et de les enrichir de nouvelles indications. Par exemple, notre *Kitab* désignait cette cité sous le nom de Kophes, alors que, du temps d'Alexandre, elle se nommait Nikaia et que, ici et maintenant, on ne l'appelait plus que Kaboul. Mon père et Narine sellèrent deux chevaux et se préparèrent à prendre la route.

La soirée précédant leur départ, Narine se glissa discrètement auprès de moi. Il semblait avoir compris le désespoir de ma situation personnelle, et peut-être espérait-il pouvoir me tirer d'affaire le temps que je resterais seul à Balkh. Il m'expliqua donc :

– Maître Marco, il y a un certain établissement, ici, à Balkh… C'est la maison d'un *gebr*, j'aimerais que vous alliez y jeter un coup d'œil.

– Un *gebr ?* Est-ce une sorte d'animal fabuleux ?

– Fabuleux, je ne pense pas, non. Mais bestial, ça… c'est possible ! Un *gebr* est l'un de ces Persans dégénérés qui n'ont jamais bénéficié de l'illumination du Prophète – la bénédiction et la paix soient sur lui. Ces gens-là vouent toujours un culte à Ormuzd, dieu du feu de jadis, auquel personne ne croit plus aujourd'hui… Et ils ont recours à des pratiques… disons, passablement condamnables.

– Je vois, lâchai-je, complètement refroidi. Et qu'irais-je faire dans la maison de ces païens illégitimes ?

– Ce *gebr*, qui s'est affranchi de toute observance des règles musulmanes, ne respecte, comme on pouvait s'y attendre, aucune règle de décence. Si la devanture de son établissement est celle d'un banal commerce, à l'arrière se cache une maison de rendez-vous qui permet aux amants de se rencontrer dans la plus grande clandestinité. Par ma barbe, c'est une abomination !

– Bon, et alors ? En quoi tout cela me concerne-t-il ? Va donc toi-même en référer à un mufti !

– Je devrais le faire, étant un musulman dévoué : car le doute n'est pas permis. Mais… j'aimerais d'abord que vous alliez vérifier par vous-même si l'abomination du *gebr* est bien réelle, maître Marco.

– Moi ? Mais que veux-tu que j'en aie à faire ?

– N'êtes-vous donc pas, vous autres chrétiens, des gardiens scrupuleux de la bienséance ?

– Je n'ai rien contre les amants, affirmai-je, m'apitoyant une seconde sur moi-même. Au contraire, je les envie ! Je ne demanderais qu'à connaître quelqu'un que j'inviterais à me rejoindre derrière, chez ce *gebr*...

– C'est que, justement, il se rend également coupable d'une autre offense contre la morale. Pour ceux qui n'auraient pas de galante à qui donner rendez-vous, il tient prêtes deux ou trois filles à cet usage, dont on peut aisément louer les services.

– Hum. En effet, là, ça commence à dépasser les bornes. Tu as bien fait d'attirer mon attention sur tout ceci, Narine. À présent, si tu pouvais m'indiquer l'adresse exacte de cet établissement du diable, je pourrais sans doute donner suite à ta vigilance toute chrétienne...

Le lendemain, jour où la neige tombait dru, dès que mon père et Narine s'en furent allés et que j'eus dûment enveloppé oncle Matteo d'épaisses peaux de chèvre, je m'empressai de me rendre à pied jusqu'à l'échoppe que m'avait obligeamment signalée l'esclave. Il y avait là un comptoir encombré de piles de vêtements d'un tissu qui semblait assez lourd, sur lequel brûlait, dans un bol de pierre, une mèche qui trempait dans de l'huile de naphte. La flamme brillante éclairait le regard matois d'un vieux Persan à la barbe teinte au henné.

– J'aimerais voir vos articles les plus doux, déclarai-je, comme m'avait conseillé de le faire Narine.

– Pièce de gauche, répliqua sans broncher le *gebr*, désignant de son menton barbichu un rideau de perles situé au fond de sa boutique. C'est un dirham !

– C'est que... j'aimerais vraiment quelque chose de bien, spécifiai-je.

Il émit un sifflement de mépris.

– Si vous me montrez une seule belle fille parmi les créatures rustiques de l'endroit, c'est *moi* qui vous paierai. Ne vous plaignez pas : déjà, elles sont saines. Un dirham.

– Après tout, vous avez raison : qu'importe l'eau, pourvu qu'elle éteigne le feu ! répliquai-je, résigné.

Le vieil homme me toisa du regard comme si je venais de lui cracher dessus. Je compris soudain que ce n'était peut-être pas la meilleure chose à dire à un adorateur du dieu du feu... Je me hâtai de poser ma pièce sur le comptoir et écartai le rideau de perles qui m'offrit le passage en tintinnabulant.

Un peu partout dans la pièce étaient pendues des branches de caroubier qui distillaient leur doux arôme. Pour tout mobilier, il y avait là un brasero au charbon de bois et un *charpai*, un lit rudimentaire fait de cordes entrelacées sur une armature de bois. La fille n'était pas plus avenante de visage que la seule autre femme dont j'avais auparavant payé les faveurs, la grosse Margarita des docks. Celle-ci était un pur produit des tribus locales et ne maîtrisait que la langue dominante, le pashtoun, avec à la rigueur quelques vagues mots, très laborieux, de farsi commercial. Si elle me donna son nom, je ne le compris pas, car le pashtoun est une langue qui consiste à répéter à toute vitesse des sons tous similaires tout en se raclant la gorge, en crachant et en éternuant.

Ce qui était cependant vrai, dans ce que m'avait annoncé le *gebr*, c'est qu'elle était propre, plus en tout cas que l'avait été Margarita. Elle se plaignit même, à en juger par son attitude, que je ne le fusse pas autant qu'elle. Ma foi, elle n'avait pas tort. C'est que, pour venir ici, je n'avais pas revêtu mes nouveaux habits que j'avais estimés trop encombrants, car ils n'étaient guère plus pratiques à enfiler qu'à ôter. Je portais donc la tenue qui avait traversé le Grand Salé et le Garabil, et je dois convenir qu'elle sentait bon le voyage. À vrai dire, le vêtement était si incrusté de poussière, de sueur et de crasse qu'il tenait presque debout lorsque je l'ôtai.

La jeune femme saisit mes nippes du bout des doigts, les observa un moment et s'exclama : « Sale, sale ! », et encore : « *Dahb* ! » ou « *Bohut purana !* », se gargarisant de sons qui exprimaient visiblement la répulsion en pashtoun.

– Je donne tiens, avec miens, à nettoyer.

Elle enleva prestement les vêtements qu'elle portait, les joignit aux miens, beugla ce qui semblait être un appel à un serviteur et lui tendit le paquet à travers la porte. Je le confesse, mon regard était à cet instant nettement plus intéressé par la première femme nue que je voyais depuis Kachan. Je n'en remarquai pas moins au passage que les vêtements de la demoiselle étaient faits d'une matière si épaisse et rigide que, bien que moins souillés que les miens, ils auraient également pu se tenir raides à la verticale.

Le corps de la jeune fille était plus attrayant que son visage. Elle était mince tout en arborant des seins incroyablement gros, ronds et fermes pour une aussi svelte silhouette. Je supposai que ce devait être l'une des raisons qui l'avaient poussée à choisir un métier dont l'objet était de satisfaire les infidèles de passage. Les musulmans mâles sont bien plus attirés par un postérieur épanoui et n'ont pas plus d'admiration pour les seins que pour les réservoirs à lait qu'ils y voient. J'espérai malgré tout que cette activité permettrait à la jeune fille d'épargner une fortune suffisante pendant qu'elle était encore jeune et bien faite. Les femmes de ces tribus ont une fâcheuse tendance, en effet, bien avant d'arriver entre deux âges, à devenir si obèses que leur poitrine, au départ splendide, dégénère assez vite en une série d'étages de chair comprimés entre leurs doubles ou triples mentons et les bourrelets de leur ventripotent abdomen.

L'autre raison pour laquelle je souhaitais qu'elle fît rapidement son profit de cette activité était qu'elle n'en tirait à l'évidence aucun plaisir. Dès que je me mis en tête de partager avec elle les félicités de l'acte sexuel, en la mettant en transe par la stimulation de son *zambur*, je constatai qu'elle en était privée. À la jointure haute de son *mihrab*, endroit où aurait normalement dû se nicher la minuscule molette avec laquelle le ménestrel accorde son luth, il n'y avait pas la moindre proéminence. Je crus, l'espace d'un instant, qu'elle était affligée dans cette zone d'une pathétique malformation, mais je compris vite qu'elle devait tout simplement être *tabzir*. Elle n'avait donc plus rien d'autre, là, qu'une fissure de chair douce. Ce manque dut sans doute influer sur la vigueur de mes jaillissements personnels, puisque chaque fois que je frôlais le plaisir ultime auquel on se laisse aller et que je l'entendais crier : « *ghi, ghi, ghi-ghi !* » (qui veut dire : « oui, oui ! »), je me rendais compte qu'elle simulait alors une extase toute factice, et cela m'attristait. Mais, après tout, qui suis-je pour juger criminelles les traditions d'autres peuples ? J'allais d'ailleurs bientôt découvrir que j'avais, moi aussi, un petit manque personnel à déplorer.

Devinant sans doute ma difficulté à conclure, le *gebr* vint tambouriner à la porte, criant très élégamment :

– Bon, eh ! Tu t'attendais à quoi, pour un dirham ?

Je dus admettre que j'en avais eu pour mon faible argent et laissai la jeune fille se relever. Elle alla, toujours nue, quérir une cuvette d'eau et une serviette, tout en criant dans le couloir qu'on nous apportât nos affaires propres. Elle mit à chauffer le récipient d'eau parfumée au tamarin sur le brasero, et était en train de me nettoyer avec lorsque l'on frappa à la porte. Mais le serviteur, qui ne portait que les vêtements de la jeune fille, crachota un long laïus en pashtoun qui semblait une sorte d'explication embarrassée. La demoiselle vint vers moi, une expression indéfinissable sur le visage, et demanda d'un ton hésitant, comme interrogatif :

– Tes vêtements, ça brûle ?

– Oui, je suppose, si on y met le feu. Où sont-ils ?

– Pas rendus, dit-elle, me montrant ses seuls habits.

– Ah, tu veux dire : ils « sèchent », pas ils « brûlent ». C'est bien cela, hein ? Les miens ne sont pas encore secs.

– Non, partis. Tes vêtements, ça tout brûlé.

– Qu'est-ce que c'est que cette histoire ? Tu ne m'as pas annoncé que tu allais les faire laver ?

– Pas laver. Nettoyer. Pas dans l'eau. Dans feu !

– Tu as mis mes affaires dans *le feu* ? Elles ont *brûlé* ?

– *Ghi.*

– Tu serais une adoratrice du dieu du feu, toi aussi ? Tu es *divanè*, ou quoi ? Tu les as envoyées à nettoyer dans le feu, au lieu de l'eau ? Holà, le *gebr !* Du Persan ! Holà, le souteneur !

– S'il te plaît, toi pas faire scandale ! supplia la jeune fille apparemment terrifiée. Moi rendre dirham à toi.

– Et tu veux que je rentre à poil, avec mon dirham ? Qu'est-ce que c'est que cette maudite maison de fous ? Pourquoi as-tu fait cramer mes habits ?

– Toi attendre. Regarde !

Elle saisit dans le brasero un morceau de charbon de bois non brûlé et traça sur sa manche une longue marque noirâtre. Puis elle tendit le bras et maintint un instant sa manche juste au-dessus des flammes.

– Mais… tu es cinglée !

Pourtant, aussi incroyable que cela pût paraître, le vêtement ne brûla pas. La jeune fille ôta sa manche des flammes et me fit constater qu'elle était redevenue propre et immaculée, m'abreuvant aussitôt d'un mélange pressé de pashtoun et de farsi de cuisine, duquel émergea peu à peu pour moi le sens de tout ceci.

Ce lourd et mystérieux tissu se nettoyait toujours de cette façon, et mes vêtements étaient si englués de crasse qu'elle les avait crus de la même matière.

– D'accord ! fis-je enfin. Je te pardonne, ne t'inquiète pas. Je comprends bien que tu ne l'as pas fait exprès. Mais, du coup, je n'ai plus rien à me mettre ! Que va-t-on faire ?

Elle m'expliqua qu'il y avait deux solutions. Ou bien je déposais plainte auprès du tenancier et je lui réclamais une nouvelle tenue, ce qui lui coûterait, à elle, ses gages de la journée entière et sans doute une bonne bastonnade, ou bien je me contentais de revêtir les seuls habits qu'elle avait sous la main – les siens – et je repartais me promener dans Balkh dans cet accoutrement féminin. Vous parlez d'un choix ! Mais je me devais d'agir en gentilhomme et, pour cela, de me déguiser en femme.

Je sortis précipitamment de la boutique, mais j'étais en train de rajuster mon tchador quand le *gebr*, levant le regard sur moi de derrière son comptoir, clama :

– Ma parole, mais vous m'avez pris au sérieux ! Vous tenez vraiment à me montrer une belle fille au milieu des rustiques créatures du coin, c'est cela ?

Je le rembarrai à l'aide d'une des rares expressions de pashtoun que je connaissais : « *Bahi chut !* », directive l'enjoignant assez crûment d'aller s'occuper de sa sœur.

Il s'esclaffa et ajouta, avant que je me faufile au-dehors dans la neige qui tombait toujours :

– Dame, ce serait avec grand plaisir, si elle était aussi belle que toi !

Bien que j'eusse à deux ou trois reprises trébuché, ma vision du sol étant sérieusement entamée par le port du tchador et l'opacité de la neige, sans compter les fois où je marchai sur l'ourlet de ma robe, je parvins à rentrer au caravansérail sans incident majeur. Je le regrettai presque, car j'avais parcouru tout le trajet dents et poings serrés, le sang bouillonnant dans mes veines, dans l'espoir qu'un gros balourd de pêcheur de filles d'Ève m'adressât grossièrement la parole ou me fît un clin d'œil salace, et que je puisse le tuer. Je me glissai dans l'auberge par la porte de derrière, sans être vu, et me dépêchai de revêtir des vêtements bien à moi, tandis que je me débarrassais de ceux de la jeune fille. Puis, après réflexion, je découpai un morceau dans sa robe afin de le garder comme curiosité. Depuis, cet échantillon m'a servi à épater un grand nombre de gens *a priori* peu enclins à croire qu'un tissu pût résister au feu.

En y repensant, j'avais effectivement ouï dire, au temps où j'étais encore à Venise, qu'une telle matière existait. J'avais entendu des prêtres raconter que le pape de Rome conservait, au milieu des reliques les plus précieuses de l'Église, un *sudarium*, tissu censé avoir été utilisé pour éponger le saint front de Jésus-Christ. Ledit linge avait été sanctifié par ce geste, affirmaient-ils, de sorte qu'il en était devenu indestructible. Il pouvait être jeté au feu et laissé là autant qu'on le voulait, on pouvait ensuite l'y récupérer intact et miraculeusement préservé. Un distingué médecin avait cependant contesté cette déclaration des prêtres selon laquelle la sainte sueur avait suffi à rendre le linge résistant à toute destruction. Pour sa part, il affirmait que le tissu devait avoir été fabriqué en peau de salamandre, créature qu'Aristote prétendait capable de vivre confortablement au milieu des flammes.

Je suis en mesure de contredire respectueusement et les révérends croyants et le pragmatique aristotélicien. Car j'ai pris la peine d'enquêter sur le tissu ininflammable fabriqué par les *gebr* adorateurs du feu, et l'on m'a fait voir comment il est confectionné et à partir de quelle substance. Parmi les montagnes qui entourent Balkh, on trouve une certaine roche particulièrement douce au toucher. Quand on la concasse, elle ne se réduit pas en fines particules comme des grains de sable, mais en fibres un peu semblables à celles du lin brut. Celles-ci, après avoir été longuement écrasées, séchées, puis lavées avant d'être à nouveau séchées puis cardées et filées au fuseau, forment un fil qui peut parfaitement être tissé en un vêtement, lequel dans ce cas ne brûlera pas. Cette roche étrange, la rude fibre qu'on en extrait et la matière magique que l'on fabrique avec sont considérées par les *gebr* comme sacrées aux yeux de leur dieu du feu Ahura Mazda. Ils ont baptisé cette substance « pierre qu'on ne peut souiller », que je traduirai dans notre langue plus civilisée par le terme d'amiante.

35

Mon père et Narine étaient partis depuis cinq ou six semaines, et comme oncle Matteo n'avait besoin de mon aide que par intermittence, j'avais du temps pour moi. Je rendis donc un certain nombre de visites supplémentaires à la boutique du *gebr* persan, toujours habillé avec suffisamment de propreté pour éviter à mes vêtements un éventuel nouveau nettoyage intempestif. Chaque fois que je répétais le mot de passe : « J'aimerais voir vos articles les plus doux », le vieil homme était pris de convulsions de rire et rugissait :

– Mais enfin, c'est *vous*, sans conteste, l'article le plus doux et le plus tentant que j'aie jamais eu en magasin !

Je n'avais plus alors qu'à encaisser stoïquement ses galéjades et sa grosse hilarité jusqu'à ce qu'il consentît à se saisir de mon dirham et m'indiquât quelle était alors la chambre disponible.

Au fil du temps, j'eus bientôt expérimenté ses trois chambres de derrière et leurs marchandises. Mais toutes étaient des Pashtounes excisées, et je ne pus donc que me soulager avec elles sans qu'il en résultât de satisfaction au plein sens du terme. J'aurais finalement pu en faire autant avec les *kuch-i-safari*, et pour moins cher encore. De même, je n'acquis d'elles que quelques maigres mots du vocabulaire pashtoun, jugeant cette langue trop négligée et trop brouillonne pour être sérieusement apprise. À titre d'exemple, le son *gau*, prononcé normalement en exhalant, veut dire « vache », mais le même *gau*, prononcé cette fois en inspirant, signifie « veau ». Imaginez-vous donc comment peut sonner une phrase aussi simple que : « la vache a eu un veau », et vous aurez une idée de ce que peut donner, en pashtoun, une conversation un tant soit peu plus complexe.

En sortant de l'échoppe d'amiante, j'en profitais pour échanger quelques mots en farsi avec le *gebr* propriétaire. Il ne manquait jamais de se fendre au préalable d'une plaisanterie bien grasse sur le jour où j'avais été contraint de me déguiser en femme, mais ceci fait, il condescendait généralement à répondre à mes questions sur ses étranges croyances. C'est que je tenais là l'unique sectateur de cette vieille religion persane que j'eusse jamais rencontré. Il voulut bien admettre que les croyants de cette foi n'étaient plus légion de nos jours, mais il maintint que ladite religion avait jadis régné en maître, non seulement en Perse, mais aussi dans toutes les régions environnantes, de l'Arménie jusqu'en Bactriane. Et la première chose qu'il prit soin de me préciser, c'était qu'il ne fallait pas appeler un *gebr* un *gebr*.

– Le mot signifie simplement « non musulman », et les musulmans l'utilisent avec une nuance péjorative et méprisante. Nous préférons être qualifiés de *zardushi*, car nous suivions les préceptes du prophète Zarathoustra, le Chameau doré. C'est lui qui nous a enseigné le culte du dieu Ahura Mazda, dont le nom s'est aujourd'hui altéré en Ormuzd.

– Et ce dernier mot signifie « feu », complétai-je d'un air savant, car Narine me l'avait expliqué.

Je fis un geste du menton vers la lampe qui brillait toujours dans l'échoppe.

– Non, pas le feu, répliqua-t-il d'un ton las. Ce n'est qu'une fausse croyance stupide que l'on propage. Nous ne sommes pas des adorateurs du feu. Ahura Mazda est le dieu de la Lumière, nous alimentons seulement une flamme en souvenir de Sa bienfaisante Lumière qui éradique l'obscurité de son ennemi éternel, Ahriman.

– Ah, commentai-je. Pas très différent donc, de Notre-Seigneur Dieu qui lutte contre son adversaire Satan.

– Non, pas différent du tout, en effet. Vous tenez des juifs votre Dieu chrétien et votre Satan, de même que les musulmans, avec leur Allah et leur Shaitan. Le Dieu et le Diable des juifs étaient fidèlement calqués sur notre Ahura Mazda et notre Ahriman. De la même façon, vos anges du ciel et vos démons de l'enfer sont de fidèles copies de nos messagers célestes, les *malakhim*, et de leurs homologues opposés, les *daeva*. Tout comme votre enfer et votre paradis, directement dérivés des enseignements de Zarathoustra sur l'après-vie.

– Là, vous y allez un peu fort ! protestai-je. Passe encore, à la limite, pour les juifs et les musulmans, mais la vraie religion ne peut pas avoir été une simple imitation de celle de…

Il me coupa net.

– Observez n'importe quelle représentation d'une déité chrétienne, celle d'un ange ou d'un saint. Il est dessiné avec un halo lumineux autour de la tête, non ? C'est un joli fantasme, mais il nous appartient de fait. Car cette aura n'est autre qu'une reproduction stylisée de la lumière de la flamme éternelle : celle d'Ahura Mazda resplendissant sur ses messagers et ses saints.

Cela semblait difficile à contester, mais je n'allais pas le concéder, bien sûr. Il poursuivit :

– C'est pour cette raison que, depuis des siècles, nous n'avons cessé d'être persécutés, nous autres *zardushi :* on n'a cessé de nous railler, de nous disperser, voire de nous contraindre à l'exil. Un peuple qui se targue de posséder la première vraie religion tient à affirmer qu'elle lui est venue de quelque révélation exclusive... Il n'accepte pas aisément qu'on vienne lui rappeler qu'elle est simplement issue d'une autre croyance plus ancienne, pratiquée par un autre peuple.

Lorsque je rentrai au caravansérail, ce jour-là, j'étais perdu dans mes pensées. Je me disais : « L'Église n'a pas tort, au fond, d'exiger de ses adeptes la foi plutôt que la raison. Plus je me pose de questions, plus j'obtiens de réponses, et plus mes certitudes vacillent. »

Tout en marchant, je ramassai une poignée de neige sur un talus que je longeais et l'agglomérai en une boule : elle m'apparut soudain ronde et ferme, comme le sont les convictions. Pourtant, je n'avais qu'à la regarder d'assez près pour constater que sa rotondité n'était qu'une agglomération compacte de creux et d'aspérités. Et il suffisait que je la tienne en main assez longtemps pour que sa solidité se dissolve en eau. Tel est le destin de la curiosité, constatai-je : les certitudes se fragmentent et finissent par se dissoudre. Avec assez d'observation et de patience, un homme découvrirait sans doute que notre Terre, apparemment si ronde et si robuste, ne l'est peut-être pas tant que cela. Et peut-être serait-il moins fier de sa capacité à raisonner si, au bout du compte, elle le laissait sans une base fiable à laquelle se raccrocher. Et pourtant, la vérité ne constituait-elle pas une fondation plus sûre, malgré tout, que l'illusion ?

Je ne sais plus si c'était ce jour-là ou un autre, mais je rentrai au caravansérail, un soir, pour découvrir que mon père et Narine étaient de retour. Le *hakim* Khosro était là également, et tous trois étaient postés autour du lit du malade, parlant chacun son tour :

– … Il n'était pas à Kaboul. Le sultan Kutb-ud-Din a maintenant une nouvelle capitale située assez loin au sud-est de là. Une cité appelée Delhi…

– Pas étonnant que vous ayez été si longs, déclara mon oncle.

– On a dû franchir d'impressionnantes montagnes, par la passe de Khaibar…

– … puis traverser une terre nommée le Pendjab…

– … plus exactement le Panch Ab, précisa le *hakim*, puisque ce terme signifie les « Cinq Fleuves ».

– … Mais nos efforts ont été récompensés. Le sultan, comme le shah de Perse, était extrêmement désireux de faire au khakhan des offrandes en témoignage de leur fidélité à sa grandeur…

– … et nous avons donc à présent un cheval de plus, chargé d'objets en or, d'étoffes en cachemire, de rubis…

– Mais là n'est pas l'essentiel, trancha mon père. Comment se porte notre patient Matteo ?

– Vidé ! grogna mon oncle en se grattant le coude. Après avoir craché d'un côté tout ce que je pouvais, j'ai littéralement vomi de l'autre jusqu'à mon dernier pet et ma dernière merde, pendant qu'au milieu je transpirais l'intégralité de ma sueur ! J'en ai aussi par-dessus la tête d'être transpercé de partout par des papiers ensorcelés et poudré tel un beignet frit.

– Et, au bout du compte, rien de nouveau ! constata le *hakim* Khosro d'un ton détaché. Mes efforts pour aider la nature n'ont hélas pas donné beaucoup de résultats. Je suis heureux de vous voir à nouveau réunis, car je ne saurais trop vous conseiller de partir d'ici et d'emmener le patient en pleine nature. Là-bas, dans les hauteurs des montagnes de l'est, où l'air est plus clair et plus pur…

– Mais plus froid, objecta mon père. Froid comme la charité, même. Croyez-vous que ce sera bon pour lui ?

– L'air froid est le plus salubre qui soit, répliqua le *hakim*, catégorique. J'ai pu le vérifier par l'observation, au cours d'études professionnelles. Tenez, regardez : les gens qui vivent toujours sous des climats froids, comme les Rusniaques, ont la peau d'un blanc immaculé ; ceux qui vivent sous les climats chauds, tels les Hindous, sont d'un marron sale, presque noirs. Nous autres Pashtouns, situés entre les deux, sommes ocre foncé. Croyez-m'en, n'attendez pas, emmenez vite le patient vers ces altitudes froides, propres et blanches.

Lorsque j'aidai le *hakim* à remettre sur pied oncle Matteo puis à ôter les peaux de chèvre pour qu'il puisse se rhabiller pour la première fois depuis de longues semaines, nous fûmes effarés de voir à quel point il avait maigri. Dans ses vêtements désormais bien trop amples, il semblait être devenu encore plus grand qu'auparavant, lorsque sa forte carrure tendait ses coutures à craquer ; son teint jadis rubicond était maintenant effroyablement pâle, ses membres tremblaient d'être restés si longtemps inactifs. Cependant, il proclama qu'il se sentait dans une forme éblouissante, tant il était soulagé de pouvoir enfin se tenir debout. Et, un peu plus tard, dans la grande salle du caravansérail, il mugissait à l'adresse des autres dîneurs de sa voix de stentor toujours aussi tonitruante, réclamant les derniers détails sur les pistes de montagne de l'est.

Plusieurs caravaniers ne se firent pas faute de lui répondre et nous communiquèrent des détails pertinents sur la route montagneuse que nous aurions à suivre. Du moins, nous *espérions* que ces détails seraient pertinents. À la vérité, il ne s'en trouvait pas deux pour dire la même chose, et aucun n'était d'accord sur le nom que portaient ces fameuses montagnes qui s'élevaient à l'est.

– Ce sont les cimes de l'Himalaya, disait l'un, la Demeure des neiges. Avant de les gravir, prenez soin d'emporter avec vous une fiole de jus de pavot. En cas de cécité des neiges, quelques gouttes dans l'œil soulageront grandement la douleur.

– Ce sont les sommets du Karakorum, affirmait un autre, les montagnes Noires, les Pentes glacées. Là-bas, l'eau des torrents est toujours aussi froide, durant l'année. Gardez-vous de laisser vos chevaux s'en désaltérer sans en avoir mis à réchauffer au préalable dans un seau, ou ils seraient pris de crampes douloureuses.

– Ces hauteurs sont celles de l'Hindu Kuch, les Tueuses de l'Inde, annonçait le troisième[28]. Sur ce terrain très difficile, un cheval peut devenir rétif et presque incontrôlable. Si vous êtes confrontés à pareille situation, attachez simplement la queue du cheval à sa langue : il se calmera instantanément.

– Ce sont les monts du Pamir, affirmait un quatrième, ce qui signifie le « chemin des pics ». La seule plante que vos bêtes pourront

28. C'est cet intervenant qui a raison. Le chemin que vont emprunter nos voyageurs suivra la chaîne de l'Hindu Kuch, pour remonter la vallée du Wakhân.

y brouter est la *bursta*, la citronnelle de l'Inde, aux feuilles odorantes couleur d'ardoise. Vous ne pourrez la manquer : vos chevaux la trouveront toujours pour vous. Gorgées d'une sève huileuse, ces feuilles vous fourniront un très bon combustible. Étrangement, d'ailleurs, ce sont les plus vertes qui brûlent le mieux.

– Ces montagnes sont les Khwaja, les Maîtresses, indiquait un cinquième. Quand vous serez là-haut, vous ne sauriez perdre votre cap, même au milieu de la plus épaisse tempête. Il vous suffit de vous souvenir que le versant méridional des montagnes est dépourvu de toute végétation. Si donc vous repérez le moindre arbuste ou le plus petit buisson, vous êtes forcément sur la face nord.

– Ces massifs sont ceux des Muztagh, les Gardiens, prévenait un sixième. Priez pour les avoir entièrement traversés avant que l'été ait succédé au printemps, ou vous serez piégés par le *Bad-i-sad-o-bist*, le terrible vent de quatre mois.

– Pas du tout ! clamait un septième. Ces éminences sont celles du Trône de Salomon, le *Takht-i-Sulaiman*. Si vous êtes pris là-haut dans une tornade, vous pourrez être sûrs qu'elle est issue de l'une des cavernes toutes proches, qui sont la tanière des démons envoyés là en exil par le bon roi Salomon. Trouvez la caverne et obstruez-la de rochers, le vent tombera de lui-même.

Nous fîmes donc nos bagages, payâmes notre dû pour la pension, saluâmes ceux dont nous avions fait la connaissance et nous remîmes en route, montés sur nos quatre chevaux et en menant trois autres chargés d'un amas princier de marchandises. Nous dirigeant plein est à partir de Balkh, nous traversâmes successivement les villages de Kholm, Qonduz et Taloqan, qui semblaient n'exister que comme marchés d'échange pour les éleveurs de chevaux habitant cette région herbeuse. Tout le monde là-bas élève des chevaux, et l'on a toujours à vendre à ses voisins, à la foire du village, des étalons reproducteurs ou quelques juments poulinières. Les chevaux sont des bêtes superbes, comparables aux meilleurs pur-sang arabes, bien que n'ayant pas une tête aussi fine. Chacun affirme, bien sûr, que son troupeau descend en droite ligne du destrier d'Alexandre, le fougueux Bucéphale, revendication d'autant plus ridicule qu'elle est universelle. Quoi qu'il en soit, aucun n'a jamais arboré l'incroyable queue de paon que prêtaient à sa monture les enluminures du *Roman d'Alexandre*, devant lequel j'avais rêvé de longues heures durant ma jeunesse.

En cette saison, toutes les étendues herbeuses étaient recouvertes de neige, ce qui nous empêcha de constater la raréfaction progressive de la végétation à mesure que nous avancions vers l'est. Mais nous en étions malgré tout conscients, car le sol sous la neige devint caillouteux, puis rocailleux, et les villages peu à peu s'espacèrent jusqu'à disparaître complètement, pour ne laisser place de temps à autre qu'à un hypothétique caravansérail posé dans le décor de façon quelque peu insolite. Lorsque nous eûmes passé l'ultime bourgade, un amas de huttes de pierre du nom de Keshem, nous dûmes, dès que nous eûmes atteint les premiers contreforts montagneux, camper trois nuits sur quatre à la belle étoile. Ces bivouacs glacés dans la neige et le vent tourbillonnant, sous le seul abri de la tente et de nos chapons, avec pour toute nourriture nos rations salées ou séchées, n'avaient rien d'idyllique.

Nous avions craint pour oncle Matteo les rigueurs du climat. En fait, il fut le seul à ne pas s'en plaindre, même quand nous autres bien-portants nous lamentions. Il maintenait au contraire qu'il se sentait bien mieux dans cet air vif, comme l'avait prédit le *hakim* Khosro. Sa toux avait diminué, et il ne crachait presque plus de sang. Il nous laissait certes prendre en charge les besognes les plus pénibles, mais ne nous obligeait pas à raccourcir nos étapes et, chaque jour, il se tenait bien ferme en selle ou marchait à côté de son cheval sur les portions les plus rudes, comme n'importe lequel d'entre nous. Du reste, au bout d'un certain temps sur ces pistes difficiles, réduits à ne subsister que de nos maigres rations, nous étions tous devenus aussi émaciés qu'oncle Matteo et peu enclins à nous dépenser. Seul Narine conservait sa bedaine, mais elle semblait maintenant comme désolidarisée de sa silhouette, tel un melon qu'il aurait transporté sous ses vêtements.

Lorsque nous arrivâmes à la rivière Ab-e-Panj, nous suivîmes sa large vallée qui remontait vers l'est et commençâmes à monter insensiblement, gagnant de l'altitude à chaque pas. Quand on pense à une vallée, on se figure généralement une dépression dans le sol, mais celle-ci était large de plusieurs *farsakh* et n'était encaissée que par rapport aux massifs cyclopéens qui l'entouraient au loin, de part et d'autre. Située dans n'importe quel autre point du globe, la vallée n'aurait pas été en *surface* du sol, mais largement au-dessus, très haut dans les nuages, hors d'atteinte des yeux des mortels et aussi intouchable que le paradis. Non qu'elle lui ressemblât si peu que ce fût, je me hâte de le dire, étant sans doute aussi froide, rude et inhospitalière que les cieux peuvent être parfumés, doux et accueillants.

Le paysage ne variait pas beaucoup : une large vallée couverte de rochers jetés en vrac et de broussailles, le tout capitonné de mamelons ouatés de neige, de blancs torrents de montagne courant à sa surface, et, plus loin, s'élevant des deux côtés, les dents acérées des montagnes. Rien ne changeait dans ce paysage, si ce n'est la lumière qui passait de la teinte pêche dorée de l'aurore aux tons de roses enflammés des couchers de soleil. Entre les deux, les ciels étaient si bleus qu'ils viraient au pourpre, sauf lorsqu'un toit de nuages gris laineux et humides venait lessiver la neige et la faire fondre en filets argentés.

Le sol était partout inégal, encombré d'un fouillis de cailloux, de rochers et de talus qu'il nous fallait franchir, non sans contorsions parfois, ou contourner avec la plus grande précaution. Hormis ces inégalités de terrain, notre ascension, pourtant continue, demeurait insensible, et nous aurions presque pu nous croire encore en plaine. Chaque soir, en effet, lorsque nous nous arrêtions pour établir notre campement, les montagnes se dressaient devant nous, toujours aussi hautes et altières que la veille. Mais c'était juste parce que ces dernières ne cessaient de s'élever, au fil de notre ascension de cette vallée en pente. Cela donnait la même impression que lorsque vous grimpez un escalier et que la rampe reste toujours à la hauteur de votre main : si vous ne pensez pas à jeter un coup d'œil vers le bas, il vous est impossible de vous rendre compte que tout s'enfonce sous vos pas et que ce que vous avez gravi s'éloigne vraiment.

Nous avions néanmoins plusieurs moyens d'évaluer notre prise d'altitude. Le comportement de nos chevaux était par exemple éloquent. Nous autres bipèdes pouvions fort bien ne pas voir, forcés de descendre de cheval pour cheminer sur quelque tronçon accidenté, que chaque pas en avant était plus haut que le précédent, mais nos bêtes, n'ayant pas les antérieurs à la hauteur de leurs membres postérieurs, ressentaient bien la dénivellation. Aussi, les chevaux, particulièrement futés, ajoutaient subtilement une certaine lourdeur à leur lente et pénible marche afin que nous ne les pressions pas trop.

Autre indicateur de notre ascension, la rivière qui caracolait le long de la vallée. Cet Ab-e-Panj, nous avait-on dit, est l'un des contributeurs de l'Oxus, ce large fleuve qu'Alexandre a franchi tant et tant de fois, et dont il dépeint le cours dans son *Roman* comme ample, lent et tranquille. Cette description correspondait sans doute à des zones plus occidentales que celles où nous étions parvenus. Le cours d'eau que nous suivions n'était désormais ni large ni profond, mais courait dans la vallée telle une blanche cavalcade de chevaux sauvages, agitant mille queues et crinières étincelantes.

C'était même parfois plus une fuite précipitée qu'un cours d'eau, le bruit de ses eaux qui dévalaient en cascade étant parfois noyé dans la rumeur et le raclement grondeur des rochers chahutés, roulés et bruyamment bousculés dans son lit par le courant. À la vitesse de ses eaux, un aveugle eût sans doute évalué que la source d'une telle furie était située encore bien plus haut vers l'amont, mais il était certain qu'en cette saison, si la rivière avait dû ralentir un tant soit peu son cours tumultueux, elle aurait instantanément gelé, et l'Oxus aurait donc cessé d'exister vers l'aval. Le phénomène était évident à évaluer, puisque chaque gouttelette ou éclaboussure qui jaillissait sur un rocher se figeait aussitôt en une perle de glace bleu pâle. Sans compter que toute projection de ce genre mordait douloureusement de sa griffe gelée les flancs et les membres de nos montures, ainsi que les nôtres, cette couche glissante et translucide rendait évidemment toute marche à proximité immédiate du torrent plus dangereuse encore que la progression sur le sol couvert de neige, mais nous nous efforcions de ne pas le perdre de vue.

La raréfaction de l'air nous renseignait également sur l'altitude croissante. On m'a souvent regardé d'un air goguenard, quand on ne me riait pas carrément au nez, lorsque je décrivais ce phénomène à des gens qui n'avaient pas voyagé. Je sais parfaitement, tout comme eux, que l'air n'a pas de poids et qu'il est impalpable, sauf quand il se manifeste sous la forme du vent. Et quand ces mécréants me demandaient *comment* il se pouvait qu'un air sans poids puisse encore se raréfier, j'étais bien incapable de leur expliquer pourquoi ni comment ; je sais seulement que c'est possible. Au fur et à mesure que l'on progresse dans ces hauteurs, il perd de sa substance, plusieurs détails viennent le confirmer.

D'abord, pour remplir ses poumons d'air, l'homme est obligé d'inspirer plus profondément ; pas seulement à l'occasion d'un mouvement un peu plus exigeant au plan physique, mais même lorsqu'il est immobile. Lorsque je m'activais à charger une sacoche de la selle de mon cheval ou à me hisser péniblement sur un rocher posé en travers de la piste, il me fallait respirer si vite, si fort et si intensément qu'il me semblait que jamais je n'aurais assez d'air pour me soutenir. Certains sceptiques ont attribué ce fantasme à la dureté des conditions que nous endurions et à la fatigue qu'elles engendraient – Dieu sait si nous avions effectivement à combattre tout cela –, mais je maintiens pour ma part que c'est la raréfaction de l'air qui était à l'origine de ce phénomène. J'ajouterai à tout ceci que l'oncle Matteo, bien qu'obligé comme nous tous d'inspirer à fond, n'était plus aussi fréquemment et douloureusement secoué de son besoin de tousser. À l'évidence, la moindre densité de l'air des hauteurs allégeait ses poumons et limitait d'autant la force nécessaire pour l'en expulser.

Une autre preuve s'imposait. Le feu et l'air, aussi légers l'un que l'autre, sont, des quatre éléments, les plus proches, nul ne songerait à le contester. Or, à cette altitude où l'air est plus rare, le feu s'affaiblit également. Il produit une flamme bleue et étroite, non plus jaune et brillante comme à l'accoutumée. Et ce phénomène n'était pas dû au fait que nous étions contraints de faire brûler de la *bursta* comme combustible, car j'ai expérimenté la chose avec du papier, et il s'est consumé dans une flamme tout aussi pauvre et languide, comme exténuée. Même sur un feu de camp bien alimenté et correctement installé, il fallait plus de temps pour faire cuire une tranche de viande ou bouillir un pot à eau qu'en des terres plus basses. Cette même eau bouillante tardait d'ailleurs elle aussi à cuire ce qu'on y jetait.

En cette saison hivernale, peu de grandes caravanes s'aventuraient sur la piste, mais nous rencontrâmes quand même d'occasionnels groupes de voyageurs. C'étaient pour la plupart des chasseurs et des trappeurs qui se déplaçaient d'un endroit à l'autre dans les montagnes. L'hiver était leur saison de chasse, et, lorsque le printemps serait de retour, ils iraient porter leur provision de peaux et de fourrures pour les vendre sur le marché de quelque ville des basses terres. Leurs petits chevaux de bât hirsutes étaient chargés d'un monceau de paquets remplis de peaux de renard, de loup, de lynx, d'*urial* – des sortes de chèvres sauvages – et de *goral* – animal intermédiaire entre la gazelle et la chèvre. Ces chasseurs de fourrures nous indiquèrent que la vallée que nous étions en train de remonter s'appelait le Wakhân, ou corridor de Wakhân. Nombre de passes s'ouvrant de part et d'autre, il formait à la fois une frontière entre les terres environnantes et une voie d'accès à celles-ci. Au sud, selon eux, d'autres passes menaient aux terres du Chitral[29], de l'Hunza et du Cachemire, celles de l'est conduisant au To-Bhot, et notre voie septentrionale vers le Tadjikistan.

– Le Tadjikistan se trouve là-bas ? répéta mon père, tournant son regard vers le nord. Alors nous ne sommes plus bien loin, Matteo, de la route que nous avions prise au retour.

– C'est exact, confirma mon oncle, à la fois exténué et soulagé. Il nous suffira de traverser le Tadjikistan, puis de franchir la courte distance qui nous sépare à l'est de la ville de Kachgar, et nous serons de nouveau dans Kithai, le pays de Kubilaï.

Sur leurs chevaux de bât, les chasseurs de peaux transportaient aussi une bonne quantité de cornes qu'ils avaient prélevées sur une espèce de mouton sauvage appelé *artak*. N'ayant jusque-là rien vu d'autre que les fort modestes appendices des gazelles, des vaches ou des moutons domestiques, ces ramures m'impressionnèrent. Elles étaient à la racine aussi larges que ma cuisse et s'élevaient en spirale jusqu'à la pointe. Sur l'animal, elles atteignaient la taille d'un homme, mais une seule de ces cornes, étirée, l'aurait sans doute égalée *à elle seule*. Elles constituaient en tout cas à mes yeux des objets si admirables qu'on devait, pensais-je, les vendre comme articles d'ornement. Nullement, m'expliquèrent-ils en riant, ces cornes allaient être découpées pour fabriquer les objets les plus usuels : on y taillerait des bols, des tasses, des étriers de selle et même des fers à cheval. Ils certifiaient qu'un cheval ainsi équipé ne pouvait déraper, fût-ce sur la route la plus glissante.

(Plusieurs mois après, lorsque je découvris bien plus haut dans les montagnes ce genre d'*artak* en liberté dans les solitudes, je les trouvai si splendides que je déplorai qu'on les chassât à des fins aussi mercantiles. Ce à quoi mon père et mon oncle, ne voyant là qu'un commerce utile, ce qui pour eux voulait tout dire, rirent comme l'avaient fait les chasseurs et raillèrent rudement ma sentimentalité, allant jusqu'à les surnommer par dérision les « moutons de Marco ».)

Alors que nous progressions dans le Wakhân, les cimes qui s'élevaient sur les côtés demeuraient toujours aussi altières, mais, à pré-

29. Nom local du Pakistan.

sent, dès que la neige cessait de tomber et nous laissait contempler leurs pentes vertigineuses, celles-ci semblaient plus proches de nous. Et les rives de glace qui enserraient la rivière Ab-e-Panj paraissaient à la fois plus épaisses et plus bleues, comprimant les eaux vives du torrent en un courant encore plus impétueux, comme une métaphore visuelle de l'emprise de l'hiver sur la nature.

Ces montagnes continuèrent de border les deux côtés de notre horizon jusqu'à ce que d'autres apparaissent à leur tour en face de nous, si bien que nous fûmes bientôt encerclés de sommets titanesques, sauf dans notre dos. Il nous fallut atteindre le point le plus élevé de cette vallée pour voir soudain les averses de neige cesser, les nuages disparaître tout aussi brutalement, dévoilant ainsi à nos regards extasiés les pics blancs des montagnes et le bleu glacé du ciel qui se réfléchissaient majestueusement sur la surface d'un gigantesque lac gelé, le Chaqmaqtin. Sous les glaces de son extrémité occidentale sourdaient les eaux de l'Ab-e-Panj que nous avions suivi, aussi ce lac nous apparut-il comme sa source, et nous levions ainsi le voile sur les origines de l'Oxus. Mon père et mon oncle l'ajoutèrent sur les cartes, notre *Kitab* étant notoirement imprécis sur ces régions. Je ne pus guère, pour ma part, contribuer à notre localisation, l'horizon étant beaucoup trop haut et déchiqueté pour que je puisse faire usage du *kamàl.* Mais dès que le ciel nocturne fut suffisamment dégagé, je pus au moins confirmer, d'après la hauteur de l'étoile Polaire, que notre latitude était bien plus septentrionale que celle de Suvediye, point de départ de notre marche terrestre, sur les rives du Levant.

À l'extrémité nord-est du lac Chaqmaqtin était fixée une petite communauté du nom de Buzai Gumbad, qui se prétendait une bourgade, laquelle n'était en réalité rien d'autre qu'un vaste caravansérail aux multiples bâtiments, entouré d'une cité de tentes et de corrals qui abritaient les bêtes des caravanes qui passaient là tout l'hiver. Il paraissait évident que, les beaux jours revenus, la population tout entière de Buzai Gumbad se lèverait et quitterait le corridor de Wakhân par l'une de ses nombreuses passes. Le tenancier du caravansérail était un homme aussi jovial qu'expansif, nommé Iqbal, ce qui signifie « bonne fortune », nom fort approprié au tenancier de la seule halte possible pour les caravanes sur ce tronçon resserré de la route de la soie, qui, de ce seul fait, prospérait tant. Il était natif de la vallée du Wakhân, proclamait-il, ayant vu le jour sous le toit même de son auberge. Cependant, comme avant lui son père, son grand-père et toute la lignée des aubergistes de Buzai Gumbad, il parlait le farsi commercial et possédait, sinon par expérience du moins par ouï-dire, une assez bonne connaissance du monde situé au-delà des montagnes.

Ouvrant tout grand les bras, Iqbal nous accueillit fort chaleureusement, nous souhaitant la bienvenue dans « le Haut-Pamir, le chemin des pics et le toit du monde », avant de nous confier que ses paroles, pour extravagantes qu'elles parussent, n'avaient rien d'exagéré. Ici, affirmait-il, nous étions exactement à un *farsakh*, soit quatre mille mètres, au-dessus du niveau de la mer et de cités telles que Venise, Acre ou Bassora. Iqbal ne nous expliqua pas comment il pouvait connaître aussi *précisément* l'altitude locale. Mais, persuadé pour ma part qu'il disait vrai et voyant autour de nous les montagnes culminer encore aussi haut, je ne discuterai pas l'affirmation selon laquelle nous étions parvenus sur le toit du monde.

LE TOIT DU MONDE

36

Nous louâmes une pièce pour nous tous, Narine inclus, dans le principal bâtiment de l'auberge et nous préparâmes à demeurer à Buzai Gumbad jusqu'à la fin de l'hiver. Le caravansérail n'avait rien de très raffiné, et, comme tout ce qui le composait, importé de derrière les montagnes, venait d'assez loin, Iqbal faisait payer le prix fort. Mais Iqbal était seul sur place et, visiblement, ni lui-même ni ses aïeux n'avaient cherché à faire plus de leur auberge qu'un abri rudimentaire pour les voyageurs, capable de procurer du fourrage pour les bêtes. L'endroit était somme toute plus confortable qu'on aurait pu le craindre.

Le bâtiment central était à deux étages – c'était le premier caravansérail que je voyais conçu de la sorte –, et sa partie arrière était composée d'une confortable étable destinée au bétail personnel d'Iqbal, qui constituait à la fois tout son capital et le garde-manger de son établissement. L'étage supérieur, réservé aux visiteurs, était ceint d'une plate-forme à balustrade dont le sol était percé, devant chaque chambre, d'un trou qui permettait aux invités de faire leurs besoins. Ceux-ci tombaient ainsi directement dans la cour du dessous, pour le bénéfice d'une volée de canards efflanqués. Les logements étant situés juste au-dessus de l'étable, ils bénéficiaient de la chaleur des bêtes, à condition de s'accommoder de leur odeur nauséabonde, ce que nous eûmes un peu plus de mal à faire. Mais cette puanteur n'était à tout prendre guère pire que celle des voyageurs malpropres que nous étions (tout comme les autres locataires) et celle de nos vêtements, aussi fétides que leurs propriétaires. Inutile en tout cas de compter sur le tenancier pour gaspiller de précieux excréments séchés dans le chauffage d'un hammam ou d'un peu d'eau pour laver des vêtements. Il préférait, et en tant que clients nous approuvions son choix, utiliser ce combustible pour réchauffer nos lits durant la nuit.

Tous les lits d'Iqbal étaient en effet du style de ce qu'on nomme en Orient des *kang*. Il s'agit d'une plate-forme de pierres empilées recouverte de planches elles-mêmes matelassées d'une épaisseur de couvertures en poil de chameau. Avant de se coucher, on soulevait les planches, on étalait dans la cavité des bouses et autres excréments séchés et on les parsemait de charbons ardents. Souvent, comme le voyageur inexpérimenté s'y prenait mal, ou bien il grelottait toute la nuit, ou bien il enflammait les planches situées sous lui. Avec un peu de pratique, on apprenait à étendre le feu de façon qu'il couve toute la nuit à une température égale sans produire trop de fumée pour ne pas intoxiquer tout le monde dans la pièce. Chaque chambre avait aussi sa lampe, fabriquée à la main par Iqbal en personne et dont je n'ai jamais revu nulle part d'exemple similaire. Il prenait pour la fabriquer une vessie de chameau, la gonflait en forme de sphère, puis la badigeonnait d'une laque épaisse qui lui donnait une forme solide et la peignait ensuite de dessins aux couleurs vives. Percée d'un simple trou à la base et posée sur une chandelle ou une lampe à huile, elle formait un gros globe multicolore à la clarté radiante.

Les repas quotidiens étaient ceux de l'habituelle uniformité musulmane : mouton et riz, riz et mouton, haricots bouillis, grosses tranches d'un pain appelé *nan*, finement roulé sur lui-même et assez difficile à mâcher, avec pour boisson un *cha* de couleur verte qui avait toujours un inexplicable arrière-goût de poisson. Mais, bon hôte, Iqbal faisait de son mieux pour bousculer cette monotonie dès qu'il en avait la possibilité : chaque vendredi du sabbat musulman et lors des fêtes musulmanes qui tombèrent au cours de l'hiver. Je ne sais trop ce qu'elles célébraient (elles s'appelaient *Zu-l-Hegged* et *Yom Achoura*), mais, en ces occasions, nous avions du bœuf à la place du mouton et un riz dit pilaf, coloré en rouge, en jaune ou en bleu. L'on nous proposait aussi parfois une sorte de préparation frite fourrée à la viande, appelée *samoussa*, et un *sharbat* de neige parfumé à la pistache ou au santal. Une fois (une seule, mais je crois encore en sentir le goût), on nous servit comme dessert un pudding au gingembre pilé et à l'ail.

Comme rien ne nous empêchait de goûter à toutes les spécialités culinaires d'autres nationalités et religions, nous ne nous privâmes pas de le faire aussi fréquemment que possible. La foule des autres marchands caravaniers logeait dans les bâtiments annexes du caravansérail et le village de tentes situé tout autour. Ces gens étaient de nationalités, de coutumes et de langues fort variées. Il y avait des Persans, des marchands arabes, des Pachtouns négociants en chevaux venus comme nous de l'ouest, des Rusniaques blonds et bien en chair qui arrivaient du nord le plus lointain et de solides Tadjiks hirsutes venus du nord plus proche. Des Bho au visage écrasé arrivaient pour leur part des hautes terres situées à l'est, de ce qu'ils appelaient dans leur langage le To-Bhot, et l'on voyait également des Hindous à peau sombre ou des Tamil Cholas issus du sud de l'Inde. Venus d'un sud plus rapproché, des Hunzukut et des Kalash aux yeux gris et aux cheveux de sable, sans compter des Juifs de provenance indéterminée, et quantité d'autres encore. C'est ce mélange de races qui faisait de Buzai Gumbad une véritable petite ville (durant l'hiver, tout au moins), et chacun faisait de son mieux pour la rendre vivable et bien tenue. Je dois le souligner, je vis là une communauté plus fraternelle et plus unie que bien d'autres, pourtant installées de façon permanente, que j'avais pu connaître auparavant.

Quel que soit le repas, on pouvait aller s'asseoir autour du feu de n'importe quelle famille et l'on était le bienvenu (même quand tous ne parlaient pas le même langage). Tous les foyers pratiquaient cette hospitalité de principe à l'égard de tout nouvel arrivant. Quand vint la fin de l'hiver, je crois bien que nous autres Polo avions testé la quasi-totalité des nourritures servies à Buzai Gumbad. Comme nous ne cuisinions pas nous-mêmes, nous avions invité le même nombre d'étrangers aux repas proposés par Iqbal dans sa salle à manger. En plus de nous procurer des expériences gustatives mémorables – les unes pour leur délicieuse saveur, les autres par leur goût abominable –, cette vie en communauté avait d'autres bons aspects. Presque chaque jour, l'un des groupes organisait une festivité quelconque, et c'était avec plaisir qu'ils accueillaient toute personne désireuse de se joindre à leurs chants ou à leurs danses, à écouter leur musique ou à participer à leurs compétitions sportives. Tout n'était pas festif cependant, et il arrivait aussi que l'on partageât des moments plus solennels. Chacun ayant ses propres lois et coutumes, il avait été désigné un collège composé de membres représentatifs de toutes les couleurs, langues et religions présentes. Institué en cour de justice, il statuait sur les plaintes déposées pour chapardage, violation de domicile et autres petits délits susceptibles de troubler la quiétude générale.

Si j'ai mentionné dans la foulée la cour de justice et les festivités, c'est qu'un incident que je trouvai amusant liait entre eux ces sujets. Les gens du peuple Kalash, réputés pour leur beauté, sont en général irritables et querelleurs, mais seulement entre eux, et cela ne va jamais jusqu'à la férocité. Souvent, leurs disputes s'achèvent par de grands éclats de rire. Ce sont aussi de bons vivants, gais et enjoués, très portés sur la musique et dotés d'un nombre impressionnant de danses – le *kikli* ou le *dhamal* – auxquelles ils s'adonnent presque chaque jour. L'une d'elles, le *luddi*, restera à jamais gravée dans mon apprentissage de cet art.

La première fois que je la vis exécuter, c'était par un Kalash qui avait comparu devant la cour de justice de Buzai Gumbad, accusé d'avoir volé un jeu de clochettes à chameaux à l'un de ses voisins. Lorsqu'il fut acquitté pour manque de preuves, le groupe Kalash au grand complet résolut de fêter cela et organisa un concert assez braillard de flûtes rythmé de battements de tisonniers et de tambourins. L'homme commença alors à danser un *luddi* plein de mouvements, de lancers de bras battant l'air, avant d'être rejoint par toute sa famille. Je vis bientôt celui à qui l'on avait dérobé les clochettes, un autre Kalash, se lancer à son tour dans un *luddi* effréné. La cour, n'ayant pas retrouvé les clochettes ni pu confondre le coupable, avait ordonné une collecte parmi tous les membres de la communauté incriminée pour indemniser la victime. La somme réclamée à chacun se réduisait à quelques modestes pièces de cuivre, mais le total rassemblé s'avéra couvrir très largement la valeur des clochettes perdues. Et, dès que l'homme fut entré en possession de cette somme, l'ensemble du contingent Kalash décida d'organiser cette fête bon enfant, en y incluant le bandit accusé mais acquitté qui, nous l'avons vu, s'était mis à danser le *luddi*. J'appris plus tard que c'est une coutume Kalash que l'on réserve, chez ce peuple irascible, pour fêter la résolution d'un litige. Je rêve que l'on introduise cette danse de réconciliation dans la procédurière Venise.

J'estimai que, dans le cas présent, la cour avait rendu un jugement équitable et agi sagement, compte tenu du caractère délicat de l'affaire. Elle fit de même, je pense, pour tous les problèmes qu'elle eut à trancher. Parmi tous ces peuples rassemblés à Buzai Gumbad, il ne s'en trouvait probablement pas deux qui fussent habitués à respecter (ou à désobéir) au même code de lois. Le viol en état d'ébriété semblait, chez les Rusniaques nestoriens, un fait assez banal. Chez les Arabes musulmans, c'était pour la sodomie que l'on manifestait cette indulgence, alors que ces deux pratiques étaient considérées avec la même horreur par les Kalash, païens et irréligieux en diable. Le larcin était, pour les Hindous, une simple façon de se débrouiller pour vivre, et cette faute était absoute avec tolérance par les Bho, pour lesquels un bien, s'il n'est pas attaché, n'appartient à personne. À l'opposé, chez les Tadjiks, gens crasseux mais honnêtes, le vol était envisagé comme un acte criminel. Les membres de la cour composite disposaient donc d'une marge de manœuvre plutôt réduite s'ils voulaient dispenser des jugements acceptables sans insulter les coutumes établies de tel ou tel groupe. Parfois, du reste, les affaires examinées étaient autrement plus graves que celle des clochettes à chameau volées.

On parlait encore de l'une d'elles qui avait été jugée avant notre arrivée sur les lieux. Chacun en refaisait le récit, discutait les attendus, argumentait sans fin sur la question. Un vieux marchand arabe avait accusé la plus jeune et la plus avenante de ses quatre épouses de l'avoir abandonné et de s'être enfuie dans la tente d'un jeune et beau Rusniaque. Le mari outragé ne demandait pas son retour. Il exigeait seulement qu'elle et son amant fussent condamnés à mort. Le Rusniaque soutenait de son côté que, d'après les lois de son pays, la femme était un gibier comme un autre, qui appartenait à celui qui s'en était emparé. De plus, ajoutait-il, il l'aimait. La femme infidèle, une jeune Kirghize, plaidait quant à elle qu'elle avait trouvé son mari légitime répugnant, en ce qu'il ne l'avait jamais prise autrement qu'à l'infecte façon des Arabes, c'est-à-dire par-derrière. Elle s'était donc octroyé le droit de changer de partenaire, ne fût-ce que pour changer de position. Mais, à côté de tout cela, précisait-elle, elle était vraiment amoureuse du Rusniaque. Je demandai à notre tenancier Iqbal de nous expliquer comment la cour s'en était sortie. (Étant en effet l'un des rares habitants permanents de Buzai Gumbad, qui plus est l'un de ses citoyens éminents, il était naturellement élu membre de toutes les cours.)

Il haussa les épaules et déclara :

– Dans tous les pays, quels qu'ils soient, un mariage est un mariage, et la femme est la propriété de son mari. Nous devions tenir compte de cet aspect des choses pour statuer sur le cas du mari trompé. On l'autorisa donc à mettre à mort sa femme déloyale. Mais nous lui déniâmes tout droit à décider du sort de son amant.

– Et quelle fut sa punition ?

– Il fut juste contraint de cesser de l'aimer.

– Mais elle avait été mise à mort ! À quoi bon…

– Nous décrétâmes que son amour pour elle devait mourir, lui aussi.

– Je… je ne vous suis pas très bien. Comment cela pouvait-il se faire ?

– Le cadavre de la jeune femme fut étendu dénudé sur une colline. L'homme convaincu d'adultère fut alors enchaîné et attaché juste à côté d'elle, hors de portée. On les laissa ensuite ainsi.

– Jusqu'à ce qu'il meure de faim à ses côtés ?

– Oh, non ! Il fut nourri et but régulièrement jusqu'au moment où on le relâcha. Il est à présent libre, mais il n'est plus amoureux d'elle.

Je secouai la tête.

– Pardonnez-moi, Mirza Iqbal, mais là, vraiment, je ne comprends pas.

– Un cadavre, lorsqu'il n'est pas enterré, ne reste pas intact. Il évolue quotidiennement. Le premier jour, on ne distingue qu'une simple décoloration partout où la peau avait été pressée quelque peu. Dans le cas de cette femme, disons quelques marbrures autour du cou, là où les doigts de son mari l'avaient étranglée. L'amant était contraint de voir ces taches apparaître sur sa peau, de les regarder grandir. Peut-être n'était-ce pas encore là un spectacle trop infâme à soutenir. Mais, un jour ou deux plus tard, l'abdomen d'un cadavre commence à gonfler. Encore un petit délai, et il se met à se vider de sa pression intérieure de la façon la plus discourtoise. Et puis, bientôt, arrivent les mouches…

– Merci, merci… Je commence à comprendre.

– Oui, et il fallait bien qu'il assiste à tout cela ! Ici, avec le froid, ce processus est quelque peu ralenti, mais le pourrissement est inéluctable. Et à mesure que le corps se putréfie, les vautours et les milans commencent à venir s'en occuper, les chacals s'enhardissent à leur tour, et…

– D'accord, je vois, je vois.

– Au bout du dixième jour environ, lorsque ses restes étaient devenus déliquescents, le jeune homme n'était plus du tout épris d'elle. En tout cas, nous le pensons. Il était devenu totalement fou, en revanche. Il s'en alla avec le convoi rusniaque, mais accroché à une corde, derrière les chariots. Il est donc toujours vivant, vous le voyez, mais si Allah est miséricordieux, il ne le restera plus très longtemps.

Les convois de caravaniers qui hivernaient sur le Toit du monde étaient remplis de biens de toutes sortes, j'en vis beaucoup dignes d'admiration : soieries, épices, bijoux et perles, fourrures et peaux diverses… Mais ces objets n'avaient pour la plupart rien de nouveau pour moi. En revanche, certains articles de commerce dont je n'avais jamais entendu parler me stupéfièrent. Un convoi de Samoyèdes, par exemple, descendait du Grand Nord des feuilles soigneusement enveloppées de ce qu'ils appelaient du « verre de mica ». On aurait dit du verre coupé en carreaux rectangulaires, chaque feuille mesurant à peu près la longueur de mon bras, mais sa transparence était assombrie de craquelures, de fines striures et de taches diverses. J'appris que ce n'était en aucune façon du verre véritable, mais que cela provenait d'une autre roche étrange. Un peu comme l'amiante, ce minéral se détachait par plaques à la façon des pages d'un livre, sous la forme de ces fines feuilles cassantes, à la fois translucides et voilées. C'était objectivement un produit de moindre qualité que le verre que l'on fabriquait, par exemple, à Murano, mais l'art de la verrerie étant inconnu dans la majeure partie de l'Orient, ce mica constituait un substitut tout à fait présentable, au dire des Samoyèdes qui espéraient en tirer un bon prix sur les marchés.

Venu de l'extrême sud, du côté opposé de la planète, un autre convoi, celui-ci de Tamil Cholas, transportait depuis l'Inde vers Balkh de lourds sacs chargés du sel le plus banal. N'ayant pas remarqué que la ville manquait de cette denrée, je trouvai stupide de traverser des continents entiers en charriant avec soi une marchandise aussi courante. Mais les timides et rabougris Cholas implorèrent mon indulgence, avant de m'indiquer avec obséquiosité qu'il s'agissait là de « sel de mer ». L'ayant goûté, je ne lui trouvai pas la moindre différence avec le sel ordinaire et j'éclatai de nouveau de rire. Aussi estimèrent-ils utile de compléter leurs explications : le sel de mer avait des propriétés qui manquaient à tous les autres aliments. Le fait d'en saupoudrer sa nourriture empêchait le consommateur de développer un goitre, et cela valait bien, pensaient-ils, la peine qu'ils s'étaient donnée de le remonter d'aussi loin.

– Du sel magique, en somme ? m'esclaffai-je.

J'avais eu l'occasion de voir nombre de ces affreux goitres et doutais que l'absorption d'une petite pincée de sel pût suffire à les résorber. Secoué par l'hilarité face à cette folle crédulité, je les laissai passablement perplexes.

Les animaux de bât, de trait et les diverses montures éparpillées dans les corrals en bordure du lac étaient aussi variés que leurs propriétaires. Il y avait là des troupeaux entiers de chevaux et d'ânes, bien sûr, ainsi que de jolies mules. Mais les nombreux chameaux que l'on observait ici n'avaient rien de commun avec ceux que nous avions vus et utilisés pour traverser le désert. Plus petits, affublés de pattes plus courtes, ils étaicnt aussi plus corpulents, et leur long pelage leur donnait un air encore plus solennel. Ils possédaient également une crinière, à la façon des chevaux, mais qui, loin de leur parcourir l'encolure depuis le haut, ne débutait qu'à la naissance du dos. Cela dit, la différence la plus frappante était qu'ils possédaient deux bosses au lieu d'une ; ils étaient par conséquent beaucoup plus faciles à monter, la large déclivité qui séparait les deux éminences formant une selle naturelle. Ces chameaux de Bactriane s'adaptaient beaucoup mieux, m'expliqua-t-on, aux rudes conditions hivernales et aux fortes pentes des terrains montagneux, le chameau conservant quant à lui l'avantage face à la chaleur et à la soif.

Une autre nouveauté pour moi fut l'animal qu'utilisaient les Bho pour transporter leurs marchandises et qu'ils appelaient le *yyag*, universellement prononcé par les autres peuples *yack.* Cette massive créature possède, aux deux extrémités d'un corps qui a à peu près la taille, la forme et la texture d'une botte de foin, une tête de vache et une queue de cheval. Sa hauteur peut atteindre celle de l'épaule d'un homme, mais il porte la tête très bas, pas loin du niveau du genou. Son poil rude, ébouriffé, de couleur noire, grise ou tachée noir et blanc, traîne au sol de tous côtés, cachant des sabots presque frêles pour leur masse mais incroyablement précis dans leur placement sur les étroites et dangereuses pistes de montagne. Le yack grogne comme le cochon et grince continuellement des dents durant sa marche nonchalante, qu'il exécute en traînant des pieds.

J'appris par la suite que la viande de yack était aussi goûteuse que celle du bœuf, mais aucun des éleveurs présents à Buzai Gumbad n'en sacrifia un durant notre séjour. Les Bho buvaient aussi le lait des femelles, dont la traite requiert une certaine bravoure vu la taille immense de ces animaux et leur caractère imprévisible, toujours susceptible d'une saute de mauvaise humeur. Ce lait, si abondant que les Bho en offraient volontiers à qui leur en demandait, était délicieux, et le beurre qu'on en tirait eût été un mets de choix s'il n'avait été parsemé jusqu'en profondeur, raffinement fort regrettable, de poils de yack. Cet animal fournit encore des articles d'une utilité incontestable : son poil tissé donne des tentes si solides qu'elles peuvent résister aux plus fortes tempêtes de vent des montagnes, et ceux de sa crinière, plus fins, finissent en parfaits fouets à mouches.

Parmi les animaux de plus petite taille présents à Buzai Gumbad, je pus voir de nombreuses perdrix à pattes rouges. Ailleurs, j'en avais déjà observé à l'état sauvage, mais celles-ci avaient les ailes attachées pour qu'elles ne puissent s'envoler. Comme les enfants du camp jouaient souvent à cache-cache avec ces oiseaux, je les pris dans un premier temps pour des animaux de compagnie ou des chasseurs d'insectes, gardés pour débarrasser les tentes de la vermine qui avait tendance à les infester, mais je ne tardai pas à apprendre que les perdrix avaient, pour les femmes Kalash et Hunzukut, une utilité particulière.

Elles récupéraient les pattes de ces volatiles, gardant leur chair pour la cuire, et les brûlaient sur des braises jusqu'à en obtenir une poudre de couleur pourpre. Celle-ci était ensuite utilisée, comme le font avec le khôl un grand nombre d'Orientales, comme cosmétique, dans le but de souligner le contour des yeux pour les mettre en valeur. Les femmes Kalash s'enduisaient également le visage d'une crème extraite des graines jaunes d'une fleur appelée *bechu*, et, je peux l'attester, voir un visage briller ainsi d'un jaune vif, à l'exception des deux grands yeux pourpres, est incontestablement un spectacle qu'il faut avoir admiré. Les femmes devaient sans doute penser que ce maquillage les rendait irrésistibles sur le plan sexuel, puisque leur autre ornement préféré était un bonnet, ou une capuche, constitué d'innombrables petits coquillages appelés *kauris*, dont la coquille imite à la perfection, au dire de tous, la forme du sexe féminin.

En parlant de cela, je ne fus pas fâché d'apprendre que Buzai Gumbad proposait une autre possibilité, en guise de pratique sexuelle, que le viol en état d'ébriété, la sodomie ou l'adultère et ses horribles conséquences éventuelles. Ce fut Narine qui la flaira, après avoir flâné librement un jour ou deux dans le village. Comme il l'avait fait à Balkh, il me prit à part pour me livrer, avec sa sincérité coutumière, le profond dégoût que lui avait inspiré une récente découverte :

– Il s'agit cette fois d'un infect Juif, maître Marco. Il occupe le bâtiment du caravansérail le plus proche du lac. Pour donner le change, il s'annonce en façade comme une minable boutique d'affûtage de couteaux, épées et autres outils. Mais, à l'arrière, il possède plusieurs prostituées de races et de couleurs variées. En bon musulman que je suis, je devrais immédiatement dénoncer ce charognard perché sur le Toit du monde, mais je ne le ferai que si vous me le demandez, après avoir jeté un œil chrétien sur l'établissement.

Je lui promis d'aller inspecter les lieux, mais je ne le fis que quelques jours plus tard, lorsque nous fûmes convenablement installés. À l'entrée de la boutique, un homme voûté était assis, frottant une faux sur une meule actionnée au pied. S'il n'avait pas été coiffé de la kippa, il aurait eu l'air d'un gros ours en peluche, car son visage était couvert de barbe, et ses nattes et favoris semblaient vouloir se perdre dans le grand manteau de fourrure qu'il portait. Je notai qu'il s'agissait d'un coûteux modèle en karakul, vêtement un peu trop élégant pour le modeste affûteur de couteaux qu'il prétendait être. J'attendis une pause dans le tournoiement crissant de la pierre à meuler et la pluie d'étincelles qui en jaillissait. Puis j'annonçai, suivant le conseil de Narine :

– J'ai un outil spécial à faire affûter et graisser.

L'homme leva la tête, et je clignai des yeux. Ses cheveux, ses sourcils et sa barbe ressemblaient à une moisissure rouge et bouclée tirant sur le gris, ses yeux avaient la couleur des mûres, et son nez était taillé en lame de cimeterre.

– Un dirham, dit-il, ou vingt shahis de cuivre, ou cent coquilles de kauris. Les étrangers qui viennent pour la première fois paient d'avance.

– Mais je ne suis pas un étranger ! répliquai-je avec chaleur. Vous ne me reconnaissez pas ?

Avec une froideur équivalente, il rétorqua :

– Je ne connais personne. C'est la condition pour continuer d'exercer mon métier, en cette ville corrompue et violente, aux lois contradictoires.

– Mais je suis Marco !

– Ici, tu ne donnes ton nom que lorsque tu enlèves ton pantalon. Si je venais à être questionné par un mufti un brin soupçonneux, je lui répondrais à bon droit que je ne connais que mon prénom, en l'occurrence Shimon.

– Le *tsaddik* Shimon ? demandai-je avec impudence. L'un des *Lamed-Vav* ? Ou les Trente-Six à la fois ?

Il sembla mi-alarmé, mi-suspicieux.

– Tu parles l'hébreu ? Tu n'es pas Juif, pourtant ! Que sais-tu au juste des *Lamed-Vav* ?

– Seulement que j'ai l'impression de les rencontrer souvent… (Je soupirai.) Une femme nommée Esther m'a dit comment on les appelle et le rôle qu'ils jouent.

Il prit un air dégoûté.

– Elle ne doit pas t'avoir très bien renseigné, si tu n'es même pas capable de faire la différence entre un tenancier de bordel et un *tsaddik* !

– Elle m'a expliqué que les *tsaddikim* dispensaient le bien autour d'eux. Or c'est ce que fait un patron de maison close, selon moi. Alors, maintenant… vous allez me mettre en garde, comme à chaque fois ?

– Je viens de le faire. Les muftis fourrent facilement leur nez partout ici, tu sais. Ne va pas crier ton nom sur les toits.

– Non… je veux dire, à propos de la beauté assoiffée de sang ?

Il émit un petit soupir de mépris.

– Si, à l'âge que tu as, Anonyme, tu ignores encore le danger de la beauté, je ne vais pas perdre mon temps à instruire un imbécile. Bon, allez maintenant : un dirham, son équivalent, ou du vent.

Je laissai tomber la pièce dans sa paume calleuse et précisai :

– J'aimerais une femme qui ne soit pas musulmane. En tout cas, pas *tabzir*. Et aussi, si c'était possible, une avec laquelle je puisse causer un peu, pour changer.

– Prenez la fille domm, éructa-t-il. Elle n'arrête pas de parler. Prenez cette porte, puis la deuxième à droite.

Et il se pencha sur sa faux, emplissant de nouveau l'échoppe du crissement de sa meule et d'une pluie d'étincelles.

Le lupanar consistait, comme celui de Balkh, en un certain nombre de « chambres » qui donnaient sur un couloir. Elles auraient davantage mérité le nom de cabines. Celle de la fille domm était succinctement meublée, puisqu'elle ne comprenait qu'un brasero à bouses pour le chauffage et la lumière (ainsi que pour la fumée et l'odeur), et pour le genre d'affaires qui se traitaient là, cette sorte de lit que l'on nomme *hindora*. Il s'agit d'un grabat qui, au lieu de reposer sur des pieds, est suspendu aux poutres du plafond par quatre cordes, ce qui ajoute un balancement naturel aux mouvements que l'on peut faire dessus.

N'ayant encore jamais entendu le terme « Domm », je ne savais trop à quel genre de femme m'attendre. Celle qui était assise là, en train de se balancer sur l'*hindora* d'un air désœuvré, s'avéra être pour moi une expérience nouvelle, car sa peau était si sombre qu'elle en était presque noire. Hormis ce détail, elle était assez plaisante, que ce fût de visage ou de corps. Ses traits étaient fins, sans cette grosseur qui caractérise en général la race éthiopienne, et sa silhouette, frêle et légère, était bien faite. Elle parlait plusieurs langues dont le farsi, ce qui nous permit de converser. Son nom était Chiv. Cela voulait dire « Lame », m'annonça-t-elle dans sa langue romm.

– Romm ? Le Juif m'a dit que vous étiez domm.

– Domm ? Ah çà non ! s'écria-t-elle farouchement. Je suis une Romni ! Je suis une *juvel*, une jeune femme du peuple romm !

N'ayant pas la moindre idée de ce que pouvait être un Domm ou un Romm, j'évitai une discussion oiseuse en entamant ce pour quoi j'étais venu. Et je ne fus pas long à découvrir que, quelle que fût son origine, la *juvel* Chiv – bien qu'elle se proclamât de religion musulmane – était bel et bien *complète*, et non excisée de certaine petite partie de son intimité, comme les autres musulmanes. Ladite partie, d'ailleurs, ainsi que je m'en rendis compte une fois que j'eus passé la porte d'entrée marron foncé, était aussi joliment rose que chez toutes ses consœurs féminines. Je pus aussi constater que Chiv ne simulait pas, mais qu'elle appréciait vraiment ce que je lui faisais. Et lorsque, nos ébats achevés, je lui demandai nonchalamment ce qui l'avait amenée dans cette maison de passe, elle ne chercha pas à me jouer la scène de la pauvre fille poussée à cette extrémité par les nécessités du malheur, mais avoua avec une éclatante bonne humeur :

– Oh, j'aurais de toute façon pratiqué la *zina* – que l'on appelle *surata*, chez nous –, parce que j'aime ça. Être payée pour faire la *surata*, c'est bien sûr un plus, mais j'aime ça, je ne m'en cache pas. Refuserais-tu une rétribution, si elle t'était offerte chaque fois que tu éprouves le besoin d'aller pisser ?

Eh bien, pensai-je, Chiv n'était certes pas du genre fleur bleue, mais elle avait le mérite d'être honnête. Je lui offris même un dirham supplémentaire, qu'elle n'aurait pas à partager avec le Juif. Et, en retraversant la boutique d'affûtage, je pris un malin plaisir à faire remarquer au tenancier, l'air narquois :

– Tu t'étais trompé, vieux Shimon. Une fois de plus, je te prends en faute. Cette fille est une Romm.

– Oui, Romm... Domm... Ces misérables se donnent tous les noms qui leur passent par la tête, dit-il d'un ton totalement détaché. Mais il continua, soudain plus amical et communicatif qu'il l'avait été lors de mon arrivée : Ils étaient à l'origine membres de la caste des Dhoma, l'une des plus basses classes du système des castes, ou *jati*, qui prévaut en Inde. Les Dhoma font partie des Intouchables, ceux que l'on abhorre, que l'on déteste. Aussi tentent-ils continuellement de fuir leur pays pour trouver, ailleurs, une situation meilleure. Dieu seul sait comment ils y parviennent, car leurs seuls savoir-faire sont la danse, la prostitution, la débrouille, les magouilles en tout genre et le vol. À quoi j'ajouterai, pour faire bonne mesure, la dissimulation. Lorsqu'ils se dénomment Romm, c'est pour revendiquer une descendance des Césars romains de l'Occident. Lorsqu'ils s'intitulent Atzigàn, c'est pour s'approprier une filiation avec Alexandre le Grand. Et s'ils s'affichent comme Gypsies, c'est pour affirmer une parenté avec les anciens pharaons d'Égypte... (Il rit.) Tout ce que je peux dire, moi, c'est qu'ils descendent seulement de l'infecte caste des Dhoma. Et le seul problème, c'est qu'ils descendent, surtout, dans tous les coins du monde.

– Et vous, les Juifs, ne vous êtes-vous pas également dispersés largement à travers le monde ? Qui es-tu donc, pour regarder de haut des gens qui, après tout, n'ont rien fait d'autre ?

Il me dévisagea, mais prit le temps de la réflexion et me répondit sans paraître se formaliser de mon apparent mépris :

– C'est vrai, nous aussi, les Juifs, avons dû nous adapter aux circonstances dans lesquelles nous plongeait notre diaspora. Mais il est une chose que font les Domm et que nous ne ferons jamais : chercher tels des lâches à nous faire admettre en courbant l'échine et en adoptant servilement la religion locale. (Il rit de nouveau.) Vous voyez ? Tout peuple méprisé finit par en trouver un autre encore plus misérable à mépriser à son tour.

Je fis la grimace et parachevai :

– Il s'ensuit donc, logiquement, que les Domm ont eux aussi quelqu'un à mépriser.

– Oh que oui ! Ils méprisent tous les autres peuples de la Création. Pour eux, vous et moi ne sommes que des *ghazi :* des dupes, des victimes. Des gens que l'on peut escroquer, trahir et tromper à loisir !

– Enfin, vous n'allez tout de même pas prétendre qu'une jolie fille comme votre Chiv serait capable de...

Il secoua la tête d'un air agacé :

– Vous êtes arrivé ici en martelant qu'il fallait se méfier de la beauté. Aviez-vous sur vous des objets de valeur ?

– Vous ne me croyez pas assez stupide pour venir dans une maison de passe avec des objets précieux ! Je n'avais sur moi que quelques pièces et mon couteau de ceinture, qui est... Bon Dieu, mais *où est-il* ?

Shimon sourit avec une condescendance apitoyée. Je le laissai en coup de vent, fonçai jusqu'à la chambre de derrière et y trouvai Chiv en train de compter gaiement une pleine poignée de pièces de monnaie.

– Ton couteau ? Je viens de le vendre. J'ai fait vite, pas vrai ? me répondit-elle, alors que je me trouvais là, debout devant elle, écumant de rage. Je ne pensais pas qu'il te manquerait si vite ! Je l'ai vendu à un éleveur tadjik qui passait devant la porte de derrière, alors il est parti, là. Mais ne sois pas fâché contre moi. J'en volerai un meilleur à quelqu'un d'autre et je te l'offrirai. Et si je te promets de le faire, c'est... en guise de remerciement pour ta beauté, ta générosité et le niveau exceptionnel de tes prouesses à la *surata*.

Me trouvant aussi chaudement félicité, je vis fondre ma colère comme neige au soleil et lui promis que je reviendrais la voir bientôt. Néanmoins, en sortant, je passai piteusement à côté de Shimon et de sa roue, la tête basse, tout comme je l'avais déjà fait une fois précédente dans des circonstances assez comparables.

37

Si je le lui avais demandé, je suis presque sûr que Narine aurait pu nous trouver un poisson dans le désert. Lorsque mon père le pria de dénicher un médecin pour donner un avis sur l'apparente amélioration de la phtisie d'oncle Matteo, Narine ne se fit pas faute de nous en amener un, ici même, sur le Toit du monde. Et ce dernier, le vénérable et chauve *hakim* Mimbad, nous fit forte impression par sa compétence. C'était un Persan, ce qui suffisait à le recommander comme un homme civilisé. Il accompagnait, en tant que « gardien de la santé », un convoi de marchands de *qali* persans. Rien qu'à en juger par sa conversation, il était facile d'évaluer sa grande maîtrise de la science de sa profession. Je le revois nous expliquant :

– Pour ma part, je préfère prévenir les maux qu'avoir à les soigner, quitte même à limiter ainsi mes revenus. Par exemple, j'ai conseillé à toutes les mères sur ce campement de faire bouillir le lait qu'elles donnent à leurs enfants. Que ce fût du lait de yack ou de chameau, je leur recommande de le faire bouillir, et dans un récipient en fer. Tout le monde sait que les *djinn* les plus malfaisants et tous les démons, en général, craignent ce métal comme la peste. Comme j'ai pu le vérifier par l'expérience, le fait de faire bouillir libère le jus du fer des plats utilisés et le mélange avec le lait : cela détourne radicalement tout *djinn* rôdant par là en quête d'enfants à contaminer.

– Tout cela semble frappé au coin du bon sens, fit en écho mon père.

– Je suis un avocat inconditionnel de l'expérience, reprit le vieil *hakim*. Les règles et les principes consacrés de la médecine sont une très bonne base, mais l'expérience m'a souvent fait découvrir des traitements nouveaux qui les contredisaient. Le sel de mer, par exemple. Même le plus grand de nos guérisseurs, Ibn Sîna, ne semble pas avoir perçu la subtile différence qui existe entre le sel marin et celui récolté sur les mares salines continentales. Aucun des traités antiques, il est vrai, ne pointe entre eux la moindre différence. Pourtant, nul doute que *quelque chose* dans le sel marin prévient et guérit les goitres et autres tumeurs et gonflements possibles des tissus, comme les hernies. L'expérience, incontestablement, me l'a prouvé.

Je me promis, en mon for intérieur, d'aller présenter mes excuses les plus sincères aux petits marchands de sel Cholas dont je m'étais si effrontément gaussé.

– Eh bien, allons-y, alors, docteur Balanzòn ! tonna mon oncle, le baptisant férocement du nom d'un célèbre personnage comique vénitien. Finissons-en avec ça, et dites-moi ce que vous me prescrivez pour soigner ma saloperie de phtisie, du sel marin ou du lait bouilli.

Le *hakim* procéda donc à l'examen préalable à son diagnostic, auscultant ici et là l'oncle Matteo et lui posant des questions. Au bout d'un moment, il déclara :

– J'ignore quelle était l'intensité de votre toux avant d'arriver ici. Mais si je vous entends bien, cela semble aller beaucoup mieux, à présent. Je ne sens à l'intérieur de votre poitrine qu'un faible crépitement. Avez-vous mal, à cet endroit ?

– Ça peut m'arriver, de temps à autre, répondit mon oncle. C'est compréhensible, je pense, après les terribles quintes que j'ai endurées.

– Mais… laissez-moi deviner, je vous prie, coupa le *hakim* Mimbad. C'est à un endroit précis que vous avez mal. Là, sous la partie gauche de votre sternum.

– Ma foi, oui… C'est exact.

– Votre peau est chaude, également. Cette fièvre est-elle constante ?

– Elle arrive, elle repart… Quand elle vient, je sue à grosses gouttes, et ensuite elle retombe.

– Veuillez ouvrir la bouche, s'il vous plaît. (Il regarda à l'intérieur, puis écarta les lèvres pour inspecter les gencives.) Maintenant, tendez les mains. (Il en observa les paumes et le dos.) À présent, puis-je me permettre de prélever un cheveu sur votre tête ? (Il fit ainsi, et oncle Matteo ne broncha pas. Le médecin scruta attentivement la fine fibre capillaire et la tendit entre ses doigts.) Avez-vous fréquemment besoin de faire *kut* ?

Le *hakim*, doux et patient comme s'il s'adressait à un enfant, tapota d'un geste significatif son fondement.

– Ah, *kut* ! Vous parlez de la merde, n'est-ce pas ? rugit mon oncle, toujours hilare. Oui, j'y vais souvent. Depuis que le dernier *hakim* m'a prescrit son damné purgatif, j'ai la cagagne. Je n'arrête pas ! Mais enfin, quel rapport avec une affection des poumons ?

– Je ne pense pas que vous souffriez du *hasht nafri*.

– Comment, ce ne serait pas une phtisie ? intervint mon père, surpris. Mais il crachait du sang, un moment.

– Ça ne venait pas des poumons, mais des gencives.

– Dame, si mes poumons sont intacts, on ne va pas se plaindre ! Mais bon, je suppose que vous allez me trouver autre chose.

– Je vais vous demander d'uriner dans cette petite jarre. L'ayant expertisée, je vous en dirai un peu plus.

– Encore vos expériences…, grommela mon oncle.

– Exactement. Dans le même temps, si le tenancier Iqbal pouvait me faire porter ici quelques jaunes d'œuf, j'aimerais vous refaire une application de ces petits papiers du Coran.

– Vous croyez que c'est efficace ?

– Ça ne peut pas faire de mal. Et l'essentiel de la médecine, c'est ça : ne pas faire de mal.

Quand le *hakim* s'en alla, bouchant la jarre d'urine de la main pour empêcher toute contamination, je quittai à mon tour le caravansérail. Je fis d'abord un détour par les tentes des Tamil Cholas et leur présentai mes excuses, leur souhaitant toute la prospérité possible (ce qui eut le don de les rendre encore plus nerveux que d'habitude), avant de poursuivre ma route jusqu'à l'établissement du Juif Shimon.

Je demandai de nouveau que mon outil soit graissé, réclamai la même Chiv pour s'en occuper et obtins satisfaction. Comme promis, elle me gratifia d'un nouveau couteau, et, pour lui prouver ma gratitude, je fis en sorte de me surpasser dans la *surata* qui suivit. En sortant, je fis une pause pour morigéner une fois encore le vieux Shimon :

– Vous et votre esprit malfaisant ! Vous n'avez cessé de dénigrer ces pauvres Romm, mais tenez : regardez le splendide cadeau que vient de m'offrir la jeune fille, en échange de ma vieille lame.

– Hum ! fit-il d'un ton indifférent, avant d'ajouter : Estimez-vous heureux qu'elle ne vous l'ait pas planté entre les côtes.

Je lui montrai le couteau.

– Je n'avais encore jamais vu cela. Cela ressemble à une dague ordinaire, n'est-ce pas ? Une simple lame, assez large. Mais regardez. Dès que je l'ai plantée dans une proie quelconque, j'appuie sur le manche, comme ça. Et, comme par enchantement, la lame se dédouble, ses deux parties se disjoignent, et cette troisième, cachée, surgit entre les deux autres, s'enfonçant ainsi encore plus profondément. Merveilleux, ce dispositif, non ?

– En effet. Je reconnais cet engin, à présent. Je lui ai donné un bon coup d'affûtoir, il n'y a pas si longtemps. Et je vous suggère, si vous tenez à le garder, d'y veiller de très près. Il appartenait jusqu'alors à un montagnard Hunzuk taillé en hercule, à qui il arrive de passer ici de temps à autre. Je ne sais pas son nom exact, car tout le monde l'appelle simplement le Surineur, à cause de son habileté à manier cette arme et de l'usage très libéral qu'il en fait dès qu'on l'énerve… Mais vous devez y aller, peut-être ?

– Mon oncle est souffrant, soufflai-je rapidement en passant la porte. Je ne peux vraiment pas rester plus longtemps.

J'ignore si le Juif avait simplement voulu se moquer de moi, mais le fait est qu'entre la boutique de Shimon et le caravansérail, je ne fus confronté à aucun montagnard Hunzuk en furie. Toutefois, pour éviter une confrontation de ce genre, je ne quittai guère, au cours des jours qui suivirent, les abords immédiats du bâtiment principal de l'auberge, où je préférai écouter les sages conseils que nous prodiguait Iqbal, son patron.

Lorsque nous louâmes avec effusion le goût délicieux du lait de yack et encensâmes avec admiration le courage des Bho qui osaient traire ces monstres, Iqbal nous révéla :

– Il existe une façon très simple de traire sans risque un yack femelle. Donnez-lui simplement l'un de ses petits à lécher et à fouiller du museau, elle ne bougera pas d'un pouce durant toute la tâche.

Mais les nouvelles que nous eûmes au cours de cette période ne furent hélas pas toutes aussi bienvenues. Le *hakim* Mimbad revint s'entretenir avec oncle Matteo et demanda gravement que cette confrontation restât privée. Mon père, Narine et moi étant présents, nous nous levâmes pour quitter la pièce, mais mon oncle nous arrêta d'un claquement péremptoire des doigts.

– Je ne tiens à garder secret aucun point susceptible de concerner mes compagnons de voyage. Quoi que vous ayez à m'annoncer, vous devez le faire devant nous tous.

Le *hakim* haussa les épaules.

– Dans ce cas, si vous voulez bien baisser votre *pai-jamah*...

Mon oncle s'exécuta, et le *hakim* détailla son bas-ventre épilé et son gros *zab*.

– L'absence de poils, c'est naturel, ou vous vous rasez ?

– Je les enlève à l'aide d'une crème dépilatoire appelée *mumum*. Pourquoi ?

– Sans la pilosité habituelle, la décoloration est facile à observer, répondit le *hakim*, pointant du doigt l'abdomen du patient. Vous voyez cette nuance d'un gris métal, ici, sur la peau ?

Mon oncle regarda, et nous le fîmes à notre tour. Le malade demanda :

– C'est le *mumum* qui provoque cela ?

– Non, fit le *hakim* Mimbad. J'ai noté cette lividité sur la peau de vos mains, également. Dès que vous enlèverez vos bottes *chamus*, vous la verrez également sur vos pieds. Tous ces symptômes ne font que confirmer ce que je suspectais depuis que j'ai commencé à vous examiner et qui découle aussi de mon observation de vos urines. Voyez, j'en ai versé un peu dans une jarre blanche, pour que vous puissiez vous en rendre compte par vous-mêmes. Regardez cette teinte trouble...

– Or donc ? dit oncle Matteo en se rhabillant. Peut-être avons-nous mangé du riz pilaf coloré, aujourd'hui ! Je ne m'en souviens plus.

Le *hakim* secoua la tête, lentement mais d'un geste assuré.

– Je vous le répète, j'ai noté beaucoup d'autres signes. Vos ongles sont opaques. Vos cheveux, fragiles et cassants. Il n'y a qu'une seule marque de confirmation que je n'ai pas vue, mais vous devez l'avoir quelque part sur le corps. Une petite plaie assez douloureuse et purulente qui refuse de cicatriser.

Oncle Matteo regarda le *hakim* comme s'il s'agissait d'un sorcier et confirma, d'un ton aussi respectueux qu'admiratif :

– Une piqûre de mouche, là-bas, à Kachan. Une simple petite piqûre de mouche.

– Montrez-la-moi.

Mon oncle remonta sa manche gauche. Près de son coude s'étalait une zone rougeâtre, à vif. Le *hakim* se baissa pour l'examiner avec soin et reprit :

– Dites-moi si je me trompe. Quand la mouche vous a piqué, vous avez ressenti une douleur intense sur le moment, puis la plaie s'est refermée, comme cela se passe d'habitude. Ensuite, le dessous de la plaie s'est infecté à nouveau, puis il y a eu une nouvelle cicatrisation, avant que l'infection reprenne dessous, et ainsi de suite…

– Oui, c'est à peu près ça, admit faiblement mon oncle. Qu'est-ce que cela signifie ?

– Cela confirme mon diagnostic : vous êtes atteint du *kala-azar*. La maladie noire, l'affection du démon. Cela se déclenche, en effet, à partir d'une piqûre de mouche. Une mouche qui n'est bien sûr que l'incarnation d'un génie malfaisant. Le *djinn* qui l'habite, fourbe par nature, revêt cette forme inoffensive, et nul ne pourrait alors se douter de la douleur qu'il va engendrer.

– Oh, pas plus que je n'en puisse supporter, tout de même. J'ai eu la peau un peu marbrée, un peu de toux, une petite fièvre, un bobo agaçant…

– Malheureusement, cela ne va pas tarder à empirer. Les symptômes vont bientôt s'aggraver et se multiplier. Vos cheveux cassants vont tomber, et vous allez devenir complètement chauve. La fièvre va à terme vous émacier à l'extrême, amenant lassitude et asthénie, et vous n'aurez même plus la force de vous traîner. Cette douleur que vous ressentez à la poitrine vient d'un organe que l'on nomme la vésicule biliaire. Elle va vous faire de plus en plus mal et occasionner de terrifiantes remontées acides dès qu'elle cessera de fonctionner. Pendant ce temps, la lividité cadavérique gagnera partout sur la peau, puis brunira jusqu'à devenir noire, se transformant peu à peu en plaies éruptives, furoncles infectieux qui s'étendront sur tout le corps… À terme, celui-ci – votre visage compris – finira par ne plus ressembler qu'à un amas de raisins noirs. Parvenu à ce stade, vous n'aurez plus qu'une envie, celle de mourir. Ce que vous ferez, dès que vos fonctions vitales s'éteindront. Sans un traitement immédiat et continu, vous êtes sûr d'y passer.

– Mais y a-t-il un traitement ?

– Oui. Le voici. (Le *hakim* Mimbad produisit un petit sac en tissu.) Ce médicament est une fine poudre métallique issue du *stibium*, l'antimoine, si vous préférez. Il est un atout imparable contre le *djinn* et vous guérira à coup sûr du *kala-azar*. Si vous commencez dès maintenant à en absorber en quantités très limitées, et si vous continuez à en prendre selon la posologie que je vous prescrirai, vous vous sentirez rapidement mieux. Vous regagnerez bientôt le poids que vous avez perdu. Votre force reviendra. Vous serez de nouveau en pleine santé. Mais le *stibium* est le seul remède.

– D'accord, où est le problème ? Il suffit de guérir une fois, vous savez ! Je m'y mettrai volontiers.

– J'ai le regret de vous dire que le *stibium*, s'il arrête le *kala-azar*, présente en même temps un danger pour une autre partie du corps. (Il marqua une pause.) Vous êtes sûr de ne pas vouloir poursuivre cette conversation en privé ?

Oncle Matteo hésita, nous jeta un regard, mais carra ses épaules et grogna :

– Quoi que vous ayez à dire, allez-y.

– Le *stibium* est un métal lourd. Quand il est ingéré, il transite du bas de l'estomac dans la zone des viscères, tout en semant le bien partout où il passe, subjuguant le mauvais génie du *kala-azar*. Mais, vu son poids, il finit par s'accumuler dans la partie basse du corps, j'entends par là le sac contenant les parties viriles.

– Eh bien alors, mes couilles pèseront plus lourd… Je suis assez solide pour les porter, je pense !

– Je suppose que vous êtes un homme qui aime, euh… leur donner de l'exercice. Aussi, maintenant que vous souffrez de la maladie noire, ne perdez plus de temps. Si vous n'avez pas de petite amie sur place, je vous recommande de vous hâter d'aller rendre visite au bordel local tenu par le Juif Shimon.

Oncle Matteo aboya un gros rire, sans doute plus facile à interpréter pour mon père ou pour moi que pour le *hakim* Mimbad.

– Je ne vois pas le rapport. Pourquoi devrais-je faire cela ?

– Pour vous servir de vos attributs virils tant que vous le pouvez encore. Je serais à votre place, Mirza Matteo, je me dépêcherais de m'adonner à la *zina*. Vous êtes voué ou à être horriblement défiguré par le *kala-azar*, avant d'en mourir… ou alors, si vous voulez guérir et rester vivant, vous devez immédiatement avaler le *stibium*.

– Que voulez-vous dire, par « *si* je veux guérir » ? Bien sûr, que je veux me soigner !

– Réfléchissez-y. Beaucoup préféreraient mourir de la maladie noire.

– Au nom du Ciel, mais pourquoi ? Expliquez-vous clairement, à la fin !

– Parce que le *stibium*, en s'accumulant dans votre scrotum, commencera aussitôt à y produire des effets délétères… et pétrifiera vos testicules. Très vite, et pour le reste de votre vie, vous serez impuissant.

– *Gèsu.*

Tout le monde se tut. Il régna un silence terrible dans la pièce, que personne ne semblait assez brave pour rompre. Finalement, oncle Matteo reprit la parole, pour articuler avec amertume :

– Quand je vous ai qualifié de docteur Balanzòn, je ne croyais pas si bien dire. La situation qui se présente à moi ne manque en effet pas de sel, désormais : ou je meurs misérablement, ou je survis émasculé.

– C'est le seul choix. Et la décision ne peut attendre.

– Je serai un eunuque ?

– En effet, oui.

– Sans aucune capacité ?

– Aucune.

– Mais… peut-être… *dar mafa'ul be-vasilè al-badàm ?*

– *Nakher.* Le *badàm*, ou troisième testicule, sera lui aussi pétrifié.

– Pas d'issue de secours, alors. *Capòn mal caponà*[30]. Mais… subsistera-t-il du désir ?

– *Nakher.* Même pas cela.

– Ah… mais très bien, dans ce cas ! (Oncle Matteo nous surprit tous en arborant soudain un air plus jovial que jamais.) Pourquoi ne l'avez-vous pas dit tout de suite ? Quelle importance que je ne sois plus en fonction si je n'en ai plus aucune envie ? Enfin, pensez donc ! Pas de désir… pas d'envie, donc aucun dommage ni séquelle à redouter. Je pourrais faire l'admiration de tout prêtre qui a un jour été tenté par une femme, un enfant de chœur ou un succube !

30. « Un coq devenu chapon » en dialecte vénitien.

Je pensai, à part moi, qu'il n'était pas aussi jovial qu'il le prétendait.

– De toute façon, peu de mes désirs auraient pu se réaliser. Le dernier a coulé sous une terre tremblante. Peut-être n'est-il pas si mal, finalement, que le génie de la castration ait jeté son dévolu sur moi, plutôt que sur quelqu'un animé de désirs plus dignes !

Il laissa fuser un nouveau rire, mais sa jovialité feinte était épouvantable à regarder.

– Tiens, au fait…, lança-t-il d'un ton délirant, comme s'il divaguait. Si je n'y prends garde, je pourrais bien devenir une sorte de philosophe moraliste, dernier refuge à la condition d'eunuque. Dieu m'en garde ! Un moraliste est plus à craindre qu'un sensualiste, *no xe vero ?* Bien sûr que je choisis de vivre ! Commençons donc le traitement dès que possible… Demain, ça ira ?

Il enfila son volumineux manteau.

– Comme vous l'avez prescrit, pendant que j'éprouve encore quelques désirs, autant les assouvir. Tant que j'ai encore un peu de jus, allons nous vautrer dans le stupre, pas vrai ? Bon, excusez-moi, *gentilshommes. Ciao.*

Et il nous planta là, claquant vigoureusement la porte.

– Le patient fait front avec bravoure, murmura le *hakim.*

– C'est ce qu'il a de mieux à faire, fit remarquer mon père, songeur. Le marin le plus enragé, après avoir vu couler sous ses pieds tant de bateaux, sera soulagé d'aborder une terre plus tranquille.

– Qu'Allah m'en préserve ! laissa échapper Narine. Euh, c'est juste un avis, mes bons maîtres. Mais aucun marin ne se réjouira d'être démâté. Particulièrement un homme de l'âge de maître Matteo… lequel n'est pas très éloigné du mien. Pardonnez-moi, *hakim* Mimbad, mais ce sinistre *kala-azar* peut-il être… contagieux ?

– Oh, non. Pas de danger, si vous n'avez pas été vous-même piqué par la mouche du mauvais génie.

– Bon, mais malgré tout…, ajouta Narine, mal à l'aise, j'aimerais bien… vérifier. Si mes bons maîtres n'ont pas d'ordre urgent à me donner, je leur demanderais volontiers de bien vouloir m'excuser.

Il prit alors la poudre d'escampette, et je ne tardai pas à l'imiter. Le superstitieux et craintif esclave n'avait sans doute pas été rassuré par l'avis du docteur. Moi si. Mais à tout hasard…

Lorsque l'on se trouve confronté à la mort de quelqu'un, comme je l'ai déjà expliqué, on commence par déplorer la disparition du défunt, mais aussitôt après (même si cela reste secret et inconscient), on se réjouit d'être encore vivant. Moi qui venais d'assister à une demi-mort, à une mort localisée, dirais-je, je bénissais le Ciel d'être toujours intact et, comme Narine, j'étais un peu anxieux de vérifier que tout allait toujours bien. Je me rendis droit chez Shimon.

Je n'y croisai ni Narine, ni mon oncle. L'esclave avait dû chercher un garçon accessible parmi les *kuch-i-safari*, et il n'était pas impossible qu'oncle Matteo l'eût imité. Je réclamai derechef au Juif ma fille à la peau tannée, Chiv. Lorsque je la retrouvai, je lui rendis un hommage si énergique qu'elle émit, extasiée, quelques mots romm de plaisir extrême – tels « *yilo !* », « *friska !* » et même « *alo ! alo ! alo !* » –, et je fus saisi d'un profond sentiment de tristesse et de compassion à l'égard de tous les eunuques, sodomites, castrats et handicapés de toute sorte, qui jamais ne pourraient connaître le plaisir de faire chanter à une femme cette douce mélodie.

38

Lors de ma visite suivante à la maison de passe de Shimon (elles étaient assez fréquentes, une ou deux par semaine), je demandai à ravoir Chiv. J'étais totalement satisfait par sa façon de pratiquer la *surata* et avais presque cessé de prêter attention à la couleur *qahwah* de sa peau. Sachant qu'aucune des autres pensionnaires de Shimon n'égalait Chiv tant par la beauté du visage que par la grâce du corps, je n'étais pas disposé du tout à essayer les autres couleurs ou races que le Juif pouvait avoir en magasin. Mais la *surata* ne fut pas mon unique divertissement, au cours de l'hiver. Il se passait sans cesse, à Buzai Gumbad, des choses nouvelles pour moi et donc susceptibles de m'intéresser. Lorsque j'entendais du bruit à un endroit, sans même savoir s'il s'agissait de quelqu'un qui avait marché sur un chat ou du début d'un concert de musique traditionnelle, je me rendais sur place pour juger de ce qui se profilait. Je pouvais fort bien ne tomber que sur un *mirasi* ou un *najhaya malang*, mais ce pouvait tout aussi bien être un spectacle plus digne d'intérêt.

Un *mirasi* n'était rien d'autre qu'un chanteur, mais d'un genre assez particulier puisqu'il ne faisait que mettre en musique l'histoire d'une famille. Sur demande, et contre rétribution, il s'installait devant son *sarangi*, un instrument proche de la vielle, dont il jouait à l'aide d'un archet, mais qui restait posé à même le sol. Il faisait émettre à ses cordes un bruit de scie, en accompagnant ces gémissements de la litanie psalmodiée de tous les aïeux du prophète Mahomet, d'Alexandre le Grand ou d'autres personnages historiques. Mais comme chacun connaissait par cœur ou presque la généalogie de toutes ces notabilités, on ne réclamait plus trop ce genre de spectacle. La plupart du temps, le *mirasi* était requis par une famille de demandeurs pour chanter *sa* propre histoire. Ils ne devaient consentir cette dépense, m'imaginais-je, que pour le plaisir d'entendre leur arbre généalogique mis en musique. Parfois, c'était sans doute juste pour épater les voisins. Mais, le plus souvent, ils engageaient un *mirasi* lorsqu'un mariage était en vue : c'était là l'occasion de faire psalmodier à pleins poumons le contenu de la dot que le fiancé apportait à sa promise, ou l'inverse. Le chef de famille commençait à réciter ou à écrire au *mirasi* la liste complète de ses ancêtres, à charge pour ce dernier de les mettre en rimes… et en rythme. C'est du moins ce que l'on m'expliqua. Car, pour ma part, je n'entendis jamais davantage qu'un bruit fort monotone, un mélange de lamentations et de grincements désolés qui pouvait s'étirer sur plusieurs heures. Je veux bien admettre qu'il y fallait un certain talent, mais, après une bonne dose de « *Reza Feruz begat Loft Ali begat Rahim Yadollah* », et ainsi de suite depuis Adam jusqu'à nos jours, je pris définitivement en grippe ce spectacle.

Les agissements des *najhaya malang* ne me lassèrent pas aussi vite. Un *malang*, c'est une sorte de derviche, un saint mendiant, et, qu'ils soient natifs de la région ou juste de passage, même ici, sur le Toit du monde, il y avait des mendiants. Certains proposaient cependant un spectacle avant de demander l'aumône. Le *malang* s'asseyait en tailleur devant un panier et produisait une modulation grâce à une petite flûte de bois ou de terre cuite. Un naja sortait la tête du panier, écartait sa collerette et ondulait avec grâce, semblant danser en rythme sur la rauque mélodie. Il ne fait jamais bon croiser un naja, serpent hautement venimeux, et tout *malang* assurait être le seul à posséder ce pouvoir sur ledit serpent… un pouvoir acquis par la maîtrise de certaines voies occultes. Le panier, par exemple, était d'un type particulier appelé *khajur*, qui ne pouvait être tissé que par un homme. La flûte bon marché qui le charmait devait avoir été sanctifiée par une certaine opération mystique. Quant à la musique, elle n'était bien entendu accessible qu'aux initiés. Je ne tardai pas à découvrir que les crochets de tous ces serpents avaient été vidés de leur venin et qu'ils étaient inoffensifs. De même, les serpents n'ayant pas d'oreilles, il était évident que le naja ne faisait que fixer les oscillations de l'extrémité de la flûte. Le *malang* aurait pu tout aussi bien lui jouer une mélodieuse *furlàna* de Venise, cela aurait eu le même effet.

Parfois, cependant, ayant rallié la source de quelque explosion de musique, j'avais le plaisir de tomber sur un groupe d'élégants Kalash en train de chanter d'une voix de baryton : « *Dhama dham mast qalandar…* » en chaussant leurs *utzar*, des mocassins rouges exclusivement réservés au *dhamal*, danse dans laquelle on tape du pied en faisant des jetés battus sur un rythme effréné. Il m'arrivait aussi de capter le battement roulant et le ton flûté un peu fou qui accompagnait l'*attan*, danse tourbillonnante encore plus furieuse et endiablée, à laquelle la moitié du camp, hommes et femmes, venaient irrésistiblement se joindre.

Un soir, ayant entendu une musique enfler dans l'obscurité de la nuit, je la remontai jusqu'à tomber sur un campement de Sindi aux chariots regroupés en cercle, où je découvris des femmes de ce peuple en train de se livrer à une danse spécifiquement féminine, tout en chantant : « *Sammi meri warra, ma'in wa'ir…* » Narine était là, absorbé par le spectacle, le sourire aux lèvres et battant la mesure des doigts sur sa paume, devant ces femmes de sa terre natale. Elles étaient un peu trop sombres pour moi, et un poil moustachues de surcroît, mais leur danse était jolie à voir sous la pâle clarté de la lune. Je m'assis aux côtés de Narine qui se tenait appuyé contre la roue d'un chariot, et il me traduisit les paroles que fredonnaient les femmes. Elles contaient une tragique histoire d'amour, celle de la jeune princesse Sammi, tombée éperdument amoureuse d'un prince du nom de Dhola. Quand ils furent tous deux devenus adultes, le prince disparut et ne revint jamais. Une bien triste chanson, certes. Mais si sa petite princesse Sammi risquait de devenir, en grandissant, aussi grasse et moustachue que celles qui l'évoquaient, le prince Dhola gardait toute ma sympathie.

Toutes les femmes du convoi avaient dû se mêler à la danse, car, dans le chariot auquel nous étions adossés, un bébé laissé au repos sans surveillance hurlait de façon si sonore qu'il en parvenait à noyer de ses braillements la musique sindi, pourtant généreuse. Je supportai durant un moment ce martyre, espérant que le nourrisson allait finir par s'assoupir (ou s'étrangler, ça m'était bien égal). Mais lorsque, au bout d'un long moment, il s'avéra qu'il n'en ferait rien, je me mis à ronchonner d'énervement.

– Laissez-moi aller le calmer, maître…, me demanda Narine.

Et il se leva pour grimper dans le chariot. Les cris de l'enfant se résolurent en gargouillis, puis ce fut enfin le calme, et j'en éprouvai une reconnaissance sans bornes, heureux de pouvoir enfin concentrer mon attention sur la danse. Mais si l'enfant gardait un silence bienheureux à présent, Narine, lui, tardait quelque peu à revenir. Et lorsqu'il finit enfin par émerger de nouveau du chariot, je lui lançai en manière de plaisanterie, après l'avoir remercié :

– Que lui as-tu fait ? Tu l'as tué et tu es allé l'enterrer ?

Il répliqua avec complaisance :

– Non, maître, j'ai suivi mon inspiration du moment. J'ai ravi le gamin en lui donnant à sucer une nouvelle tétine, qui produit un lait plus crémeux que celui de sa mère.

Je mis quelques instants à comprendre la portée de ses paroles. Puis je reculai brusquement, d'un mouvement de dégoût horrifié, et m'exclamai :

– Mon Dieu ! Tu n'as quand même pas fait ça !

Il me regardait sans la moindre honte, à peine surpris de constater mon éclat d'indignation.

– *Gèsu* ! Dire que tu as déjà introduit ton misérable organe dans divers animaux et dans je ne sais combien de dégoûtants derrières… Et maintenant, un bébé ! De ton propre peuple, en plus !

Il haussa les épaules.

– Vous vouliez qu'il se calme, maître Marco. Voyez ! Il dort d'un sommeil enchanté, et moi je ne me sens pas si mal non plus…

– Horreur ! *Gèsu Maria Isèpo*, mais tu es le pire… le plus vil et le plus méprisable être humain que j'aie jamais rencontré !

Il méritait au moins d'être battu jusqu'au sang, et les parents de l'enfant l'auraient sans doute soumis à pire traitement encore. Mais l'ayant en un sens poussé à cela, je me contentai de l'accabler de toutes les injures qui me venaient à la bouche, tout en lui rappelant les paroles de Notre-Seigneur Jésus (qu'il désignait pour sa part sous le nom du prophète Issa), alléguant qu'on devait toujours traiter avec tendresse les tout-petits, « car le royaume de Dieu leur appartient ».

– Mais *je l'ai* traité avec tendresse, maître. Maintenant que la paix règne, vous pouvez apprécier pleinement cette danse…

– Pas question ! Certainement pas en ta compagnie, immonde créature ! Je ne pourrais plus croiser les yeux d'une danseuse sans me dire que c'est peut-être la mère de ce malheureux innocent.

Aussi pris-je mes distances sans attendre la fin du spectacle.

Heureusement, d'autres occasions de réjouissances ne furent pas souillées de pareils incidents. Parfois, la musique ne conduisait pas jusqu'à une danse, mais vers un jeu. Deux sports d'extérieur étaient particulièrement prisés à Buzai Gumbad, et aucun n'aurait pu se pratiquer dans un espace plus restreint, puisqu'ils impliquaient la participation d'un nombre considérable d'hommes à cheval, galopant à bride abattue.

L'un d'eux, apparemment inventé dans la vallée de Hunza, au sud des montagnes au milieu desquelles nous nous trouvions, n'était pratiqué que par ses créateurs, les Hunzukut. Dans ce jeu, les hommes à cheval agitaient de lourds maillets, tentant de frapper au sol une boule en bois de saule appelée *pulu*. Chaque équipe comptait six cavaliers Hunzukut, lesquels s'ingéniaient à percuter le *pulu* de leurs bâtons (ne réussissant la plupart du temps qu'à en frapper joyeusement l'adversaire, leurs montures ou leurs propres partenaires) afin de lui faire passer la ligne de défense mouvante de l'équipe adverse, jusqu'à la faire rouler au-delà d'une ligne tracée au sol, à l'extrémité du champ.

Souvent, occupé à essayer de raisonner des joueurs en pleine altercation, j'en perdais le fil de la partie. Ils portaient sur eux de lourds vêtements de fourrure et de cuir, en plus du typique chapeau hunzuk qui ressemble à une grosse tarte posée sur la tête. Il consiste en une pièce de rude tissu tordue sur elle-même, dont on rassemble les deux extrémités avant de la poser en rond autour de la tête. Pour un match de *pulu*, les six joueurs d'une équipe arboraient des tartes rouges, les six autres des bleues. Mais, au bout de quelques minutes à peine, on n'en distinguait plus les couleurs.

Je perdais souvent de vue la balle de bois noyée dans la neige et la boue soulevées par le martèlement de quarante-huit sabots sur le sol et les maillets qui claquaient les uns contre les autres. Tout cela se déroulait dans une débauche de cris et de sueur virile, quand un ou deux joueurs tombés de cheval, au milieu de cette furieuse mêlée, se prenaient en plus, par la force des choses, la copieuse « dégelée » qu'on imagine ! Mais les observateurs habitués à ce jeu, soit presque tous les habitants de Buzai Gumbad, avaient l'œil plus vif. Chaque fois qu'ils voyaient un *pulu* victorieux franchir la ligne de fond, la foule entière explosait d'un seul cri : « *Gol ! Go-o-o-ol !* », mot hunzuk signifiant que l'équipe avait marqué un point de plus vers la victoire finale, tandis qu'un groupe de musiciens se mettait à battre du tambour et à souffler dans des flûtes, célébration des plus cacophoniques qui se pût concevoir.

La partie ne s'achevait que lorsque l'une des équipes avait par neuf fois fait traverser au *pulu* la ligne de *gol* adverse. Ce troupeau de douze chevaux pouvait donc passer la journée entière à descendre et remonter, avec furie, toute la longueur d'un champ de plus en plus traître et détrempé, parmi les hurlements et les imprécations des joueurs, les vociférations des spectateurs qui les encourageaient, le violent tournoiement des maillets qui se heurtaient et s'écrasaient les uns contre les autres jusqu'à voler fréquemment en éclats, le tout sur un terrain baratté éclaboussant à l'unisson participants, chevaux, public et musiciens... Rude spectacle que celui de ces cavaliers à moitié désarçonnés qui cherchaient à toute vitesse à se remettre en selle, gaiement mis à bas par leurs compagnons. Et cette vision, quand le soir tombait, du terrain transformé en un marécage visqueux, envahi d'une boue gluante, dans laquelle les chevaux eux-mêmes glissaient, avant de finir par s'y étaler, épuisés, sans plus pouvoir se relever... Un sport splendide, vraiment, que je n'aurais manqué pour rien au monde[31] !

L'autre était un peu similaire, en ce qu'il se pratiquait également entre hommes et à dos de cheval. Mais là, point de maillets, et peu importait le nombre de joueurs : il n'y avait pas d'équipes, chacun jouait donc pour lui-même et contre tous les autres. Ce jeu s'appelait la *bouskashia*, qui était je pense un terme d'origine tadjik, mais vu qu'il n'était l'apanage d'aucune tribu en particulier, tous se mêlaient pour y participer quand l'occasion s'en présentait. Au lieu du *pulu*, l'objet central qu'il s'agissait de frapper était ici le cadavre d'une chèvre dont on avait juste découpé la tête.

Le corps de l'animal fraîchement décapité était jeté ainsi par terre, au milieu des jambes des chevaux, et les nombreux cavaliers éperonnaient leur monture de façon à s'en approcher au plus près, luttant au corps à corps les uns contre les autres, dans une saine bousculade assortie de copieuses volées de coups, pour réussir à soulever la chèvre morte du sol. Celui qui y parvenait n'avait plus qu'à la transporter au galop jusqu'à la ligne tracée au bout du champ. Mais il était bien sûr poursuivi par les autres, qui s'efforçaient par tous les moyens de lui

31. Les Perses ont introduit ce jeu en Inde en 522 avant J.-C. Il passera en Occident à la fin du XIXe siècle. Le mot « polo » viendrait du tibétain *pulu*, bois dans lequel se fabriquaient les maillets.

voler son trophée, tentant de faire trébucher son cheval, de lui faire faire une embardée ou de pousser le cavalier à bas de sa selle. Ainsi, quiconque s'emparait du cadavre devenait lui-même la proie de tous les autres joueurs. Il en résultait un affrontement démentiel, au cours duquel on cherchait à s'attraper et à se secouer, à dos de cheval et en plein galop. L'excitation y atteignait de tels sommets que peu de participants en ressortaient indemnes. Des spectateurs étaient souvent piétinés par la horde ou assommés par une chèvre voltigeuse, à moins que ce ne fût par une cuisse sanglante arrachée au cadavre.

Au cours de ces longs mois hivernaux sur le Toit du monde, il ne faudrait pas croire que je passai tout mon temps à assister à ces jeux et à ces danses, ou dans l'*hindora* de ma chère Chiv. Entre autres occupations, j'eus avec le *hakim* Mimbad de fructueuses conversations.

Oncle Matteo ne faisait aucun commentaire ni sur son traitement, ni sur les effets secondaires qu'il pouvait produire sur lui. Il se contentait d'ingérer les doses de poudre de *stibium* qui lui étaient prescrites, et nous nous rendions tous compte qu'il reprenait du poids, recouvrant jour après jour ses forces. Malgré la curiosité que ce point pouvait soulever chez chacun de nous, nous n'osions pas faire la moindre allusion à ce qui était en train de s'opérer au niveau de ses parties intimes, et lui-même ne nous y encourageait pas. Ne l'ayant jamais aperçu, tant que nous demeurâmes à Buzai Gumbad, en compagnie d'un garçon ni d'aucun autre partenaire, j'aurais été bien en peine d'évaluer le moment où il avait perdu ses fonctions viriles. Le *hakim* ne nous en convoquait pas moins à intervalles réguliers pour des examens de routine de l'état de santé d'oncle Matteo, et pour augmenter ou diminuer, selon le cas, les doses d'antimoine qu'il lui administrait. Dès que ces entretiens médicaux étaient achevés, lui et moi allions nous asseoir pour discuter, car je trouvais le vieil homme éminemment intéressant.

Comme tous les *mèdego* que j'avais pu rencontrer, Mimbad ne considérait sa besogne médicale que comme un moyen de gagner sa vie et préférait de loin concentrer ses véritables efforts sur des recherches personnelles. Comme nombre de ses condisciples, il rêvait de découvrir quelque chose de nouveau dans le domaine médical, un produit miraculeux qui stupéfierait le monde et enchâsserait son nom parmi ceux des déités médicales que furent Asclépios (aussi appelé Esculape), Hippocrate et Ibn Sîna (c'est-à-dire

Avicenne). Et il est vrai que beaucoup des médecins de ma connaissance – en tout cas ceux de Venise – poursuivent des études à peine tolérées, voire condamnées par notre mère l'Église, tournées vers la quête de nouveaux moyens pour expulser ou éradiquer des démons de la maladie. Les études et les expérimentations de Mimbad, appris-je, touchaient moins aux techniques de la guérison qu'au royaume d'Hermès Trismégiste, dont les enseignements confinaient à la sorcellerie.

Du fait que les arts hermétiques ont été longtemps et dès l'origine pratiqués par des païens comme les Grecs, les Arabes et les habitants des royaumes hellénistiques, les chrétiens ont naturellement l'interdiction formelle de s'y intéresser. Mais tout chrétien en a déjà entendu parler. Je savais, par exemple, que leurs adeptes avaient toujours cherché comme un seul homme à découvrir les mystérieux secrets de l'élixir de longue vie ou de la pierre philosophale susceptible de changer le métal vil en or. Aussi fus-je assez surpris d'entendre le *hakim* Mimbad se moquer de ces deux desseins, qu'il qualifia de « projets irréalistes ».

Il voulait bien admettre qu'il était lui aussi un adepte de l'Âge d'or et de l'occultisme. Mais il préférait l'appeler *al-kimia* – l'alchimie – et proclamait qu'Allah l'avait d'abord transmise aux prophètes Moussa et Haroun – Moïse et Aaron –, d'où elle avait ensuite transité jusqu'à d'autres personnalités du monde de l'expérimentation, tel le grand sage arabe Jabir. Il admettait également que, bien sûr, comme la plupart des adeptes, il était lancé dans une quête insaisissable, mais la sienne était, estimait-il, moins ambitieuse que celles de l'immortalité ou d'une fortune sans nom. Tout ce qu'il espérait découvrir – ou plutôt, en réalité, redécouvrir – était ce qu'il appelait le « philtre de Majnoun et Leila ». Un jour, alors que l'hiver des hauteurs avait commencé de relâcher un peu son emprise et que divers chefs de convoi étudiaient le ciel afin de décider s'ils pouvaient envisager leur redescente du Toit du monde, Mimbad me conta l'histoire de ce remarquable philtre.

– Majnoun était un poète, et Leila une poétesse. Ils vivaient il y a longtemps, très loin d'ici, nul ne sait exactement où ni quand. Hormis les poèmes qu'ils nous ont laissés, la seule chose que nous savons d'eux est qu'ils possédaient le pouvoir de changer d'apparence à volonté. Ils pouvaient vieillir ou rajeunir, embellir ou s'enlaidir, et choisir le sexe qu'ils désiraient. Ils parvenaient aussi à se muer en une créature tout autre : par exemple, l'oiseau *Rukh* géant, un énorme lion, un terrible *mardkhora*, ou, s'ils étaient d'humeur plus légère, une délicate biche, un beau cheval ou encore un joli papillon…

– Un talent bien utile, reconnus-je. Ils avaient ensuite la possibilité de décrire dans leurs poésies, avec une acuité inégalable, ces modes de vie qu'ils avaient essayés.

– Sans nul doute, acquiesça Mimbad. Mais jamais ils ne cherchèrent à tirer profit de ce pouvoir particulier, ni à se bâtir là-dessus une quelconque renommée. Ils n'en faisaient usage qu'à titre de loisir, et leur passe-temps favori était l'amour. L'amour physique, plus précisément.

– *Dio me varda !* Ne me dites pas qu'ils aimaient faire l'amour aux chevaux et autres animaux ? Sinon, notre esclave doit avoir du sang de poète dans les veines !

– Majnoun et Leila ne faisaient l'amour qu'ensemble, je te rassure. Réfléchis, Marco. Pourquoi auraient-ils eu besoin de quoi ou de qui que ce fût d'autre ?

– Hum… en effet, fis-je, songeur.

– Imagine à quelle gamme incroyable d'expériences ils pouvaient goûter. Elle pouvait devenir l'homme, et lui la femme. Elle pouvait être Leila, et lui, la saillir comme un lion. Ou lui pouvait être Majnoun, et elle une délicate gazelle… Ils pouvaient se transformer tous les deux en enfants ingénus, en deux hommes ou deux femmes, en un adulte et un enfant… S'ils le voulaient, ils pouvaient même se changer en monstres du plus parfait grotesque.

– *Gèsu…*

– Lorsqu'ils en avaient assez de l'amour pratiqué à la façon des humains, malgré sa variété et tous les caprices qu'il permet, ils pouvaient expérimenter l'amour comme le vivent, disons, les serpents, les *djinn* démoniaques ou encore l'élégant *peri*. Ils pouvaient, tels deux oiseaux, s'accoupler en plein vol ou, comme deux doux papillons, s'étreindre dans la corolle d'une fleur.

– Quelle agréable pensée…

– Ou même prendre la forme d'hermaphrodites, et être à la fois, l'un pour l'autre, *al-fa'il* et *al-mafa'ul !* Leurs possibilités étaient infinies, et ils durent en essayer de nombreuses, car ce fut leur principale occupation tout au long de leur vie. Sauf lorsqu'ils étaient momentanément rassasiés ou quand ils se ménageaient une pause pour écrire un poème ou deux.

– Et vous aimeriez suivre leur exemple.

– Moi ? Oh, non. Je suis vieux et j'ai passé depuis longtemps l'âge de la débauche. Et puis, un adepte ne doit jamais pratiquer l'alchimie à son propre bénéfice. Ce que j'aimerais, c'est léguer ce philtre à l'humanité tout entière, hommes et femmes.

– Comment savez-vous qu'ils utilisaient un philtre ? Supposez que ce fût un sort, un poème qu'ils récitaient avant chaque transformation...

– Si c'était le cas, je devrais m'avouer vaincu. Je ne saurais écrire un poème, et encore moins en réciter un avec tant soit peu d'éloquence. Soyez donc gentil, je vous prie, de ne pas me décourager, Marco. Si c'est un philtre, je *peux* en revanche le concocter : à l'aide de liquides, de poudres, d'incantations magiques...

Bien mince espoir, pensai-je, que de chercher le pouvoir dans un philtre parce que c'était la seule chose qu'il était capable de réaliser. Je demandai néanmoins :

– Très bien. Avez-vous remporté quelque succès ?

– Dans une certaine mesure, oui. Là où je réside, à Mossoul. L'une de mes femmes est morte en absorbant l'une de mes préparations, mais elle a péri un merveilleux sourire aux lèvres. Une variante de cette toute première formule a plongé une autre de mes épouses dans un rêve incroyablement réel. Durant son sommeil, elle s'est mise à se caresser, à se tripoter, se triturer avec entrain les parties intimes... C'était il y a quelques années déjà, et elle n'a jamais cessé depuis, ne s'étant toujours pas réveillée de ce rêve. Elle vit maintenant dans une chambre aux murs en tissu, dans la maison des hallucinés de Mossoul, et, chaque fois que je me rends là-bas pour m'enquérir de son état, mon homologue, le *hakim* local, me dit qu'elle est toujours plongée dans son interminable masturbation. J'aimerais vraiment savoir de quoi elle rêve...

– *Gèsu*. Est-ce cela que vous appelez des succès ?

– Toute expérience, si elle vous apporte un savoir nouveau, est un succès. J'ai depuis éliminé tous les sels métalliques lourds de ma formule, ayant conclu que c'étaient eux qui causaient la mort ou le coma profond. Tous les produits qui pouvaient empêcher le réveil d'un sujet sont écartés : yohimbinum, cantharis, amanite phalloïde, huîtres en poudre, Nux v., Osnom., Pip. nig., Squilla… Il n'y a plus aucun danger, désormais.

– Je suis heureux de l'entendre. Et à part cela ?

– Eh bien, il y avait un couple sans enfant qui désespérait de pouvoir fonder une famille. Ils ont eu depuis quatre ou cinq splendides garçons, et je ne compte pas là le nombre de filles…

– Ah ! Là, on peut commencer à parler de succès.

– En un certain sens, oui. Mais tous les enfants sont simplement humains et normaux. Ils ont dû être conçus de façon tout à fait conventionnelle.

– Je vois ce que vous voulez dire.

– Oui, et c'étaient les deux derniers volontaires à avoir essayé mon philtre. Je pense que, loin de respecter le secret professionnel qu'il aurait dû garder, le *hakim* de la maison des hallucinés a dû répandre à Mossoul ce qu'il savait. Aussi ma principale difficulté n'est-elle plus, à présent, de mettre au point de nouvelles variantes de mon philtre, mais de trouver des sujets pour le tester. Je suis trop vieux pour le faire, et mes deux dernières épouses refuseraient de toute façon de se joindre à moi pour tenter l'expérience. Comme vous pouvez vous en douter, il est logique d'essayer le philtre sur un homme *et* une femme en même temps. Et de préférence, de choisir pour cela des individus jeunes et pleins de vie.

– Oui, c'est clair. Un Majnoun et une Leila, pour ainsi dire…

Il y eut un long silence. Puis, d'un ton calme, presque timide, implorant mais à la fois plein d'espoir, il osa :

– Marco, auriez-vous par hasard l'idée d'une femme complaisante susceptible d'être… votre Leila ?

La beauté du danger…

39

… Le danger de la beauté.

– Je vous conseille de déposer votre couteau ici, me prévint Shimon, comme j'entrais dans sa boutique. Cette fille domm est de mauvaise humeur, aujourd'hui. Mais j'y pense, peut-être préféreriez-vous goûter à l'une des autres, cette fois-ci ? Le campement va, je crois, bientôt se disperser, et vous ne serez pas longs à partir, vous aussi. Pour cette dernière occasion, ne voudriez-vous pas changer un peu ? Essayer une autre fille que la Domm ?

Non. Il me fallait Chiv, pour être la Leila de mon Majnoun. Mais étant donné le caractère imprévisible de la pièce que nous allions jouer, je suivis l'avertissement du Juif et abandonnai mon couteau à l'entrée. Je lui laissai aussi une petite pile de dirhams, afin de couvrir le temps indéterminé que je pourrais y rester et empêcher qu'il ne vienne nous interrompre en me signalant que mon délai avait expiré. Puis j'entrai dans la chambre de Chiv en lui annonçant :

– J'ai quelque chose pour toi, ma fille.

– Moi aussi, j'ai quelque chose pour toi, me répondit-elle. (Elle était assise nue sur l'*hindora* qui se balançait en douceur, au rythme du massage à l'huile qu'elle était en train de s'étaler sur les seins et sur le ventre, afin de les faire briller…) Du moins, j'aurai cela dans peu de temps.

– Un autre couteau ? demandai-je d'un ton léger, tout en commençant à me déshabiller.

– Non. Tu as déjà perdu l'autre, au fait ? Il semble que tu ne l'aies plus. Non, ce que j'ai pour toi, tu auras plus de mal à t'en débarrasser ! Je vais avoir un bébé.

Je cessai tout mouvement, planté là comme un piquet, l'air sans doute un peu stupide, car j'avais ôté mon *pai-jamah* et demeurais perché sur un pied, telle une cigogne.

– Qu'entends-tu au juste par « tu auras du mal à t'en débarrasser » ? Pourquoi me dis-tu cela à moi, d'abord ?

– À qui d'autre le dirais-je ?

– Eh bien, pourquoi pas à ton montagnard Hunzuk, par exemple ? Pour n'en citer qu'un.

– Je le ferais, si c'était l'œuvre d'un autre. Mais ce n'est pas le cas.

Le premier étonnement dissipé, j'étais redevenu maître de moi-même. Je continuai à me déshabiller, mais moins vite qu'auparavant, et demandai d'un ton conciliant :

– Je ne viens ici que depuis trois mois. Comment peux-tu en être sûre ?

– Je le sais. Je suis une *juvel* romni. Nous autres, Romm, avons les moyens de savoir ce genre de chose.

– Dans ce cas, tu devrais aussi savoir comment éviter ce type de désagrément.

– Tout à fait. Je m'introduis d'habitude au préalable un bouchon de sel marin imbibé d'huile. Si j'ai négligé cette précaution, c'est parce que j'ai été dépassée par ton *vyadhi*, ton impétueux désir.

– Ce n'est ni en cherchant à me rendre coupable, ni en me flattant, quelle que soit ta tactique, que tu parviendras à m'avoir. Je ne veux pas d'un rejeton marron foncé, c'est clair ?

– Sans blague ? se contenta-t-elle de répondre.

Mais ses yeux se plissèrent, tandis qu'elle me fixait du regard.

– De toute façon, je ne te crois pas, Chiv. Je ne constate aucun changement sur ton corps : il est toujours aussi agréable et soigné.

– Il l'est, en effet. Toute ma condition dépend de ma faculté à le conserver tel quel, non déformé par la grossesse, car il serait inutilisable pour la *surata*. Alors, pourquoi ne me crois-tu pas ?

– Je pense que tu mens, tout simplement. Pour me garder auprès de toi. Ou faire en sorte que je t'emmène avec moi quand je quitterai Buzai Gumbad.

– Tu es si séduisant…

Elle parlait lentement.

– Peut-être, mais pas si bête que tu le crois. Je suis surpris que tu aies cru me berner avec un vieux tour de ce genre, une ruse de femme aussi banale.

– De femme banale, c'est ça ? (Très, très lentement.)

– Bon, de toute façon, si tu es enceinte, une femme aussi rompue à… une *juvel* Romni aussi intelligente que toi doit bien savoir comment s'en sortir, non ?

– Oh, mais oui. Il y a plusieurs façons de procéder. J'ai simplement pensé que tu avais ton mot à dire sur l'opportunité de le faire.

– Alors, pourquoi nous querellons-nous ainsi ? Nous sommes parfaitement d'accord ! Bon… en attendant, j'ai quelque chose pour toi. Pour nous deux, en fait.

Terminant de me déshabiller, je jetai sur l'*hindora* un paquet enveloppé dans un papier et une petite fiole de terre cuite. Elle ouvrit le papier et lança :

– Ce n'est que du *bhang* tout ce qu'il y a de banal… Mais qu'y a-t-il dans la petite bouteille ?

– As-tu déjà entendu parler, Chiv, du poète Majnoun et de la poétesse Leila ?

Je m'assis à ses côtés et lui relatai le récit du *hakim* Mimbad au sujet de ces amants de jadis et de leur capacité de varier à l'infini les plaisirs. Je n'allai pas jusqu'à lui répéter, malgré tout, ce qu'il m'avait dit quand j'avais avancé son nom comme partenaire pour l'essai de son dernier philtre. Il avait pris un air hésitant et murmuré : « Une fille du peuple romm ? Ces gens-là ont leur sorcellerie propre. Cela pourrait contrarier l'alchimie… » Je conclus mon compte rendu par les instructions qu'il m'avait délivrées :

– Nous nous partageons le contenu de la fiole. Puis, en attendant qu'il fasse effet, nous mettons le haschisch à brûler, le *bhang*, comme tu l'appelles. Nous en inhalons la fumée, qui nous euphorise et neutralise nos désirs tout en nous rendant plus réceptifs aux pouvoirs du philtre.

Elle sourit, comme si tout cela l'amusait doucement.

– Tu veux essayer de la magie sur une Romm ? Il y a un dicton, Marco, qui proclame en substance : « Il faut être fou pour jeter du bois sur le brasier du diable. »

– Mais il ne s'agit pas de n'importe quelle magie ! Je te parle ici d'alchimie, concoctée par un médecin aussi savant que studieux.

Le sourire s'accrocha à son visage, mais l'amusement disparut.

– Tu m'as dit n'avoir pas vu de changement sur mon corps, et tu prétends modifier les deux nôtres ! Tu me reproches d'avoir fait semblant et tu veux nous plonger tous deux dans une situation virtuelle…

– Cela n'a rien de virtuel, c'est une *expérience*. Écoute, je ne m'attends pas qu'une simple… je ne m'attends pas que tu saisisses la philosophie de l'hermétisme. Crois-moi simplement quand je t'assure que c'est quelque chose de bien plus noble et de plus agréable qu'une vulgaire superstition barbare.

Elle déboucha la fiole et en huma le contenu.

– Ça pue terriblement.

– Le *hakim* a dit que la fumée du haschisch dissipe toute nausée. Et il m'a énuméré tous les ingrédients qui composent le philtre. Graines de fougères, feuilles de cuscute, racine de *chob-i-kot,* poudre de bois de cerf, sang de pénis de bouc… et autres bricoles inoffensives, rien de nocif. Je n'avalerais certainement pas cette mixture moi-même, pas plus que je ne te la ferais boire, s'il en allait autrement.

– Très bien…, acquiesça-t-elle dans un sourire qui commençait à ressembler à une mauvaise grimace.

Elle inclina la fiole et en prit une gorgée.

– Je vais étendre le *bhang* sur les charbons ardents.

Elle m'avait laissé la plus grande partie du philtre (« ton corps est plus imposant que le mien, il sera peut-être plus difficile à modifier »), et j'en avalai le reste. La pièce étroite ne tarda pas à se remplir de la lourde fumée bleue, écœurante de douceur, du haschisch, à mesure que Chiv tisonnait les braises tout en marmonnant pour elle-même dans ce que je crus être sa langue natale. Je m'étalai de tout mon long sur l'*hindora* et fermai les yeux, ce qui ne fit qu'augmenter ma surprise de constater, quand je les rouvris, en quoi je m'étais transformé.

Peut-être étais-je tombé dans le sommeil halluciné que procure le haschisch, mais je ne le pense pas. La dernière fois que j'y avais goûté, les rêves avaient eu un côté fouillis, confus, nébuleux. Cette fois, tous les événements qui eurent lieu semblaient très réels, avaient des contours bien définis : on sentait qu'ils *arrivaient*.

Je demeurai allongé les yeux fermés, ressentant sur la peau de mon corps nu la chaleur du brasier que l'on fourrageait, et j'inhalai vigoureusement sa douce fumée, attendant les changements qui pourraient survenir en moi-même. Je ne savais pas exactement à quoi m'attendre : peut-être à voir pousser, à l'endroit de mes omoplates, des ailes d'oiseau, de papillon, voire de *peri ?* Ou, pourquoi pas, à voir se déployer mon membre viril, déjà tendu dans l'anticipation du plaisir à venir, jusqu'à la taille de celui d'un taureau ! Mais tout ce que je ressentais, pour l'instant, c'était une lente et pénible augmentation de l'épaisse chaleur qui régnait dans la pièce, couplée à une envie impérieuse de vider ma vessie. Cela ressemblait à cette impression matinale, lorsque vous vous éveillez le *candelòto* tout raide, mais juste gorgé de vulgaire urine, ce qui rend malaisé tout autre usage de cet organe. Il est alors impossible de l'utiliser sexuellement, mais vous répugnez à le désengorger par la miction, car son érection dégringole alors inéluctablement, et vous gâchez tout.

Ce début n'était pas aussi prometteur que l'avaient imaginé mes fantasmes d'amateur néophyte, aussi restai-je allongé sans bouger, les yeux toujours fermés, espérant que ces sensations passeraient. Mais pas du tout. Elles augmentèrent, au contraire, jusqu'à devenir franchement pénibles et inconfortables. Puis une douleur se fit jour dans mon bas-ventre, comme lorsqu'on s'est retenu trop longtemps. Mais elle fut si violente que, sans le faire exprès, je laissai échapper un bref jet d'urine. Je demeurai un moment immobile, honteux de ce piteux laisser-aller et priant pour que Chiv ne l'eût pas remarqué. C'est alors que je me rendis compte que je n'avais aucune sensation humide sur mon ventre nu, comme cela aurait dû se produire, vu la position érigée de mon pénis. Au lieu de cela, je sentis cette humidité couler entre mes jambes. Curieux. Léger étonnement. J'ouvris les yeux. Autour de moi, je ne distinguais qu'un épais brouillard bleu. Les murs de la pièce, le brasero, la jeune fille, rien de tout cela n'était plus visible. Je lançai un regard vers le bas afin de comprendre pourquoi mon *candelòto* se comportait aussi bizarrement, mais ma vue fut entravée par mes seins.

Des seins ! J'avais des seins de femme, très mignons d'ailleurs : bien formés, proéminents, d'une belle couleur ivoire, ornés de jolies aréoles fauves entourant des tétons tumescents, le tout luisant de sueur, et un petit ruisseau coulant en méandres au fond de la vallée qui les séparait. Le philtre fonctionnait ! J'étais en train de changer ! J'étais en route pour le plus étrange voyage de découverte que j'aie jamais entrepris !

Je levai la tête pour voir comment mon *candelòto* se fondait dans cette nouvelle conformation. Mais je ne pus toujours pas le distinguer, car j'avais aussi un immense ventre arrondi, telle une montagne dont mes seins auraient été les collines, les premiers contreforts. Je commençai à suer pour de bon. C'était certes une expérience inédite et fort originale que de devenir femme pour un temps… mais une femme grosse au point d'être *obèse* ? J'étais peut-être même mal formée, puisque mon nombril, qui n'avait toujours été jusqu'ici qu'une légère dépression ridée, ressortait à présent outrageusement, perché tel un petit phare sur ma montagne stomacale.

Incapable d'apercevoir mon membre, je tâtonnai de la main pour le trouver. Mais tout ce que je sentis fut ma forêt pubienne, du reste plus luxuriante et frisée qu'à mon toucher habituel. Parvenu en dessous de cette zone, je me rendis compte (et au point où j'en étais, ce ne fut pas une grande surprise) que mon *candelòto* avait disparu, ainsi que mes bourses. En lieu et place de quoi j'avais les organes d'une femme.

Je ne fis pas un bond en hurlant. Après tout, j'avais souhaité, attendu le changement. Et il est certain qu'une transformation en oiseau *Rukh*, par exemple, m'aurait sans doute davantage choqué et consterné. J'avais de toute façon confiance : ce ne serait pas une métamorphose de trop longue durée. Mais je ne sautai pas de joie pour autant. Les organes féminins qui auraient dû, en principe, sembler familiers à ma main inquisitrice, possédaient eux aussi une différence quelque peu déstabilisante. Sous mes doigts qui leur infligeaient cette indiscrète palpation, je les sentais comme épais, durs, chauds et désagréablement moites au toucher. Ils n'avaient rien de commun avec les doux et charmants atours nichés dans la moue des lèvres – le *mihrab*, la chatte, la minette – où j'avais si souvent fourré mes doigts, et pas que cela, d'ailleurs.

Pour être plus précis, je les sentais… comment décrire cela ? Je m'attendais, étant une femme dont on stimulait les parties intimes, et même s'il s'agissait ici de mes propres doigts, à ressentir une sensation agréable, un chatouillement intérieur ou l'impression confortable de ce qui vous est bien connu. Seulement voilà, *j'étais* une femme… et je ne percevais rien d'autre qu'une douce poussée des doigts, plus agaçante et irritante qu'autre chose. Je m'enhardis alors à glisser un doigt dans mes profondeurs, tout doucement. Mais il n'alla pas loin, car il fut aussitôt bloqué, et, peu après, la gaine élastique qui l'entourait le rejeta, je dirais presque même le *recracha*. Il y avait, à cet endroit, quelque chose en moi. Peut-être un précautionneux bouchon de sel ? Mais ma prospection ayant plutôt provoqué mon écœurement que ma curiosité, je me refusai à y revenir. Même lorsque je laissai délibérément un doigt titiller doucement mon *zambur*, ma *lumaghèta* (cette partie la plus tendre de ma nouvelle anatomie, aussi sensible au toucher qu'un cil), cela ne faisait qu'accroître en moi la mauvaise humeur et l'envie qu'on me laissât tranquille.

Je me posai la question avec angoisse : une femme que l'on caressait ne ressentait donc rien de plus agréable que cela ? Sûrement pas, me dis-je. Ou alors est-ce qu'une femme, parce qu'elle est obèse, ne ressent jamais rien ? J'avais déjà caressé une femme très enveloppée, et ce n'est pas l'impression que j'avais gardée. Mais, au fait, dans ma nouvelle incarnation féminine, étais-je *vraiment* obèse ? Je m'assis pour le vérifier.

Bon, j'avais en effet le ventre démesurément enflé. Il était, du reste, je m'en rendais compte à présent, encore enlaidi par une décoloration qui gâchait cette teinte ivoire de la peau tendue, une ligne brune s'étirant de mon protubérant nombril jusqu'à la naissance du pubis. Mais hormis cette panse disproportionnée, le reste de mon corps semblait ordinaire. Mes jambes étaient plutôt minces et lisses, et elles auraient même été jolies si les veines n'avaient pas été si saillantes, visibles et torturées, tel un maillage de sentiers de vers serpentant juste là, sous ma peau. Mes mains et mes bras étaient également d'une finesse acceptable et, à l'œil, ils semblaient posséder la douceur d'une peau de jeune fille. Pourtant, lorsque je les touchais, je les trouvais noueux et presque douloureux. Lorsque je regardai mes mains et tentai de fléchir mes doigts, je ressentis la violente sensation d'une crampe qui me fit gémir.

Ce gémissement était suffisamment appuyé pour entraîner une réaction chez Chiv, mais nulle part elle ne se manifesta dans la fumée bleue qui m'entourait, même lorsque je l'appelai plusieurs fois par son nom. Quel effet le philtre avait-il pu produire chez elle ? Je supposais, par un effet de vases communicants, qu'étant devenu une femme moi-même, elle s'était de son côté transformée en homme. Mais le *hakim* avait expliqué qu'il arrivait à Majnoun et à Leila de se trouver tous deux du même sexe. Et parfois, l'un ou l'autre, devenu invisible, disparaissait. Cependant, le but du philtre étant avant tout de faciliter et d'intensifier l'échange sexuel entre les partenaires, je le jugeai de ce point de vue plutôt décevant. D'ailleurs, nul partenaire (qu'il soit homme, femme ou invisible) n'aurait eu envie de copuler avec la créature grotesque que j'étais devenu. Il n'empêche : je me demandais ce qu'il avait bien pu advenir de Chiv. Je me remis à l'appeler, plusieurs fois… et soudain, je hurlai.

Je me mis à hurler parce qu'une nouvelle sensation venait de me secouer le corps tout entier, une sensation plus horrible que la simple douleur. Quelque chose avait *bougé*, quelque chose qui n'était pas moi mais qui avait remué à l'intérieur de mes tripes, dans cette monstrueuse boursouflure qu'était mon ventre. Je savais que ce n'était pas un gargouillis de nourriture dans mon estomac, car cela provenait d'en dessous. Ce n'était pas non plus un épanchement de gaz dans mes intestins, car j'avais déjà éprouvé cette sensation. C'est vrai qu'elle peut être parfois assez déplaisante, voire surprenante, même lorsqu'elle n'est ni bruyante ni fétide. Non, là, c'était une expérience différente de tout ce que j'avais pu ressentir auparavant. Comme si j'avais avalé une sorte de petit animal endormi, assimilé au plus profond de mes boyaux, qui soudain se réveillait, s'étirait et bâillait. Mon Dieu, me dis-je, et s'il lui prenait la fantaisie de vouloir sortir ?

Juste à cet instant, il bougea de nouveau, et je poussai un nouveau cri perçant, car c'est exactement ce qu'il avait l'air de vouloir faire. Mais il ne le fit pas. Très vite, le mouvement cessa, et j'eus honte de m'être laissé aller à crier. L'animal semblait juste avoir un peu bougé dans sa petite pièce douillette, tant il y était maintenu à l'étroit. Je pris soudain conscience d'une nouvelle humidité entre mes jambes et crus que je m'étais à nouveau souillé sous l'effet de la peur. Mais quand j'y passai la main, je sentis quelque chose de plus affreux que l'urine. Je la ramenai à ma vue et constatai que mes doigts étaient palmés d'une substance visqueuse qui adhérait en longs filets étirés entre ma main et mon entrejambe, s'étendant mollement, pendant et se cassant bientôt pour retomber dans la flasque humidité qui me maculait. Ce n'était pas vraiment une substance liquide ; plutôt une bave grise et gluante, telle la morve qui coule du nez mais striée de sang. Je commençai à maudire le *hakim* Mimbad et son philtre païen. Non seulement il m'avait doté du corps d'une femme repoussante, dont les parties intimes étaient de surcroît défectueuses, mais ce corps souffrait aussi d'une maladie qui lui causait par là des pertes nauséabondes.

Si ma nouvelle enveloppe était vraiment malade ou blessée, pensais-je, mieux valait ne pas prendre le risque de me lever pour la montrer à Chiv. Sans doute était-il plus raisonnable de rester allongé où je me trouvais. Aussi me contentai-je de l'appeler une fois encore, mais sans plus de résultat. J'essayai même d'appeler Shimon, bien que je n'eusse aucun mal à imaginer son mépris et ses moqueries lorsqu'il me découvrirait dans cette apparence féminine. Mais il ne vint pas, lui non plus, et je me pris à regretter d'avoir payé d'avance pour une longue séance. Quels que fussent les cris et les appels qu'il pourrait entendre provenant d'ici, il penserait qu'il s'agissait d'une étreinte un peu tumultueuse et n'interférerait pas.

Durant un long moment, je restai donc là, couché sur le dos dans une désespérante immuabilité des éléments, hormis la chaleur grandissante, ma sueur de plus en plus abondante et cette envie d'uriner qui se muait à présent en un besoin tout aussi pressant de déféquer. Peut-être le petit animal niché au fond de mes entrailles était-il en train de presser de tout son poids sur ma vessie et mes intestins ? C'était en tout cas devenu intolérable, à présent. Je devais me retenir de toutes mes forces pour ne pas me laisser aller, mais bien que ce fût difficile, je résistais, dans ma crainte de maculer mon entrejambe et le lit tout entier. Quand soudain, comme si une porte venait d'être ouverte aux neiges fondantes du dehors, je fus heurté par un froid brutal. La pellicule de sueur qui couvrait mon corps gela, et je me mis à trembler de tous mes membres, claquant des dents, tandis que toute ma peau se hérissait de chair de poule et que les pointes de mes seins se dressaient telles des sentinelles. Je n'avais rien pour me couvrir. Si mes habits se trouvaient par terre, je ne pouvais les voir, ni encore moins les atteindre, et j'avais trop peur de me relever pour les chercher. Et puis, brusquement, mon impression de froid s'évanouit : la pièce redevint lourde, oppressante, ma sueur se liquéfia, et je haletai, cherchant de l'air.

N'ayant rien de mieux à méditer, je tentai de faire l'inventaire de mes sensations. Elles étaient nombreuses et variées. Il y avait une part d'excitation intellectuelle : le philtre fonctionnait, au moins partiellement. Une part d'attente et d'espoir, aussi : l'effet de cet élixir n'était sans doute pas achevé, et ce qui pouvait encore se produire restait intéressant. Mais le reste de mes émotions était plutôt désagréable. J'étais tout sauf à l'aise : mes mains souffraient toujours de crampes, et mon besoin de soulager mes intestins devenait extrême. Je ressentais du dégoût : mon *mihrab* dégoulinait toujours d'un horrible pus gélatineux. J'étais aussi indigné d'être prisonnier de cette situation qu'apitoyé d'être seul à endurer ces souffrances. Je me sentais également un peu coupable : j'aurais normalement dû me trouver au caravansérail et aider mes compagnons à préparer nos bagages pour reprendre la piste, au lieu d'être ici à satisfaire ma curiosité démoniaque. J'avais peur, ignorant ce que pouvait encore me réserver le philtre, et me sentais gagné par l'appréhension, ce qui se profilait pouvant être encore pire que ce que je vivais déjà.

Soudain, une sensation balaya toutes les autres et me paralysa : une souffrance terrible, dévastatrice. Je sentis cette torture déchirante me vriller tout le bas-ventre et eus presque l'impression de pouvoir entendre son bruit, celui d'un vêtement trempé que l'on arrache. Sauf que je n'entendais, en fait, que mon cri d'agonie. J'aurais voulu labourer de mes mains ce ventre assassin, mais j'étais secoué de tant de douleur que je ne pus que m'agripper aux deux bords de l'*hindora* oscillante pour ne pas basculer et tomber.

Au cours d'un tel martyre, on tente instinctivement de bouger, dans l'espoir fou qu'un mouvement l'apaisera. Le seul que je pus faire fut de lever les jambes. Cette soudaine gymnastique rompit la résistance de mes muscles intimes, et mon urine jaillit en un dégoulinement de chaleur, ruisselant et m'inondant les fesses. Au lieu de s'apaiser, le supplice reprit de plus belle, faisant alterner le chaud et le froid. Je tressautais chaque fois qu'un nouvel accès de fièvre cédait la place à une morsure du froid qui redevenait aussitôt brûlante. Dès que le rythme de ces impulsions commença à s'espacer, me laissant trempé d'urine et de sueur, je demeurai ainsi étendu, tout flasque, haletant comme si j'avais été cinglé au fouet, et dès que je pus articuler, je hurlai : « *Mais qu'est-ce qui m'arrive ?* »

C'est alors que je compris. Regarde : là, sur cette paillasse, gît une femme, étendue sur le dos. Son corps a les formes et les courbes normales d'un corps féminin, hormis l'effrayante dilatation de son abdomen distendu. Elle repose allongée, jambes écartées de part et d'autre, exposant un *mihrab* serré, comme engourdi de sa tension interne. Quelque chose l'habite, l'a envahie et se tient là, tapi. C'est cette présence qui lui enfle le ventre, et elle vit ! Elle la sent bouger, elle a ressenti ses premières secousses d'impatience de sortir, et par où pourrait-elle surgir si ce n'est par cet orifice, ce canal à la jointure de ses jambes ? Il s'agit à l'évidence d'une femme au dernier stade de la grossesse et sur le point d'accoucher.

Très bien, très frais, cette vision calme et détachée. Mais je n'en étais pas que le spectateur, j'en étais *l'acteur*. Cette pitoyable créature qui se tordait doucement dans l'absurde posture d'une grenouille retournée, *c'était moi*.

Gèsu Marìa Isèpo, pensai-je (relâchant l'une de mes mains du bord du lit pour me signer), comment le philtre avait-il pu me dédoubler et placer l'un de ces deux êtres à l'intérieur de l'autre ? Quel que soit l'être que je portais, allais-je vraiment devoir le faire naître ? Combien de temps cela durerait-il ? Que peut-on faire pour se faciliter la tâche ? En plus de ces pensées, je laissais fuser des mots peu courtois à l'égard du *hakim* Mimbad, le recommandant à l'enfer pour l'éternité. Ce n'était peut-être pas très sage de ma part, car si j'avais vraiment besoin d'un médecin, c'était précisément maintenant. Quand j'avais été mêlé au plus près à la problématique de la naissance, c'était à Venise où, en une ou deux occasions, j'avais vu flotter entre deux eaux le cadavre bleu pâle et pourpre d'un nouveau-né abandonné dans le flot. Jamais je n'avais vu, par exemple, une chatte mettre au monde ses chatons. Le petit monde savant des docks de Venise avait bien abordé la question, sans doute, mais tout ce qui me restait en mémoire était l'expression « douleur des contractions », et ces mots, hélas, sonnaient assez clairement pour moi. Je savais aussi que nombre de femmes meurent en couches. Et si je mourais dans ce corps ! Personne ne saurait qui j'étais, ni ne viendrait me réclamer. Je serais enterré anonymement, fille mère tuée par son propre bâtard…

Mais j'avais d'autres soucis que le sort de mes peu glorieux restes. Le mal, intact dans sa dureté, me tordit de nouveau, mais je serrai les dents, refusai de crier et tentai même de prendre du recul pour l'analyser. Il semblait venir des profondeurs de mon abdomen, vers le bas de ma colonne vertébrale, pour se précipiter telle une vague sur l'avant. Je profitai d'un bref répit pour prendre une goulée d'air, avant que la douleur ne revienne à l'assaut. À chaque onde successive, bien qu'elles fussent toujours aussi cruelles, j'encaissais un peu mieux le choc. Aussi tentai-je de mesurer la durée des contractions et des rémissions qui survenaient entre elles. Je devais compter doucement jusqu'à trente ou quarante avant que chaque crise s'apaise. Mais lorsque j'entrepris d'estimer les intervalles de soulagement, je comptai si fort que je m'y perdis.

D'autres afflictions contribuaient à augmenter ma confusion. D'une part, la température de la pièce (ou peut-être était-ce la mienne) alternait toujours les pics de chaleur et les coups de froid. J'étais donc, d'un instant à l'autre, rôti jusqu'à l'avachissement ou transi jusqu'à la moelle. Mon ventre, outre les tourments qu'il m'occasionnait déjà, trouva le moyen de me procurer des nausées. Je rotai à plusieurs reprises et dus lutter pour ne pas vomir. Je continuais d'uriner de façon incontinente chaque fois que la douleur frappait et n'empêchais mes intestins de se vider que par une violente contraction de mes muscles. L'urine qui s'était répandue devait avoir un effet acide, car l'intérieur de mes cuisses, mon pubis et mon derrière étaient comme à vif, irrités et sensibles. Je souffrais à présent d'une soif insensée, probablement parce que j'avais sué et pissé tous mes liquides internes. Mes mains continuaient d'être la proie de spasmes, vu la peu commode position à laquelle je les contraignais. Le contact même du lit irritait mon dos. En définitive, j'avais mal presque partout, même à la bouche : elle était ouverte dans un rictus si distordu que mes lèvres en étaient douloureuses. J'étais presque soulagé au moment où l'élancement des contractions reprenait le dessus : elles étaient tellement pires qu'elles balayaient la conscience de ces contrariétés mineures.

J'avais désormais admis l'idée que l'ingestion du philtre ne m'apporterait aucun plaisir. À présent que les heures s'empilaient pesamment les unes sur les autres, je tâchais de me résigner à ce qu'il avait provoqué à la place – la soif, la nausée, la souillure et la misère en général –, en attendant que son pouvoir s'évanouisse et que je récupère mon apparence d'origine ou que, au contraire, il m'assaille de tourments nouveaux.

Ce qu'il ne manqua pas de faire. Lorsque les vagues de souffrance ne parvinrent plus à faire jaillir de moi les fameux jets d'urine, je crus que mon bassin avait expurgé tous ses fluides. Mais soudain, je sentis toute ma partie inférieure éclaboussée par une humidité encore largement supérieure à celle que j'avais déjà éjectée, un véritable flot liquide, comme si quelqu'un avait renversé une cruche entre mes jambes. C'était chaud comme l'urine, mais lorsque je me relevai pour voir, je constatai que la flaque qui s'étendait n'avait aucune couleur définie. Je sentis aussi que cette eau ne venait pas de ma vessie, par la voie naturelle utilisée lors de la miction, mais de mon *mihrab* lui-même. J'en fus réduit à imaginer que cette souillure n'était que l'indice d'une étape supplémentaire dans cette dégoûtante opération qui consistait à donner la vie.

Les contractions abdominales se rapprochaient, me laissant à peine le temps désormais de reprendre mon souffle entre les assauts et de raffermir ma détermination, avant que le déferlement suivant m'emporte.

J'en vins à me dire en moi-même : peut-être est-ce le fait que tu t'arc-boutes face à chaque vague de douleur et que tu tentes de t'y dérober qui contribue à la rendre aussi insupportable. Peut-être que si tu faisais bravement face à chacune ou leur fonçais délibérément dedans… J'essayai donc de le faire, mais « foncer dedans », dans ce genre de situation, signifiait exercer le même type de poussée musculaire que celle employée pour déféquer, et ma tentative eut le même effet. Lorsque cette torture écrasante s'atténua brièvement, je découvris que j'avais expulsé sur le lit, entre mes jambes, un considérable tas de merde puante. Mais j'étais déjà bien loin de l'idée même de m'en formaliser, à cet instant. Je pensai simplement à part moi : tu savais déjà que la vie humaine s'achevait dans la merde ; tu sais maintenant qu'elle commence de même.

« Le royaume de Dieu n'est fait que de cela. » Je me souvins soudain avoir prêché de la sorte devant l'esclave Narine, tout récemment. « Laissez venir à moi les petits enfants… », me récitai-je, avant de rire piteusement.

Je n'eus pas longtemps l'occasion de rire. Bien que cela fût difficilement concevable, les choses empirèrent encore. Les douleurs non seulement se rapprochèrent, mais leur durée s'allongea régulièrement, et, bientôt, ce ne fut plus dans mon ventre qu'une constante agonie, sans répit, qui augmentait en intensité jusqu'à me faire sangloter, gémir et geindre sans la moindre honte. Craignant de ne pouvoir en supporter davantage, j'en vins à implorer de toutes mes forces un saint miséricordieux de m'accorder la grâce de m'évanouir. Si quelqu'un s'était alors penché sur moi et m'avait dit : « Ceci n'est rien. Tu peux avoir encore bien plus mal que cela, et c'est ce qui va t'arriver », je crois que, malgré la situation atroce, insoutenable, j'aurais laissé fuser un autre rire parmi mes sanglots. Mais ce quelqu'un-là aurait eu raison.

Je sentis mon *mihrab* s'ouvrir et s'étirer comme une bouche en train de bâiller, et ses lèvres continuèrent de s'agrandir de plus en plus largement jusqu'à former une ouverture ronde, telle une bouche expulsant un cri. Et comme si le tourment n'était pas encore assez intense, il me sembla que le pourtour de ce cercle était soudain badigeonné d'un liquide en feu. Je lançai désespérément une main vers le bas, comme pour tenter d'une tape d'éteindre l'incendie. Mais elle ne ressentit nulle brûlure, seulement quelque chose de friable. Je la ramenai devant mes yeux ruisselants et vis à travers mes larmes que ses doigts étaient maculés d'une hideuse substance vert pâle. Comment cela pouvait-il brûler à ce point ?

Et, là encore, à côté du mal qui ravageait mon ventre et du feu qui marquait mon postérieur au fer rouge, je ressentais d'autres choses horribles. Je percevais sur mes lèvres le goût de la sueur qui ruisselait sur mon visage et le sang qui en coulait aux endroits où je les avais mordues. J'entendais la complainte pitoyable de tous mes grognements, de mes gémissements, de mes halètements désespérés. J'inhalais la puanteur de ces excréments que j'avais répandus là, de façon sordide. Je sentais bouger en moi, de nouveau, la créature qui s'y trouvait, laquelle cabriolait, tapait du pied et battait des bras tout en se faufilant lourdement du supplice de mon ventre vers la fournaise située en dessous. En bougeant, elle comprimait encore la vessie et les intestins alentour, trouvant le moyen de les faire dégorger encore un peu leur contenu. Et, finalement, dans une ultime excrétion d'urine et de merde, elle commença à sortir. Et là, Dieu, *ah, mon Dieu !* Lorsque le Créateur a décrété : « Tu enfanteras dans la douleur », je peux vous assurer qu'il a tenu parole. J'avais souffert légèrement jusqu'à ce jour, et cruellement lors de ces dernières heures, mais je crois qu'on ne peut ressentir pire souffrance que celle qui me ravagea alors. J'avais vu administrer des tortures par des experts en l'art, mais jamais nul homme, dans l'affliction du tourment physique, ne pourra égaler Dieu.

Le supplice était double. D'abord, les chairs de mon *mihrab* étaient si distendues qu'elles semblaient sur le point de se déchirer, en haut comme en bas. Prenez un morceau de peau, déchiquetez-le impitoyablement mais avec lenteur et essayez d'imaginer ce qu'alors vous pouvez endurer lorsque cette chair est la vôtre, du pubis à l'anus. Ensuite, les os qui composent le bassin sont imbriqués et tiennent étroitement les uns aux autres ; là, ils doivent s'écarter sensiblement de tous côtés à la fois, en grinçant comme un rocher qui dévale une faille montagneuse. C'est ce que je ressentis, tout à la fois : l'écœurant mouvement et la douleur intérieure, les craquements et les déformations de tous les os situés entre les jambes, la déchirure et la brûlure des chairs du dehors. Et Dieu ne vous accorde, dans cette extrémité même, que le droit de hurler de façon lancinante. Nul évanouissement pour fuir cette insupportable agonie.

Je demeurai conscient jusqu'à ce que la créature sorte enfin, dans une brusque et ultime poussée, accompagnée d'un grincement et d'un déchirement presque audibles… La tête marron foncé émergea d'entre mes cuisses, toute visqueuse de sang et de mucus, prononçant avec la voix malicieuse de Chiv : « Quelque chose dont tu auras du mal à te débarrasser… »

Alors, ce fut comme un plongeon dans la mort.

40

Quand je revins à moi, j'avais retrouvé mon corps. J'étais toujours nu et allongé sur l'*hindora*, mais j'étais redevenu un homme et je n'eus cette fois aucun mal à me reconnaître. J'étais couvert d'une écume de sueur séchée et avais la bouche terriblement pâteuse, assoiffé que j'étais. Mon cœur battait à tout rompre, mais je n'avais mal nulle part. Aucune substance nauséabonde ne maculait le lit, qui semblait aussi propre que lorsque je m'y étais installé. La pièce était presque débarrassée de ses fumées, et je vis mes vêtements éparpillés au sol. Chiv était là aussi, entièrement habillée. Accroupie par terre, elle était en train d'envelopper une petite chose bleu pâle et pourpre dans le papier qui avait contenu le haschisch.

– N'aurais-je donc vécu tout cela qu'en rêve, Chiv ? l'interrogeai-je. (Elle ne répondit rien ni ne leva les yeux, poursuivant sa besogne.) Que t'est-il arrivé, pendant tout ce temps, Chiv ? (Elle ne me répondit pas davantage.) Moi, j'ai cru mettre au monde un enfant, ajoutai-je, avec un rire incrédule. (Pas de réponse.) Tu étais là. C'était toi, l'enfant.

Là, elle releva la tête, et son expression me rappela celle qu'elle avait eue dans ce rêve, ou Dieu sait ce que c'était. Elle me demanda :

– J'étais de couleur marron foncé ?

– Pardon ? Euh… oui, c'est cela.

Elle secoua la tête en signe de dénégation.

– Les bébés romm ne prennent cette couleur de peau que bien plus tard après la naissance. Quand ils viennent au monde, ils ont le teint aussi clair que celui des femmes blanches.

Elle se leva et transporta son paquet en dehors de la chambre. Quand la porte s'ouvrit, je fus surpris de voir la lumière éclatante du jour. Avais-je passé ici la nuit entière, étions-nous le lendemain ? Mes compagnons devaient se demander avec inquiétude pourquoi je les avais quittés en leur laissant tout le travail à faire. Je m'habillai donc précipitamment. Lorsque Chiv revint dans la pièce, débarrassée du paquet, je dis, histoire de parler un peu :

– De ma vie entière, jamais je ne pourrai plus croire qu'une femme soit réellement *désireuse* de s'infliger une telle horreur. Tu pourrais l'être, toi, Chiv ?

– Non.

– Alors, j'avais raison ? Tu faisais juste semblant, tout à l'heure ? Tu n'étais pas du tout enceinte ?

– Je ne suis pas enceinte.

Pour une personne d'habitude très communicative, elle était devenue plutôt sèche et cassante.

– N'aie pas peur... Je ne suis pas fâché contre toi. Je suis même heureux, pour ta santé s'entend. Maintenant, il faut que je regagne le caravansérail. Je m'en vais.

– C'est ça. Pars.

Elle prononça ces mots comme si elle y ajoutait « et ne reviens jamais ». Je ne voyais pas de raison valable à cet air revêche. C'était moi, et moi seul, qui avais éprouvé toute cette souffrance. Je soupçonnai d'ailleurs qu'elle avait peu ou prou contribué à altérer l'effet du breuvage.

– Elle est de fort mauvaise humeur, tu avais raison, Shimon, lançai-je au Juif en sortant. Mais j'imagine que je te dois encore de l'argent, non, avec tout ce temps que j'ai passé là-bas ?

– Pourquoi ? Non ! répondit-il. Tu n'as pas été plus long que d'habitude. Tiens, je te rends même un dirham, tu vois... je suis honnête. Et voici ton couteau. *Shalom.*

Ainsi, nous étions bien le même jour, et l'après-midi n'était même pas très avancée. Pourtant, ma souffrance m'avait semblé durer un temps infiniment long. Lorsque je ralliai l'auberge, j'y trouvai mon père, mon oncle et Narine occupés à rassembler nos affaires et à préparer nos bagages, parfaitement capables de se passer de mon aide, au moins dans l'immédiat. Je descendis au bord du lac, là où les lavandières de Buzai Gumbad conservaient toujours un morceau de la surface dégelé. L'eau était d'un bleu si froid qu'elle semblait vouloir vous mordre, aussi le bain que je pris fut-il sommaire : après m'être nettoyé les mains et le visage, je retirai mes vêtements du haut pour m'asperger de quelques giclées la poitrine et les aisselles. C'était la première toilette que je m'accordais depuis le début de l'hiver.

J'aurais du reste été révolté de ma propre odeur si tous les autres n'avaient senti aussi mauvais, ou pire. Au moins, la sueur qui m'avait imprégné dans la chambre de Chiv se trouva-t-elle quelque peu diluée. Mes souvenirs de cette expérience se dissolvaient d'ailleurs au même rythme. Car ainsi en va-t-il de la douleur : pénible à endurer mais facile à oublier. J'ai envie de dire, d'ailleurs, que c'est sans doute grâce à cela qu'une femme, après avoir connu la déchirante agonie de la mise au monde d'un bébé, peut envisager d'en réitérer l'épreuve.

La veille de notre départ du Toit du monde, nous reçûmes la visite du *hakim* Mimbad, dont le convoi était aussi en partance. Il vint au caravansérail pour nous faire ses adieux et fournir à l'oncle Matteo le complément de médicaments dont il aurait besoin pour le voyage. Puis, devant mon père et mon oncle ébahis, je déclarai tout de go au médecin que son philtre avait échoué, ou plutôt qu'il avait fait effet, mais à un degré bien plus intense qu'escompté. Je lui décrivis de façon plaisante et pittoresque ce qui m'était arrivé, mais, au-delà de mon enthousiasme apparent, il sentit bien que mon ton était en réalité franchement accusateur.

– La fille a certainement dû interférer là-dedans, conclut-il. Je le craignais, du reste. Mais nulle expérience ne demeure inutile, pourvu que l'on parvienne à en tirer quelque leçon. As-tu appris quelque chose de nouveau ?

– Simplement que la vie d'un homme débute et s'achève dans la merde, ou la *kut*, comme vous l'appelez. Non, autre chose aussi : faire attention, la prochaine fois que je ferai l'amour à une femme. Je m'en voudrais trop de la condamner à un sort aussi horrible que la maternité.

– Eh bien, voilà, tu vois, nous y sommes. Tu as appris quelque chose. Peut-être aimerais-tu réessayer ? J'ai une autre fiole, légère variante du philtre précédent. Prends-la avec toi et essaie-la avec quelque autre femme qui ne sera pas une sorcière romni.

– Ma parole, tu m'as l'air d'avoir toi aussi trouvé ton docteur Balanzòn ! Il me prescrit une potion stérilisante et, pour compenser, offre un aphrodisiaque à un garçon bien trop jeune et trop vigoureux pour en avoir besoin…

– Je l'emporterai, Mimbad, n'en répliquai-je pas moins. Ne serait-ce qu'à titre de souvenir et de curiosité. L'idée de goûter à l'acte d'amour sous toutes ses formes demeure séduisante. Mais j'ai encore beaucoup de chemin à parcourir avant d'avoir expérimenté toutes les possibilités que m'offre déjà ce corps, aussi vais-je pour l'instant me cantonner à ce que je possède. Nul doute que lorsque tu auras trouvé la formule idéale pour ton philtre, la nouvelle s'en répandra de par le monde. Peut-être qu'à ce moment-là j'aurai de mon côté épuisé mes possibilités. Alors, je te retrouverai et, si tu le permets, j'essaierai ta potion perfectionnée. Pour l'heure, je te souhaite bonne chance, *salââm* et adieu.

Je n'eus pas l'occasion d'en dire autant à Chiv, le soir venu, lorsque je retournai à l'établissement de Shimon. Celui-ci m'accueillit en m'expliquant, d'un ton indifférent :

– Un peu plus tôt cet après-midi, la fille domm est venue me demander ses gages et a quitté la maison pour rejoindre un convoi ouzbek en partance pour Balkh. C'est courant, chez eux, cette façon de faire. Quand par hasard ils ne sont pas flemmards, ils agissent sournoisement. Bon, je ne m'inquiète pas, tu as toujours ton couteau à cran d'arrêt pour te souvenir d'elle.

– Pour me rappeler son nom, surtout. Chiv veut dire « lame ».

– Vraiment ? Et elle ne t'en a jamais enfoncé une dans le corps !

– Ça, je n'en suis pas si sûr.

– Tu sais qu'il y a d'autres filles. Voudras-tu en essayer une, ce soir ?

– Je ne crois pas, Shimon. D'après ce que j'ai pu en voir, elles sont vraiment trop repoussantes.

– Si je suis tes beaux raisonnements, elles ont donc l'avantage d'être totalement inoffensives !

– Tu sais quoi ? Le vieux Mordecai ne me l'a jamais dit, mais au lieu d'être un avantage à verser à leur crédit, je crois que cet argument *dessert* les laides, au contraire. Il me semble que je privilégierai toujours les gens de belle apparence, quitte à courir des risques. À présent, je vous remercie de vos bons offices, *tsaddik* Shimon, et vous dis adieu.

– *Sakanà aleichem, nosèyah.*

– Tiens, cela ne sonne pas comme l'habituel « que la paix soit sur vous »… Je me trompe ?

– Je me doutais que vous le remarqueriez.

Il répéta les mots hébreux, puis les traduisit en farsi :

– Que le danger te quitte, voyageur.

Bien que Buzai Gumbad fût encore couvert de neige, le lac Chaqmaqtin avait progressivement abandonné sa couverture de glace bleu pâle pour un aspect multicolore dû aux oiseaux d'eau. D'innombrables volées d'oies, de canards et de cygnes étaient déjà arrivées du sud, et d'autres les suivaient. Leurs coin-coin satisfaits résonnait comme une clameur continue qui emplissait l'air, et lorsque, soudain, un millier d'entre eux prenaient d'un bond leur envol pour faire un joyeux tour du lac, leur grondement enflait telle une tornade dans une forêt. Ils procurèrent un mets nouveau qui vint agréablement varier notre menu, et leur arrivée avait marqué, pour nombre de caravanes, le signal du départ et la préparation des bagages. On harnachait les bêtes, on rassemblait les troupeaux, on alignait les chariots, et, l'un après l'autre, les convois se mettaient en marche vers l'horizon.

Les premiers à partir étaient ceux qui se dirigeaient vers l'ouest, du côté de Balkh ou plus loin, car la longue déclivité du corridor de Wakhân était la voie la plus aisée pour descendre du Toit du monde et la première à redevenir praticable, le printemps venu. Les voyageurs en partance pour le nord ou pour l'est préféraient attendre un peu, ces destinations impliquant l'ascension des montagnes qui les entouraient sur trois côtés du site. Or emprunter leurs passes conduirait à en gravir encore d'autres situées derrière.

Que ce fût au nord, à l'est ou au sud, les passes ne se départissaient jamais, même au cœur de l'été, de leur manteau de neige et de glace. Aussi, nous autres Polo, censés voyager vers le nord et n'ayant pas l'expérience de ce type de terrain, avions préféré attendre le départ d'autres caravaniers plus avisés.

Peut-être aurions-nous même hésité plus longtemps que de raison si, un jour, une délégation de petits Tamil Cholas basanés, ceux dont je m'étais gaussé avant d'aller leur présenter mes excuses, n'était venue se présenter à nous. Ils nous déclarèrent, dans un très mauvais farsi commercial, qu'ils avaient renoncé à aller vendre leur cargaison de sel marin à Balkh, car ils avaient appris de source fiable qu'ils en tireraient un bien meilleur prix dans une ville du nom de Mourgab, cité commerçante du Tadjikistan sise sur la route est-ouest reliant Kithai à Samarkand.

– Samarkand est située très au nord-ouest d'ici, fit remarquer mon oncle.

– Oui, mais Mourgab se trouve plein nord, précisa l'un des Cholas, un petit homme grêle nommé Talvar. C'est-à-dire sur votre route, ô, Né-deux-fois. Quand vous y parviendrez, vous aurez traversé la plus difficile zone de montagne, et le trajet sera plus aisé pour vous si vous vous joignez à notre convoi. C'est pourquoi nous vous proposons humblement de vous rallier à nous : si vous le souhaitez, vous êtes les bienvenus. Nous avons été très favorablement impressionnés, sachez-le, par les bonnes manières du Né-deux-fois Saudara Marco ici présent et nous voyons en vous d'agréables compagnons de piste.

Mon père, mon oncle et même Narine semblèrent passablement éberlués de l'appellation « Né-deux-fois » ainsi que de ces curieuses louanges décernées par de parfaits étrangers qui soulignaient mes bonnes manières. Mais nous tombâmes tous d'accord pour accepter l'invitation des Cholas. Nous leur exprimâmes nos remerciements et notre gratitude, et ce fut avec leur convoi que nous prîmes à cheval la route menant de Buzai Gumbad vers ces redoutables montagnes qui semblaient vouloir interdire sévèrement toute progression vers le nord.

Comparé à certaines des caravanes du campement, fort peuplées et équipées de centaines d'animaux, notre groupe formait un convoi modeste. Les Cholas n'étaient en tout qu'une douzaine, des hommes seulement, sans femmes ni enfants, et ne possédaient que six petits chevaux de selle décharnés sur lesquels ils se relayaient, alternant ainsi les tours de monte et de marche à pied. Leurs seuls véhicules étaient trois chariots à deux roues branlants et délabrés, tirés chacun par un cheval attelé, tombereaux dans lesquels ils transportaient le matériel de campement et de couchage, leur nourriture et celle de leurs bêtes, une petite forge portative et tout l'équipement nécessaire au voyage. Ils avaient convoyé leur cargaison de sel marin jusqu'à Buzai Gumbad sur une trentaine d'ânes de bât, qu'ils avaient échangés sur place contre une douzaine de yacks capables de porter le même poids mais mieux adaptés à la voie septentrionale à venir.

Rien de tel qu'un yack pour ouvrir une piste. Comme éclaireur, il n'a pas son pareil. Ceux des Cholas ne se souciaient ni de la neige, ni du froid, ni de l'inconfort et, même lourdement chargés, ils gardaient une étonnante sûreté de pas. Ainsi, tandis qu'ils progressaient lentement en tête de colonne, non seulement ils dénichaient toujours la meilleure piste, mais en marchant ils la dégageaient de sa neige, la rendant plus sûre et ferme pour nos pieds qui les suivaient. Le soir, lorsque nous installions le camp et les attachions tout autour, ils montraient aux chevaux où gratter du sabot pour trouver les buissons ratatinés et miteux, mais cependant comestibles, de la *bursta* qui avait subsisté de la dernière saison de pousse.

J'imagine que les Cholas nous avaient invités à les accompagner parce que nous étions des gens robustes, comparés à eux, du moins, et ils avaient dû supposer que si nous devions rencontrer des bandits sur la route de Mourgab, nous ferions d'acceptables combattants. Grâce à Dieu, nous n'en croisâmes aucun, aussi nos muscles ne furent-ils pas mis à contribution dans ce type d'activité. En revanche, ils firent la preuve de leur utilité lors des fréquentes interventions nécessaires pour redresser un chariot renversé sur la piste accidentée, sortir un cheval tombé dans une crevasse ou recharger un yack dont une partie du bât se détachait lorsque la bête s'était faufilée de trop près entre les rochers. Nous aidâmes aussi à la préparation des repas, mais cela, nous le fîmes plus par intérêt personnel, il faut l'avouer, que par la simple grâce de notre affabilité.

La façon qu'avaient les Cholas de préparer la viande était immuable : ils la trempaient dans une sauce de couleur grise à consistance de mucus, composée de diverses épices fort relevées, qu'ils appelaient le *kàri*. L'effet en était garanti : quoi que vous mangiez, vous ne sentiez que le goût du *kàri*. Ce pouvait être parfois, il faut l'admettre, une bénédiction, lorsque le plat consistait en un petit morceau de viande séchée ou salée, ou lorsque son état était bien avancé sur la voie de la putréfaction. Mais les non-Cholas que nous étions se fatiguèrent vite de ne sentir que le goût du *kàri* et de ne jamais savoir si la substance qui se cachait derrière était du mouton, de la volaille ou, ce qui aurait très bien pu être, du foin. Nous demandâmes donc à nos compagnons l'autorisation d'améliorer la sauce en y ajoutant un peu de notre safran, condiment jusque-là inconnu des Cholas. Ils apprécièrent grandement ce goût nouveau, ainsi que la jolie couleur fauve qu'elle donnait au *kàri*, et mon père leur en offrit plusieurs bulbes à rapporter en Inde. Cependant, lorsque même cette sauce améliorée commença de nous lasser, Narine, mon père et moi décidâmes de nous porter volontaires comme cuisiniers et alternâmes avec les Cholas la préparation des repas, tandis qu'oncle Matteo tirait de son sac son arc et ses flèches pour nous approvisionner en gibier frais. Souvent, il n'abattait que de petits animaux tels des lièvres des neiges ou des perdrix à pattes rouges, mais il ramena aussi de temps à autre quelque morceau plus conséquent, un goral ou un urial, et nous cuisîmes ces mets au naturel, bouillis ou grillés, mais, Dieu merci, sans sauce.

Hormis leur addiction au *kàri*, ces Cholas étaient de bien braves compagnons de voyage. En fait, ils étaient si discrets, si peu enclins à parler à moins qu'on ne leur adressât la parole et si réticents à s'imposer que nous aurions pu cheminer jusqu'à Mourgab sans nous rendre compte de leur présence. Leur timidité était compréhensible. Bien que leur langue fût le tamoul, ils étaient de religion hindoue et venaient d'Inde, aussi avaient-ils dû endurer, de la part de toutes les autres nations, le mépris et la dérision qu'elles réservent à juste titre aux Indiens. Notre esclave Narine était la seule personne non indienne que je connaisse à avoir fait l'effort d'apprendre la langue hindi, mais il n'avait pas poussé jusqu'au tamoul. Aucun d'entre nous ne pouvait donc converser avec les Cholas dans leur langue, et leur maîtrise du farsi était plus qu'incertaine. Malgré tout, dès qu'ils comprirent que nous n'avions pas l'intention de nous moquer d'eux ouvertement en raison de leurs hésitations, ils devinrent presque trop démonstratifs dans leurs témoignages d'affection et s'ingénièrent à nous faire connaître des aspects intéressants du pays que nous traversions, dont beaucoup pourraient nous être utiles.

Cette terre est celle que la plupart des Occidentaux ont baptisée la Tartarie et qu'ils considèrent comme la partie la plus orientale du monde. Ce nom provient d'une double méprise. En effet, le monde s'étend bien plus loin vers l'est que cette lointaine Tartarie, et ce nom même est mal approprié. Dans le langage farsi des Persans, un *Tatar* est un Mongol, et c'est à cette source que les Occidentaux ont puisé le mot. Lorsque ces Mongols, appelés Tatars, se livrèrent au saccage jusqu'à atteindre les frontières de l'Europe et à la faire trembler de terreur, il ne faut pas s'étonner que l'on en soit venu à confondre le mot *Tatar* avec le nom de Tartare donné aux régions infernales. De là provient l'abus de langage qui consiste à parler, en Occident, des « Tartares de Tartarie », comme on parlerait des « démons de l'enfer ».

Cependant, même ces caravaniers orientaux aguerris qui, parcourant depuis longtemps ces régions, auraient dû connaître leurs appellations exactes, avaient, on s'en souvient, donné aux montagnes dont nous commencions la traversée des noms fort différents : l'Hindu Kuch, l'Himalaya, le Karakorum, et j'en passe. Je peux en effet en témoigner, il existe suffisamment de pics isolés, de chaînes montagneuses et de gigantesques massifs pour justifier cette profusion de dénominations. Cependant, à des fins cartographiques évidentes, nous demandâmes aux Cholas, dans la mesure de leurs possibilités, de bien vouloir clarifier cette question pour nous.

Ils nous écoutèrent leur répéter les différents noms que nous avions entendus et ne tournèrent en ridicule aucun des hommes qui nous en avaient ainsi parlé. C'est que, selon eux, nul ne pouvait jamais dire avec précision où une chaîne commençait et où une autre finissait.

Cependant, afin de nous aider à nous situer le plus précisément possible, ils nous annoncèrent que nous allions bientôt traverser vers le nord les massifs du Pamir, après avoir laissé au sud-ouest l'Hindu Kuch et au sud le Karakorum, l'Himalaya commençant pour sa part bien plus loin en direction du sud-est. Les autres appellations qu'on nous avait mentionnées – Gardiens, Maîtresses et Trône de Salomon – étaient, selon les Cholas, des noms locaux qu'attribuaient à leurs montagnes les peuples qui y habitaient et qu'ils étaient seuls à utiliser. Mon père et mon oncle notèrent scrupuleusement ces indications sur le *Kitab*, telles qu'elles nous furent données. Selon moi, toutes les montagnes se ressemblent : ce sont d'immenses rochers escarpés bordés d'à-pics vertigineux, aux formes aiguës, aux falaises abruptes, meublés d'instables débris de rocaille, dont la couleur varierait entre le gris, le marron et le noir si elles n'étaient recouvertes d'une épaisse couche de neige et festonnées de glaçons. À mon avis, le nom donné à l'Himalaya, « Demeure des neiges », pourrait être décerné à toutes les autres chaînes de la lointaine Tartarie.

Nonobstant son aspect morne et désolé ainsi que son absence de couleurs vives, ce paysage n'en demeure pas moins le plus somptueux qu'il m'ait été donné de voir au cours de mes voyages. Les immenses montagnes du Pamir, aussi massives qu'impressionnantes, trônaient dans une superbe indifférence loin au-dessus des petites créatures remuantes que nous étions, cherchant, tels de méprisables et insignifiants insectes, à nous frayer un passage entre leurs flancs considérables. Aussi comment pourrais-je, avec mes misérables mots d'insecte, décrire l'écrasante majesté de ces montagnes ? Laissez-moi vous en donner une idée à partir d'un exemple : tout voyageur ou homme cultivé connaît, en Occident, la hauteur des Alpes de l'Europe. Eh bien, s'il se pouvait concevoir un monde composé entièrement de ces Alpes, les pics du Pamir en seraient eux-mêmes les montagnes.

Un autre détail n'a semble-t-il jamais été rapporté à propos de ces massifs, par ceux qui en revenaient. Ces vétérans qui nous avaient détaillé les nombreux noms de ces hauteurs, par exemple, avaient parlé librement de ce que l'on pouvait s'attendre à y découvrir. Pourtant, aucun n'avait mentionné un élément qui me parut, à moi, aussi distinctif que mémorable. On nous avait dépeint les terribles pistes du Pamir ainsi que les accès de colère parfois violents du temps, et enseigné comment survivre à ces effroyables rigueurs. Nul, en revanche, n'avait évoqué ce qui me frappa, moi, de la façon la plus inoubliable : le *bruit* incessant que produisaient ces montagnes.

Je ne parle pas des tourbillons du vent, des tempêtes de neige qui pouvaient y faire rage, car Dieu sait si nous les entendîmes, ces sons sifflants, plus souvent qu'à notre tour ! Nous eûmes à faire face à des vents si violents que l'on aurait pu, littéralement, s'y laisser tomber en avant sans toucher le sol, maintenus debout rien que par la force du souffle. Aux hurlements des rafales, il eût fallu ajouter la fureur de la neige projetée ou le grésillement de la poussière que les vents agitaient, selon que nous nous trouvions sur les hauteurs, là où l'emprise de l'hiver demeurait intacte, ou dans les profondes gorges où le printemps était maintenant bien avancé.

Non, ce bruit dont je me souviens si bien, c'était celui de la décomposition, de la désintégration des montagnes. Je fus surpris de voir que d'aussi titanesques masses rocheuses pouvaient ainsi tomber en morceaux, se fendre et s'effondrer de façon constante. La première fois que j'entendis ce bruit, je crus au roulement du tonnerre à travers les rochers et je m'en étonnai, car le ciel était alors bleu et sans nuages : comment imaginer un orage par un temps aussi froid et pur ? Je tirai les rênes et fis stopper ma monture, immobile sur ma selle, l'oreille attentive.

Le son commença par un grondement profond venu de devant nous, enfla tel un rugissement lointain et fut bientôt environné d'échos. D'autres montagnes l'avaient entendu et le répercutaient, comme un chœur qui aurait repris, en canon, le thème d'un solo en tonalité de basse. Les voix enflèrent peu à peu sur ce thème, l'amplifièrent et additionnèrent à ses résonances des nuances de ténors et de barytons, jusqu'à ce que le son surgisse d'ici, de là, de devant, de derrière, de tout autour de nous. Je restai cloué sur place par la réverbération roulante, tout le temps qu'elle mit à passer du tonnerre au murmure, puis au chuchotement, avant de s'évanouir, très lentement... Les voix de la montagne ne s'en allaient qu'à regret et elles disparurent si imperceptiblement que mon oreille fut incapable de discerner le moment où le son mourut dans le silence.

Le Chola nommé Talvar avança à ma hauteur sur son petit cheval étique et me regarda, brisant ma fascination par ces mots en langue tamoul : « *Batu jatuh* », qui, traduits en farsi, « *Khak uftadan* », voulaient dire « avalanche ». Je hochai la tête comme si je l'avais su depuis le début et, d'une pression des genoux, relançai ma monture.

Ce ne fut pourtant que la première d'une très longue série. Ce bruit persista en effet par intermittences, de jour comme de nuit. Parfois, il semblait si proche de notre piste qu'il dominait le crissement des harnais, le cliquètement des roues des chariots, les récriminations et les grincements de dents de nos yacks. Et si nous levions rapidement le regard, avant que les échos brouillent la source sonore d'origine, nous pouvions voir s'élever dans le ciel, juste derrière une crête, un léger panache de poussière ou une volute scintillante de particules de neige qui marquait l'endroit exact où avait débuté le glissement. Mais je parvenais à saisir le grondement assourdi de chutes de roches plus lointaines dès que je décidais d'y prêter attention. Il me suffisait de chevaucher un peu en avant du convoi ou de me laisser distancer derrière son raffut, je n'avais jamais bien longtemps à attendre. Très vite, j'entendais s'élever la plainte d'une montagne à l'agonie qui perdait une partie de sa substance et, tout de suite, les échos envahissants qui rebondissaient dans toutes les directions, couvrant l'ensemble des montagnes d'un chant funèbre.

Ces avalanches pouvaient être, comme dans les Alpes, de neige et de glace mêlées. Mais elles résultaient le plus souvent de la lente érosion des montagnes elles-mêmes, car ces élévations du Pamir, quoique plus hautes que les Alpes, sont notablement plus fragiles. Elles peuvent apparaître, de loin, éternelles et inébranlables, mais je les ai vues de près. Elles se composent de roches veinées, craquelées et imparfaites, et la hauteur même des cimes contribue à leur instabilité. Il suffit que le vent déplace un caillou d'un endroit élevé pour qu'il entraîne aussitôt dans sa chute d'autres fragments de roches qui se mettent à rouler ensemble et délogent ensuite, dans l'accélération de leur effondrement, des blocs énormes. Ceux-ci peuvent, en tombant, faire une embardée sur le bord d'un précipice immense et, en s'y engouffrant, fendre littéralement tout le versant d'une montagne. C'est ainsi que, bientôt, une masse irrésistible de rochers, de pierres, de cailloux, de gravier, de terre et de sable souvent mêlés de neige (le tout équivalant, parfois, à un petit sommet des Alpes) se déverse jusque dans les gorges étroites ou les ravines plus minces encore qui séparent les montagnes.

Tout être vivant pris dans le champ d'une avalanche du Pamir est irrémédiablement voué à sa perte. Nous en trouvâmes bien des preuves – des ossements, des crânes et de splendides andouillers de nombreux gorals, urials et autres « moutons de Marco », ainsi que des restes d'êtres humains écrasés de la façon la plus pathétique –, reliques de troupeaux sauvages morts depuis longtemps comme de caravanes perdues et oubliées. Ces infortunés avaient eux aussi entendu les montagnes gémir, puis gronder, puis hurler, et ils n'avaient plus rien entendu du tout. Seule la chance nous préserva de subir pareil destin, car nulle piste, nul campement se peut se proclamer à l'abri du risque d'avalanche. Dieu merci, aucune ne nous emporta, bien qu'en de multiples occasions nous eussions trouvé la piste condamnée et dû rechercher une voie parallèle à cette interruption. Se retrouver face à un infranchissable mur de décombres n'était pas une mince affaire, mais c'était pire encore lorsque le glissement avait emporté un pan de montagne sur le chemin d'une étroite piste tracée à flanc de pente et que nous nous retrouvions face à un vide béant. Nous n'avions dès lors plus d'autre solution que de retourner d'où nous venions, parfois à plusieurs *farsakh* en arrière, et de nous traîner péniblement sur un circuit interminable de forme circulaire, jusqu'à retrouver la direction du nord.

Aussi, dès qu'ils entendaient un frémissement de chute de roches, d'où qu'il surgisse, mon père, mon oncle et Narine se mettaient à jurer amèrement, et les Cholas à murmurer misérablement. Mais ces sons provoquaient en moi un tel frisson d'émotion que je n'arrive toujours pas à comprendre le dédain avec lequel les voyageurs les ont enfouis dans leurs souvenirs. Car que signifient-ils, ces bruits, sinon l'inéluctable certitude que, si gigantesques qu'elles puissent paraître, ces montagnes ne survivront pas éternellement ! Leur éboulement progressif prendra certes des siècles, des millénaires, voire des ères, avant que le Pamir n'atteigne le niveau encore impressionnant des Alpes, mais, à terme, elles s'effriteront jusqu'à ne ressembler qu'à une étendue plate et sans forme. Frappé de cette évidence, je me demandai, si le Créateur n'avait au fond que l'intention de les abattre, pourquoi il avait pris la peine d'empiler des roches sur une hauteur aussi extravagante. Et je m'interrogeai aussi, sans parvenir à le concevoir, sur la taille inimaginable, fantastique, indicible même, qu'elles avaient pu avoir au Commencement, lorsque Dieu les avait créées.

Dans l'invariabilité des couleurs, la seule évolution que l'œil pouvait percevoir dans leur apparence provenait du temps ou du degré d'avancement du jour. Quand le ciel était dégagé, les pics altiers capturaient l'étincelante lumière de l'aube alors que nous sortions encore à peine de la nuit et conservaient le rougeoiement du soleil couchant longtemps après notre arrêt, notre souper et même notre coucher, en bas, dans l'obscurité. Par temps couvert, au contraire, nous apercevions un amas blanc de nuages posé sur un versant marron, comme bien décidé à nous le dissimuler. Et puis, lorsque le nuage se dissipait, ce flanc réapparaissait mais tout nimbé de neige, comme s'il avait déchiqueté des lambeaux de nuage pour s'en draper.

Lorsque nous atteignîmes nous-mêmes de grandes hauteurs, arpentant les pistes des cimes, l'intense lumière nous joua souvent des tours, perturbant notre perception visuelle. Une brume légère, très fréquente en montagne, trouble les contours des objets un peu éloignés et rend difficile l'appréciation de leur distance. Mais nulle brume au Pamir. Pourtant, il est presque impossible de mesurer l'exact éloignement ou même d'estimer correctement la taille des objets les plus familiers. Il m'arrivait souvent de fixer mon regard sur un pic éloigné dans l'horizon lointain et de voir soudain, stupéfait, nos yacks l'escalader, tel un vulgaire empilement de rocs situé à moins de cent pas de moi. Ou bien j'apercevais soudain, planté sur le bord de la piste et surgissant à la vue tel un fragment de montagne, un de ces yacks sauvages ou *surragoy*, et je craignais qu'il n'aille attirer à lui nos propres yacks domestiqués, avant de comprendre, l'instant d'après, qu'il était en fait distant d'un *farsakh* ou plus, et séparé de nous par une vallée entière.

L'air des altitudes était aussi facétieux que la lumière, sa compagne. Comme il l'avait fait dans le Wakhân – qui nous semblait désormais une ridicule plaine bosselée –, il refusait d'alimenter les flammes de nos feux de cuisine, si ce n'est très faiblement. Ceux-ci ne brûlant que d'une pâle et tiède lueur bleue, nos pots à eau mettaient une éternité à bouillir. À sa façon également, l'air des hauteurs affectait pareillement la chaleur du soleil. Il était par exemple impossible de s'adosser au côté illuminé d'un rocher, trop brûlant, tandis que s'appuyer contre l'autre face, restée dans l'ombre, était glacial et insoutenable. Souvent, nous étions obligés d'ôter nos épais chapons, devenus chauds et oppressants à nous étouffer, alors qu'aucun cristal de neige, autour de nous, ne fondait. L'éclat du soleil pouvait enflammer la glace d'une lueur aveuglante et l'iriser de poudroyants arcs-en-ciel sans la faire une seconde ruisseler.

Ces étranges phénomènes des hautes altitudes ne s'y produisaient toutefois que durant les brefs épisodes clairs et ensoleillés où l'hiver s'assoupissait un instant. Je vois ces cimes éthérées comme l'ermitage ultime où vient se retirer le vieux bonhomme Hiver, boudeur, en proie aux idées noires et au cafard, lorsque le reste du monde le rejette avec mépris, accueillant à bras ouverts les saisons plus clémentes. Et c'est sans doute par là, au creux d'une des innombrables grottes et cavernes montagneuses, qu'il se retire pour dormir de temps à autre. Mais son sommeil est agité. Il se réveille constamment et bâille d'énormes bourrasques de froidure, agite de longs bras de vent gelé et fait tomber, en peignant sa blanche barbe, des cascades de neige. Souvent, très souvent, j'ai regardé un cotonneux pic blanc s'envelopper dans une chute de neige fraîche et se fondre dans sa blancheur. Ses crêtes les plus proches s'évanouissaient les premières, puis c'était le tour des yacks qui menaient notre convoi, avant que ce dernier y soit en totalité absorbé à son tour, et jusqu'à tout ce qui entourait la crinière de mon cheval agitée par le vent. Tout sombrait dans le blanc absolu. Au cours de ces tempêtes, la neige était si dense et la bise si furieuse que nous autres, cavaliers, ne pouvions progresser que tournés à l'envers sur nos selles, laissant nos montures choisir la route face à elles, tels des navires remontant au vent.

Grimpant constamment vers les crêtes et redescendant les vallées, ce temps rigoureux s'adoucissait parfois, l'espace de quelques jours, lorsque nous traversions de chaudes, sèches et poussiéreuses gorges au creux desquelles la virginale dame printanière était venue s'alanguir, pour se déchaîner à nouveau sur nous dès que nous remontions rendre visite aux domaines du vieux bonhomme Hiver. Nous alternions donc. Écrasant la neige à lentes foulées dans les hauteurs, foulant la boue à pas lourds dans les creux. À demi gelés au-dessus par une averse de neige fondue, à demi suffoqués en dessous par un démon de poussière tournoyante. Nous poursuivions malgré tout notre progression vers le nord et, bientôt, au creux des étroites vallées, nous découvrîmes des traces de verdure : d'abord buissons rabougris et herbes éparses, puis timides parcelles de prairies piquées de rares arbres encore d'un vert tendre qui se multipliaient peu à peu. Ces verdoyantes aires, encore fragmentaires, étaient si nouvelles et si déplacées dans le paysage blanc neigeux, noir âpre ou brun aride des hauteurs qu'elles semblaient avoir été découpées à coups de ciseaux dans de lointaines contrées pour être éparpillées ici, de façon inexplicable, sur ces terres perdues.

Plus haut vers le nord, les massifs commençaient à s'espacer, laissant place à de larges et vertes vallées, et le paysage affirmait ses contrastes les plus remarquables. Sur le manteau froid et blanc des montagnes brillaient une centaine de verts différents, tout réchauffés de soleil : volumineux chinars vert sombre, arbres à sauterelles d'un pâle vert argenté, peupliers sveltes et élancés semblables à des plumes vertes, trembles dont les feuilles scintillaient du vert au gris perle. Sous les arbres et parmi leurs ramures s'embrasaient encore mille autres couleurs : coupes jaune brillant des *tulband*, ou tulipes, éclatants bouquets de rosiers sauvages rouges et roses, pourpres rayonnants des fleurs de lilas. Ces arbrisseaux élancés montent haut vers le ciel, et, comme nous contemplions souvent leurs plumes violettes du dessous, elles ne nous semblaient que plus vivaces sur l'austère ligne blanche de la neige. La pureté des vents de montagne ne faisait que magnifier leur doux parfum, sans doute l'une des fragrances les plus délicieuses de la flore.

Dans l'une de ces vallées coulait notre première rivière depuis que nous avions laissé l'Ab-e-Panj : il s'agissait de la Mourgab, qui arrose la ville du même nom. Nous nous accordâmes deux nuits de repos réparatrices dans l'un de ses caravansérails et profitâmes de la rivière pour nous y baigner et y laver nos vêtements. Après quoi nous fîmes nos adieux aux Cholas, pour continuer notre route vers le nord. J'espérais que Talvar et ses compagnons vendraient leur sel marin à bon prix, car Mourgab n'avait pas grand-chose d'autre à offrir. C'est en effet une cité passablement miteuse. La seule vraie caractéristique de ses habitants tadjiks est leur ressemblance exceptionnelle avec les yacks qui cohabitent avec eux. Hommes et femmes sont aussi poilus, malodorants, rudes de tête, de traits comme de torse, et bovins dans la façon impassible et neutre qu'ils ont de vous dévisager. Mourgab ne présentant nul attrait susceptible de donner envie de s'y attarder, les Cholas n'auraient d'autre perspective que de la quitter au plus vite, pour un éreintant retour vers leur Inde natale à travers les hauteurs du Pamir.

Notre voyage à nous, à partir de Mourgab, ne fut point trop ardu, car nous avions pris l'habitude de cheminer dans ces hautes terres. Les chaînes septentrionales n'étaient ni aussi élevées ni aussi venteuses, leurs pentes étaient plus douces, leurs passes assez aisées à franchir, et leurs vallées, verdoyantes et fleuries, étaient des plus riantes. Selon mes calculs avec le *kamàl*, nous étions parvenus plus au nord que ne s'était jamais aventuré Alexandre en Asie centrale, et, à en croire les cartes de notre *Kitab*, nous étions maintenant au centre de la plus grande masse de terre continentale au monde.

Aussi fûmes-nous saisis et franchement stupéfaits de nous retrouver un beau jour sur le rivage d'une *mer*. Vues du bord, où les vaguelettes venaient lécher les sabots de nos chevaux, ses eaux s'étendaient vers l'est à perte de vue. Nous savions, bien sûr, qu'il existait une immense mer intérieure en Asie centrale, la mer Caspienne. Mais nous devions nous situer bien plus loin vers l'est. Je ressentis un bref instant de compassion envers nos récents compagnons les Cholas, songeant qu'ils s'étaient tués à apporter du sel de mer à une terre qui possédait déjà une mer salée plus que symbolique.

Mais nous goûtâmes cette eau et la trouvâmes fraîche, cristalline et douce. C'était donc bien un lac, à l'évidence. Il n'en était pas moins ahurissant de trouver un lac aussi vaste et profond à la hauteur de la cime des Alpes, sur la plus grosse masse continentale au monde. Le contournant par le nord, nous longeâmes son rivage vers l'est, ce qui nous prit plusieurs longues journées. Nous profitâmes de chacun de nos arrêts pour dresser le camp au bord du lac, afin de nous baigner, de patauger et de nous ébattre dans ses eaux douces et scintillantes. Nous n'y trouvâmes aucun village, rien que les huttes de boue séchée ou de bois flotté des bergers tadjiks, des bûcherons et des charbonniers. Ils nous apprirent que le nom du lac, le Karakul, signifiait « toison noire », de la couleur d'une race de mouton domestique élevé dans toute la région.

Ce n'était pas la moindre des curiosités de ce lac qu'il portât le nom d'un animal, et peu commun, encore. En fait, à observer un troupeau de ces moutons, on pouvait se demander d'où provenait la racine de leur nom, *kara*, qui signifie « noire », car le pelage de leurs béliers et de leurs brebis adultes est de teintes variées, du gris au gris-blanc, et bien rares sont les spécimens adultes noirs. L'explication vient de la fourrure de grand prix, aux boucles denses, noires et ondulées, que l'on tire du karakul. Cette toison coûteuse ne provient pas de la simple tonte des moutons adultes. C'est de la peau d'agneau de moins de trois jours, tous les petits karakuls naissant noirs. Dès le quatrième jour, le noir de leur fourrure perd de son intensité, et nul commerçant ne l'accepterait plus comme du pur karakul.

À une journée au nord du lac, nous arrivâmes au bord d'une rivière qui coulait de l'ouest vers l'est. Les Tadjiks locaux la nommaient Kek-Su, ce qui signifie la rivière du Passage. Nom bien mérité, puisque sa large vallée constitue la saignée idéale à travers les montagnes. Nous l'empruntâmes donc le cœur léger, et elle nous mena vers l'est en descendant progressivement des hautes terres que nous arpentions depuis si longtemps. Même les chevaux étaient soulagés de la facilité de cette route. Les montagnes rocailleuses avaient été aussi rudes pour leur ventre que pour leurs sabots, et ils découvraient sur ces pentes, qui se déroulaient infiniment douces sous leurs pas, une abondante herbe grasse à brouter. À chaque village traversé, et même à chaque hutte isolée que nous trouvions, lorsque mon père ou mon oncle redemandaient le nom de la rivière, il leur était invariablement répondu : « Kek-Su. » Narine et moi nous interrogions, interloqués, sur cette insistance à réitérer sans cesse la même question. Mais lorsque nous le leur demandâmes, ils se contentèrent de rire de notre perplexité, sans nous éclairer le moins du monde. Un jour, parvenus au sixième ou septième des villages de la vallée, au moment où mon père eut posé à un homme qui passait par là sa question rituelle, celui-ci lui indiqua poliment :

– La rivière ? Son nom est Ko-Tzu.

C'était pourtant la même que la veille, le terrain qui l'environnait n'avait pas changé, cet homme ressemblait autant à un yack que n'importe quel autre Tadjik, mais il avait prononcé le nom différemment. Alors, mon père se retourna sur sa selle pour crier d'une voix triomphale à l'intention de mon oncle qui chevauchait légèrement en retrait derrière nous :

– Cette fois, Matteo, nous y sommes !

Sur ces mots, il descendit de sa monture, ramassa une poignée de la poussière jaunâtre de la piste et s'absorba dans sa contemplation avec vénération.

– Comment cela, nous y sommes ? lui demandai-je. Que veux-tu dire par là ?

– Le nom de la rivière n'a pas changé : elle se nomme toujours le Passage, expliqua mon père. Seulement, ce brave homme l'a prononcé en langue han. Nous avons désormais franchi la frontière du Tadjikistan. Ceci est la portion de la route de la soie que ton oncle et moi avions empruntée pour rentrer, lors de notre précédent voyage. La cité de Kachgar se situe à deux journées de route au plus devant nous.

– Nous voici donc dans la province du Sin-Kiang, dit oncle Matteo qui nous avait rejoints. Ancienne division de l'empire de Chine, elle appartient aujourd'hui, comme toutes les terres qui s'étendent à l'est, à l'Empire mongol. Marco, mon neveu, tu foules à présent le cœur du khanat.

– Tu te trouves, ajouta mon père, sur la jaune terre de Kithai, qui s'étend d'ici jusqu'au vaste océan oriental. Marco, mon fils, te voilà parvenu dans le domaine du khakhan Kubilaï.

KITHAI

41

Je trouvai la cité de Kachgar de taille fort respectable. Ses auberges, boutiques et habitations étaient bâties en dur contrairement aux cabanes de briques en boue séchée que nous avions vues au Tadjikistan. Kachgar était une ville permanente, verrou occidental de Kithai et passage obligé de tout convoi de la route de la soie quittant l'Orient ou y entrant. Quelques *farsakh* avant d'atteindre les murs de la ville, nous fûmes arrêtés du geste par une sentinelle mongole stationnée à un poste de garde, au bord de la route. Derrière la guérite, nous aperçûmes les innombrables yourtes rondes de ce qui semblait être une armée entière, veillant aux approches de la cité.

– *Mendu*, grands frères, lança l'un des gardes.

L'homme avait beau être le type parfait du guerrier mongol, menaçant à souhait, repoussant d'aspect, tout en muscles et hérissé d'armes de toutes sortes, son salut était des plus amicaux.

– *Mendu, sain bina*, répondit mon père.

Je ne pus saisir les mots qui s'ensuivirent, mais mon père me traduisit plus tard la conversation, typique de celle qu'échangent tous les convois qui se rencontrent en terre mongole. Entendre une brute aussi épaisse formuler avec courtoisie de si gracieuses formalités ne manquait pas de sel. La sentinelle nous aborda en effet par ces mots :

– De quels cieux arrivez-vous ?

– Nous venons des cieux de l'Ouest lointain, répartit mon père. Et toi, grand frère, où plantes-tu ta yourte ?

– Vois ! Ma pauvre tente est actuellement érigée dans le *bok* de l'ilkhan Kaidu, qui campe actuellement sur place, en tournée d'inspection sur sa juridiction. Dis-moi, grand frère, sur quelles terres as-tu projeté ton ombre bienfaisante avant d'arriver en ces lieux ?

– Nous descendons juste du Pamir par la rivière du Passage. Nous avons passé l'hiver dans l'estimable cité de Buzai Gumbad, qui fait également partie des possessions de Kaidu.

– Oui, en vérité, ses domaines sont fort nombreux et s'étendent loin. La paix a-t-elle favorisé votre voyage ?

– Nous avons cheminé en toute quiétude. Et toi, grand frère, es-tu en paix ? Tes juments et tes épouses sont-elles fécondes ?

– Tout est prospère et paisible en nos pâturages. Vers où votre convoi se dirige-t-il, grand frère ?

– Nous avons l'intention de faire halte quelques jours à Kachgar. L'endroit est-il sain ?

– Tu pourras y allumer ton feu confortablement et en toute tranquillité. Le mouton est ici gras et savoureux. Avant que de procéder plus avant, toutefois, le misérable laquais de l'ilkhan que je suis serait heureux de connaître votre destination finale.

– Nous dirigeons nos pas à l'est, vers la lointaine capitale de Khanbalik, pour présenter nos respects à votre seigneur suprême, le khakhan Kubilaï. (Mon père exhiba la lettre que nous transportions depuis si longtemps.) Mon grand frère s'est-il abaissé à apprendre cet humble art des marchands qu'est la lecture ?

– Hélas, grand frère, je n'ai pu accéder à cette haute connaissance, répliqua l'homme en saisissant le document. Mais je vois et reconnais là le sceau du khakhan. Je suis infiniment confus d'avoir retardé le passage d'aussi puissants dignitaires…

– Vous n'avez fait là que votre devoir, grand frère. À présent, si vous voulez bien me rendre cette lettre, nous irons notre chemin.

Mais la sentinelle ne la lui rendit point.

– Mon maître Kaidu n'a ici qu'une misérable hutte, en comparaison du majestueux pavillon de son Grand Cousin, le céleste seigneur Kubilaï. C'est pourquoi il se languit déjà, j'en suis sûr, d'avoir le privilège de lire avec révérence les mots écrits de son parent. Je ne doute pas que mon maître veuille accueillir dignement et souhaiter la bienvenue aux distingués émissaires venus de l'ouest que vous êtes. Avec votre permission, grand frère, je vais lui montrer ce document.

– Croyez-moi, grand frère, répondit mon père avec une once d'impatience, nous ne méritons pas tant de pompe. Nous serions bien heureux de pouvoir rejoindre directement Kachgar sans vous causer ici le moindre dérangement.

Mais la sentinelle ne fléchit pas.

– Les auberges de Kachgar sont réservées aux invités en fonction de leur éminence. Il y a donc des caravansérails pour les marchands de chevaux, d'autres pour les marchands de grain...

– Nous savons tout cela, grogna oncle Matteo. Nous sommes déjà venus.

– Dans ce cas, je me permets de vous recommander, grands frères, celui réservé aux voyageurs de passage, l'auberge des Cinq Félicités. On la trouve dans la venelle de l'Humanité-Parfumée. N'importe qui à Kachgar pourra vous y...

– Nous savons où elle est.

– En ce cas, vous aurez la bonté d'y loger jusqu'à ce que l'ilkhan Kaidu requière l'honneur de votre présence dans sa yourte résidentielle.

Il fit un pas en arrière, tenant toujours la lettre, et nous fit signe de passer.

– Allez maintenant en paix, grands frères. Je vous souhaite un bon voyage.

Lorsque nous nous fûmes éloignés hors de portée de son oreille, oncle Matteo grommela :

– Merde et pâté en croûte ! C'est bien notre veine. De toutes les armées mongoles, il a fallu que nous tombions sur celle de Kaidu.

– Comme tu dis, reprit en écho mon père. Avoir fait tout ce chemin sans encombre pour tomber sur ce triste sire en personne...

Mon oncle secoua la tête d'un air sombre et lâcha :

– Il se pourrait que nous n'allions guère plus loin.

L'inquiétude et la contrariété de mon père et de mon oncle étaient fort légitimes. Mais pour pouvoir vous l'expliquer, je dois vous dire quelques mots de cette terre de Kithai sur laquelle nous étions arrivés. D'abord, son nom est orthographié en Occident « Cathay », et je n'y puis rien changer. Je n'essaierai même pas, puisque le mot correctement prononcé de « Kithai » est lui-même issu d'une appellation arbitraire décernée par les Mongols, de façon assez récente puisqu'elle ne date que d'une cinquantaine d'années avant ma naissance. Ce fut la première terre conquise par les Mongols au cours de leur vaste entreprise de saccage à travers le monde, et c'est cet endroit que choisit Kubilaï pour y asseoir son trône. Elle constitue le cœur du vaste Empire mongol, au même titre que Venise est le pivot des diverses possessions de notre république que sont la Thessalie, l'île de Crète, la Vénétie de l'intérieur et tout le reste. Et si les fondateurs de Venise arrivèrent sur la lagune venus du nord, il en alla de même pour les Mongols sur Kithai.

– Ils ont une légende, nous révéla mon père dès que nous fûmes confortablement logés à Kachgar, au caravansérail des Cinq Félicités. C'est une histoire plutôt ridicule, mais les Mongols y croient dur comme fer. Ils racontent qu'en des temps très reculés, une veuve vivait seule, souffrant de sa situation, sous une yourte perdue dans les plaines balayées de neige. La solitude lui pesant, elle rencontra un loup bleu venu des terres sauvages et s'accoupla avec lui, donnant naissance aux premiers ancêtres des Mongols.

Cette origine légendaire de leur race s'était produite dans un lieu situé bien au nord de Kithai, une terre appelée Sibir. Je ne l'ai jamais visitée et n'ai jamais cherché à le faire, car elle est décrite comme une étendue plate et sans intérêt, perpétuellement couverte de neige et de glace. Dans une contrée aussi austère, peut-être n'est-il pas si étonnant que les nombreuses tribus mongoles – dont l'une se reconnaissait comme les Kithai – aient passé le plus clair de leur temps à se faire mutuellement la guerre. Pourtant, l'un des leurs, Temudjin de son vrai nom, rallia les tribus hostiles en une force unie, subjugua une à une toutes celles qui lui résistaient et finit par rallier les Mongols sous son seul commandement. Ils lui donnèrent le titre de khan, grand seigneur, et lui octroyèrent un nouveau nom : Gengis, le Parfait Guerrier.

Sous le règne de Gengis khan, les Mongols quittèrent leurs terres septentrionales d'origine, déferlèrent au sud jusqu'à cette immense contrée, alors l'empire de Chine. Ils se l'approprièrent et l'appelèrent Kithai. Les autres conquêtes qui les menèrent à travers le monde n'ont pas besoin d'être contées, leur histoire n'en est que trop connue. Qu'il nous suffise de rappeler que Gengis et ses lieutenants les ilkhans, puis plus tard ses fils et ses petits-fils, étendirent les domaines mongols vers l'ouest jusqu'aux berges de la rivière Dniepr, dans l'Ukraine polonaise, et jusqu'aux portes de Constantinople, sur la mer de Marmara – que nous considérons d'ailleurs, nous autres Vénitiens, comme une possession personnelle, au même titre que l'Adriatique.

Mon père me précisa que le mot « horde » qui qualifie les Mongols était dérivé du mot *yurtu* (« yourte ») et que ces maraudeurs étaient globalement désignés sous le nom collectif de Horde mongole. Puis il m'apprit un détail que j'ignorais :

– À Constantinople, je les ai entendus appelés d'un nom différent : la Horde d'or. C'était simplement dû au fait que ces envahisseurs arrivaient de la région où nous sommes : tu as pu repérer la couleur de la terre, qui est d'un jaune doré. Ils avaient l'habitude, sans doute pour les dérober aux regards, de camoufler leurs tentes sous cette couleur jaune. D'où le nom de « yourte jaune » qui donna Horde d'or. Or, avant de quitter leur Sibir pour marcher vers l'ouest, les Mongols teignaient leurs yourtes en blanc, couleur de la neige de leur région natale. Quand elles envahirent l'Ukraine, leurs armées furent surnommées par leurs victimes la Horde blanche. Je suppose donc qu'il a pu exister d'autres hordes associées à d'autres couleurs…

Même si les Mongols s'étaient contentés de la seule conquête de Kithai, ils auraient déjà pu s'en enorgueillir. Cette terre gigantesque s'étend en effet des montagnes du Tadjikistan, à l'ouest, jusqu'au rivage du grand océan oriental appelé par certains mer de Kithai, par d'autres mer de Chine. Au nord, Kithai confine aux terres désolées du Sibir d'où les Mongols étaient originaires. Vers le sud, quand j'y suis venu pour la première fois, Kithai jouxtait l'empire des Song. Plus tard, comme je le raconterai en temps voulu, les Mongols le firent leur, le rebaptisèrent Manzi et l'intégrèrent au khanat de Kubilaï.

Mais, même au temps de ma première visite, l'Empire mongol était déjà si étendu que, comme je l'ai indiqué, il avait été divisé en de nombreuses provinces, chacune sous l'autorité d'un ilkhan. Lesdites provinces avaient été découpées sans souci des frontières observées par les anciens monarques à présent renversés. L'ilkhan Abagha, par exemple, était le seigneur de l'ex-Empire perse, mais ses terres incluaient aussi, à l'ouest d'icelui, ce qui avait formé la Grande Arménie et l'Anatolie, et, sur sa frange orientale, l'Inde aryenne. Le domaine d'Abagha était ici mitoyen des terres allouées à un cousin éloigné, l'ilkhan Kaidu, qui régnait pour sa part sur la région de Balkh, le Pamir, tout le Tadjikistan et cette province à l'ouest de Kithai nommée le Sin-kiang, où nous étions en ce moment tous quatre logés.

Cependant, l'accession du domaine des Mongols au statut d'empire ainsi que la puissance et la richesse qui allaient de pair n'atténuèrent en rien leur lamentable propension à se quereller entre eux. Ils se faisaient donc fréquemment la guerre, comme ces sauvages en haillons du Sibir que Gengis avait unis jusqu'à les mener à leur grandeur présente. Le khakhan Kubilaï était l'un des petits-fils de ce Gengis, et tous les ilkhans des régions frontalières descendaient eux aussi du Parfait Guerrier. On aurait pu croire qu'ils constitueraient une famille de monarques solidaire, étroitement soudée par les liens du sang. Mais plusieurs d'entre eux, issus de différents fils de Gengis, s'étaient éloignés les uns des autres au bout de deux ou trois générations, de sorte que certains se considéraient comme lésés par la part dont ils avaient hérité suite aux partages effectués par leurs géniteurs.

L'ilkhan Kaidu, par exemple, dont nous attendions à présent l'annonce de notre convocation, était le petit-fils de l'oncle de Kubilaï, Okkodaï. Cet Okkodaï avait été en son temps le khakhan en titre (le second après Gengis), et l'on comprendra que son petit-fils Kaidu ait eu du mal à accepter que la souveraineté du trône passât ainsi d'une branche de la lignée à une autre. Nul étonnement à ce qu'il eût l'impression, par conséquent, de mériter une part de l'empire plus importante que celle qu'il détenait alors. Au reste, Kaidu ne s'était pas gêné pour faire, par le passé, plusieurs incursions dans le domaine d'Abagha, ce qui ressemblait fort à de l'insubordination à l'égard du khakhan, car Abagha était le neveu de Kubilaï, le fils de son frère et l'un de ses plus proches alliés dans toutes ces querelles de famille.

– Kaidu ne s'est encore jamais rebellé ouvertement contre Kubilaï, précisa mon père. Mais, non content de mettre son neveu sous pression, il a passé outre maints édits impériaux et usurpé nombre de privilèges auxquels il n'avait nullement droit. En d'autres termes, il a souvent fait litière de l'autorité du khakhan. S'il nous considère comme des amis de Kubilaï, nul doute que nous sommes ses ennemis.

Narine, de plus en plus préoccupé, interrogea :

– Je pensais qu'il ne s'agissait là pour nous que d'un banal contretemps, maître… Serions-nous à nouveau en danger ?

Oncle Matteo maugréa en guise de réponse :

– Comme dit le lapin de la fable : « Si ce n'est pas un loup, alors c'est un satané gros chien. »

– Il pourrait détourner à son profit tous les présents que nous emportons à Khanbalik, envisagea mon père. Autant par convoitise et par dépit que par rapacité.

– Sûrement pas, intervins-je. Cela constituerait un acte flagrant de lèse-majesté, un défi ouvert au sauf-conduit édicté par le khakhan. Ne pensez-vous pas que Kubilaï serait furieux s'il apprenait, en nous voyant arriver les mains vides, la raison de cette situation ?

– Encore faudrait-il que nous arrivions, laissa tomber mon père d'un ton de très mauvais augure. Kaidu joue actuellement le rôle de garde-barrière sur ce tronçon de la route de la soie. C'est lui qui détient ici le pouvoir de vie et de mort. Il ne nous reste qu'à attendre et voir.

Nous eûmes à attendre quelques jours avant d'être convoqués par l'ilkhan, mais personne ne fit obstacle à notre liberté de mouvement. Je passai donc un certain temps à errer entre les murs de Kachgar. J'avais depuis longtemps appris que franchir la frontière séparant deux nations n'était pas aussi anodin que passer d'un jardin à l'autre. Même dans ces pays lointains et exotiques, si différents de Venise, se transporter d'un pays vers son voisin équivalait un peu à sortir de Vénétie pour le duché de Padoue, par exemple, ou celui de Vérone. Le premier quidam que j'avais croisé à Kithai n'avait rien de bien distinct de ceux que je voyais depuis des mois, et, de prime abord, la cité de Kachgar ne semblait être qu'une version agrandie et mieux bâtie de la ville commerçante de Mourgab. Pourtant, à mieux y regarder, je finis par trouver Kachgar, à bien des égards, très différente de toutes les villes que j'avais pu visiter jusqu'alors.

En dehors des Mongols et des colons établis dans la région, la population comprenait des Tadjiks de la zone frontalière ainsi que des gens d'origines diverses, des Ouzbeks, des Turcs et je ne sais combien d'autres encore. Les Mongols les avaient tous réunis sous le nom d'Ouïghours, mot signifiant littéralement « alliés », au sens d'« unis », mais qui voulait dire encore bien plus. Les divers Ouïghours n'étaient pas simplement alliés aux Mongols, ils leur étaient tous plus ou moins liés culturellement, de par l'héritage racial, la langue ou les coutumes. Quoi qu'il en soit, hormis de petites différences vestimentaires ou de parure, ils *ressemblaient* tous à des Mongols : teint marron bronzé, yeux bridés, pilosité abondante, ossature massive, forte carrure à la fois lourde et ramassée, silhouette taillée à coups de serpe. Mais la population comprenait aussi des gens qui ne leur ressemblaient pas du tout, et même distincts en tout :

apparence, langage et comportement. C'étaient les Han qui, je l'appris, avaient été les premiers occupants des lieux.

La plupart avaient un visage plus pâle encore que le mien, d'un délicat teint ivoirin, d'aspect similaire aux parchemins les plus fins, et ils étaient presque imberbes de nature. Leurs yeux, non rétrécis par des paupières aux poches lourdes comme ceux des Mongols, n'en étaient pas moins si bridés qu'ils ne semblaient pas droits. Ils étaient minces, graciles, légers, presque frêles d'aspect. Si, dès que l'on regardait un Mongol ou l'un de ses parents ouïghours, on se disait immédiatement : « Voilà un homme d'extérieur », on ne pouvait s'empêcher de penser en présence d'un Han – même s'il s'agissait d'un misérable paysan dur à la peine et les pieds dans la glèbe, couvert de boue et de fumier : « Voici un homme qui n'a pas été élevé dehors. » Mais l'on n'avait pas besoin de regarder, un aveugle eût reconnu le Han entre mille, juste à l'écouter parler.

La langue des Han, en effet, ne ressemble à aucune autre sur cette Terre. Alors que je n'ai jamais eu de mal à apprendre le mongol et à me servir de son alphabet, je n'ai jamais pu acquérir plus qu'une compréhension assez rudimentaire du langage des Han. Le mongol est brusque et rude, comme ceux qui le parlent, mais il a au moins le mérite d'utiliser des sons voisins de ceux que l'on entend dans nos langues occidentales. Le han, par contraste, émet des syllabes saccadées, lesquelles sont en fait plus *chantées* que parlées. Il apparaît évident que la gorge des Han est incapable de produire la plupart des sons utilisés par les autres langues. Le son *r*, pour ne prendre qu'un exemple, leur échappe totalement. Mon nom, prononcé par eux, ressemblait invariablement à quelque chose comme *Mah-ko*. Mais c'est justement parce qu'ils ne disposent que de peu de sons qu'ils doivent les faire sonner sur des tons variés (haut, médian, bas, descendant, montant) pour disposer d'un vocabulaire assez riche. Pour être plus clair, supposez une seconde que notre chant ambrosien *Gloria in excelsis* n'ait le sens de « Gloire au Très-Haut » *que* lorsqu'il se trouve modulé suivant les traditionnelles montées ou descentes indiquées par ses neumes et que, une fois modifiée, sa modulation entraîne un changement de sens radical : en « Obscurité en enfer » par exemple, en « Honte aux indignes », ou pourquoi pas en « Poisson à friture ».

Mais pas de danger, on ne trouve pas de poisson à Kachgar. Du reste, notre aubergiste ouïghour nous en expliqua fièrement la cause. Ici, dans cet endroit, nous dit-il, nous nous trouvions plus loin de la mer qu'il était possible de l'être partout ailleurs sur la planète, qu'il s'agisse des océans tempérés de l'est et de l'ouest, des mers tropicales du sud ou des eaux gelées des régions boréales. Nulle part au monde, insista-t-il, brandissant cet argument tel un authentique titre de fierté, on ne pouvait se trouver aussi éloigné de toute mer. Kachgar n'avait pas de poisson non plus, poursuivit-il, parce que la rivière du Passage était trop polluée des divers rejets de la ville pour qu'aucun poisson y survive. J'avais déjà eu un aperçu unique en son genre, que je n'avais jamais vu auparavant. Je veux parler de la pierre qui brûle, que je découvris ici pour la première fois.

En un sens, cette roche combustible formait l'opposé exact de celle que j'avais vue à Balkh, avec laquelle on tisse les vêtements ignifugés. Nombre de compatriotes de Venise qui n'ont pas voyagé se sont moqués de ces pierres comme de chimères qui ne peuvent exister lorsque je les leur ai décrites. D'autres, en revanche – des marins qui faisaient du commerce avec l'Angleterre –, m'ont dit que cette roche qui brûle est d'un usage courant en terre anglaise, où l'on s'en sert pour se chauffer. Ce que nous appelons lignite y est connu sous le nom de *kohle*. En terre mongole, on l'appelait tout simplement la noire, *kara*, en raison de sa couleur. Elle court en strates peu profondes situées juste en dessous du sol jaune. De ce fait, on l'extrait facilement à la pioche et à la pelle. Assez friable, elle se découpe en morceaux de taille raisonnable. Un amas de ces mottes accumulé pour faire un feu doit d'abord être allumé au bois, mais la *kara* une fois enflammée brûle bien plus longtemps que le bois et produit une chaleur plus intense, à l'instar de l'huile de naphte. Abondante, d'extraction aisée, elle n'a qu'un inconvénient : la fumée dense qu'elle dégage. Et, comme elle était l'unique combustible de chauffage des maisons, boutiques et caravansérails de Kachgar, un voile de fumée flottait éternellement, suspendu dans le ciel de la ville.

Au moins sa fumée ne donnait-elle pas aux aliments que l'on faisait cuire dessus, comme celle des déjections de chameaux ou de yacks, un goût désagréable, et c'était tant mieux. Car la nourriture qu'on nous servait à Kachgar était en effet tout sauf réjouissante. Il avait beau y avoir dans les environs d'innombrables troupeaux de chèvres, de vaches et de yacks domestiques, et dans chaque basse-cour ou presque des cochons, poulets et autres canards, la viande cuisinée aux Cinq Félicités demeurait inéluctablement le sempiternel mouton. Les Ouïghours comme les Mongols n'ont pas de religion nationale, et je n'ai pu savoir si les Han en avaient une. Mais entre la population permanente et celle de passage, on trouvait à Kachgar presque toutes les religions existantes. Or le mouton est le seul animal comestible par tous les pratiquants. Le *cha*, quant à lui, d'arôme modéré et qui ne provoque aucune ivresse, donc parfaitement acceptable au plan religieux, conservait sa place de boisson favorite.

Kithai induisit pourtant une plaisante amélioration dans nos repas. Au lieu du riz, nous eûmes comme accompagnement du *miàn*. Cette denrée n'avait rien de particulièrement nouveau à nos yeux, puisqu'elle n'était autre qu'une pâte filiforme du genre vermicelle, mais cette vieille connaissance fut la bienvenue. On nous la servait bouillie *al dente*, comme on le fait du vermicelle à Venise, mais elle était à l'occasion coupée en petits fragments et frite en croustillantes torsades. Mais ce qui, à ce sujet, était *vraiment* nouveau (pour moi, du moins), c'étaient ces deux fins bâtons qu'on nous servit pour les déguster. Je restai un moment à les regarder, perplexe. Mon père et mon oncle éclatèrent de rire à l'expression de mon visage.

– Ce sont les *kuài-zi*, les « pinces agiles », indiqua mon père. Crois-moi, elles sont plus pratiques qu'elles n'en ont l'air. Regarde, Marco.

Tenant les deux baguettes d'une seule main, il se mit à attraper avec adresse de petits morceaux de viande et des brins de *miàn*. L'apprentissage de ce curieux instrument me prit de longues minutes de tâtonnements divers, mais, dès que j'y fus rôdé, je trouvai cet usage nettement plus hygiénique que la façon qu'ont les Mongols de manger avec les doigts, et d'une efficacité somme toute supérieure à l'enroulement des pâtes autour de la fourchette qui se pratiquait à Venise.

Le tenancier ouïghour sourit d'un air approbateur en me voyant me démener avec les baguettes et m'apprit que les pinces agiles étaient une invention due aux Han, destinée à raffiner la façon de dîner. Mais lorsqu'il en vint à nous affirmer que le vermicelle leur était également imputable, je m'inscrivis en faux, expliquant que les tables italiennes étaient couvertes de pâtes depuis que le cuisinier d'un bateau romain les avait inventées par inadvertance. J'en inférai que les Han avaient pu les découvrir à l'occasion d'un échange de commerce entre Rome et Kithai à l'époque des Césars.

– Il en advint sûrement ainsi, confirma l'aubergiste, homme d'une politesse impeccable.

Il me faut souligner que, quels que fussent leur race et leur rang social, je trouvai toujours les habitants de Kithai d'une exceptionnelle courtoisie, et dans leur façon de parler, et dans leur comportement. Ceci lorsqu'ils ne se trouvaient pas engagés dans une querelle sanguinaire, une vendetta, le banditisme, la rébellion ou la guerre, bien sûr. J'attribuai cette propension à l'élégance et aux bonnes manières des Han.

Car, comme pour essayer de compenser ses évidentes déficiences, leur langue est truffée d'expressions fleuries, de tournures complexes et raffinées, à l'unisson avec leur exquise façon d'être. Ce peuple bénéficie d'une culture aussi ancienne qu'achevée, mais leur grâce d'allure et d'expression est-elle la résultante de cette civilisation ou l'inverse, je ne saurais le dire. Je suis en tout cas persuadé que c'est à leur contact que d'autres nations cruellement moins évoluées sur le plan culturel ont acquis ne serait-ce que les signes extérieurs d'une civilisation plus avancée. Même à Venise, j'avais pu remarquer à quel point les gens du peuple se plaisaient à singer leurs supérieurs, au moins par l'apparence. Un boutiquier ne sera jamais que ce qu'il est, certes, mais celui qui pourvoit à l'approvisionnement des dames de la haute société finit par posséder un niveau de conversation plus abouti que son homologue qui vend essentiellement aux gens des docks. Un guerrier mongol a beau être par nature un barbare grossier, il peut lorsqu'il le désire – comme la sentinelle qui nous avait accueillis à notre entrée dans le pays – s'exprimer aussi poliment que n'importe quel Han et faire preuve d'un savoir-vivre digne d'une salle de bal de la cour.

Même dans cette fruste cité commerçante frontalière, l'influence des Han se faisait sentir. Je déambulai parmi des rues ornées de noms tels que Bienveillance-Fleurie ou Fragrance-de-Cristal et trouvai un marché dont la place s'intitulait Fructueuse-Tentative-d'Échanges-

Profitables. Je vis de pataudś soldats mongols y acheter de jolis oiseaux en cage et des aquariums emplis de poissons minuscules pour décorer leurs austères cantonnements militaires. Chacun des emplacements du marché était identifié à l'aide d'une longue et étroite planche pendue verticalement, et je trouvai sans difficulté des passants obligeants pour m'en traduire les caractères han ou mongols. En plus de renseigner les clients sur ce que l'on y vendait, par exemple de la « pommade d'œufs de faisane destinée à fixer la coiffure » ou la « teinture capillaire à l'indigo parfumée aux épices », l'enseigne se fendait à leur intention d'un petit conseil avisé tel que : « Pour faire de bonnes affaires, point n'est besoin de se perdre en futiles bavardages », ou : « D'indélicats clients nous ont acculés à la triste nécessité de refuser tout crédit », et bien d'autres du même acabit.

Mais il est un autre aspect de Kachgar qui, dès le début, me confirma que Kithai était bien différent de tous les autres endroits où j'avais pu me rendre. Je veux parler de son infinie variété de senteurs. Les autres cités orientales n'étaient certes point dépourvues de parfums, mais celui qui y dominait n'était le plus souvent qu'un relent de vieille urine. Bien que tout ne sentît pas franchement la rose à Kachgar, cette odeur putride était loin d'être la seule à vous chatouiller les narines : il y en avait de bien meilleures. La plus notable était celle, pas désagréable au demeurant, de la fumée de *kara*, qui se mêlait à celle des innombrables bâtons d'encens que les gens faisaient brûler chez eux, dans leurs boutiques, ainsi que dans tous les lieux de culte. D'autres étaient plus familières : le bon vieux fumet si appétissant des côtelettes de porc, par exemple, que l'on faisait cuire dans les cuisines des non-musulmans. On avait droit parfois à des parfums défiant toute description : celle de la marmite de grenouilles mijotant ou du civet de chien, par exemple. À l'occasion, enfin, un arôme exotique délicieux – celui du sucre brûlé – venait à son tour s'y ajouter, lorsque je contemplais un vendeur de douceurs han en train de faire fondre sur un brasero des morceaux de sucre éclatants de couleurs. Soudain, par son seul souffle et d'étonnants tournoiements de mains, avec la magie d'un sorcier, il faisait du mélange fondant une fleur aux pétales roses et aux feuilles vertes, un cavalier brun sur son blanc destrier ou un dragon aux ailes multicolores.

Des feuilles de *cha* d'une variété qui dépassait tout ce que j'avais imaginé emplissaient les paniers du marché, dont les arômes étaient tous différents. Il y avait aussi des bouquets de fleurs dont les formes et les couleurs m'étaient totalement inconnues. Jusqu'à notre auberge des Cinq Félicités qui se démarquait de celles que nous avions habitées auparavant par une senteur particulière, ce dont le tenancier me fournit l'explication : le plâtre des murs avait été mélangé à du piment rouge. L'aromate agissait comme répulsif à l'égard des insectes, prétendait-il. L'été venant alors de commencer, je ne pus vérifier sa seconde affirmation, selon laquelle le piment réchauffait les chambres en hiver.

Je ne rencontrai point d'autres marchands vénitiens dans la ville, ni de Génois, de Pisans ou d'autres commerçants rivaux, mais nous, les Polo, n'étions pas les seuls hommes blancs. Enfin, prétendument blancs… Je me revois, bien des années après, interrogé par ce Han érudit :

– Mais enfin, pourquoi dit-on que vous êtes blancs, vous, les Européens ? Vous seriez plutôt de complexion rouge brique !

En tout cas, il y avait bien quelques autres Blancs à Kachgar, et leur teinte rouge brique tranchait sur celle des peaux orientales. Au cours de mon premier jour de promenade dans les rues de la ville, je vis deux Blancs barbus profondément absorbés dans leur conversation. L'un d'eux était oncle Matteo. Son vis-à-vis portait l'habit d'un prêtre nestorien et avait la tête dans l'alignement du cou, typique des Arméniens. Je me demandai de quoi mon oncle avait pu trouver à discuter avec cet ecclésiastique hérétique, mais je me gardai bien d'intervenir et me contentai de lui faire signe en passant.

42

Un jour, au cours de notre inaction forcée, je sortis des murs de la ville pour rendre visite au camp des Mongols – qu'ils appelaient leur *bok* – afin d'utiliser le peu de leur langage que je maîtrisais déjà, et dans le but d'en apprendre un peu plus.

Les premiers mots nouveaux que j'assimilai furent : « *Hui ! Nohaigan hori !* » Je les retins très vite, car ils signifiaient : « Holà ! Retenez vos chiens ! » De fait, des meutes de mastiffs aussi impressionnants qu'agressifs rôdaient en liberté à travers le campement, et, à l'entrée de chaque yourte, deux ou trois d'entre eux se trouvaient enchaînés. J'appris également que j'avais été bien inspiré de me munir de ma cravache, comme le font toujours les Mongols, afin d'éloigner ces sales cabots. Je compris aussi très tôt qu'il convenait de déposer la cravache dehors avant d'entrer dans une yourte, car pénétrer avec eût été de la plus haute impolitesse, ses habitants pouvant en inférer qu'ils ne valaient pas mieux que des chiens aux yeux de leur hôte et s'en offusquer gravement.

Ce n'était pas la seule bonne manière à respecter. Avant de s'approcher d'une yourte, un étranger doit d'abord passer entre deux feux de camp situés à proximité, afin de se purifier par cet acte. Au surplus, il ne faut jamais poser le pied sur le seuil même de la porte de la yourte, ni se hasarder à siffler à l'intérieur. Si j'eus l'occasion d'apprendre de tels détails, c'est que les Mongols eurent à cœur de me recevoir et de m'initier à leurs coutumes tout en s'enquérant des miennes. En fait, ils étaient incroyablement ouverts au dialogue. S'il est chez eux un trait qui dépasse la férocité déployée contre leurs ennemis, c'est l'empathie dont ils font preuve à l'égard de ceux avec qui ils sont en paix. Le son le plus fréquent dans leur conversation est « *uu* », qui n'est pas un mot, mais plutôt l'indice vocal d'une question posée.

– *Sain bina, sain urtek !* (Salut à toi, grand frère !)

Tels furent les mots d'accueil d'un groupe de guerriers à mon intention, qui enchaînèrent immédiatement par :

– De quels cieux nous arrives-tu, *uu ?*

– J'arrive des cieux de l'ouest, répliquai-je, à quoi ils ouvrirent les yeux aussi grand que le permettaient leurs fentes, pour s'exclamer :

– *Hui !* Ces cieux sont immenses et couvrent de vastes pays. Dans ton pays d'Occident, loges-tu sous un toit, *uu*, ou sous une tente, *uu* ?

– Dans ma cité natale, sous un toit. Mais je suis depuis longtemps sur la route et je vis donc sous tente, quand ce n'est pas à la belle étoile.

– *Sain* ! s'écrièrent-ils, un large sourire aux lèvres. Tous les hommes sont frères, n'est-ce pas vrai, *uu* ? Mais ceux qui dorment sous la tente sont des frères encore plus proches, presque comme des jumeaux. Bienvenue à toi, frère jumeau !

Et ils effectuèrent de grands gestes pour m'inviter à entrer dans la yourte de l'un d'eux. Hormis le fait qu'elle était démontable, elle n'avait qu'une vague et lointaine ressemblance avec ma frêle petite tente de voyage. L'intérieur n'était qu'une pièce ronde, mais, avec près de six pas de diamètre, sa taille était confortable : un homme pouvait s'y tenir debout sans avoir à se baisser. Les murs de lattes de bois entrelacées étaient verticaux du pied à la hauteur de l'épaule et s'incurvaient ensuite en forme de dôme. Au centre, un trou circulaire était conçu pour laisser s'échapper la fumée du brasier qui chauffait la pièce. L'armature murale supportait le revêtement du toit : d'épaisses feuilles de feutre se chevauchaient, colorées d'une boue jaune et attachées à la structure à l'aide de cordes entrecroisées. Les meubles se réduisaient à l'essentiel, quoique de qualité : des tapis de sol et d'abondants coussins, tous fabriqués en feutre et de couleurs vives. Au final, une yourte était aussi robuste, chaude et bien isolée qu'une maison classique, mais elle pouvait être démontée en une heure et conditionnée en paquets assez compacts et légers pour être transportés dans un sac de selle.

Je pénétrai dans leur yourte avec mes hôtes mongols par l'ouverture à rabat de feutre située, comme dans tous les édifices de ce peuple, de façon à être exposée plein sud. Je fus invité à m'asseoir sur le « lit de l'homme » situé au nord de la yourte afin de faire face au sud, point cardinal de bon augure par excellence – les lits des femmes et des enfants étant rangés le long des côtés moins favorables. Je me laissai enfouir dans les coussins couverts de feutre. Mon hôte me tendit un récipient qui faisait office de verre et n'était autre qu'une corne de bélier. Il y versa d'une outre de cuir un liquide blanc bleuté assez clair, à l'odeur fétide :

– *Kumis*, m'indiqua-t-il.

J'attendis poliment que tous les hommes eussent rempli leurs cornes, puis je fis comme eux : je trempai les doigts dans le *kumis* et envoyai quelques gouttes vers les quatre points cardinaux, ce qui revenait à saluer « le feu » au sud, « l'air » à l'est, « l'eau » à l'ouest, et « les morts » au nord. Après quoi nous levâmes tous notre corne bien haut et bûmes de bon cœur, mais je me rendis alors coupable d'une grave atteinte aux bonnes manières. Le *kumis* était, comme je l'appris bientôt, une boisson aussi révérée et sainte aux yeux des Mongols que l'est le *qahwah* à ceux des Arabes. Je trouvai sa saveur horrible et, de façon impardonnable, laissai mon visage exprimer mon dégoût. Les hommes eurent tous l'air immensément peinés. L'un d'eux finit par dire qu'il espérait qu'avec le temps je m'habituerais à son goût. Un autre ajouta que j'apprécierais encore bien plus son action stimulante. Mais mon hôte reprit mon verre et le but entièrement, avant de le remplir à nouveau d'une outre différente et de me le tendre en annonçant :

– Ça, c'est de l'*arkhi*.

Cet *arkhi* sentait meilleur, mais j'y goûtai cependant avec précaution car il différait peu, à l'œil, du *kumis*. J'eus le plaisir de le trouver beaucoup plus agréable au goût, un peu comme un vin de qualité moyenne. Je hochai la tête en souriant et leur demandai d'où provenaient leurs breuvages, car je n'avais repéré aucune vigne dans les environs. Je fus ahuri d'entendre mon hôte me répliquer fièrement :

– Il vient du bon lait de nos juments.

En dehors de leurs armes et de l'armure de cuir qui les protège, les Mongols ne fabriquent que deux choses, et ce sont les femmes qui s'en chargent. Assis sur des coussins recouverts de feutre, sous un toit de même matière, avalant un breuvage issu du lait de jument, je venais de les découvrir toutes deux. Je pense que les Mongoles connaissent l'art du filage et du tissage, mais qu'elles le méprisent, jugeant cette activité par trop efféminée : ces femmes sont en effet de vraies Amazones. De ce fait, les étoffes qu'elles portent ont été achetées à d'autres peuples. Elles excellent pourtant à tisser les poils d'animaux pour en faire un feutre remarquable, allant des épaisses plaques qui protègent les yourtes à des couvertures plus douces que la flanelle galloise.

Les femmes mongoles dédaignent également tout lait à l'exception de celui des juments. Elles ne nourrissent même pas au sein leurs propres enfants, préférant les habituer d'emblée à ce lait d'origine équine. Ils tirent de ce liquide des produits peu communs, et je ne mis pas longtemps à devenir un inconditionnel des divers produits laitiers mongols. Le principal reste le *kumis*, au goût douceâtre, qui provoque une légère ivresse. Pour le fabriquer, on verse du lait de jument dans de grandes outres de peau, que les femmes battent avec de lourdes cannes jusqu'à ce qu'il se transforme en beurre. Elles prélèvent ce beurre, en conservent le liquide résiduel et le mettent à fermenter. Le *kumis* est alors devenu âcre et piquant sur la langue, avec un arrière-goût d'amande. Un homme qui en boirait suffisamment se retrouverait au bout d'un moment en état d'ébriété légère. Si l'outre est battue plus longtemps, si le beurre et le lait caillé se dégagent et si on laisse fermenter le liquide léger qui subsiste, il donne l'*arkhi* au goût plus agréable car sucré, légèrement effervescent et très salubre. Il en faut peu pour être ivre.

En plus du beurre issu du lait de jument, les Mongoles font un usage fort ingénieux du lait caillé. Elles le laissent sécher au soleil jusqu'à ce qu'il se transforme en gâteau dur. Elles émiettent alors cette substance, appelée *grut*, et la compactent en boulettes qui peuvent ensuite se conserver presque indéfiniment sans s'altérer. On en met de côté pour l'hiver, lorsque les juments ne donnent pas de lait, et le reste est réparti dans les sacs que portent les hommes au cours de leurs marches, comme rations d'urgence. Il suffit de plonger le *grut* dans un peu d'eau pour obtenir instantanément un liquide épais et très nourrissant.

Chez les Mongols, les hommes se chargent de traire les juments. C'est en effet leur prérogative. Les femmes prennent en charge toute la suite du processus : *kumis*, *arkhi* et *grut* sont leur œuvre exclusive, tout comme la fabrication du feutre. En fait, presque tous les travaux du *bok* sont effectués par les femmes.

– Parce que le seul rôle véritable des hommes est de faire la guerre, m'expliqua mon hôte ce jour-là. La tâche des femmes consiste à veiller à ce que leurs hommes ne manquent de rien, *uu* ?

Le phénomène, en effet, ne peut être nié, car l'armée mongole se déplace partout avec les épouses des guerriers, des femmes surnuméraires pour les hommes célibataires et toute la progéniture qui peut en résulter, sans que les hommes aient autre chose à penser qu'à se battre. Une femme peut sans aide monter ou démonter une yourte et assurer tous les travaux ménagers pour l'entretenir, la tenir propre et la réparer si nécessaire. Elles nourrissent leurs hommes, s'occupent de leurs vêtements, s'assurent qu'ils conservent un moral de combattant et les dorlotent s'ils sont blessés. Elles veillent également à ce que leur harnachement guerrier soit en parfaite condition, ainsi que leurs chevaux. On met aussi les enfants à contribution pour collecter les bouses ou la *kara* pour le feu, s'occuper des bêtes et assurer des tours de garde. Les rares fois où les Mongols, attaqués, ont dû recourir à leurs renforts intérieurs, on a vu les femmes brandir les armes sans hésiter, se jeter à corps perdu dans la mêlée et y donner le meilleur d'elles-mêmes.

Je regrette de le signaler, mais les femmes mongoles ne ressemblent en rien aux Amazones guerrières dessinées par les artistes de l'Occident. On pourrait les prendre pour des hommes, tant leurs visages plats diffèrent peu de ceux de leurs congénères masculins. Elles ont les mêmes maxillaires carrés, le même teint couleur cuir, et leurs yeux bridés aux paupières enflées ne laissent filtrer, lorsqu'ils sont ouverts, qu'une inquiétante flamme rouge. Quoique moins solidement charpentées que les hommes, elles semblent malgré tout massives, à cause des habits épais qu'elles portent. Accoutumées comme eux depuis toujours à monter à cheval, chevauchant à califourchon, elles conservent la démarche traînante qu'ont les cavaliers lorsqu'ils se retrouvent à pied. Elles n'arborent pas, bien sûr, la fine barbe ou la moustache qu'affectionnent certains hommes. Ceux-ci gardent en revanche souvent les cheveux longs comme leurs femmes, parfois noués en tresse sur l'arrière de la tête, parfois rasés en couronne comme la tonsure des prêtres. Les femmes les portent relevés en chignons élaborés, et il leur arrive de ne le faire qu'une fois dans toute leur vie, car lorsqu'elles ont édifié cette coiffure, elles la vernissent de la sève épaisse de l'arbre *wutung*, ou parasol chinois. Elles fixent à son sommet une pièce d'ornementation à base d'écorce appelée *gugu*, décorée de morceaux de feutre et de rubans multicolores. Avec cette coiffure compacte augmentée de la taille du *gugu*, les femmes semblent mesurer deux pieds de plus que les hommes, à tel point qu'elles ne peuvent pénétrer dans leur yourte qu'en inclinant la tête.

Pendant que je conversais assis avec mes hôtes, la femme de notre yourte entra et sortit à plusieurs reprises, se penchant à chaque fois. Ce mouvement n'avait toutefois rien d'une génuflexion, et elle ne faisait montre par ailleurs d'aucun signe d'asservissement ou de servilité. Elle s'affairait simplement à sa tâche, emplissant de nouvelles cruches de *kumis* et d'*arkhi* à notre intention, reprenant celles qui étaient vides et veillant à notre confort. Son mari l'appelait simplement *nai*, qui signifie « femme », mais tous les autres hommes présents lui donnaient courtoisement du *sain nai*. Je fus enchanté de constater qu'une « bonne femme » ne se comportait pas plus en esclave qu'elle n'était traitée comme telle. La femme mongole n'est en effet nullement obligée, comme les musulmanes, de se voiler le visage d'un tchador ou de vivre en *pardah*, pas plus qu'elle n'est soumise aux autres humiliations réservées au sexe féminin. Elle est censée être chaste, au moins après son mariage, mais nul ne s'offusque si elle use d'un langage un tant soit peu débridé, éclate de rire à une histoire légère… ou en conte une elle-même, ce que fit la *sain nai*.

Elle avait, sans qu'on le lui demande, posé à notre disposition un plat sur le tapis de feutre, au milieu de la yourte. Après quoi, sans qu'on l'y eût invitée non plus, elle vint s'asseoir à nos côtés pour le partager avec nous – et personne ne s'y opposa, ce qui me surprit et me ravit au moins autant que ne le fit la nourriture présentée. Elle nous avait servi ce mets dans une variante mongole de notre *scaldavivande*, notre réchaud de Venise. Il y avait là un bol de bouillon de légumes porté à ébullition, un autre plus petit de sauce brun-rouge et un plateau de tranches d'agneau cru. Nous en prîmes chacun une, la trempâmes à tour de rôle dans le liquide brûlant pour la faire cuire à notre goût avant de la passer dans la sauce piquante et de la manger. La *sain nai*, comme les hommes, n'y plongeait pas longtemps sa viande, la dégustant presque crue. Quiconque aurait eu le moindre doute quant à la robustesse des femmes de ce peuple les aurait vite abandonnés en regardant celle-ci déchirer voracement les morceaux de viande, les mains, les dents et les lèvres dégoulinantes de sang. En revanche, si les hommes mangeaient sans dire un mot, la femme, entre deux bouchées, était plus volubile.

Je compris qu'elle s'amusait au sujet de la nouvelle épouse que son mari avait acquise. (Il n'y a aucune limite au nombre de femmes qu'un Mongol peut épouser, du moment qu'il a les moyens de leur procurer à chacune une yourte séparée.) La jeune femme fit remarquer de façon acide qu'il était ivre mort lorsqu'il avait demandé la main de cette dernière. Tous les hommes se mirent à glousser, y compris le mari incriminé. Tous continuèrent de hennir et de pouffer à la longue liste de ses déficiences présumées, énoncées à l'évidence sur le ton de la rivalité amoureuse. Et lorsqu'elle conclut son désopilant exposé en suggérant que, comme les hommes, elle devait sans doute uriner debout, ils s'étranglèrent presque de rire et se roulèrent sur le tapis.

Ce n'était certainement pas la chose la plus drôle que j'aie entendue de ma vie, mais, ce qui est certain, c'est que les femmes mongoles jouissent d'une plus grande liberté que toutes les autres en Orient. Si l'on excepte leur beauté et leur charme, elles n'ont rien à envier aux Vénitiennes : pleines de vie et de bonne humeur, elles démontrent par leur attitude qu'elles se sentent égales à leurs hommes, comme le seraient des camarades, leur seule différence tenant aux fonctions qu'occupent les uns et les autres, et aux responsabilités qu'ils assument dans la vie.

N'allez pas croire pour autant que les Mongols ne savent que rester assis à ne rien faire pendant que leurs femmes triment. Du moins, pas tout le temps. Après le repas, mes hôtes se promenèrent avec moi à travers le *bok*, me montrant des hommes occupés à divers travaux manuels militaires : fabrication de flèches, confection ou entretien des armures, corroyage, affûtage de lames, etc. Les fabricants de flèches, en ayant déjà amassé une bonne quantité de modèles ordinaires, étaient ce jour-là en train de forger des têtes d'un type entièrement nouveau : elles étaient percées de trous, afin de leur faire émettre dans leur vol, m'expliquèrent-ils, un sifflement aigu censé jeter l'effroi dans le cœur de l'ennemi. Plusieurs armuriers martelaient dans un bruit de tonnerre des plaques de fer chaud de manière à les adapter à la forme du thorax des combattants et à celle du poitrail des chevaux. D'autres procédaient presque de même avec du cuir bouilli afin de le rendre souple à souhait : ils le mettaient en forme, puis le laissaient sécher jusqu'à ce qu'il s'approche de la dureté du fer. Les corroyeurs confectionnaient, pour leur part, de larges ceintures ornementées de pierres de couleurs, non pas seulement à des fins de décoration, me dirent-ils, mais aussi pour les protéger du tonnerre et de la foudre. Enfin, les couteliers ciselaient de redoutables cimeterres et autres dagues, remplaçaient les tranchants émoussés par des lames neuves et fixaient de nouveaux manches à leurs haches de combat. L'un d'eux était en train de forger une curieuse lance dont la pointe se prolongeait d'un crochet conçu pour « désarçonner l'ennemi en l'arrachant de sa selle », m'expliqua-t-il.

– Un type à terre s'embroche plus facilement, ajouta l'un de mes guides. La terre le maintient mieux que l'air, si on veut le transpercer de nouveau.

– Quoique, dans l'absolu, nous ne recherchons pas la facilité, poursuivit un autre. Quand un adversaire est à bas de sa selle, nous reculons de l'endroit où il se trouve, attendant qu'il nous défie ou implore notre pitié.

– Tout cela pour mieux plonger notre lance dans sa bouche ouverte, précisa un troisième. C'est un sacré tour d'adresse, quand il est exécuté au galop !

Ces remarques eurent le don de plonger mes hôtes dans de joyeuses réminiscences, et ils se lancèrent dans une évocation épique des différentes guerres, campagnes et batailles menées par leur peuple. Aucune d'entre elles ne semblait s'être achevée par une défaite des Mongols. Au contraire, toutes débouchaient sur une victoire, une conquête et le pillage profitable qui s'ensuivait. Parmi les nombreuses histoires qu'ils relataient, je me souviens particulièrement de deux qui m'ont marqué parce que les Mongols n'y affrontaient pas seulement d'autres hommes, mais aussi la glace et le feu.

Ils racontèrent ainsi comment, un jour, durant le siège d'une cité en Inde, les couards mais ingénieux défenseurs de la ville avaient tenté de les mettre en déroute en lançant contre eux une cavalerie de composition assez inhabituelle. Les chevaux portaient des cavaliers faits de cuivre martelé à l'effigie et de taille humaines, et chacun des soldats qui les chargeait était en réalité une chaudière mobile, son bouclier de cuivre étant rempli de charbons ardents et de coton imbibé d'huile enflammé. On ne sait si les Hindous espéraient provoquer un énorme incendie parmi les Mongols ou juste les effrayer. Toujours est-il que les « guerriers-chaudières » brûlaient tellement leurs montures que, irritées, celles-ci les désarçonnèrent de leurs ruades, permettant aux Mongols d'entrer dans la ville et de la prendre sans grande résistance, en massacrant au passage ses défenseurs moins « enflammés ».

Une autre fois, les Mongols menaient une campagne contre une tribu sauvage de Samoyèdes, dans la froidure du Grand Nord. Avant que la bataille débute, les membres de la tribu coururent plonger dans une rivière proche et se roulèrent dans la poussière de la berge. Ils laissèrent ce revêtement geler sur leurs corps et répétèrent cette opération à plusieurs reprises, jusqu'à se trouver couverts d'une véritable armure de glace et de poussière capable, du moins le pensaient-ils, de les protéger des flèches et des lames mongoles. Peut-être l'étaient-ils en effet, mais cette armure gelée rendit les Samoyèdes si gauches et si malhabiles qu'ils ne purent ni se battre ni s'esquiver, et les Mongols se contentèrent de les piétiner des sabots de leurs chevaux.

On le voit, le feu comme la glace avaient été aussi inopérants contre eux. Mais les Mongols, eux, utilisèrent occasionnellement l'eau, et avec succès, pour leur part. Dans le pays kazakh, par exemple, ils assiégèrent une cité appelée Kzyl-Orda qui leur résista longtemps. Le mot *kazakh* signifie « sans maître », et les guerriers kazakhs, que nous autres Occidentaux avons baptisés Cosaques, valent bien, à maints égards, les Mongols. Mais, cette fois, les assiégeants ne se contentèrent pas de mettre le siège autour de la ville et d'attendre qu'elle se rende. Ils mirent à profit cette attente pour creuser un nouveau canal vers la rivière voisine, le Syr-Daria. Ils détournèrent son cours et la laissèrent inonder Kzyl-Orda, dont tous les habitants périrent noyés.

– L'inondation est un moyen efficace de prendre une ville, dit l'un des hommes. Meilleur que de la bombarder de gros rochers ou de flèches enflammées. Mais il existe une autre excellente façon de faire : envoyer à la catapulte des cadavres de malades. Cela tue assez vite tous les défenseurs, voyez-vous, tout en laissant les bâtiments intacts pour les nouveaux occupants. Le seul inconvénient de la méthode est qu'elle prive nos chefs de leur distraction préférée : célébrer leur victoire sur des tables humaines.

– Des tables humaines ? répétai-je, pensant avoir mal entendu. *Uu ?*

Ils se mirent à rire et m'expliquèrent. Les tables étaient de lourdes planches posées sur le dos d'hommes à quatre pattes, les officiers vaincus de l'armée défaite. Et leur rire se transforma en hilarité à gorge déployée quand ils imitèrent les gémissements et les sanglots de ces hommes affamés ployés sous le poids de planches sur lesquelles les plateaux de bois surchargés de gros amas de viande côtoyaient les pichets remplis de *kumis*. Leur gaieté devint irrésistible lorsqu'ils évoquèrent les pleurs encore plus pitoyables des « pieds de table humains » au moment où, leur repas achevé, ces fêtards de Mongols sautaient d'un bond sur ces tables pour se lancer dans leurs furieuses danses de la victoire ponctuées de vigoureux battements de pieds et de sauts endiablés.

En me contant leurs exploits guerriers, les hommes mentionnaient les grades de leurs chefs, et tout cela me semblait bien confus. Mais je compris peu à peu que, loin d'être une horde sans structure définie, l'armée mongole était au contraire un véritable modèle d'organisation. Sur dix guerriers, on choisissait le plus farouche, le plus fort et le plus expérimenté pour devenir capitaine. Puis, de la même façon, chaque groupe de dix capitaines avait un supérieur qui encadrait cent hommes. Ce système pyramidal se prolongeait ainsi suivant une progression décimale. Un groupe de dix capitaines en chef était chapeauté par un capitaine de drapeau qui avait un millier d'hommes sous sa bannière. Et dix armées de ce type obéissaient à un *sardar* qui commandait dix mille hommes. Le mot mongol *toman*, qui signifie « dix mille », désigne également la queue du yack, et le *sardar* portait en guise de drapeau un plumet de ces appendices touffus fixé en haut de sa hampe.

C'est un système de commandement d'une efficacité redoutable car, quel que soit son rang, du capitaine au *sardar*, l'officier mongol n'a sous sa coupe que neuf de ses pairs avec lesquels se concerter pour prendre une décision ou organiser un plan d'action. Au-dessus du *sardar*, il n'existe qu'un seul rang. C'est l'*orlok*, qui signifie plus ou moins « commandant en chef », dont l'autorité s'impose à au moins dix *sardar* et leurs *toman*, et parfois plus, soit une armée composée de cent mille hommes, au bas mot !

Son pouvoir est si impressionnant qu'il ne peut être conféré qu'à un authentique ilkhan en titre, descendant en droite ligne de Gengis lui-même. L'armée qui campait dans ce *bok* ne représentait ainsi qu'une partie des forces regroupées sous le commandement de celui qui était à la fois l'*orlok* et l'ilkhan Kaidu.

Tout officier mongol, du capitaine au *sardar*, doit être pour la troupe qu'il encadre ce que fut Moïse pour les Israélites durant l'Exode. Responsable des déplacements effectués par les hommes, les femmes et les enfants dont il a la charge – y compris les vétérans qui, bien qu'inutiles à l'armée en marche, ont le droit de refuser de passer leur retraite cantonnés dans une garnison –, cet officier est aussi chargé de superviser l'approvisionnement du groupe. Il doit donc veiller à ce qu'un nombre suffisant de bêtes suivent ses troupes : bétail pour l'alimentation, chevaux des cavaliers et yacks, ânes ou mules pour le transport des bagages. En ne comptant que les chevaux, chaque Mongol voyage en moyenne, si l'on cumule destriers de guerre et juments à *kumis*, avec pas moins de dix-huit équidés.

Des divers noms d'officiers mentionnés par mes hôtes, je n'en avais reconnu qu'un : celui de l'ilkhan Kaidu. C'est pourquoi je finis par leur demander s'ils avaient déjà été menés à la bataille par le khakhan Kubilaï en personne, que j'escomptais bien rencontrer dans un futur point trop éloigné. Ils n'avaient jamais eu ce grand honneur, mais avaient quand même réussi à l'apercevoir une ou deux fois, de plus ou moins loin. Il était, selon eux, d'une beauté virile, avait l'air d'un fier guerrier, et tous s'accordaient à lui reconnaître la sagesse d'un homme d'État. Mais, au dire de tous, sa qualité la plus impressionnante était son redoutable caractère.

– Il est plus farouche que notre indomptable ilkhan Kaidu lui-même, fit respectueusement remarquer l'un des hommes. Nul n'oserait endurer le courroux du khakhan Kubilaï. Pas même Kaidu.

– Ni le moindre élément du ciel ou de la terre, renchérit un autre. C'est pourquoi, lorsque le ciel tonne, les gens crient le nom du khakhan : « Kubilaï ! » afin que la foudre ne les atteigne pas. J'ai moi-même entendu notre Kaidu, qui pourtant ne craint rien ni personne, invoquer ainsi son nom.

– C'est vrai, confirma un troisième. En la présence du khakhan Kubilaï, le vent se garde de souffler trop fort et la pluie de tomber trop dru. Elle se limite à une modeste bruine et prend bien garde de ne pas éclabousser ses bottes de la moindre gouttelette de boue. Même l'eau de la cruche se rétracte craintivement devant lui.

Je fis remarquer que cela ne devait pas être bien pratique lorsqu'il avait soif, ce qui constituait à l'égard de l'homme le plus puissant du monde une remarque à la limite du sacrilège. Mais aucun des hommes présents ne leva même un sourcil, car nous étions déjà tous, à cet instant, assez solidement imbibés. Nous nous trouvions de nouveau assis en rond dans la yourte, et mes hôtes avaient ouvert plusieurs autres flacons de *kumis*. J'avais moi-même sifflé une dose conséquente de leur excellent *arkhi*. Jamais vous ne verrez un Mongol se contenter d'un seul verre ou laisser l'un de ses invités n'en boire qu'un, car, dès que ce dernier commence à accuser le coup, son hôte s'exclame :

– Eh ! Un homme ne peut marcher à cloche-pied…

Et il lui en sert un autre. Ce pied-là va inévitablement avoir ensuite besoin d'un autre verre, qui en appellera un à son tour, et ainsi de suite. Les Mongols sont capables de se saouler à mort, au sens littéral du terme. Un guerrier tué sur le champ de bataille est toujours enseveli sous un cairn, et on l'enterre en position assise, tenant sa corne à boire dans la main, à la hauteur de la poitrine.

Le jour avait cédé la place à l'obscurité lorsque je décidai d'arrêter de boire plutôt que risquer à mon tour de finir enterré de la sorte. Je me hissai péniblement à la verticale et remerciai mes hôtes de leur hospitalité, puis leur fis mes adieux et pris congé d'eux, tandis qu'ils me saluaient avec chaleur :

– *Mendu, sain urbek !* Un bon cheval et une plaine ouverte pour toi, au plaisir de te revoir !

Je n'étais pas à cheval, mais à pied, aussi titubai-je quelque peu. Mais cela ne m'attira aucun commentaire particulier tandis que je divaguais à travers le *bok*, puis jusqu'aux portes de Kachgar et enfin le long de ses rues odorantes jusqu'au caravansérail des Cinq Félicités. Je fis une entrée vacillante dans notre chambre et m'arrêtai court, les yeux écarquillés. Un immense prêtre barbu et habillé de noir se tenait là, debout. Je mis un certain temps avant de reconnaître en lui oncle Matteo, et, dans la confusion d'esprit qui était alors la mienne, tout ce que je parvins à me dire fut : « Mon Dieu, dans quel abîme de dépravation est-il tombé, à présent ? *Uu ?* »

43

Je m'effondrai sur un banc et souris à mon oncle qui arborait sa soutane avec un complaisant air de piété. Mon père, passablement irrité, cita un double proverbe :

– Si le vêtement fait l'homme, l'habit ne fait pas le moine. Et encore moins le prêtre, Matteo. Où as-tu trouvé cette tenue ?

– Je l'ai achetée au frère Boyajian. Tu te souviens de lui, Nico, la dernière fois que nous sommes passés.

– Oh, que oui, trop bien ! Un Arménien qui vendrait ses hosties. Pourquoi ne lui en as-tu pas acheté, pendant que tu y étais ?

– Une rondelle de pain azyme, fût-elle sacramentelle, ne dirait rien à l'ilkhan Kaidu. En revanche, ce déguisement, oui. Sa propre épouse, l'ilkhatun, est chrétienne convertie même si c'est une nestorienne. J'espère donc que l'ilkhan respectera cette soutane.

– Pourquoi le ferait-il ? Tu la respectes, toi ? Je t'ai déjà entendu critiquer l'Église avec une violence proche de l'hérésie. Et voilà qu'à présent... Quel blasphème !

Oncle Matteo protesta hautement :

– Je te rappelle que la soutane n'est pas en soi un vêtement ecclésiastique. Tout le monde peut en porter une, à condition de ne pas prétendre à la sainteté qu'elle confère. Et moi, je ne prétends à rien. Quand bien même le voudrais-je, d'ailleurs... Tu te souviens de ce passage du Deutéronome : « L'eunuque, dont les testicules sont brisés, n'entrera pas dans l'Église du Seigneur. » *Capòn mal caponà.*

– N'essaie pas de justifier ton impiété en t'apitoyant sur toi-même, Matteo.

– Je dis simplement une chose : si Kaidu me prend pour un prêtre, je ne vois pas au nom de quoi j'irais le détromper. Boyajian assure que, confronté à un païen, un chrétien a toute latitude d'employer le subterfuge de son choix.

– Je ne considère pas un nestorien réprouvé comme une autorité en matière de foi chrétienne.

– Tu préférerais accepter les décrets de Kaidu, c'est ça ? La confiscation, voire pire ? Écoute, Nico. Il a la lettre de Kubilaï, il sait qu'on nous a chargés de ramener des prêtres à Kithai. Sans ces prêtres, nous ne sommes rien d'autre que des vagabonds errant sur les domaines de Kaidu avec le lot de marchandises le plus tentant qu'on ait jamais vu. Je ne vais pas affirmer que je suis prêtre, mais si Kaidu le croit…

– La collerette blanche n'a jamais protégé personne de la hache du bourreau.

– C'est toujours mieux que rien. Kaidu peut toujours faire ce qu'il veut à des voyageurs ordinaires, mais s'il massacre ou emprisonne un prêtre, les échos pourraient fort bien en parvenir jusqu'à la cour de Kubilaï. Et dans le cas d'un prêtre que Kubilaï aurait *lui-même mandé* ? Nous savons que Kaidu est téméraire, mais je doute qu'il soit suicidaire à ce point.

Oncle Matteo se tourna vers moi.

– Et toi Marco, qu'est-ce que tu en dis ? Observe ton oncle habillé en révérend père. De quoi ai-je l'air ?

– Mafigniffique, balbutiai-je d'une voix pâteuse.

– Hum, murmura-t-il en me scrutant de plus près. Si Kaidu est aussi saoul que tu l'es, ça peut bien nous aider.

Je commençai de répondre que oui, probablement, ce serait… mais je m'endormis aussitôt sur place.

Le lendemain matin, lorsqu'il vint s'asseoir à la table de la salle à manger du caravansérail, mon oncle portait toujours sa tenue de prêtre, et mon père recommença aussitôt à le prendre à partie. Narine et moi étions présents, mais ne nous mêlâmes pas à la dispute. Pour le musulman qu'était notre esclave, c'était, je suppose, une affaire sans le moindre intérêt. Quant à moi, ma tête me faisait trop mal pour intervenir. Mais notre discussion et notre rupture de jeûne furent toutes deux interrompues par l'arrivée d'un messager mongol arrivant tout droit du *bok*. L'homme, vêtu d'une splendide tenue de guerre, marcha en plastronnant à travers la salle à manger de l'air d'un conquérant, se dirigea directement vers notre table et, sans la moindre cérémonie ni la plus petite once de courtoisie, nous intima en farsi – pour être sûr que nous saisissions :

– Levez-vous et suivez-moi, hommes morts. L'ilkhan Kaidu aimerait entendre vos dernières paroles !

Narine sursauta au point de recracher tout ce qu'il avait en bouche et commença à tousser, écarquillant les yeux de terreur. Mon père lui tapota le dos en disant :

– Rassure-toi donc, brave esclave. C'est la formule consacrée lorsqu'un seigneur mongol vous convoque. Cela n'augure rien de mal.

– Ou pas nécessairement, rectifia mon oncle. Je me félicite en tout cas de mon déguisement.

– Trop tard pour te le faire ôter, à présent, murmura mon père, alors que le messager pointait impérieusement la porte de sortie. J'espère seulement, Matteo, que tu sauras garnir ta performance profane d'un brin crédible de religiosité.

Oncle Matteo leva la main droite sur chacun de nous dans un geste de bénédiction, sourit d'un air béatifique et prononça avec l'onction la plus achevée :

– *Si non caste, tamen caute*[32].

Ce geste provocateur et la pieuse moquerie proférée en latin étaient si caractéristiques de l'esprit malicieux et mutin de mon oncle que je ne pus m'empêcher (en dépit de ma gueule de bois) d'éclater de rire. Certes, Matteo Polo faisait peut-être preuve d'écarts de conduite en tant que chrétien et en tant qu'homme, mais il n'en était pas moins courageux pour faire ainsi face à l'inconfort de notre situation. Le messager mongol me foudroya du regard tandis que j'explosais de rire et aboya de nouveau son ordre. Nous nous levâmes tous et le suivîmes illico.

Il pleuvait, ce jour-là. Cela n'aida pas vraiment mon mal de tête à passer et ne rendit pas non plus très joyeuse notre marche par les rues jusqu'à l'extérieur des murs de la ville, au milieu des grappes de chiens qui jappaient et grondaient férocement contre nous dans le *bok* mongol. Nous osâmes à peine relever la tête quand le messager hurla : « Halte ! » et nous enjoignit de passer entre les deux feux qui brûlaient devant la yourte de Kaidu.

Je ne m'en étais pas approché lors de ma récente visite au campement et réalisais maintenant que c'était ce genre de yourte qui avait dû inspirer le mot « horde » en Occident. Cette tente ressemblait en effet

32. « Sinon avec droiture, du moins avec prudence. »

à un si grand pavillon qu'il aurait pu englober plusieurs yourtes à lui seul. Sa taille et sa hauteur étaient voisines de celles du caravansérail où nous logions. Mais ce dernier était un bâtiment en dur, contrairement à cette demeure de feutre teinté à la boue jaune qui tenait sur des piquets de tente et grâce à des cordes de crin tissé. Quelques mastiffs grognaient et tiraient sur leur chaîne devant l'entrée sud, obturée par deux grands panneaux de feutre brodés de façon fort élaborée. La yourte n'était pas un palais, mais elle surpassait nettement les autres par sa prestance, et, garé à proximité, s'étendait le plus grand chariot que j'eusse jamais vu. C'est que le pavillon de Kaidu se transportait tel quel, sans être jamais démonté. L'engin ressemblait à un lit plat de planches aussi vaste qu'une prairie, monté sur un essieu gros comme un tronc d'arbre, avec des roues grandes comme celles d'un moulin. Pour le mettre en mouvement, appris-je plus tard, il ne fallait pas moins de vingt-deux yacks attelés en onze paires de front. (Il valait mieux que ces tracteurs fussent des bêtes placides, yacks ou bœufs, car des chevaux ou des chameaux n'auraient jamais travaillé à si peu de distance les uns des autres.)

Le messager se pencha entre les battants de feutre pour annoncer notre arrivée à son seigneur, ressortit la tête et fit un moulinet de bras nous intimant d'entrer. Puis, comme nous passions devant lui, il barra le passage à Narine en grognant : « Pas d'esclaves ! » et le repoussa dehors. Il y avait une raison à cela. Les Mongols se considèrent comme supérieurs par nature à tous les autres hommes libres de cette Terre, rois et empereurs compris, aussi tout homme tenu pour inférieur par *leurs* inférieurs est indigne même de leur mépris.

L'ilkhan Kaidu nous regarda en silence tandis que nous traversions l'intérieur richement tapissé et meublé de coussins, jusqu'à l'endroit où il était assis sur un tas de fourrures bariolées et tachetées – des peaux de tigres et de léopards, à l'évidence – sous un dais qui le surélevait encore à nos yeux. Il était revêtu d'une armure scintillante aux cuirs riches et aux ornements de métal polis, et portait sur la tête un bonnet à oreilles en karakul. Ses sourcils, d'une dimension impressionnante, semblaient deux morceaux de ce noir karakul. Au-dessous, les fentes de ses yeux brillaient d'une flamme rouge que notre seule vue semblait faire étinceler d'une rage contenue. De part et d'autre se tenaient deux guerriers, aussi élégamment caparaçonnés que celui qui nous avait conduits jusqu'ici. L'un brandissait bien haut une lance, l'autre retenait au bout d'une perche le dais tendu au-dessus de sa tête, et tous deux étaient rigides comme des statues.

Nous nous approchâmes lentement. Une fois parvenus en face du trône de fourrures, nous esquissâmes une légère révérence emplie de dignité et levâmes le regard vers Kaidu, attendant de lui le premier signe qui donnerait le ton à cette rencontre. Il continua durant un certain temps à nous écraser d'un regard méprisant, comme si nous n'avions été que de la vermine rampant sur le sol de sa yourte. Puis il fit quelque chose de dégoûtant. Il entama un profond raclement de gorge, faisant remonter un gros paquet de glaire dans sa bouche, s'arracha languissamment de la couche sur laquelle il était affalé, se redressa et se tourna vers le guerrier situé à sa droite. Doucement, il pressa du pouce son menton, de façon que sa bouche s'ouvrît. Tranquillement, Kaidu cracha directement dans la bouche de l'homme la boule de substance qu'il avait remontée, avant de la refermer du pouce (l'expression et la rigidité du guerrier n'avaient pas changé), de regagner avec morgue son siège et de reposer sur nous des yeux rougeoyant d'une lueur mauvaise.

Ce geste avait été à l'évidence soigneusement calculé pour nous inspirer un respect mêlé de crainte devant son pouvoir, son arrogance et son inimitié, et il m'aurait sans aucun doute intimidé, je l'avoue. Mais l'un d'entre nous au moins – Matteo Polo – n'était pas impressionné. Lorsque Kaidu prononça ses premiers mots, en langue mongole et d'une voix rude :

– Maintenant, espèces d'intrus..., il n'alla pas plus loin car mon oncle l'interrompit de façon incroyablement téméraire, dans la même langue :

– D'abord, si cela plaît à l'ilkhan, nous chanterons une louange à Dieu de nous avoir conduits sains et saufs à travers tant de contrées jusqu'à l'auguste présence du seigneur Kaidu.

Et, à mon plus total ébahissement (ainsi probablement qu'à celui de mon père et des autres Mongols), il entonna en beuglant le vieil hymne chrétien :

A solis orbu cardine
Et usque terre limitem...

– Il ne plaît pas à l'ilkhan, siffla Kaidu entre ses dents, à l'instant où mon oncle reprenait sa respiration.

Mais mon père et moi-même, enhardis, le rejoignîmes pour continuer les deux vers suivants :

Christum canamus principem
Natum Maria virgine…

– Assez ! explosa Kaidu, et nos voix s'estompèrent.

Fixant ses yeux fulminants sur oncle Matteo, l'ilkhan prononça :

– Vous êtes un prêtre chrétien.

Il l'articula sans relief particulier (avec répugnance, en fait), aussi mon oncle n'eut pas à le prendre comme une question, ce qui l'aurait obligé à répondre par la négative. Il se contenta de cette phrase :

– Je ne suis ici que l'humble serviteur du khan de tous les khans, et désigna le papier que Kaidu enserrait dans l'une de ses mains.

– Ah oui, c'est cela…, fit Kaidu avec un sourire acide. (Il lâcha le document comme s'il était un objet infect au toucher.) Au service de mon estimé cousin, je crois. Je note d'ailleurs qu'il a écrit cet oukase sur le même papier jaune qu'utilisaient les empereurs de Chine, justement. Depuis que Kubilaï et moi avons conquis cet empire décadent, il n'a de cesse d'en reprendre les usages ramollis… *Vakh !* il est devenu moins qu'un Kalmouk ! Notre vieux dieu de la guerre Tengri ne lui est plus bon à rien, semble-t-il. Voilà maintenant qu'il se croit obligé d'importer des femmelettes de prêtres *ferenghi*…

– Seulement dans le but d'élargir sa connaissance du monde, seigneur Kaidu, glissa mon père d'une voix conciliante. Pas pour propager la moindre…

– La seule façon de connaître le monde, coupa Kaidu avec sauvagerie, c'est, comme disait mon père, de s'en emparer et de lui tordre le cou ! (Il promena à petits coups son regard terrifiant sur chacun d'entre nous.) Pas vrai ? Vous oseriez affirmer le contraire, *uu* ?

– Contredire le seigneur Kaidu, murmura mon père, ce serait, dit l'adage, comme l'œuf qui attaque le rocher.

– Ah ! Enfin un grain de bon sens, accorda l'ilkhan un peu à contrecœur. J'espère que vous aurez aussi assez d'esprit pour constater que cet oukase date de plusieurs années et qu'il a été émis à quelque sept mille lieues d'ici. Même si notre cousin Kubilaï ne l'a pas totalement oublié aujourd'hui, je ne suis nullement tenu de l'honorer.

Mon oncle chuchota, encore plus humblement que ne l'avait fait mon père :

– Comment un tigre se soumettrait-il à une loi ?

– Parfaitement ! rugit l'ilkhan. Si je le veux, je peux vous considérer comme des intrus. Des *Ferenghi* venus armés de mauvaises intentions. Et vous condamner à une exécution sommaire.

– Certains affirment, insinua mon père d'une voix encore plus discrète, que les tigres sont en fait des agents du paradis chargés de chasser ceux qui ont outrepassé la date prévue pour leur trépas.

– Mais oui ! glapit l'ilkhan, légèrement décontenancé par tant d'approbation et d'assentiment. D'un autre côté, même un tigre peut parfois être indulgent. Bien que je déteste mon cousin pour avoir abandonné son héritage mongol, bien que je le méprise d'avoir laissé sa cour se déliter et dégénérer ainsi, je pourrais vous laisser aller rejoindre sa suite… Je le pourrais, si je le voulais !

Mon père battit des mains, applaudissant ainsi la sagesse de l'ilkhan, et déclara, ravi :

– Il est évident que l'ilkhan se rappelle, en ce cas, la vieille histoire han de la fine épouse Ling ?

– Bien sûr, acquiesça l'ilkhan. Je l'avais à l'esprit en vous parlant. (Il se redressa, le temps de lancer à mon père un sourire glacé. Lequel lui répliqua d'un sourire radieux. Il y eut un intervalle de silence.) Cela dit, reprit Kaidu, il existe de multiples variantes à cette histoire. Quelle est la version que vous avez entendue, *uu*, intrus ?

Mon père s'éclaircit la gorge et déclama :

– Ling était l'épouse d'un homme très riche, lequel aimait excessivement le vin. Si bien qu'il passait son temps à envoyer sa femme chez le débitant de boissons pour lui en rapporter des bouteilles. Craignant pour sa santé, Dame Ling faisait en sorte de prolonger le plus possible ses sorties, ou mélangeait de l'eau au vin, ou le cachait pour l'empêcher de trop boire. Résultat, son mari se mettait en colère et la battait. Finalement, deux choses arrivèrent. Dame Ling, bien que son mari fût riche, perdit pour lui tout amour et remarqua, bien qu'il ne fût qu'un pauvre commerçant, combien le commis du débit de boissons était beau. Dès lors, elle se mit à acheter à son mari autant de vin qu'il en demandait, alla jusqu'à le lui verser elle-même et le poussa à se réapprovisionner. Le mari finit par mourir dans les convulsions de l'éthylisme, elle hérita de sa fortune et épousa le commis du débit de boissons. Tous les deux vécurent alors riches et heureux.

– Exact, approuva l'ilkhan. C'est bien l'histoire que je connais. (Il y eut alors un second silence, plus long que le précédent.) Après quoi, s'adressant plus à lui-même qu'à nous, l'ilkhan résuma : Oui, l'ivrogne causa sa propre déchéance, et d'autres l'y aidèrent, si bien qu'il y sombra et tomba pour être remplacé par meilleur que lui. C'est une histoire légendaire… et fort salutaire.

Tout aussi sereinement, mon oncle ajouta :

– Tout comme est légendaire la patience du tigre dans la traque de sa proie.

Kaidu se secoua, comme s'il échappait à sa rêverie :

– Le tigre sait être clément autant que patient. Je l'ai déjà dit. C'est pourquoi je vais vous laisser aller en paix. Je vais même vous fournir une escorte, afin de vous prémunir des dangers de la route. Et vous, le prêtre, tout ce qui m'importe, c'est que vous réussissiez à convertir mon cousin Kubilaï et toute sa cour à votre religion qui amollit les cœurs. J'espère que vous y parviendrez. Je fais des vœux pour cela.

– Un signe de tête, s'exclama mon père, s'entend plus loin que le grondement du tonnerre. Vous avez bien agi, seigneur Kaidu, et l'écho en résonnera longtemps.

– Juste une petite chose, intervint l'ilkhan, revenant à un ton de sévérité. J'ai été prévenu par ma femme, dame ilkhatun qui est chrétienne et sait de quoi il retourne, que les prêtres chrétiens, ayant fait le vœu de pauvreté, ne possèdent aucun bien matériel de valeur. Par ailleurs, je suis informé que vous autres, messieurs, voyagez avec des chevaux lourdement chargés de trésors.

Mon père lança à mon oncle un coup d'œil soucieux.

– Ce ne sont que des babioles, seigneur Kaidu. Qui n'appartiennent à aucun prêtre, de surcroît, mais sont destinées à votre cousin Kubilaï. De simples témoignages d'allégeance de la part du shah de Perse et du sultan de l'Inde aryenne.

– Le sultan est mon vassal, trancha Kaidu. Il n'a pas le droit de disposer de biens qui m'appartiennent. Quant au shah, c'est le vassal de mon cousin l'ilkhan Abagha, qui n'est pas mon ami. Tout ce qu'il envoie ne peut être que de la contrebande, sujette à confiscation. Est-ce bien compris, *uu* ?

– Mais, seigneur Kaidu, nous avons promis de…

– Une promesse brisée n'est qu'un pot qui se casse. Le potier pourra toujours en couler un nouveau. Ne vous en faites pas pour vos promesses, *Ferenghi*. Faites juste venir ici vos montures demain à la même heure, que je voie lesquelles de ces babioles tentent ma fantaisie. Il se pourrait que je vous en laisse quelques-unes. Est-ce bien compris, *uu* ?

– Seigneur Kaidu…

– *Uu !* Est-ce bien compris ?

– Oui, seigneur Kaidu.

– Eh bien, puisque vous comprenez, alors obéissez !

Il se leva brusquement, mettant fin à l'audience.

Nous ressortîmes de la grande yourte après nous être inclinés, récupérâmes Narine à l'endroit où il nous avait attendus et revînmes sous la pluie et dans la boue, cette fois sans escorte, tandis que mon oncle disait à mon père :

– Ma foi, on ne s'en est pas si mal sortis, Nico, en unissant nos efforts. Très fine, en particulier, cette histoire de Dame Ling qui t'est revenue en mémoire. Je ne l'avais jamais entendue.

– Moi non plus, lâcha mon père, caustique. Mais les Han doivent sûrement en avoir d'aussi instructives dans leur immense fatras d'histoires.

J'ouvris la bouche pour la première fois :

– Tu as évoqué autre chose, papa, qui m'a donné une idée. Je vous rejoindrai à l'auberge.

Je me séparai d'eux pour aller retrouver mes hôtes mongols de la veille. Je sollicitai de leur part l'autorisation d'être introduit auprès de l'un de leurs armuriers, l'obtins et demandai à ce forgeron si je pouvais lui emprunter pour une journée l'une de ses feuilles de métal pas encore martelées. Il me trouva de fort bonne grâce une épaisse et large pièce de cuivre, mais assez fine, de sorte qu'elle bringuebalait, oscillait et vibrait, produisant un bruit semblable à l'écho d'un raclement sur le trajet de retour vers notre caravansérail. Mon père et mon oncle n'y prêtèrent aucune attention lorsque je l'introduisis dans notre chambre et la posai contre le mur, car ils étaient aux prises, une fois de plus :

– Tout cela à cause de ta soutane, affirmait mon père. Le fait de voir en toi un prêtre dépouillé de toute richesse l'a conduit à vouloir nous dépouiller des nôtres.

– Pas du tout ! répliqua mon oncle. Il aurait de toute façon trouvé une autre excuse, si celle-ci ne lui était pas venue à l'esprit. Ce qu'il nous faut faire, c'est lui offrir de nous-mêmes une part de notre magot, en espérant qu'il voudra bien négliger le reste.

– Eh bien..., fit mon père, absorbé dans une profonde réflexion, pourquoi ne pas lui offrir nos poches de musc ? Au moins, celles-ci nous appartiennent.

– Oh, allons, Nico ! À ce barbare qui suinte la sueur ? Le musc sert à parfumer délicatement. Autant lui offrir un sac rempli de fumée, pour l'usage qu'il en ferait !

Ils en restèrent là, mais je cessai d'écouter, car j'avais mon idée et je pris à part Narine pour lui expliquer le rôle qu'il aurait à y jouer.

Le jour suivant, alors que seule une petite bruine humectait doucement l'air, Narine chargea deux de nos trois chevaux de bât de nos coûteuses marchandises (que nous gardions, bien sûr, précieusement enfermées dans nos chambres durant notre séjour au caravansérail) et ficela par la même occasion ma feuille de cuivre sur l'un de nos chevaux, qu'il conduisit jusqu'au *bok* des Mongols. Dès que nous fûmes arrivés devant la yourte de Kaidu, il resta dehors pour décharger les offrandes et, tandis que les gardes de l'ilkhan les transportaient à l'intérieur, il s'occupa de les débarrasser de leur emballage protecteur.

– *Hui !* s'exclama Kaidu, alors qu'il commençait à inventorier les différents objets. Ces plateaux d'or gravés sont superbes ! Offerts par le shah Zaman, avez-vous dit, *uu* ?

– Oui, répondit fraîchement mon père.

Et mon oncle ajouta, d'une voix mélancolique :

– Un jeune garçon nommé Aziz les a un jour portés à ses pieds quand nous traversions les terres tremblantes...

Je sortis un mouchoir et y vidai bruyamment mon nez.

À cet instant, nous parvint du dehors un murmure grondant, comme un bourdonnement léger. L'ilkhan leva les yeux, surpris, et demanda :

– N'était-ce pas le tonnerre, *uu* ? Je pensais qu'il ne tombait qu'un vague crachin...

– Puissé-je informer le puissant seigneur Kaidu, dit l'un de ses gardes en s'inclinant profondément, que le ciel est gris et humide, mais qu'il n'y court aucun nuage orageux.

– Curieux, marmotta Kaidu, et il reposa au sol les plats dorés.

Il farfouilla parmi les multiples autres pièces qui s'accumulaient dans sa tente et, dénichant un élégant collier de rubis, s'exclama de nouveau : « *Hui !* » Il le tint pendu devant ses yeux pour l'admirer.

– L'ilkhatun vous en remerciera personnellement.

– Qu'elle aille en remercier le sultan Kubt-ud-Din, répliqua sobrement mon père.

Je me mouchai alors une seconde fois le nez. L'écho du tonnerre se fit à nouveau entendre du dehors, un peu plus accentué. L'ilkhan eut un sursaut tel qu'il en lâcha le pendentif de rubis. Sa bouche s'ouvrit sans proférer un son – mais articula un mot que je lus sur ses lèvres –, et il observa soudain à voix haute :

– Tiens, voilà que ça recommence ! Du tonnerre, alors qu'il n'y a dans le ciel aucun nuage d'orage… *Uu*… ?

Lorsqu'un troisième article frappa son œil cupide, un rouleau de fine étoffe du Cachemire, je lui laissai à peine le temps de s'écrier « *Hui !* » avant de souffler dans mon mouchoir, et le tonnerre émettant alors un grondement menaçant, il rejeta la main au loin comme si le tissu l'avait soudain brûlé puis, de nouveau, articula des lèvres le mot. Mon père et mon oncle me jetèrent de côté un regard soupçonneux.

– Pardonnez-moi, seigneur Kaidu, fis-je, l'air dépité. Je pense que ce temps menaçant m'a donné un coup de froid.

– Je vous le pardonne, lança-t-il avec désinvolture. Ah-ah ! Et cela, ne serait-ce pas l'un des ces fameux *qali* persans, *uu* ?

Mouchage. Véritable éclat de tonnerre vibrant. Sa main tressaillit, le mot déforma convulsivement ses lèvres, et il jeta un coup d'œil alarmé vers le ciel. Puis ses yeux, dont les fentes étroites s'étaient alors presque arrondies, errèrent sur nous, puis tout autour, et il jeta, éperdu :

– Je n'ai fait que me jouer de vous !

– Mon seigneur ? s'enquit oncle Matteo, dont les lèvres réprimaient maintenant un sourire naissant.

– Je jouais ! Je blaguais ! Je vous taquinais ! se justifia Kaidu, presque implorant. Il arrive au tigre de jouer avec sa proie, quand il n'est pas fâché. Et je ne le suis pas, moi, fâché ! Pas pour ce genre de camelote tapageuse… Je suis Kaidu, je possède donc d'innombrables *mou*[33] de terres, d'incalculables *li*[34] de la route de la soie, plus de

33. Mesure de surface de la Chine égale à 6 ares.
34. Mesure chinoise équivalant à 576 mètres.

cités que j'ai de cheveux sur la tête et plus de sujets que de grains de sable dans le désert de Gobi ! Pensez-vous vraiment que je manque de rubis, de plateaux dorés et de *qali* persans, *uu* ?

Il feignit un grand éclat de rire : « Ha, ha, ha, ha ! » qu'il redoubla encore d'intensité en frappant lourdement de ses gros poings ses genoux massifs.

– Mais je vous ai fait peur, hein ? Avouez ! J'ai bien joué le coup, à vous taquiner ainsi.

– Oh oui, vous nous avez vraiment retournés comme des crêpes, seigneur Kaidu ! admit mon oncle, faisant de son mieux pour dissimuler son intense jubilation.

– Et voilà qu'à présent le tonnerre a cessé, fit l'ilkhan toujours aux aguets. Gardes ! Remballez tout cet attirail et rechargez-le sur les chevaux de ces grands frères !

– Dame... nous vous remercions, seigneur Kaidu, fit mon père d'un ton éminemment révérencieux, tout en clignant de l'œil dans ma direction.

– Et tenez, voici l'oukase de mon cousin, ajouta l'ilkhan, pressant le rouleau dans la paume de mon oncle. Je vous le rends, prêtre. Reprenez vos personnes, votre religion et cette basse camelote, et emmenez-les à Kubilaï. Il collecte peut-être ce genre de colifichets, mais moi pas. Kaidu a autre chose à faire. Kaidu ne prend pas, il offre ! Deux des meilleurs guerriers de ma garde personnelle vous escorteront, vous et votre convoi, et vous conduiront où que vos pas vous mènent, en direction de l'Orient...

Je me glissai hors de la yourte tandis que les gardes commençaient à ressortir les marchandises dédaignées et rejoignis Narine du côté opposé, où il m'attendait, tenant à la main la feuille de métal et prêt à la faire vibrer de nouveau dès qu'il entendrait souffler mon nez. Je lui fis le signe utilisé à travers tout l'Orient pour signifier « mission accomplie », en lui montrant mon poing pouce levé, lui repris la plaque de cuivre et m'en allai au petit trot de par le *bok* la restituer à l'armurier, pour rentrer à la yourte au moment où les chevaux finissaient d'être chargés.

Kaidu se tenait à l'entrée de son pavillon, saluant de la main, et nous cria : « Un bon cheval, et une plaine ouverte sous vos pas ! » jusqu'à ce que nous soyons hors de portée de sa voix.

Mon oncle dit alors, en vénitien pour ne pas être compris des deux gardes mongols qui escortaient notre convoi :

– Nous avons vraiment fait merveille en unissant nos forces. Nico, tu avais inventé une bonne histoire. Marco, lui, nous a inventé un dieu du tonnerre !

Enlaçant de ses bras étendus mes épaules et celles de Narine, il nous étreignit tous deux d'une pression chaleureuse.

44

Nous étions alors allés si loin autour du monde, en des terres si mal connues, que notre *Kitab* ne nous était désormais plus de grande utilité. Il était évident que le cartographe Al-Idrîsî ne s'était pas aventuré jusque dans ces régions et n'avait rencontré personne qui l'eût fait, dont il aurait pu tirer des informations même de seconde main. Ses cartes situaient l'extrémité orientale de l'Asie beaucoup trop vite et trop près, au bord d'un vaste océan appelé mer de Kithai. Elles donnaient donc la fausse impression que Kachgar n'était pas très éloigné de notre destination finale, la capitale de Kubilaï, Khanbalik, alors que celle-ci est elle-même située à l'intérieur des terres par rapport à cet océan. Mais comme m'en avaient averti mon père et mon oncle et comme je le vérifiai avec force lassitude par moi-même, ce qui sépare Kachgar de Khanbalik, c'est une véritable moitié de continent, donc une distance incommensurablement plus vaste que tout ce qu'avait pu prévoir ou imaginer Al-Idrîsî. Pour atteindre notre but, il nous faudrait encore couvrir à peu près la même distance que *celle que nous avions déjà parcourue* depuis Suvediye, sur les rives du Levant, au bord de la Méditerranée.

Et qu'on la décompte en pas humains ou en nombre de journées de cheval, cette étendue reste la même ! Pourtant, ici à Kithai, toutes les distances *semblaient* plus longues, car elles n'étaient pas mesurées en *farsakh*, mais en *li*. Le *farsakh*, qui équivaut à environ quatre kilomètres, est une invention des Persans et des Arabes qui, ayant toujours été de lointains voyageurs, ont été habitués à penser en unités de mesure assez vastes. Mais le *li*, égal à moins de six cents mètres, est une création des Han, pour la plupart sédentaires. Le paysan han ne s'aventure en général guère de plus de quelques *li* au-delà de son village natal. Aussi, je suppose que cette unité représente pour lui une distance assez longue. Pour ma part, étant encore habitué à compter en *farsakh*, je me plus à m'imaginer, lorsque nous quittions Kachgar, qu'il nous en restait entre huit et neuf cents à franchir pour atteindre Khanbalik. Mais, lorsque je me mis à calculer en *li*, leur nombre me parut effroyable : pas moins de six mille *li* nous séparaient encore de la cité de Kubilaï ! Si je n'avais pas eu une représentation suffisamment parlante de la taille de l'Empire mongol, je commençais, en constatant l'immensité de sa seule région centrale de Kithai, à en avoir une idée plus claire.

Deux cérémonies accompagnèrent notre départ de Kachgar. Nos éclaireurs mongols insistèrent pour que nos chevaux (nous avions maintenant six montures et trois bêtes de bât) subissent un certain rituel de protection contre les *azghun* de la piste. Ce mot désigne les « voix du désert », que je réussis à cerner comme de grotesques lutins infestant les solitudes sauvages. Les guerriers firent donc venir de leur *bok* un homme qu'ils appelaient leur *shaman* – un prêtre, selon eux, mais nous l'aurions plutôt qualifié de sorcier. Ce *shaman* peinturluré aux yeux fous, qui ressemblait fort à un *azghun* lui-même, marmonna quelques incantations et versa quelques gouttes de sang sur la tête de nos chevaux, après quoi il décréta qu'ils étaient protégés. Il offrit de faire subir le même traitement aux incroyants que nous étions, mais nous déclinâmes poliment la proposition au prétexte que nous étions déjà sous les auspices du prêtre qui nous accompagnait.

L'autre cérémonie fut le calcul de notre note d'hôtel avec le tenancier du caravansérail, qui prit bien plus de temps et occasionna bien plus d'embarras encore que la sorcellerie qui avait précédé. Mon père et mon oncle ne se contentèrent pas d'accepter de régler la note présentée par l'aubergiste, mais chicanèrent avec lui sur chacun de ses éléments les plus infinitésimaux. C'est que l'addition incluait tout ce que notre séjour avait englobé : l'espace que nous avions occupé dans l'auberge et celui que nos bêtes avaient monopolisé dans l'écurie, la quantité de nourriture que nous avions consommée, celle des grains digérés par nos chevaux, les portions d'eau qu'eux et nous avions absorbées, plus les *cha* qui avaient coulé dans nos estomacs, le *kara* qu'il avait fallu brûler pour notre confort, la quantité de lumière que nous avions utilisée et la dose d'huile nécessaire pour maintenir les lampes allumées… Bref, tout sauf l'air que nous avions respiré. Tandis que la discussion s'échauffait, le cuisinier en chef, qui se présenta sous l'appellation pompeuse de gouverneur des bouilloires, s'y mêla, bientôt rejoint par le régisseur des tables – le garçon de restaurant qui nous avait servi les plats –, et tous deux commencèrent à vociférer pour y additionner le nombre de pas qu'il leur avait fallu marcher, les poids qu'ils avaient dû transporter ainsi que la quantité d'efficacité, de sueur et de génie qu'ils avaient dépensée à notre intention…

Je ne tardai cependant pas à me rendre compte que, loin d'être un concours de vol caractérisé de la part du tenancier, simplement calculé pour nous outrager, c'était simplement une très traditionnelle formalité – une autre coutume héritée de la complexité du comportement des Han, une cérémonie si appréciée à la fois par le débiteur et le créancier qu'ils pouvaient la prolonger des heures. On développait d'éloquents arguments, mêlés d'abus de mauvaise foi mutuels ponctués de moult réconciliations successives, avant de finalement tomber d'accord sur le règlement de la note, meilleurs amis que jamais. Lorsque nous nous éloignâmes enfin de l'auberge, le tenancier, le gouverneur des bouilloires et le régisseur des tables ainsi que tous les autres domestiques se tenaient debout à la porte, nous disaient au revoir et nous souhaitaient bonne route à la façon des Han : « *Man zou* », ce qui signifie : « Ne nous quittez que si vous le devez vraiment. »

La route de la soie se divise en deux branches à l'est de Kachgar, car tout droit dans cette direction s'étend un désert sec et pelé à vous faire dresser les cheveux sur la tête, telle une plaine couverte de débris de poterie jaunes. Un désert grand comme une nation entière, dont le nom suffit à lui seul à donner une bonne raison de l'éviter. Il s'appelle en effet Takla Makan, qui peut se traduire par : « une fois dedans, point de sortie ». Un aller sans retour. De sorte que le voyageur qui emprunte la route de la soie a le choix, pour contourner le désert, entre la branche septentrionale et la branche méridionale, que nous empruntâmes pour notre part. La route nous mena ainsi tout le long d'une chaîne d'oasis et de petits villages agricoles, distants d'environ une journée de voyage. Nous gardions toujours à notre gauche les sables fauves du Takla Makan, et à notre droite la chaîne coiffée de neige des montagnes Kunlun, derrière laquelle s'élevaient les hauts plateaux du Tibet, le To-Bhot.

Bien que nous suivions à distance le désert le long de ses bords verdoyants et irrigués, nous étions au cœur de l'été et devions endurer la lourde chaleur qui en émanait. Les seules journées vraiment supportables étaient donc celles où le vent descendait des montagnes enneigées. La plupart du temps, il n'y avait pas de vent, mais nous n'en étions pas tranquilles pour autant, car alors le feu qui couvait dans le désert proche faisait trembler à nos yeux l'air environnant. Le soleil devait être un instrument contondant, un gourdin de cuivre assommant l'air au point qu'il semblait hurler de chaleur. Et quand, occasionnellement, se levait un vent du désert, il amenait le désert avec lui. Alors, le Takla Makan se redressait comme pour en finir, s'étirant en mouvantes tours jaune pâle de plus en plus sombres et lourdes, qui fondaient sur vous pour vous engloutir, transformant le plein midi en une oppressante obscurité, bouillonnant vicieusement et vous piquant la peau telles des épines de genêt qui vous auraient fouetté.

La poussière brun foncé du Takla Makan, couleur pelage de lion, est connue dans tout le Kithai, même des gens qui, n'ayant jamais voyagé, soupçonnent à peine l'existence de ce désert. Sa poussière froufroute à travers les rues de Khanbalik, pourtant distante de milliers de *li*, et poudre les jardins de Xan-du. Toujours plus loin, elle couvre d'écume les eaux lacustres de Hang-zho, et elle est maudite, dans toutes les villes de Kithai où j'ai résidé, par les ménagères exigeantes sur la propreté. Une fois, alors que je naviguais au large dans la mer de Kithai, donc fort loin du rivage, je trouvai sur le pont une couche de cette même poussière. Le visiteur de ce pays aura beau avoir oublié tout ce qu'il a pu voir et expérimenter ici, il continuera éternellement de sentir cette poussière jaune pâle retomber sur lui, comme désireuse qu'il se rappelle à jamais avoir foulé un jour cette terre couleur de lion.

Le *buran*, nom que donnent les Mongols à cette tempête de sable venue du Takla Makan, a un curieux effet que je n'ai jamais rencontré ailleurs. Durant tout le temps qu'un *buran* nous secouait, et longtemps après que son souffle se fût calmé, nos cheveux restaient dressés sur nos têtes de façon assez fantastique, les poils de nos barbes se hérissaient telles des plumes, et nos vêtements raidis craquaient comme s'ils étaient en papier épais. Et si l'on touchait quelqu'un par inadvertance, on pouvait distinguer une étincelle et l'on ressentait une petite secousse, un peu comme lorsqu'on brosse d'un geste vif la fourrure d'un chat.

Par ailleurs, le passage d'un *buran*, tel celui d'un balai céleste, laissait l'air nocturne d'une pureté et d'une netteté immaculées. Les étoiles rejaillissaient en myriades et, de façon incroyable, plus nombreuses que j'ai jamais pu les voir ailleurs. La plus infime d'entre elles se mettait à briller telle une gemme, et nos grosses étoiles les plus familières semblaient être devenues globuleuses comme de vraies petites lunes. La lune proprement dite, même lorsqu'elle se trouvait dans sa phase nouvelle, alors que seul un fragile croissant de sa surface est encore illuminé tel un ongle étincelant, était pourtant visible dans toute sa rotondité, comme un disque de bronze délicatement bercé entre des bras d'argent.

Au cours de telles nuits, si l'on portait ses regards du côté du Takla Makan depuis notre lieu de campement, on y décelait d'encore plus étranges lueurs, petites lumières bleuâtres qui dansaient, plongeaient et scintillaient à la surface du désert, parfois juste par une ou deux, l'instant d'après se multipliant en un véritable essaim. On aurait pu croire qu'il s'agissait des flammes de chandelles portées par les membres d'une caravane éloignée, mais nous savions que ce n'était pas le cas. Trop bleues pour être celles d'un feu, elles s'allumaient et s'éteignaient trop brutalement pour être dues à des mains humaines, et leur présence, comme le *buran*, avait le don d'affoler désagréablement nos cheveux et nos barbes. Tout le monde savait, de surcroît, qu'aucun être humain n'avait jamais traversé ni campé dans le Takla Makan. Pas d'êtres humains vivants, en tout cas. Probablement pas.

La première fois que j'aperçus ces lumières, j'allai m'enquérir auprès de nos deux éclaireurs de ce qu'elles pouvaient bien être. Le Mongol nommé Ussu me répondit d'une voix feutrée :

– Ce sont les perles du ciel, *Ferenghi*.

– Mais qu'est-ce qui les produit ?

L'autre, nommé Donduk, jeta d'un ton cassant :

– Ne fais plus un bruit et écoute, *Ferenghi*.

Je m'exécutai et, même de l'endroit distant du désert où nous nous trouvions, je distinguai de faibles soupirs, des sanglots, des murmures même, comme si de légers vents nocturnes soufflaient par intermittence. Mais il n'y avait pas un souffle.

– Ce sont les *azghun*, *Ferenghi*, m'expliqua Ussu. Les perles vont toujours de pair avec les voix.

– Plus d'un voyageur inexpérimenté, ajouta Donduk d'un ton empreint de superstition, a vu les lumières et entendu les pleurs, et, croyant qu'un de ses compagnons était en difficulté, est parti pour chercher à l'aider, a été entraîné au loin et a disparu pour ne jamais reparaître. Tels sont les *azghun*, les voix du désert et les mystérieuses perles du ciel. D'où le nom du désert : « une fois dedans, point de sortie ».

J'aimerais pouvoir proclamer que j'ai pu deviner la cause de ces manifestations ou en donner au moins une explication plus sérieuse que celle de lutins malfaisants, mais j'en ai été incapable. Je savais que les *azghun* et les lumières n'étaient visibles qu'après le passage d'un *buran* et que ce phénomène n'était rien d'autre qu'une puissante masse de sable sec soulevée dans un vent tournoyant. Je m'interrogeais donc : le frottement qui en résultait pouvait-il avoir quelque chose de commun avec la friction d'une fourrure de chat ? Mais, dans ce désert, les grains de sable ne pouvaient se frotter que contre eux-mêmes…

Déconcerté par ce mystère, je détournai mon esprit vers un autre, plus mince mais sans doute plus accessible. Pourquoi Ussu et Donduk, quoique connaissant nos noms et n'ayant pas de difficulté à les dire, s'adressaient-ils à nous sous l'unique vocable de *Ferenghi* ? Ussu prononçait le mot de façon plutôt aimable, il semblait apprécier ce voyage avec nous, qui le changeait de la monotonie et de la routine de garnison, dans le *bok* de Kaidu. Donduk, en revanche, n'articulait le mot qu'avec un rejet ostensible, appréhendant ce périple un peu à la façon d'une nounou dévouée forcée d'accorder son attention à des personnes qui, au fond, n'en étaient pas dignes. J'aimais assez Ussu et n'estimais guère Donduk. Cependant, comme ils étaient toujours ensemble, je leur demandai à tous deux :

– Pourquoi toujours « *Ferenghi* » ?

– Parce que c'est ce que *vous êtes* ! rétorqua Ussu l'air interloqué, comme si j'avais posé une question stupide.

– Mais vous nommez aussi mon père *Ferenghi*. Et mon oncle.

– Ne sont-ils pas tous deux *Ferenghi* ? maintint Ussu.

– En revanche, vous appelez bien Narine par son nom. Est-ce parce qu'il est esclave ?

– Non, intervint Donduk d'un ton méprisant. Parce qu'il n'est pas *Ferenghi*.

– Grands frères, persistai-je, je suis en train d'essayer de comprendre ce que signifie *Ferenghi*.

– *Ferenghi* veut dire *Ferenghi,* cracha Donduk, lançant la main en l'air avec dégoût, ce que je fis moi aussi.

Mais je finis par percer ce mystère à jour : *Ferenghi* était le résultat de leur déformation du mot « Franc » que leurs ancêtres avaient dû entendre huit siècles plus tôt, aux premiers temps des royaumes barbares, dont celui des Francs. Les Mongols s'appelaient alors Bulgars et Hiung-nu, ou Huns, et ils envahissaient l'Ouest où ils allaient laisser des traces : la Bulgarie et la Hongrie d'aujourd'hui dérivent de leurs noms. Depuis ce temps-là, apparemment, les Mongols avaient gardé l'habitude de dénommer tout Occidental *Ferenghi,* et ce quelle que fût sa nationalité. Au fond, ce n'était guère plus erroné que de désigner tous les Mongols par ce nom, alors qu'ils étaient eux-mêmes d'origines si diverses.

Ussu et Donduk me racontèrent, par exemple, comment leurs cousins kirghizes avaient vu le jour. Leur nom dérivait des deux mots mongols « *kirk kiz* », qui signifient « quarante vierges », parce que, à une époque très reculée, quelque curieuse que puisse paraître cette affirmation à nos yeux contemporains, vivaient dans un lieu solitaire ces quarante femelles vierges. Il advint que toutes furent fécondées par l'écume flottant sur la surface d'un lac enchanté et qu'il en résulta une grande quantité de naissances, dont le peuple kirghize est issu. C'était plutôt intéressant, mais le détail suivant que me donnèrent Ussu et Donduk sur ce peuple me passionna encore davantage. Ces gens vivaient dans la région perpétuellement gelée du Sibir, très loin au nord de Kithai, et, par la force des choses, ils avaient inventé deux méthodes ingénieuses pour s'adapter à la vie sur ces terres éminemment inhospitalières. Ils fixaient aux semelles de leurs bottes des morceaux d'os polis avec soin, sur lesquels ils pouvaient glisser vite et longtemps sur les eaux gelées. En guise de variante, ils avaient attaché à leurs pieds de longues planches de bois aplaties, comme celles utilisées pour faire les tonneaux, afin de se déplacer avec légèreté sur les surfaces neigeuses.

Le village de fermes suivant sur notre parcours était peuplé d'une autre race de Mongols encore. Certaines communautés, sur ce tronçon de la route de la soie, étaient peuplées d'Ouïghours, ces nationalités « alliées » aux Mongols, quand d'autres l'étaient de Han, or Ussu et Donduk n'avaient jamais fait le moindre commentaire à leur sujet. Mais lorsque nous arrivâmes dans ce village, ils nous indiquèrent qu'il était peuplé de Mongols kalmouks et crachèrent d'un air dégoûté en prononçant ce nom, tout en s'exclamant : « Kalmouks ! *Vakh !* », interjection qui exprime chez les Mongols la répulsion universelle. De fait, ces Kalmouks étaient passablement écœurants, il faut bien en convenir. Jamais, à part peut-être en Inde, je n'ai vu créatures humaines plus repoussantes. Pour ne citer qu'un aspect de leur crasseuse négligence, laissez-moi vous donner ce détail : non seulement ils ne se lavaient jamais le corps, mais ils n'ôtaient même jamais leurs vêtements, que ce fût le jour ou la nuit. Quand l'un de leurs habits devenait trop abîmé pour remplir son office, plutôt que de l'enlever et de le jeter, ils en enfilaient simplement un nouveau par-dessus et continuaient ainsi à porter couche sur couche leurs innommables haillons, jusqu'à ce que les plus anciens pourrissent graduellement et finissent par se détacher pour tomber par l'entre-jambe, telles d'infectes plaques de peau morte. Leur puanteur, insupportable, défie la description.

Mais ce nom de Kalmouk, je l'appris bientôt, ne désigne ni une tribu ni une nation. C'est juste le mot mongol qui désigne une personne sédentaire, qui s'installe à un endroit pour n'en plus bouger. Tous les Mongols étant par essence des nomades, ils ont le plus profond dédain pour tous ceux de leur race qui cessent d'errer et prennent racine quelque part. De l'opinion générale, tout Mongol qui devient Kalmouk est voué à la dégénérescence et à la dépravation. Et si les Kalmouks que je vis et sentis là en étaient un exemple représentatif, alors je comprends fort bien le mépris dans lequel on pouvait les tenir. Il me revint en mémoire la façon pour le moins légère dont l'ilkhan Kaidu avait affirmé, en parlant du khakhan Kubilaï, qu'il était devenu « moins qu'un Kalmouk ». *Vakh !* pensai-je. Si je le découvre ainsi, je rebrousserai chemin et rentrerai directement à Venise.

Quoi qu'il en soit, bien que je sache que le mot « Mongol » désignait une très large multiplicité d'ethnies, je trouvai pratique de continuer à l'utiliser pour qualifier l'ensemble. Je compris assez vite que, de la même façon, les premiers habitants de Kithai étaient loin d'être tous des Han. Ils se décomposaient en fait en nationalités telles que les Yi, les Hui, les Naxi, les Hezhe, les Miao, et Dieu sait combien d'autres encore, dont la couleur de peau allait du bronze à l'ivoire. Pourtant, comme pour les Mongols, je conservai le mot han comme terme générique pour les englober dans leur totalité. J'avais une bonne raison à cela : tous leurs langages, peu ou prou, sonnaient à mes oreilles de la même façon. Une autre, également : tous semblaient regarder les autres races comme inférieures, les surnommant dans leurs diverses langues les « peuples de chiens ». Et une dernière, enfin : ils affublaient tous les étrangers d'un nom encore moins mérité que le fameux *Ferenghi.* Dans tous leurs dialectes chantants, quels qu'ils soient, en effet, un homme venu d'ailleurs est forcément gratifié du charmant qualificatif de « barbare ».

Plus nous cheminions vers l'est sur la route de la soie, plus elle était encombrée : groupes et convois de marchands itinérants comme le nôtre, paysans, éleveurs ou artisans allant vendre leurs produits au marché de la ville la plus proche, familles et clans de Mongols se déplaçant par *bok* entiers. Je me rappelais que le commis de notre compagnie Polo, Isidoro Priuli, avait fait remarquer avant que je quitte Venise combien cette route de la soie avait été une voie publique active depuis la nuit des temps, et, dame, je commençais à me rendre compte à quel point il avait raison. Au fil des ans, des siècles voire des millénaires, le trafic sur cet axe l'avait érodé au point de l'encaisser peu à peu jusqu'à une certaine profondeur par rapport à la surface environnante. C'était devenu par endroits un large fossé, si encaissé même que le paysan debout dans son champ, sur les côtés, ne voyait dépasser que la pointe du fouet d'un charretier debout sur la croupe de sa bête, rien de plus. Au fond de cette entaille, les roues des chariots avaient creusé de telles ornières que ceux-ci n'avaient plus d'autre solution que de les suivre aveuglément. Tout risque de renversement des véhicules était de la sorte écarté, mais aucun conducteur de chariot ne pouvait le pousser de côté lorsqu'il avait besoin, par exemple, de prendre un peu de repos. Pour changer de direction sur cette route – disons, pour bifurquer à destination de l'un des villages environnants –, tout cocher devait forcément poursuivre sa route jusqu'à ce qu'il atteigne un carrefour où les traces permettraient la jonction avec des ornières divergentes.

Les chariots utilisés dans cette région de Kithai étaient d'un genre particulier. Leurs immenses roues aux jantes noueuses s'élevaient si haut qu'elles dépassaient fréquemment leur toit de bois ou de nattes tressées. Peut-être avait-il fallu, au fil du temps, les agrandir pour les adapter à la profondeur des ornières, de façon que les essieux qui les reliaient ne frottent pas sur la partie de sol située entre elles. Chacune de ces carrioles avait aussi sur l'avant un auvent protecteur tendu sur de longues perches, destiné à abriter des intempéries à la fois le cocher et les attelages de chevaux, de bœufs ou d'ânes qu'il dirigeait.

J'avais souvent entendu louer l'astuce et l'inventivité des habitants de Kithai, mais j'avais à présent lieu de me poser des questions : ces qualités n'avaient-elles pas été un tantinet exagérées ? Le fait qu'un auvent protégeât les équipages et leur cocher d'un même tenant était certes une bien belle invention. Mais chaque chariot était aussi contraint de transporter plusieurs jeux d'essieux de tailles différentes pour ses roues. Ceci parce que, tout simplement, chaque province de Kithai avait son idée personnelle sur la dimension idéale à ménager entre les roues, écart que, bien entendu, les chariots de la région avaient depuis longtemps imprimé sur les routes locales. Ce qui fait que si, par exemple, la distance entre ornières était large sur le tronçon de la route de la soie qui traversait le Sin-kiang, elle pouvait être étroite dans la province de Tsing-hai, puis à nouveau élargie, mais pas autant, dans le Ho-nan, et ainsi de suite. Un charretier suivant la route de la soie sur une certaine distance était donc contraint de s'arrêter aussi souvent que nécessaire pour changer laborieusement ses essieux, avec le temps perdu qu'on imagine.

Toutes les bêtes de trait étaient équipées d'un petit sac à excréments harnaché à leur croupe, afin de recueillir les précieuses déjections au fil de la route. Non qu'il fût ici question de maintenir une certaine propreté sur l'axe général, ni d'épargner aux usagers arrivant derrière un désagrément quelconque. Nous avions quitté la région où la roche *kara* abondait et où il suffisait de s'en procurer pour se chauffer, et, désormais, tout charretier préservait tel un véritable trésor les crottins de ses bêtes afin d'alimenter les feux de camp sur lesquels il ferait griller son mouton, cuire son *miàn* ou bouillir son *cha*.

Nous vîmes de nombreux troupeaux de moutons emmenés soit au marché, soit au pré, eux aussi équipés de harnais postérieurs à usage particulier. Ils faisaient partie de cette race à queue grasse si fréquente en Orient, mais jamais je n'avais encore vu de spécimens aux appendices aussi volumineux. La queue d'un de ces moutons pesant au bas mot cinq ou six kilos, soit environ un dixième du poids total de l'animal, elle constitue pour lui un véritable fardeau, mais cette partie de son corps est considérée comme la plus succulente à déguster. Aussi chaque mouton est-il équipé d'un léger harnais de corde relié à une petite planchette sur laquelle est posée sa queue, afin de lui éviter durant sa marche de se meurtrir ou de se salir inutilement. Nous vîmes aussi de nombreux troupeaux de porcs, pour lesquels, à mon sens, il eût fallu appliquer la même technique. Car les porcs de Kithai sont également d'une race particulière au corps très long, ce qui fait que, d'une part, ils ondulent ridiculement de l'arrière-train, mais que, d'autre part, leur ventre proéminent traîne presque par terre. De sorte que des roues ventrales, par exemple, eussent sans doute constitué de judicieuses améliorations.

Nos guides, Ussu et Donduk, considéraient bien entendu avec le plus grand mépris ce fatras de véhicules poussifs et de troupeaux non moins laborieux qui encombraient perpétuellement la route. En tant que Mongols, ils pensaient que tout homme à cheval doit nécessairement se voir offrir un droit de passage prioritaire. Ils grommelaient que le khakhan Kubilaï n'avait pas tenu la promesse qu'il avait faite quelque temps auparavant de faire niveler tout creux des plaines de Kithai, de façon que tout cavalier puisse chevaucher à travers le pays, même par la nuit la plus noire, sans craindre que sa monture ne culbute. Nos chevaux de bât les retardaient donc énormément, ce qui avait le don de les agacer au plus haut point, frustrés qu'ils étaient de devoir procéder au pas au lieu de se lancer au galop tout du long. Ainsi avaient-ils besoin, de temps à autre, de se libérer de la pression de cette harassante lenteur du voyage.

Un soir que nous campions au bord de la route et non dans un caravansérail, Ussu et Donduk achetèrent à un conducteur de bestiaux du voisinage un mouton à queue grasse et un peu de ce fromage de brebis pâteux. (Je devrais plutôt dire qu'ils se les *procurèrent*, car je doute qu'ils aient daigné payer quoi que ce fût à des fermiers han.) Donduk décrocha sa hache de bataille, trancha le harnais de queue de l'animal et, presque du même élan, lui coupa la tête. Lui et Ussu bondirent sur leurs chevaux, et l'un d'eux se pencha pour attraper par la queue le corps du mouton encore agité de convulsions. Après quoi ils entamèrent avec sa carcasse ensanglantée une partie endiablée de *bouskashia*. Dans une cavalcade au bruit de tonnerre, ils firent entre notre campement et celui des bergers force allers et retours en s'arrachant violemment l'un l'autre ce trophée animal, le faisant tournoyer comme une fronde, le laissant échapper fréquemment, le piétinant de leurs sabots. Lequel des deux l'emporta finalement, et comment ils le décidèrent, je l'ignore, mais ils finirent par s'en épuiser et laissèrent tomber à nos pieds la chose molle et sanguinolente, couverte de poussière et de feuilles mortes.

– Pour le repas de ce soir, lâcha Ussu. Bon et tendre à souhait, *uu* ?

À ma relative surprise, Donduk et lui se portèrent volontaires pour dépecer l'animal puis découper et faire cuire sa viande eux-mêmes. Il semble que les Mongols ne dédaignent pas de se charger des tâches ordinairement dévolues aux femmes lorsqu'ils s'en trouvent privés. Le repas qu'ils nous préparèrent fut mémorable, et pas par son raffinement. Ils commencèrent par récupérer la tête tranchée du mouton, qui fut mise à crépiter sur le feu avec le reste de l'animal. Un mouton de cette taille aurait suffi à rassasier une famille entière de gros appétits, mais à eux trois et presque sans notre aide, Ussu, Donduk et Narine le dévorèrent en entier, du museau jusqu'à la queue. La façon dont ils consommèrent la tête de l'animal fut particulièrement éprouvante, tant à regarder qu'à entendre. Quoi de plus appétissant, en effet, que de voir l'un de ces gourmets en trancher une joue, un autre une oreille, le troisième une lèvre, puis de les regarder tremper complaisamment ces horribles fragments dans un bol de jus de cette viande parfumé au piment, avant de se mettre à les mâchouiller, à grands renforts de coups de langue baveux et de déglutitions gargouillantes, ponctués de rots sonores et de pets huileux ! Car si les Mongols considèrent qu'il est de la dernière mauvaise éducation de parler en mangeant, cette succession de bruits courtois accompagna sans discontinuer leur repas, jusqu'à ce que, parvenus aux os, ils y ajoutent l'élégant bruit de l'aspiration de la moelle.

Nous autres Polo nous contentâmes de la viande coupée en tranches des testicules du mouton qui, bien écrasés lors de la *bouskashia*, étaient tendres à souhait. Ou du moins nous eussions préféré nous en satisfaire, mais Ussu et Donduk nous découpèrent et nous pressèrent de déguster les vrais morceaux de choix, ceux de la queue. C'est-à-dire en l'occurrence des blocs de graisse d'un blanc jaunâtre, lesquels frémissaient et tremblaient à nos doigts de la façon la plus répugnante, mais qu'il nous était difficile de refuser de consommer sans faire preuve d'une grave impolitesse. Nous fîmes donc en sorte de les avaler tout rond, et je ressens encore l'horrible descente de ces morceaux gras, crus et palpitants vers le fond de ma gorge. Au terme de l'éprouvante première bouchée, je tentai de me purifier le palais en avalant une bonne goulée de *cha* et manquai m'étrangler. Je ne découvris que trop tard qu'après avoir fait infuser les feuilles de *cha* dans l'eau bouillante, Ussu ne s'en était pas tenu là, comme un cuisinier civilisé, mais avait mélangé à la boisson des morceaux bien gras de chair de mouton et un peu de fromage de brebis. Ce thé mongol constituerait, je suppose, à lui seul un repas très nourrissant, mais il est aussi purement et simplement révoltant.

Heureusement, nous dégustâmes d'autres plats, sur la route de la soie, plus agréables au souvenir. À présent que nous avions bien avancé à l'intérieur de Kithai, les tenanciers han et ouïghours des caravansérails où nous faisions halte ne limitaient pas leurs clients aux seuls plats qu'un musulman peut manger. Nous avions donc droit à une palette de viandes fort variées, dont celle de l'*illik*, une espèce de minuscule chevreuil qui aboie comme un chien, et celle d'un irrésistible faisan à plumes dorées. On pouvait aussi consommer des steaks de yack et même la viande d'ours noirs ou bruns qui abondaient dans cette région. Quand nous campions dehors, oncle Matteo et les deux Mongols veillaient à nous pourvoir largement en gibier : ils abattaient ainsi des canards, des oies et des lapins, en une occasion même une gazelle du désert, mais, la plupart du temps, ils cherchaient à tuer des marmottes (aussi appelées écureuils de terriers ou encore chiens de prairie), car ces petites créatures ont l'intelligence de fournir elles-mêmes de quoi les passer à la casserole. Tout chasseur sait bien, en effet, qu'en l'absence de *kara*, de bois ou de toute déjection animale pour alimenter un feu, il lui suffit de dénicher des trous de marmottes. Même en zone aride et presque dépourvue de végétation, elles se débrouillent toujours pour couvrir leur terrier d'un toit protecteur fait de brindilles entrelacées et d'herbe sèche qui brûlent aisément.

Les animaux sauvages ne manquaient pas dans ces contrées, intéressants à observer même s'ils n'étaient pas comestibles. Il y avait là, par exemple, des vautours noirs aux ailes si vastes qu'elles atteignaient trois pas d'envergure, et un serpent à l'aspect si proche du métal jaune que j'aurais juré qu'il était d'or fondu. Averti de la malignité de son venin, je me gardai d'aller l'attraper pour vérifier. Il y avait un petit animal nommé *yerbò*, apparenté à la souris mais muni de pattes postérieures et d'une queue à la longueur extravagante, appendices sur lesquels il se tenait presque debout, et un chat sauvage d'une beauté incroyable appelé *palang*, que j'eus l'occasion de voir se régaler d'un âne sauvage qu'il avait tué, et dont la robe pas seulement jaune, mais aussi gris argenté et parsemée de rosettes noires, me fit penser au léopard héraldique.

Les Mongols m'enseignèrent aussi à cueillir diverses plantes sauvages susceptibles de nous servir de légumes d'accompagnement pour nos plats. Les oignons sauvages, par exemple, qui s'harmonisent si bien avec la venaison. Il y avait une mauvaise herbe nommée « herbe à cheveux » qui, en effet, ressemblait à s'y méprendre à une touffe noire de cheveux humains. Bien que ni son nom ni son aspect ne fussent fort appétissants, une fois bouillie et assaisonnée d'un peu de vinaigre, elle constituait un condiment délicat. Une autre curiosité était ce qu'ils appelaient l'« agneau végétal ». Ils soutenaient que c'était bel et bien une créature hybride issue du croisement entre un animal et une plante, et estimaient sa chair supérieure à celle de l'agneau véritable. Son goût n'avait en effet rien de désagréable, il est vrai, mais il ne s'agissait que de la racine fibreuse d'une certaine fougère.

La nouveauté la plus délicieuse que je découvris à ce stade de notre voyage fut ce merveilleux melon appelé *hami*. Même la méthode employée pour le faire pousser avait pour moi quelque chose d'original. Dès que les branches commençaient à former leurs bourgeons, les producteurs de melons pavaient le champ tout entier de plaques d'ardoise sur lesquelles ils reposaient. Au lieu de recevoir la lumière du soleil uniquement par le dessus, ces plaques réfléchissaient sa chaleur de façon que ces melons mûrissent uniformément de tous les côtés à la fois. Le *hami* avait une chair vert pâle, laquelle était si croustillante qu'elle craquait quand on y mordait, tout en ruisselant d'un jus frais et désaltérant, au goût *juste* assez sucré pour ne pas être écœurant. Le *hami* avait un arôme et un parfum différents de tous les autres fruits, et il était presque aussi bon lorsqu'on le faisait sécher en flocons pour nos rations de voyage. De toutes celles que j'ai pu goûter, aucune plante sucrée de jardin ne l'a jamais surpassé.

Après deux ou trois semaines de voyage, la route de la soie obliqua pour peu de temps au nord. Ce fut la seule fois qu'elle toucha le Takla Makan, coupant un tronçon très réduit de son extrémité orientale, pour piquer ensuite vers l'est en direction d'une cité nommée Dunhuang. Ce bref crochet septentrional nous conduisit dans une passe qui serpentait au milieu de montagnes basses – en fait, de hautes dunes de sable – appelées les collines de Flamme.

Il y a à Kithai une légende pour chaque lieu. Selon ce qu'on racontait ici, ces collines, jadis verdoyantes et couvertes d'une forêt luxuriante, furent incendiées par quelque malicieux *kwei*, un démon local. Un dieu singe passa par là et éteignit gentiment les flammes de son souffle, mais il n'en resta rien d'autre que ces collines de sable, encore rougeoyantes de braises. C'est du moins ce que prétend la légende. J'inclinerais pour ma part à penser qu'elles tiennent leur nom de la couleur ocre brûlé de leurs sables et des vents qui les balaient, y sculptant des plis et des ridules de forme tourmentée qui rappellent des flammèches. De plus, le rideau de chaleur vibrante dans lequel elles baignent en été leur confère un aspect chatoyant. Le soir venu, au coucher du soleil, elles irradient une teinte rouge orangé étincelante. Mais le plus curieux est sans doute la découverte que firent Ussu et Donduk au pied de l'une de ces dunes. Je crus, dans un premier temps, qu'il s'agissait de très grosses pierres d'une forme ovale presque parfaite, lisses au toucher et de la taille de melons *hami*, mais Donduk n'en démordit pas :

– Ce sont les œufs abandonnés d'un oiseau *Rukh* géant. On trouve ainsi leurs nids tout au long des collines de Flamme.

En ayant saisi un, je me rendis compte qu'il était en effet trop léger pour être une pierre et, quand je l'examinai, je vis qu'il possédait une surface poreuse comme celle des œufs de poule, de canard et de n'importe quel autre volatile. Ces objets étaient bien des œufs, d'accord, et bien plus volumineux que ceux de l'oiseau-chameau que j'avais vu sur les marchés de Perse. Je me demandai quelle sorte de *fortagiona*, ou d'omelette, ils donneraient si je les brisais et brouillais leur contenu avant de le faire frire pour notre repas du soir.

– Ces collines de Flamme, insistait Ussu, doivent avoir été en des temps reculés un lieu de nidification apprécié des oiseaux *Rukh*, n'est-ce pas, *Ferenghi*, *uu* ?

– En des temps *très* reculés, alors, suggérai-je.

Car je venais de tenter de briser l'un des œufs, et, bien qu'il n'eût pas le poids d'une pierre, il s'était pétrifié depuis des temps immémoriaux jusqu'à en acquérir la solidité. Ces œufs n'étaient par conséquent pas plus susceptibles d'être consommés que d'éclore un jour. Par ailleurs, ils n'étaient pas assez faciles à manier pour que je puisse en emporter un exemplaire à titre de curiosité. Il s'agissait très certainement d'œufs, et d'une taille telle que seul un oiseau gigantesque avait pu les pondre. Mais avaient-ils vraiment été laissés là par un *Rukh*, je ne saurais le dire.

45

Dunhuang était une ville de commerce prospère et florissante, aussi grande et populeuse que Kachgar, sise dans un bassin sableux encerclé de falaises rocailleuses couleur chameau. Mais si les auberges de Kachgar étaient prévues pour accommoder des voyageurs musulmans, celles de Dunhuang possédaient tout ce qu'il fallait pour contenter le goût et les coutumes bouddhistes. La ville avait en effet été fondée, quelque neuf siècles plus tôt, par un marchand de confession bouddhiste qui avait été assailli, quelque part aux environs de la route de la soie, par des bandits, les voix des *azghun* ou un quelconque démon *kwei* et qui avait miraculeusement échappé à leur maligne emprise. Il s'arrêta en ces lieux pour en remercier le Bouddha, en lui érigeant une statue à son effigie qu'il plaça dans une niche située dans l'une des falaises. Au cours des neuf cents années qui s'étaient ensuivies, chaque bouddhiste de passage avait ajouté une décoration de son cru dans l'une des cavernes du coin. C'est pourquoi le nom de Dunhuang, qui signifie « falaises jaunes », se traduit aussi parfois par « grottes des mille bouddhas ».

Cette désignation est du reste trop restrictive. Je les appellerais plutôt les grottes des millions de bouddhas, au minimum. Car plusieurs centaines de grottes grêlent désormais ces mêmes falaises, certaines naturelles, d'autres entièrement creusées de main d'homme, et dans chacune reposent sans doute pas moins de deux mille statues du Bouddha, grandes et petites, tandis qu'aux murs sont peintes des fresques qui représentent peut-être *mille fois* plus encore d'images du Bouddha, sans compter les divinités de moindre importance et autres notabilités de sa suite. Je remarquai que la plupart de ces images dépeignaient des créatures de sexe masculin, que très peu figuraient des femmes. En revanche, bon nombre d'entre elles n'étaient pas clairement identifiables sur ce plan. Toutes avaient cependant un trait commun : leurs oreilles allongées aux lobes descendant aux épaules.

– La croyance publique, expliqua le vieux gardien de la grotte, veut qu'une personne née avec de longs lobes d'oreilles soit destinée à une vie prospère et heureuse. Les plus heureux et prospères de tous les humains ayant été le Bouddha et ses disciples, nous pensons qu'ils devaient avoir des oreilles de ce genre et les représentons ainsi.

Le vieil *abashi*, ou moine, s'était fait un plaisir de me faire visiter ces cavités et, pour l'occasion, s'exprimait en farsi. Je le suivis de niche en caverne et de caverne en grotte, et dans toutes je pus voir des bouddhas. Certains debout, d'autres tranquillement allongés et paraissant dormir, ou le plus souvent assis en tailleur sur une fleur de lotus géante. Le moine me raconta que « Bouddha » était à l'origine un mot indien qui signifie « l'Éveillé » et qu'avant de connaître son apothéose, il avait été un prince de l'Inde. Je me serais donc attendu que toutes les statues incarnent un petit homme à la peau noire, ce qui n'était pas le cas. Le bouddhisme s'était en effet étendu depuis longtemps de l'Inde vers d'autres nations, et, manifestement, chaque dévot ayant payé pour placer ici une statue ou une peinture avait envisagé le Bouddha à sa *propre image*. Certaines des plus anciennes montraient en effet un homme sombre et décharné, comme peuvent l'être beaucoup d'Indiens, mais d'autres auraient aussi bien pu être des Apollons grecs, des Persans au profil d'aigle ou des Mongols bardés de cuir. Quant aux plus récentes, elles arboraient toutes la complexion de cire, l'expression placide et les yeux bridés légèrement inclinés de sujets aisément reconnaissables, puisqu'elles étaient du plus parfait type han.

Il était évident aussi que des maraudeurs musulmans avaient dû, par le passé, écumer les rues de Dunhuang, car de nombreuses statues étaient en ruine ou avaient été taillées en pièces, révélant ainsi leur construction simple de *gesso*, ou plâtre, moulé sur des armatures de rotin et de roseau. Lorsqu'elles tenaient encore debout, elles étaient souvent cruellement défigurées. Comme je l'ai déjà dit, les sectateurs d'Allah détestent les portraits d'êtres vivants. Aussi, lorsqu'ils n'avaient pas eu le temps ici de détruire une statue de fond en comble, ils l'avaient décapitée (la tête étant le siège de la vie) ou bien s'étaient en toute hâte contentés d'en extraire les yeux (où se lit l'expression de la vie). Ils avaient même pris la peine d'érafler les yeux minuscules de plusieurs milliers d'images peintes sur les murs, y compris celles de jolies et délicates silhouettes de femmes.

– Alors que ces femmes, se plaignait amèrement le vieux moine, ne sont même pas des divinités ! (Il pointa du doigt une pétulante petite personne.) Voici Devatâ, l'une des danseuses célestes qui accompagnent les âmes bénies vers le Sukhavati, la Terre pure qui sépare les vies. Quant à celle-ci (il montrait à présent une jeune fille représentée en train de voler, dans un tourbillon de jupes et de voiles rappelant les ailes du papillon), c'est l'une des Apsara, les tentatrices de l'éther.

– Il y a donc des tentatrices au paradis bouddhiste ? demandai-je, intrigué.

Il renifla et précisa :

– Juste pour empêcher un surpeuplement de la Terre pure.

– Vraiment ? Et de quelle façon ?

– Les Apsara ont pour tâche de séduire les saints hommes présents ici sur cette terre, afin que leurs âmes soient vouées entre deux vies à l'horrible terre de Naraka plutôt qu'au bienheureux Sukhavati.

– Ah ! fis-je, pour montrer que j'avais compris. Une Apsara est un succube, en d'autres termes.

Le bouddhisme a certaines autres ressemblances avec notre vraie foi. Ses adeptes sont tenus de ne pas tuer, de ne pas proférer de mensonges, de ne jamais prendre ce qui n'est point offert et de ne pas se compromettre dans des pratiques sexuelles condamnables. Mais il est aussi, à d'autres égards, fort éloigné du christianisme. Car les bouddhistes n'ont pas le droit de boire de l'alcool, de manger après minuit, d'assister à des fêtes, de porter des décorations sur le corps, ni de dormir ou même se reposer sur un matelas confortable. Leur religion possède bien l'équivalent de nos moines, nonnes et prêtres, nommés chez eux *ubashi*, *ubashanza* et *lama*, mais si le Bouddha leur a bien recommandé, comme chez nous, de vivre dans l'austérité, bien peu s'y plient.

Par exemple, le Bouddha avait demandé à ses adeptes de ne porter que des « vêtements jaunis » (désignant par là de simples hardes, décolorées par le délabrement et la moisissure). Mais les moines et les nonnes bouddhistes n'obéissent qu'à la lettre de ces instructions, non à l'esprit, car ils sont aujourd'hui vêtus de robes taillées dans les plus coûteuses étoffes, tapageusement teintes du jaune le plus brillant à l'orangé le plus ardent. Ils possèdent aussi de grands temples appelés *potkada* et des monastères nommés lamaseries, aussi richement dotés que meublés. Je soupçonne aussi de nombreux bouddhistes de détenir beaucoup plus d'objets personnels que les quelques-uns spécifiés par le Bouddha : une natte pour dormir, trois chiffons pour se vêtir, un couteau, une aiguille, un bol avec lequel mendier un maigre et unique repas par jour, et une passoire avec laquelle débarrasser l'eau que l'on boit de tous les insectes imprudents et autres têtards qui auraient pu s'y fourvoyer, afin de ne pas les avaler.

Ce dernier instrument illustrant l'une des règles les plus fondamentales du bouddhisme : éviter que toute créature vivante, si humble et éphémère fût-elle, pût être tuée, délibérément ou même accidentellement. Cela n'a pourtant rien de commun avec le vœu de tout chrétien de faire le bien afin de mériter le paradis après la mort. Un bouddhiste croit que tout homme ne meurt que pour renaître dans la peau d'un homme meilleur qui a avancé sur la voie de l'Éveil. Parallèlement, il pense que l'homme qui a fait le mal est voué à renaître dans une incarnation de grade inférieur, animal, oiseau, poisson ou insecte. C'est la raison pour laquelle un bouddhiste ne doit jamais rien tuer. Le moindre atome de vie de la Création pouvant être une âme en train d'escalader l'échelle de l'Éveil, un bouddhiste n'osera pas même écraser un pou, craignant que ce pût être son regretté grand-père, rétrogradé depuis sa mort, ou son propre petit-fils, en route vers sa future naissance.

Tout chrétien serait sans doute admiratif du respect que voue le bouddhiste à la vie, nonobstant le grotesque manque de logique qui peut y présider, s'il n'y avait à tout cela deux inévitables résultats. Le premier est que tout bouddhiste, qu'il soit homme, femme ou enfant, n'est qu'un nid grouillant de poux et de mouches, et je ne trouvai cette vermine que trop décidée à risquer son Éveil en émigrant sur d'incroyants chrétiens dans mon genre. Le second est que, bien sûr, un bouddhiste ne peut pas manger la moindre chair animale. Le dévot se restreint au riz bouilli et à l'eau, et le croyant plus libéral ne va guère plus loin que consommer du lait, des fruits ou des légumes. C'est donc ce à quoi nous eûmes droit, nous autres voyageurs, dans notre auberge de Dunhuang : à l'heure du dîner, feuilles de palmier bouillies, cirres, thé clair et crèmes fadasses, à l'heure du coucher, mouches, tiques, punaises et poux.

– Il vécut ici naguère, à Dunhuang, me raconta mon moine han sur un ton de profonde révérence, un lama d'une sainteté sans pareille. Un homme si pur qu'il ne s'alimentait que de riz *cru*, sans même le faire bouillir. Afin de pousser son humilité plus loin encore, il portait une chaîne de fer serrée autour de son ventre rétréci. Le frottement de la chaîne rouillée sur sa peau provoqua une plaie qui devint purulente et attira quantité d'asticots. Or, si d'aventure l'un de ces vers rampants venait à tomber sur le sol, le lama se baissait avec amour pour le ramasser et lui demandait : « Pourquoi fuis-tu, bien-aimé ? N'as-tu donc pas assez à manger ? » Et il le replaçait tendrement dans la plus juteuse partie de la plaie.

Cette histoire instructive n'encouragea guère mon humilité, mais elle diminua d'autant mon appétit, de sorte qu'une fois de retour à l'auberge je fus tout à fait capable de m'abstenir de la blafarde bouillie du repas vespéral. Le moine n'en termina pas moins :

– Le lama finit par devenir une plaie vivante, qui le dévora complètement, et il en mourut. Nous l'admirons et l'envions tous, car il avait sans doute progressé loin sur la voie de l'Éveil.

– Je l'espère sincèrement, répondis-je. Mais, au fait, qu'arrive-t-il au bout de ce chemin ? L'Éveillé accède-t-il alors au paradis ?

– Rien d'aussi grossier, répliqua l'*ubashi*. Tout au plus peut-on espérer, au terme d'une suite ininterrompue de renaissances et de vies successives remplies d'efforts pour s'élever, être simplement libéré de la nécessité de vivre. Se retrouver débarrassé de cet esclavage des besoins humains, de ces désirs, ces passions, ces chagrins et ces souffrances. Nous espérons atteindre le Nirvana, qui veut dire l'« éclatement ».

Il ne plaisantait pas. Un bouddhiste n'est pas animé, comme nous pouvons l'être, du désir de mériter pour son âme une existence éternelle de bonheur dans la quiétude des demeures célestes. Il n'aspire à rien d'autre qu'à une extinction absolue ou, comme le précisa le moine, à « une communion avec l'Infini ». Il admettait que sa religion n'avait supprimé ni les paradisiaques Terres pures, ni ces Horribles Terres qui n'étaient pas loin de ressembler à l'enfer. Mais il maintenait que ce n'étaient (comme nos limbes ou notre purgatoire) que des états transitoires, des étapes intermédiaires entre renaissances vers le

Nirvana. Et que, parvenue à cette destination ultime, l'âme était bel et bien éliminée, soufflée telle une chandelle. Jamais plus elle ne reverrait la Terre, pas plus qu'elle ne jouirait d'un paradis ou n'endurerait un enfer. Plus rien !

Tandis que notre convoi avait repris sa progression vers l'est, j'allais avoir amplement matière à revenir sur ces croyances, par une journée merveilleusement propice à pareils sujets de réflexion.

Nous avions quitté l'auberge très tôt, à l'heure où les oiseaux, encore à peine éveillés, font entendre leurs tout premiers pépiements, gazouillis et stridulations, si aigus et nombreux qu'on eût cru le grésillement de l'huile dans une gigantesque poêle. Après quoi les colombes, moins matinales, s'animèrent à leur tour et se mirent à murmurer leurs plaintes discrètes, comme empreintes de regrets, mais si innombrables là aussi que leur douce rumeur se mua progressivement en un feulement velouté. Une autre caravane, impressionnante, partait en même temps que nous ce matin-là et, dans ces régions, les chameaux portent leurs clochettes non autour de leur encolure mais attachées aux genoux. Ils s'éloignaient donc à grandes enjambées, dans un joyeux concert de sons métalliques qui semblaient tinter, cliqueter et tintinnabuler du bonheur de se remettre en marche. Je chevauchais à côté d'une voiture de ce convoi dont l'une des hautes roues avait arraché quelque part une gerbe de jasmin demeurée prise dans ses rayons. Ainsi, chaque fois que ses rameaux en fleur parvenaient à hauteur de mes narines, j'aspirais avec délectation une douce bouffée de leur parfum.

La route donnant issue au bassin de Dunhuang nous conduisit d'abord le long d'une ravine creusée entre les parois aux multiples cavernes, laquelle déboucha dans une vallée verdoyante semée d'arbres, de champs et de fleurs sauvages. Ce devait être notre dernière oasis avant longtemps. Tandis que nous traversions cette vallée, je pus découvrir un spectacle si beau qu'il est resté gravé dans ma mémoire. À quelque distance de là, un panache de fumée jaune doré s'élevait dans la brise du matin, et il nous frappa tous, chacun s'interrogeant sur son origine. S'il provenait du feu de camp de quelque caravane, que pouvaient-ils donc brûler pour donner à ce nuage de fumée une couleur aussi étrange ? Cette poudroyante effluence s'élevait toujours en volutes tourbillonnantes. Parvenus auprès d'elle, nous constatâmes avec surprise qu'il ne s'agissait nullement de fumée. Sur l'une des pentes de la vallée s'étendait une prairie entièrement couverte de fleurs, dont les myriades de corolles mordorées exhalaient avec exubérance, dans la douce brise qui balayait la route de la soie, une vaste nuée de pollen qu'elle dispersait sur d'autres versants. Nous chevauchâmes à travers cet amas de simili fumée et, lorsque nous en sortîmes, nous étincelions aux rayons du soleil, ainsi que nos chevaux, comme si nous venions d'être recouverts de feuilles d'or.

Autre chose. De la vallée, nous débouchâmes sur une région de dunes ondulantes faites d'un sable qui n'avait plus rien de sa teinte de chameau ou de lion, puisqu'il était d'un gris argent foncé, comme du métal réduit en poudre. Narine, qui était descendu de sa monture pour se dégourdir les jambes, avait gravi l'une de ces dunes de sable gris à la recherche d'un peu de tranquillité. Or, à son intense surprise (tout comme à la mienne), ce sable *aboyait* tel un chien hargneux sous chacun de ses pas. Il n'émit aucun bruit particulier pendant que Narine se soulageait dessus, mais lorsqu'il se tourna pour redescendre, son pied dérapa et il glissa tout le long de la pente accompagné d'un joli son musical et puissant, une profonde note en *vibrato*, comme si la corde du plus gros luth du monde avait été raclée.

– *Mashallah !* lâcha Narine terrorisé, en bondissant sur ses pieds.

Il se mit à courir comme un dératé sur le sable, gagnant précipitamment la terre plus ferme de la piste où il fit une pause, afin de secouer la poussière dont il était imprégné.

Mon père, mon oncle et nos deux guides se battaient les côtes de rire en le regardant, et l'un des Mongols fit :

– Ces sables sont appelés *lui-ing*.

– « Voix fracassantes », me traduisit oncle Matteo. Nico et moi les avions déjà entendues en passant sur cette route. Elles peuvent aussi, par grand vent, se mettre à pleurer, et leurs lamentations sont encore plus accentuées l'hiver, lorsque ces sables sont gelés.

C'était en soi un phénomène assez merveilleux, il faut bien le reconnaître. Mais un seulement parmi tant d'autres, sur cette terre, comme le chant des oiseaux à l'aube, le son des clochettes des chameaux, le parfum du jasmin ou celui de ces fleurs sauvages à la corolle d'or, si déterminées à fleurir qu'elles jetaient avec force leur semence au vent, au petit bonheur…

Ce monde est beau, me dis-je, et la vie y est douce, que l'on compte sur un paradis ou qu'on craigne un enfer à son terme. Je ne pouvais que plaindre des gens aussi pathétiques que ces bouddhistes qui jugeaient leur vie sur Terre si terrible, si misérable et si répugnante que leur vœu le plus cher était de fuir dans l'oubli. Pas moi, non, jamais. Si j'avais dû n'accepter qu'une des croyances bouddhistes, cela aurait été celle des renaissances répétées en ce bas monde, même s'il avait fallu qu'entre deux réincarnations humaines je ne fusse qu'un misérable pou ou un rameau de jasmin. Oui, pensais-je. Si je le pouvais, je continuerais de vivre éternellement.

46

Le sol était toujours gris, mais il s'assombrissait à mesure que nous progressions vers l'est, fonçant jusqu'à devenir d'un noir véritable – du sable et des cailloux noirs et glissants sur un lit de roches noires –, car nous étions entrés dans un nouveau désert, celui-ci trop large et étendu pour que la route de la soie pût le contourner. Les Mongols l'appelaient le désert de Gobi, les Han le *Sha-mo*, ces deux mots désignant un désert de cette composition un peu particulière où tout le sable avait été emporté par les vents, et dont ne subsistaient que les particules les plus lourdes, toutes d'un noir de jais. Il en résultait un paysage presque extraterrestre, constitué non plus de cailloux, de pierres et de rochers, mais d'un métal encore plus lourd. Au soleil, la moindre colline noire, le moindre éboulis, la plus petite crête scintillaient d'un éclat brillant et lisse comme s'ils avaient été polis à la pierre à aiguiser. Les seules plantes visibles étaient de rares panaches décolorés d'herbe à chameau et quelques fines touffes d'une plante incolore semblable à du fil de fer.

Les voyageurs nomment également le désert de Gobi le Grand Silence, parce que toute conversation inférieure au niveau sonore du cri y demeure inaudible, comme le cliquetis des pierres noires qui s'éboulent et roulent sous les pieds, les déchirants hennissements des chevaux aux sabots douloureux et même les éternels gémissements et grognements de ce râleur de Narine : tous ces bruits sont masqués, comme absorbés dans le hurlement infini du vent. Celui-ci y souffle en effet trois cent soixante jours par an, et, en ces derniers jours d'été, son souffle était aussi chaud que si quelqu'un avait ouvert en grand les immenses fourneaux enfouis au plus profond des enfers de Satan.

La ville suivante où nous arrivâmes, Anxi, est sans doute la plus désolée de Kithai. C'était un simple amas de cabanes minables et de boutiques qui fournissaient aux caravanes de passage les commodités nécessaires, de modestes auberges équipées d'étables, toutes édifiées en bois dont la peinture avait disparu ou en briques de terre cuite grêlées et usées par les incessants vents de sable. La seule raison d'exister de cette ville était que là se rejoignaient, à l'extrémité du redoutable désert de Gobi, les deux branches de la route de la soie qui contournent par le nord et le sud le Takla Makan. Elles ne formeraient désormais plus qu'une voie unique menant, à d'interminables *li* vers l'est, jusqu'à la capitale de Kithai, Khanbalik. Il y avait là, bien sûr, à la convergence de ces pistes caravanières, l'agitation bruyante des négociants individuels, des familles et des convois marchands. Mais une singulière procession de wagons tirés par des mules me poussa à interroger nos guides :

– Quel genre de convoi est-ce donc là ? Il se déplace si lentement et dans un tel silence…

Sur toutes les roues des voitures, on avait garni les jantes de bottes de foin et de vieux tissus afin d'en amortir le bruit, et les sabots de leurs mules, à l'évidence pour le même propos, étaient enfouis dans des sacs de coton. Le convoi n'était pas pour autant totalement silencieux : on distinguait le grondement pesant et sourd du roulement, mêlé aux craquements des bâtis de bois et au crissement des harnais, mais sa progression était bien plus étouffée que toute autre. Aux côtés des cochers han qui conduisaient les voitures, d'autres cavaliers montés à dos de mule escortaient les abords et, tandis que le cortège s'avançait dans la ville, ils formaient autour de lui comme une haie d'honneur, éloignant la foule des rues bondées sans proférer le moindre cri.

Les passants s'écartaient obliquement, faisaient taire leurs murmures et détournaient le visage avec effroi, comme si ce train de mules convoyait un puissant et hautain personnage. Pourtant, il n'y avait dans toute cette procession *personne d'autre* que ces cochers et leurs cavaliers d'escorte, tous les wagons étant occupés par ce qui ressemblait à des tas de tentes roulées ou de petits tapis, plusieurs centaines au total, des ballots oblongs enveloppés de tissu, empilés à la façon de rondins sur les plateaux. Quoi que fussent ces objets, ils avaient l'air très vieux et exhalaient une odeur sèche de moisi et de renfermé. L'étoffe qui les recouvrait partait en lambeaux déchiquetés, emportés au souffle du vent. Ces wagons, tout en brinquebalant sur les ornières des rues, laissaient s'envoler derrière eux de fines squames de tissu.

– On croirait voir de vieux linceuls décomposés, fis-je remarquer.

Je fus stupéfait d'entendre Ussu répliquer :

– C'est précisément ce dont il s'agit. Fais preuve du plus grand respect, *Ferenghi*, ajouta-t-il d'une voix feutrée. Quand les chariots défileront, retourne-toi et ne cherche pas à les regarder.

Il ne souffla plus mot jusqu'à ce que tout le convoi assourdi fût passé. Il m'expliqua ensuite que le peuple han tient par-dessus tout à être enterré où il a vu le jour et que les survivants font tout pour exaucer ce vœu de leurs défunts. Comme la plupart des Han qui détiennent des auberges ou des commerces sur les confins occidentaux de la route de la soie sont natifs des plus populeuses régions de l'est du pays, c'est là-bas que tous souhaitent voir ensevelis leurs restes. Ainsi, tout Han décédé dans l'Ouest est d'abord hâtivement enterré sur place, et lorsque, bien des années plus tard, suffisamment d'entre eux ont rendu l'âme, leurs familles de l'Est organisent un convoi pour les rapatrier dans leur région d'origine. Cela n'arrivait qu'une fois par génération, selon Ussu. Je dois donc faire partie des rares *Ferenghi* à avoir pu apercevoir l'une de ces fantomatiques caravanes des morts.

Tout le long de la piste, depuis Kachgar, nous avions traversé à gué un certain nombre de petits cours d'eau issus des montagnes neigeuses du sud qui allaient bientôt s'engloutir dans le désert situé au nord. Mais, à quelques semaines de marche d'Anxi, nous atteignîmes une rivière beaucoup plus considérable qui nous accompagnait vers l'est. À ses débuts, il ne s'agissait que de joyeuses eaux claires et bondissantes, mais chaque fois que notre route nous en rapprochait de nouveau, nous les trouvions à la fois plus larges, plus profondes et plus tumultueuses, tandis que, en raison de l'accumulation du limon qu'elles charriaient, leur teinte avait viré au jaune sombre. D'où le nom qu'on leur donnait : Huang, la rivière Jaune. Descendant en piqué sur toute la largeur de Kithai, le Huang est l'une des deux grandes rivières qui arrosent ses terres. L'autre coule bien plus au sud, et son flot encore plus puissant est appelé Yang-tze, ce qui signifie simplement l'« énorme rivière ».

– Ce Yang-tze et ce Huang, déclara mon père de façon fort instructive, sont, derrière l'historique Nil, les deuxième et troisième plus longs fleuves du monde connu.

J'aurais pu aussi faire facétieusement remarquer que le Huang devait sans doute être aussi la rivière la plus *haute* de la Terre. Ce que je veux dire (et l'on a toujours bien du mal à me croire quand je l'explique), c'est que, sur la majeure partie de son cours, la rivière Huang se tient *au-dessus* des terres qui l'environnent.

– Comment cela se peut-il ? m'objecte-t-on la plupart du temps. Tout fleuve est solidaire de la terre qui le porte. Si une rivière s'élevait ainsi, elle inonderait purement et simplement les espaces environnants.

La rivière Jaune ne le fait pourtant pas, excepté en de désastreuses occasions. C'est qu'au fil des années, des générations et des siècles, les paysans han installés le long de la rivière ont bâti de hautes levées de terre afin de renforcer ses rives. Mais le Huang a toujours charrié une telle quantité de limon que celui-ci, s'accumulant au fond de son lit, n'a cessé d'élever la hauteur de ses eaux. Les fermiers des abords, au fur et à mesure, n'ont eu d'autre solution que de surélever les digues en proportion. C'est ainsi qu'actuellement, pris entre ses berges artificielles, le Huang domine littéralement les terres qui l'environnent. En certains endroits, si j'avais voulu sauter dans la rivière, il m'aurait d'abord fallu escalader un talus haut comme un bâtiment de quatre étages.

– Mais si hauts soient-ils, ces remblais ne sont jamais que des accumulations de terre, précisa mon père. Lors d'une année très humide où nous sommes passés ici, nous avons vu le Huang se remplir si fort qu'il les a fait éclater.

– Une rivière maintenue en l'air et qui retombe, fis-je amusé, voilà un spectacle qui devrait valoir le coup d'œil !

– Imagine, si tu en es capable, intervint mon oncle, Venise et sa partie continentale entièrement submergées sous l'eau du lagon. Une inondation d'une ampleur incroyable. Des villages noyés, des villes même, avec leurs peuples, par nations entières.

– Cela n'arrive pas tous les ans, Dieu merci, tempéra mon père. Assez souvent, cependant, pour avoir valu à la rivière Jaune son autre nom de « Fléau des fils de Han ».

Tant qu'ils parviennent à domestiquer le fleuve, en tout cas, les Han en font le meilleur usage. Ici et là, le long de ses berges, je vis les plus grandes roues du monde : des norias de bois et de bambou d'une hauteur équivalente à vingt hommes debout. Sur le pourtour étaient accrochés des multitudes de seaux et d'écopes que la rivière, avec une grande prévenance, remplissait, faisait basculer et déversait inlassablement dans des canaux d'irrigation.

Découvrant soudain, au bord du fleuve, un bateau muni de chaque côté d'immenses roues à aubes, je pensai dans un premier temps à une nouvelle invention des Han pour remplacer la propulsion humaine à la rame. Mais je fus une nouvelle fois désillusionné quant à l'inventivité tant vantée des petits hommes jaunes, lorsque je vis que cette embarcation était amarrée à la rive et que les fameuses roues étaient tout simplement actionnées par le courant. En tournant, elles entraînaient à l'intérieur du bateau des essieux et des engrenages qui faisaient tourner une meule à grains. Tout cela n'était donc rien de plus qu'un moulin à eau, nouveau en ce seul sens qu'il n'était pas fixe et pouvait être remonté ou redescendu sur le fleuve, partout où il y avait une récolte à moudre pour en faire de la farine.

On pouvait y voir quantité de bateaux de toutes sortes, la rivière Jaune étant encombrée, si c'est possible, d'un trafic encore supérieur à la route de la soie. C'est que les Han, compte tenu de l'immensité des terres sur lesquelles ils ont à transporter biens et récoltes, préfèrent la voie fluviale au transport terrestre. En dépit du mépris mongol pour le peu de cas que font les Han des chevaux, ce choix n'en est pas moins éminemment judicieux. En effet, sur une distance donnée, un cheval ou toute autre bête de bât consommera plus de grain qu'il n'en peut transporter, quand le pilote d'une embarcation n'aura besoin que d'une infime quantité de nourriture par rapport au poids acheminé. Les Han ont donc pour leurs cours d'eau un respect qui confine à la vénération. Ne vont-ils pas jusqu'à appeler ce qu'en Occident nous nommons la Voie lactée la « rivière des Cieux » ?

On pouvait aussi voir sur la rivière Jaune nombre de chalands peu profonds, ou sampans, dont les équipages n'étaient autres que des familles qui usaient de l'embarcation à la fois comme maison, moyen de transport et moyen de subsistance. Les hommes remontaient le courant à la rame ou en halant le sampan, le pilotaient dans le sens du courant, chargeaient ou déchargeaient la marchandise. Les femmes semblaient perpétuellement absorbées à faire la cuisine ou à s'occuper du linge. Parmi eux s'ébattaient une foule d'enfants des deux sexes, nus comme des anges, à l'exception d'une gourde attachée à la taille qui leur servait de bouée s'ils venaient à choir dans l'eau du fleuve, ce qu'ils faisaient régulièrement.

On pouvait aussi y voir des navires beaucoup plus imposants propulsés à la voile. Quand je demandai à nos guides comment on les appelait, les Mongols répondirent d'un ton indifférent ce qui ressemblait au mot *chunk*. Le mot *Han* correctement prononcé, je l'appris ensuite, est *chuan*, mais c'est le terme général pour qualifier n'importe quel navire. Je n'ai jamais appris les trente-huit noms qui servent à désigner, ici, les trente-huit types de *chunk* qui peuvent prendre la mer ou remonter une rivière.

Le plus petit d'entre eux approche néanmoins la taille d'un *cog* flamand, avec un plus faible tirant d'eau, et ils me parurent au début ridiculement encombrants, un peu à la façon de gigantesques chaussures flottantes. Je ne tardai pas à m'apercevoir, toutefois, que la forme des *chuan*, contrairement à la plupart de nos vaisseaux, n'est pas modelée sur celle du poisson pour bénéficier de sa célérité. Elle s'inspire plutôt du canard dont la stabilité sur l'eau est exemplaire. Or je fus à même de constater la sérénité avec laquelle ils se maintenaient, même sur les tumultueux tourbillons et dans l'écume des eaux agitées de la rivière Jaune. Peut-être parce qu'il est à la fois lent et massif, le *chuan* n'est dirigé que par un seul gouvernail, et non deux comme sur nos navires. Situé à mi-hauteur sur la poupe, celui-ci ne requiert qu'un barreur. Ses voiles sont également fort curieuses : loin d'être destinées à se gonfler sous le vent, elles sont striées par intervalles de lattes de bois, ce qui leur donne un peu l'allure d'ailes de chauve-souris. Et quand vient le moment de rentrer de la toile, il n'est pas nécessaire, comme pour nos voiles, de prendre des ris en nouant leurs garcettes : un peu à la façon de nos stores vénitiens, elles se replient sur elles-mêmes, latte par latte.

De toutes les embarcations que je vis sur cette rivière, cependant, la plus spectaculaire fut sans conteste une petite yole propulsée à la rame, le *hu-pan*, dont la forme en croissant n'avait absolument rien de symétrique. Il est vrai que nos gondoles vénitiennes ont elles aussi une certaine cambrure pour intégrer le fait que le gondolier pagaie toujours du côté droit, mais la courbure de leur quille reste si légère qu'elle est presque imperceptible. Ces *hu-pan* étaient aussi arqués qu'un cimeterre *shimshir* posé sur sa tranche, et, une fois encore, c'était uniquement dans un but pratique. Un *hu-pan* voyage toujours très près de la berge, et celle-ci étant découpée suivant un relief plutôt irrégulier, le pilote, présentant au rivage sa partie convexe ou concave, n'en suit que plus aisément les caps ou les creux. Bien sûr, ce rameur doit sans arrêt faire demi-tour, suivant que la rivière s'incurve dans un sens ou dans l'autre, aussi sa progression irrégulière ressemble-t-elle un peu à celle d'une araignée d'eau.

J'eus bientôt, de toute façon, une autre énigme sur laquelle me pencher : sur la terre ferme, cette fois, et non plus sur la rivière. Près d'un village nommé Zong-zhai, nous tombâmes sur la ruine, déserte et en grande partie éboulée, de ce qui devait avoir été jadis un substantiel édifice de pierre flanqué de deux hautes tours de guet. Notre cavalier d'escorte Ussu me dit que là avait existé, au temps de quelque lointaine dynastie, une forteresse han, toujours appelée les portes de Jade, son ancien nom. Cette forteresse n'avait en fait rien d'une porte et n'était pas non plus bâtie de jade, mais elle constituait l'extrémité ouest d'un mur impressionnant, aussi élevé que massif, qui s'incurvait au nord-est à partir de ce point.

La Grande Muraille, comme l'appellent les étrangers, est désignée de façon bien plus pittoresque par les Han comme la « Bouche » de leur terre. En des temps reculés, les Han s'étaient baptisés le « peuple dans la Bouche » (celle-ci étant matérialisée par ce mur), toutes les autres nations situées au nord et à l'ouest étant qualifiées de « peuples hors la Bouche ». Lorsqu'un Han accusé de crime ou de traîtrise était condamné à l'exil, il était donc « craché hors la Bouche ». Le mur avait été édifié pour contenir à l'extérieur tout ce qui n'était pas le peuple han, c'est incontestablement la plus longue et la plus solide barrière défensive jamais bâtie de main d'homme. Combien il avait fallu de mains, combien de temps cela avait duré, nul ne peut le dire. Mais sa construction avait dû consumer les vies de nombreuses générations, voire de populations entières.

Selon la tradition, le tracé du mur était calqué sur la course errante qu'avait suivie le cheval blanc favori d'un certain empereur Chin, le chef han qui en avait entamé la construction en des temps ancestraux. Je doute, pour ma part, de la véracité de l'histoire, car aucun cheval n'aurait emprunté une route aussi difficile qui passe par le sommet de certaines crêtes, comme le fait la Grande Muraille. Jamais nous et nos chevaux ne l'aurions fait de nous-mêmes, en tout cas. Mais comme les dernières semaines de notre voyage à travers Kithai, qui semblait devenir interminable, nous obligeraient souvent à longer ce mur en apparence non moins interminable, et comme nous ne devions de toute façon pas nous en éloigner beaucoup, nous trouvâmes aussi pratique de le suivre et décidâmes de marcher carrément dessus.

La Grande Muraille serpente à travers Kithai, parfois discontinue d'un horizon à l'autre, mais tirant en d'autres endroits avantage de remparts naturels tels des pics ou des falaises et les incorporant à son tracé, pour s'interrompre l'instant d'après sur un sol éminemment vulnérable. Ce n'est pas partout un simple mur : du côté est de Kithai, nous en trouvâmes jusqu'à trois érigés parallèlement, l'un derrière l'autre, à des centaines de *li* d'intervalle.

Sa composition varie grandement, il faut le dire, selon les lieux. Ses segments les plus orientaux sont constitués de blocs de très gros diamètre, nettement et solidement cimentés entre eux – comme si l'on avait bâti, en ces endroits, sous l'œil sévère de l'empereur Chin en personne –, ils demeurent aujourd'hui encore inviolés et intacts. Là, on a affaire à un immense rempart, haut, épais et solide, d'une largeur suffisante pour permettre à une troupe entière de cavaliers de chevaucher de front. Des échauguettes flanquent, de part et d'autre de la muraille, une véritable route, et de hautes tours de guet y sont érigées à intervalle régulier. Plus à l'ouest, en revanche – comme si, sachant que leur maître ne viendrait jamais inspecter l'ouvrage, les esclaves et les sujets de l'empereur avaient travaillé sans conviction et avec négligence –, le mur n'est plus qu'un aggloméat mesquin de pierres et de boue empilées à la hâte, dans une structure ni aussi haute ni aussi épaisse, qui a par conséquent été largement émiettée et entaillée de brèches au fil des siècles.

Il n'en reste pas moins, en somme, que la Grande Muraille est un ouvrage majestueux, qui inspire le respect mais demeure délicat à décrire en termes vraiment évocateurs à un Occidental. Essayons quand même. Si ce mur pouvait être transporté intact hors de Kithai et si ses nombreux bras étaient alignés bout à bout à partir de Venise, puis en direction du nord-ouest à travers tout le continent européen, franchissant les Alpes, les prairies, les forêts, les rivières et tout le reste, en direction de la mer du Nord jusqu'au port flamand de Bruges, ce mur serait encore assez long pour parcourir *une seconde fois* cette énorme distance jusqu'à Venise, puis pour atteindre vers l'ouest la frontière de la France.

Au vu de l'incroyable dimension de l'ouvrage colossal que constitue la Grande Muraille, comment mon père et mon oncle, qui pourtant la virent avant moi, avaient-ils pu omettre de m'en parler, ne fût-ce que pour exciter par avance ma curiosité ? Et pourquoi n'ai-je moi-même pas mentionné cette merveille dans l'ouvrage qui a rendu compte de mes voyages ? Ce n'était pas, en l'occurrence, l'omission d'un détail que j'aurais jugé le public incapable de croire. Non, si j'ai négligé de mentionner cette muraille pourtant si prodigieuse, c'est parce qu'elle représentait à mes yeux – je le pense encore aujourd'hui – un exploit dérisoire, inutile et sans intérêt des Han. Il m'apparut à l'époque comme un cinglant démenti du génie généralement attribué aux natifs de Kithai, et je n'ai pas changé d'avis. Pour la raison que voici.

Tandis que nous chevauchions le long de la Grande Muraille, je fis remarquer à Ussu et à Donduk :

– Vous autres Mongols, qui étiez un peuple hors la Bouche, êtes maintenant à l'intérieur. Vos troupes n'ont-elles pas eu de difficultés à franchir cette barrière ?

Donduk gloussa, insolent et superbe.

– Depuis que le mur a été bâti, en des temps encore antérieurs à l'Histoire, nul envahisseur n'a jamais eu le moindre mal à le traverser. Nous autres Mongols et nos ancêtres l'avons fait à de nombreuses reprises, au fil des siècles. Même un chétif *Ferenghi* en serait capable.

– Comment cela ? demandai-je. Est-ce que toutes les armées ennemies étaient toujours plus valeureuses que les défenseurs han ?

– Des défenseurs ? Quels défenseurs, *uu* ? rétorqua Ussu d'un ton narquois.

– Enfin quoi, mais les défenseurs des parapets ! Ils devaient bien voir s'approcher de loin leurs ennemis… Et ils avaient sûrement des légions à appeler en renfort pour les repousser, non ?

– Oh, pour ça, oui ! C'est évident.

– Eh bien, alors ? Étaient-ils si faciles à battre ?

– À *battre* ? répétèrent-ils d'une même voix, lourde d'un suprême dédain.

Ussu m'expliqua la raison de leur mépris.

– Personne n'a jamais eu à les battre. N'importe quel envahisseur désireux de franchir la muraille n'avait qu'à se donner la peine de corrompre les sentinelles à l'aide d'un peu d'argent. *Vakh!* Aucun mur n'est jamais plus haut, plus solide et plus menaçant que les hommes qui se trouvent derrière.

Et je constatai qu'il en était ainsi. Cette Grande Muraille, bâtie pour Dieu sait quelle extravagante somme d'argent, de temps, de labeur, de sueur, de sang et de vies, n'a jamais été plus dissuasive pour les envahisseurs que la plus banale ligne de frontière dessinée sur une carte. Le seul titre de gloire auquel elle puisse prétendre est d'être, au monde, le plus stupéfiant monument élevé à la futilité.

Je puis en témoigner.

Nous arrivâmes finalement, quelques semaines plus tard, dans la cité que ce mur enveloppe le plus sûrement, là où il est le plus haut, le plus épais et le mieux préservé. La ville qui s'élève derrière ce mur a été connue, à travers les âges, sous bien des noms : Ji-cheng ou plus simplement Ji, Yu-zho et Chung-tu, et d'autres encore…

À un moment ou à un autre, elle a été la capitale de différents empires du peuple han : les dynasties Chin, Chou, puis Tang, et sans doute de nombreuses encore.

Mais qu'a-t-il empêché, ce fameux mur ?

Aujourd'hui, la cité dans laquelle nous pénétrions s'appelait Khanbalik, la « cité du khan », en mémoire de l'arrivée du dernier envahisseur à avoir franchi la Grande Muraille et à avoir conquis cette terre : un homme qui, de façon retentissante mais justifiée, s'intitulait lui-même le grand khan, le khan de tous les khans, le khan des nations, fils de Tulei et frère de Mangu khan, petit-fils de Gengis khan, chef suprême des Mongols, le khakhan Kubilaï !

Fin de la première partie.

Deuxième époque : À la cour du grand khan

CARTES

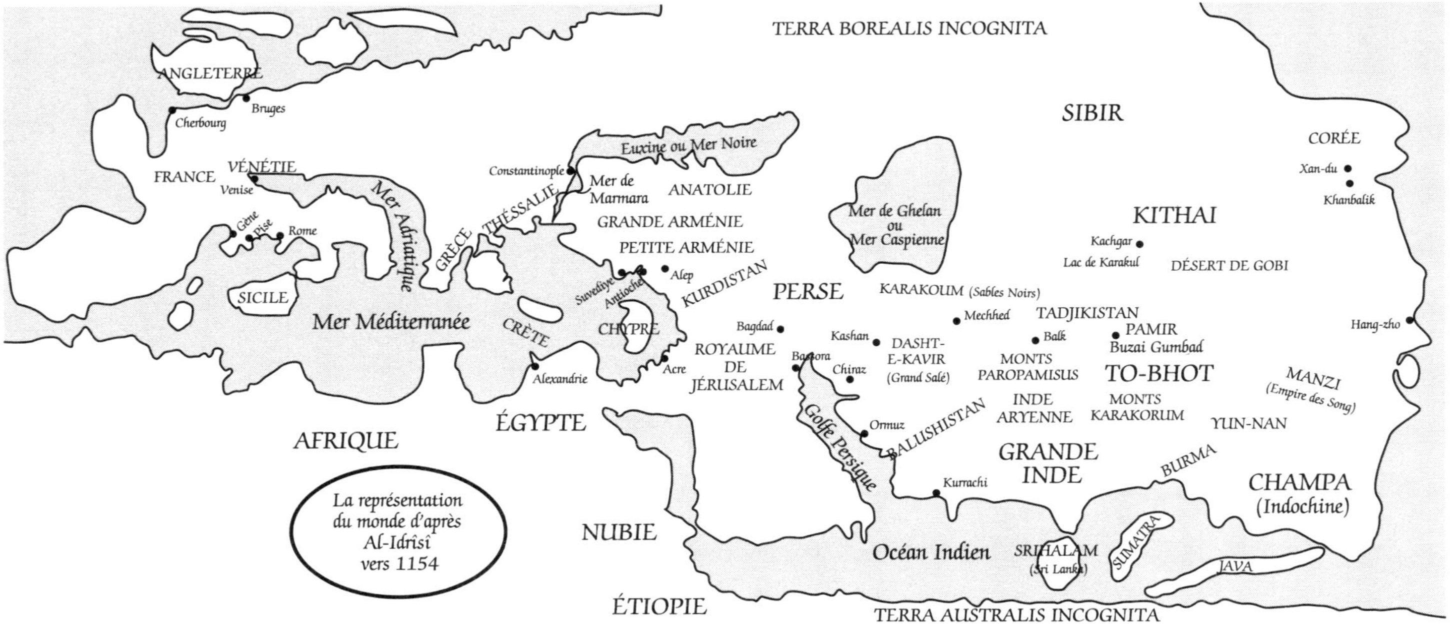

La représentation du monde d'après Al-Idrîsî vers 1154

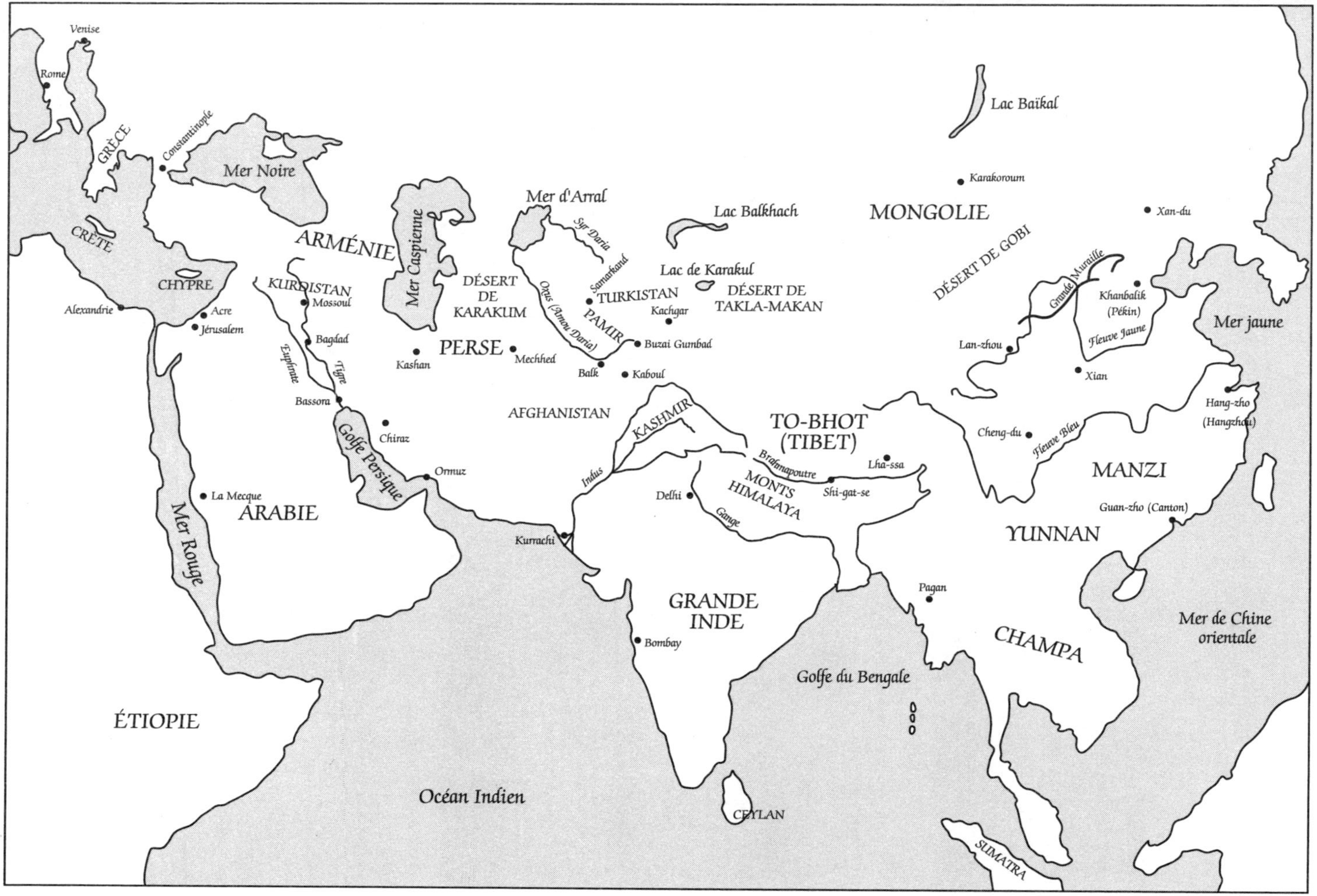

Venise
Rome
GRÈCE
Constantinople
Mer Noire
CRÈTE
CHYPRE
Alexandrie
Acre
Jérusalem
ARMÉNIE
KURDISTAN
Mossoul
Bagdad
Euphrate
Tigre
Bassora
Golfe Persique
Chiraz
Ormuz
La Mecque
ARABIE
Mer Rouge
ÉTIOPIE
Mer Caspienne
DÉSERT DE KARAKUM
PERSE
Kashan
Mechhed
Mer d'Arral
Syr Daria
Samarkand
Oxus (Amou Daria)
PAMIR
TURKISTAN
Kachgar
Buzai Gumbad
Balk
Kaboul
AFGHANISTAN
Lac Balkhach
Lac de Karakul
DÉSERT DE TAKLA-MAKAN
KASHMIR
Indus
Kurrachi
Delhi
Gange
MONTS HIMALAYA
Brahmapoutre
TO-BHOT (TIBET)
Lha-ssa
Shi-gat-se
GRANDE INDE
Bombay
Océan Indien
CEYLAN
Golfe du Bengale
Lac Baïkal
Karakoroum
MONGOLIE
Xan-du
DÉSERT DE GOBI
Grande Muraille
Khanbalik (Pékin)
Fleuve Jaune
Lan-zhou
Xian
Mer jaune
Hang-zho (Hangzhou)
Cheng-du
Fleuve Bleu
MANZI
Guan-zho (Canton)
YUNNAN
Pagan
CHAMPA
Mer de Chine orientale
SUMATRA

TABLE DES MATIÈRES

Cet ouvrage a été composé par
IGS-CP à l'Isle d'Espagnac (16)
et achevé d'imprimer par
Imprimerie France Quercy à Mercuès (46)
Premier dépôt légal : juin 2008
N° d'édition : 0906/06
N° d'imprimeur : 82597/
Imprimé en France

Gary JENNINGS (1928-1999) débute à dix-sept ans dans le journalisme à New York. Il prend part à la guerre de Corée comme soldat reporter. Dans les années soixante, il s'installe au Mexique où il se lance dans l'écriture de grands romans historiques, tous basés sur des recherches érudites et rigoureuses.
Il a ainsi littéralement arpenté le monde sur les traces exactes de Marco Polo pour écrire *Marco Polo, Les Voyages interdits*.
Il est l'auteur de plusieurs best-sellers internationaux dont *Raptor* (inédit) et le célèbre *Azteca*.

« Gary Jennings est le plus grand de nos romanciers historiques. »
The New York Times